공기업 NCS

BASIC 통합기본서

직업기초능력 + 직무수행능력 + 면접

P R E F A C E

머리말

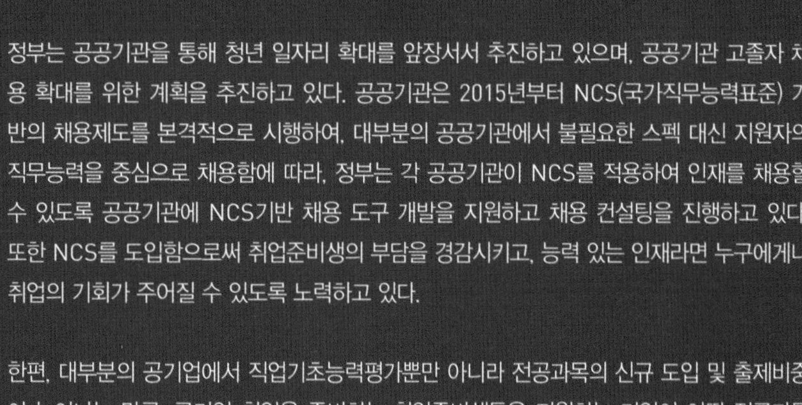

정부는 공공기관을 통해 청년 일자리 확대를 앞장서서 추진하고 있으며, 공공기관 고졸자 채용 확대를 위한 계획을 추진하고 있다. 공공기관은 2015년부터 NCS(국가직무능력표준) 기반의 채용제도를 본격적으로 시행하여, 대부분의 공공기관에서 불필요한 스펙 대신 지원자의 직무능력을 중심으로 채용함에 따라, 정부는 각 공공기관이 NCS를 적용하여 인재를 채용할 수 있도록 공공기관에 NCS기반 채용 도구 개발을 지원하고 채용 컨설팅을 진행하고 있다. 또한 NCS를 도입함으로써 취업준비생의 부담을 경감시키고, 능력 있는 인재라면 누구에게나 취업의 기회가 주어질 수 있도록 노력하고 있다.

한편, 대부분의 공기업에서 직업기초능력평가뿐만 아니라 전공과목의 신규 도입 및 출제비중이 늘어나는 만큼, 공기업 취업을 준비하는 취업준비생들은 지원하는 기업이 어떤 전공과목을 출제하는지 미리 파악해 두는 것 또한 중요하게 되었다.

이에 따라 SD에듀에서는 NCS 도서 시리즈 1위의 출간경험을 토대로 다음과 같은 특징을 가진 도서를 출간하였다.

도서의 특징

첫 째 | 주요 공기업 기출복원문제(고졸 & 무기계약직 포함) 수록!

- 주요 공기업 기출복원문제를 수록하였으며, 특히 고졸 및 무기계약직 채용을 진행한 기업의 기출복원문제를 포함하여 실제 난도 및 유형을 익힐 수 있도록 하였다.

둘 째 | 모듈형부터 PSAT형까지! 모든 유형 완벽정복!

- 방대한 양의 NCS 모듈이론에서 꼭 출제되는 핵심을 압축 수록하여 필기시험에 완벽히 대비할 수 있도록 하였다.
- NCS의 대표유형(모듈형 · 피듈형 · PSAT형) 문제와 심화문제를 수록하여, 어떤 유형의 문제가 출제되더라도 당황하지 않고 문제를 풀어나갈 수 있도록 하였다.

셋 째 | 직무수행능력평가 완벽 대비!

- 사무직(경영 · 경제), 기술직(전기일반 · 기계일반)에서 시행하는 전공 필기시험에 대비하여 영역별 핵심이론과 적중예상문제를 수록하여 전공 시험에 대비할 수 있도록 하였다.

넷 째 | 최종점검 모의고사로 실전 대비!

- 최종점검 모의고사(핵심영역 · 전 영역)를 통해 시험 전 최종 마무리를 할 수 있도록 구성하였다.

다섯째 | 다양한 콘텐츠로 최종합격까지!

- 채용 가이드를 통해 인성검사 및 면접을 준비하는 데 부족함이 없도록 하였다.
- 온라인 모의고사와 AI면접 응시 쿠폰을 제공하여 채용 전반을 대비할 수 있도록 하였다.

끝으로 본 도서를 통해 공기업 채용을 준비하는 모든 수험생 여러분이 합격의 기쁨을 누리기를 진심으로 기원한다.

NCS직무능력연구소 씀

NCS(국가직무능력표준)란 무엇인가?

국가직무능력표준(NCS; National Competency Standards)

산업현장에서 직무 수행에 요구되는 능력(지식, 기술, 태도 등)을 국가가 산업 부문별, 수준별로 체계화한 설명서

직무능력

직무능력 = 직업기초능력 + 직무수행능력

- **직업기초능력** : 직업인으로서 기본적으로 갖추어야 할 공통 능력
- **직무수행능력** : 해당 직무를 수행하는 데 필요한 역량(지식, 기술, 태도)

NCS의 필요성

❶ 산업현장과 기업에서 인적자원관리 및 개발의 어려움과 비효율성이 발생하는 대표적 요인으로 산업 전반의 '기준' 부재에 주목함

❷ 직업교육훈련과 자격이 연계되지 않은 상태로 산업현장에서 요구하는 직무수행능력과 괴리되어 실시됨에 따라 인적자원개발과 개인의 경력개발에 비효율적이며 효과성이 부족하다는 비판을 받음

❸ NCS를 통해 인재육성의 핵심 인프라를 구축하고, 산업장면의 HR 전반에서 비효율성을 해소하여 경쟁력을 향상시키는 노력이 필요함

NCS = 직무능력 체계화 + 산업현장에서 HR 개발, 관리의 표준 적용

NCS 분류

▸ 일터 중심의 체계적인 NCS 개발과 산업현장 전문가의 직종구조 분석결과를 반영하기 위해 산업현장 직무를 한국고용직업분류(KECO)에 부합하게 분류함
▸ 2022년 기준 : 대분류(24개), 중분류(81개), 소분류(269개), 세분류(1,064개)

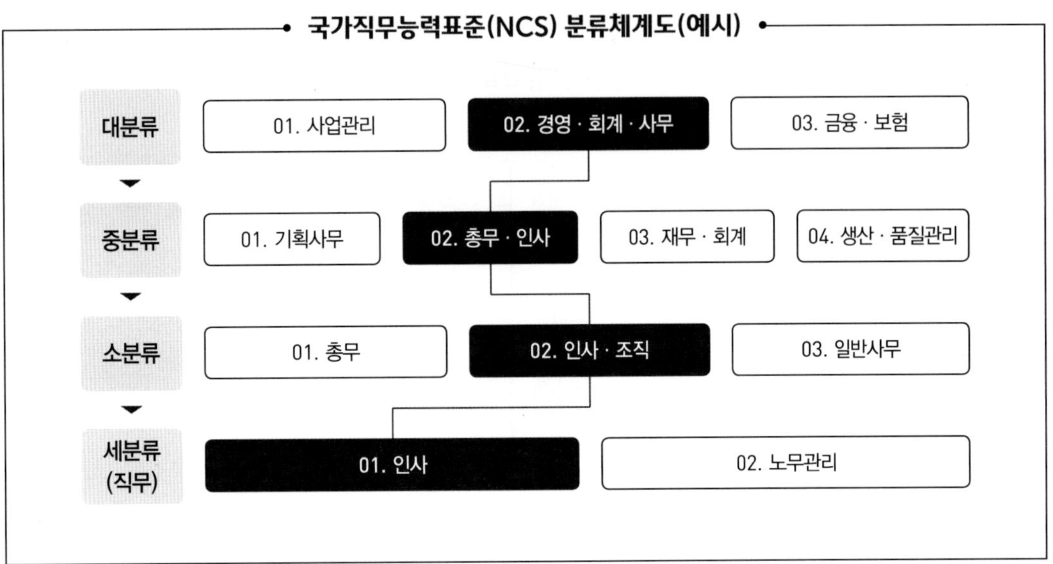

직업기초능력 영역

모든 직업인들에게 공통적으로 요구되는 기본적인 능력 10가지

❶ **의사소통능력** : 타인의 생각을 파악하고, 자신의 생각을 글과 말을 통해 정확하게 쓰거나 말하는 능력
❷ **수리능력** : 사칙연산, 통계, 확률의 의미를 정확하게 이해하는 능력
❸ **문제해결능력** : 문제 상황을 창조적이고 논리적인 사고를 통해 올바르게 인식하고 해결하는 능력
❹ **자기개발능력** : 스스로 관리하고 개발하는 능력
❺ **자원관리능력** : 자원이 얼마나 필요한지 파악하고 계획하여 업무 수행에 할당하는 능력
❻ **대인관계능력** : 사람들과 문제를 일으키지 않고 원만하게 지내는 능력
❼ **정보능력** : 정보를 수집, 분석, 조직, 관리하여 컴퓨터를 사용해 적절히 활용하는 능력
❽ **기술능력** : 도구, 장치를 포함하여 필요한 기술에 대해 이해하고 업무 수행에 적용하는 능력
❾ **조직이해능력** : 국제적인 추세를 포함하여 조직의 체제와 경영에 대해 이해하는 능력
❿ **직업윤리** : 원만한 직업생활을 위해 필요한 태도, 매너, 올바른 직업관

NCS 구성

능력단위

▶ 직무는 국가직무능력표준 분류의 세분류를 의미하고, 원칙상 세분류 단위에서 표준이 개발됨
▶ 능력단위는 국가직무능력표준 분류의 하위단위로, 국가직무능력 표준의 기본 구성요소에 해당되며 능력단위 요소(수행준거, 지식 · 기술 · 태도), 적용범위 및 작업상황, 평가지침, 직업기초능력으로 구성됨

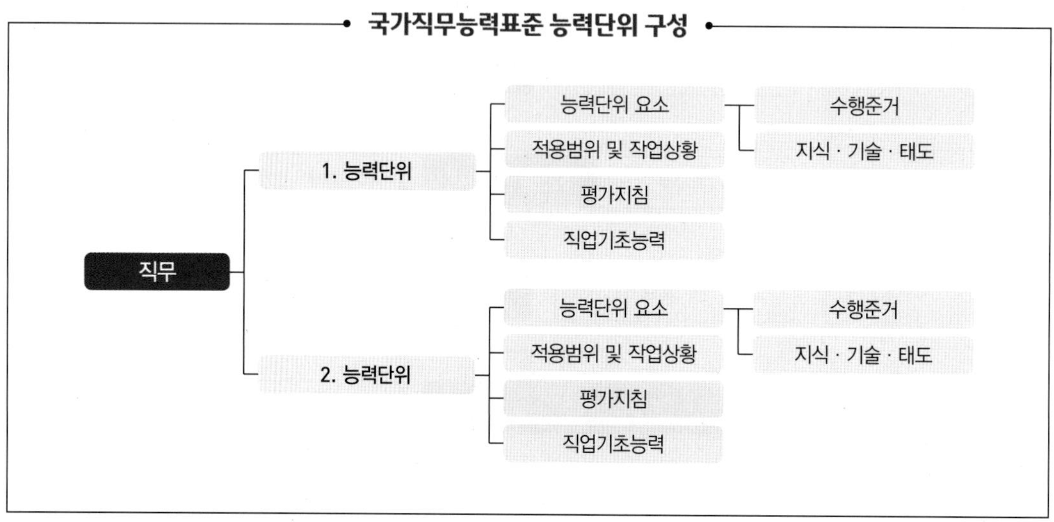

NCS의 활용

활동 유형	활용범위
채용 (블라인드 채용)	채용 단계에 NCS를 활용하여 NCS 매핑 및 직무분석을 통한 공정한 채용 프로세스 구축 및 직무 중심의 블라인드 채용 실현
재직자 훈련 (근로자 능력개발 지원)	NCS 활용 패키지의 '평생경력개발경로' 기반 사내 경력개발경로와 수준별 교육훈련 이수체계도 개발을 통한 현장직무 중심의 재직자 훈련 실시
배치 · 승진	현장직무 중심의 훈련체계와 배치 · 승진 · 체크리스트를 활용한 근로자 배치 · 승진으로 직급별 인재에 관한 회사의 기대와 역량 간 불일치 해소
임금 (직무급 도입)	NCS 기반 직무분석을 바탕으로 기존 관리직 · 연공급 중심의 임금체계를 직무급(직능급) 구조로 전환

D-1

시험 전 CHECK LIST

체크	리스트
☐	수험표를 출력하고 자신의 수험번호를 확인하였는가?
☐	수험표나 공지사항에 안내된 입실 시간 및 유의사항을 확인하였는가?
☐	신분증을 준비하였는가?
☐	컴퓨터용 사인펜 · 수정테이프 · 여분의 필기구를 준비하였는가?
☐	시험시간에 늦지 않도록 알람을 설정해 놓았는가?
☐	고사장 위치를 파악하고 교통편을 확인하였는가?
☐	고사장에서 볼 수 있는 자료집을 준비하였는가?
☐	인성검사에 대비하여 지원한 공사 · 공단의 인재상을 확인하였는가?
☐	확인 체크표의 × 표시한 문제를 한 번 더 확인하였는가?
☐	자신이 취약한 영역을 두 번 이상 학습하였는가?
☐	도서의 모의고사를 통해 자신의 실력을 확인하였는가?

D-DAY

시험 유의사항

체크	리스트
☐	시험 전 화장실을 미리 가야 한다.
☐	통신기기(휴대폰, 태플릿PC, 무선호출기, 스마트워치, 스마트밴드, 블루투스 이어폰 등)를 가방에 넣어야 한다.
☐	휴대폰의 전원을 꺼야 한다.
☐	시험 종료 후 시험지와 답안지는 제출해야 한다.

D+1

시험 후 CHECK LIST

체크	리스트
☐	시험 후기를 작성하였는가?
☐	상 · 하의와 구두를 포함한 면접복장이 준비되었는가?
☐	지원한 직무의 분석을 하였는가?
☐	단정한 헤어와 손톱 등 용모관리를 깔끔하게 하였는가?
☐	자신의 자기소개서를 다시 한 번 읽어보았는가?
☐	1분 자기소개를 준비하였는가?
☐	도서 내 면접 기출질문을 확인하였는가?
☐	자신이 지원한 직무의 최신 이슈를 정리하였는가?

NCS 문제 유형 소개

PSAT형

32 다음은 A~E리조트의 1박 기준 일반요금 및 회원할인율에 대한 자료이다. 이에 대한 〈보기〉 중 옳은 것을 모두 고르면?

〈비수기 및 성수기 일반요금(1박 기준)〉

(단위 : 천 원)

구분 \ 리조트	A	B	C	D	E
비수기	300	250	200	150	100
성수기	500	350	300	250	200

〈비수기 및 성수기 회원할인율(1박 기준)〉

(단위 : %)

구분	회원유형 \ 리조트	A	B	C	D	E
비수기 회원할인율	기명	50	45	40	30	20
	무기명	35	40	25	20	15
성수기 회원할인율	기명	35	30	30	25	15
	무기명	30	25	20	15	10

※ $[\text{회원할인율}(\%)]=\frac{(\text{일반요금})-(\text{회원요금})}{(\text{일반요금})}\times100$

〈보기〉

ㄱ. 리조트 1박 기준, 성수기 일반요금이 낮은 리조트일수록 성수기 무기명 회원요금이 낮다.
ㄴ. 리조트 1박 기준, B리조트의 회원요금 중 가장 비싼 값과 가장 싼 값의 차이는 125,000원이다.
ㄷ. 리조트 1박 기준, 각 리조트의 기명 회원요금은 성수기가 비수기의 2배를 넘지 않는다.
ㄹ. 리조트 1박 기준, 비수기 기명 회원요금과 비수기 무기명 회원요금 차이가 가장 작은 리조트는 성수기 기명 회원요금과 성수기 무기명 회원요금 차이도 가장 작다.

① ㄱ, ㄴ
② ㄱ, ㄷ
③ ㄷ, ㄹ
④ ㄱ, ㄴ, ㄹ
⑤ ㄴ, ㄷ, ㄹ

특징
▸ 대부분 의사소통능력, 수리능력, 문제해결능력을 중심으로 출제(일부 기업의 경우 자원관리능력, 조직이해능력을 출제)
▸ 자료에 대한 추론 및 해석 능력을 요구

출제 대행사
▸ 엑스퍼트컨설팅, 커리어넷, 태드솔루션, 한국행동과학연구소(행과연), 휴노 등

모듈형

04 **다음 대화 과정에서 B사원의 문제점으로 가장 적절한 것은?**

A사원 : 배송 지연으로 인한 고객의 클레임을 해결하기 위해서는 일단 입고된 상품을 먼저 배송하고, 추가 배송료를 부담하더라도 나머지 상품은 입고되는 대로 다시 배송하는 방법이 나을 것 같습니다.
B사원 : 글쎄요. A사원의 그간 업무 스타일로 보았을 때, 방금 제시한 그 처리 방법이 효율적일지 의문이 듭니다.

① 짐작하기　　② 판단하기
③ 조언하기　　④ 비위 맞추기
⑤ 대답할 말 준비하기

특징
- 이론 · 개념을 활용하여 푸는 유형
- 채용 기업 및 직무에 따라 NCS 직업기초능력평가 10개의 영역 중 선발하여 출제
- 기업의 특성을 고려한 직무 관련 문제를 출제
- 주어진 상황에 대한 판단 및 이론 적용을 요구

출제 대행사
- 인트로맨, 휴스테이션, ORP연구소 등

피듈형(PSAT형+모듈형)

29 **다음은 연도별 근로자 수 변화 추이에 관한 자료이다. 이에 대한 설명으로 옳지 않은 것은?**

〈연도별 근로자 수 변화 추이〉

(단위 : 천 명)

구분	전체	남성		여성	
			비중		비중
2017년	14,290	9,061	63.4%	5,229	36.6%
2018년	15,172	9,467	62.4%	5,705	37.6%
2019년	15,536	9,633	62.0%	5,902	38.0%
2020년	15,763	9,660	61.3%	6,103	38.7%
2021년	16,355	9,925	60.7%	6,430	39.3%

① 매년 남성 근로자 수가 여성 근로자 수보다 많다.

특징
- 기초 · 응용 모듈을 구분하여 푸는 유형
- 기초인지모듈과 응용업무모듈로 구분하여 출제
- PSAT형보다 난도가 낮은 편
- 유형이 정형화되어 있고, 유사한 유형의 문제를 세트로 출제

출제 대행사
- 사람인, 스카우트, 인크루트, 커리어케어, 트리피, 한국사회능력개발원 등

도서 200% 활용하기

01 고졸채용 기출복원문제로 최근 출제 경향 파악

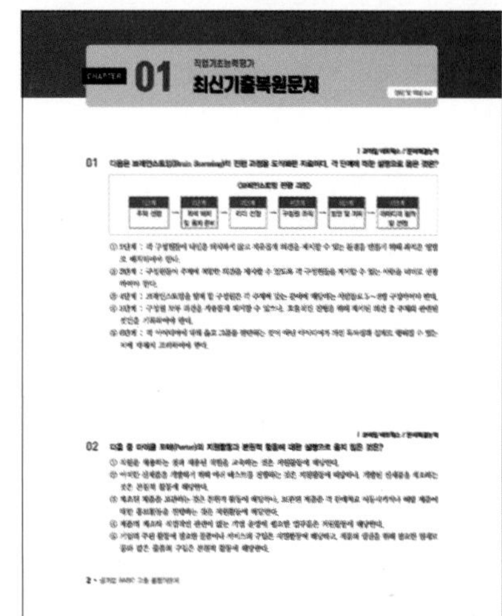

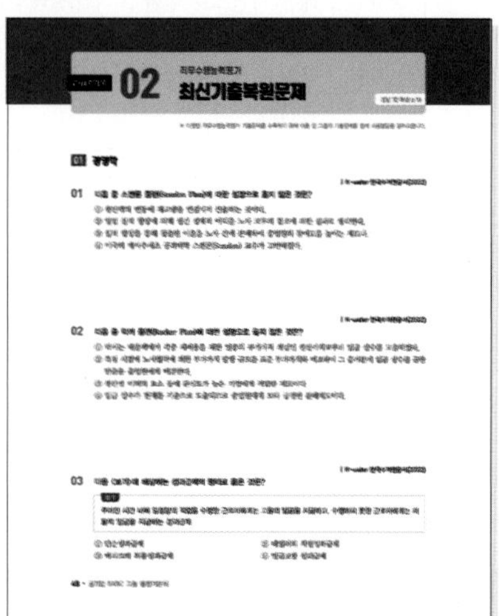

▶ 고졸 및 무기계약직의 채용을 진행한 기업의 NCS 및 전공(대졸 포함) 기출복원문제를 수록하여 최신 출제 경향을 파악할 수 있도록 하였다.

02 모듈이론 + 대표유형 적중문제 + 심화문제로 영역별 단계적 학습

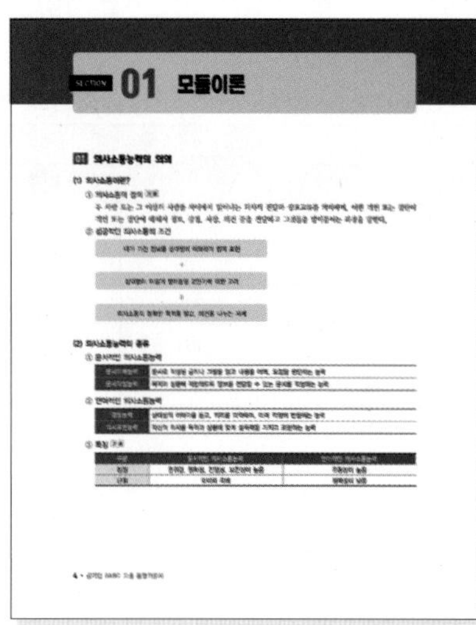

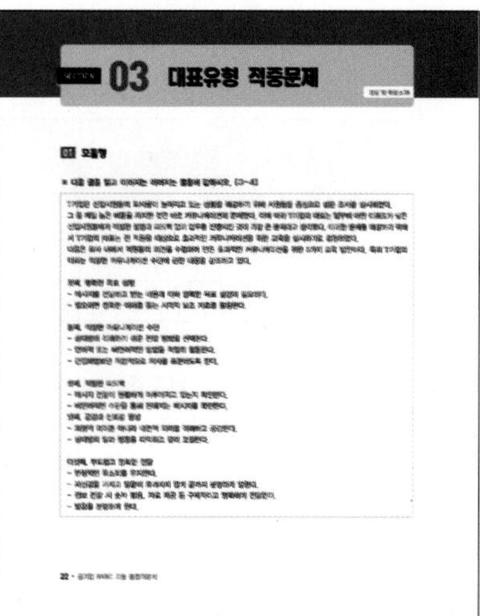

▶ NCS 출제 영역에 대한 모듈이론을 수록하여 NCS 문제에 대한 내용을 익히고 점검할 수 있도록 하였다.

▶ 모듈형 · 피듈형 · PSAT형 대표유형 적중문제 및 심화문제를 수록하여 NCS를 단계별로 학습할 수 있도록 하였다.

03 전공 핵심이론 + 적중예상문제로 전공 필기전형 완벽 대비

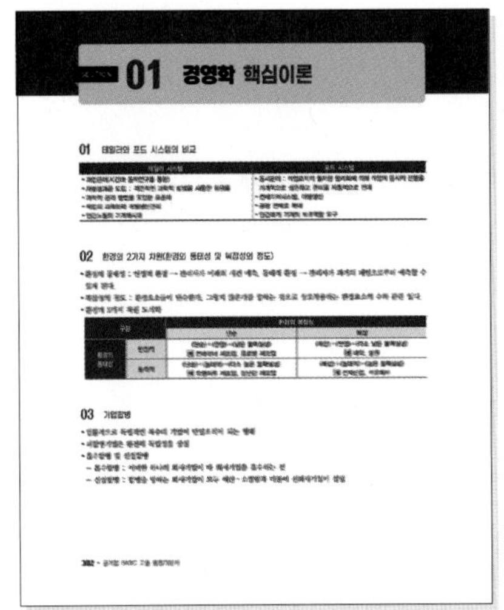

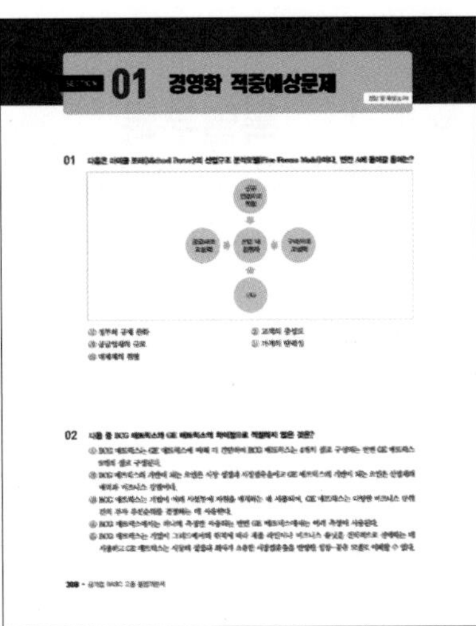

▶ 사무직(경영학 · 경제학) 및 기술직(전기일반 · 기계일반) 전공 핵심이론을 수록하여 각 전공별 중요 내용을 빈틈없이 점검할 수 있도록 하였다.

▶ 직렬별 전공 적중예상문제를 수록하여 효과적으로 학습할 수 있도록 하였다.

04 최종점검 모의고사 + OMR을 활용한 실전 연습

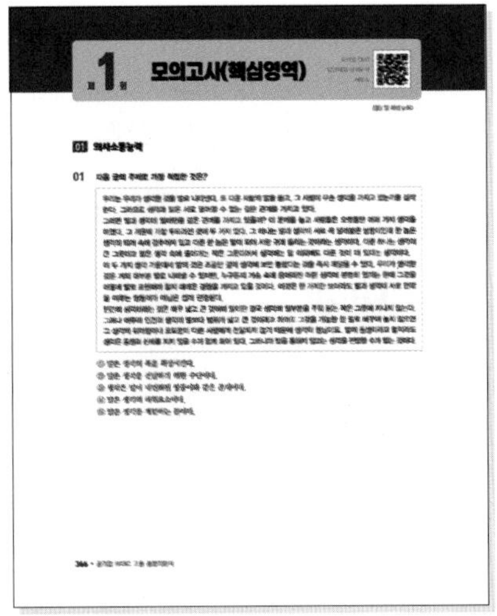

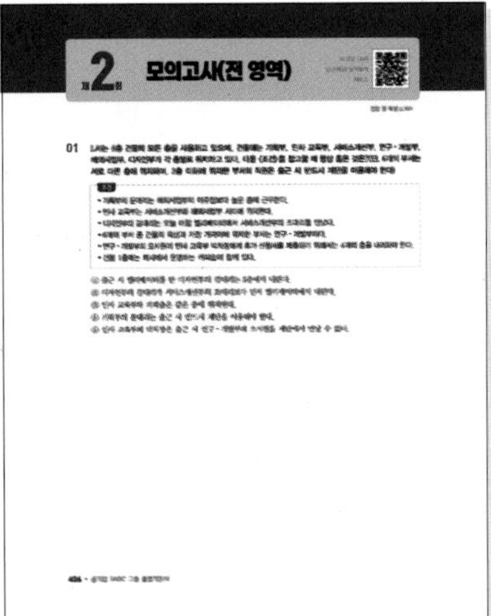

▶ 최종점검 모의고사(핵심영역 + 전 영역)와 OMR 답안카드, 모바일 OMR 답안분석 서비스를 통해 실제로 시험을 보는 것처럼 최종 마무리 연습을 할 수 있도록 하였다.

이 책의 차례

Add+ 특별부록

PART 1 직업기초능력평가

PART 2 직무수행능력평가

PART 3 최종점검 모의고사

PART 4 채용 가이드

별책 정답 및 해설

특별부록

고졸채용
최신기출복원문제

CHAPTER 01

직업기초능력평가

최신기출복원문제

정답 및 해설 p.2

| 코레일 네트웍스 / 문제해결능력

01 다음은 브레인스토밍(Brain Storming)의 진행 과정을 도식화한 자료이다. 각 단계에 대한 설명으로 옳은 것은?

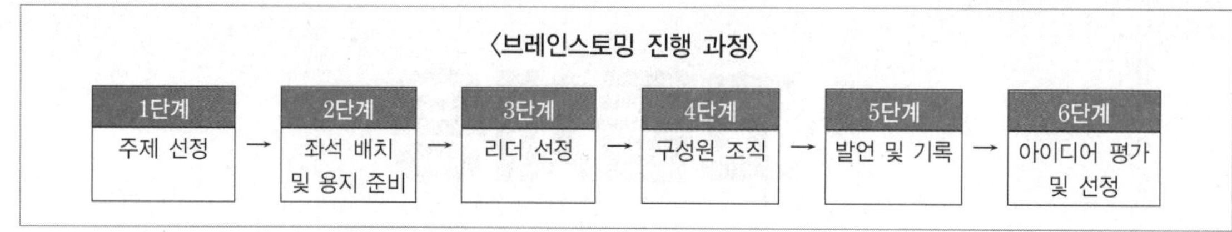

① 2단계 : 각 구성원들이 타인을 의식하지 않고 자유롭게 의견을 제시할 수 있는 환경을 만들기 위해 좌석은 일렬로 배치하여야 한다.

② 3단계 : 구성원들이 주제에 적합한 의견을 제시할 수 있도록 각 구성원들을 제지할 수 있는 사람을 리더로 선정하여야 한다.

③ 4단계 : 브레인스토밍을 함께 할 구성원은 각 주제에 맞는 분야에 해당하는 사람들로 5～8명 구성하여야 한다.

④ 5단계 : 구성원 모두 의견을 자유롭게 제시할 수 있으나, 효율적인 진행을 위해 제시된 의견 중 주제와 관련된 것만을 기록하여야 한다.

⑤ 6단계 : 각 아이디어에 대해 옳고 그름을 판단하는 것이 아닌 아이디어가 가진 독자성과 실제로 행해질 수 있는지에 대해서 고려하여야 한다.

| 코레일 네트웍스 / 문제해결능력

02 다음 중 마이클 포터(Michael E. Porter)의 지원 활동과 본원적 활동에 대한 설명으로 옳지 않은 것은?

① 직원을 채용하는 것과 채용된 직원을 교육하는 것은 지원 활동에 해당한다.

② 어떠한 신제품을 개발하기 위해 여러 테스트를 진행하는 것은 지원 활동에 해당하나, 개발된 신제품을 제조하는 것은 본원적 활동에 해당한다.

③ 제조된 제품을 보관하는 것은 본원적 활동에 해당하나, 보관된 제품을 각 판매처로 이동시키거나 해당 제품에 대한 홍보활동을 진행하는 것은 지원 활동에 해당한다.

④ 제품의 제조와 직접적인 관련이 없는 기업 운영에 필요한 업무들은 지원 활동에 해당한다.

⑤ 기업의 주된 활동에 필요한 물품이나 서비스의 구입은 지원 활동에 해당하고, 제품의 생산을 위해 필요한 원재료 등과 같은 물품의 구입은 본원적 활동에 해당한다.

03 다음 글의 〈상황〉을 통해 알 수 있는 B군의 갈등 해결 방법 유형은?

〈상황〉

A양은 최연소 팀장 타이틀을 달고 직장 내에서 인정을 받고 있는 직원이었다. 반대로 B군은 동기인 A양과 달리 업무능력도 낮았고 뚜렷한 성과도 없었기에 매번 진급 대상자에서 제외되고 있었다. 하지만 B군이 A양과 결혼하게 되자 사내에서 그를 보는 시선이 긍정적으로 바뀌기 시작했다. 처음에는 A양이 왜 B군과 결혼했는지 의아해하던 사람들이 B군을 주시하게 되자, 그동안 B군의 낮은 업무능력 탓에 가려진 B군의 성실성과 친화적인 성격의 장점들이 보이기 시작한 것이다. 하지만 얼마 뒤 두 부부에게 아이가 생겼고, 아이를 봐줄 조부모가 안 계신 두 사람은 둘 중 한 명이 육아휴직을 써야 하는 상황에 놓였다. 하지만 직장 내에서 인정받고 있는데다가 현재 진급 후보에 있는 A양은 육아휴직을 쓰고 싶지 않았고, 또 회사 분위기 역시 A양의 육아휴직을 달가워하지 않았다. 하지만 B군 역시 이제 막 인정받고 있는 이 상황에 육아휴직으로 전과 같이 돌아가고 싶진 않았다. 이와 같은 상황에 매일같이 두 사람이 갈등하게 되자 B군은 A양에게 간절히 호소하기에 이르렀다.
"당신은 이미 직장 내에서 인정받고 있으니, 육아휴직 후에 복귀해도 당신은 분명 잘 할 거고, 모두가 당신의 복귀를 환영할 거야. 하지만 나는 이제 막 인정받기 시작했는데 육아휴직을 쓰게 되면 나중에 복귀하더라도 지금보다 나아지지 않을 거야. 그리고 아직까진 사회적 분위기가 남자가 육아휴직 쓰는 것을 이해 못 하잖아. 여자인 당신이 육아휴직을 써줬으면 좋겠어. 내가 육아와 직장 모두 최선을 다할게."

① 회피형
② 경쟁형
③ 수용형
④ 타협형
⑤ 통합형

04 다음 〈보기〉의 설명이 나타내는 지각오류로 가장 적절한 것은?

보기

어떤 사람의 목소리에서 기분 좋은 느낌을 받았을 때, 그 사람의 얼굴이나 성격 등과 같이 목소리로 알 수 없는 부분에 대해서도 좋게 평가하는 오류를 범하게 되는 현상이다.

① 맥락효과
② 후광효과
③ 방어적 지각
④ 선택적 지각
⑤ 주관적 표준

05 다음 〈보기〉의 A～C사가 선택한 경영전략 유형을 순서대로 바르게 나열한 것은?

> 보기
>
> ㄱ. 환경에 대한 대중들의 관심이 높아짐에 따라, B사는 자사 제품의 용기를 전면 친환경 용기로 교체하였다.
> ㄴ. A사는 인건비 절약을 위해 일부 제조단계를 기계화하기로 결정하였다.
> ㄷ. 10·20대 남성의 색조 화장 비율이 매년 높아짐에 따라, C사는 남성 톤에 맞춘 색조화장품을 개발하여 올 초부터 판매하기 시작하였다.

	ㄱ	ㄴ	ㄷ
①	집중화 전략	원가우위 전략	차별화 전략
②	집중화 전략	차별화 전략	원가우위 전략
③	차별화 전략	집중화 전략	원가우위 전략
④	차별화 전략	원가우위 전략	집중화 전략
⑤	원가우위 전략	집중화 전략	차별화 전략

※ 다음 글을 읽고, 이어지는 질문에 답하시오. **[6~7]**

> 에이즈(AIDS; Acquired Immune Deficiency Syndrome)는 HIV(Human Immunodeficiency Virus), 즉 인체면역결핍 바이러스가 몸속에 침입하여 면역 세포를 파괴함으로써 체내의 면역 기능을 저하시키는 감염병이다. 그러나 HIV에 감염되어도 별다른 증상이 나타나지 않아 감염 사실을 알지 못하는 환자가 많다. 일반적으로 6주에서 12주 정도가 지나야 항체가 형성되는데, 항체가 형성되어야만 감염 여부를 검사할 수 있기 때문에 심각한 감염 증상이 발생한 후에야 에이즈로 진단되는 경우가 많다.
>
> 에이즈 감염자는 에이즈에 대한 편견과 오해로 사회 곳곳에서 차별을 당하고 있다. 에이즈는 음식을 같이 먹으면 감염된다거나 침이 묻어도 감염된다는 등의 소문으로 인해 감염성이 높은 질병이라는 인식이 강하다. 그러나 음식에 들어간 HIV는 생존할 수 없으며, 땀이나 침에는 극히 소량의 HIV가 들어있어 상대방의 체내로 들어간다 해도 감염을 일으키기는 어렵다. 에이즈에 걸리려면 충분한 양의 HIV가 체내로 들어와야 하므로 일상적인 신체 접촉으로는 감염되지 않는다.
>
> 그렇다면 에이즈에 걸리면 곧 죽게 될까? 사실 에이즈에 걸린다고 해서 금방 사망에 이르지는 않는다. HIV에 감염된 후 아무런 치료를 받지 않더라도 사망에 이르기까지는 약 10～12년이 걸린다. 게다가 의학의 발달로 새로운 치료제가 계속 개발되고 있어 꾸준히 치료한다면 30년 이상 생존할 수 있다. 과거에는 에이즈가 원인도 알 수 없는 불치병이었으나, 지금은 약물로 치료하면 증상이 개선될 수 있는 질병이 되었다. 1991년에 에이즈 감염 사실을 공개한 미국의 프로농구 선수 매직 존슨은 지금까지도 정상적인 삶을 살고 있다.

06 다음 중 글에 대한 설명으로 옳은 것은?

① 에이즈는 면역계의 결함으로 인해 나타나는 선천성 질환이다.
② HIV에 감염되더라도 항체가 형성되기 전이라면 별다른 증상이 나타나지 않는다.
③ HIV는 음식에 들어가 생존할 수 없으나, 인체의 체액 내에서는 생존할 수 있다.
④ 에이즈는 악수를 통해서도 전염될 수 있으므로 직접적인 접촉은 피하는 것이 좋다.
⑤ 의학의 발달로 에이즈를 완치할 수 있는 치료제들이 계속 개발되고 있다.

07 다음 〈보기〉를 참고할 때, 글쓴이가 주장할 내용으로 가장 적절한 것은?

> 보기
>
> 정부가 국민들을 대상으로 실시한 설문 조사 결과, 국민들은 에이즈(AIDS)에 대해 '불치병', '죽음' 등 부정적으로 인식하는 경우가 많은 것으로 나타났다. 그러나 실제 응답자 중 주변에서 에이즈 감염인을 본 적이 있다는 답변은 0.6%에 불과하여 에이즈에 대한 잘못된 인식은 미디어를 통해 간접 경험한 낙인이 내면화된 것으로 보인다.

① 에이즈 환자는 자신의 감염 사실을 주변에 적극적으로 알려야 한다.
② 주기적인 검진을 통해 병을 조기에 발견한다면 건강을 지킬 수 있다.
③ 에이즈에 감염된 채 살아가야 하는 환자의 삶을 존중해야 한다.
④ 에이즈 치료제를 개발하기 위한 연구에 보다 많은 투자가 필요하다.
⑤ 에이즈를 다루고 있는 미디어에 대한 보다 검증적인 시각이 필요하다.

08 다음 중 밑줄 친 ㉠과 ㉡의 관계와 다른 것은?

> 제천시의 산채건강마을은 산과 하천이 어우러진 전형적인 산촌으로, 돌과 황토로 지은 8개 동의 전통 ㉠ 가옥 펜션과 한방 명의촌, 한방주 체험관, 황토 게르마늄 구들 찜질방, 약용 식물원 등의 시설을 갖추고 있다.
> 산채건강마을의 한방주 체험관에서는 전통 가양주를 만들어 보는 체험을 할 수 있다. 체험객들은 개인의 취향대로 한약재를 골라 넣어 가양주를 담그고, 자신이 직접 담근 가양주는 ㉡ 집으로 가져갈 수 있다.

① 친구(親舊) : 벗
② 수확(收穫) : 벼
③ 금수(禽獸) : 짐승
④ 계란(鷄卵) : 달걀
⑤ 주인(主人) : 임자

09 **다음 밑줄 친 ㉠~㉤ 중 단어의 사용이 적절하지 않은 것은?**

> 서울시는 '공동주택 공동체 활성화 공모 사업' 5년 차를 맞아 아파트 단지의 ㉠ 자생력(自生力)을 강화하도록 지원 내용을 변경할 예정이다. 기존에는 사업비 자부담률이 지원 연차와 관계없이 일괄적으로 적용되었지만, 앞으로는 연차에 따라 ㉡ 차등(次等) 적용된다. 한편, 서울시는 한 해 동안의 공동체 활성화 사업의 성과와 우수사례를 소개하고 공유하는 '공동주택 공동체 활성화 사업 우수사례발표회'를 개최하고 있다. 지난해 개최된 발표회에서는 심사를 거쳐 ㉢ 엄선(嚴選)된 우수단지의 사례를 발표한 바 있다. 올해도 이웃 간 소통과 교류를 통해 아파트 공동체를 회복하고 각종 생활 불편들을 자발적으로 해결해나가는 방안을 ㉣ 도출(導出)하여 '살기 좋은 아파트 만들기 문화'를 확산해 나갈 예정이다. 서울시 관계자는 "공동주택이라는 주거 공동체가 공동체 활성화 사업을 통해 ㉤ 지속적(持續的)으로 교류하고 소통할 수 있도록 적극적으로 지원해나가겠다."고 말했다.

① ㉠
② ㉡
③ ㉢
④ ㉣
⑤ ㉤

10 **다음 글의 빈칸 ㉠~㉣에 들어갈 단어를 순서대로 바르게 나열한 것은?**

> 시중에 판매 중인 손 소독제 18개 제품을 수거해 에탄올 ___㉠___의 표준 제조 기준 검사를 실시한 결과, 식약처 표준 제조 기준에 미달하는 제품 7개를 적발하였다. 이들 제품 중에는 변경 허가 없이 다른 소독제 ___㉡___을 섞거나 ___㉢___에 물을 혼합해 생산한 제품도 있었다. 식약처 의약외품 표준 제조 기준에 의하면 손 소독제는 54.7~70%의 에탄올을 ___㉣___해야 한다.

	㉠	㉡	㉢	㉣
①	함량	성분	원료	함유
②	함량	성분	원료	내재
③	함량	성질	원천	내재
④	분량	성질	원천	함유
⑤	분량	성분	원천	함유

※ 다음 글을 읽고 이어지는 질문에 답하시오. [11~12]

(가) 사실 19세기 중엽에는 전화 발명에 대한 관심이 뜨거웠으며, 많은 사람들이 이에 대해 도전하곤 했다. 때문에 한 개인이 전화를 발명했다기보다 여러 사람이 전화 탄생에 기여했다고 말할 수 있다. 하지만 결국 최초의 공식 특허를 받은 사람은 벨이며, 벨이 만들어낸 전화 시스템은 지금도 세계 통신망에 단단히 뿌리를 내리고 있다.

(나) 그러나 벨의 특허와 관련된 수많은 소송은 무치의 죽음, 벨의 특허권 만료와 함께 종료되었다. 그레이와 벨의 특허 소송에서도 벨은 모두 무혐의 처분을 받았고, 1887년 재판에서 전화의 최초 발명자는 벨이라는 판결이 났다. 그레이가 전화의 가능성을 처음 인지한 것은 사실이지만, 전화를 완성하기 위한 후속 조치를 취하지 않았다는 것이었다.

(다) 하지만 벨이 특허를 받은 이후 누가 먼저 전화를 발명했는지에 대해 치열한 소송전이 이어졌다. 여기에는 그레이를 비롯하여 안토니오 무치 등 많은 사람이 관련돼 있었다. 특히 무치는 1871년 전화에 대한 임시특허를 신청하였지만, 돈이 없어 정식 특허로 신청하지 못했다. 2002년 미국 하원 의회에서는 무치가 10달러의 돈만 있었다면 벨에게 특허가 부여되지 않았을 것이라며 무치의 업적을 인정하기도 했다.

(라) 알렉산더 그레이엄 벨은 전화를 처음 발명한 사람으로 알려져 있다. 1876년 2월 14일 벨은 설계도와 설명서를 바탕으로 전화에 대한 특허를 신청했고, 같은 날 그레이도 전화에 대한 특허 신청서를 제출했다. 1876년 3월 7일 미국 특허청은 벨에게 전화에 대한 특허를 부여했다.

| LH한국토지주택공사(업무직) / 의사소통능력

11 다음 중 (가) ~ (라) 문단을 논리적 순서대로 바르게 나열한 것은?

① (가) – (라) – (다) – (나)
② (가) – (다) – (라) – (나)
③ (라) – (가) – (다) – (나)
④ (라) – (나) – (가) – (다)
⑤ (라) – (다) – (나) – (가)

| LH한국토지주택공사(업무직) / 의사소통능력

12 다음 중 윗글의 내용으로 가장 적절한 것은?

① 법적으로 전화를 처음으로 발명한 사람은 벨이다.
② 그레이는 벨보다 먼저 특허 신청서를 제출했다.
③ 무치는 1871년 전화에 대한 정식 특허를 신청하였다.
④ 현재 세계 통신망에는 그레이의 전화 시스템이 사용되고 있다.
⑤ 그레이는 전화의 가능성을 인지하지 못하였다.

※ 다음 글을 읽고 이어지는 질문에 답하시오. [13~14]

변혁적 리더십은 리더가 조직 구성원의 사기를 고양하기 위해 미래의 비전과 공동체적 사명감을 강조하고, 이를 통해 조직의 장기적 목표를 달성하는 것을 핵심으로 한다. 거래적 리더십이 협상과 교환을 통해 구성원의 동기를 부여한다면, 변혁적 리더십은 구성원의 변화를 통해 동기를 부여하고자 한다. 또한 거래적 리더십은 합리적 사고와 이성에 호소하는 반면, 변혁적 리더십은 감정과 정서에 호소하는 측면이 크다.

이러한 변혁적 리더십은 조직의 합병을 주도하고 신규 부서를 만들어 내며, 조직문화를 창출해 내는 등 조직 변혁을 주도하고 관리한다. 따라서 오늘날 급변하는 환경과 조직의 실정에 적합한 리더십 유형으로 주목받고 있다. 변혁적 리더는 주어진 목적의 중요성과 의미에 대한 구성원의 인식 수준을 제고시키고, 개인적 이익을 넘어서 구성원 자신과 조직 전체의 이익을 위해 일하도록 만든다. 그리고 구성원의 욕구 수준을 상위 수준으로 끌어올림으로써 구성원을 근본적으로 변혁시킨다. 즉, 거래적 리더십을 발휘하는 리더는 구성원에게서 기대되었던 성과만을 얻어내지만, 변혁적 리더는 ______________

변혁적 리더가 변화를 이끌어내는 전문적 방법의 하나는 카리스마와 긍정적인 행동 양식을 보여주는 것이다. 이를 통해 리더는 구성원들의 신뢰와 충성심을 얻을 수 있다. 조직의 비전을 구체화하여 알려주고 어떻게 목표를 달성할 것인지를 설명해 주거나 높은 윤리적 기준으로 모범이 되는 것도 좋은 방법이 된다.

지속적으로 구성원의 동기를 부여하는 것도 매우 중요하다. 팀워크를 장려하고, 조직의 비전을 구체화하여 개인의 일상 업무에도 의미를 부여할 수 있도록 해야 한다. 변혁적 리더는 구성원이 조직의 중요한 부분이 될 수 있도록 노력하게 만드는 데에 초점을 둔다. 따라서 높지만 달성 가능한 목표를 세워 구성원의 생산력을 향상시키고, 구성원에게는 성취 경험을 제공하여 그들이 계속 성장할 수 있도록 만들어야 한다.

현재 상황에 대한 의문은 새로운 변화를 일어나게 한다. 변혁적 리더는 구성원들의 지적 자극을 불러일으켜 조직의 이슈에 대해 적극적으로 관심을 갖도록 만들며, 이를 통해서 참신한 아이디어와 긍정적인 변화가 일어날 수 있도록 한다.

변혁적 리더는 개개인의 관점을 소홀히 생각하지 않는다. 각각의 구성원들을 독특한 재능, 기술 등을 보유한 독립된 개인으로 인지한다. 리더가 구성원들을 개개인으로 인지하게 되면 그들의 능력에 적합한 역할을 부여할 수 있으며, 구성원들 역시 개인적인 목표를 용이하게 달성할 수 있게 된다. 따라서 리더는 각 구성원의 소리에 귀 기울이고, 구성원 개개인에게 관심을 표현해야 한다.

| LH한국토지주택공사(업무직) / 의사소통능력

13 다음 중 빈칸에 들어갈 내용으로 가장 적절한 것은?

① 개개인의 성과를 얻어낼 수 있다.
② 구체적인 성과를 얻어낼 수 있다.
③ 기대 이상의 성과를 얻어낼 수 있다.
④ 참신한 아이디어도 함께 얻어낼 수 있다.
⑤ 구성원들의 신뢰도 함께 얻어낼 수 있다.

14 다음 중 글의 내용으로 가장 적절한 것은?

① 변혁적 리더는 구성원의 합리적 사고와 이성에 호소한다.
② 변혁적 리더는 구성원의 변화를 통해 동기를 부여하고자 한다.
③ 변혁적 리더는 구성원이 자신과 조직 전체의 이익을 위해 일하도록 한다.
④ 변혁적 리더는 구성원에게 카리스마와 긍정적 행동 양식을 보여준다.
⑤ 변혁적 리더는 구성원 개개인에게 관심을 표현한다.

15 다음 글의 밑줄 친 단어와 의미가 유사한 것은?

> 흑사병은 페스트균에 의해 발생하는 급성 열성 감염병으로, 쥐에 기생하는 벼룩에 의해 사람에게 전파된다. 국가위생건강위원회의 자료에 따르면 중국에서는 최근에도 <u>간헐적</u>으로 흑사병 확진 판정이 나온 바 있다. 지난 2014년에는 중국 북서부에서 38살의 남성이 흑사병으로 목숨을 잃었으며, 2016년과 2017년에도 각각 1건씩 발병 사례가 확인됐다.

① 근근이
② 자못
③ 이따금
④ 빈번히
⑤ 흔히

16 다음 자료를 바탕으로 '한국인의 수면 시간과 수면의 질'에 대한 글을 쓸 때, 주제로 적절하지 않은 것은?

> 현대인들이 부족한 잠으로 인해 만성 피로를 겪고 있다. 성인 평균 권장 수면 시간은 7 ~ 8시간이지만 이를 지키는 이들은 우리나라 성인 기준 단 4%에 불과하다. 2016년 국가별 일 평균 수면시간 조사에 따르면, 한국인의 하루 평균 수면 시간은 7시간 41분으로 OECD 18개 회원국 중 최하위를 기록했다. 또한, 직장인의 수면시간은 이보다도 짧은 6시간 6분으로 권장 수면시간에 2시간 가까이 부족한 수면 시간으로 현대인 대부분이 수면 부족에 시달린다 해도 과언이 아닐 정도이다.
> 수면시간 총량이 적은 것도 문제지만 더 심각한 점은 '어떻게 잘 잤는지', 즉 수면의 질 또한 높지 않다는 것이다. 수면장애 환자는 '단순히 일이 많아서', 또는 '잠버릇 때문에' 발생한 일시적인 가벼운 증상 정도로 여기는 사회적 분위기를 감안하면 실제 더 많을 것으로 추정된다. 특히 대표적인 수면장애인 '수면무호흡증'은 피로감 불안감 우울감은 물론 고혈압・당뇨병과 심혈관질환・뇌졸중까지 다양한 합병증을 유발할 수 있다는 점에서 진단과 치료가 요구된다.

① 수면의 질을 높이는 방법
② 수면 마취제의 부작용
③ 숙면에 도움을 주는 식품
④ 수면 장애의 종류와 예방법
⑤ 수면 시간과 건강의 상관관계

| LH한국토지주택공사(업무직) / 의사소통능력

17 다음 제시문의 밑줄 친 단어와 의미가 같은 것은?

> 잡지에서 처음 보는 단어를 발견했다.

① 교차로를 건널 때에는 신호등을 잘 보고 건너야 한다.
② 소년의 사정을 보니 딱하게 되었다.
③ 그는 연극을 보는 재미로 극장에서 일한다.
④ 그녀는 아이를 봐 줄 사람을 구하였다.
⑤ 장맛을 보면 그 집의 음식 솜씨를 알 수 있다.

| LH한국토지주택공사(업무직) / 의사소통능력

18 다음 글의 밑줄 친 단어와 바꿔 사용할 수 있는 것은?

> 최저임금법 시행령 제5조 제1항 제2호 및 제3호는 주 단위 또는 월 단위로 지급된 임금에 대해 1주 또는 월의 소정근로시간 수로 나눈 금액을 시간에 대한 임금으로 규정하고 있다. 그러나 최저임금 산정을 위한 소정근로시간 수에 대해 고용노동부와 대법원의 해석이 어긋나 눈길을 끈다. 고용노동부는 소정근로시간에 유급주휴시간을 포함하여 계산하여, 통상임금 산정기준 근로시간 수와 동일하게 본 반면, 대법원은 최저임금 산정을 위한 소정근로시간 수에 유급주휴시간을 제외하고 산정하였다.

① 배치되어
② 도치되어
③ 대두되어
④ 전도되어
⑤ 발생되어

19 다음 중 글의 내용으로 적절하지 않은 것은?

> 스마트폰, 태블릿 등의 각종 스마트기기가 우리 생활 속으로 들어옴에 따라 회사에 굳이 출근하지 않아도 업무 수행이 가능해졌다. 이에 따라 기업들은 일하는 시간과 공간에 제약이 없는 유연근무제를 통해 업무 생산성을 향상시켜 경쟁력을 키워가고 있다. 유연근무제는 근로자와 사용자가 근로시간이나 근로 장소 등을 선택·조정하여 일과 생활을 조화롭게(Work－Life Balance) 하고, 인력 활용의 효율성을 높일 수 있는 제도를 말한다.
> 젊은 인재들은 승진이나 금전적 보상과 같은 전통적인 동기부여 요소보다 조직으로부터의 인정, 성장 기회, 업무에 대한 자기 주도성, 일과 삶의 균형 등에서 더 큰 몰입과 충성도를 느낀다. 결국 유연근무제는 그 자체만으로도 큰 유인 요소로 작용할 수 있다.
> 유연근무제는 시차출퇴근제, 선택근무제, 재량근무제, 원격근무제, 재택근무제 등의 다양한 형태로 운영될 수 있다. 시차출퇴근제는 주5일, 1일 8시간, 주당 40시간이라는 기존의 소정근로시간을 준수하면서 출퇴근 시간을 조정할 수 있다. 선택근무제 역시 출퇴근 시간을 근로자가 자유롭게 선택할 수 있으나, 시차출퇴근제와 달리 1일 8시간이라는 근로시간에 구애받지 않고 주당 40시간의 범위 내에서 1일 근무시간을 자율적으로 조정할 수 있다. 선택근무제는 기업 상황과 여건에 따라 연구직, 일반 사무관리직, 생산직 등 다양한 직무에 도입할 수 있으나, 근로시간이나 근로일에 따라 업무량의 편차가 발생할 수 있으므로 업무 조율이 가능한 소프트웨어 개발, 사무관리, 연구, 디자인, 설계 등의 직무에 적용이 용이하다.
> 재량근무제는 근로시간 및 업무수행 방식을 근로자 스스로 결정하여 근무하는 형태로, 고도의 전문 지식과 기술이 필요하여 업무수행 방법이나 시간 배분을 업무수행자의 재량에 맡길 필요가 있는 분야에 적합하다. 재량근무제 적용이 가능한 업무는 신기술의 연구개발이나 방송 프로그램·영화 등의 감독 업무 등 법으로 규정되어 있으므로 그 외의 업무는 근로자와 합의하여도 재량근무제를 실시할 수 없다.
> 원격근무제는 주1일 이상 원격근무용 사무실이나 사무실이 아닌 장소에서 모바일 기기를 이용하여 근무하는 형태로, 크게 위성 사무실형 원격근무와 이동형 원격근무 두 가지 유형으로 구분할 수 있다. 위성 사무실형 원격근무는 주거지, 출장지 등과 가까운 원격근무용 사무실에 출근하여 근무하는 형태로, 출퇴근 거리 감소와 업무 효율성 증진의 효과를 얻을 수 있다. 이동형 원격근무는 사무실이 아닌 장소에서 모바일 기기를 이용하여 장소적 제약 없이 근무하는 형태로, 현장 업무를 신속하게 처리하고 메일이나 결재 처리를 단축시킬 수 있다는 장점이 있다. 원격근무제는 재량근무제와 달리 적용 가능한 직무의 제한을 두지 않으나, 위성 사무실형 원격근무는 개별적·독립적으로 업무수행이 가능한 직무에, 이동형 원격근무는 물리적 작업공간이 필요하지 않는 직무에 용이하다.
> 마지막으로 재택근무제는 근로자가 정보통신기술을 활용하여 자택에 업무공간을 마련하고, 업무와 필요한 시설과 장비를 구축한 환경에서 근무하는 형태로, 대부분의 근무를 재택으로 하는 상시형 재택근무와 일주일 중 일부만 재택근무를 하는 수시형 재택근무로 구분할 수 있다.

① 시차출퇴근제는 반드시 하루 8시간의 근무 형태로 운영되어야 한다.
② 선택근무제는 반드시 주5일의 근무 형태로 운영되어야 한다.
③ 일반 사무 업무에서는 근로자와 사용자가 합의하여도 재량근무제를 운영할 수 없다.
④ 현장에서 직접 처리해야 하는 업무가 많은 직무라면 이동형 원격근무제를 운영할 수 있다.
⑤ 근로자를 일주일 중 며칠만 자택에서 근무하게 하더라도 재택근무를 운영하고 있다고 볼 수 있다.

20 다음 한국산업인력공단의 임직원행동강령을 참고할 때, 〈보기〉에 대한 설명으로 옳은 것은?

〈임직원행동강령〉

제25조 금품 등의 수수(收受) 금지

① 임직원은 직무 관련 여부 및 기부·후원·증여 등 그 명목에 관계없이 동일인으로부터 1회에 100만 원 또는 매 회계연도에 300만 원을 초과하는 금품 등을 받거나 요구 또는 약속해서는 아니 된다.

② 임직원은 직무와 관련하여 대가성 여부를 불문하고 제1항에서 정한 금액 이하의 금품 등을 받거나 요구 또는 약속해서는 아니 된다.

③ 제37조의 외부강의 등에 관한 사례금 또는 다음 각호의 어느 하나에 해당하는 금품 등은 제1항 또는 제2항에서 수수(收受)를 금지하는 금품 등에 해당하지 아니한다.

1. 공공기관의 장이 소속 임직원이나 파견 임직원에게 지급하거나 상급자가 위로·격려·포상 등의 목적으로 하급자에게 제공하는 금품 등
2. 원활한 직무수행 또는 사교·의례 또는 부조의 목적으로 제공되는 음식물·경조사비·선물 등으로서 별표 2-2에서 정하는 가액 범위 안의 금품 등
3. 사적 거래(증여는 제외한다)로 인한 채무의 이행 등 정당한 권원(權原)에 의하여 제공되는 금품 등
4. 임직원의 친족(민법 제777조에 따른 친족을 말한다)이 제공하는 금품 등
5. 임직원과 관련된 직원상조회·동호인회·동창회·향우회·친목회·종교단체·사회단체 등이 정하는 기준에 따라 구성원에게 제공하는 금품 등 및 그 소속 구성원 등 임직원과 특별히 장기적·지속적인 친분관계를 맺고 있는 자가 질병·재난 등으로 어려운 처지에 있는 임직원에게 제공하는 금품 등
6. 임직원의 직무와 관련된 공식적인 행사에서 주최자가 참석자에게 통상적인 범위에서 일률적으로 제공하는 교통, 숙박, 음식물 등의 금품 등
7. 불특정 다수인에게 배포하기 위한 기념품 또는 홍보용품 등이나 경연·추첨을 통하여 받는 보상 또는 상품 등
8. 그 밖에 사회상규(社會常規)에 따라 허용되는 금품 등

… (중략) …

제51조 위반 여부에 대한 상담

① 임직원은 알선·청탁, 직무권한 등을 행사한 부당행위, 금품 등의 수수, 외부강의 등의 사례금 수수, 경조사의 통지, 감독기관의 부당한 요구 등에 대하여 이 강령을 위반했는지가 분명하지 아니할 때에는 행동강령책임자와 상담한 후 처리하여야 하며, 행동강령책임자는 별지 제19호 서식에 따라 상담내용을 관리하여야 한다.

② 소속기관의 장은 제1항의 규정에 의한 상담이 원활하게 이루어질 수 있도록 전용 전화·상담실 설치 등 필요한 조치를 취하여야 한다.

제52조 위반행위의 신고 및 확인

① 누구든지 임직원이 이 강령을 위반한 사실을 알게 되었을 때에는 행동강령책임자나 소속기관의 장 또는 이사장, 국민권익위원회에 신고할 수 있다.

② 제1항에 따라 신고하는 자는 별지 제20호 서식에 의하여 본인과 위반자의 인적사항과 위반내용을 구체적으로 제시해야 한다.

③ 행동강령책임자는 제1항에 따라 신고된 위반행위를 확인한 후 해당 임직원으로부터 받은 소명자료를 첨부하여 소속기관의 장에게 보고하여야 한다.

<table>
<caption>〈금품 등 수수(授受) 금지 위반 징계양정기준〉</caption>
<tr><th>비위 유형</th><th>수수행위 \ 금액</th><th>100만 원 미만</th><th>100만 원 이상 200만 원 미만</th><th>200만 원 이상 500만 원 미만</th><th>500만 원 이상</th></tr>
<tr><td rowspan="2">직무와 직접적인 관계없이 금품 등을 직무관련자 또는 직무관련공무원으로부터 받거나 직무관련공무원에게 제공한 경우</td><td>수동</td><td>감봉 · 정직 · 강등</td><td>강등 · 면직 · 파면</td><td>면직 · 파면</td><td>파면</td></tr>
<tr><td>능동</td><td>정직 · 강등 · 면직</td><td>면직 · 파면</td><td colspan="2">파면</td></tr>
<tr><td rowspan="2">직무와 직접 관련하여 금품 등을 수수하였으나, 위법 · 부당한 처분을 하지 아니한 경우</td><td>수동</td><td>정직 · 강등 · 면직</td><td>면직 · 파면</td><td colspan="2">파면</td></tr>
<tr><td>능동</td><td>강등 · 면직 · 파면</td><td colspan="3">파면</td></tr>
<tr><td rowspan="2">직무와 직접 관련하여 금품 등을 수수하고, 위법 · 부당한 처분을 한 경우</td><td>수동</td><td>강등 · 면직 · 파면</td><td colspan="3">파면</td></tr>
<tr><td>능동</td><td>면직 · 파면</td><td colspan="3">파면</td></tr>
</table>

보기

한국산업인력공단에 근무 중인 김대리는 하청 업체 이사장에게 요청하여 220만 원 상당의 금품을 수수하였고, 이와 같은 사실을 상급자인 박부장이 알게 되었다.

① 김대리가 받은 금품은 한도액을 초과하지 않으므로 김대리는 아무런 처벌을 받지 않는다.
② 김대리는 직무관련자로부터 금품을 받았으나, 위법한 처분을 하지 않았으므로 감봉 처분을 받게 된다.
③ 김대리는 직무관련자로부터 금품을 받았으므로 파면 처분을 받게 된다.
④ 이사장은 직무와 관련하여 김대리에게 금품을 제공하였으므로 더 이상 공단과 관련된 업무를 수행할 수 없다.
⑤ 박부장은 행동강령책임자와 먼저 상담한 후에 국민권익위원회에 김대리의 위반 행위를 신고할 수 있다.

| 한국산업인력공단 6급 / 의사소통능력

21 다음 중 결재에 대한 설명으로 옳지 않은 것은?

① 안건에 따라서는 상위자가 직접 기안하거나 처리지침을 지시할 수 있다.
② 보조 기관의 명의로 발신하는 문서는 보조 기관의 결재를 받아야 한다.
③ 전결이란 결재권자가 결재할 수 없을 때 그 직무를 대리하는 자가 행하는 결재를 의미한다.
④ 대결한 문서 중 내용이 중요하다고 판단되는 문서는 결재권자에게 사후에 보고하여야 한다.
⑤ 결재받은 문서의 일부분을 수정할 때에는 수정한 내용대로 재작성하여 결재를 받아야 한다.

22 다음 한국산업인력공단의 인사규정을 참고할 때, 승진 대상자에 해당하는 사람은?(단, A ~ E는 모두 동일 직렬에 근무하였다)

제28조(승진)

① 직원을 승진 임용할 때에는 동일 직렬의 바로 하위직급에 재직하는 직원을 제37조의 직원평가방법에 의하여 작성한 승진후보자 명부를 기초로 하여야 한다.

② 직원 중 근무성적 또는 근무수행능력이 특히 우수하거나 공단발전에 현저한 공적이 있다고 인정되는 직원에 대하여는 제29조에도 불구하고 본부 각 국(실)장, 부설기관장 또는 소속기관장의 추천을 받아 중앙인사위원회 심의를 거쳐 특별승진 임용할 수 있다.

③ 승진에 관하여 필요한 사항은 이사장이 따로 정하는 바에 의한다.

제29조(승진 소요 최저 연수)

① 직원이 승진함에 있어서는 공단 발족 이후 다음 각호의 기간 당해 직급에 재직하여야 한다.

1. 일반직, 출제연구직 2급 4년 이상
2. 일반직, 출제연구직, 상시검정직 3급 3년 이상
3. 일반직, 출제연구직, 상시검정직 4급 2년 이상
4. 일반직, 상시검정직 5급 2년 이상
5. 일반직, 상시검정직 6급 2년 이상

② 제1항에 따라 승진 소요 기간을 계산함에 있어서는 징계처분 기간 및 제30조의 승진임용 제한 기간은 이를 산입하지 아니한다. 다만, 다음 각호에 해당하는 휴직 기간은 이를 산입한다.

1. 병역법, 기타 법률의 규정에 의한 업무를 수행하기 위하여 휴직한 기간
2. 직무상 질병으로 휴직한 기간
3. 국제기구 또는 외국기관에 임시로 고용되어 휴직한 기간
4. 만 8세 이하 또는 초등학교 2학년 이하의 자녀(입양한 자녀를 포함한다)를 가진 직원이 그 자녀의 양육을 위하여 휴직한 기간. 다만, 자녀 1명에 대한 총 휴직 기간이 1년을 넘는 경우에는 최초의 1년으로 하되, 셋째 자녀부터는 총 휴직 기간이 1년을 넘는 경우에도 그 휴직 기간 전부로 한다.

③ 강임되었던 자가 강임 전의 직급으로 승진된 경우에는 강임 전의 기간은 이를 통산한다.

④ 퇴직하였던 직원이 퇴직 당시와 동일 직렬, 동일 직급 이하의 직급으로 임용된 경우에는 퇴직 전의 재직 기간 중 현 직급 이상의 직급으로 재직한 기간은 현 직급의 재직 연수로 통산한다.

⑤ 직렬을 달리한 직원의 승진 소요 최저 연수는 현 직급 이전 직렬의 상당 직급에서 재직한 기간을 현 직급 재직 연수로 통산한다.

제30조(승진의 제한)

① 직원이 다음 각호의 어느 하나에 해당하는 경우에는 승진 임용할 수 없다.

1. 징계처분, 직위 해제 또는 휴직 중에 있는 자
2. 징계처분의 집행이 완료된 날로부터 다음의 기간(금품 및 향응 수수, 공금의 횡령·유용, 성폭력, 성희롱 및 성매매, 채용 비위, 갑질 행위에 따른 징계처분의 경우에는 각각 6개월을 더한 기간)이 지나지 아니한 자
   강등·정직 18월
   감봉 12월
   견책 6월
3. 임금피크제 적용 대상자

② 제1항 제2호에 따라 승진임용 제한 기간 중에 다시 징계처분을 받은 경우의 승진임용 제한 기간은 전 처분에 대한 제한 기간이 만료된 다음 날부터 새로 기산한다.

① 직무상 질병으로 휴직한 6개월을 포함하여 총 3년 6개월 동안 공단에 재직 중인 일반직 2급 A씨
② 휴직 기간 없이 4년 동안 공단에 재직한 상태에서 육아 휴직에 들어간 출제연구직 3급 B씨
③ 휴직 기간 없이 3년 동안 공단에 재직하였으나, 6개월 전 공금 횡령으로 3개월의 감봉 처분을 받은 상시검정직 4급 C씨
④ 휴직 기간 없이 2년 동안 공단에 재직한 상태에서 소속기관장의 임용 추천을 받은 일반직 3급의 D씨
⑤ 1년 전 중대한 실수로 2개월의 견책을 받았으나, 입사 이후 휴직 기간 없이 1년 10개월 동안 공단에 재직 중인 상시검정직 6급 E씨

| 한국산업인력공단 6급 / 의사소통능력

23 **다음 기사에 대한 내용으로 적절하지 않은 것은?**

〈고용허가제 시행 15주년 기념행사 개최〉

고용노동부와 한국산업인력공단은 지난 8일부터 9일까지 양일간 서울 중구 일대에서 16개 송출국 주한대사관 관계자 및 외국인 근로자 등 1,200여 명이 참석한 '고용허가제 시행 15주년' 기념행사를 개최하였다.
'고용허가제 15주년, 외국인 근로자와 더불어 사는 삶'을 주제로 열린 이번 행사는 외국인 근로자 한마당, 고용허가제 콘퍼런스와 함께 그간의 성과를 공유하고 발전 방향에 대해 토론하는 자리로 구성됐다.
8일 장충체육관에서 열린 '2019 외국인 근로자 한마당 행사'는 화합, 문화, 어울림을 주제로 일반 국민과 외국인 근로자가 서로 이해하고 하나 되기 위한 장으로 마련됐으며, 각국의 전통공연 시연, 한국가요 경연대회 등이 열렸다. 같은 날 진행된 콘퍼런스에서는 외국인 고용에 대한 정부의 정책 방향과 송출국의 제도 운영 우수사례를 공유하는 시간을 가졌다. 9일 열린 토론회에서는 한국노동연구원 박사 등 4명이 발표자로 참석하여 고용허가제 시행 15년간의 성과와 과제, 향후 개선방안 등에 대해 제언하였다.
한편, 중소기업의 인력난 완화와 국민경제의 균형 있는 발전을 도모하기 위해 시행된 고용허가제는 2004년 92명의 필리핀 근로자를 시작으로 한 해 평균 5만여 명이 국내에 들어와 2019년 현재 27만여 명의 외국인 근로자가 제조, 건설, 농·축산·어업 등 대한민국 산업 전반에 종사하고 있다.
공단은 중소기업의 고용안정과 생산성 향상을 위해 도입 기간 단축, 한국어 및 기능·직무능력을 종합평가하는 선발포인트제 도입 등 지속적으로 노력해왔으며, 외국인 근로자에게는 내국인과 동등한 노동법상 권익을 보장하고, '입국 – 취업 활동 – 귀국' 전 과정에서 취업 교육, 상담 및 무료통역, 전용보험 및 귀국 지원 등을 통해 인권 보호에도 적극 힘써 왔다.
공단의 이사장은 "지난 15년간 고용허가제를 통해 대한민국을 거쳐 간 외국인 근로자들은 국내 중소기업의 든든한 버팀목이 되어왔다."며 "토론회를 통해 도출된 과제에 대해서는 정부 및 유관기관과 협업해 적극 개선해 나가겠다."고 말했다.

① 2004년부터 시행된 고용허가제가 벌써 15주년을 맞이하였어.
② 같은 날 진행된 콘퍼런스와 토론회를 통해 많은 정보를 공유할 수 있었겠어.
③ 한 해 평균 5만여 명의 외국인 근로자가 고용허가제를 통해 국내에 들어오는구나.
④ 공단은 중소기업의 고용안정뿐만 아니라 근로자의 인권 보호에도 힘쓰고 있어.
⑤ 외국인 근로자는 공단의 선발포인트제에 따라 한국어 및 기능·직무능력을 평가받는구나.

24 다음은 외국인 건강보험 제도변경에 대한 안내문이다. 이에 대한 내용으로 적절하지 않은 것은?

〈외국인 건강보험 제도변경 안내〉

외국인 및 재외국민이 대한민국에서 6개월 이상 체류하게 되면 2022년 7월 16일부터 건강보험에 당연 가입됩니다.

1) 시행일 : 2022. 7. 16.

2) 주요 내용

- 6개월 이상 체류하는 경우 건강보험 당연 가입
  - 유학 또는 결혼이민의 경우는 입국하여 외국인 등록한 날 가입
    ※ 가입 제외 신청 대상 : 외국의 법령·보험 및 사용자의 계약에 따라 법 제41조에 따른 요양 급여에 상당하는 의료보장을 받을 수 있는 경우
- 자격은 등록된 체류지(거소지)에 따라 개인별로 관리(취득)되며, 건강보험료도 개인별로 부과
  - 다만, 같은 체류지(거소지)에 배우자 및 만 19세 미만 자녀와 함께 거주하여 가족 단위로 보험료 납부를 원하는 경우에는 가족관계를 확인할 수 있는 서류를 지참하여 방문 신청 필요
    ※ 가족관계 확인용 서류 : 해당국 외교부(또는 아포스티유) 확인을 받은 가족관계나 혼인 사실이 나타나는 서류(한글 번역 포함)
  - 보험료는 소득·재산에 따라 산정하며, 산정된 보험료가 전년도 11월 전체 가입자 평균보험료 미만인 경우 평균보험료를 부과
    ※ 2022년 보험료(월) : 113,050원 이상
- 매월 25일까지 다음 달 보험료 납부
- 보험료 미납하면 불이익 발생
  - 병·의원 이용 시 건강보험 혜택 제한
  - 비자 연장 등 각종 체류 허가 제한(법무부 출입국·외국인 관서)
  - 기한을 정하여 독촉하고, 그래도 납부하지 않으면 소득, 재산, 예금 등 압류하여 강제 징수
    ※ 건강보험 혜택은 대한민국 국민과 동일(입원, 외래진료, 중증질환, 건강검진 등)

① 외국인 유학생 A씨의 경우 체류 기간과 관계없이 외국인 등록을 한 날에 건강보험에 가입된다.

② 국내에 배우자와 함께 체류 중인 외국인 B씨가 가족 단위로 보험료를 납부하고자 할 경우에는 별도의 신청이 필요하다.

③ 보험료를 매월 납부하고 있는 외국인 C씨의 경우 외래진료 시에는 보험 혜택을 받을 수 있지만, 건강검진은 제공되지 않는다.

④ 보험료가 미납된 외국인 D씨가 비자 연장을 신청할 경우 신청이 제한될 수 있다.

⑤ 건강보험에 가입된 외국인 E씨는 보험료를 매월 25일까지 납부하여야 하며, 독촉 기한에도 납부하지 않을 경우 소득이나 재산이 압류될 수 있다.

25 다음 중 자료에 대한 설명으로 옳지 않은 것은?

• NCS(국가직무능력표준)는 무엇인가요? 국가직무능력표준(NCS; National Competency Standards)은 산업 현장에서 직무를 수행하기 위해 요구되는 지식·기술·태도 등의 내용을 국가가 체계화한 것입니다. – 일을 할 수 있는 On-spec인 능력 – 직업인으로서 기본적으로 갖추어야 할 공통 능력 – 해당 직무를 수행하는 데 필요한 역량(지식, 기술, 태도) – 국가직무능력표준은 기업체, 직업교육 훈련기관, 자격시험기관에서 활용 가능	• 블라인드 채용이란? 채용과정(서류·필기·면접)에서 편견이 개입되어 불합리한 차별을 야기할 수 있는 출신지, 가족관계, 학력, 외모 등의 항목을 걷어내고 지원자의 실력(직무능력)을 평가하여 인재를 채용하는 것입니다. – 차별적인 평가요소를 제거 – 직무수행에 필요한 직무능력을 중심으로 평가 – NCS(국가직무능력표준) 활용 → NCS에 제시된 직무별 능력단위 세부내용, 능력단위 요소의 K·S·A를 기반으로 평가요소 도출 – 기업의 인재상·채용직무에 대한 내부자료 → 직무기술서, 직무명세서를 통해 지원자에게 사전안내

① 블라인드 채용은 직무수행에 필요한 직무능력을 중심으로 평가한다.
② NCS는 산업 현장에서 직무를 수행하기 위해 요구되는 지식·기술·태도 등의 내용을 국가가 체계화한 것이다.
③ 블라인드 채용은 NCS를 활용하지 않는다.
④ NCS는 기업체, 직업교육 훈련기관, 자격시험기관에서 활용할 수 있다.
⑤ 블라인드 채용은 차별적인 평가요소를 제거한다.

26 다음은 공공기관의 갑질 근절 가이드라인 자료이다. 이를 참고할 때, 갑질에 해당하는 사례는 무엇인가?

〈공공기관 갑질 근절 가이드라인〉

- 갑질이란?
  사회 경제적 관계에서 우월적 지위에 있는 사람이 권한을 남용하거나, 우월적 지위에서 비롯되는 사실상의 영향력을 행사하여 상대방에게 행하는 부당한 요구나 처우를 의미한다.
- 목적 : 공공분야에서 발생하는 갑질에 대한 최소한의 판단 기준, 갑질 행위에 대한 처리 절차, 갑질 예방대책 추진에 관한 사항 등을 제시하여 갑질을 근절하고, 상호 존중하는 사회적 풍토 조성을 목적으로 한다.
- 적용 범위 : 중앙행정기관, 지방자치단체, 공공기관의 운영에 대한 법률에 따른 공공기관, 지방공기업법에 따른 지방공기업, 지방자치단체 출자·출연기관의 운영에 관한 법률에 따른 지방자치단체 출자·출연기관과 중앙행정기관, 지방자치단체, 공공기관 등으로부터 공무를 위탁받아 행하는 기관·개인 또는 법인과 공무원으로 의제 적용되는 사람
- 주요 유형별 갑질 판단 기준
  - 법령 등 위반 : 법령, 규칙, 조례 등을 위반하여 자기 또는 타인의 부당한 이익을 추구하거나 불이익을 주었는지 여부
  - 사적 이익 요구 : 우월적 지위를 이용하여 금품 또는 향응 제공 등을 강요·유도하는지, 사적으로 이익을 추구하였는지 여부
  - 부당한 인사 : 특정인의 채용·승진·인사 등을 배려하기 위해 유·불리한 업무를 지시하였는지 여부
  - 비인격적 대우 : 외모와 신체를 비하하는 발언, 욕설·폭언·폭행 등 비인격적인 언행을 하였는지 여부
  - 업무 불이익 : 정당한 사유 없이 불필요한 휴일근무·근무시간 외 업무지시, 부당한 업무 배제 등을 하였는지 여부
  - 기타 : 의사에 반한 모임 참여를 강요하였는지, 부당한 차별행위를 하였는지 여부 등

① 법령 등 위반 : 공단에 막대한 손실을 입히고, 반성하는 태도조차 보이지 않는 김대리에게 A부장은 절차에 따라 해고를 통보하였다.

② 사적 이익 요구 : 공단에서 하청업체와의 계약을 담당하는 B대리는 하청업체 직원에게 계약을 하기 위한 조건으로 본인이 사용할 목적의 50만 원 상당의 금품을 요구하였다.

③ 부당한 인사 : 11월에는 업무량이 많아 휴가 통제 권고가 있었지만, C부장은 어머니의 병세가 악화된 이사원의 휴가를 승인해주었고, 해외여행을 계획하고 있던 한사원의 휴가는 승인해주지 않았다.

④ 비인격적 대우 : 새로 구입한 정장을 입고 온 유사원에게 D과장은 "자네에게 참 잘 어울리는 정장이네. 새로 산 정장이야?"라고 하였다.

⑤ 업무 불이익 : 오후 6시에 퇴근하려던 E차장은 전산시스템에 오류가 발생했다는 보고를 받고, 주대리에게 업무 협조를 요청하여 오후 11시가 다 되어 오류를 해결하였다.

27 다음 중 기사의 내용으로 적절하지 않은 것은?

고용노동부는 국민 모두가 학벌, 스펙이 아닌 능력으로 인정받는 '능력중심사회'로 한 걸음 더 나아가기 위해 국가직무능력표준(NCS) 품질관리 혁신방안을 마련하고, 제5차 사회관계장관회의 안건으로 논의하였다.
국가직무능력표준(NCS)은 산업현장에서 직무 수행에 필요한 지식・기술・소양 등의 내용을 산업부문별・수준별로 정리한 것으로, 2013년 산업현장에 필요한 능력을 갖춘 인력 양성을 위해 도입했다.
그동안 국가직무능력표준은 직업교육 훈련 및 채용, 인사관리 등 다양한 분야에서 활용되면서 교육현장과 산업현장의 괴리를 줄이고 학생들의 직무능력 향상에 기여했다. 국가기술자격에도 국가직무능력표준이 도입되어 평가내용에 혁신적 변화를 가져왔으며, 특히 국가직무능력표준에 기반한 교육 훈련과 연계된 과정평가형 자격은 취업률을 높이고 실무중심 인재를 길러내는 효과를 보이고 있다.
이번 방안은 이와 같은 긍정적 성과를 가져온 국가직무능력표준이 앞으로 더욱 산업현장의 변화를 빠르게 반영하고, 직업교육 훈련 및 산업현장 등 다양한 분야에서 보다 널리 활용될 수 있도록 할 개선방향을 담고 있다. 주요 과제는 국가직무능력표준 개발 개선 방식 고도화, 유연한 국가직무능력표준 활용 확대, 국가기술자격과의 연계 강화, 국가직무능력표준 품질관리 체제 구축 등 크게 4가지로 구성되어 있다.
고용노동부장관은 "국가직무능력표준은 우리나라 산업현장과 직업교육 훈련 및 자격을 하나로 잇는 핵심 기반(인프라)이자, 스펙이 아닌 능력으로 인정받는 능력중심사회 구현의 열쇠이다."라고 하였다. 또한 "이번 혁신방안은 그동안의 국가직무능력표준의 양적인 확대에서 질적 성장으로 방향을 전환하고, 품질관리를 강화하기 위해 마련하였다."라고 밝히며, "앞으로 국가직무능력표준이 직업교육 훈련 현장 및 기업에서 보다 쉽고 널리 쓰일 수 있기를 기대하며, 직업훈련 및 자격, 공공기관 채용 관행 등이 능력중심으로 혁신되는 계기가 되도록 추진하겠다."라고 하였다.

① 국가직무능력표준은 직무 수행에 필요한 지식・기술 등의 내용을 산업부문별・수준별로 정리한 것이다.
② 국가직무능력표준은 2013년 산업현장에 필요한 능력을 갖춘 인력 양성을 위해 도입되었다.
③ 국가직무능력표준은 교육현장과 산업현장의 괴리를 줄임으로써 학생들의 직무능력을 향상시켰다.
④ 이번 혁신 방안의 주요 과제 중 하나는 국가기술자격에의 국가직무능력표준 도입이다.
⑤ 이번 혁신 방안은 국가직무능력표준의 질적 성장과 품질관리 강화를 위한 것으로, 능력중심사회 구현을 위한 노력의 일환이다.

28 다음은 직업능력개발사업 부정훈련 등 실태점검 조사 결과에 대한 보도자료이다. 사례와 〈보기〉의 부정 유형을 순서대로 바르게 나열한 것은?

국무조정실 정부합동 부패예방감시단은 정부의 '5개년 반부패 종합계획' 보조금 부정수급 근절대책에 따라 고용노동부 등과 합동으로 약 2개월간 '직업능력개발사업 부정훈련 등 실태점검'을 실시하고 결과를 발표했습니다.
직업훈련은 적극적 노동시장 정책 중 일자리 창출효과가 가장 높고 사회안전망 기능을 하는 등 투자 확대가 필요한 대표적 사업입니다. 이에 정부는 그간 산업 수요에 맞는 인력양성과 구직자에 대한 적극적 지원을 위해 직업훈련 분야에 대한 투자를 꾸준히 확대해왔으며, 그에 따른 취업률 등의 성과도 지속적으로 개선되는 추세에 있습니다. 또한 정부는 양적 확대뿐 아니라 직업훈련의 품질을 제고하고자 2015년 직업능력심사평가원(이하 심평원)을 설립해, 사전에는 엄격한 심사와 평가를 통해 정부지원 훈련과정을 선정하고 사후에는 지속적인 모니터링으로 성과를 관리하고 있습니다. 또한 주기적으로 현장 실태를 점검해 개선방안을 마련하고, 점검과정에서 적발된 부정은 관련 법령에 따라 조치하고 있습니다.
이러한 품질관리 노력의 일환으로 부패예방감시단은 고용노동부 및 관련 공공기관들과의 긴밀한 협업 속에 합동점검을 실시했습니다. 점검결과, 56개 훈련기관(84개 훈련과정)에서 '출결관리 부적정', '훈련내용 미준수' 등 112건의 법규 위반사항을 적발했습니다.

인증·운영 기관 불일치	출결관리 부적정	훈련내용 미준수	훈련비 부당청구	평가자료 부적정	장비 미준수	기타	계
4(3.6%)	19(17.0%)	47(42.0%)	1(0.9%)	14(12.5%)	14(12.5%)	13(11.6%)	112(100%)

이에 따라 적발된 56개 훈련기관에 대해서는 행정처분(계약해지, 인정취소 등)을 실시했고 이중 불법의 정도가 심한 11개 훈련기관에 대해서는 수사 의뢰(1억 6,300만 원 상당 훈련비 부정수급)를 했으며, 41개 부정 훈련과정을 계약해지, 인정취소 처분해 부정훈련을 사전에 차단함으로써 향후 13억 4,300만 원 상당의 재정누수가 방지되는 효과를 거두었습니다.

〈사례〉

ㄱ. A문화센터는 정부 미인증 업체인 B컨설팅업체에 훈련과정 관리·운영 전반을 위탁하였고, B컨설팅업체는 실제 훈련 운영 후 수익의 80%를 취득하였다.
ㄴ. C학원은 동일한 훈련과정 내에서 국비 지원생에게는 260만 원을, 일반 훈련생에게는 200만 원의 훈련비를 차등 지급받아 운영하였다.
ㄷ. D직업전문학교는 'BIM을 활용한 건축설계 실무양성과정' 수업에서 시간표를 준수하지 않고, 상당기간 ITQ 기출문제 풀이를 실시해 훈련내용을 임의로 변경하였다.
ㄹ. E학원 원장은 훈련생 10명의 출결카드를 보관하면서 훈련생이 결석이나 지각을 할 경우에도 대리로 정상 출결 처리하는 등의 방법으로 훈련비를 부정 수급하였다.

보기

ⓐ 출결관리 부적정　ⓑ 인증·운영기관 불일치
ⓒ 훈련내용 미준수　ⓓ 훈련비 부당청구
ⓔ 평가자료 부적정　ⓕ 장비 미준수

	ㄱ	ㄴ	ㄷ	ㄹ
①	ⓐ	ⓓ	ⓒ	ⓔ
②	ⓑ	ⓓ	ⓒ	ⓐ
③	ⓑ	ⓔ	ⓒ	ⓐ
④	ⓓ	ⓔ	ⓑ	ⓕ
⑤	ⓓ	ⓑ	ⓔ	ⓕ

| 한국산업인력공단 6급 / 의사소통능력

29 **다음은 일학습병행제 운영 및 평가 규정의 일부 내용이다. 사업주가 변경예정일을 일주일 앞두고 훈련과 관련된 사항을 변경하고자 할 때, 변경 승인요청이나 신고가 불가능한 것은?**

〈일학습병행제 운영 및 평가 규정〉

제8조(훈련실시)

⑤ 사업주 또는 공동훈련센터는 훈련계획 등의 변경을 원하거나 기업 등의 정보에 변경이 있을 경우 사전에 관할 공단 지부・지사에 변경사항에 대한 승인을 요청하거나 신고하여야 한다. 승인요청 또는 신고사항은 별표 1과 같다.

※ 별표 1 훈련실시 변경 세부 내용

훈련실시신고 변경 승인사항	훈련실시신고 변경 신고사항	훈련실시신고 변경 불가사항
〈변경예정일 4일 전까지〉 • 기업이나 현장외교육훈련기관(공동훈련센터 포함)의 명칭・소재지(관할 공단 지부・지사가 변경되는 경우) • 훈련과정을 인정받은 사업주의 성명(법인인 경우에는 법인명) • 훈련장소(소재지 관할 공단 지부・지사가 변경되는 경우) • 기업현장교사 〈변경예정일 전일까지〉 • 훈련시간표	〈변경예정일 전일까지〉 • HRD담당자	① 훈련내용 ② 훈련방법 ③ 훈련과정 명칭 ④ 훈련기간 ⑤ 훈련시간

① 훈련기관의 명칭
② 훈련시간
③ HRD담당자
④ 훈련장소
⑤ 훈련시간표

30 다음은 NCS 개발 운영지침에 따라 NCS 개발 · 개선 추진 유형을 구분한 표이다. NCS 개발 · 개선 유형에 대한 설명으로 옳지 않은 것은?

구분		주요 내용
NCS 개발	직무 신설	새로운 직무의 NCS 개발이 필요하다고 판단될 경우로, 미래유망직무 등의 직무 포괄 범위가 작은(능력단위 2 ~ 3개 크기) 직무의 NCS 개발 포함
	직무 통합 · 분할	기존 NCS의 직무 범위가 넓어, 이를 분할하여 NCS를 개발하거나, 2개 이상의 직무를 통합하여 1개의 NCS로 개발할 경우
	보완 개발	기존 NCS 내 6개 이상의 NCS 능력단위 신설이 필요할 경우
NCS 개선	능력단위 신설	기존 NCS 내 6개 미만의 NCS 능력단위 신설이 필요할 경우
	능력단위 통합 · 분할	기존 능력단위를 세분화하여 분할하거나, 2개 이상의 능력단위를 1개의 능력단위로 통합할 경우
	일부 수정	NCS 능력단위의 수준 변경 및 내용 수정, 환경분석, 활용패키지 등 기존 능력단위 개수 · 명칭 변경 없이 일부 내용의 개선이 필요한 경우

① 새로운 직무의 NCS 개발은 직무 신설 유형에 해당된다.

② 기존 능력단위의 개수나 명칭 변경 없이 일부 내용을 개선하는 것은 일부 수정 유형에 해당된다.

③ 기존 NCS 내 6개 미만의 NCS 능력단위를 신설하는 것은 능력단위 신설 유형에 해당된다.

④ 기존 NCS 내 6개 이상의 NCS 능력단위를 신설하는 것은 보완 개발 유형에 해당된다.

⑤ 2개 이상의 능력단위를 1개의 능력단위로 통합하는 것은 직무 통합 · 분할 유형에 해당된다.

31 다음 중 산업현장 일학습병행 지원에 관한 법률에 대한 설명으로 옳지 않은 것은?

> ‘산업현장 일학습병행 지원에 관한 법률’이 제정되어 일학습병행 사업에 참여하는 학습기업에 대한 안정적인 지원 및 학습근로자 권익보호 등 사업 추진에 대한 명확한 법적 근거가 마련되었다.
> 일학습병행 사업은 2014년에 도입되어 현재 1만 4천여 개의 기업과 8만 5천여 명의 학습근로자가 참여하는 한국형 도제제도로 발전하였음에도 불구하고, 그동안 별도 법률 없이 운영해옴에 따라 참여기업 지원, 학습근로자 보호, 훈련 수료 후 고용 및 자격 부여 등에 한계가 존재하여 법 제정 필요성이 지속적으로 제기되어 왔다.
> 이번에 제정된 일학습병행법에 따르면 고용노동부장관은 경영능력, 시설・장비, 현장교사 등을 확보한 우수기업을 학습기업으로 지정하고, 학습기업 및 훈련기관 등에 대해 훈련 실시 및 교재 개발 등에 필요한 지원을 할 수 있다. 특히, 학습근로자의 보호를 강화하기 위해 근로기준법상 근로자임을 명확히 하고, 사업주로 하여금 외부평가 합격자에 대하여 기간의 정함이 없는 근로자로 전환하고 차별적 처우를 금지하였다. 또한 야간 또는 휴일에 도제식 현장교육도 금지하였으며, 미성년자인 학습근로자의 학습근로시간은 근로기준법에 따라 1일 7시간, 1주일 35시간을 넘지 못하게 하였다. 일학습병행 참여 근로자의 고용 촉진을 위해 일학습병행 과정 참여 근로자는 소정의 훈련을 거치고 외부평가에 합격하면 국가자격에 해당하는 자격을 취득할 수 있다. 특히, 경과 규정을 통해 종전의 일학습병행을 이수한 경우에도 자격을 취득할 수 있도록 하였다.
> 일학습병행법은 시행령・시행규칙 등 하위법령 제정 절차를 거쳐 공포일로부터 1년 후에 시행된다.

① 일학습병행제를 시행하고 있는 기업은 훈련을 완료한 학습근로자가 외부평가에 합격할 경우 기간의 정함이 없는 근로자로 전환해야 한다.
② 훈련을 마친 일학습병행학습자는 외부기관에서 평가를 받아야 국가자격을 취득할 수 있다.
③ 고용노동부장관은 일학습병행제를 시행하고 있는 기업에 대해 훈련에 필요한 지원을 할 수 있다.
④ 미성년자인 학습근로자는 1일 7시간, 1주일 35시간의 학습근로시간을 초과할 수 없다.
⑤ 일학습병행 지원에 관한 법률이 제정되기 전 일학습병행을 이수한 학습자의 경우 국가자격을 취득할 수 없다.

32 다음은 한국산업인력공단의 임직원 행동강령의 일부 내용이다. 행동강령에 대한 설명으로 적절하지 않은 것은?

> **공정한 직무수행을 해치는 지시 등에 대한 처리(제20조)**
> ① 임직원은 하급자에게 법령이나 규정에 위반하여 자기 또는 타인의 부당한 이익을 도모하기 위하여 공정한 직무수행을 현저하게 해치는 지시를 하여서는 아니 된다.
> ② 상급자로부터 제1항을 위반하는 지시를 받은 임직원은 그 사유를 별지 제7호 서식 또는 전자우편 등의 방법으로 그 상급자에게 소명하고 지시에 따르지 아니하거나 별지 제8호 서식 또는 전자우편 등의 방법으로 행동강령책임자와 상담할 수 있다.
> ③ 제2항에 따라 지시를 이행하지 아니하였는데도 같은 지시가 반복될 때에는 별지 제8호 서식 또는 전자우편 등의 방법으로 즉시 행동강령책임자와 상담하여야 한다.
> ④ 제2항이나 제3항에 따라 상담 요청을 받은 행동강령책임자는 지시 내용을 확인하여 지시를 취소하거나 변경할 필요가 있다고 인정되면 소속기관의 장에게 보고하여야 한다. 다만, 지시 내용을 확인하는 과정에서 부당한 지시를 한 상급자가 스스로 그 지시를 취소하거나 변경하였을 때에는 소속기관의 장에게 보고하지 아니할 수 있다.
> ⑤ 제4항에 따른 보고를 받은 소속기관의 장은 필요하다고 인정되면 지시를 취소·변경 하는 등 적절한 조치를 하여야 한다. 이 경우 공정한 직무수행을 해치는 지시를 제2항에 따라 이행하지 아니하였는데도 같은 지시를 반복한 상급자에게는 징계 등 필요한 조치를 할 수 있다.
> ⑥ 임직원은 제2항 및 제3항에 따른 지시불이행을 이유로 어떠한 차별이나 불이익을 받지 아니한다.

① 규정에 위반된 상급자의 지시는 따르지 않을 수 있으며, 이러한 이유로 어떠한 차별이나 불이익을 받지 않는다.
② 상급자의 부적절한 지시를 따르지 않았음에도 불구하고 지시가 반복될 경우에는 즉시 행동강령책임자와 상담해야 한다.
③ 공단 직원의 상담 요청을 받은 행동강령책임자는 해당 지시 내용을 반드시 소속기관의 장에게 보고하여야 한다.
④ 행동강령책임자의 보고를 받은 소속기관의 장은 해당 지시를 취소 또는 변경할 수 있다.
⑤ 하급자에게 규정에 위반되는 부적절한 지시를 반복할 경우 소속기관의 장에게 징계 처리를 받을 수 있다.

33 다음 기사를 읽고 이에 대한 내용으로 적절하지 않은 것은?

> 로봇은 일반적으로 센서 및 작동기가 중앙처리장치에 연결된 로봇 신경시스템으로 작동되지만, 이 경우 로봇의 형태에 구속받기 때문에 로봇이 유연하게 움직이는 데 제한이 있다. 로봇 공학자들은 여러 개의 유닛이 결합하는 '모듈러 로봇'이라는 개념을 고안해 이런 제약을 극복하려고 노력해왔다. 벨기에 연구진은 로봇이 작업이나 작업 환경에 반응해 스스로 적당한 형태와 크기를 자동으로 선택하여 변경할 수 있는 모듈러 로봇을 개발했다. 이 로봇은 독립적인 로봇 형체를 갖추기 위해 스스로 쪼개지고 병합할 수 있으며, 감각 및 운동능력을 제어하면서도 스스로 분리되고 새 형체로 병합하는 로봇 신경 시스템을 갖췄다.
>
> 연구진은 또한 외부 자극에 의한 반응으로 모듈러 로봇이 독립적으로 움직이도록 설계했다. 외부 자극으로는 녹색 LED를 이용하였는데 이를 통해 개별 모듈러 로봇을 자극하면 로봇은 이 자극에 반응해 움직였다. 자극을 주는 녹색 LED가 너무 가깝게 있으면 뒤로 물러서기도 했다. LED 자극에 따라 10개의 모듈러 로봇은 스스로 2개의 로봇으로 합쳐지기도 하고 1개의 로봇으로 결합하기도 했다.
>
> 특히 이 모듈러 로봇은 외부 자극에 대한 반응이 제대로 작동되지 않는 부분을 다른 모듈로 교체하거나 제거하는 작업을 스스로 진행하여 치유할 수 있는 것이 특징이다. 연구진은 후속 연구를 통해 이 로봇을 이용해 벽돌과 같은 물체를 감지하고 들어 올리거나 이동시키는 작업을 할 수 있도록 할 계획이다.
>
> 이들은 '미래 로봇은 특정 작업에만 국한돼 설계되거나 구축되지 않을 것이며 이번에 개발한 기술과 시스템이 다양한 작업에 유연하게 대응할 수 있는 로봇을 생산하는 데 기여하게 될 것'이라고 말했다.

① 일반적으로 로봇은 중앙처리장치에 연결된 로봇 신경시스템을 통해 작동된다.

② 모듈러 로봇은 작업 환경에 반응하여 스스로 형태와 크기를 선택할 수 있다.

③ 모듈러 로봇의 신경 시스템은 로봇의 감각 및 운동능력을 제어하면서도 로봇 스스로 분리되도록 한다.

④ 모듈러 로봇이 외부 자극에 대해 제대로 반응하지 않을 경우 관리자가 고장난 부분을 다른 모듈로 교체하거나 제거해줘야 한다.

⑤ 모듈러 로봇의 기술을 통해 미래 로봇은 다양한 작업 환경에 대응할 수 있는 방향으로 개발될 것이다.

34 다음은 고용노동부의 일자리사업 모니터링 결과 및 개선방안에 관한 기사이다. 이에 대한 내용으로 적절하지 않은 것은?

> 고용노동부는 국무회의에서 재정지원 일자리사업 평가 및 개선방안을 보고했다. 그간 일자리사업의 규모가 꾸준히 늘어났음에도, 국민들이 일자리사업의 효과를 체감하기 어렵다는 지적이 많았다. 이에 따라 고용노동부는 처음으로 전체 일자리사업에 대한 성과평가와 현장 모니터링을 실시하고, 그 결과에 따라 일자리사업 개선방안을 마련하였다.
>
> 이를 통해 사업 내용 또는 서비스 대상이 유사하거나 중복되는 사업, 성과가 낮은 사업들이 일부 있는 것으로 나타났으며, 직접일자리사업은 저소득층 등 취약계층의 참여가 적고, 참여 후 민간일자리 취업 지원 강화가 필요한 상황으로 나타났다. 또한 직업훈련과 고용서비스사업은 훈련기관(훈련과정)이나 고용서비스 기관의 품질을 관리하는 사업의 성과가 높은 반면, 그렇지 않은 사업의 성과는 낮게 나타나, 엄밀한 품질관리가 필요한 것으로 분석되었다.
>
> 고용노동부는 성과평가 결과를 바탕으로 일자리사업 개선을 적극 추진함으로써 국민들의 일자리 체감도를 높이겠다고 밝혔다. 성과가 낮거나 유사·중복성이 있는 15개 사업 중 5개는 폐지, 2개는 통합, 6개는 중복되는 기능을 조정하고, 2개 사업은 개편을 추진한다. 다음으로, 성과평가 결과에 따라 성과가 좋은 사업의 예산은 늘리고, 낮은 사업의 예산은 줄이는 것을 원칙으로 하여, 평가 결과를 예산에 반영한다. 또한 현장 모니터링 등을 통해 나타난 사업별 문제점도 개선한다. 직접일자리사업은 사업별 취약계층 참여목표를 높이고, 반복참여 제한을 강화하면서, 참여 이후 취업지원을 연계한다. 직업훈련사업은 훈련기관과 훈련과정에 대한 인증심사 제도를 전 부처 직업훈련사업으로 확대할 계획이다. 고용서비스 관계부처 간 협업을 강화하고, 고용서비스 품질인증기준을 만들어, 인증 통과 기관만이 서비스를 제공할 수 있게 된다.
>
> 앞으로도 고용노동부는 일자리사업에 대한 성과평가와 현장 모니터링을 지속 강화하고, 행정안전부와 협조하여 자치단체 일자리사업 성과 관리도 지원할 계획이다.

① 서비스 대상이 유사하거나 중복되는 사업은 대상을 변경하여 중복되는 기능을 조정할 예정이다.
② 직접일자리사업 반복참여 제한을 강화하면서, 참여 이후 취업지원을 연계할 예정이다.
③ 고용서비스 품질에 대해 인증 받은 훈련기관을 지정하여 서비스를 제공할 예정이다.
④ 성과평가 결과와 관계없이 사업별로 예산을 편성하여 국민들이 일자리사업의 효과를 체감하도록 할 예정이다.
⑤ 현장 모니터링을 지속 강화하고, 관계부처와 협조하여 자치단체의 일자리사업 성과 관리를 지원할 예정이다.

35 다음은 A공단의 사무관리규칙과 위임전결규칙의 일부이다. 〈보기〉 중 설명을 잘못한 사람을 모두 고르면?

사무관리규칙[발신명의(제13조)]

① 대외의 기관 등에 발신하는 문서는 이사장 명의로 발신한다. 다만 소속기관의 장이 위임전결규칙에 의하여 권한 위임 받은 업무를 시행할 때에는 그 명의로 발신한다.

② 교재의 검정에 관한 문서는 제1항의 규정에 불구하고 이사장 명의로 발신한다.

③ 소속기관 및 보조기관 상호간에 수발되는 문서는 각 소속기관장 또는 보조기관장의 명의로 발신한다.

④ 내부결재문서는 발신명의를 표시하지 아니한다.

위임전결규칙[전결권의 제한(제10조)]

① 이사장은 특히 필요하다고 인정하는 사항에 대하여는 이 규칙에 의한 위임에 불구하고 따로 지시하여 처리하게 할 수 있다.

② 위임전결사항이라 할지라도 다음 각 호에 해당하는 경우에는 상위자의 결재를 받아야 한다.

1. 업무내용이 특히 중요하거나 이례적인 사항 또는 파급적인 결과를 초래하거나 관례를 형성할 수 있는 사항
2. 개별적인 여러 건을 종합한 결과가 상위자의 전결범위에 해당하는 경우
3. 기타 상위자 또는 전결권자가 상위자의 결재가 필요하다고 인정하는 사항

③ 다음 각 호에 해당하는 경우에는 전결권자의 차하위자가 전결할 수 있다.

1. 기본품의에 의하여 기계적으로 처리하는 사항
2. 객관적으로 인정하는 요금에 의하여 통상적으로 집행하는 사항

④ 이 규칙에 의하여 처리한 전결사항 중 중요하다고 인정되는 사항은 이사장에게 이를 보고하여야 한다.

보기

정원 : 업무에 대해 이사장의 권한위임을 받은 A본부장이 해당 업무가 상위자의 결재가 필요하다고 인정하는 경우, 이사장의 결재를 받아야 한다.

재호 : 통상적인 출장비용 집행의 경우, 전결권자인 최부장이 휴가로 인해 부재중이라면 전결권자의 상위자의 결재를 받아야 한다.

인현 : 위임전결사항에 대하여는 이사장에게 보고할 의무가 없다.

성원 : 위임전결사항이라 하더라도 교재의 검정에 관한 문서는 전결권자의 명의로 발신할 수 없다.

① 정원, 재호
② 정원, 인현
③ 재호, 인현
④ 재호, 성원
⑤ 인현, 성원

❙ LH한국토지주택공사(업무직) / 수리능력

36 **A사원은 회사 대표로 콘퍼런스에 참석하기로 했다. 공항버스, 비행기, 시외버스를 모두 이용하여 도착한다고 할 때, A사원이 콘퍼런스에 제시간에 도착하지 못할 확률은?(단, 확률의 소수점은 버림한다)**

- 공항버스를 타고 제시간에 □□공항에 도착할 확률은 95%이다.
- □□공항에서 비행기를 타고 제시간에 ○○공항에 도착할 확률은 88%이다.
- ○○공항에서 시외버스를 타고 제시간에 콘퍼런스에 도착할 확률은 92%이다.

① 20%
② 23%
③ 25%
④ 28%
⑤ 30%

❙ LH한국토지주택공사(업무직) / 수리능력

37 **L공사는 최근 문서정리를 위해 머신러닝알고리즘을 배치하였다. 8월 4일에 머신러닝알고리즘은 문서를 몇 건 정리하였는가?**

- 7월 29일에는 테스트로 10건만 문서정리를 진행하였다.
- 7월 30일부터는 전날 정리한 양의 2배보다 10건 더 문서정리를 진행하였다.
- 7월과 8월 모두 31일까지 있다.
- 문서정리는 쉬는 날 없이 매일 진행하였다.

① 630건
② 640건
③ 1,270건
④ 1,280건
⑤ 1,300건

38 K공장은 상품을 만들면서 안정성 검사와 기능 검사를 병행하고 있다. 1시간 동안 안정성 검사와 기능 검사를 동시에 받는 상품은 몇 개인가?

> • 상품은 15초에 1개씩 만들어진다.
> • 안정성 검사는 12번째 상품마다 검사한다.
> • 기능 검사는 9번째 상품마다 검사한다.

① 12개
② 10개
③ 8개
④ 6개
⑤ 4개

39 다음을 읽고 신입사원 중 가장 나이가 적은 사람과 많은 사람의 나이 차를 구하면?

> • 신입사원은 5명이다.
> • 신입사원의 평균 나이는 28.8세이다.
> • 중앙값은 28세, 최빈값은 32세이다.

① 7세
② 9세
③ 11세
④ 13세
⑤ 15세

40 H사원은 엘리베이터를 이용하여 A4용지가 들어있는 박스를 사무실로 옮기고 있다. 이 엘리베이터는 적재용량이 305kg이며, 엘리베이터에 이미 몸무게가 60kg인 J사원이 80kg의 사무용품을 싣고 타 있는 상태이다. 50kg인 H사원은 한 박스당 10kg의 A4용지를 최대 몇 박스까지 가지고 엘리베이터에 탈 수 있는가?

① 9박스
② 10박스
③ 11박스
④ 12박스
⑤ 13박스

LH한국토지주택공사(업무직) / 수리능력

41 다음 〈조건〉에 해당하는 자연수로 옳은 것은?

> 조건
>
> • 두 자리 자연수이다.
> • 이 자연수는 각 자릿수를 더한 값의 8배이다.
> • 이 자연수는 각 자릿수의 자리를 바꾼 값보다 45가 많다.

① 55 ② 27
③ 68 ④ 86
⑤ 72

LH한국토지주택공사(업무직) / 수리능력

42 다음은 Q사진관이 올해 찍은 사진의 용량 및 개수를 나타낸 자료이다. 올해 찍은 사진을 모두 모아서 한 개의 USB에 저장하려고 할 때, 최소 몇 GB의 USB가 필요한가?[단, 1MB=1,000KB, 1GB=1,000MB이며, 합계 파일 용량(GB)의 소수점은 버림한다]

〈올해 사진 자료〉

구분	크기(cm)	용량	개수
반명함	3×4	150KB	8,000개
신분증	3.5×4.5	180KB	6,000개
여권	5×5	200KB	7,500개
단체사진	10×10	250KB	5,000개

① 3.0GB ② 3.5GB
③ 4.0GB ④ 4.5GB
⑤ 5.0GB

43 다음은 2019년도 기술자격시험 위탁 시행기관 현황 표이다. 이에 대한 내용으로 옳지 않은 것은?(단, 1 ~ 3급의 종목 수는 급수별로 한 종목으로 계산한다)

〈2019년도 기술자격시험 위탁 시행기관 현황〉

시행기관	기술자격시험	수탁연도(년)
대한상공회의소	비서 1, 2, 3급	2008
	워드프로세서	2006
	전산회계운용사 1, 2, 3급	
	전자상거래관리사 1, 2급	
	전자상거래운용사	
	컴퓨터활용능력 1, 2급	2005
	한글속기 1, 2, 3급	
한국방송통신전파진흥원	무선설비기능사, 기사, 산업기사	2000
	방송통신기능사, 기사, 산업기사	2003
	전파전자통신기능사, 기사, 산업기사	
	정보통신기사, 기술사, 산업기사	2009
	통신기기기능사	
	통신선로기능사, 산업기사	
	통신설비기능장	
한국광해관리공단	광산보안기능사, 기사, 산업기사	2002
	광해방지기사, 기술사	2011
	시추기능사	2008
	자원관리기술사	
한국원자력안전기술원	방사선관리기술사	2006
	원자력발전기술사	
	원자력기사	2010
한국인터넷진흥원	정보보안기사	2011
	정보보안산업기사	
한국콘텐츠진흥원	게임그래픽전문가	2012
	게임기획전문가	
	게임프로그래밍전문가	2010
영화진흥위원회	영사기능사	2013
	영사산업기사	

① 기술자격시험 종목 수가 가장 많은 곳은 '한국방송통신전파진흥원'이다.
② 한국광해관리공단이 시행하는 기술자격시험 종목은 10가지 미만이다.
③ 위탁 시행기관 중 수탁 시작 연도가 가장 늦은 곳은 '영화진흥위원회'이다.
④ 산업기사 자격시험을 시행하는 기관은 4곳이다.
⑤ 한국콘텐츠진흥원이 시행하는 시험 종목 수보다 적은 기관은 '한국원자력안전기술원'이다.

44 다음은 직장문화에서 갑질 발생 가능성 정도를 점검하는 설문지의 결과표이다. A부서의 직원 10명이 다음과 같이 체크를 했다면 가중치를 적용한 점수의 평균은 몇 점인가?

〈A부서 설문지 결과표〉

(단위 : 명)

점검 내용	전혀 아니다 (1점)	아니다 (2점)	보통이다 (3점)	그렇다 (4점)	매우 그렇다 (5점)
1. 상명하복의 서열적인 구조로 권위주의 문화가 강하다.		3	7		
2. 관리자(상급기관)가 직원(하급기관)들의 말을 경청하지 않고 자신의 의견만 주장하는 경우가 많다.		2	5	2	1
3. 관리자(상급기관)가 직원(하급기관)에게 지휘감독이라는 명목 하에 부당한 업무지시를 하는 사례가 자주 있다.	7	3			
4. 업무처리 과정이나 결과가 투명하게 공개되지 않는다.		1	1	6	2
5. 기관의 부당한 행위에 대해 직원들이 눈치 보지 않고 이의제기를 할 수 없다.	6	3	1		
6. 사회적으로 문제가 될 수 있는 부당한 행위가 기관의 이익 차원에서 합리화 및 정당화되는 경향이 있다. (예 협력업체에 비용전가 등)	8	2			
7. 갑질 관련 내부신고 제도 등이 존재하더라도 신고하면 불이익을 당할 수 있다는 의식이 강하다.				8	2
8. 우리 기관은 민간업체에 대한 관리·감독, 인허가·규제 업무를 주로 수행한다.			5	2	3
9. 우리기관이 수행하는 업무는 타 기관에 비해 업무적 독점성이 강한 편이다.		2	6	1	1
10. 우리 기관에 소속된 공직유관단체(투자·출연기관 등)의 수는 타 기관에 비해 많다.		2	7		1

※ 갑질 가능성 정도는 점수와 비례한다.

〈질문 선택지별 가중치〉

전혀 아니다	아니다	보통이다	그렇다	매우 그렇다
0.2	0.4	0.6	0.8	1.0

① 25.7점
② 23.9점
③ 21.6점
④ 18.7점
⑤ 16.5점

45 다음은 제54회 전국기능경기대회 지역별 결과표이다. 이에 대한 내용으로 옳은 것은?

〈제54회 전국기능경기대회 지역별 결과표〉

(단위 : 개)

지역 \ 메달/상	금메달	은메달	동메달	최우수상	우수상	장려상
합계(점)	3,200	2,170	900	1,640	780	1,120
서울	2	5		10		
부산	9		11	3	4	
대구	2					16
인천			1	2	15	
울산	3				7	18
대전	7		3	8		
제주		10				
경기도	13	1				22
경상도	4	8		12		
충청도		7		6		

※ 합계는 전체 참가지역의 각 메달 및 상의 점수합계이다.

① 메달 한 개당 점수는 금메달은 80점, 은메달은 70점, 동메달은 60점이다.
② 메달 및 상을 가장 많이 획득한 지역은 경상도이다.
③ 전국기능경기대회 결과표에서 메달 및 상 중 동메달 개수가 가장 많다.
④ 울산 지역에서 획득한 메달 및 상의 총점은 800점이다.
⑤ 장려상을 획득한 지역 중 금・은・동메달 총 개수가 가장 적은 지역은 대전이다.

46 다음은 한국직업방송 만족도 평가에 대한 연구보고서이다. 이에 대한 내용으로 옳지 않은 것은?

〈한국직업방송 만족도 평가〉

한국직업방송 시청경험자를 대상으로 실시한 만족도 평가에서 다음과 같은 결과가 나왔다. 교육적이며 공익적인 가치를 선도해나가는 프로그램을 제공했는가를 중점으로 평가한 유익성 항목에서 EBS와 JOBS의 만족도가 가장 높았고, 내용면에서는 실생활 정보 및 세상을 이해하는 데 도움을 주는 프로그램으로 WORK TV와 EBS가 뽑혔다. MC의 진행능력은 연합뉴스 TV, 방송대학 TV가 상위권이었으며, 마지막으로 프로그램이 적합한 시간대에 편성되고, 프로그램을 다양한 채널에서 시청가능 여부를 묻는 편의성은 EBS와 방송대학TV의 만족도가 좋았다.

〈직업방송 관련 채널 만족도〉

(단위 : 점)

구분	WORK TV	연합뉴스 TV	방송대학 TV	JOBS	EBS
유익성	3.4	3.5	3.5	3.8	3.8
내용	4.2	3.4	3.0	3.0	4.1
진행	3.5	4.5	4.3	3.1	3.8
편의성	3.1	3.4	4.0	3.2	4.0

※ 5점 척도(1점=전혀 그렇지 않다, 5점=매우 그렇다)

〈평가 항목별 가중치〉

구분	유익성	내용	진행	편의성
가중치	0.3	0.2	0.1	0.4

※ 각 채널 만족도 점수는 가중치를 적용하여 합한 값이다.

① 실생활 정보에 도움을 주는 프로그램으로 WORK TV의 만족도가 가장 높다.
② 만족도 점수는 JOBS가 연합뉴스 TV보다 0.21점 낮다.
③ 만족도 평가 항목의 중요도는 '편의성 – 유익성 – 내용 – 진행' 순서로 중요하다.
④ 평가 항목 중 모든 채널의 만족도가 4.0점 이상인 것은 1가지 이상이다.
⑤ 직업방송 관련 채널 만족도 점수가 가장 높은 두 채널은 방송대학 TV, EBS이다.

47 다음은 한국산업인력공단에서 시행하는 직무분야별 기능사 자격통계 현황에 대한 자료이다. 이에 대한 설명으로 옳지 않은 것은?

〈직무분야별 시험 응시 및 합격 현황〉

(단위 : 명, %)

구분		필기시험				실기시험			
		신청자	응시자	합격자	합격률	신청자	응시자	합격자	합격률
디자인 분야	여성	20,585	18,031	12,283	68.1	17,138	13,367	8,333	62.3
	남성	9,076	7,749	4,318	55.7	7,315	5,907	3,567	60.4
	전체	29,661	25,780	16,601	64.4	24,453	19,274	11,900	61.7
영사 분야	여성	123	123	49	39.8	65	65	34	52.3
	남성	348	348	132	37.9	216	216	69	31.9
	전체	471	471	181	38.4	281	281	103	36.7
운전·운송 분야	여성	7	6	1	16.7	1	1	0	0
	남성	384	326	187	57.4	188	174	149	85.6
	전체	391	332	188	56.6	189	175	149	85.1
토목 분야	여성	950	794	459	57.8	881	771	493	63.9
	남성	9,275	8,180	4,016	49.1	7,525	6,962	5,262	75.6
	전체	10,225	8,974	4,475	49.9	8,406	7,733	5,755	74.4
건축 분야	여성	5,093	4,292	2,218	51.7	5,666	4,620	3,259	70.5
	남성	8,012	6,780	2,867	42.3	18,374	15,888	10,823	68.1
	전체	13,105	11,072	5,085	45.9	24,040	20,508	14,082	68.7

※ 합격률은 응시자 대비 합격자이며, 소수점 이하 둘째 자리에서 반올림한 값이다.

① 필기시험 전체 합격률이 실기시험 전체 합격률보다 높은 직무분야는 두 분야이다.
② 남성 실기시험 응시자가 가장 많은 분야는 남성 필기시험 응시자도 가장 많다.
③ 여성 필기시험 응시자가 남성보다 많은 분야는 실기시험 응시자도 여성이 더 많다.
④ 건축 분야의 여성 실기시험 합격률은 토목 분야의 남성 실기시험 합격률보다 5.1%p 낮다.
⑤ 필기·실기시험 전체 응시율이 100%인 직무분야는 영사 분야이다.

| 한국산업인력공단 6급 / 수리능력

48 다음은 한국산업인력공단에 근무하는 주혜란 사원의 급여명세서이다. 주사원이 10월에 시간외근무를 10시간 했을 때, 시간외수당으로 받는 금액은 얼마인가?

〈급여지급명세서〉

사번	A26	성명	주혜란
소속	회계팀	직급	사원

• 지급 내역

지급항목(원)		공제항목(원)	
기본급여	1,800,000	주민세	4,500
시간 외 수당	( )	고용보험	14,400
직책수당	0	건강보험	58,140
상여금	0	국민연금	81,000
특별수당	100,000	장기요양	49,470
교통비	150,000		
교육지원	0		
식대	100,000		
급여 총액	2,150,000	공제 총액	207,510

※ $(\text{시간 외 수당})=(\text{기본급})\times\frac{(\text{시간 외 근무 시간})}{200}\times150\%$

① 135,000원
② 148,000원
③ 167,000원
④ 195,000원
⑤ 205,000원

| 한국산업인력공단 6급 / 수리능력

49 K과장은 지금 살고 있는 집에서 35km 떨어진 곳으로 이삿짐 $60m^3$을 운반하려 한다. 이사비용은 거리 1km당 기본요금이 50달러이며, 25km까지는 기본요금을 부과하고 초과 시 기본요금에서 50%를 가산한다. 화물은 부피 $1m^3$당 25달러일 때, K과장이 지불해야 할 이사비용은 얼마인가?

① 3,000달러
② 3,010달러
③ 3,100달러
④ 3,200달러
⑤ 3,500달러

50 **다음은 H공단의 등급별 인원비율 및 성과 상여금에 대한 자료이다. 마케팅부서의 인원은 15명이고, 영업부서 인원은 11명일 때, 상여금에 대한 설명으로 옳지 않은 것은?(단, 인원은 소수점 첫째 자리에서 반올림한다)**

〈등급별 인원비율 및 성과 상여금〉

구분	S	A	B	C
인원비율	15%	30%	40%	15%
상여금(만 원)	500	420	330	290

① 마케팅부서의 S등급 상여금을 받는 인원과 영업부서의 C등급 상여금을 받는 인원수는 같다.
② A등급 상여금액은 B등급 상여금액보다 약 27% 많다.
③ 영업부서 A등급과 B등급의 인원은 마케팅부서 인원보다 각각 2명씩 적다.
④ 마케팅부서에 지급되는 총 상여금액은 5,660만 원이다.
⑤ 영업부서에 지급되는 총 상여금액은 마케팅부서 총 상여금액보다 1,200만 원이 적다.

51 **S공단은 연례체육대회를 맞이하여 본격적인 경기시작 전 흥미를 돋우기 위해 퀴즈대회를 개최하였다. 퀴즈대회 규칙은 다음과 같다. 대회에 참여한 A대리가 얻은 점수가 60점이라고 할 때, A대리가 맞힌 문제 개수는?**

〈퀴즈대회 규칙〉

- 모든 참가자는 총 20문제를 푼다.
- 각 문제를 맞힐 경우 5점을 얻게 되며, 틀릴 경우 3점을 잃게 된다.
- 20문제를 모두 푼 후, 참가자가 제시한 답의 정오에 따라 문제별 점수를 합산하여 참가자의 점수를 계산한다.

① 8개
② 10개
③ 12개
④ 15개
⑤ 16개

52 다음은 2019년 상반기 노동시장의 특징 및 주요 요인에 대한 내용이다. 〈보기〉 중 자료에 대한 설명으로 옳지 않은 것을 모두 고르면?

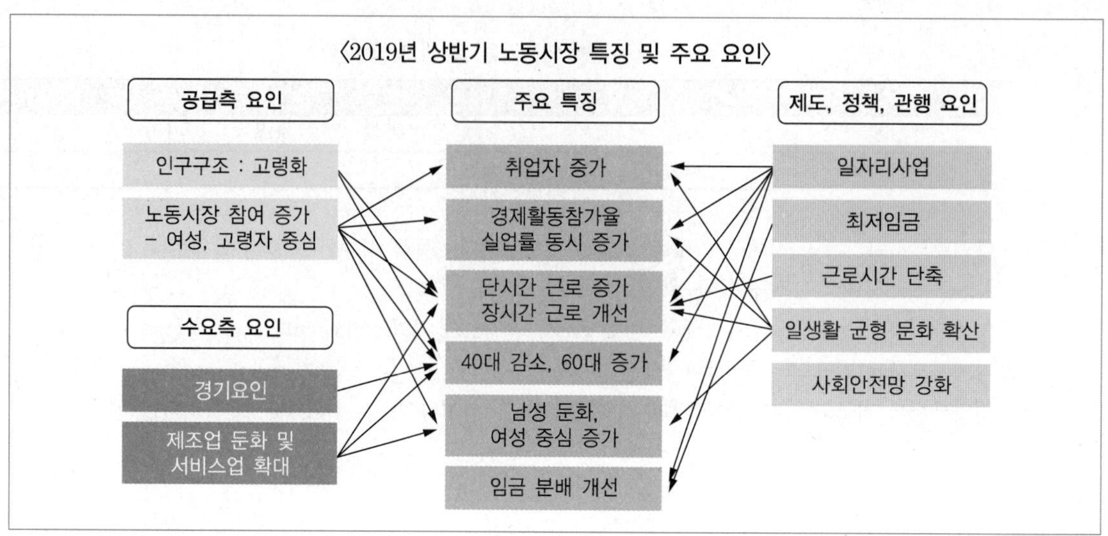

보기

ㄱ. 정부의 일자리사업으로 60대 노동자가 증가하였다.
ㄴ. 제조업이 둔화함에 따라 남성 중심의 노동시장이 둔화하고 있다.
ㄷ. 정부의 최저임금 정책으로 단시간 근로자 수가 증가하였다.
ㄹ. 여성의 노동시장 참여가 늘어나면서 전체 취업자 수가 증가하였다.
ㅁ. 인구 고령화가 심화됨에 따라 경제활동참가율과 실업률이 동시에 증가하고 있다.

① ㄱ, ㄴ
② ㄱ, ㄷ
③ ㄴ, ㄹ
④ ㄴ, ㅁ
⑤ ㄷ, ㅁ

| LH한국토지주택공사(업무직) / 문제해결능력

53 A회사는 한국어, 중국어, 영어, 일본어를 사용하고, B회사는 중국어, 러시아어를, C회사는 한국어, 영어, D회사는 러시아어, 일본어, E회사는 중국어, 영어, 러시아어를 사용한다. 다음 중 언어가 통하지 않는 회사끼리 바르게 연결된 것은?

① A, B
② A, C
③ B, C
④ B, E
⑤ D, E

| LH한국토지주택공사(업무직) / 문제해결능력

54 총무팀 A ~ E 5명은 주중에 돌아가면서 한 번씩 야근을 하려고 한다. 다음 중 가장 마지막에 야근을 하는 팀원은?

- B는 E의 하루 뒤에 야근을 하고, B의 이틀 뒤에는 A가 야근을 한다.
- D보다 먼저 야근을 하는 사람은 없다.
- C는 목요일에 야근을 한다.

① A
② B
③ C
④ D
⑤ E

| LH한국토지주택공사(업무직) / 문제해결능력

55 대학생 A는 현재 보증금 3천만 원, 월세 50만 원을 지불하면서 B원룸에 거주하고 있다. 다음 해부터는 월세를 낮추기 위해 보증금을 증액하려고 한다. 다음 규정을 보고 대학생 A가 월세를 최대로 낮췄을 때, 월세와 총 보증금을 순서대로 바르게 나열한 것은?

〈B원룸 월 임대료의 임대보증금 전환 규정〉

- 월 임대료의 56%까지 보증금으로 전환 가능
- 연 1회 가능
- 전환이율 6.72%
- (환산보증금)=(전환 희망 임대료)÷(전환이율)

	월세	보증금
①	22만 원	7천만 원
②	22만 원	8천만 원
③	30만 원	8천만 원
④	22만 원	9천만 원
⑤	30만 원	9천만 원

| LH한국토지주택공사(업무직) / 문제해결능력

56 다음은 독감의 변인 3가지에 대한 실험을 하고 난 보고서이다. 변인 3가지 외에 다른 변인은 없다고 할 때, 〈보기〉 중 옳은 것을 모두 고르면?

선택 1. 수분섭취를 잘하였고, 영양섭취와 예방접종은 하지 않았는데 독감에 걸리지 않았다.
선택 2. 수분섭취는 하지 않았고, 영양섭취와 예방접종은 하였는데 독감에 걸리지 않았다.
선택 3. 영양섭취와 예방접종, 수분섭취를 모두 하였는데 독감에 걸리지 않았다.
선택 4. 영양섭취는 하였고, 예방접종을 하지 않았으며, 수분섭취는 하였는데 독감에 걸렸다.

보기

ㄱ. 선택 1, 2를 비교해 보았을 때 수분섭취를 하지 않아 독감에 걸렸을 것으로 추정된다.
ㄴ. 선택 1, 4를 비교해 보았을 때 영양섭취를 하지 않아 독감에 걸리지 않았을 것으로 추정된다.
ㄷ. 선택 2, 4를 비교해 보았을 때 예방접종을 하여 독감에 걸렸을 것으로 추정된다.
ㄹ. 선택 3, 4를 비교해 보았을 때 예방접종을 하면 독감에 걸리지 않는 것으로 추정된다.

① ㄱ
② ㄴ, ㄷ
③ ㄷ, ㄹ
④ ㄴ, ㄹ
⑤ ㄱ, ㄴ, ㄹ

※ 다음은 법 개정에 따른 일 · 가정 양립 휴가 지원제도의 변화를 나타낸 표이다. 이어지는 질문에 답하시오. [57~58]

휴가 분류	변경 전	변경 후
출산 전후 휴가 (배우자)	– 3 ~ 5일 사용가능(유급 3일) – 정부지원 없음 – 출산한 날부터 30일 이내 청구 – 분할 사용 불가 – 같은 자녀에 대해 부부 동시 육아휴직 불가	– 유급 10일 사용가능 – 유급 5일분 정부지원(통상임금 100%) – 출산한 날부터 90일 이내 청구 – 1회 분할 사용 가능 – 같은 자녀에 대해 부부 동시 육아휴직 가능
출산 전후 휴가 (임신 당사자)	– 통상임금 100%, 상한액 180만 원 – 90일(다태아 120일) / 출산 후에 45일 이상의 기간 보장(다태아 60일)	– 통상임금 100%, 상한액 200만 원 – 기간 동일
가족 돌봄 휴직	– 가족의 질병 · 사고 · 노령 사유만 인정 – 연간 90일(사용기간 단위 최소 30일) – 부모, 배우자, 자녀 또는 배우자의 부모	– 현행 휴직 사유+자녀 양육 사유 – 연간 휴직기간 90일 중 10일은 1일 단위로 사용 – 부모, 배우자, 자녀 또는 배우자의 부모+조부모, 손자녀
육아기 근로시간 단축	– (육아휴직)+(근로시간 단축)=최대 1년 – 하루 2 ~ 5시간(주 10 ~ 25시간) – 통상임금 80% 지원(상한액 150만 원)	– (육아휴직 최대 1년)+(근로시간 단축)=[최대 2년(근로시간 단축 1년 이상 가능)] – 하루 1 ~ 5시간(주 5 ~ 25시간) – 하루 1시간까지 통상임금, 나머지 단축분은 80% 지원(상한액 200만 원)

| LH한국토지주택공사(업무직) / 문제해결능력

57 다음 중 변경 후 내용에 대한 설명으로 옳은 것은?

① 다태아가 아닐 경우 출산 50일 전에 출산 전후 휴가를 신청할 수 있다.
② 아내와 같은 직장에 다니고 있는 남편은 아내의 육아휴직 기간이 끝나야 육아휴직을 할 수 있다.
③ 손자의 양육을 사유로 가족 돌봄 휴직을 신청할 수 없다 .
④ 1시간에 해당하는 통상임금이 1만 원이라면 육아기 근로시간 단축 중 한 주 최대 20만 원을 지원받을 수 있다.
⑤ 임신한 아내의 배우자가 출산 전후 휴가를 최대로 사용하여도 그 달의 통상임금은 변화가 없다.

| LH한국토지주택공사(업무직) / 문제해결능력

58 다음 중 빈칸 ㉠ ~ ㉣에 들어갈 수의 총합은 얼마인가?

- 쌍둥이를 임신한 배우자를 둔 남편은 출산 전후 휴가를 총 ___㉠___일을 쓸 수 있다.
- 육아기 근로시간 단축을 신청하려는 A씨는 출산 휴가를 2개월만 썼기 때문에 총 ___㉡___개월을 신청할 수 있다.
- 아내가 출산한 지 27일(당일 포함)이 지났다면 남편은 ___㉢___일 내에 출산 전후 휴가를 청구해야 한다.
- 출산 전후 휴가 중인 B씨의 월급이 100만 원이라면, 한 달에 최고 ___㉣___만 원을 받을 수 있다.

① 165
② 195
③ 205
④ 235
⑤ 315

59 다음은 사업주 외국인근로자 채용 지원 안내문 중 대행 업무 수수료에 대한 내용이다. 이에 대한 내용으로 적절하지 않은 것은?

• 일반외국인근로자 대행 수수료
- 고용허가제 대행 업무의 근거조항 법 제27조의 2(각종 신청 등의 대행)
- 한국산업인력공단과 업종별 민간 대행기관이 병행하던 각종 행정 대행 업무를 외국인고용법 개정(2010.4.10. 시행)으로 위탁업무(공단)와 대행 업무(민간대행기관)로 구분
- 위탁업무에 대한 대행 수수료는 필수로 하되, 각종 신청업무에 대한 대행신청 여부는 사업주가 선택하여 이에 따라 대행 수수료를 납부토록 대행 수수료를 임의화함

※ 대행 수수료 기준

<table>
<tr><th colspan="3">대행 업무</th><th colspan="2">세부업무</th><th colspan="2">1인당 수수료</th></tr>
<tr><td rowspan="4">필수</td><td rowspan="4">신규 입국자</td><td>근로자 도입위탁</td><td colspan="2">근로계약 체결 및 출입국 지원</td><td colspan="2">(신규)60,000원
(재입국)119,000원</td></tr>
<tr><td rowspan="3">취업교육</td><td rowspan="3">외국인근로자 취업교육</td><td>제조·서비스</td><td colspan="2">195,000원</td></tr>
<tr><td>농축·어업</td><td colspan="2">210,000원</td></tr>
<tr><td>건설업</td><td colspan="2">224,000원</td></tr>
<tr><td rowspan="5">선택</td><td rowspan="5">신규 입국자 및 사업장 변경자</td><td rowspan="3">각종 신청 대행</td><td>- 내국인 구인신청, 고용허가서 발급신청, 수령
- 사증발급인정서 신청, 수령</td><td>신규입국자 고용 시</td><td>31,000원 입국 전</td><td rowspan="2">61,000원</td></tr>
<tr><td rowspan="2">- 고용변동신고, 고용허가기간 연장신청
- 외국인근로자 업무상 재해 시 산재·사망신고
- 각종 정보제공 등</td><td>신규입국자 고용 시</td><td>30,000원(3년) 입국 후</td></tr>
<tr><td>사업장 변경자</td><td colspan="2">800원×잔여체류기간(월)</td></tr>
<tr><td rowspan="2">편의제공</td><td rowspan="2">- 통역지원 및 사용자의 고충상담
- 전용보험 가입 및 보험금 신청, 지원
- 외국인근로자의 업무 외 질병 및 상해 수습지원
- 기타 고용노동부장관이 인정하는 업무 등</td><td>신규입국자 고용 시</td><td colspan="2">72,000원(3년)</td></tr>
<tr><td>사업장 변경자</td><td colspan="2">2,000원×잔여체류기간(월)</td></tr>
</table>

• 소수업종 : 농축산업, 건설업, 어업, 냉장·냉동창고업
• 취업교육비에 건강진단비용 포함됨
• 근로자 도입위탁(필수) : 60,000원(신규), 119,000원(재입국)
• 취업교육비(필수)
- 농축산업, 어업 : 210,000원/1인
- 제조업, 서비스업 : 195,000원/1인
- 건설업 : 224,000원/1인
• 입국 전·후 행정 대행료(선택) : 61,000원(3년)
• 편의제공 비용(선택) : 72,000원(3년)

① 건설업체에서 외국인근로자 신규 1명을 고용하고자 도입위탁과 취업교육을 신청하려고 할 때, 이 위탁업무에 대한 총 수수료는 270,000원이다.

② 농부 B씨가 공단에 신규 입국 외국인근로자 2명에 대한 도입위탁을 신청하려고 할 때, 지불해야 하는 총 비용은 540,000원이다.

③ 축산에 종사하는 A씨가 신규 입국 외국인근로자 2명을 민간대행기관에 각종 신청 대행 업무를 맡기려고 할 때, 이에 대한 총 수수료는 122,000원이다.

④ 제조회사 D씨는 공단에 3명의 신규 입국 외국인근로자 위탁업무를 신청하였다. 1명의 재입국자와 2명의 신규 입국자에게 들어가는 총 수수료는 824,000원이다.

⑤ 서비스업체에서 신규 입국 외국인근로자 1명의 필수 및 선택 대행 업무를 모두 신청했을 경우 총 수수료는 388,000원이다.

60 고용노동부와 산업인력공단이 주관한 서울관광채용박람회의 해외채용관에는 8개의 부스가 마련되어 있다. A호텔, B호텔, C항공사, D항공사, E여행사, F여행사, G면세점, H면세점이 〈조건〉에 따라 8개의 부스에 각각 위치하고 있을 때, 다음 중 항상 참이 되는 것은?

조건

- 같은 종류의 업체는 같은 라인에 위치할 수 없다.
- A호텔과 B호텔은 복도를 사이에 두고 마주 보고 있다.
- G면세점과 H면세점은 양 끝에 위치하고 있다.
- E여행사 반대편에 위치한 H면세점은 F여행사와 나란히 위치하고 있다.
- C항공사는 제일 앞번호의 부스에 위치하고 있다.

〈부스 위치〉

1	2	3	4
복도			
5	6	7	8

① A호텔은 면세점 옆에 위치하고 있다.
② B호텔은 여행사 옆에 위치하고 있다.
③ C항공사는 여행사 옆에 위치하고 있다.
④ D항공사는 E여행사와 나란히 위치하고 있다.
⑤ G면세점은 B호텔과 나란히 위치하고 있다.

61 한국산업인력공단에서 2022년도 하반기 신규 직원 채용시험을 3회에 거쳐 시행하기로 하고 시험 감독관을 파견하였다. 직전 시험에 감독으로 파견된 사람은 다음 시험에 감독관을 할 수 없다고 할 때, 10월 19일 세 지역의 시험 감독관으로 가능한 최대 인원은 총 몇 명인가?

〈시험 날짜별 감독관 인원〉

(단위 : 명)

구분	울산 본부	부산 광역	대구 광역
총 인력 인원	358	1,103	676
10월 05일	31	57	44
10월 12일	24	48	46
10월 19일			

① 1,887명
② 1,989명
③ 2,019명
④ 2,049명
⑤ 2,174명

62 다음 일정표를 보고 〈조건〉에 따라 모든 직원이 외부출장을 갈 수 있는 날짜를 고르면?

〈10월 일정표〉

일	월	화	수	목	금	토
		1 건축목공기능사 시험	2	3	4	5
6	7	8	9 경영지도사 시험	10	11 건축도장기능사 합격자 발표	12
13	14	15 가스기사 시험일	16	17 기술행정사 합격자 발표	18	19
20 기술행정사 시험 접수일	21 기술행정사 시험 접수일	22 기술행정사 시험 접수일	23 기술행정사 시험 접수일	24 경영지도사 합격자 발표일	25 물류관리사 시험 접수일	26 물류관리사 시험 접수일
27 물류관리사 시험 접수일	28 물류관리사 시험 접수일	29	30	31		

※ 기사, 기능사, 기술사, 기능장, 산업기사 외에는 전문자격시험에 해당한다.

조건

- 기능사 시험이 있는 주에는 외부출장을 갈 수 없다.
- 전문자격증 시험이 있는 주에는 책임자 한 명은 있어야 한다.
- 전문자격시험 원서 접수 및 시험 시행일에는 모든 직원이 외부 출장을 갈 수 없다.
- 전문자격시험별 담당자는 1명이며, 합격자 발표일에 담당자는 사무실에서 대기 근무를 해야 한다.
- 전문자격시험 시행일이 있는 주에는 직무 교육을 실시할 수 없으며 모든 직원이 의무는 아니다.
- 대리자는 담당자의 책임과 권한이 동등하다.
- 출장은 주중에만 갈 수 있다.

① 10월 10일
② 10월 17일
③ 10월 19일
④ 10월 23일
⑤ 10월 29일

63 H공단 직원 10명이 부산으로 1박 2일 세미나에 가려고 한다. 부산에는 목요일 점심 전에 도착하고, 다음날 점심을 먹고 3시에 서울로 돌아오기로 계획했다. 다음은 호텔별 비용 현황과 호텔 선호도에 대한 자료이다. 〈조건〉을 보았을 때 남자 직원과 여자 직원에게 사용되는 출장비용은 각각 얼마인가?

〈호텔별 비용 현황〉

구분	K호텔		M호텔		H호텔		W호텔	
숙박비	평일	주말	평일	주말	평일	주말	평일	주말
	17만 원	30만 원	12만 원	23만 원	15만 원	29만 원	15만 원	22만 원
식비	1만 원 (중·석식, 조식은 숙박비에 포함)		7,000원(조·중식) 9,000원(석식)		8,000원(조·중·석식)		7,500원(조·중·석식)	
거리	20분		12분		30분		10분	
비고	1인실 또는 2인실 가능		1인실만 가능		2인실 이상 가능		2인실 이상 가능	

※ 거리는 역에서 호텔까지의 버스로 이동시간이다.

〈호텔 선호도〉

구분	K호텔	M호텔	H호텔	W호텔
남성	B	B	C	A
여성	A	B	B	C

※ A～C등급에서 A등급이 가장 높다.

조건

- 방은 2인 1실로 사용한다.
- 남자 직원은 6명, 여자 직원은 4명이다.
- 모든 직원이 가능한 한 식사를 하도록 한다.
- 남자 직원은 선호도가 B등급 이상이고, 숙박비와 식비가 가장 저렴한 호텔로 정한다.
- 여자 직원은 선호도가 B등급 이상이고, 역에서 거리가 가장 가까운 호텔로 정한다.

	남자 직원	여자 직원
①	540,000원	428,000원
②	630,000원	428,000원
③	630,000원	460,000원
④	690,000원	460,000원
⑤	690,000원	510,000원

※ 다음은 한국산업인력공단의 조직도이다. 이어지는 질문에 답하시오. [64~65]

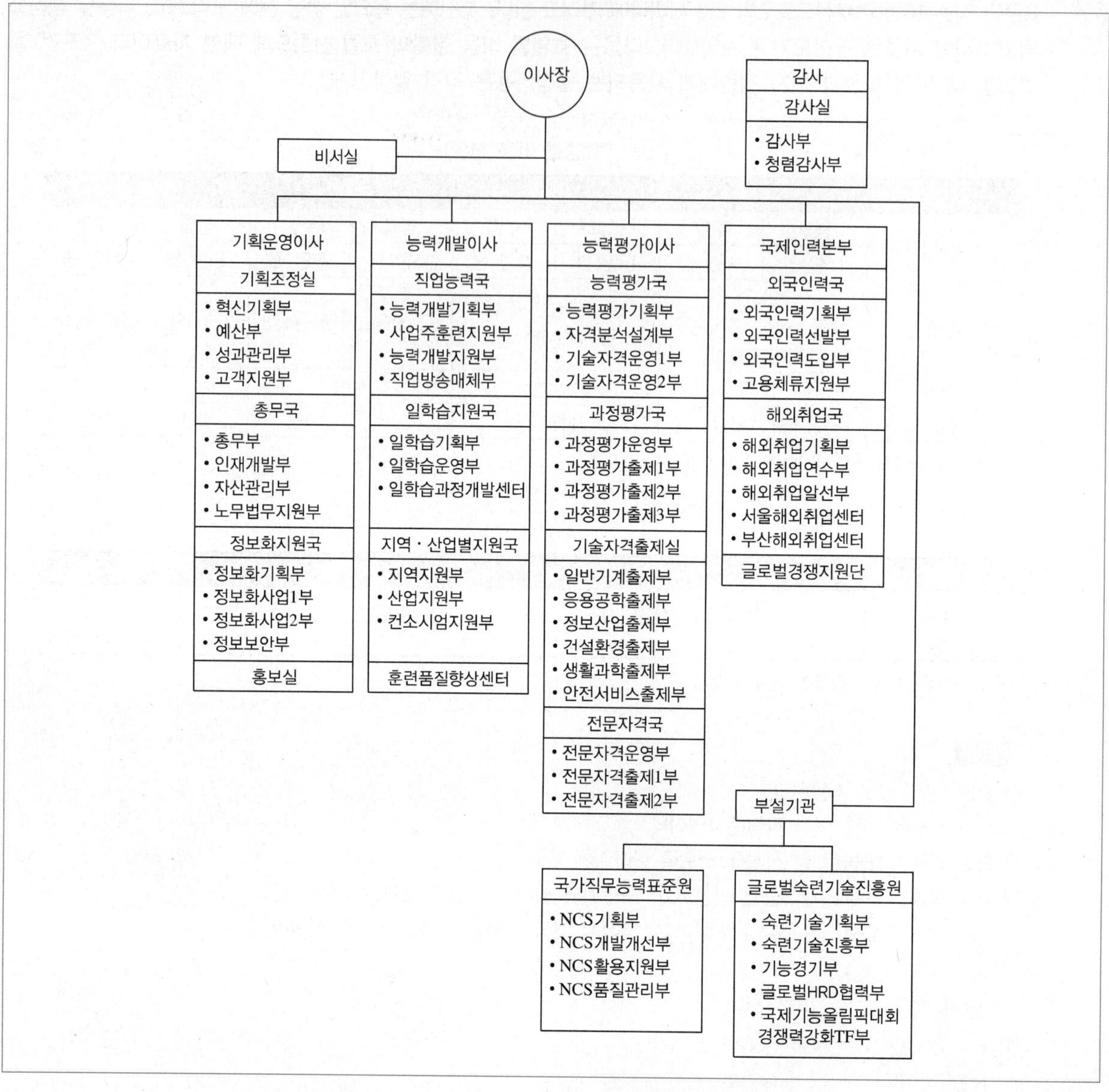

64 다음 중 〈보기〉와 관련된 사업에 관여하는 부서로 옳은 것은?

보기

고용노동부는 새로 개발한 50개의 국가직무능력표준(NCS)과 개선한 106개의 국가직무능력표준(NCS)을 확정·고시했다. 새로 개발된 50개의 국가직무능력표준(NCS) 중에서 특징적인 분야는 무인기(드론) 콘텐츠 제작, 스마트 설비·설계 등의 4차 산업 혁명 분야, 해양 관광 분야와 골프 캐디 분야, 반려동물로 인한 사회적 갈등 예방을 위한 반려동물 행동 교정 분야이다. 개선이 이루어진 106개 국가직무능력표준(NCS) 분야 중에서 특징적인 것은 건설 분야의 안전 강화를 위한 도로·공항 설계 국가직무능력표준(NCS), 관련 법령 개정에 따른 수질 오염 분석 및 수질 환경 관리 국가직무능력표준(NCS) 등이다.
한국산업인력공단의 관계자는 "스마트 설비·설계 등의 국가직무능력표준(NCS) 개발로 국가직무능력표준에 기반한 특성화고 교육과 직업 훈련, 관련 자격 신설, 일자리 창출 등이 활발하게 이루어질 전망이다."라고 강조하면서, "국가직무능력표준은 우리나라 산업 현장과 직업교육, 훈련 및 자격을 하나로 잇는 핵심 기반이자, 자격이 아닌 능력으로 인정받는 능력 중심 사회를 여는 열쇠이다."라고 밝혔다.

① 능력평가기획부
② NCS활용지원부
③ NCS개발개선부
④ 능력개발기획부
⑤ 전문자격운영부

65 위 조직도에 대한 직원들의 대화내용으로 적절하지 않은 것은?

① A사원 : NCS 관련 업무를 하는 국가직무능력표준원은 우리 공단의 부설기관입니다.
② B사원 : 글로벌경쟁지원단은 공단의 부설기관인 글로벌숙련기술진흥원 산하에 있습니다.
③ C주임 : 감사실은 비서실과 달리 이사장으로부터 독립되어 있습니다.
④ D주임 : 우리 공단에서 가장 많은 부서가 속해 있는 곳은 기술자격출제실입니다.
⑤ E대리 : 국제인력본부에서는 자국민의 해외취업과 외국인의 국내취업을 지원합니다.

CHAPTER 02 직무수행능력평가
최신기출복원문제

정답 및 해설 p.16

※ 다양한 직무수행능력평가 기출문제를 수록하기 위해 대졸 및 고졸의 기출문제를 함께 사용했음을 알려드립니다.

01 경영학

| K-water 한국수자원공사(2022)

01 다음 중 스캔론 플랜(Scanlon Plan)에 대한 설명으로 옳지 않은 것은?

① 생산액의 변동에 재고량을 연결시켜 산출하는 것이다.
② 영업 실적 향상에 의해 생긴 경제적 이익을 노사 모두의 협조에 의한 결과로 생각한다.
③ 실적 향상을 통해 창출된 이윤을 노사 간에 분배하여 종업원의 참여도를 높이는 제도다.
④ 미국의 매사추세츠 공과대학 스캔론(Scanlon) 교수가 고안하였다.

| K-water 한국수자원공사(2022)

02 다음 중 럭커 플랜(Rucker Plan)에 대한 설명으로 옳지 않은 것은?

① 럭커는 매출액에서 각종 제비용을 제한 일종의 부가가치 개념인 생산가치로부터 임금 상수를 도출하였다.
② 특정 시점에 노사협력에 의한 부가가치 발생 규모를 표준 부가가치와 비교하여 그 증가분에 임금 상수를 곱한 만큼을 종업원에게 배분한다.
③ 생산성 이외의 요소 등에 관심도가 높은 기업에게 적합한 제도이다.
④ 임금 상수가 현재를 기준으로 도출되므로 종업원에게 보다 공정한 분배제도이다.

| K-water 한국수자원공사(2022)

03 다음 〈보기〉에 해당하는 성과급제의 형태로 옳은 것은?

> 보기
>
> 주어진 시간 내에 일정량의 작업을 수행한 근로자에게는 고율의 임금을 지급하고, 수행하지 못한 근로자에게는 저율의 임금을 지급하는 성과급제

① 단순성과급제
② 테일러의 차별성과급제
③ 메리크의 복률성과급제
④ 일급보장 성과급제

| K-water 한국수자원공사(2022)

04 다음 중 메리크(Merrick)식 복률성과급제도에 대한 설명으로 옳은 것은?

① 테일러의 제자인 메리크가 테일러식 단순성과급의 결함을 보완하여 고안하였다.
② 메리크식 복률성과급은 임률의 종류를 두 가지로 정하고 있다.
③ 표준생산량을 93% 이하, 93～100%, 100% 이상으로 구분하여 상이한 임금률을 적용한다.
④ 표준생산량을 3가지 등급으로 나누어 등급별로 상이한 임금률을 적용하는 방식이다.

| K-water 한국수자원공사(2022)

05 다음 중 BCG매트릭스에 대한 설명으로 옳지 않은 것은?

① 전략사업단위의 분류를 위해 개발되었다.
② 스타(Star) 사업은 고성장, 고점유율 사업으로 현금의 유입이 크기는 하나 경쟁자들의 방어를 위해 많은 노력이 필요한 사업이다.
③ 물음표(Question Mark) 사업은 저성장 고점유율 사업으로 현금유입이 큰 반면에 낮은 성장률로 인해 현금유출이 적어 순 현금유입이 크게 증가하는 사업이다.
④ 개(Dog) 사업은 저성장 저점유율 사업으로 투자비용이 크고 적음에 관계없이 수익성이 낮거나 손실가능성이 높은 사업이다.

| K-water 한국수자원공사(2022)

06 다음 중 톰슨(Tompson)의 기술모형에 대한 설명으로 옳지 않은 것은?

① 중개적 기술은 집단적 상호의존성을 나타낸다.
② 중개적 기술은 한 조직이 상호의존하기 원하는 고객들을 연결하는 기능을 한다.
③ 길게 연결된 기술은 순차적인 상호의존성을 나타낸다.
④ 길게 연결된 기술은 특정 대상물에 변화를 가져오기 위하여 다양한 기술이 적용될 때를 말한다.

| K-water 한국수자원공사(2022)

07 다음 중 자기주식처분이익(Gain on Sales of Treasury Stock)에 대한 설명으로 옳지 않은 것은?

① 상법에서는 회사가 자기주식을 취득하거나 보유하는 것을 원칙적으로 금지하고 있다.
② 주식을 소각하기 위한 경우에 자기주식처분이 이루어진다.
③ 주주가 주식매수 청구권을 행사하는 경우 자기주식처분이 이루어진다.
④ 자기주식처분이익은 이익 잉여금으로 계상한다.

| HUG 주택도시보증공사(2022)

08 **다음 중 개인형퇴직연금제도(IRP; Individual Retirement Pension)에 대한 설명으로 옳지 않은 것은?**

① 계좌관리 수수료가 연평균 0.3 ~ 0.4%가 부과된다.
② 운용기간 중 발생한 수익에 대해서는 퇴직급여 수급 시까지 과세가 면제된다.
③ 연간 1,800만 원까지 납입할 수 있으며, 최대 700만 원까지 세액공제 대상이 된다.
④ IRP계좌는 MMA계좌와 같이 입출금이 자유롭다는 장점이 있다.
⑤ 근로자가 재직 중에 자율로 가입하거나, 퇴직 시 받은 퇴직급여를 계속해서 적립·운용할 수 있는 퇴직연금제도이다.

| HUG 주택도시보증공사(2022)

09 **다음 중 테일러(Taylor)의 과학적 관리론에 대한 설명으로 옳지 않은 것은?**

① 일에 소요되는 시간과 작동을 연구하여 최상의 효율을 올릴 수 있는 최선의 방법을 강구한다.
② 노동자에게 근무 동기가 생길 수 있도록 금전적 혜택을 마련한다.
③ 4명 내지 8명의 전문가(관리자)를 고용하여 일의 방법, 속도, 연장, 중요성, 규율, 품질의 조정 및 기계보수 등을 맡긴다.
④ 작업장 내의 근무와 작업속도는 관리자의 주관에 의해 결정된다.
⑤ 표준 생산율을 자의적으로 변경할 수 없다는 것을 원칙으로 한다.

| HUG 주택도시보증공사(2022)

10 **다음 중 호손 실험의 4단계 실험에 해당하지 않는 것은?**

① 조명 실험 ② 계전기 조립 실험
③ 대조 실험 ④ 면접 실험
⑤ 배전기권선 관찰 실험

| HUG 주택도시보증공사(2022)

11 **다음 중 포드시스템(Ford's System)에 대한 설명으로 옳은 것은?**

① 작업속도가 자율적이다.
② 개별적인 공정과정으로 인해 부분적인 공정과정의 흐름이 전체에 영향을 주지 않는다.
③ 설비투자비가 커질수록 조업도가 높아지며 제조원가는 낮아진다.
④ 시장 수요변동에 대한 적응력이 낮아 재고자산 운용이 어렵다.
⑤ 제품 및 생산설비의 변경이 탄력적이다.

| HUG 주택도시보증공사(2022)

12 **다음 〈보기〉의 사례에 해당하는 리더십 이론으로 옳은 것은?**

> 보기
>
> 서비스 마스터는 세계 최대 청소업체로 이 기업의 윌리엄 폴라드 전 회장이 1999년 부사장으로 부임하면서 처음으로 한 일은 고객사인 한 병원의 계단과 화장실의 변기를 부하직원과 함께 청소하라는 임무를 수행한 것이다. 폴라드는 직원들과 같이 청소하는 과정에 직원들이 서비스 일을 하면서 겪게 되는 어려움을 몸소 체험하고 고객을 섬기는 일이 어떠한 것인지 분명히 알게 되었다.

① 변혁적 리더십
② 거래적 리더십
③ 서번트 리더십
④ 셀프 리더십
⑤ 감성 리더십

| 한국중부발전(2022)

13 **마이클 포터의 산업구조분석모델(Five – Force Model)에서는 신규 진입자의 위험에 대하여 시장 진출이 어려울수록 수익성이 높고 반대로 시장 진입이 낮을수록 수익성이 낮아진다고 주장하였다. 다음 중 신규 진입자들에게 진입장벽으로 작용하는 요소가 아닌 것은?**

① 범위의 경제
② 소요 자본
③ 절대적 비용 우위
④ 유통 경로의 접근

| 한국중부발전(2022)

14 **다음 중 포터의 산업구조분석모델에서 산업 내 경쟁자에 대한 설명으로 옳지 않은 것은?**

① 내부 경쟁자들이 많다.
② 출구 장벽이 높다.
③ 성장 산업은 장기적 투자손실 위험이 있다.
④ 고객 충성도가 높다.

| 한국중부발전(2022)

15 **다음 중 노나카(Nonaka)의 지식 창조 소용돌이 모델에 대한 설명으로 옳지 않은 것은?**

① 표출화를 통해 암묵지는 형식지로 변환한다.
② 표출화를 통해 형식지는 조합에 의한 정보활용과 지식의 체계화가 이루어진다.
③ 내면화를 통해 형식지는 암묵지로 변환한다.
④ 내면화를 통해 형식지는 구체화되고 새로운 암묵지를 체득한다.

| 한국중부발전(2022)

16 **다음 중 회사의 종류와 그 특성의 연결로 옳지 않은 것은?**

① 합명회사 : 2인 이상의 유한책임사원으로 구성된다.
② 합자회사 : 1인 이상의 무한책임사원 그리고 1인 이상의 유한책임 사원으로 구성된다.
③ 주식회사 : 1인 이상의 주주로 구성된다.
④ 유한회사 : 유한회사의 조직형태는 주식회사와 유사하다.

| 국민연금공단(2021)

17 **다음 중 마케팅의 푸시(Push)전략에 대한 설명으로 옳지 않은 것은?**

① 제조업체가 유통업체를 대상으로 판촉을 진행하는 전략이다.
② 고객에게 제품이나 브랜드에 대해 알릴 수 있다.
③ 영업 인력이나 무역 진흥, 영업비 등을 활용하여 수행한다.
④ 제조업체가 최종 소비자에게 직접 판촉을 진행하는 전략이다.
⑤ 브랜드 충성도가 낮은 경우에 적합한 전략이다.

| 국민연금공단(2021)

18 다음 공정설비 배치 유형 중 제품별 배치에 대한 설명으로 옳지 않은 것은?

① 높은 설비이용률을 가진다.
② 낮은 제품단위당 원가로 경쟁우위를 점할 수 있다.
③ 수요 변화에 적응하기 어렵다.
④ 설비 고장에 큰 영향을 받는다.
⑤ 다품종 생산이 가능하다.

| 한국가스공사(2021)

19 다음 〈보기〉의 빈칸에 들어갈 용어로 가장 적절한 것은?

보기

__________은 생산성 향상에 따른 성과 배분법이다. 판매 금액에 대한 인건비의 비율을 일정하게 정해 놓고, 생산성 향상 등으로 판매 금액이 예상보다 증가하거나 인건비가 절약된 경우, 기준 인건비와 실제 인건비의 차액을 생산 장려금 또는 상여금의 형태로 지급하는 방식이다.

① 스캔론 플랜
② 링컨 플랜
③ 임프로쉐어 플랜
④ 코닥 플랜
⑤ 카이저 플랜

| 한국가스공사(2021)

20 다음 중 신제품을 출시할 잠재시장을 평가하는 분석기법으로 옳은 것은?

① 설문조사
② 산업구조 분석
③ SWOT 분석
④ 컨조인트 분석
⑤ 히트맵

02 경제학

| K-water 한국수자원공사(2022)

01 A재화가 사치재이며 가격 탄력성은 완전 비탄력적일 때, 가격이 1,000만 원에서 1,400만 원으로 오른다면 수요량의 변화율은?

① 30%
② 20%
③ 10%
④ 0%

| K-water 한국수자원공사(2022)

02 다음 〈보기〉를 참고할 때, 예상되는 결과로 옳은 것은?

> 보기
> A매장에서 판매하는 샌드위치의 가격에 대한 우유 수요의 교차탄력성은 −1이며, 이 매장에서는 한 달 동안 샌드위치 가격을 10% 인하해서 판매하기로 하였다.

① 커피 판매량이 10% 감소할 것이다.
② 커피 판매량이 10% 증가할 것이다.
③ 도넛 판매량이 100% 감소할 것이다.
④ 도넛 판매량이 100% 증가할 것이다.

| K-water 한국수자원공사(2022)

03 다음 소득소비곡선을 바탕으로 할 때, X재의 소득탄력성 ε_M^X의 크기로 옳은 것은?

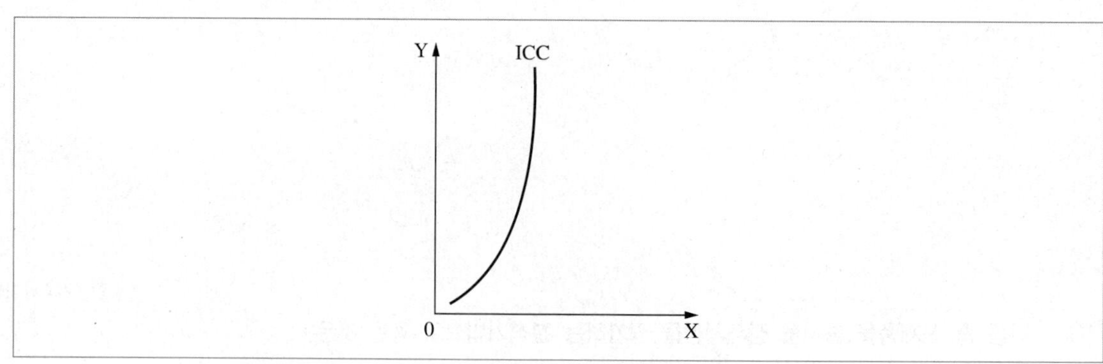

① $0<\varepsilon_M^X<1$
② $1<\varepsilon_M^X$
③ $\varepsilon_M^X=1$
④ $\varepsilon_M^X=0$

| K-water 한국수자원공사(2022)

04 다음 그래프를 근거로 할 때, 최고가격제에 대한 설명으로 옳지 않은 것은?

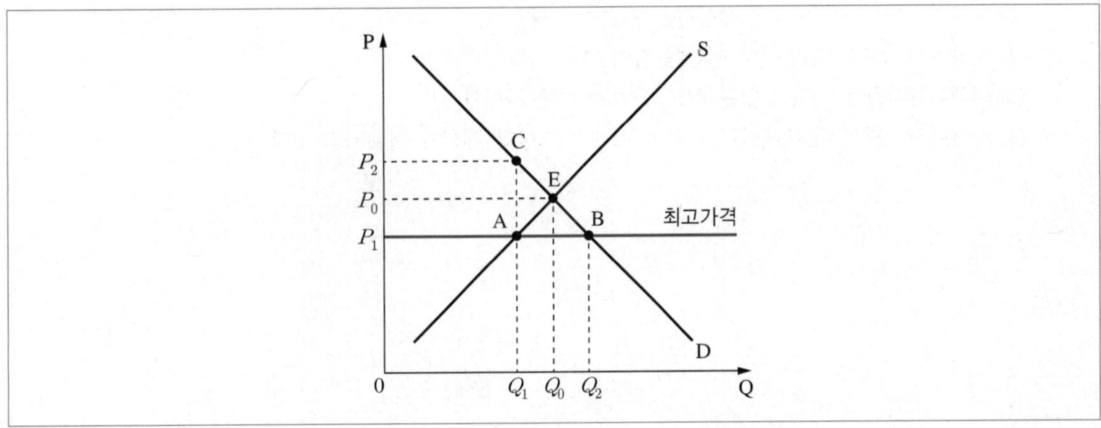

① 사회적 후생손실(Deadweight Loss)의 크기는 △ABC이다.
② 공급량이 Q_1으로 감소하면 암시장이 발생한다.
③ 최초가격이 P_1으로 결정되면 $Q_2 - Q_1$만큼의 초과수요가 발생한다.
④ 초과수요로 인해 암시장이 발생한다면 암시장 가격은 P_2로 형성된다.

| K-water 한국수자원공사(2022)

05 다음 〈보기〉의 게임이론에 대한 설명으로 옳지 않은 것은?

> 보기
>
> A사와 B사는 서로 전략적 제휴 의사를 가지고 있는데, 전략적 제휴를 할지 아니면 개별전략을 취할지 고민하고 있다. 전략적 제휴를 요청 하는데 30의 비용이 들며, 이 경우는 두 기업 모두 특정 사업에 점유율이 올라가 각각 100의 효용을 얻을 수 있다. 하지만 두 기업이 개별전략을 취한다면 기술유출 방지를 통해 각각 30의 효용만을 얻을 뿐이다.

① A기업이 전략적 제휴를 요청한다면 B기업은 현상 유지하는 것이 이익을 극대화하는 전략이다.
② 둘 중 한 기업이 제휴를 요청하고, 그 상황에 다른 기업이 현상을 유지하여 이익을 극대화하는 전략을 취한다면 이는 내쉬균형을 말한다.
③ A기업과 B기업이 서로 전략적 제휴를 요청하는 것이 우월전략이다.
④ 게임이론 측면으로 이 상황에서 내쉬균형은 파레토 최적 상태다.

| K-water 한국수자원공사(2022)

06 **다음 중 시장실패와 그 원인에 대한 설명으로 옳지 않은 것은?**

① 규모의 경제가 매우 크게 작동하는 기업이 존재한다.
② 시장에서 소수의 기업만이 생산에 참여한다.
③ 이해관계자들이 가지고 있는 정보의 양과 질에 차이가 있다.
④ 시장에서 경합성이 존재하며 동시에 배제가 가능한 재화가 거래되고 있다.

| K-water 한국수자원공사(2022)

07 **다음 〈보기〉 중 환율제도의 삼불원칙(Impossible Trinity, Trilemma)에 해당하는 정책목표를 모두 고르면?**

보기

㉠ 통화정책의 자율성
㉡ 소비자 물가 안정
㉢ 자유로운 자본 이동
㉣ 환율 안정
㉤ 재정지출 증가

① ㉠, ㉡, ㉢
② ㉠, ㉢, ㉣
③ ㉡, ㉢, ㉣
④ ㉡, ㉢, ㉤

| K-water 한국수자원공사(2022)

08 **다음 중 물가지수에 대한 설명으로 옳지 않은 것은?**

① GDP디플레이터는 가장 포괄적인 물가지수이다.
② 주택 임대료 상승은 GDP디플레이터에 포함된다.
③ GDP디플레이터에 수입품의 가격이 포함되지 않는다.
④ 주택시장 투기열풍의 과열로 인한 부동산가격 인플레이션은 GDP디플레이터에 포함된다.

| K-water 한국수자원공사(2022)

09 다음은 A국가의 2016년도부터 2021년도까지의 물가상승률과 명목이자율을 나타낸 지표이다. A국가의 실질이자율이 가장 높았던 연도와 그 시기의 이자율을 바르게 나열한 것은?

연도	물가상승률	명목이자율
2016	10%	6%
2017	7%	6%
2018	4%	9%
2019	11%	10%
2020	9%	8%
2021	8%	9%

① 2016년도, －4%
② 2016년도, －1%
③ 2018년도, －5%
④ 2018년도, 5%

| HUG 주택도시보증공사(2022)

10 다음 중 베버리지곡선(Beveridge－Curve)에 대한 설명으로 옳지 않은 것은?

① 통상적으로 베버리지곡선의 가로축은 실업률을 세로축은 일자리 공석률을 나타낸다.
② 일자리 공석률은 빈 일자리 수가 높을수록 노동력이 적을수록 값이 크다.
③ 베버리지곡선은 일반적으로 아래쪽으로 기울어지고 원점을 향해 구부러지는 하향 경사의 형태를 취한다.
④ 베버리지곡선이 오른쪽으로 이동하면 노동시장의 효율성이 증가한다.
⑤ 베버리지곡선이 왼쪽으로 이동하면 노동시장의 비효율성이 감소한다.

| HUG 주택도시보증공사(2022)

11 다음 중 독점적 경쟁시장이 지닌 속성 가운데 독점시장 또는 완전경쟁시장과 맥을 같이 하는 시장구조의 속성에 해당하지 않는 것은?

① 기업의 수
② 자유로운 시장 진입 및 퇴출
③ 장기 경제적 이윤
④ 판매 상품
⑤ 시장지배력

HUG 주택도시보증공사(2022)

12 **다음 표는 A국가의 연도별 명목GDP와 GDP디플레이터의 값을 나타낸 자료이다. 이를 바탕으로 전년도 동기 대비 당해 연도의 실질경제성장률을 계산하였을 때, 그 값은 얼마인가?**

A국가	2020년	2021년
명목GDP	200억 원	220억 원
GDP디플레이터	80%	88%

① 5%
② 10%
③ 15%
④ 20%
⑤ 전년도 동기 대비 동일

HUG 주택도시보증공사(2022)

13 **명목GDP가 2020년 300억 원에서 2021년에는 360억 원으로 증가했고, 동년 동기에 GDP디플레이터는 100에서 120으로 상승했다. 이때, 2020년도 대비 2021년도의 실질 경제성장률은?**

① 5%
② 10%
③ 15%
④ 20%
⑤ 변화 없음

HUG 주택도시보증공사(2022)

14 **다음 중 소비함수이론과 투자함수이론에 대한 설명으로 옳지 않은 것은?**

① 케인스(Keynes)의 절대소득가설에서 소비는 그 당시 소득의 절대적인 크기에 따라 결정된다.
② 상대소득가설에서 소비는 이중적 성격에 따라 장기소비성향과 단기소비성향이 다르다.
③ 국민소득계정상의 투자는 그 나라가 만든 재화 중 기업이 구입한 재화의 가치이다.
④ 케인스(Keynes)의 내부수익률법에서 기대 투자수익률은 순현재가치를 0으로 만들어주는 이자율을 뜻한다.
⑤ 딕싯(Dixit)의 투자옵션이론은 미래에 대한 불확실성이 커질수록 기업의 투자는 늘어난다고 주장한다.

| HUG 주택도시보증공사(2022)

15 한국과 미국의 2022년 물가상승률이 각각 3%와 5%라고 가정하였을 때, 2021년도 말 환율이 1달러당 1,200원인 경우 구매력평가설을 적용하면 2022년도 말 환율은 얼마로 예측 가능한가?(단, 문제의 물가상승률과 환율은 실제와 다르며 구매력평가설을 적용한다는 전제하에 있고, 소수점 첫째 자리에서 반올림한다)

① 1,124원/달러
② 1,224원/달러
③ 1,300원/달러
④ 1,080원/달러
⑤ 1,176원/달러

| HUG 주택도시보증공사(2022)

16 다음 〈보기〉의 빈칸에 들어갈 용어로 가장 적절한 것은?

> 보기
> 헥셔 – 올린 모형에서 모든 국가는 토지, 노동, 자본에 있어서 그 ________의 양이 서로 다르다고 가정하였다.

① 부존자원
② 요소집약도
③ 기술수준
④ 국민소득수준
⑤ 노동생산성

| 한국중부발전(2022)

17 다음 중 완전경쟁시장에서 기업의 장기적 시장공급곡선에 대한 설명으로 옳지 않은 것은?

① 완전경쟁시장의 장기적 시장공급곡선의 도출은 단기공급곡선과 달리 진입과 퇴출을 고려한다.
② 장기 시장공급곡선은 비용 증가 산업, 비용 불변 산업, 비용 감소 산업으로 분류한다.
③ 시장의 총생산량과 장기 균형 가격의 궤적을 이은 곡선이 장기공급곡선이다.
④ 비용 증가 산업은 산업 전체의 총생산량이 증가함에 따라 비용곡선이 하향 이동한다.

| 한국중부발전(2022)

18 A시장에는 두 재화 X와 Y만이 존재하며 두 재화의 시장가격이 각각 X재화는 6원이고 Y재화는 3원이라 한다. A시장의 한 소비자가 효용을 극대화하고 있는 상태에서 Y재의 한계효용이 4이면 X재의 한계효용은 얼마인가? (단, 무차별 곡선은 원점에 대해 볼록한 형태를 가정한다)

① 1
② 3
③ 6
④ 8

| 한국중부발전(2022)

19 다음 중 소비함수이론에 해당하지 않는 이론은?

① 케인스(Keynes) 절대소득가설
② 쿠즈네츠(Kuznets)의 실증분석
③ 상대소득가설
④ 현재가치법

| 한국중부발전(2022)

20 완전경쟁시장(총생산량=C)에서 꾸르노 균형 상태를 이루는 A와 B기업이 있다. A기업과 B기업의 총 생산량은 $\frac{2}{3}$C이며, 완전경쟁시장의 가격은 P=－3Q+45라고 했을 때, 꾸르노 시장 전체 생산량은?(단, MC=0, P=MC 이다)

① 0
② 1
③ 5
④ 10

03 전기일반

| 코레일 한국철도공사(2022)

01 **다음 중 이상적인 연산증폭기의 특징으로 옳지 않은 것은?**

① 전압이득이 무한대이다.
② 개방상태에서 입력 임피던스가 무한대이다.
③ 출력 임피던스가 0이다.
④ 두 입력 전압이 같을 때, 출력 전압이 무한대이다.
⑤ 대역폭이 무한대이다.

| 코레일 한국철도공사(2022)

02 **A=$i-j+2k$, B=$i+xk$일 때, 벡터 A가 수직이 되기 위한 x의 값은 얼마인가?(단, i, j, k는 x, y, z이다)**

① 0
② $-\frac{3}{2}$
③ $-\frac{1}{2}$
④ 1
⑤ $\frac{3}{2}$

| 코레일 한국철도공사(2022)

03 **다음 중 $f(s)=\frac{2s+3}{s^2+3s+2}$의 시간 함수로 옳은 것은?**

① $e^{t}-e^{-2t}$
② $e^{t}+e^{-2t}$
③ $e^{-2t}-e^{-2t}$
④ $e^{-t}-e^{-2t}$
⑤ $e^{-t}+e^{-2t}$

| 코레일 한국철도공사(2022)

04 어떤 전기설비로 역률 0.8, 용량 200kVA인 3상 평형유도부하가 사용되고 있다. 이 부하에 병렬로 전력용 콘덴서를 설치하여 합성역률을 0.95로 개선하고자 할 때, 필요한 전력용 콘덴서의 용량은 약 몇 kVA인가?

① 약 57kVA
② 약 62kVA
③ 약 67kVA
④ 약 72kVA
⑤ 약 77kVA

| 코레일 한국철도공사(2022)

05 구 내부의 전하량이 Q[C]일 때, 전속수는 몇 개인가?

① Q
② $\frac{Q}{\varepsilon_0}$
③ $\frac{Q}{\varepsilon}$
④ 0
⑤ 4π

| 코레일 한국철도공사(2022)

06 다음 중 역률 개선으로 얻을 수 있는 효과로 옳지 않은 것은?

① 전압변동률 감소
② 변압기 및 배전선의 부하 부담 증가
③ 설비 투자비 경감
④ 전압이 안정되어 생산성이 증가
⑤ 전기요금 경감

| 코레일 한국철도공사(2022)

07 다음 중 이상적인 변압기의 조건을 만족하는 상호유도회로에서 결합계수 k의 값은?(단, M은 상호인덕턴스, L_1과 L_2는 자기인덕턴스이다)

① $k=\sqrt{ML_1L_2}$
② $k=L_1L_2+M$
③ $k=M\sqrt{L_1L_2}$
④ $k=\frac{M}{\sqrt{L_1L_2}}$
⑤ $k=\frac{\sqrt{L_1L_2}}{M}$

| 코레일 한국철도공사(2022)

08 다음 중 누설자속이 없을 때, 이상적인 상호인덕턴스 M의 조건을 만족하는 결합계수 k의 조건으로 옳은 것은?

① $k<1$
② $k=1$
③ $0<k<1$
④ $k<0$
⑤ $k=0$

| 코레일 한국철도공사(2022)

09 다음 중 AWGN(Additive White Gaussian Noise)의 특징으로 옳지 않은 것은?

① 평균값이 무한대인 비주기 신호이다.
② 전 주파수 대역에 걸쳐 전력 스펙트럼 밀도가 일정하다.
③ 통계적 성질이 시간에 따라 변하지 않는다.
④ 가우시안 분포를 형성한다.
⑤ 백색잡음에 가장 근접한 잡음으로 열잡음이 있다.

| 코레일 한국철도공사(2022)

10 각변조된 신호 $s(t)=20\cos(800\pi t+10\pi\cos 7t)$가 있다. 다음 중 신호 $s(t)$의 순시 주파수(Hz)를 바르게 표시한 것은?[단, 신호 $s(t)$는 전압이고 단위는 V이며, t의 단위는 초이다]

① $800\pi t-35\sin 7t$
② $400+35\sin 7t$
③ $400-35\sin 7t$
④ $800\pi t-20\cos 7t$
⑤ $800\pi t+20\cos 7t$

| 코레일 한국철도공사(2022)

11 다음 중 위상의 불연속이 발생하지 않는 변조방식은?

① MSK
② PSK
③ FSKCF
④ QAM
⑤ ASK

| 코레일 한국철도공사(2022)

12 동일한 비트율을 가지는 BPSK와 QPSK방식의 디지털 통신에서, 두 방식의 심벌 전송률 관계로 옳은 것은?

① BPSK 심벌 전송률이 QPSK 심벌 전송률의 8배

② BPSK 심벌 전송률이 QPSK 심벌 전송률의 $\frac{1}{4}$배

③ BPSK 심벌 전송률이 QPSK 심벌 전송률의 4배

④ BPSK 심벌 전송률이 QPSK 심벌 전송률의 2배

⑤ BPSK 심벌 전송률이 QPSK 심벌 전송률의 $\frac{1}{2}$배

| 코레일 한국철도공사(2022)

13 전력이 100W인 신호가 어떤 회로를 통과하여 전력이 36dBm이 되었다고 할 때, 입력 신호와 출력 신호의 전력비는?(단, log2=0.3, log3=0.48로 한다)

① 1 : 1
② 4 : 1
③ 9 : 1
④ 16 : 1
⑤ 25 : 1

| 코레일 한국철도공사(2022)

14 전기 회로에서 전류를 25% 증가시키면 저항값은 어떻게 변하는가?

① $0.5R$
② $0.8R$
③ $1.2R$
④ $1.25R$
⑤ $1.5R$

| 코레일 한국철도공사(2022)

15 다음 중 기저대역 전송(Baseband Transmission)의 조건으로 옳지 않은 것은?

① 전송에 필요로 하는 전송 대역폭이 적어야 한다.

② 타이밍 정보가 충분히 포함되어야 한다.

③ 저주파 및 고주파 성분이 제한되어야 한다.

④ 전송로 상에서 발생한 에러 검출 및 정정이 가능해야 한다.

⑤ 전송 부호는 직류 성분이 포함되어야 한다.

| 한국전력공사(2022)

16 다음 중 반원구의 입체각으로 옳은 것은?

① π
② $\frac{1}{2\pi}$
③ 2π
④ 4π
⑤ $\frac{1}{4\pi}$

| 한국전력공사(2022)

17 전계와 자계의 요소를 서로 대칭되게 나타내었을 때, 전계에서 전기 2중층을 자계에서는 무엇이라 하는가?

① 판자석
② 소자석
③ 자기쌍극자
④ 자기력
⑤ 강자석

| 한국전력공사(2022)

18 직류전동기의 속도 제어법 중에 보조 전동기가 별도로 필요하며, 정부하 시 광범위한 속도 제어가 가능한 속도 제어법은?

① 일그너 제어방식
② 워드 레너드 제어방식
③ 직·병렬 제어방식
④ 2차 저항 제어법
⑤ 계자 제어법

| 한국전력공사(2022)

19 다음 중 변전소의 설치 위치 조건으로 옳지 않은 것은?

① 변전소 앞 절연구간에서 전기철도차량의 타행운행을 제한하는 곳
② 수전선로의 길이가 최소화 되도록 하며 전력수급이 용이한 곳
③ 기기와 시설 자재의 운반이 용이한 곳
④ 공해, 염해, 및 각종 재해의 영향이 적거나 없는 곳
⑤ 전기철도망 건설계획 등 연장급전을 고려한 곳

| 한국전력공사(2022)

20 다음 중 소호리액터 접지 방식을 채택한 전선로의 공칭전압은 얼마인가?

① 765kV
② 345kV
③ 154kV
④ 66kV
⑤ 22.9kV

| 한국전력공사(2022)

21 다음 중 하천의 유량이 적을 때 사용하는 직접유량 측정방법은?

① 언측법
② 수위 관측법
③ 염분법
④ 부표법
⑤ 피토관법

| 한국전력공사(2022)

22 가로의 길이가 10m, 세로의 길이 30m, 높이가 3m인 사무실에 27W 형광등 1개의 광속이 3,800lm인 형광등 기구를 시설하여 300lx의 평균 조도를 얻고자 할 때, 필요한 형광등 기구 수는 약 몇 개인가?(단, 조명율이 0.5, 보수율은 0.8이며 기구 수는 소수점 첫째 자리에서 올림한다)

① 55개
② 60개
③ 65개
④ 70개
⑤ 75개

| 한국전력공사(2022)

23 다음 중 $f(t)=\sin t+2\cos t$ 를 라플라스 변환한 내용으로 옳은 것은?

① $\dfrac{2s-1}{(s+1)^2}$
② $\dfrac{2s+1}{(s+1)^2}$
③ $\dfrac{2s}{(s+1)^2}$
④ $\dfrac{2s}{s^2+1}$
⑤ $\dfrac{2s+1}{s^2+1}$

| 한국전력공사(2022)

24 출력 30kW, 6극 50Hz인 권선형 유도 전동기의 전부하 회전자가 950rpm이라고 한다. 같은 부하 토크로 2차 저항 r_2를 3배로 할 때, 다음 중 회전속도는 몇 rpm인가?

① 780rpm
② 805rpm
③ 820rpm
④ 835rpm
⑤ 850rpm

| 한국전력공사(2022)

25 다음 중 고압 가공전선로의 지지물로서 사용하는 목주의 안전율과 말구 지름을 바르게 연결한 것은?

① 안전율 1.0 이상, 말구 지름 0.08m 이상일 것
② 안전율 1.2 이상, 말구 지름 0.10m 이상일 것
③ 안전율 1.3 이상, 말구 지름 0.12m 이상일 것
④ 안전율 1.5 이상, 말구 지름 0.15m 이상일 것
⑤ 안전율 2.0 이상, 말구 지름 0.18m 이상일 것

| 한국서부발전(2022)

26 점전하 $Q_1=1\text{C}$, $Q_2=10\text{C}$이고 두 점전하 간 작용하는 힘의 크기가 9N일 때, 두 점전하 간의 거리는 몇 m인가?

① 10^2m
② 10^3m
③ 10^4m
④ 10^5m

| 한국서부발전(2022)

27 반지름이 a[m]이고 $N=2$회의 원형코일에 I[A]의 전류가 흐를 때, 그 코일의 중심점에서의 자계의 세기[AT/m]는 얼마인가?

① $\frac{I}{a}$[AT/m]
② $\frac{I}{\pi a}$[AT/m]
③ $\frac{I}{2a}$[AT/m]
④ $\frac{I}{2\pi a}$[AT/m]

| 한국서부발전(2022)

28 반지름 25mm의 강심 알루미늄 연선으로 구성된 완전 연가 된 3상 1회선 송전선로가 있다. 각 상간의 등가 선간거리가 5,000mm라고 할 때, 이 선로의 작용인덕턴스는 약 몇 mH/km인가?

① 약 0.5mH/km　　② 약 0.7mH/km
③ 약 0.9mH/km　　④ 약 1.1mH/km

| 한국서부발전(2022)

29 세 변의 저항 $R_a = R_b = R_c = 30\,\Omega$ 인 평형 3상 △회로를 등가 Y결선으로 변환할 때, 각 상의 저항은 몇 Ω 이 되는가?

① $30\,\Omega$　　② $15\,\Omega$
③ $10\,\Omega$　　④ $6\,\Omega$

| 한국서부발전(2022)

30 $\epsilon_1 > \epsilon_2$의 두 유전체의 경계면에 전계가 수직으로 입사할 때, 경계면에 작용하는 힘은?

① $f = \frac{1}{2}\left(\frac{1}{\epsilon_1} - \frac{1}{\epsilon_2}\right)D^2$의 힘이 ϵ_1에서 ϵ_2로 작용한다.

② $f = \frac{1}{2}\left(\frac{1}{\epsilon_2} - \frac{1}{\epsilon_1}\right)D^2$의 힘이 ϵ_1에서 ϵ_2로 작용한다.

③ $f = \frac{1}{2}\left(\frac{1}{\epsilon_1} - \frac{1}{\epsilon_2}\right)E^2$의 힘이 ϵ_2에서 ϵ_1로 작용한다.

④ $f = \frac{1}{2}\left(\frac{1}{\epsilon_2} - \frac{1}{\epsilon_1}\right)E^2$의 힘이 ϵ_1에서 ϵ_2로 작용한다.

04 기계일반

| 한국서부발전(2022)

01 1,560km/h로 비행하는 분사 추진 로켓의 공기 흡입량은 95kg/s이고, 연료인 연소 기체의 질량은 2.15kg/s이었다. 추진력이 4,500kg일 때 분사속도는 몇 m/s인가?

① 약 230m/s
② 약 470m/s
③ 약 520m/s
④ 약 730m/s

| 한국서부발전(2022)

02 다음 중 Fe－C 평형 상태도에서 온도가 가장 높은 것은?

① 공석점
② 공정점
③ 포정점
④ 순철 자기변태점

| 한국서부발전(2022)

03 스프링으로 지지되어 있는 어느 물체가 매분 80회를 반복하면서 상하운동을 할 때, 각속도와 진동수는 얼마인가? (단, 물체는 조화운동이다)

	각속도	진동수
①	약 4.20rad/s	약 2.66cps
②	약 8.38rad/s	약 1.33cps
③	약 42.0rad/s	약 1.33cps
④	약 83.8rad/s	약 1.33cps

| 한국중부발전(2022)

04 공기압축기에서 입구 공기의 온도와 압력은 각각 35℃, 140kPa이고, 체적유량은 0.03m^3/s이다. 출구에서 압력이 700kPa이고, 이 압축기의 등엔트로피 효율이 0.6일 때, 압축기의 소요동력은 약 몇 kW인가?(단, 공기의 정압비열과 기체상수는 각각 1kJ/kg·K, 0.287kJ/kg·K이고, 비열비는 1.4이다)

① 약 5.6kW
② 약 8.7kW
③ 약 11.4kW
④ 약 14.3kW

ㅣ 한국중부발전(2022)

05 압력 3.2MPa, 온도 550℃인 이상기체를 실린더 내에서 압력이 200kPa까지 가역 단열팽창시킬 때, 변화과정에서 가스 2kg이 하는 일은 얼마인가?(단, $k=1.25$, $R=287\text{J/kg}\cdot\text{K}$이다)

① 약 212kJ
② 약 402kJ
③ 약 736kJ
④ 약 804kJ

ㅣ 코레일 한국철도공사(2021)

06 두께 4.5mm, 폭 30mm 강재에 13.5kN의 인장력이 작용할 때, 폭의 수축량은 몇 mm인가?(단, 푸아송 비는 0.4이고, 탄성계수 $E=230\text{GPa}$이다)

① 0.783×10^{-3}mm
② 1.543×10^{-3}mm
③ 2.256×10^{-3}mm
④ 3.217×10^{-3}mm
⑤ 4.825×10^{-3}mm

ㅣ 코레일 한국철도공사(2021)

07 다음 그림과 같이 길이 2m의 사각 단면인 외팔보에서 집중 하중 P가 작용할 때, 자유단의 처짐량은 얼마인가?(단, 재료의 탄성계수 $E=300\text{GPa}$이며, 소수점 둘째 자리에서 반올림한다)

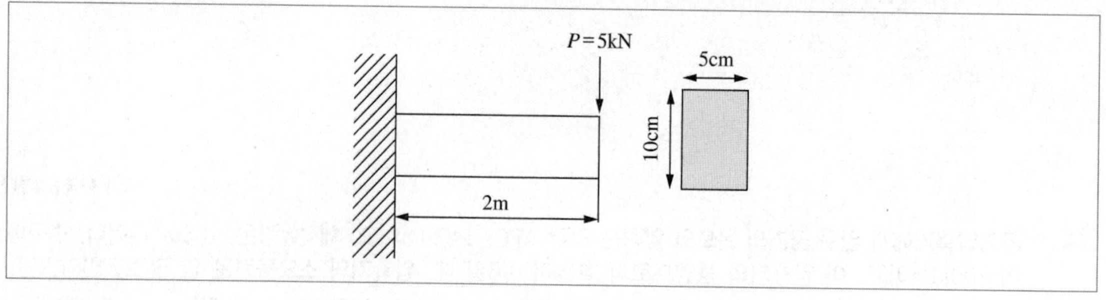

① 10.7mm
② 21.5mm
③ 38.9mm
④ 42.7mm
⑤ 52.1mm

| 코레일 한국철도공사(2021)

08 지름 3m, 두께 3cm의 얇은 원통에 860kPa의 내압이 작용할 때, 이 원통에 발생하는 최대 전단응력은 몇 MPa인가?

① −8.2MPa
② −10.75MPa
③ 10.75MPa
④ −15.85MPa
⑤ 15.85MPa

| 코레일 한국철도공사(2021)

09 다음 그림과 같은 외팔보에서 자유단으로부터 3m 떨어진 C점에 집중하중 $P=9$kN이 작용할 때, 자유단의 처짐각 θ_A와 처짐량 δ_A는 얼마인가?(단, $E=200$GPa, $I=250\text{cm}^4$이다)

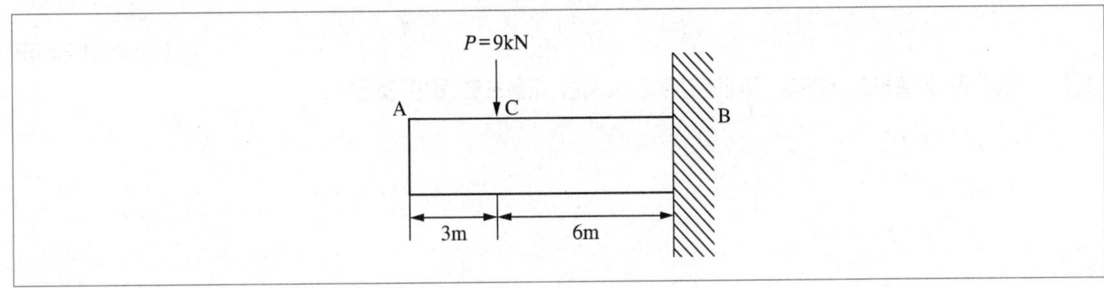

① 125.8cm
② 152.2cm
③ 187.5cm
④ 226.8cm
⑤ 235.4cm

| 코레일 한국철도공사(2021)

10 디젤 사이클 엔진이 초온 500K, 초압 200kPa, 최고 온도 7,000K, 최고 압력 5MPa로 작동할 때 열효율은 몇 %인가?(단, $k=1.50$이다)

① 약 34%
② 약 43%
③ 약 55%
④ 약 58%
⑤ 약 61%

| 코레일 한국철도공사(2021)

11 다음 중 800kPa, 110℃의 CO_2(이산화탄소)의 비중량은?(단, 소수점 셋째 자리에서 반올림한다)

① $11.05kg/m^3$
② $11.05N/m^3$
③ $110kg/m^3$
④ $110N/m^3$
⑤ $115N/m^3$

| 코레일 한국철도공사(2021)

12 다음 중 압축률의 차원을 절대단위계로 표시한 내용으로 옳은 것은?

① $M^{-2}LT^2$
② $M^{-1}LT^2$
③ MLT^2
④ $M^{-2}LT$
⑤ $M^{-2}L^2T$

| 코레일 한국철도공사(2021)

13 니켈 – 크롬강에서 강인성을 증가시키고 질량효과를 감소시키며, 뜨임메짐을 방지하기 위해 첨가하는 원소로 옳은 것은?

① Mn
② V
③ W
④ Mo
⑤ P

| 코레일 한국철도공사(2021)

14 다음 (가) ~ (다)는 항온열처리의 종류이다. 〈보기〉에서 옳은 내용을 순서대로 바르게 나열한 것은?

(가) M_s점과 M_f점 사이에서 항온처리하며, 마텐자이트와 베이나이트의 혼합 조직을 얻는다.
(나) 특정 온도로 유지 후 공기 중에서 냉각, 베이나이트 조직을 얻는다.
(다) 과랭 오스테나이트에서 소성 가공을 한 후 마텐자이트화한다.

보기
㉠ 오스템퍼링
㉡ 오스포밍
㉢ 마템퍼링

	(가)	(나)	(다)
①	㉠	㉡	㉢
②	㉡	㉠	㉢
③	㉡	㉢	㉠
④	㉢	㉠	㉡
⑤	㉢	㉡	㉠

| 코레일 한국철도공사(2021)

15 다음 〈보기〉와 관련된 시험 방법으로 옳은 것은?

보기
- 해머의 낙하 높이와 반발 높이
- 끝에 다이아몬드가 부착된 해머를 시편 표면에 낙하
- 반발 높이가 높을수록 시편의 경도가 높음

① 피로 시험
② 브리넬 경도 시험
③ 샤르피식 시험
④ 로크웰 경도 시험
⑤ 쇼어 경도 시험

| 코레일 한국철도공사(2021)

16 다음 중 조밀육방격자들로만 이루어진 금속을 바르게 나열한 것은?

① W, Ni, Mo, Cr
② Mg, Ce, Ti, Y
③ V, Li, Ce, Zn
④ Mg, Ti, Zn, Cr
⑤ Zn, Ag, Ni, Y

| 코레일 한국철도공사(2021)

17 다음 중 핀(Pin)의 종류에 대한 설명으로 옳지 않은 것은?

① 테이퍼 핀은 보통 $\frac{1}{50}$ 정도의 테이퍼를 가진다.
② 평행 핀은 분해·조립하는 부품 맞춤면의 관계 위치를 일정하게 할 때 주로 사용한다.
③ 분할 핀은 축에 끼워진 부품이 빠지는 것을 막는 데 사용된다.
④ 스프링 핀은 2개의 봉을 연결하여 2개의 봉이 상대각운동을 할 수 있도록 하는 데 사용한다.
⑤ 조인트 핀은 2개 부품을 연결할 때 사용된다.

| 코레일 한국철도공사(2021)

18 다음 〈보기〉 중 아크 용접의 종류로 옳은 것을 모두 고르면?

보기

가. 산소 – 아세틸렌
나. 불활성가스
다. 원자수소
라. 프로젝션
마. 서브머지드

① 가, 다
② 나, 라
③ 나, 다, 라
④ 나, 다, 마
⑤ 다, 라, 마

| 코레일 한국철도공사(2021)

19 정상 2차원 속도장 $\vec{V}=4x\vec{i}-4y\vec{j}$ 내의 한 점 (3, 5)에서 유선의 기울기 $\frac{dy}{dx}$ 는?

① $\frac{3}{5}$
② $-\frac{3}{5}$
③ $\frac{5}{3}$
④ $-\frac{5}{3}$
⑤ -1

| 코레일 한국철도공사(2021)

20 다음 〈보기〉 중 원통 커플링의 종류로 옳은 것을 모두 고르면?

보기
ㄱ. 슬리브 커플링
ㄴ. 플랜지 커플링
ㄷ. 셀러 커플링
ㄹ. 반중첩 커플링
ㅁ. 올덤 커플링

① ㄱ, ㄷ
② ㄴ, ㄹ
③ ㄱ, ㄷ, ㄹ
④ ㄴ, ㄷ, ㅁ
⑤ ㄷ, ㄹ, ㅁ

| 한국가스공사(2021)

21 다음 중 프로판 가스(Propane Gas)에 대한 설명으로 옳지 않은 것은?

① 공기보다 무겁다.
② 유독한 일산화탄소 성분이 있다.
③ 폭발할 위험이 있다.
④ 액화 수소 가스이다.
⑤ 가정용 연료로 많이 사용된다.

| 한국가스공사(2021)

22 표준성분이 Al – Cu – Ni – Mg으로 구성되어 있으며, 내열성 주물로서 내연기관의 실린더나 피스톤으로 많이 사용되는 합금은?

① 실루민
② 하이드로날륨
③ 두랄루민
④ Y합금
⑤ 코비탈륨

| 한국가스공사(2021)

23 피스톤 – 실린더 장치에 120kPa, 70℃의 공기 0.5m^3 이 들어 있다. 이 공기가 온도를 일정하게 유지하면서 0.1m^3 까지 압축될 때, 행해진 일은?

① 약 −55.5kJ
② 약 −65.6kJ
③ 약 −78.4kJ
④ 약 −96.6kJ
⑤ 약 −101.2kJ

| 한국가스공사(2021)

24 탄성한도 내 인장 하중을 받는 봉이 있다. 응력을 4배로 증가시키면 최대 탄성에너지는 몇 배가 되는가?

① 4배
② 8배
③ $\frac{1}{4}$배
④ $\frac{1}{8}$배
⑤ 16배

| 한국가스공사(2021)

25 다음 중 바깥지름 $d_1 = 5$cm이고, 안지름 $d_2 = 3$cm인 중공원 단면의 극관성모멘트 I_p는?

① 약 25.2cm^4
② 약 34.8cm^4
③ 약 53.4cm^4
④ 약 62.5cm^4
⑤ 약 71.2cm^4

PART

1

직업기초능력평가

CHAPTER 01 의사소통능력

CHAPTER 02 수리능력

CHAPTER 03 문제해결능력

CHAPTER 04 자원관리능력

CHAPTER 05 정보능력

CHAPTER 06 기술능력

CHAPTER 07 조직이해능력

CHAPTER 08 대인관계능력

CHAPTER 09 자기개발능력

CHAPTER 10 직업윤리

CHAPTER 01

의사소통능력

출제유형 및 학습 전략

1 문제에서 요구하는 바를 먼저 파악하라!

의사소통능력에서 가장 중요한 것은 제한된 시간 안에 빠르고 정확하게 답을 찾아내는 것이다. 따라서 지문을 보기 전 문제를 먼저 파악해야 한다. 주제찾기 문제라면 첫 문장과 마지막 문장 또는 접속어를, 내용일치 문제라면 지문과 문항의 일치 /불일치 여부만 파악하자! 지문에 빠져드는 순간 우리의 시간은 속절없이 흘러 버린다!

2 잠재되어 있는 언어능력을 발휘하라!

실제 시험장에서는 어떤 내용의 지문이 나올지 아무도 예측할 수 없다. 따라서 평소에 신문, 소설, 보고서 등 여러 글을 접하는 것이 필요하다. 잠재되어 있는 글에 대한 안목이 시험장에서 빛을 발할 것이다.

3 상황을 가정하라!

업무 수행에 있어 상황에 따른 언어 표현은 중요하다. 같은 말이라도 상황에 따라 다르게 해석될 수 있기 때문이다. 그런 의미에서 자신의 의견을 효과적으로 전달할 수 있는 능력을 평가하는 것은 당연하다. 따라서 다양한 상황에서의 언어 표현 능력을 함양하기 위한 연습의 과정이 요구된다.

4 말하는 이의 입장에서 생각하라!

잘 듣는 것 또한 하나의 능력이다. 상대방의 이야기에 귀 기울이고 공감하는 태도는 업무를 수행하는 관계 속에서 필요한 요소이다. 그런 의미에서 다양한 상황에서의 듣는 능력을 평가하는 것이다. 말하는 이가 요구하는 듣는 이의 태도를 파악하고, 이에 따른 판단을 할 수 있도록 언제나 말하는 사람의 입장이 되어 보는 연습이 필요하다.

SECTION 01 모듈이론

01 의사소통능력의 의의

(1) 의사소통이란?

① 의사소통의 정의 기출

두 사람 또는 그 이상의 사람들 사이에서 일어나는 의사의 전달과 상호교류를 의미하며, 어떤 개인 또는 집단이 개인 또는 집단에 대해서 정보, 감정, 사상, 의견 등을 전달하고 그것들을 받아들이는 과정을 말한다.

② 성공적인 의사소통의 조건

내가 가진 정보를 상대방이 이해하기 쉽게 표현

+

상대방이 어떻게 받아들일 것인가에 대한 고려

||

의사소통의 정확한 목적을 알고, 의견을 나누는 자세

(2) 의사소통능력의 종류

① 문서적인 의사소통능력

문서이해능력	문서로 작성된 글이나 그림을 읽고 내용을 이해, 요점을 판단하는 능력
문서작성능력	목적과 상황에 적합하도록 정보를 전달할 수 있는 문서를 작성하는 능력

② 언어적인 의사소통능력

경청능력	상대방의 이야기를 듣고, 의미를 파악하며, 이에 적절히 반응하는 능력
의사표현능력	자신의 의사를 목적과 상황에 맞게 설득력을 가지고 표현하는 능력

③ 특징 기출

구분	문서적인 의사소통능력	언어적인 의사소통능력
장점	권위감, 정확성, 전달성, 보존성이 높음	유동성이 높음
단점	의미의 곡해	정확성이 낮음

④ 일상에서의 의사소통

- 고객사에서 보내온 수취 확인서 : 문서적인 의사소통
- 수취확인 문의전화 : 언어적인 의사소통
- 업무지시 메모 : 문서적인 의사소통
- 영문 운송장 작성 : 문서적인 의사소통
- 주간 업무보고서 작성 : 문서적인 의사소통

(3) 의사소통의 저해요인과 의사소통의 유형

① 의사소통의 저해요인 기출

㉠ 의사소통 기법의 미숙, 표현 능력의 부족, 이해 능력의 부족
'일방적으로 말하고', '일방적으로 듣는' 무책임한 태도

㉡ 판단적인 태도, 잠재적 의도
'전달했는데', '아는 줄 알았는데'라고 착각하는 태도

㉢ 과거의 경험, 선입견과 고정관념
'말하지 않아도 아는 문화'에 안주하는 태도

㉣ 기타 요인
정보의 과다, 메시지의 복잡성, 메시지의 경쟁, 상이한 직위와 과업지향성, 신뢰의 부족, 의사소통을 위한 구조상의 권한, 잘못된 의사소통 매체의 선택, 폐쇄적인 의사소통 분위기 등

② 키슬러의 대인관계 의사소통 유형

유형	특징	제안
지배형	자신감이 있고 지도력이 있으나, 논쟁적이고 독단이 강하여 대인 갈등을 겪을 수 있음	타인의 의견을 경청하고 수용하는 자세가 필요
실리형	이해관계에 예민하고 성취지향적으로 경쟁적이며 자기중심적임	타인의 입장을 배려하고 관심을 갖는 자세가 필요
냉담형	이성적인 의지력이 강하고 타인의 감정에 무관심하며 피상적인 대인관계를 유지함	타인의 감정상태에 관심을 가지고 긍정적 감정을 표현하는 것이 필요
고립형	혼자 있는 것을 선호하고 사회적 상황을 회피하며 지나치게 자신의 감정을 억제함	대인관계의 중요성을 인식하고 타인에 대한 비현실적인 두려움의 근원을 성찰하는 것이 필요
복종형	수동적이고 의존적이며 자신감이 없음	적극적인 자기표현과 주장이 필요
순박형	단순하고 솔직하며 자기주관이 부족함	자기주장을 적극적으로 표현하는 것이 필요
친화형	따뜻하고 인정이 많고 자기희생적이며 타인의 요구를 거절하지 못함	타인과의 정서적인 거리를 유지하는 노력이 필요
사교형	외향적이고 인정하는 욕구가 강하며 타인에 대한 관심이 많고 쉽게 흥분함	심리적인 안정을 취하고 지나친 인정욕구에 대한 성찰이 필요

(4) 의사소통능력의 개발방법과 의사소통전략

① 의사소통능력의 개발 기출

㉠ 사후검토와 피드백의 활용

직접 말로 물어보거나 얼굴표정, 기타 표시 등을 통해 정확한 반응을 살핀다.

㉡ 언어의 단순화

명확하고 쉽게 이해 가능한 단어를 선택하여 이해도를 높인다.

㉢ 적극적인 경청

감정을 이입하여 능동적으로 집중하며 경청한다.

㉣ 감정의 억제

감정에 치우쳐 메시지를 곡해하지 않도록 침착하게 의사소통한다.

② 입장에 따른 의사소통전략

화자의 입장	• 의사소통에 앞서 생각을 명확히 할 것 • 문서를 작성할 때는 주된 생각을 앞에 쓸 것 • 평범한 단어를 쓸 것 • 편견 없는 언어를 사용할 것 • 사실 밑에 깔린 감정을 의사소통할 것 • 어조·표정 등 비언어적인 행동이 미치는 결과를 이해할 것 • 행동을 하면서 말로 표현할 것 • 피드백을 받을 것
청자의 입장	• 세세한 어휘를 모두 들으려고 노력하기보다는 요점 파악에 집중할 것 • 말하고 있는 바에 관한 생각과 사전 정보를 동원하여 말하는 바에 몰입할 것 • 모든 이야기를 듣기 전에 결론에 이르지 말고 전체 생각을 청취할 것 • 말하는 사람의 관점에서 진술을 반복하여 피드백할 것 • 들은 내용을 요약할 것

OX 문제

01 의사소통은 내가 상대방에게 메시지를 전달하는 과정이다. [ ]

02 전문용어는 그 언어를 사용하는 집단 구성원들 사이에서 사용될 때에나 조직 밖에서 사용할 때나 동일하게 이해를 촉진시킨다. [ ]

03 '의사소통 과정에서의 상호작용 부족', '분명하지 않은 메시지', '말하지 않아도 아는 문화에 안주하는 마음' 등은 의사소통의 저해요인에 해당한다. [ ]

01 [×] 의사소통은 내가 상대방에게 메시지를 전달하는 과정이 아니라, 상대방과의 상호작용을 통해 메시지를 다루는 과정이다.

02 [×] 전문용어의 사용은 그 언어를 사용하는 집단 구성원들 사이에서 사용될 때에는 이해를 촉진시키지만, 조직 밖의 사람들에게 즉, 고객 등의 사람들에게 사용했을 때에는 의외의 문제를 야기할 수 있기 때문에 의사소통을 할 때에는 단어 선택에 반드시 주의를 기울여야 한다.

03 [○]

02 문서이해능력

(1) 문서이해능력의 의의와 문서이해의 절차

① 문서이해능력의 의의

㉠ 문서이해능력이란? 기출

직업현장에서 자신의 업무와 관련된 인쇄물이나 기호화된 정보 등 필요한 문서를 확인하여 문서를 읽고, 내용을 이해하고 요점을 파악하는 능력을 말한다.

㉡ 문서이해의 필요성

문서를 제대로 이해하지 못한다면 자신에게 주어진 업무가 무엇인지, 자신에게 요구된 행동이 무엇인지 파악하기 어렵다. 따라서 이를 이해하기 위해서는 문서이해능력이 필수적이다.

㉢ 문서이해의 중요성

- 같은 업무를 추진하더라도 요점을 파악하고 정리하는지의 여부가 업무 성과의 차이를 가져온다.
- 자신의 업무를 추진하는 데 있어서 문서이해를 통해 정보를 획득하고, 수집·종합하는 것이 중요하다.

② 문서이해의 절차 기출

문서의 목적을 이해하기

⬇

이러한 문서가 작성되게 된 배경과 주제를 파악하기

⬇

문서에 쓰여진 정보를 밝혀내고, 문서가 제시하고 있는 현안문제를 파악하기

⬇

문서를 통해 상대방의 욕구와 의도 및 내게 요구되는 행동에 관한 내용을 분석하기

⬇

문서에서 이해한 목적 달성을 위해 취해야 할 행동을 생각하고 결정하기

⬇

상대방의 의도를 도표나 그림 등으로 메모하여 요약·정리해보기

(2) 문서의 종류 기출

① 공문서

- 행정기관에서 공무를 집행하기 위해 작성하는 문서
- 정부기관이 일반회사나 단체로부터 접수하는 문서 및 일반회사에서 정부기관을 상대로 사업을 진행할 때 작성하는 문서 포함
- 엄격한 규격과 양식에 따라 정당한 권리를 가진 사람이 작성
- 최종 결재권자의 결재가 있어야 문서로서의 기능이 성립

② 보고서

특정 업무에 대한 현황이나 진행 상황 또는 연구·검토 결과 등을 보고할 때 작성하는 문서이다.

종류	내용
영업보고서	영업상황을 문장 형식으로 기재해 보고하는 문서
결산보고서	진행됐던 사안의 수입과 지출결과를 보고하는 문서
일일업무보고서	매일의 업무를 보고하는 문서
주간업무보고서	한 주간에 진행된 업무를 보고하는 문서
출장보고서	출장 후 외부 업무나 그 결과를 보고하는 문서
회의보고서	회의 결과를 정리해 보고하는 문서

③ 설명서

상품의 특성이나 사물의 성질과 가치, 작동 방법이나 과정을 소비자에게 설명하는 것을 목적으로 작성한 문서이다.

종류	내용
상품소개서	• 일반인들이 내용을 쉽게 이해하도록 하는 문서 • 소비자에게 상품의 특징을 잘 전달해 상품을 구입하도록 유도
제품설명서	• 제품의 특징·활용도를 세부적으로 언급하는 문서 • 제품의 사용법에 대해 알려주는 것이 주목적

④ 비즈니스 메모

업무상 필요한 중요한 일이나 앞으로 체크해야 할 일이 있을 때 필요한 내용을 메모 형식으로 작성하여 전달하는 글이다.

종류	내용
전화 메모	• 업무적인 내용부터 개인적인 전화의 전달사항들을 간단히 작성하여 당사자에게 전달하는 메모 • 스마트폰의 발달로 현저히 줄어듦
회의 메모	• 회의에 참석하지 못한 구성원에게 회의 내용을 적어 전달하거나 참고자료로 남기기 위해 작성하는 메모 • 업무 상황 파악 및 업무 추진에 대한 궁금증이 있을 때 핵심적인 자료
업무 메모	개인이 추진하는 업무나 상대의 업무 추진 상황을 기록하는 메모

⑤ 비즈니스 레터(E-Mail)

- 사업상의 이유로 고객이나 단체에 편지를 쓰는 것
- 직장업무나 개인 간의 연락, 직접 방문하기 어려운 고객관리 등을 위해 사용되는 비공식적 문서
- 제안서나 보고서 등 공식적인 문서를 전달하는 데도 사용됨

OX 문제

01 기획서란 회사의 업무에 대한 협조를 구하거나 의견을 전달할 때 작성하는 문서를 말한다. [ ]

02 설명서는 정확한 내용 전달을 위해 명령문으로 작성한다. [ ]

01 [×] 기획서가 아닌 기안서에 대한 설명이다. 기획서란 상대방에게 기획의 내용을 전달하여 기획을 시행하도록 설득하는 문서를 말한다.

02 [×] 설명서는 명령문이 아닌 평서문으로 작성해야 한다.

PART 1 PART 2 PART 3 PART 4

03 문서작성능력

(1) 문서작성능력의 의의

① 문서작성의 의의

㉠ 문서의 의미

제안서 · 보고서 · 기획서 · 편지 · 메모 · 공지사항 등 문자로 구성된 것을 지칭하며 일상생활 뿐만 아니라 직장생활에서도 다양한 문서를 자주 사용한다.

㉡ 문서작성의 목적

치열한 경쟁상황에서 상대를 설득하거나 조직의 의견을 전달하고자 한다.

㉢ 문서의 구성요소 기출

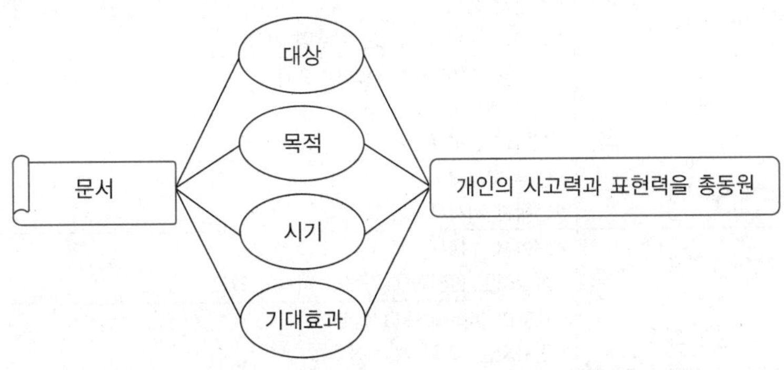

② 문서작성의 원칙

㉠ 문장구성 시 주의사항 기출

- 문장은 짧고, 간결하게
- 상대방이 이해하기 쉽게
- 중요하지 않은 경우, 한자의 사용은 자제
- 표현은 간결하게 작성
- 문장은 긍정문의 형식으로
- 간단한 표제를 붙일 것
- 결론을 먼저 작성

㉡ 문서작성 시 주의사항

- 육하원칙에 의해 작성
- 문서의 작성시기에 맞게 작성
- 한 사안을 한 장의 용지에 작성
- 제출 전 반드시 최종점검
- 반드시 필요한 자료만 첨부
- 금액, 수량, 일자는 정확하게 기재
- 경어나 단어 사용에 신중을 기할 것

(2) 문서작성의 실제

① 상황에 따른 문서의 작성 기출

상황	내용
요청이나 확인	• 공문서 형식 • 일정한 양식과 격식을 갖추어 작성
정보제공	• 홍보물, 보도자료, 설명서, 안내서 • 시각적인 정보의 활용 • 신속한 정보 제공
명령이나 지시	• 업무 지시서 • 명확한 지시사항이 필수적
제안이나 기획	• 제안서, 기획서 • 종합적인 판단과 예견적인 지식이 필요
약속이나 추천	• 제품의 이용에 대한 정보 • 입사지원, 이직 시 작성

② 문서의 종류에 따른 작성법 기출

㉠ 공문서

- 날짜는 연도와 월일을 반드시 함께 언급해야 한다.
- 내용이 복잡할 경우 '-다음-', '-아래-'와 같은 항목을 만들어 구분한다.
- 마지막에는 반드시 '끝'자로 마무리한다.

㉡ 설명서

- 이해하기 어려운 전문용어의 사용은 가급적 삼가야 한다.
- 복잡한 내용은 도표화한다.
- 명령문보다 평서형으로, 동일한 표현보다는 다양한 표현으로 작성한다.

㉢ 기획서

- 기획서의 목적과 핵심 메시지가 정확히 도출되었는지 확인한다.
- 표나 그래프를 활용하는 경우, 내용이 제대로 도출되었는지 확인한다.
- 인용한 자료의 출처가 정확한지 확인한다.

㉣ 보고서

- 핵심내용을 구체적으로 제시한다.
- 간결하고 핵심적인 내용의 도출이 우선이므로 내용의 중복을 피한다.
- 보고서의 독자가 궁금한 점을 질문할 것에 대비한다.

(3) 문서표현의 시각화

① 시각화의 구성요소

문서의 내용을 시각화하기 위해서는 전하고자 하는 내용의 개념이 명확해야 하고, 수치 등의 정보는 그래프 등을 사용하여 시각화하며, 특히 강조하여 표현하고 싶은 내용은 도형을 이용할 수 있다.

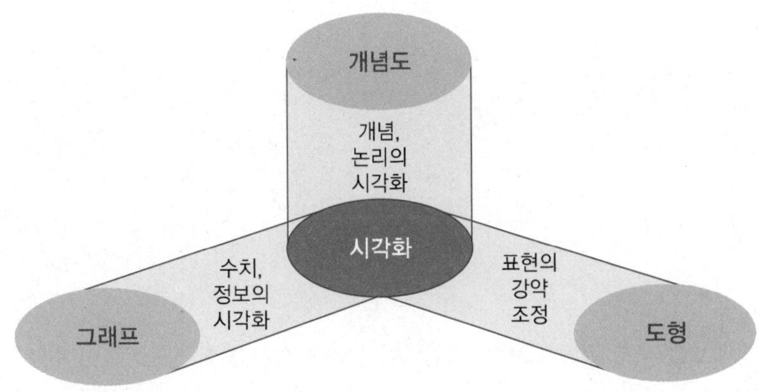

② 문서를 시각화하는 4가지 포인트

- 보기 쉬워야 한다.
- 이해하기 쉬워야 한다.
- 다채롭게 표현되어야 한다.
- 숫자는 그래프로 표시되어야 한다.

③ 시각화 방법

종류	내용
차트 시각화	데이터 정보를 쉽게 이해할 수 있도록 시각적으로 표현하며, 주로 통계 수치 등을 도표나 차트를 통해 명확하고 효과적으로 전달
다이어그램 시각화	개념이나 주제 등 중요한 정보를 도형, 선, 화살표 등 여러 상징을 사용하여 시각적으로 표현
이미지 시각화	전달하고자 하는 내용을 관련 그림이나 사진 등으로 표현

OX 문제

01 문서의 첨부자료는 반드시 필요한 자료 외에는 첨부하지 않도록 하여야 하며, 문서의 작성시기는 문서가 담고 있어야 하는 내용에 상당한 영향을 미친다. [ ]

02 문서에 기록되는 문장은 부정문 형식으로 작성해도 괜찮다. [ ]

03 다이어그램 시각화란 개념이나 주제 등 중요한 정보를 도형, 선, 화살표 등 여러 상징을 사용하여 시각적으로 표현하는 시각화 방식이다. [ ]

01 [O]

02 [×] 문장은 긍정문의 형식으로 작성해야 한다.

03 [O]

04 경청능력

(1) 경청능력의 의의

① 경청능력이란?

㉠ 경청의 의미

다른 사람의 말을 주의 깊게 들으며, 공감하는 능력을 말한다.

㉡ 경청의 효과

대화의 상대방이 안도감을 느끼게 되며, 이 효과로 인해 말과 메시지, 감정이 효과적으로 상대방에게 전달된다.

② 경청의 중요성 기출

경청을 통해	+	대화의 상대방을(의)	⇨	• 한 개인으로 존중하게 된다. • 성실한 마음으로 대하게 된다. • 입장에 공감하며 이해하게 된다.

③ 올바른 경청의 방해요인 기출

요인	내용
짐작하기	상대방의 말을 듣고 받아들이기보다 자신의 생각에 들어맞는 단서들을 찾아 자신의 생각을 확인하는 것
대답할 말 준비하기	자신이 다음에 할 말을 생각하기에 바빠서 상대방이 말하는 것을 잘 듣지 않는 것
걸러내기	상대의 말을 듣기는 하지만 상대방의 메시지를 온전하게 듣지 않는 것
판단하기	상대방에 대한 부정적인 판단 때문에, 또는 상대방을 비판하기 위해 상대방의 말을 듣지 않는 것
다른 생각하기	상대방이 말을 할 때 다른 생각을 하는 것으로 현실이 불만스럽지만 이러한 상황을 회피하고 있다는 신호임
조언하기	본인이 다른 사람의 문제를 지나치게 해결해 주고자 하는 것을 말하며, 말끝마다 조언하려고 끼어들면 상대방은 제대로 말을 끝맺을 수 없음
언쟁하기	단지 반대하고 논쟁하기 위해서만 상대방의 말에 귀를 기울이는 것
자존심 세우기	자존심이 강한 사람에게서 나타나는 태도로 자신의 부족한 점에 대한 상대방의 말을 듣지 않으려 함
슬쩍 넘어가기	문제를 회피하려 하거나 상대방의 부정적 감정을 회피하기 위해서 유머 등을 사용하는 것으로, 이로 인해 상대방의 진정한 고민을 놓치게 됨
비위 맞추기	상대방을 위로하기 위해서 너무 빨리 동의하는 것으로, 상대방에게 자신의 생각이나 감정을 충분히 표현할 시간을 주지 못하게 됨

(2) 효과적인 경청방법

① 적극적 경청과 소극적 경청

적극적 경청	상대의 말에 집중하고 있음을 행동을 통해 표현하며 듣는 것으로 질문, 확인, 공감 등으로 표현됨
소극적 경청	상대의 말에 특별한 반응 없이 수동적으로 듣는 것

② 적극적 경청을 위한 태도

- 비판적 · 충고적인 태도를 버린다.
- 상대방이 말하고 있는 의미 전체를 이해한다.
- 단어 이외의 표현에도 신경을 쓴다.
- 상대방이 말하고 있는 것에 반응한다.
- 감정을 흥분시키지 않아야 한다.

③ 경청의 올바른 자세 기출

- 상대를 정면으로 마주하는 자세는 그와 함께 의논할 준비가 되었음을 알리는 자세이다.
- 손이나 다리를 꼬지 않는 소위 개방적 자세를 취하는 것은 상대에게 마음을 열어 놓고 있다는 표시이다.
- 상대방을 향하여 상체를 기울여 다가앉은 자세는 자신이 열심히 듣고 있다는 사실을 강조하는 것이다.
- 우호적인 눈의 접촉을 통해 자신이 관심을 가지고 있다는 사실을 알리게 된다.

④ 효과적인 경청을 위한 트레이닝

종류	내용
준비	사전에 나누어준 계획서 등을 미리 읽어 강연 등에 등장하는 용어에 친숙해질 필요가 있음
집중	말하는 사람의 속도와 말을 이해하는 속도 사이에 발생하는 간격을 메우는 방법을 학습해야 함
예측	대화를 하는 동안 시간 간격이 있으면, 다음에 무엇을 말할 것인가를 추측하려고 노력해야 함
연관	상대방이 전달하려는 메시지가 무엇인가를 생각해보고 자신의 삶, 목적, 경험과 관련시켜 보는 습관이 필요함
질문	질문에 대한 답이 즉각적으로 이루어질 수 없다고 하더라도 질문을 하려고 하면 경청하는데 적극적이 되고 집중력이 높아지게 됨
요약	대화 도중에 주기적으로 대화의 내용을 요약하면 상대방이 전달하려는 메시지를 이해하고, 사상과 정보를 예측하는데 도움이 됨
반응	상대방에 대한 자신의 지각이 옳았는지 확인할 수 있으며, 상대방에게 자신이 정확하게 의사소통을 하였는가에 대한 정보를 제공함

(3) 경청훈련

① 대화법을 통한 경청훈련 기출

㉠ 주의 기울이기

바라보기, 듣기, 따라하기가 이에 해당하며, 산만한 행동은 중단하고 비언어적인 것, 즉 상대방의 얼굴과 몸의 움직임뿐만 아니라 호흡하는 자세까지도 주의하여 관찰해야 한다.

㉡ 상대방의 경험을 인정하고 더 많은 정보 요청하기

화자가 인도하는 방향으로 따라가고 있다는 것을 언어적 · 비언어적인 표현을 통하여 상대방에게 알려주는 것은 상대방이 더 많은 것을 말할 수 있는 수단이 된다.

㉢ 정확성을 위해 요약하기

상대방에 대한 자신의 이해의 정확성을 확인할 수 있게 하며, 자신과 상대방의 메시지를 공유할 수 있도록 한다.

㉣ 개방적인 질문하기

단답형의 대답이나 반응보다 상대방의 다양한 생각을 이해하고, 상대방으로부터 보다 많은 정보를 얻기 위한 방법이다.

㉤ '왜?'라는 질문 피하기

'왜?'라는 질문은 보통 진술을 가장한 부정적 · 추궁적 · 강압적인 표현이므로 사용하지 않는 것이 좋다.

② 공감적 태도와 공감적 반응 기출

공감적 태도	상대방이 하는 말을 상대방의 관점에서 이해하고 느끼는 것으로 성숙한 인간관계를 유지하기 위해 필요
공감적 반응	상대방의 이야기를 자신의 관점이 아닌 그의 관점에서 이해하며, 상대방의 말 속에 담겨 있는 감정과 생각에 민감하게 반응

OX 문제

01 상대방의 이야기를 들어주는 것과 경청의 의미는 같다. [ ]

02 경청은 상대방으로 하여금 개방적이고 솔직한 의사소통을 하도록 촉진하는 기능을 가진다. [ ]

03 효과적인 경청을 위해서는 상대방의 말을 적당히 걸러내며 듣는 것이 필요하다. [ ]

01 [×] 단순히 이야기를 듣는 것은 수동적인 데 반해 경청은 능동적인 의미의 탐색이므로, 이야기를 들어주는 것과 경청의 의미는 다르다.

02 [○]

03 [×] 상대방의 말을 듣기는 하지만 듣는 사람이 임의로 그 내용을 걸러내며 들으면, 상대방의 의견을 제대로 이해할 수 없다.

05 의사표현능력

(1) 의사표현능력이란?

① 의사표현의 의미

말하는 이가 자신의 생각과 감정을 듣는 이에게 음성언어나 신체언어로 표현하는 행위로서, 말하는 이의 목적을 달성하는 데 효과가 있다고 생각하는 말하기를 말한다.

② 의사표현의 종류 기출

종류	내용
공식적 말하기	사전에 준비된 내용을 대중을 상대로 하여 말하는 것 예 연설, 토의, 토론 등
의례적 말하기	정치적·문화적 행사에서와 같이 의례 절차에 따라 말하는 것 예 식사, 주례, 회의 등
친교적 말하기	매우 친근한 사람들 사이에서 이루어지는 것으로, 자연스런 상황에서 떠오르는 대로 주고받는 말하기

(2) 의사표현의 중요성

언어에 의해 그려지는 이미지로 인해 자신의 이미지가 형상화될 수 있다. 즉, 자신이 자주 하는 말로써 자신의 이미지가 결정된다는 것이다.

(3) 효과적인 의사표현법 기출

종류	내용
지적	• 충고나 질책의 형태로 나타남 • '칭찬 – 질책 – 격려'의 샌드위치 화법을 사용할 것 • 충고는 최후의 수단으로 은유적으로 접근할 것
칭찬	• 대화 서두의 분위기 전환용으로 사용 • 상대에 어울리는 중요한 내용을 포함할 것

요구	• 부탁 : 구체적으로 부탁하며, 거절을 당해도 싫은 내색을 하지 않을 것 • 업무상 지시, 명령 : 강압적 표현보다는 청유식 표현을 활용할 것
거절	• 거절에 대한 사과와 함께 응할 수 없는 이유를 설명할 것 • 요구를 들어주는 것이 불가능할 경우 단호하게 거절하지만, 정색하는 태도는 지양할 것
설득	• 강요는 금물임 • 문 안에 한 발 들여놓기 기법 : 말하는 이가 요청하고 싶은 도움이 100이라면 처음에는 상대방이 'YES'라고 할 수 있도록 50, 60 정도로 부탁을 하고 점차 도움의 내용을 늘려서 상대방의 허락을 유도하는 방법 • 얼굴 부딪히기 기법 : 말하는 이가 원하는 도움의 크기가 50이라면 처음에 100을 상대방에게 요청하고 거절을 유도하는 것이다. 이후 이미 한 번 도움을 거절한 듣는 이는 말하는 이에게 미안한 마음을 가지게 되고, 좀 더 작은 도움을 요청받으면 미안한 마음을 보상하기 위해 100보다 작은 요청을 들어줄 수 있음

(4) 의사표현에 영향을 미치는 요소 기출

- 연단공포증
- 말의 장단과 발음, 말하는 속도, 쉼
- 몸의 방향, 자세, 몸짓
- 유머

OX 문제

01 개방적인 질문은 상대방의 다양한 생각을 이해하게 도와준다. [ ]

02 의사표현의 종류에는 공식적인 말하기와 의례적인 말하기가 있으며, 친구들끼리의 친교적 대화는 포함되지 않는다. [ ]

03 상대방의 잘못을 지적할 때는 샌드위치 화법으로 칭찬과 격려를 같이 사용한다. [ ]

04 상대방에게 부탁해야 할 때는 상대방의 사정은 고려하지 않고 일단 자신의 요구사항부터 제시해야 한다. [ ]

05 효과적인 의사표현을 위해서는 말하는 이가 자신이 전달하고 싶은 메시지가 무엇인지 분명하게 인식해야 한다. [ ]

01 [O]

02 [×] 의사표현의 종류는 상황이나 사태와 관련하여 공식적 말하기, 의례적 말하기, 친교적 말하기로 구분하며, 구체적으로 대화, 토론, 보고, 연설, 인터뷰, 낭독, 구연, 소개하기, 전화로 말하기, 안내하는 말하기 등이 있다. 따라서 친구들끼리의 친교적 대화도 포함된다.

03 [O]

04 [×] 상대방에게 부탁할 때는 먼저 상대방이 그 부탁을 들어줄 수 있는지 상황부터 확인해야 한다.

05 [O]

06 기초외국어능력

(1) 기초외국어능력이란?

우리만의 언어가 아닌 세계의 언어로 의사소통을 가능하게 하는 능력을 말하며, 필요한 문서이해나 문서작성, 의사표현, 경청 등 기초적인 의사소통을 기초적인 외국어로서 가능하게 하는 능력을 말한다.

(2) 기초외국어능력의 중요성

외국인들과의 업무가 잦은 특정 직무뿐만 아니라 컴퓨터 활용 및 공장의 기계 사용, 외국산 제품의 사용법을 확인하는 경우 등 기초외국어를 모르면 불편한 경우가 많다.

(3) 외국인과의 비언어적 의사소통

① 표정으로 알아채기

웃는 표정은 행복과 만족, 친절을 표현하는 데 비해, 눈살을 찌푸리는 표정은 불만족과 불쾌를 나타낸다. 또한 눈을 마주 쳐다보는 것은 흥미와 관심이 있음을, 그리고 그렇게 하지 않음은 무관심을 말해준다.

② 음성으로 알아채기

어조가 높으면 적대감이나 대립감을 나타내고, 낮으면 만족이나 안심을 나타낸다. 또한 목소리가 커졌으면 내용을 강조하는 것이거나 흥분, 불만족 등의 감정 상태를 표현하는 것이다. 또한 말의 속도와 리듬이 매우 빠르거나 짧게 얘기하면 공포나 노여움을 나타내는 것이며, 너무 자주 말을 멈추면 결정적인 의견이 없음을 의미하거나 긴장 또는 저항을 의미한다.

OX 문제

01 외국인과의 의사소통 시 자주 말을 중지하는 것은 결정적인 의견이 없음을 의미하거나 긴장 또는 저항을 의미한다. [ ]

02 기초외국어능력은 외국인과의 유창한 의사소통능력을 말한다. [ ]

01 [O]

02 [×] 기초외국어능력은 일 경험 중에 필요한 공문서, 기계 설명서 등 문서이해나 문서작성, E-mail과 전화 응대 등 의사표현과 같은 기초적인 의사소통을 기초적인 외국어로 가능하게 하는 능력을 말한다.

SECTION

02 의사소통능력 맛보기

01 김상수 부장은 박정수 부장의 조언에 따라 부하직원들에게 〈보기〉와 같이 말하였다. 이때, 김상수 부장이 박정수 부장의 조언을 제대로 활용하지 못한 대화는 무엇인가?

김상수 부장 : 요즘 우리 부서 직원들이 실수를 자주 하는데, 어떻게 꾸짖어야 하는지 잘 모르겠어. 혹시 내가 말을 잘못해서 상처받지 않을까 하고 그냥 참고 있는데, 좋은 방법이 없을까?
박정수 부장 : 아, 그럴 때는 상황에 맞는 의사표현법을 써야지. 상대방의 기분을 해치지 않으면서도 효과적으로 내 의사를 전달할 수 있게 말이야.
김상수 부장 : 그래? 몇 가지 방법 좀 알려줄 수 있어?
박정수 부장 : 부하 직원이 잘못을 저질렀을 때는, 본인이 알 수 있도록 확실하게 지적해야 해. 괜히 돌려 말한다고 모호한 말로 얘기하면 설득력이 떨어져. 그리고 이왕 꾸짖는 거니 그동안 잘못했던 일을 한꺼번에 얘기하면 서로 불편한 일 여러 번 하지 않아서 좋지.
김상수 부장 : 그렇군.
박정수 부장 : 그리고 질책만 하지 말고, 칭찬을 먼저하고 질책을 한 다음, 끝에 격려의 말을 한다면 더 좋을 거야.
김상수 부장 : 그래. 너무 질책만 하면 의기소침해 질 수 있으니까.
박정수 부장 : 또 충고해야 할 때는 속담이나 예화를 들어 비유법으로 깨우쳐주면 듣는 사람도 이해하기가 쉽겠지. 그리고 충고는 가급적이면 최후의 수단으로 하는 것이 좋아. 그나저나, 우리 부서 강과장이 연단공포증이 있어서 큰일이야. 지난번에 실적 발표를 하면서 덜덜 떨던 거 자네도 기억하나? 앞으로 많은 사람 앞에서 발표할 일이 많을 텐데 어떻게 해줘야할지 모르겠어.

보기

ㄱ. '두 마리 토끼를 잡으려다 한 마리도 못 잡는다.'라는 말이 있지 않나. 너무 욕심 부리지 말고 지금 진행하고 있는 프로젝트부터 끝내도록 하게.
ㄴ. 보고서 21페이지의 표가 잘못되었어. 2020년이 아니라 2021년 수치로 넣도록 해.
ㄷ. 최근 고객으로부터 자네가 불친절하다는 항의를 들었어. 고객대응 매뉴얼을 다시 한 번 정독하고 앞으로는 이런 얘기가 나오지 않도록 하게.
ㄹ. 계약서를 이렇게 쓰면 어떻게 하나. 그래도 채대리는 꼼꼼한 성격이니 다음부터는 이런 실수가 없을 거야. 기운 내도록 해.
ㅁ. 최사원의 이번 기획안이 참 좋네. 세부 계획의 내용이 좀 부족한데 그 부분을 상세하게 수정하면 잘 될 걸세.

① ㄱ
② ㄴ
③ ㄹ
④ ㄴ, ㄷ
⑤ ㄷ, ㅁ

Key Point

실제 대화를 통해 올바른 의사소통방법에 대해 묻는 문제로, 거의 매번 출제되는 유형이다. 특히 상대방의 잘못을 지적할 때는 지금 당장 꾸짖고 있는 내용에만 한정해야 한다는 것에 주의할 필요가 있다. 이것저것 함께 꾸짖으면 효과가 없으며, '칭찬의 말', '질책의 말', '격려의 말' 순서대로 질책을 가운데 두고 칭찬을 먼저 한 다음 끝에 격려의 말을 하면 상대방이 부드럽게 받아들일 수 있다. 모호한 표현은 설득력을 약화시키므로 확실하게 지적하되 비유를 활용하기도 한다. 통상 오답으로 그동안 잘못했던 일을 한꺼번에 지적하는 사례가 등장하는 경우가 많다.

정답 ③

상대방을 질책해야 할 때는 질책을 가운데 두고 칭찬을 먼저 한 다음에 격려의 말을 해야 한다. ㄹ의 경우에는 질책 – 칭찬 – 격려 순으로 구성되어 잘못된 의사표현법에 해당한다.

오답분석

ㄱ. 충고를 하면서 비유법을 활용하고 있다.
ㄴ·ㄷ. 잘못된 부분을 돌려 얘기하지 않고 확실하게 지적하고 있다.
ㅁ. 질책을 가운데 두고 칭찬을 먼저 한 다음, 마지막으로 격려의 말을 하고 있다.

02 다음 글의 내용으로 가장 적절한 것은?

> 우리가 조선의 왕을 부를 때 흔히 이야기하는 태종, 세조 등의 호칭은 묘호(廟號)라고 한다. 왕은 묘호뿐 아니라 시호(諡號), 존호(尊號) 등도 받았으므로 정식 칭호는 매우 길었다. 예를 들어 선조의 정식 칭호는 '선조소경정륜입극성덕홍렬지성대의격천희운현문의무성예달효대왕(宣祖昭敬正倫立極盛德洪烈至誠大義格天熙運顯文毅武聖睿達孝大王)'이다. 이 중 '선조'는 묘호, '소경'은 명에서 내려준 시호, '정륜입극성덕홍렬'은 1590년에 올린 존호, '지성대의격천희운'은 1604년에 올린 존호, '현문의무성예달효대왕'은 신하들이 올린 시호이다.
>
> 묘호는 왕이 사망하여 삼년상을 마친 뒤 그 신주를 종묘에 모실 때 사용하는 칭호이다. 묘호에는 왕의 재위 당시의 행적에 대한 평가가 담겨 있다. 시호는 왕의 사후 생전의 업적을 평가하여 붙여졌는데, 중국 천자가 내린 시호와 조선의 신하들이 올리는 시호 두 가지가 있었다. 존호는 왕의 공덕을 찬양하기 위해 올리는 칭호이다. 기본적으로 왕의 생전에 올렸지만 경우에 따라서는 '추상존호(追上尊號)'라 하여 왕의 승하 후 생전의 공덕을 새롭게 평가하여 존호를 올리는 경우도 있었다.
>
> 왕실의 일원들을 부르는 호칭도 경우에 따라 달랐다. 왕비의 아들은 '대군'이라 부르고, 후궁의 아들은 '군'이라 불렀다. 또한 왕비의 딸은 '공주'라 하고, 후궁의 딸은 '옹주'라 했으며, 세자의 딸도 적실 소생은 '군주', 부실 소생은 '현주'라 불렀다. 왕실에 관련된 다른 호칭으로 '대원군'과 '부원군'도 있었다. 비슷한 듯 보이지만 크게 차이가 있었다. 대원군은 왕을 낳아준 아버지, 즉 생부를 가리키고, 부원군은 왕비의 아버지를 가리키는 말이었다. 조선시대에 선조, 인조, 철종, 고종은 모두 방계에서 왕위를 계승했기 때문에 그들의 생부가 모두 대원군의 칭호를 얻게 되었다. 그런데 이들 중 살아 있을 때 대원군의 칭호를 받은 이는 고종의 아버지 흥선대원군 한 사람뿐이었다. 왕비의 아버지를 부르는 호칭인 부원군은 경우에 따라 책봉된 공신(功臣)에게도 붙여졌다.

① 세자가 왕이 되면 적실의 딸은 옹주로 호칭이 바뀔 것이다.
② 조선시대 왕의 묘호에는 명나라 천자로부터 부여받은 것이 있다.
③ 왕비의 아버지가 아님에도 부원군이라는 칭호를 받은 신하가 있다.
④ 우리가 조선시대 왕을 지칭할 때 사용하는 일반적인 칭호는 존호이다.
⑤ 흥선대원군은 왕의 생부이지만 고종이 왕이 되었을 때 생존하지 않았더라면 대원군이라는 칭호를 부여받지 못했을 것이다.

Key Point

흔히 제시문의 첫 부분에 나오는 구체적인 내용들은 중요하지 않은 정보라고 판단하여 넘기곤 한다. 하지만 의외로 첫 부분에 등장하는 내용이 선택지로 구성되는 경우가 상당히 많은 편이며, 물론, 첫 부분의 내용으로 구성된 선택지가 답이 되는 경우는 드물지만 이것이 글 전체의 흐름을 알게 해주는 길잡이와 같은 역할을 하는 경우가 빈번하므로 지엽적인 정보라고 하더라도 꼼꼼하게 챙기도록 하자.

정답 ③

왕비의 아버지를 부르는 호칭인 '부원군'은 경우에 따라 책봉된 공신에게도 붙여졌다고 하였으므로 가장 적절한 내용이다.

오답분석

① 세자의 딸 중 적실 소생은 '군주'라고 칭했으며, '옹주'는 후궁의 딸을 의미한다.
② 왕의 사후에 생전의 업적을 평가하여 붙이는 것을 '시호'라 하는데, 이 '시호'에는 중국 천자가 내린 시호와 조선의 신하들이 올리는 시호 두 가지가 있었다고 하였다. 묘호는 왕이 사망하여 삼년상을 마친 뒤 그 신주를 종묘에 모실 때 사용하는 칭호인데, 이를 중국의 천자가 내린 것인지는 알 수 없다.
④ 우리가 조선의 왕을 부를 때 흔히 이야기하는 태종, 세조 등의 호칭은 묘호라고 하며, 존호는 왕의 공덕을 찬양하기 위해 올리는 칭호이다.
⑤ 대원군이라는 칭호는 생존 여부와는 무관하게 왕을 낳아준 아버지를 모두 지칭하는 말이므로 적절하지 않은 내용이다.

SECTION 03 대표유형 적중문제

정답 및 해설 p.28

01 모듈형

※ 다음 글을 읽고 이어지는 질문에 답하시오. [1~2]

T기업은 신입사원들의 퇴사율이 높아지고 있는 상황을 해결하기 위해 사원들을 중심으로 설문 조사를 실시하였다. 그 중 제일 높은 비중을 차지한 것은 바로 커뮤니케이션의 문제였다. 이에 따라 T기업의 대표는 업무에 대한 이해도가 낮은 신입사원들에게 적절한 설명과 피드백 없이 업무를 진행시킨 것이 가장 큰 문제라고 생각했다. 이러한 문제를 해결하기 위해서 T기업의 대표는 전 직원을 대상으로 효과적인 커뮤니케이션을 위한 교육을 실시하기로 결정하였다.
다음은 회사 내에서 직원들의 의견을 수립하여 만든 효과적인 커뮤니케이션을 위한 5가지 교육 방안이다. 특히 T기업의 대표는 적절한 커뮤니케이션 수단에 관한 내용을 강조하고 있다.

첫째, 명확한 목표 설정
- 메시지를 전달하고 받는 내용에 대해 명확한 목표 설정이 필요하다.
- 필요하면 정확한 이해를 돕는 시각적 보조 자료를 활용한다.

둘째, 적절한 커뮤니케이션 수단
- 상대방이 이해하기 쉬운 전달 방법을 선택한다.
- 언어적 또는 비언어적인 방법을 적절히 활용한다.
- 간접화법보단 직접적으로 의사를 표현하도록 한다.

셋째, 적절한 피드백
- 메시지 전달이 원활하게 이루어지고 있는지 확인한다.
- 비언어적인 수단을 통해 전해지는 메시지를 확인한다.

넷째, 공감과 신뢰감 형성
- 외형적 의미뿐 아니라 내면적 의미를 이해하고 공감한다.
- 상대방의 말과 행동을 파악하고 같이 조절한다.

다섯째, 부드럽고 명확한 전달
- 안정적인 목소리를 유지한다.
- 자신감을 가지고 말끝이 흐려지지 않게 끝까지 분명하게 말한다.
- 정보 전달 시 숫자 활용, 자료 제공 등 구체적이고 명확하게 전달한다.
- 발음을 분명하게 한다.

01 **다음 중 교육을 받은 직원들의 대화로 잘못된 부분은?** 난이도 중

① 김사원 : 저는 다른 의견보다 첫 번째 의견에 적극적으로 동의합니다.
② 유대리 : 가능하면 시각적 보조자료를 활용해서 근거를 제시해주면 좋겠네요.
③ 박사원 : 그렇겠어요. 근데 아까 하신 말씀 중에 어려운 부분이 있는데 여쭤볼 수 있을까요?
④ 최과장 : 그것도 못 알아들으면서 어떻게 일을 하는가? 알아서 공부해 오게!
⑤ 이팀장 : 물어보고 싶은 부분이 어떤 건지 얘기해보게.

02 **T기업의 대표가 강조하고 있는 적절한 커뮤니케이션 수단에 대한 설명으로 적절하지 않은 것은?** 난이도 하

① 안정적인 목소리를 유지하고 발음을 분명히 해야 전달이 명확하게 된다.
② 비언어적인 수단을 사용하지 않아도 전해지기 때문에 언어적인 수단만을 사용한다.
③ 통계나 그림 같은 시각적 보조자료를 이용하여 전략적으로 소통한다.
④ 상대방이 취하는 행동을 유심히 관찰하여 공감을 한다.
⑤ 간접화법보다는 직접적으로 의사를 표현하도록 한다.

03 **다음은 문제중심학습(PBL)에 대한 내용이다. 〈보기〉 다음에 이어질 문장을 순서대로 바르게 나열한 것은?** 난이도 중

보기

개인의 일상생활은 물론 사회생활에서도 의사소통능력은 매우 중요하지만, 과거에는 이러한 중요성에도 불구하고 의사소통능력에 대해 단순 암기위주의 수업으로 진행해왔다.

ㄱ. 이러한 문제중심학습(PBL)은 학생들로 하여금 학습에 더 능동적이게 참여하도록 할 뿐 아니라 자기 주도적으로 문제를 해결할 수 있는 문제해결능력도 기를 수 있도록 도와준다.
ㄴ. 따라서 의사소통 능력에 관한 지식은 교수자가 단순히 기존에 확립되어 있는 지식을 학습자들에게 이해시키는 강의 교수법이 아닌, 실제 현장에서 일어나는 사례를 예로 들어 실제 현장에서 학습자들이 적용시킬 수 있는 문제중심학습(PBL)이 더 적절할 것이다.
ㄷ. 하지만 의사소통은 단순 암기위주로 배울 수 있는 특정한 장소와 시간에 관한 단편적인 지식이 아니다. 의사소통은 본래 실제 상황에서 발생하는 현상을 잘 관찰하고 이해를 해야만 얻어질 수 있는 고차원적인 지식이기 때문이다.
ㄹ. 단, 이 때 교수자는 학생들이 다양한 문제해결능력을 기를 수 있도록 자신의 생각이나 행동들을 객관적 기준으로 생각하지 않게 하는 것이 중요하다.

① ㄱ－ㄴ－ㄷ－ㄹ
② ㄱ－ㄹ－ㄷ－ㄴ
③ ㄴ－ㄷ－ㄱ－ㄹ
④ ㄷ－ㄱ－ㄹ－ㄴ
⑤ ㄷ－ㄴ－ㄱ－ㄹ

04 다음 중 키슬러의 대인관계 의사소통을 참고할 때, P과장에게 해 줄 조언으로 가장 적절한 것은? 난이도 하

A직원 : Z과장님이 본사로 발령 나시면서, 홍보팀에 과장님이 새로 부임하셨다며, 어떠셔? 계속 지방에 출장 중이어서 이번에 처음 뵙는데 궁금하네.

B직원 : P과장님? 음, 되게 능력이 있으시다고 들었어. 회사에서 상당한 연봉을 제시해 직접 스카우트하셨다고 들었거든. 근데, 좀 직원들에게 관심이 너무 많으셔.

C직원 : 맞아. Z과장님은 업무를 지시하시고 나서는 우리가 보고할 때까지 아무 간섭 안 하시고 보고 후에 피드백을 주셔서 일하는 중에는 부담이 덜했잖아. 근데, 새로 온 P과장님은 업무 중간 중간에 어디까지 했냐? 어떻게 처리되었냐? 이렇게 해야 한다. 저렇게 해야 한다. 계속 말씀하셔서 너무 눈치 보여. 물론 바로바로 피드백을 받을 수 있어 수정이 수월하긴 하지만 말이야.

B직원 : 맞아. 그것도 그거지만 나는 회식 때마다 이전 회사에서 했던 프로젝트에 대해 계속 자랑하셔서 이젠 그 대사도 외울 지경이야. 물론 P과장님의 능력이 출중하다는 건 우리도 알기는 하지만 말이야….

① 독단적으로 결정하시면 대인 갈등을 겪으실 수도 있으니 직원들과의 상의가 필요합니다.
② 자신만 생각하지 마시고, 타인에게 관심을 갖고 배려해 주세요.
③ 직원들과 어울리지 않으시고 혼자 있는 것만 선호하시면 대인관계를 유지하기 어려워요.
④ 인정이 많으신 것은 좋으나 직원들의 요구를 적절하게 거절할 필요성이 있어요.
⑤ 타인에 대한 높은 관심과 인정받고자 하는 욕구는 낮출 필요성이 있어요.

※ 다음 상황은 여행상품 매출에 관련하여 팀 내에서 토의한 내용이다. 이어지는 질문에 답하시오. **[5~6]**

〈상황〉

- 홍보 팀장은 참여하지 않고, 나머지 팀원이 자유롭게 의견을 공유하고 있다.
- 정보공유가 완전하게 이루어지고 있다.
- 구성원들의 참여도와 만족도가 높다.
- 토의방식이 구조화를 갖추고 있지 않은 상태로 리더가 없다.
- 위에서 주어진 상황에 맞게 여행 홍보팀이 토의한 내용이다.

오부장 : 본부장 회의에서 나온 결론은 매출 향상을 위해서는 여행상품이 연령대, 소득 격차 등에 따라 세분화 될 필요가 있다는 겁니다. 이건 특히 제가 아주 강조한 의견이기도 합니다. 지금까지 얘기한 걸 다들 들었을 것이라 생각하고 이제 여러분들이 여행상품 세분화에 대한 실행 방안은 어떤 게 있을지 의견을 말씀해주세요.

김대리 : 부장님, 그럼 혹시 각 권역별 특성에 맞는 상품 개발에 대한 논의도 있었나요?

나사원 : 네, 저는 고객의 안전이 최우선이라는 콘텐츠를 권역별로 세분화를 한다면 매출향상에 도움이 될 것 같다고 예전부터 생각했습니다.

박사원 : 부장님 의견에 전적으로 동의합니다. 소득 격차에 대한 기준을 정해야 할 것 같아요.

이차장 : 글쎄요, 여행상품 세분화로 매출 향상이 될 수 있을지 의문입니다.

김과장 : 제 생각도 이차장님과 같아요. 다양한 세분화보단 더 나은 콘텐츠로 홍보를 진행해야 한다고 생각해요.

05 다음은 커뮤니케이션 네트워크의 형태를 정리한 것이다. 위의 주어진 상황에서 나타나는 네트워크 형태로 옳은 것은? 난이도 하

〈커뮤니케이션 네트워크 형태〉

1) 쇠사슬형
   - 공식적인 명령 계통에 따라 수직적, 수평적 형태
   - 단순 반복 업무에 있어 신속성과 효율성이 높음
   - 단방향 소통으로 왜곡 발생 가능성이 높음
2) 수레바퀴(Wheel)형
   - 조직 구조 중심에 리더가 존재
   - 구성원들의 정보 전달이 한 사람에게 집중
   - 상황 파악과 문제 해결이 신속
   - 복잡한 문제 해결에 한계
3) Y형
   - 다수의 구성원을 대표하는 인물이 존재
   - 관료적이고 위계적인 조직에서 발견
   - 라인과 스텝이 혼합되어있는 집단에서 흔히 나타남
4) 원(Circle)형
   - 뚜렷한 서열이 없는 경우에 나타나는 형태
   - 같은 목적을 위해 원활하게 소통이 이루어지는 형태
   - 업무 진행 및 의사 결정이 느림
   - 구성원의 참여도와 만족도가 높음
5) 완전연결(All Channel)형
   - 가장 이상적인 형태로 리더가 존재하지 않음
   - 누구나 커뮤니케이션을 주도할 수 있음
   - 가장 구조화 되지 않은 유형
   - 조직 안에서 정보교환이 완전히 이루어짐
   - 가장 효과적이며 구성원 간의 만족도와 참여도가 높음

① 원(Circle)형
② Y형
③ 수레바퀴(Wheel)형
④ 완전연결(All Channel)형
⑤ 쇠사슬형

06 위 대화에서 올바른 토의 절차를 진행하지 않은 사람은 누구인가? 난이도 중

① 김대리
② 나사원
③ 박사원
④ 이차장
⑤ 오부장

※ 다음 글을 읽고 이어지는 질문에 답하시오. [7~9]

강재열 대리는 한 고객사를 설득해야 하는 미팅을 앞두고 있다. 그런데 고객사의 대표가 깐깐하기로 유명하여, 어떻게 미팅을 진행해야 할지 걱정이다. 따라서 강재열 대리는 고객 관리 능력이 뛰어난 같은 회사 최미영 팀장에게 설득에 관한 방법에 대해 조언을 구하기로 하였다. 최미영 팀장은 아래와 같이 강재열 대리에게 설득 방법에 대해 설명하였다.

> To. jykang@company.com
> From. mychoi@company.com
>
> **제목** 고객사 설득을 위한 전략
>
> 강대리, 지난번에 물어봤던 고객사 설득 방법에 대해 내 나름대로 노하우를 정리해서 보낸다. 그럼 성공하길!
>
> ㉠ 우선 우리가 먼저 필요 이상의 요구를 한 후에 겉치레 양보와 같은 방법으로 고객사의 기선을 제압하도록 해.
> ㉡ 네가 만나게 될 고객사의 대표는 우쭐거리는 걸 좋아하는 스타일이야. 의식적으로 존경어를 사용하거나, 네 약점을 밝혀서 상대방이 우월감을 갖도록 해봐.
> ㉢ 수시로 상대의 반응을 체크해야 해. 그래야 미팅을 어떻게 진행할지 전략을 바꿀 수 있으니까. 이야기 중 하던 말을 멈추거나 목소리의 강약을 통해서 상대방의 반응을 확인해봐.
> ㉣ 아마 고객사의 박재환 차장도 미팅에 참석할 텐데, 영향력이 센 편이야. 그런데 그 사람은 말이 없어서 네가 그 사람이 의견을 표출할 수 있도록 유도해야 해.
> ㉤ 그리고 처음 하고 싶은 요청이 50이라면 100을 먼저 요청해서 거절을 유도하는 것도 좋아.

07 다음 중 최미영 팀장이 보낸 메일의 ㉠～㉤에 대한 설명으로 적절하지 않은 것은? 난이도 하

① ㉠은 기선제압에 해당한다.
② ㉡은 심리적 거리 좁히기에 해당한다.
③ ㉢은 여지 남기기에 해당한다.
④ ㉣은 침묵을 지키는 사람의 참여도를 높이는 방법에 해당한다.
⑤ ㉤은 문 안에 한 발 들여놓기 기법에 해당한다.

08 강재열 대리는 최미영 팀장이 보낸 메일의 ㉣에 대해 보다 자세한 조언을 구하고자 한다. 최미영 팀장이 할 조언의 내용으로 가장 적절한 것은? 난이도 중

① '박차장님 의견은 어떠십니까?'하면서 직접적으로 물어보도록 해.
② 고객사의 구성원 한 명 한 명 의견을 모두 물어보면서 그때 박재환 차장의 의견도 들어봐.
③ 박재환 차장을 직접 지명하지 않고 일부러 그 좌우에 앉아 있는 사람에게 집중적으로 의견을 묻는 방법을 써봐.
④ 미팅이 끝난 후 박재환 차장과 개인적으로 이야기를 나누도록 해.
⑤ 미팅이 시작되기 전에 미리 박재환 차장에게 적극적인 참여를 부탁해봐.

09 최미영 팀장의 조언 외에 강재열 대리가 활용할 수 있는 설득력을 높이는 전략으로 적절하지 않은 것은?

난이도 하

① 자신의 주장을 양보하는 식으로 설득을 이끌어낸다.
② 설득에 있어 권위를 최대한 배제한다.
③ 상대방의 불평이 가져올 결과를 강조한다.
④ 공동의 목표 추구를 통해 일체감을 형성한다.
⑤ 지금까지의 노고를 치하한 뒤 새로운 요구를 한다.

10 다음 중 경청 훈련 방법과 사례가 잘못 연결된 것은?

난이도 중

	방법	사례
①	주의 기울이기	A씨는 말을 하고 있는 B씨의 얼굴과 몸의 움직임뿐만 아니라 호흡하는 자세까지도 주의하여 관찰하고 있다. 또한 B씨의 어조와 억양, 소리 크기에도 귀를 기울이고 있다.
②	상대방의 경험을 인정하고 더 많은 정보 요청하기	C씨는 자신의 경험담을 이야기하고 있는 D씨에게 관심과 존경을 보이고 있으며, D씨가 계속해서 이야기를 할 수 있도록 질문을 던지기도 한다.
③	정확성을 위해 요약하기	E씨는 유치원에서 친구와 다투었다는 아이의 말을 듣고는 "친구와 간식을 두고 다툼을 해서 너의 기분이 좋지 않구나."라며 아이의 이야기를 자신의 말로 반복하여 표현하였다.
④	개방적인 질문	F씨는 G씨에 대한 이해의 정도를 높이기 위해 주말에 부산으로 여행을 간다는 G씨에게 이번 여행은 누구와 가는지 질문하고 있다.
⑤	'왜?'라는 질문 삼가기	H씨는 부정적·강압적인 표현의 '왜?'라는 질문을 사용하지 않으려고 노력하고 있다.

11 다음 중 문서적인 의사소통에 대한 설명으로 적절하지 않은 것은?

난이도 하

① 업무지시 메모, 업무보고서 작성 등이 있다.
② 문서적인 의사소통은 정확하지 않을 수 있다.
③ 언어적인 의사소통보다 권위감이 있다.
④ 언어적인 의사소통에 비해 유동성이 크다.
⑤ 언어적인 의사소통보다 전달성이 높고 보존성이 크다.

※ 다음 대화를 읽고 이어지는 질문에 답하시오. [12~13]

희준 : 민재야, 안녕, 오래 기다렸지?
민재 : 아냐, 나도 방금 왔어.
희준 : 어? 근데 너 표정이 왜 그래? 아까 통화할 때도 목소리가 좋지 않더니 무슨 일 있는 거야?
민재 : 아냐, 이 근처에 볼 일이 있어서 왔는데 네 얼굴도 볼 겸해서 만나자 한 거야.
희준 : 아니긴 뭐가 아냐, 나한테 말해봐.
민재 : 음, 있잖아...
희준 : 아, 목소리 톤하며 표정 보니 알겠다. 여자 친구랑 싸운 거지?
민재 : 아니, 그런 건 아니고, 사실 나 준비하던 시험에서 떨어졌어.
회준 : 그렇구나. 열심히 준비했는데 안타깝네.
민재 : 다음 시험 준비하기엔 너무 지쳐서 이제 그냥 포기하려고.
희준 : ㉠ <u>그래, 잘 생각했다. 어디 여행이라도 다니면서 좀 쉬다 새로 시작하는 것도 나쁘지 않지.</u>

12 다음 중 대화에서 희준이 보인 경청의 방해요인에 대한 설명으로 가장 적절한 것은? 난이도 하

① 대화가 너무 사적이거나 위협적이면 주제를 바꾸거나 농담으로 넘기려 하고 있다.
② 상대방의 말을 믿고 받아들이기보다 자신의 생각에 들어맞는 단서들을 찾아 자신의 생각을 확인하고 있다.
③ 상대방에게 관심을 기울이지 않고 상대방이 말을 할 때 자꾸 다른 생각을 하고 있다.
④ 상대방에 대한 부정적인 판단을 하거나 상대방을 비판하기 위해 상대방의 말을 듣지 않고 있다.
⑤ 단지 반대하고 논쟁하기 위해서 상대방의 말에 귀를 기울이고 있다.

13 다음 중 밑줄 친 ㉠에서 나타난 맞장구 표현에 해당하는 것은? 난이도 하

① 치켜 올리듯 가볍게 하는 맞장구
② 동의하는 맞장구
③ 정리하는 맞장구
④ 재촉하는 맞장구
⑤ 감탄하는 맞장구

02 피둘형

01 다음 중 글의 중심 내용으로 가장 적절한 것은? 난이도 중

> 베블런에 의하면 사치품 사용 금기는 전근대적 계급에 기원을 두고 있다. 즉, 사치품 소비는 상류층의 지위를 드러내는 과시소비이기 때문에 피지배계층이 사치품을 소비하는 것은 상류층의 안락감이나 쾌감을 손상한다는 것이다. 따라서 상류층은 사치품을 사회적 지위 및 위계질서를 나타내는 기호(記號)로 간주하여 피지배계층의 사치품 소비를 금지했다. 또한 베블런은 사치품의 가격 상승에도 그 수요가 줄지 않고 오히려 증가하는 이유가 사치품의 소비를 통하여 사회적 지위를 과시하려는 상류층의 소비행태 때문이라고 보았다.
> 그러나 소득 수준이 높아지고 대량 생산에 의해 물자가 넘쳐흐르는 풍요로운 현대 대중사회에서 서민들은 과거 왕족들이 쓰던 물건들을 일상생활 속에서 쓰고 있고 유명한 배우가 쓰는 사치품도 쓸 수 있다. 모든 사람들이 명품을 살 수 있는 돈을 갖고 있을 때 명품의 사용은 더 이상 상류층을 표시하는 기호가 될 수 없다. 따라서 새로운 사회의 도래는 베블런의 과시소비이론으로 설명하기 어려운 소비행태를 가져왔다. 이때 상류층이 서민들과 구별될 수 있는 방법은 오히려 아래로 내려가는 것이다. 현대의 상류층에게는 차이가 중요한 것이지 사물 그 자체가 중요한 것이 아니기 때문이다. 월급쟁이 직원이 고급 외제차를 타면 사장은 소형 국산차를 타는 것이 그 예이다.
> 이와 같이 현대의 상류층은 고급, 화려함, 낭비를 과시하기보다 서민들처럼 소박한 생활을 한다는 것을 과시한다. 이것은 두 가지 효과가 있다. 사치품을 소비하는 서민들과 구별된다는 점이 하나이고, 돈 많은 사람이 소박하고 겸손하기까지 하여 서민들에게 친근감을 준다는 점이 다른 하나이다.
> 그러나 그것은 극단적인 위세의 형태일 뿐이다. 뽐냄이 아니라 남의 눈에 띄지 않는 겸손한 태도와 검소함으로 자신을 한층 더 드러내는 것이다. 이런 행동들은 결국 한층 더 심한 과시이다. 소비하기를 거부하는 것이 소비 중에서도 최고의 소비가 된다. 다만 그들이 언제나 소형차를 타는 것은 아니다. 차별화해야 할 아래 계층이 없거나 경쟁 상대인 다른 상류층 사이에 있을 때 그들은 마음 놓고 경쟁적으로 고가품을 소비하며 자신을 마음껏 과시한다. 현대사회에서 소비하지 않기는 고도의 교묘한 소비이며, 그것은 상류층의 표시가 되었다. 그런 점에서 상류층을 따라 사치품을 소비하는 서민층은 순진하다고 하지 않을 수 없다.

① 현대의 상류층은 낭비를 지양하고 소박한 생활을 지향함으로써 서민들에게 친근감을 준다.
② 현대의 서민들은 상류층을 따라 겸손한 태도로 자신을 한층 더 드러내는 소비행태를 보인다.
③ 현대의 상류층은 그들이 접하는 계층과는 무관하게 절제를 통해 자신의 사회적 지위를 과시한다.
④ 현대에 들어와 위계질서를 드러내는 명품을 소비하면서 과시적으로 소비하는 새로운 행태가 나타났다.
⑤ 현대의 상류층은 사치품을 소비하는 것뿐만 아니라 소비하지 않기를 통해서도 자신의 사회적 지위를 과시한다.

02 다음 기사의 내용으로 적절하지 않은 것은? 난이도 중

> 2020년도 요양급여비(수가) 협상은 많은 기록을 경신했다. 법적 협상 기한 마지막 날인 5월 31일을 넘겨 6월 1일 오전 8시 30분까지 17시간이 넘는 최장 시간 협상이 진행됐다. 또 수가 인상에 필요한 추가소요재정이 처음으로 1조 원을 넘었다.
> 이는 추가소요재정 증액에 부정적인 가입자단체 측과 관련돼 있다. 가입자단체로 구성된 국민건강보험공단 재정운영위원회 소위원회가 건강보험 재정 악화 등을 우려해 추가소요재정을 너무 적게 책정하면서 6월 1일 오전까지 줄다리기가 이어진 것이다.
> 공단 수가협상단은 수가협상 마지막 날 가입자단체를 설득하는 데 많은 시간을 할애했다. 그 결과 가장 늦게 끝난 협상이 되었지만, 5,000억 원이었던 추가소요재정은 1조 478억 원으로 증액됐다.
> 공단의 수가협상단장인 급여상임이사는 공급자단체와의 협상을 잠시 중단한 채 1일 오전 5시까지 재정운영위원회 소위원회 설득에 집중했던 이유를 건강보험 보장성 강화 정책 때문이라고 했다. 이번 수가협상 결과가 보장성 강화 정책 추진에도 영향을 미칠 수밖에 없다고 본 것이다. 급여상임이사는 "이번 수가협상에서 가입자단체와 공급자단체 간 시각차를 다시 한번 느꼈다."고 밝히며, "가입자단체와 공급자단체를 오가며 간극을 줄이는 데 걸린 시간이 '17시간 30분'인 셈"이라고 전했다. 또한 이번 수가협상을 통해 가입자단체와 공급자단체 모두 보장성 강화를 위해서는 '적정부담, 적정수가, 적정의료'가 필요하다는 인식을 가지길 바란다고 강조하며, 공급자단체들이 수가협상을 정치적으로 이용하지 않아야 한다고 밝혔다.

① 17시간 이상 진행된 이번 수가협상은 최장 협상 시간으로 기록됐다.
② 이번 수가협상은 최종적으로 6월 1일에 종료되었다.
③ 이번 수가협상 결과 추가소요재정은 5,000억 원 이상 증가하였다.
④ 공단의 수가협상단은 공급자단체 설득에 많은 시간을 사용하였다.
⑤ 가입자단체는 건강보험 재정 악화를 우려하여 추가소요재정을 적게 책정하였다.

03 다음 글을 하나의 논증이라고 할 때, 이에 대한 서술로 적절한 것을 〈보기〉에서 모두 고르면? 난이도 중

> 어떤 수학적 체계가 모든 사람에게 동일한 것이기 위해서 다음 두 조건이 모두 만족되어야 한다는 것은 분명하다. 우선, 이성적 판단 능력을 지닌 주체들이 그 체계에 대한 판단에서 언제나 완전한 합의를 이룰 수 있어야 한다. 이런 조건이 충족된다면, 누구나 자신의 판단과 다른 주체의 판단을 비교함으로써 어느 판단이 사실과 더 잘 부합하는지 확인할 수 있을 것이다. 두 번째 조건은 그 체계를 적용하여 판단을 내릴 때, 그런 판단에 도달하는 과정이 모든 주체에서 동일해야 한다는 것이다. 과정의 동일성은 전제나 결론의 동일성 못지않게 중요하다.
> 그런데 자연수의 체계는 이러한 두 조건 가운데 어느 것도 만족하지 않는다. 우선 자연수 체계는 우리가 세계를 해석하는 데 적용할 수 있는 하나의 틀이고, 세계를 해석하는 데는 다양한 체계가 동원될 수 있기 때문이다. 두 번째 조건도 충족되기 어려워 보인다. 예를 들어 자연수의 체계를 적용하여 두 물체의 크기를 비교할 때 어떤 사람은 두 물체를 각각 특정한 자연수에 대응시키는 방식을 취하지만, 어떤 사람은 한 물체의 크기를 100에 대응시킨 후 나머지 물체의 크기에 대응하는 자연수를 찾기 때문이다.

보기

ㄱ. 수학적 체계가 모든 사람에게 동일한 것이기 위한 필요조건을 제시하였다.
ㄴ. 이 논증에 따르면 자연수 체계는 모든 사람에게 동일한 체계라고 볼 수 없다.
ㄷ. 예시를 통해 서두에 제시된 동일성 조건의 부적절성을 보이려 했다.
ㄹ. 제시된 조건에 부합하는 사례와 그렇지 않은 사례를 대비시켜 개념을 명료화했다.

① ㄱ, ㄴ
② ㄴ, ㄷ
③ ㄴ, ㄹ
④ ㄱ, ㄴ, ㄷ
⑤ ㄱ, ㄷ, ㄹ

04 다음 중 보고서 작성 시 유의사항에 대한 설명으로 적절하지 않은 것을 모두 고르면? 난이도 중

> A사원 : 이번 연구는 지금 시점에서 보고하는 것이 좋을 것 같습니다. 간략하게 연구별로 한 장씩 요약하여 작성할까요?
> B사원 : ㉠ 성의가 없어 보이니 한 장에 한 개의 사안을 담는 것은 좋지 않아.
> C사원 : 맞습니다. ㉡ 꼭 필요한 내용이 아니어도 관련된 참고자료는 이해가 쉽도록 모두 첨부하도록 하시죠.
> D사원 : ㉢ 양이 많으면 단락별 핵심을 하위목차로 요약하는 것이 좋겠어. 그리고 ㉣ 연구비 금액의 경우는 개략적으로만 제시하고 정확히 하지 않아도 괜찮아.

① ㉠, ㉡
② ㉠, ㉢
③ ㉠, ㉡, ㉢
④ ㉠, ㉡, ㉣
⑤ ㉡, ㉢, ㉣

05 다음 글의 서술상 특징으로 가장 적절한 것은?

난이도 중

제2차 세계대전이 끝나고 나서 미국과 소련 및 그 동맹국들 사이에서 공공연하게 전개된 제한적 대결 상태를 냉전이라고 한다. 냉전의 기원에 관한 논의는 냉전이 시작된 직후부터 최근까지 계속 진행되었다. 이는 단순히 냉전의 발발 시기와 이유에 대한 논의만이 아니라, 그 책임 소재를 묻는 것이기도 하다. 그 연구의 결과를 편의상 세 가지로 나누어 볼 수 있다.

가장 먼저 나타난 전통주의는 냉전을 유발한 근본적 책임이 소련의 팽창주의에 있다고 보았다. 소련은 세계를 공산화하기 위한 계획을 수립했고, 이 계획을 실행하기 위해 특히 동유럽 지역을 시작으로 적극적인 팽창 정책을 수행하였다. 그리고 미국이 자유 민주주의 세계를 지켜야 한다는 도덕적 책임감에 기초하여 그에 대한 봉쇄 정책을 추구하는 와중에 냉전이 발생했다고 본다. 그리고 미국의 봉쇄 정책이 성공적으로 수행된 결과 냉전이 종식되었다는 것이 이들의 입장이다.

여기에 비판을 가한 수정주의는 기본적으로 냉전의 책임이 미국 쪽에 있고, 미국의 정책은 경제적 동기에서 비롯되었다고 주장했다. 즉, 미국은 전후 세계를 자신들이 주도해 나가야 한다고 생각했고, 전쟁 중에 급증한 생산력을 유지할 수 있는 시장을 얻기 위해 세계를 개방 경제 체제로 만들고자 했다. 그러므로 미국 정책 수립의 기저에 깔린 것은 이념이 아니라는 것이다. 무엇보다 소련은 미국에 비해 국력이 미약했으므로 적극적 팽창 정책을 수행할 능력이 없었다는 것이 수정주의의 기본적 입장이었다. 오히려 미국이 유럽에서 공격적인 정책을 수행했고, 소련은 이에 대응했다는 것이다.

냉전의 기원에 관한 또 다른 주장인 탈수정주의는 위의 두 가지 주장에 대한 절충적 시도로서 냉전의 책임을 일방적으로 어느 한 쪽에 부과해서는 안 된다고 보았다. 즉, 냉전은 양국이 추진한 정책의 '상호작용'에 의해 발생했다는 것이다. 또 경제를 중심으로만 냉전을 보아서는 안 되며 안보 문제 등도 같이 고려하여 파악해야 한다고 보았다. 소련의 목적은 주로 안보 면에서 제한적으로 추구되었는데, 미국은 소련의 행동에 과잉 반응했고, 이것이 상황을 악화시켰다는 것이다. 이로 인해 냉전 책임론은 크게 후퇴하고 구체적인 정책 형성에 대한 연구가 부각되었다.

① 하나의 현상에 대한 다양한 견해를 제시하고 있다.
② 여러 가지 의견을 비교하면서 그 우월성을 논하고 있다.
③ 기존의 견해를 비판하면서 새로운 견해를 제시하고 있다.
④ 현상의 원인을 분석하여 다양한 해결책을 제시하고 있다.
⑤ 충분한 사례를 들어 자신의 주장을 뒷받침하고 있다.

03 PSAT형

01 다음 글의 주장으로 볼 수 있는 것을 〈보기〉에서 모두 고르면? 난이도 중

A는 고려 인종 때 사람이니, 삼국의 시초로부터 일천 이백여 년이나 떨어져 활동한 사람이다. 천년 이후의 사람이 천년 이전의 역사를 기록하는 일에는 오류가 발생할 경우가 많다. 예를 들어 남송 때 사람인 조정・장준이 한나라 때 위상・병길의 일을 엉터리로 기록한 것과 같은 경우가 그것이다. A 역시 삼한이 어느 곳에 있었는지도 모르면서 역사서에 기록하였으니, 다른 사실이야 말해 무엇 하겠는가. 우리나라 고대사의 기록은 근거를 댈 수 없는 경우가 많은데도 A는 그 기록을 자료로 역사서를 저술하였다. 또 사실 여부를 따져 보지도 않고 중국의 책들을 그대로 끌어다 인용하였다.

백두산은 몽고 땅에서부터 뻗어내려 온 줄기가 남쪽으로 천여 리를 달려 만들어졌다. 이 대간룡(大幹龍)의 동쪽 지역 가운데 별도로 한 지역을 이루어 다른 지역과 섞이지 않은 곳이 있다. 하・은・주 삼대에는 이를 숙신(肅愼)이라 일컬었고, 한나라 때는 읍루(挹婁), 당나라 때는 말갈(靺鞨), 송나라 때는 여진(女眞)이라 하였으며 지금은 오라영고탑(烏喇寧古塔)이라고 부른다. 그런데 A의 역사서에는 이곳이 한나라 선제 때 '말갈'이라는 이름으로 일컬어졌다고 하였다. 가리키는 대상이 같더라도 명칭은 시대에 따라 변화하는 법이거늘, A의 서술은 매우 터무니없다. 북적(北狄)을 삼대에는 훈육(葷粥), 한나라 때는 흉노(匈奴), 당나라 때는 돌궐(突厥), 송나라 때는 몽고(蒙古)라고 하였는데, 어떤 이가 한나라 역사를 서술하며 돌궐이 중원을 침입했다고 쓴다면 비웃지 않을 사람이 없을 것이다. A의 역사서는 비유하자면 이와 같은 것이다.

보기

ㄱ. 역사서를 저술할 때에는 중국의 기록을 참조하더라도 우리 역사서를 기준으로 해야 한다.
ㄴ. 역사서를 저술할 때에는 지역의 위치, 종족과 지명의 변천 등 사실을 확인해야 한다.
ㄷ. 역사서를 저술할 때에는 중국의 역사서에서 우리나라와 관계된 것들을 찾아내어 반영해야 한다.

① ㄱ
② ㄴ
③ ㄱ, ㄷ
④ ㄴ, ㄷ
⑤ ㄱ, ㄴ, ㄷ

02 다음 중 ㉠~㉤에 대한 반응으로 적절하지 않은 것은? 난이도 하

S공사는 2017년부터 지자체 및 전문가는 물론 일반 국민들도 가뭄에 대한 다양한 정보를 손쉽게 제공받을 수 있는 '가뭄 정보 포털' 서비스를 시작했다. 가뭄 정보 포털은 국가가 가뭄 피해 예방을 위해 구축한 종합 가뭄 의사 결정 지원 서비스로, 국민, 정부·지자체, 학계 전문가 각각의 성격에 걸맞도록 다양한 정보를 제공하는 국내 유일의 가뭄 종합시스템이다.
국민들은 가뭄 정보 포털 내 ㉠ 우리 동네 가뭄 정보 서비스를 통해 거주 지역의 가뭄 관련 정보를 제공받을 수 있으며, 가뭄 단계별 대응 행동요령과 가뭄 관련 상식, 생활 속 물 절약 방법 등에 대해 알 수 있다.
정부 기관 담당자에게는 전국의 가뭄 현황 및 전망 정보를 공유함으로써 정책 수립에 도움을 주고, 해당 지자체 담당자에게는 특화된 지역 중심의 맞춤형 가뭄 정보를 제공하여 가뭄에 대한 선제적 대응과 의사 결정을 지원하는 가뭄 종합상황판 서비스를 제공한다.
학계 전문가에게는 가뭄 분석을 위한 기초 자료(수원 정보, 시계열 관측 자료), 국내·외 연구 논문을 ㉡ 통합 데이터 뷰어 서비스를 통해 제공함으로써 활용 가능한 연구를 진행할 수 있도록 지원한다.
S공사는 구축한 가뭄 관련 정보를 세계적으로 공유할 수 있도록 올해 ㉢ 영문 포털을 새롭게 오픈했으며, 이를 통해 ㉣ 빅데이터를 활용한 가뭄 분석 서비스, 위성영상 자료 등을 이용할 수 있다. 이 밖에도 여러 종류의 IT 기기에서 가뭄 정보 포털을 확인할 수 있도록 ㉤ 반응형 웹 서비스도 새로 시작했다.
S공사는 포털을 통해 신속하고 다양한 가뭄 정보를 제공함으로써, 국민들의 가뭄 대처 실행력을 증진시키고, 정부·지자체의 가뭄 대응 의사 결정을 지원해 가뭄에 선제적으로 대처하고 피해를 예방할 수 있을 것으로 기대한다.

① ㉠ : 평소 일기 예보에 잘 언급되지 않는 지역에서 농사를 짓고 있는 농민에게 유용할 수 있겠어.
② ㉡ : 강수량 변화와 관련된 연구를 진행 중인 교수님이 많은 도움을 얻었다고 했어.
③ ㉢ : 아직 한국어가 서툰 외국인도 관련 정보를 쉽게 얻을 수 있겠어.
④ ㉣ : 분석 자료를 통해 전년도 학기 연구 과제에서 좋은 점수를 받을 수 있었어.
⑤ ㉤ : 스마트폰이나 태블릿 PC에서도 포털 접속이 수월해졌어.

03 다음 글의 주장으로 가장 적절한 것은?

난이도 상

옛날 태학에서는 사람들에게 풍악을 가르쳤기 때문에 명칭을 '성균관(成均館)'이라 하였다. 그러나 지금 태학에서는 풍악을 익히지 않으니 이 이름을 쓰는 것은 옳지 않고 '국자감'으로 바꾸는 것이 옳다. 국자(國子)란 원래 왕실의 적자(嫡者)와 공경대부의 적자인데, 지금 태학에는 국자만 다니는 것이 아니기에 명칭과 실상이 서로 어긋나지만 국자감이 그래도 본래 의미에 가깝다.

옛날에 사람을 가르치는 법은 원래 두 길이었다. 국자는 태학에서 가르쳤는데 대사악(大司樂)이 주관했고, 서민은 향학에서 가르쳤는데 대사도(大司徒)가 주관하였다. 순 임금이 "기여, 너에게 악(樂)을 맡도록 명하노니 주자(胄子)를 가르치되 곧으면서 온화하게 하라." 했으니, 이것은 태학에서 국자를 가르친 것이다. 순 임금이 "설이여, 백성들이 서로 친근하지 않는구나. 너를 사도(司徒)로 삼으니, 공경하게 오교(五敎)를 펼쳐라." 했으니, 이것은 향학에서 서민을 가르친 것이다. 『주례』에 대사악이 육덕(六德)으로 국자를 가르쳤는데 이것도 순 임금이 기에게 명하던 그 법이고, 대사도가 향삼물(鄕三物)로 만민을 가르쳤는데 이것도 순 임금이 설에게 명하던 그 법이었다. 오늘날은 국자가 어떤 인물인지, 성균이 어떤 의미인지 알지 못하여, 서민의 자식이 국자로 자칭하고, 광대의 노래를 성균에 해당시키니 어찌 잘못된 것이 아니겠는가?

왕제(王制)는 한(漢)나라의 법이다. 왕제가 시행된 이래로 국자와 서민이 함께 태학에 들어가게 되었다. 그 제도가 2천 년이나 내려왔으니, 옛 제도는 회복할 수 없게 되었다. 비록 그렇지만 국자를 가르치던 법을 없어지게 해서는 안 된다. 우리나라 제도에 종학(宗學)이 있어 종실 자제를 교육했었는데, 지금은 혁파되었다. 태학은 종실 자제를 교육하던 곳인데 까닭 없이 서민에게 양보하고 따로 학교를 세워 종학이라 한 것도 잘못된 일인데 지금은 그것마저 혁파되었으니 개탄할 일이 아닌가? 지금 태학의 명륜당은 종학으로 만들어 종실의 자제 및 공경의 적자가 다니게 하고, 비천당은 백성들이 다니는 학교로 만들어 별도로 운영하는 것이 합당할 것이다.

① 종실 자제 위주의 독립된 교육은 잘못된 일이다.
② 성균관에서 풍악을 가르치던 전통을 회복해야 한다.
③ 향학의 설립을 통해 백성에 대한 교육을 강화해야 한다.
④ 왕제보다는 『주례』의 교육 전통을 따르는 것이 바람직하다.
⑤ 국자와 서민의 교육 내용을 통합하는 교육 과정이 필요하다.

04 **다음 중 옵트인 방식을 도입하자는 주장에 대한 근거로 사용하기에 적절하지 않은 것은?** 난이도 중

> 스팸 메일 규제와 관련한 논의는 스팸 메일 발송자의 표현의 자유와 수신자의 인격권 중 어느 것을 우위에 둘 것인가를 중심으로 전개되어 왔다. 스팸 메일의 규제 방식은 옵트인(Opt-in) 방식과 옵트아웃(Opt-out) 방식으로 구분된다. 전자는 광고성 메일을 금지하지는 않되 수신자의 동의를 받아야만 발송할 수 있게 하는 방식으로, 영국 등 EU 국가들에서 시행하고 있다. 그러나 이 방식은 수신 동의 과정에서 발송자와 수신자 양자에게 모두 비용이 발생하며, 시행 이후에도 스팸 메일이 줄지 않았다는 조사 결과도 나오고 있어 규제 효과가 크지 않을 수 있다.
> 반면 옵트아웃 방식은 일단 스팸 메일을 발송할 수 있게 하되 수신자가 이를 거부하면 이후에는 메일을 재발송할 수 없도록 하는 방식으로, 미국에서 시행되고 있다. 그런데 이러한 방식은 스팸 메일과 일반적 광고 메일의 선별이 어렵고, 수신자가 수신 거부를 하는 데 따르는 불편과 비용을 초래하며 불법적으로 재발송되는 메일을 통제하기 힘들다. 또한, 육체적·정신적으로 취약한 청소년들이 스팸 메일에 무차별적으로 노출되어 피해를 입을 수 있다.

① 옵트아웃 방식을 사용한다면 수신자가 수신 거부를 하는 것이 더 불편해질 것이다.
② 옵트인 방식은 수신에 동의하는 데 따르는 수신자의 경제적 손실을 막을 수 있다.
③ 옵트아웃 방식을 사용한다면 재발송 방지가 효과적으로 이루어지지 않을 것이다.
④ 옵트인 방식은 수신자 인격권 보호에 효과적이다.
⑤ 날로 수법이 교묘해져가는 스팸 메일을 규제하기 위해서는 수신자 사전 동의를 받아야 하는 옵트인 방식을 채택하는 것이 효과적이다.

05 김대리는 요즘 업무에 집중이 잘되지 않아 고민이 많다. 그러던 중 인터넷에서 다음과 같은 기사를 읽었다. 이에 대한 내용으로 적절하지 않은 것은? 난이도 중

〈번아웃 증후군〉

'번아웃(Burn Out)'의 사전적 정의는 '(신체적 또는 정신적인) 극도의 피로, (로켓의) 연료 소진'이다. 어떤 일을 하면서 또는 그 일이 끝나고 난 뒤, 자신이 갖고 있던 에너지를 다 써버린 느낌이 든다면 '번아웃 증후군'을 의심해봐야 한다.

'번아웃 증후군'이란 한 가지 일에 몰두하던 사람이 극도의 신체적 · 정서적 피로로 인해 무기력증 · 자기혐오 · 직무 거부 등에 빠지는 것을 말한다. 직장인에게 자주 나타나 '직장인 번아웃 증후군'이라고도 부른다. 이상이 높고 자기 일에 열정을 쏟는 적극적인 성격의 사람, 지나치게 적응력이 강한 사람에게 주로 나타난다. 쉽게 말해서 돌연 보람과 성취감을 잃고 슬럼프에 빠지는 것이다.

번아웃 증후군에 걸리면 의욕이 저하되고, 성취감이 안 느껴지고, 공감 능력이 떨어지는 등의 증상이 나타난다. 그 뒤 '모든 일을 그만두고 싶다.'는 생각이 들다가, 예전에는 기뻤던 일이 더 이상 기쁘게 느껴지지 않는 지경에 이른다고 한다. 이외에도 불면증, 과다수면, 폭식 등의 증상이 있다.

〈번아웃 증후군 자가진단 체크리스트〉

1. 일하기에는 몸이 너무 지쳤다는 생각이 든다.
2. 퇴근할 때 녹초가 된다.
3. 아침에 출근할 생각만 하면 피곤해진다.
4. 일하는 것에 부담감과 긴장감을 느낀다.
5. 일이 주어지면 무기력하고 싫증이 느껴진다.
6. 자신이 하는 일에 관심조차 없다.
7. 주어진 업무를 할 때 소극적이고 방어적이다.
8. 성취감을 못 느낀다.
9. 스트레스를 풀기 위해 쾌락 요소(폭식, 흡연 등)만 찾는다.
10. 최근 짜증이 늘고 불안감이 잘 느껴진다.

※ 10개 항목 중 3개 이상에 해당하면 번아웃 증후군을 의심해 봐야 함

번아웃 증후군은 신체 질병은 아니지만 방치하면 심각한 문제로 이어지기 쉽기 때문에 적극적으로 대처해야 한다.

① 모자라는 것 못지않게 과해도 안 돼. 몰입으로 문제가 생길 수 있다고는 생각하지 못했는데.
② 원하는 목표를 달성하려고 노력하다가 걸릴 수도 있고, 오히려 목표를 달성함으로써 걸릴 수도 있어.
③ 이 증후군에 걸린 사람은 환경을 바꾸지 않는 것이 좋아. 적응을 하려면 또 에너지를 써야 하니까 말야.
④ 번아웃 증후군에 걸리는 데는 성격도 큰 역할을 하지.
⑤ 무기력증이 주된 증상이니까 휴식이 가장 필요해.

SECTION

04 심화문제

정답 및 해설 p.31

※ 다음 글을 읽고 이어지는 질문에 답하시오. [1~2]

영화의 역사는 신기한 눈요깃거리라는 출발점을 지나 예술적 가능성을 실험하며 고유의 표현 수단을 발굴해 온 과정이었다. 그 과정에서 미학적 차원의 논쟁과 실천이 거듭되었다. 그중 리얼리즘 미학의 확립에 큰 역할을 한 인물로 프랑스 영화 비평가 바쟁이 있다.

바쟁은 '미라(Mirra) 콤플렉스'와 관련하여 조형 예술의 역사를 설명한다. 고대 이집트인이 만든 미라에는 죽음을 넘어서 생명을 길이 보존하고자 하는 욕망이 깃들어 있거니와, 그러한 '복제의 욕망'은 회화를 비롯한 조형 예술에도 강력한 힘으로 작용해 왔다고 한다. 그 욕망은 르네상스 시대 이전까지 작가의 자기표현 의지와 일정한 균형을 이루어 왔다. 하지만 원근법이 등장하여 대상의 사실적 재현에 성큼 다가서면서 회화의 관심은 복제의 욕망 쪽으로 기울게 되었다. 그 상황은 사진이 발명되면서 다시 한번 크게 바뀌었다. 인간의 주관성을 배제한 채 대상을 기계적으로 재현하는 사진이 발휘하는 모사의 신뢰도는 회화에 비할 바가 아니었다. 사진으로 인해 조형예술은 비로소 복제의 욕망으로부터 자유롭게 되었다.

영화의 등장은 대상의 재현에 또 다른 획을 그었다. 바쟁은 영화를, 사진의 기술적 객관성을 시간 속에서 완성함으로써 대상의 살아 숨 쉬는 재현을 가능케 한 진일보한 예술로 본다. 시간의 흐름에 따른 재현이 가능해진 결과, 더욱 닮은 지문(指紋) 같은 현실을 제공하게 되었다. 바쟁에 의하면 영화와 현실은 본질적으로 친화력을 지닌다. 영화는 현실을 시간적으로 구현한다는 점에서 현실의 연장이며, 현실의 숨은 의미를 드러내고 현실에 밀도를 제공한다는 점에서 현실의 정수이다. 영화의 이러한 리얼리즘적 본질은 그 자체로 심리적·기술적·미학적으로 완전하다는 것이 그의 시각이다.

바쟁은 형식주의적 기교가 현실의 복잡성과 모호성을 침해하여 현실을 왜곡할 수 있다고 본다. 그는 현실의 참모습을 변조하는 과도한 편집 기법보다는 단일한 숏(Shot)을 길게 촬영하는 롱 테이크 기법을 지지한다. 그것이 사건의 공간적 단일성을 존중하고 현실적 사건으로서의 가치를 보장하기 때문이다. 그는 또한 전경에서 배경에 이르기까지 공간적 깊이를 제공하는 촬영을 지지한다. 화면 속에 여러 층을 형성하여 모든 요소를 균등하게 드러냄으로써 현실을 진실하게 반영할 수 있으며 관객의 시선에도 자유를 부여할 수 있다는 것이다.

영화는 현실을 겸손한 자세로 따라가면서 해석의 개방성을 담보해야 한다는 믿음, 이것이 바쟁이 내건 영화관의 핵심에 놓여 있다. 그 관점은 수많은 형식적 기교가 발달한 오늘날에도 많은 지지를 얻으며 영화적 실천의 한 축을 이루고 있다.

※ 숏 : 카메라가 한 번 촬영하기 시작해서 끝날 때까지의 연속된 한 화면 단위

01 다음 중 바쟁의 생각과 거리가 먼 것은? 난이도 상

① 조형 예술의 역사에는 '미라 콤플렉스'가 내재되어 있다.
② 영화는 회화나 사진보다 재현의 완성도가 높은 예술이다.
③ 영화는 현실을 의도적으로 변형하고 재구성하는 예술이다.
④ 영화는 현실의 풍부함과 진실을 드러낼 수 있는 예술이다.
⑤ 사진은 회화가 표현의 자율성을 확보하는 데 영향을 미쳤다.

02 다음 중 바쟁의 영화관(映畵觀)에 동조하는 감독이 영화를 제작했다고 할 때, 이 영화에 대한 반응으로 적절하지 않은 것은? 난이도 중

① 불가피한 경우를 제외하고는 편집을 자제하고 있구나.
② 현실을 대하는 것 같은 공간적 깊이감을 보여주는구나.
③ 대상을 왜곡할 수 있는 기교를 배제하려고 노력하는구나.
④ 숏의 길이를 길게 하여 현실의 시간과 유사한 느낌을 주는구나.
⑤ 화면 속의 중심 요소에 주목하게 하여 관객의 시선을 고정하고 있구나.

PART 1
PART 2
PART 3
PART 4

03 다음 글의 밑줄 ㉠을 약화하는 진술로 가장 적절한 것은? 난이도 중

침팬지, 오랑우탄, 피그미 침팬지 등 유인원도 자신이 다른 개체의 입장이 됐을 때 어떤 생각을 할지 미루어 짐작해 보는 능력이 있다는 연구 결과가 나왔다. 그동안 다른 개체의 입장에서 생각을 미루어 짐작해 보는 능력은 사람에게만 있는 것으로 여겨져 왔다. 연구팀은 오랑우탄 40마리에게 심리테스트를 위해 제작한 영상을 보여 주었다. 그들은 '시선 추적기'라는 특수 장치를 이용하여 오랑우탄들의 시선이 어디를 주목하는지 조사하였다. 영상에는 유인원의 의상을 입은 두 사람 A와 B가 싸우는 장면이 보인다. A와 싸우던 B가 건초더미 뒤로 도망친다. 화가 난 A가 문으로 나가자 B는 이 틈을 이용해 옆에 있는 상자 뒤에 숨는다. 연구팀은 몽둥이를 든 A가 다시 등장하는 장면에서 피험자 오랑우탄들의 시선이 어디로 향하는지를 분석하였다. 이 장면에서 오랑우탄 40마리 중 20마리는 건초더미 쪽을 주목했다. B가 숨은 상자를 주목한 오랑우탄은 10마리였다. 이 결과를 토대로 연구팀은 피험자 오랑우탄 20마리는 B가 상자 뒤에 숨었다는 사실을 모르는 A의 입장이 되어 건초더미를 주목했다는 ㉠ <u>해석</u>을 제시하였다. 이 실험으로 오랑우탄에게도 다른 개체의 생각을 미루어 짐작하는 능력이 있는 것으로 볼 수 있으며, 이러한 점은 사람과 유인원의 심리 진화 과정을 밝히는 실마리가 될 것으로 보인다.

① 상자를 주목한 오랑우탄들은 A보다 B와 외모가 유사한 개체들임이 밝혀졌다.
② 사람 40명을 피험자로 삼아 같은 실험을 하였더니 A의 등장 장면에서 30명이 건초더미를 주목하였다.
③ 새로운 오랑우탄 40마리를 피험자로 삼고 같은 실험을 하였더니 A의 등장 장면에서 21마리가 건초더미를 주목하였다.
④ 오랑우탄 20마리는 단지 건초더미가 상자보다 자신들에게 가까운 곳에 있었기 때문에 건초더미를 주목한 것임이 밝혀졌다.
⑤ 건초더미와 상자 중 어느 쪽도 주목하지 않은 나머지 오랑우탄 10마리는 영상 속의 유인원이 가짜라는 것을 알고 있었다.

04 **다음 글의 내용이 참일 때, 가해자인 것이 확실한 사람과 가해자가 아닌 것이 확실한 사람을 순서대로 바르게 나열한 것은?**

난이도 상

> 폭력 사건의 용의자로 A, B, C가 지목되었다. 조사 과정에서 A, B, C가 각각 〈보기〉와 같이 진술하였는데, 이들 가운데 가해자는 거짓만을 진술하고 가해자가 아닌 사람은 참만을 진술한 것으로 드러났다.

보기

- A : 우리 셋 중 정확히 한 명이 거짓말을 하고 있다.
- B : 우리 셋 중 정확히 두 명이 거짓말을 하고 있다.
- C : A, B 중 정확히 한 명이 거짓말을 하고 있다.

	가해자인 것이 확실	가해자가 아닌 것이 확실
①	A	C
②	B	없음
③	B	A, C
④	A, C	B
⑤	A, B, C	없음

05 다음 글의 논지로 가장 적절한 것은?

난이도 상

물리학의 근본 법칙들은 실재 세계의 사실들을 정확하게 기술하는가? 이 질문에 확신을 가지고 그렇다고 대답할 사람은 많지 않을 것이다. 사실 다양한 물리 현상들을 설명하는 데 사용되는 물리학의 근본 법칙들은 모두 이상적인 상황만을 다루고 있는 것 같다. 정말로 물리학의 근본 법칙들이 이상적인 상황만을 다루고 있다면 이 법칙들이 실재 세계의 사실들을 정확히 기술한다는 생각에는 문제가 있는 듯하다.

가령 중력의 법칙을 생각해 보자. 중력의 법칙은 "두 개의 물체가 그들 사이의 거리의 제곱에 반비례하고 그 둘의 질량의 곱에 비례하는 힘으로 서로 당긴다."는 것이다. 이 법칙은 두 물체의 운동을 정확하게 설명할 수 있는가? 그렇지 않다는 것은 분명하다. 만약 어떤 물체가 질량뿐만이 아니라 전하를 가지고 있다면 그 물체들 사이에 작용하는 힘은 중력의 법칙만으로 계산된 것과 다를 것이다. 즉 위의 중력의 법칙은 전하를 가지고 있는 물체의 운동을 설명하지 못한다.

물론 사실을 정확하게 기술하는 형태로 중력의 법칙을 제시할 수 있다. 가령, 중력의 법칙은 "중력 이외의 다른 어떤 힘도 없다면, 두 개의 물체가 그들 사이의 거리의 제곱에 반비례하고 그 둘의 질량의 곱에 비례하는 힘으로 서로 당긴다."로 수정될 수 있다. 여기서 '중력 이외의 다른 어떤 힘도 없다면'이라는 구절이 추가된 것에 주목하자. 일단, 이렇게 바뀐 중력의 법칙이 참된 사실을 표현한다는 것은 분명해 보인다. 그러나 이렇게 바꾸면 한 가지 중요한 문제가 발생한다.

어떤 물리 법칙이 유용한 것은 물체에 작용하는 힘들을 통해 다양하고 복잡한 현상을 설명할 수 있기 때문이다. 물리 법칙은 어떤 특정한 방식으로 단순한 현상만을 설명하는 것을 목표로 하지 않는다. 중력의 법칙 역시 마찬가지다. 그것이 우리가 사는 세계를 지배하는 근본적인 법칙이라면 중력이 작용하는 다양한 현상들을 설명할 수 있어야 한다. 하지만 '중력 이외의 다른 어떤 힘도 없다면'이라는 구절이 삽입되었을 때, 중력의 법칙이 설명할 수 있는 영역은 무척 협소해진다. 즉 그것은 오로지 중력만이 작용하는 아주 특수한 상황만을 설명할 수 있을 뿐이다. 결과적으로 참된 사실들을 진술하기 위해 삽입된 구절은 설명력을 현저히 감소시킨다. 이 문제는 거의 모든 물리학의 근본 법칙들이 가지고 있다.

① 물리학의 근본 법칙은 그 영역을 점점 확대하는 방식으로 발전해 왔다.
② 물리적 자연 현상이 점점 복잡하고 다양해짐에 따라 물리학의 근본 법칙도 점점 복잡해진다.
③ 더 많은 실재 세계의 사실들을 기술하는 물리학의 법칙이 그렇지 않은 법칙보다 뛰어난 설명력을 가진다.
④ 물리학의 근본 법칙들은 이상적인 상황을 다루고 있어 실재 세계의 사실들을 정확하게 기술하는 데 어려움이 없다.
⑤ 참된 사실을 정확하게 기술하려고 물리 법칙에 조건을 추가하면 설명 범위가 줄어 다양한 물리 현상을 설명하기 어려워진다.

CHAPTER **02**

수리능력

출제유형 및 학습 전략

1 응용수리능력의 공식은 반드시 암기하라!

지문은 짧지만, 풀이 과정은 긴 문제도 자주 볼 수 있다. 그렇기 때문에 도서에 수록한 응용수리능력의 공식을 반드시 암기하여 문제의 상황에 맞는 공식을 적절하게 적용하여 답을 도출해야 한다. 따라서 문제에서 묻는 것을 정확하게 파악하여 그에 맞는 공식을 적절하게 적용하는 꾸준한 연습과 공식을 암기하는 연습이 필요하다.

2 통계에서의 사건이 동시에 발생하는지 혹은 개별적으로 발생하는지 구분하라!

통계에서는 사건이 개별적으로 발생했을 때, 경우의 수는 합의 법칙, 확률은 덧셈정리를 활용하여 계산하며, 사건이 동시에 발생했을 때, 경우의 수는 곱의 법칙, 확률은 곱셈정리를 활용하여 계산한다. 통계 문제에서의 사건 발생 여부만 잘 판단하여도 계산과 공식을 적용하기가 수월하므로 문제의 의도를 잘 파악하는 것이 중요하다.

3 자료의 해석은 자료에서 즉시 확인할 수 있는 지문부터 확인하라!

대부분의 공사·공단 취업준비생들이 어려워하는 영역이 수리영역 중 도표분석, 즉 자료해석능력이다. 자료는 표 또는 그래프로 제시되고, 쉬운 지문은 증가 혹은 감소 추이, 간단한 사칙연산으로 풀이가 가능한 지문 등이 있고, 어려운 지문은 자료의 조사기간 동안 전년 대비 증가율 혹은 감소율이 가장 높은 기간을 찾는 지문 등이 있다. 따라서 일단 증가·감소 추이와 같이 눈으로 확인이 가능한 지문을 먼저 확인한 후 복잡한 계산이 필요한 지문을 확인하는 방법으로 문제를 풀이한다면, 시간을 조금이라도 아낄 수 있다. 특히, 그래프와 같은 경우에는 그래프에 대한 특징을 알고 있다면, 그래프의 길이 혹은 높낮이 등으로 대강의 수치를 빠르게 확인이 가능하므로 이에 대한 숙지도 필요하다. 또한, ㄱ, ㄴ, ㄷ 등의 보기가 주어진 문제 역시 지문을 잘 확인하고 문제를 풀이한다면 불필요한 계산이 줄어들 수 있으므로 항상 지문부터 확인하는 습관을 들이기를 바란다.

4 도표작성능력에서 지문의 작성된 도표의 제목을 반드시 확인하라!

도표작성은 하나의 자료 혹은 보고서와 같은 수치가 표현된 자료를 도표로 작성하는 형식으로 출제되는데, 대체로 표보다는 그래프를 작성하는 형태로 많이 출제된다. 지문을 살펴보면 각 지문에서 주어진 도표에도 소제목이 있는 경우가 대부분이다. 이때, 자료의 수치와 도표의 제목이 일치하지 않는 경우의 함정이 존재하는 문제가 비중이 높으므로 도표의 제목을 반드시 확인하는 것이 중요하다.

SECTION 01 모듈이론

01 수리능력의 의의

(1) 수리능력의 기초

① 수리능력이란?

사칙연산과 기초적인 통계를 이해하고, 도표의 의미를 파악하거나 도표를 이용해서 결과를 효과적으로 제시하는 능력을 의미한다.

② 수리능력의 분류

분류	내용
기초연산능력	기초적인 사칙연산과 계산방법을 이해하고 활용하는 능력
기초통계능력	평균, 합계와 같은 기초적인 통계기법을 활용하여 자료의 특성과 경향성을 파악하는 능력
도표분석능력	도표의 의미를 파악하고, 필요한 정보를 해석하는 능력
도표작성능력	도표를 이용하여 결과를 효과적으로 제시하는 능력

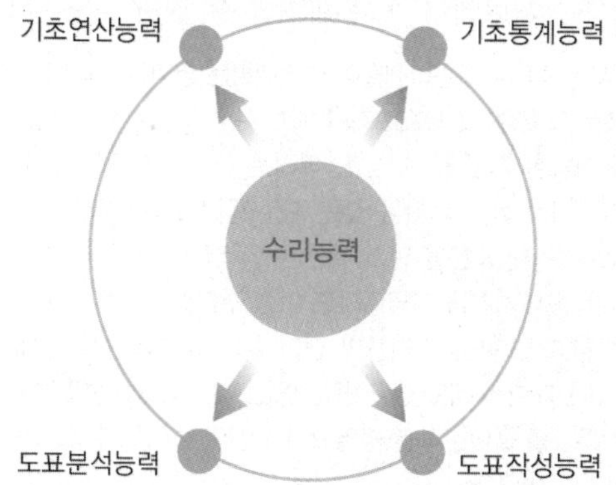

③ 수리능력의 중요성

㉠ 수학적 사고를 통한 문제해결

수학적 원리를 활용하면 업무 중 문제 해결이 더욱 쉽고 편해진다.

㉡ 직업세계의 변화에 적응

수리능력은 논리적이고 단계적인 학습을 통해서만 향상된다. 수십 년에 걸친 직업세계의 변화에 적응하기 위해 수리능력을 길러야 한다.

㉢ 실용적 가치의 구현

수리능력의 향상을 통해 일상생활과 업무수행에 필요한 수학적 지식을 습득하며, 생활수준의 발전에 따라 실용성도 늘어난다.

(2) 도표의 분석 및 해석

① 도표의 의의

내용을 선·그림·원 등으로 시각화하여 표현하는 것이며, 한 눈에 내용을 파악할 수 있다는 데에 그 특징이 있다.

② 도표작성의 목적

㉠ 타인에 대한 보고·설명 : 회의에서의 설명, 상급자에게 보고

㉡ 현재의 상황분석 : 상품별 매출액의 경향

㉢ 관리목적 : 진도표

③ 도표 작성시 주의사항

- 보기 쉽게 깨끗이 그린다.
- 하나의 도표에 여러 가지 내용을 넣지 않는다.
- 특별히 순서가 정해 있지 않는 것은 큰 것부터, 왼쪽에서 오른쪽으로, 또는 위에서 아래로 그린다.
- 눈금의 간격을 부적절하게 설정할 경우 수치가 왜곡될 수 있으므로 주의한다.
- 수치를 생략할 경우에는 잘못 이해하는 경우가 생기니 주의한다.
- 컴퓨터에 의한 전산 그래프를 최대한 이용한다.

④ 도표 해석시 주의사항

- 요구되는 지식의 수준
- 도표에 제시된 자료의 의미에 대한 정확한 숙지
- 도표로부터 알 수 있는 것과 없는 것의 구별
- 총량의 증가와 비율 증가의 구분
- 백분위수와 사분위수의 이해

⑤ 도표 해석 시 필요한 단위의 환산 기출

종류	단위 환산
길이	1cm=10mm, 1m=100cm, 1km=1,000m
넓이	$1cm^2=100mm^2$, $1m^2=10,000cm^2$, $1km^2=1,000,000m^2$
부피	$1cm^3=1,000mm^3$, $1m^3=1,000,000cm^3$, $1km^3=1,000,000,000m^3$
들이	$1m\ell=1cm^3$, $1d\ell=100cm^3=100m\ell$, $1\ell=1,000cm^3=10d\ell$
무게	1kg=1,000g, 1t=1,000kg=1,000,000g
시간	1분=60초, 1시간=60분=3,600초
할푼리	1푼=0.1할, 1리=0.01할

OX 문제

01 도표는 연산의 결과를 확인하기 위해 작성한다. [ ]

02 수리능력이 중요한 이유로는 수학적 사고를 통한 문제해결, 직업세계의 변화에 적응, 실용적 가치의 구현, 정확하고 간결한 의사소통 등을 들 수 있다. [ ]

01 [×] 도표는 '보고 · 설명을 하기 위해', '상황분석을 위해', '관리 목적으로' 사용되며, 연산의 결과를 확인하기 위해 작성하는 것은 아니다.

02 [O]

02 기초연산능력

(1) 사칙연산과 검산

① 사칙연산의 의의 기출

수에 관한 덧셈, 뺄셈, 곱셈, 나눗셈의 네 종류의 계산법으로, 사칙계산이라고도 한다. 특히 업무를 원활하게 수행하기 위해서는 기본적인 사칙연산뿐만 아니라 복잡한 사칙연산까지도 수행할 수 있어야 한다.

② 기초연산능력이 요구되는 상황

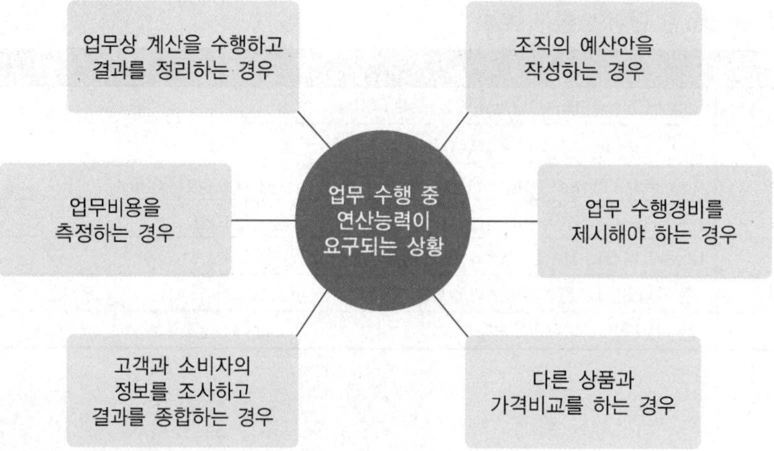

③ 검산

㉠ 검산의 의의

연산의 결과를 확인하는 과정을 의미하며, 업무를 수행하는데 있어서 연산의 결과를 확인하는 검산과정을 거치는 것은 필수적이다.

㉡ 검산방법의 종류 기출

역연산법	본래의 풀이와 반대로 연산을 해가면서 본래의 답이 맞는지를 확인해나가는 방법
구거법	원래의 수와 각자리 수의 합이 9로 나눈 나머지와 같다는 원리를 이용하는 것으로, 각각의 수를 9로 나눈 나머지가 같은지를 확인하는 방법

㉢ 구거법의 예

3,456+341=3,797에서 좌변의 3+4+5+6을 9로 나눈 나머지는 0, 3+4+1을 9로 나눈 나머지는 8이고, 우변의 3+7+9+7을 9로 나눈 나머지는 8인데, 구거법에 의하면 좌변의 나머지의 합(8)과 우변의 나머지(8)가 같으므로 이 계산은 옳은 것이 된다.

(2) 응용수리

① 방정식 · 부등식의 활용

㉠ 거리 · 속력 · 시간

$$(\text{거리})=(\text{속력})\times(\text{시간}),\ (\text{속력})=\frac{(\text{거리})}{(\text{시간})},\ (\text{시간})=\frac{(\text{거리})}{(\text{속력})}$$

㉡ 농도

$$[\text{소금물의 농도}(\%)]=\frac{(\text{소금의 양})}{(\text{소금물의 양})}\times100,\ (\text{소금의 양})=\frac{[\text{소금물의 농도}(\%)]}{100}\times(\text{소금물의 양})$$

㉢ 비율

x가 $a\%$ 증가 : $x\times\left(1+\frac{a}{100}\right)$, x가 $a\%$ 감소 : $x\times\left(1-\frac{a}{100}\right)$

㉣ 금액

i) (정가)=(원가)+(이익), (이익)=(원가)×(이율)

ii) a원에서 $b\%$ 할인한 가격$=a\times\left(1-\frac{b}{100}\right)$

iii) 단리법 · 복리법(원금 : a, 이율 : r, 기간 : n, 원리합계 : S)

단리법	복리법
• 정의 : 원금에 대해서만 약정된 이자율과 기간을 곱해 이자를 계산 • $S=a\times(1+r\times n)$	• 정의 : 원금에 대한 이자를 가산한 후 이 합계액을 새로운 원금으로 계산 • $S=a\times(1+r)^n$

㉤ 날짜 · 요일

i) 1일=24시간=1,440(=24×60)분=86,400(=1,440×60)초

ii) 월별 일수 : 1, 3, 5, 7, 8, 10, 12월은 31일, 4, 6, 9, 11월은 30일, 2월은 28일 또는 29일

iii) 윤년(2월 29일)은 4년에 1번

ⓗ 시계

i) 시침이 1시간 동안 이동하는 각도 : $\frac{360°}{12}=30°$

ii) 시침이 1분 동안 이동하는 각도 : $\frac{30°}{60}=0.5°$

iii) 분침이 1분 동안 이동하는 각도 : $\frac{360°}{60}=6°$

ⓢ 수

i) 연속한 두 자연수 : x, $x+1$

ii) 연속한 세 자연수 : $x-1$, x, $x+1$

iii) 연속한 두 짝수(홀수) : x, $x+2$

iv) 연속한 세 짝수(홀수) : $x-2$, x, $x+2$

v) 십의 자릿수가 x, 일의 자릿수가 y인 두 자리 자연수 : $10x+y$

vi) 백의 자릿수가 x, 십의 자릿수가 y, 일의 자릿수가 z인 세 자리 자연수 : $100x+10y+z$

② 경우의 수

㉠ 어떤 사건이 일어날 수 있는 모든 가짓수

㉡ 합의 법칙 : 두 사건 A와 B가 동시에 일어나지 않을 때, 사건 A가 일어나는 경우의 수를 m, 사건 B가 일어나는 경우의 수를 n이라 하면, 사건 A 또는 B가 일어나는 경우의 수는 $(m+n)$이다.

㉢ 곱의 법칙 : 사건 A가 일어나는 경우의 수를 m, 사건 B가 일어나는 경우의 수를 n이라 하면, 사건 A와 B가 동시에 일어나는 경우의 수는 $(m\times n)$이다.

③ 순열 · 조합

순열	조합
• 서로 다른 n개에서 r개를 순서대로 나열하는 경우의 수	• 서로 다른 n개에서 r개를 순서에 상관없이 나열하는 경우의 수
• ${}_nP_r=\frac{n!}{(n-r)!}$	• ${}_nC_r=\frac{n!}{(n-r)!\times r!}$
• ${}_nP_n=n!$, $0!=1$, ${}_nP_0=1$	• ${}_nC_r={}_nC_{n-r}$, ${}_nC_0={}_nC_n=1$

④ 확률

㉠ $(\text{사건 A가 일어날 확률})=\frac{(\text{사건 A가 일어나는 경우의 수})}{(\text{모든 경우의 수})}$

㉡ 여사건의 확률 : 사건 A가 일어날 확률이 p일 때, 사건 A가 일어나지 않을 확률은 $(1-p)$이다.

㉢ 확률의 덧셈정리 : 두 사건 A, B가 동시에 일어나지 않을 때 A가 일어날 확률을 p, B가 일어날 확률을 q라고 하면, 사건 A 또는 B가 일어날 확률은 $(p+q)$이다.

㉣ 확률의 곱셈정리 : A가 일어날 확률을 p, B가 일어날 확률을 q라고 하면, 사건 A와 B가 동시에 일어날 확률은 $(p\times q)$이다.

03 기초통계능력

(1) 통계의 의의

① 통계란?

집단현상에 대한 구체적인 양적 기술을 반영하는 숫자를 의미하며, 특히 사회집단 또는 자연집단의 상황을 숫자로 나타낸 것을 말한다.

② 통계의 기능 기출

- 많은 수량적 자료를 처리가능하고 쉽게 이해할 수 있는 형태로 축소시킨다.
- 표본을 통해 연구대상 집단의 특성을 유추할 수 있게 한다.
- 의사결정의 보조수단으로 이용된다.
- 관찰가능한 자료를 통해 논리적으로 결론을 추출·검증할 수 있게 한다.

③ 통계의 속성

㉠ 단위와 표지

집단을 구성하는 각 개체를 단위라 하며, 단위가 가지고 있는 공통의 성질을 표지라고 한다.

㉡ 표지의 분류

속성통계	질적인 표지	남녀, 산업, 직업 등
변수통계	양적인 표지	연령, 소득금액 등

(2) 통계자료의 해석 기출

① 기본적인 통계치

종류	내용
빈도	어떤 사건이 일어나거나 증상이 나타나는 정도
빈도분포	빈도를 표나 그래프로 종합적이면서도 일목요연하게 표시하는 것
평균	모든 사례의 수치를 합한 후 총 사례 수로 나눈 값
백분율	백분비라고도 하며, 전체의 수량을 100으로 하여, 해당되는 수량이 그 중 몇이 되는가를 가리키는 수를 %로 나타낸 것
범위	분포의 흩어진 정도를 가장 간단히 알아보는 방법으로, 최고값에서 최저값을 뺀 값을 의미
분산	각 관찰값과 평균값과의 차이를 제곱한 값의 평균을 의미하며, 구체적으로는 각 관찰값과 평균값과의 차이를 제곱한 값을 모두 합하여 개체의 수로 나눈 값
표준편차	분산의 제곱근 값을 의미하며, 개념적으로는 평균으로부터 얼마나 떨어져 있는가를 나타내는 개념으로 분산과 개념적으로 동일함

② 다섯 숫자 요약

종류	내용
최솟값(m)	원자료 중 값의 크기가 가장 작은 값
최댓값(M)	원자료 중 값의 크기가 가장 큰 값
중앙값(Q_2)	최솟값부터 최댓값까지 크기에 의하여 배열하였을 때 중앙에 위치하는 값
하위 25%값(Q_1)	원자료를 크기순으로 배열하여 4등분한 값을 의미하며, 백분위 수의 관점에서 25백분위수, 제75백분위수로 표기
상위 25%값(Q_3)	

③ 평균값과 중앙값

㉠ 원자료에 대한 대푯값으로써 평균값과 중앙값은 엄연히 다른 개념이지만 모두 중요한 역할을 하게 되므로 통계값을 제시할 때에는 어느 수치를 이용했는지를 명확하게 제시해야 한다.

㉡ 평균값이 중앙값보다 높다는 의미는 자료 중에 매우 큰 값이 일부 있음을 의미하며, 이와 같은 경우는 평균값과 중앙값 모두를 제시해줄 필요가 있다.

OX 문제

01 통계란 선 · 그림 · 원 등으로 그림을 그려서 내용을 시각적으로 표현하여, 다른 사람이 한눈에 자신의 주장을 알아볼 수 있게 한 것이다. [ ]

02 통계는 관찰 가능한 자료를 통해 논리적으로 어떠한 결론을 추출 · 검증한다. [ ]

03 평균은 관찰값(자료값) 전부에 대한 정보를 담고 있으나, 극단적인 값이나 이질적인 값에 의해 쉽게 영향을 받아 전체를 바르게 대표하지 못할 가능성이 있다. [ ]

04 빈도란 어떤 사건이 일어나거나 증상이 나타나는 정도를 말한다. [ ]

05 통계란 어떤 현상의 상태를 양으로 나타낸 것이다. [ ]

01 [×] 통계가 아닌 도표에 대한 설명이다.
02 [O]
03 [O]
04 [O]
05 [O]

04 도표분석능력

(1) 도표의 활용 기출

종류	내용
선 그래프	시간적 추이(시계열 변화)를 표시할 때 적합 예 년도별 매출액 추이 변화
막대 그래프	수량간의 대소 관계를 비교하고자 할 때 적합 예 영업소별 매출액
원 그래프	내용의 구성비를 분할하여 나타내고자 할 때 적합 예 제품별 매출액 구성비
점 그래프	지역분포를 비롯한 기업 등의 평가나 위치, 성격을 표시할 때 적합 예 광고비율과 이익률의 관계
층별 그래프	합계와 각 부분의 크기를 백분율로 나타내고 시간적 변화를 보고자 할 때 적합 예 상품별 매출액 추이
거미줄 그래프	다양한 요소를 비교할 때 적합 예 매출액의 계절변동

(2) 도표의 형태별 특징 기출

① 선 그래프

시간의 경과에 따라 수량에 의한 변화의 상황을 선의 기울기로 나타내는 그래프로, 시간적 변화에 따른 수량의 변화를 표현하기에 적합하다.

〈중학교 장학금, 학비감면 수혜현황〉

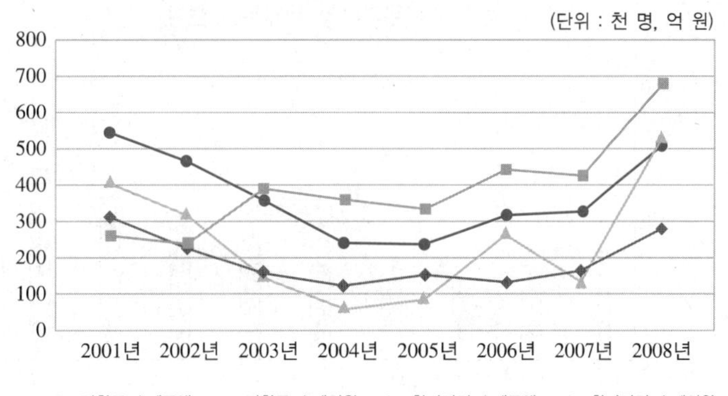

② 막대 그래프

비교하고자 하는 수량을 막대 길이로 표시하고 그 길이를 비교하여 각 수량간의 대소관계를 나타내는 그래프로, 전체에 대한 구성비를 표현할 때 다양하게 활용할 수 있다.

〈연도별 암 발생 추이〉

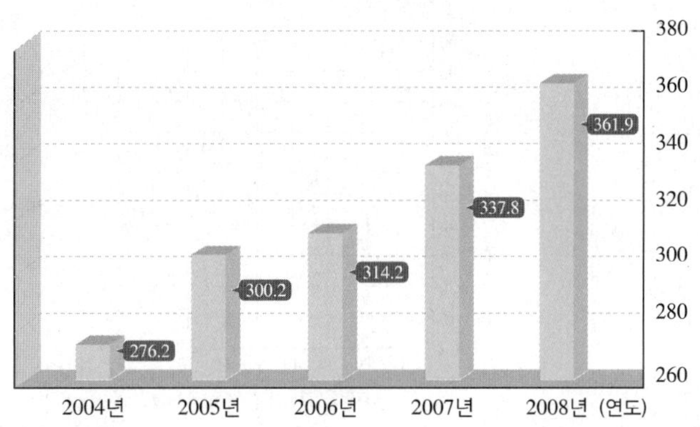

③ 원 그래프

내용의 구성비를 원을 분할하여 작성하는 그래프로, 전체에 대한 구성비를 표현할 때 다양하게 활용할 수 있다.

〈입후보자의 득표수〉

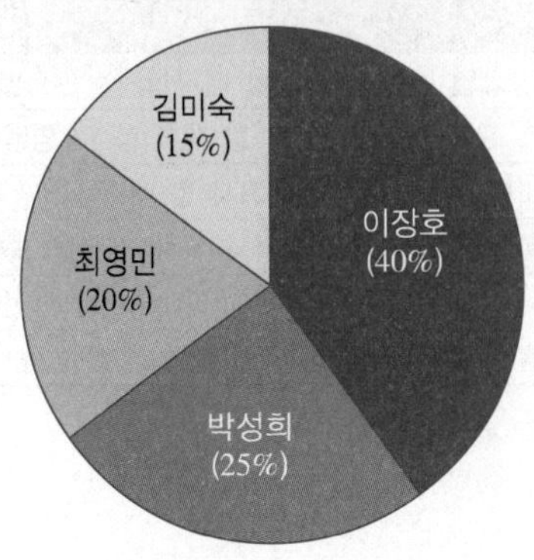

④ 층별 그래프

선의 움직임보다는 선과 선 사이의 크기로써 데이터 변화를 나타내는 그래프로, 시간적 변화에 따른 구성비의 변화를 표현하고자 할 때 활용할 수 있다.

〈우리나라 세계유산 현황〉

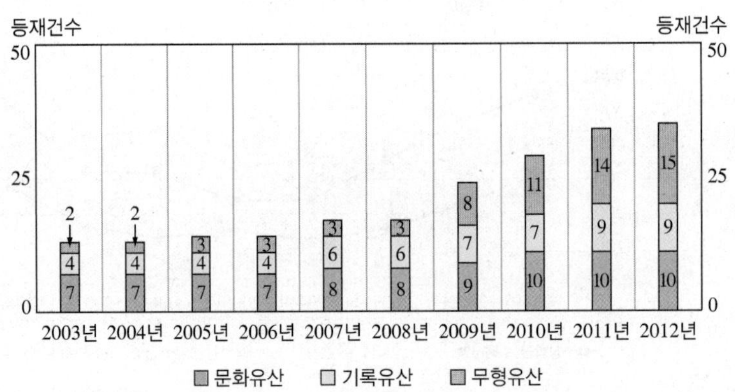

⑤ 점 그래프

종축과 횡축에 두 개의 요소를 두고, 각 항목이 어떤 위치에 있는가를 알고자 하는데 쓰인다.

〈OECD 국가의 대학졸업자 취업률 및 경제활동인구 비중〉

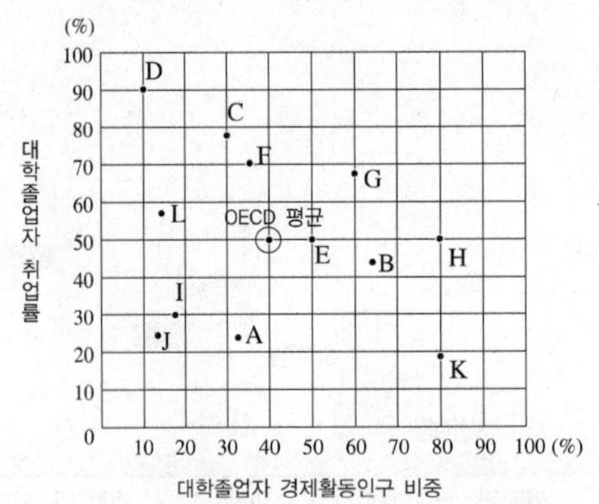

⑥ 거미줄 그래프(레이더 차트)

비교하는 수량을 직경으로 나누어 원의 중심에서의 거리에 따라 각각의 관계를 나타낸다.

〈외환위기 전후 한국의 경제상황〉

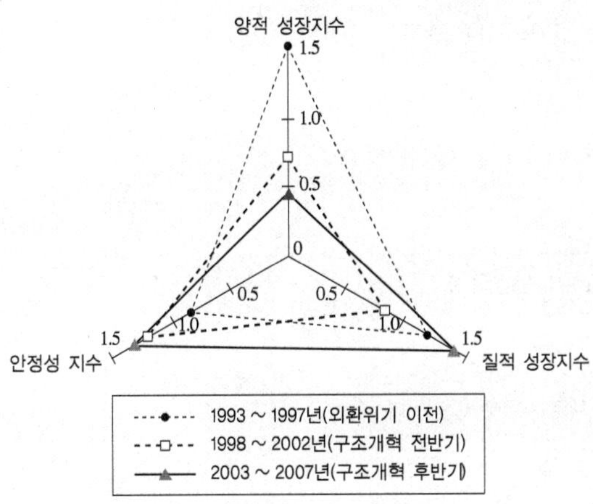

OX 문제

01 원 그래프는 내역이나 내용의 구성비를 분할하여 나타내고자 하는 경우에 작성하며, 선 그래프는 꺾은선으로 시간적 추이를 표시하고자 할 때 작성한다. [ ]

02 그래프 중에서 다양한 요소의 비교를 가장 잘 나타내는 것은 방사형 그래프이다. [ ]

03 그래프 중에서 자료의 분포상태를 가장 잘 나타내는 것은 점 그래프이다. [ ]

01 [○]

02 [○]

03 [○]

05 도표작성능력

(1) 도표의 작성절차 기출

작성하려는 도표의 종류 결정

⬇

가로축과 세로축에 나타낼 것을 결정

⬇

가로축과 세로축의 눈금의 크기 결정

⬇

자료를 가로축과 세로축이 만나는 곳에 표시

⬇

표시된 점에 따라 도표 작성

⬇

도표의 제목 및 단위 표기

(2) 도표 작성시 유의사항

① 선 그래프

- 세로축에 수량(금액, 매출액 등), 가로축에 명칭 구분(연, 월, 장소 등)을 표시하고 축의 모양은 L자형으로 하는 것이 일반적이다.
- 선의 높이에 따라 수치를 파악하는 경우가 많으므로 세로축의 눈금을 가로축의 눈금보다 크게 하는 것이 효과적이다.
- 선이 두 종류 이상인 경우는 각각에 대해 명칭을 기입해야 하며, 중요한 선을 다른 선보다 굵게 하는 등의 노력을 기울일 필요가 있다.

② 막대 그래프

- 세로형이 보다 일반적이나 가로형으로 작성할 경우 사방을 틀로 싸는 것이 좋다.
- 가로축은 명칭 구분(연, 월, 장소 등), 세로축은 수량(금액, 매출액)을 표시하는 것이 일반적이다.
- 막대의 수가 많은 경우에는 눈금선을 기입하는 것이 알아보기에 좋다.
- 막대의 폭은 모두 같게 하여야 한다.

③ 원 그래프

- 12시의 선을 시작선으로 하며, 이를 기점으로 하여 오른쪽으로 그리는 것이 일반적이다.
- 구성비율이 큰 순서로 그리되, '기타' 항목은 구성비율의 크기에 관계없이 가장 뒤에 그린다.
- 각 항목의 명칭은 같은 방향으로 기록하는 것이 일반적이나, 각도가 작아서 명칭을 기록하기 힘든 경우에는 지시선을 사용하여 기록한다.

④ 층별 그래프

• 가로로 할 것인지 세로로 할 것인지는 작성자의 기호나 공간에 따라 판단하나, 구성비율 그래프는 가로로 작성하는 것이 좋다.
• 눈금은 선 그래프나 막대 그래프보다 적게 하고 눈금선을 넣지 않아야 하며, 층별로 색이나 모양이 모두 완전히 다른 것이어야 한다.
• 세로 방향일 경우 위로부터 아래로, 가로 방향일 경우 왼쪽에서 오른쪽으로 나열하면 보기가 좋다.

PART 1 PART 2 PART 3 PART 4

(3) 도수분포표의 작성

① 도수분포표의 의의

자료의 범위가 넓은 연속적 변수인 경우에 사용하는 것으로, 각 계급을 중복되지 않는 일정한 구간으로 정하여 그 구간에 속하는 자료의 개수를 정리한 것을 말한다.

〈도수분포표의 예〉

계급구간(초임연봉)	도수	상대도수	누적도수	누적상대도수
1,500만 원 미만	15	0.15	15	0.15
1,500만 원 이상 2,000만 원 미만	45	0.45	60	0.60
2,000만 원 이상 2,500만 원 미만	25	0.25	85	0.85
2,500만 원 이상 3,000만 원 미만	10	0.10	95	0.95
3,000만 원 이상	5	0.05	100	1.00
계	100	1.00	-	-

② 도수분포표의 작성원칙

• 각 구간의 폭은 같은 것이 바람직하다.
• 계급의 수는 분포의 특성이 나타날 수 있게 6개 이상 15개 미만이 바람직하다.
• 계급에 속하는 도수가 없거나 너무 적지 않게 구간을 결정한다.
• 극한값을 반영하기 위하여 제일 아래 계급이나 위 계급을 개방할 수도 있다.

③ 도수분포표의 작성절차

• 1단계 : 자료의 최댓값과 최솟값을 찾아 범위(=최댓값－최솟값)를 구한다.
• 2단계 : 자료의 수와 범위를 고려하여 계급의 수를 잠정적으로 결정한다.
• 3단계 : 잠정적으로 계급의 폭(=범위/계급의 수)를 올림하여 소수를 정리한 후 계급의 폭을 조정한다.
• 4단계 : 첫 계급의 하한과 마지막 계급의 상한을 조정한다(계급의 시작은 0, 1, 5, 10으로, 상한은 0, 5, 9, 10으로 정하는 것이 바람직하다).
• 5단계 : 각 계급에 속하는 도수 등을 계산한다.

OX 문제

01 원 그래프를 작성할 때 '기타' 항목의 구성비율이 가장 큰 경우에는 가장 앞에 그리는 것이 좋다. [ ]

02 막대 그래프를 작성할 때에는 막대의 폭은 모두 같도록 하여야 한다. [ ]

03 엑셀 프로그램을 활용하여 그래프를 그릴 때는 풀다운 메뉴 중 삽입을 사용한다. [ ]

04 층별 그래프를 작성할 때에는 층별로 색이나 모양은 다르게 하고, 같은 항목끼리는 선으로 연결하여 보기 쉽도록 하는 것이 좋다. [ ]

05 엑셀 프로그램을 활용하여 그래프를 그리는 경우, 범례는 별도로 작성하여 붙여넣기를 해야 한다. [ ]

01 [×] 원 그래프를 작성할 때에는 '기타' 항목의 구성비율이 가장 크다고 할지라도 가장 마지막에 그리는 것이 좋다.
02 [○]
03 [○]
04 [○]
05 [×] 별도로 작성하는 것이 아니라 그래프를 작성할 때에 같이 입력한다.

SECTION **02**

수리능력 맛보기

01 다음 중 제시된 자료를 도표로 나타내고자 할 때, 적절한 그래프를 〈보기〉에서 고르면?

〈N타이어 전국 가맹점 연간 매출액〉

(단위 : 억 원)

가맹점	2018년	2019년	2020년	2021년
서울 1호점	120	150	180	280
부산 2호점	150	140	135	110
대구 3호점	30	70	100	160

보기

㉠ 원 그래프
㉡ 점 그래프
㉢ 띠 그래프
㉣ 선 그래프
㉤ 꺾은선 그래프

① ㉠
② ㉡
③ ㉢
④ ㉣
⑤ ㉤

Key Point

단순히 문제풀이를 위해서 뿐만 아니라 도표는 우리 삶의 여러 부분에서 다양하게 활용되며, 활용되는 국면에 따라 활용되는 도표의 종류를 달리할 필요가 있다. 따라서 업무 수행을 원활하게 하기 위해서는 각각의 도표가 어떤 경우에 활용되는지에 대해 숙지하고 있을 필요가 있다.

정답 ④

선 그래프는 시간의 경과에 따른 수량의 변화를 선의 기울기로 나타내는 그래프로서, 해당 자료를 표현하기에 적절하다.

오답분석

① 원 그래프 : 작성 시, 정각 12시의 선을 시작선으로 하며, 이를 기점으로 하여 오른쪽으로 그리는 것이 보통이다. 또한 분할선은 구성비율이 큰 순서로 그리되, '기타' 항목은 구성비율의 크기에 관계없이 가장 뒤에 그리는 것이 일반적이다.
② 점 그래프 : 지역분포를 비롯하여 도시, 지방, 기업, 상품 등의 평가나 위치, 성격 등을 표시하는 데 주로 이용된다.
③ 띠 그래프 : 전체에 대한 부분의 비율을 나타내는 데 많이 쓰인다.
⑤ 꺾은선 그래프 : 시간이 흐름에 따라 변해가는 모습을 나타내는 데 많이 쓰이며, 날씨 변화, 에너지 사용 증가율, 물가의 변화 등을 나타내기에는 막대 그래프보다 꺾은선 그래프가 유용하다. 그래서 꺾은선 그래프를 읽을 때는 변화의 추이를 염두에 두고 자료를 분석하는 것이 좋다.

02 다음은 2021년 극한기후 유형별 발생일수와 발생지수에 대한 자료이다. 이에 대한 설명으로 옳은 것은?

〈2021년 극한기후 유형별 발생일수와 발생지수〉

유형	폭염	한파	호우	대설	강풍
발생일수(일)	16	5	3	0	1
발생지수	5.00	( )	( )	1.00	( )

※ 극한기후 유형은 폭염, 한파, 호우, 대설, 강풍만 존재함

〈산정식〉

(극한기후 발생지수)$=4\times\left(\frac{A-B}{C-B}\right)+1$

- A=당해년도 해당 극한기후 유형 발생일수
- B=당해년도 폭염, 한파, 호우, 대설, 강풍의 발생일수 중 최솟값
- C=당해년도 폭염, 한파, 호우, 대설, 강풍의 발생일수 중 최댓값

① 발생지수가 가장 높은 유형은 한파이다.
② 호우의 발생지수는 2.00 이상이다.
③ 대설과 강풍의 발생지수의 합은 호우의 발생지수보다 크다.
④ 극한기후 유형별 발생지수의 평균은 3.00 이상이다.
⑤ 폭염의 발생지수는 강풍의 발생지수의 5배이다.

Key Point

빈칸이 4개 이하이면서 덧셈, 뺄셈과 같이 간단한 사칙연산으로만 이루어진 경우에는 미리 채워놓고 시작하는 것이 현명하다. 표의 크기가 작고, 빈칸의 개수가 적을수록 그것이 선택지에 활용될 가능성은 높아지며, 빈칸이 4개 이하라면 확실하다고 봐도 무방하다. 하지만 반대로 빈칸의 수가 적더라도 항목의 수가 많은 경우라면 기계적으로 먼저 채워놓기보다는 일단 선택지를 보고 판단하는 것이 좋다. 자료의 크기가 커진다면 꼭 그 빈칸이 아니더라도 선택지로 활용될 수 있는 것들이 많아지기 때문이다.

정답 ③

먼저 산정식에서 B는 0이고, C는 16이므로 극한기후 발생지수 산정식은 $\frac{A}{4}+1$로 단순화시킬 수 있다. 이를 이용하여 빈칸을 채워 넣으면 다음과 같다.

유형	폭염	한파	호우	대설	강풍
발생일수(일)	16	5	3	0	1
발생지수	5.00	$\frac{9}{4}$	$\frac{7}{4}$	1.00	$\frac{5}{4}$

대설(1.00)과 강풍$\left(\frac{5}{4}\right)$의 발생지수의 합은 $\frac{9}{4}$이므로, 호우의 발생지수 $\frac{7}{4}$보다 크다. 따라서 옳은 내용이다.

오답분석

① 발생지수가 가장 높은 것은 폭염(5.00)이므로 옳지 않은 내용이다.

② 호우의 발생지수는 $\frac{7}{4}$이므로 2.00에 미치지 못한다. 따라서 옳지 않은 내용이다.

④ 제시된 극한기후 유형별 발생지수를 모두 더하면 $\frac{(20+9+7+4+5)}{4}=\frac{45}{4}$이므로, 이의 평균은 $\left(\frac{45}{20}=\frac{9}{4}\right)$임을 알 수 있다. 이는 3에 미치지 못하는 수치이므로 옳지 않은 내용이다.

⑤ 폭염의 발생지수는 $\frac{20}{4}$이고, 강풍의 발생지수는 $\frac{5}{4}$이므로 전자는 후자의 4배이다. 따라서 옳지 않은 내용이다.

SECTION 03 대표유형 적중문제

정답 및 해설 p.33

01 모듈형

01 A기업은 B복사기 업체에서 복사지를 구입하고 있다. A기업은 복사지 20,000장을 구매하면 10개월 동안 사용한다. B복사기 업체는 복사지 16,000장을 사용한 후에 미리 연락을 달라고 하였다. A기업이 현재, 지난 10개월보다 두 배의 복사지를 사용해야 한다면 지금부터 몇 개월 후에 연락해야 하는가?(단, 매달 사용하는 복사지 수는 같다) 난이도 하

① 2개월　② 3개월
③ 4개월　④ 5개월
⑤ 6개월

02 다음 〈보기〉의 내용을 참고할 때, 증가율을 나타내는 그래프로 가장 적절한 것은? 난이도 하

보기

읽기능력이란 문자 텍스트에만 국한된 것이 아니라 통계표, 도표(그래프), 그림이나 사진 등 다양한 형태의 텍스트가 나왔을 때 이를 읽어낼 수 있는 능력을 포함한다. 주로 복잡한 통계 자료를 나타낼 때는 이를 정리해서 간단한 숫자의 표로 정리하기도 하는데, 때론 이를 더 보기 쉽도록 그림으로 나타내기도 한다. 이렇게 그림으로 나타낸 것을 우리는 도표 즉, 그래프라고 부른다.

① 막대그래프　② 꺾은선 그래프
③ 원그래프　④ 띠그래프
⑤ 그림그래프

※ 다음은 새로 착공된 K공장에 들여온 공장용 기계들의 구입 가격과 전기요금 및 관리비, 그리고 1년 뒤 중고로 판매했을 때의 가격을 나타낸 것이다. 이어지는 질문에 답하시오. **[3~4]**

〈2021년도〉

구분	구입 가격(만 원)	전기요금(원/월)	관리비(원/월)
(가) 기계	1,900	300,000	100,000
(나) 기계	1,600	300,000	200,000
(다) 기계	1,300	400,000	100,000

〈2022년도〉

구분	중고 판매 가격(만 원)
(가) 기계	0
(나) 기계	1,000
(다) 기계	• 100회 미만으로 사용하였을 경우 : 500 • 100회 이상 사용하였을 경우 : 200

03 (가) ~ (다) 기계의 2021년도 구입 가격의 평균치와 2022년도에 중고로 팔았을 때의 가격의 평균치로 옳은 것은?(단, 판매 시점의 (가) ~ (다) 기계는 모두 90회 사용하였다) 난이도 하

① 1,550만 원, 500만 원
② 1,600만 원, 500만 원
③ 1,550만 원, 300만 원
④ 1,600만 원, 300만 원
⑤ 1,600만 원, 530만 원

04 (가) ~ (다) 기계를 구입한 후 공장에 전기요금이 발생하지 않는 자가발전 시스템을 도입하려고 한다. 5년 동안 사용할 것을 가정할 때, 지불 총액이 가장 적은 기계를 모두 고르면? 난이도 하

① (가), (나)
② (가)
③ (나), (다)
④ (다)
⑤ (가), (나), (다)

※ 다음 글을 읽고 이어지는 질문에 답하시오. **[5~7]**

X기업은 매년 연말마다 팀장이 각 팀원에 대해서 업무수행능력 평가를 한다. 평가항목은 업무성과, 업무역량, 조직역량, 구성원 평가 4개의 영역으로 나눠 각각 40%, 20%, 30%, 10%의 가중치를 적용하여 최종점수를 산출한다.

X기업의 마케팅 팀원 A ~ E의 영역별 평가점수는 다음과 같다.

(단위 : 점)

구분	업무성과	업무역량	조직역량	구성원 평가	해외 프로젝트 참여
A	60	50	80	80	○
B	80	90	70	80	×
C	60	70	70	70	×
D	95	90	80	90	○
E	90	80	90	60	○

05 다음 중 최종 업무수행능력 점수를 계산했을 때, 최고점자는 누구인가? 난이도 하

① A
② B
③ C
④ D
⑤ E

06 마케팅 팀장은 팀 내 최저점자를 선별하려 했으나, 최종점수가 동일하여 선별에 난항을 겪고 있다. 동점자인 경우의 평가 방법에 대해 인사팀에 문의하자 다음과 같은 답변을 받았다. 인사팀의 답변에 근거하였을 때, 마케팅 내 최저점자는 누구인가? 난이도 중

사내 인사시행규칙 제9조 제3항에 근거, 부서 내 업무수행능력 평가 점수가 동일한 경우에는 다음과 같이 평가합니다.

1. 최종 점수가 동일한 경우, 업무성과 점수가 높은 자가 상위득점자가 됨
2. 업무성과 점수도 동일한 경우, 해당연도 해외 출장 참여나 담당 프로젝트 건수 등 명확한 우열을 가릴 수 있는 기준에 근거하여 상위득점자를 산출함

① A
② B
③ C
④ D
⑤ E

07 다음 중 도표의 작성절차를 순서대로 바르게 나열한 것은? 난이도 하

> ㉡ 도표의 제목 및 단위 표시
> ㉢ 자료를 가로축과 세로축이 만나는 곳에 표시
> ㉣ 가로축과 세로축의 눈금의 크기를 결정
> ㉤ 표시된 점에 따라 도표 작성
> ㉥ 가로축과 세로축에 나타낼 것을 결정

① ㉠－㉡－㉢－㉣－㉤－㉥
② ㉠－㉥－㉣－㉢－㉤－㉡
③ ㉡－㉢－㉣－㉤－㉥－㉠
④ ㉥－㉠－㉣－㉢－㉤－㉡
⑤ ㉥－㉣－㉠－㉢－㉤－㉡

※ 다음은 Y기업 직원 (가) ~ (바)의 사내 업무 평가 점수이다. 이어지는 질문에 답하시오. **[8~9]**

직원	(가)	(나)	(다)	(라)	(마)	(바)
점수	83	76	75	85	91	79
편차	0	−3	x	3	9	−3

08 다음 중 직원 (다)의 편차 x의 값으로 옳은 것은? 난이도 하

① −7
② 0
③ 1
④ 7
⑤ −6

09 다음 중 직원 (가) ~ (바)의 사내 업무 평가 점수의 중앙값은? 난이도 하

① 79
② 80
③ 81
④ 83
⑤ 76

10 슬기, 효진, 은경, 민지, 은빈 5명은 여름휴가를 떠나기 전 원피스를 사러 백화점에 갔다. 모두 마음에 드는 원피스 하나를 발견해 각자 원하는 색깔의 원피스를 고르기로 하였다. 원피스가 노란색 2벌, 파란색 2벌, 초록색 1벌이 있을 때, 5명이 각자 한 벌씩 고를 수 있는 경우의 수는 얼마인가? 난이도 하

① 28가지
② 30가지
③ 32가지
④ 34가지
⑤ 36가지

11 5%의 소금물 800g에서 물이 증발된 후 소금 30g을 더 넣었더니 14%의 소금물이 되었다. 증발된 물의 양은 몇 g인가? 난이도 하

① 230g
② 250g
③ 280g
④ 330g
⑤ 350g

12 C회사는 사옥 옥상 정원에 있는 가로 644cm, 세로 476cm인 직사각형 모양의 뜰 가장자리에 조명을 설치하려고 한다. 네 모퉁이에는 반드시 조명을 설치하고, 일정한 간격으로 조명을 추가 배열하려고 할 때, 필요한 조명의 최소 개수는?(단, 조명의 크기는 고려하지 않는다) 난이도 중

① 68개
② 72개
③ 76개
④ 80개
⑤ 84개

02 피듈형

01 다음은 주요 곡물별 수급 현황에 대한 자료이다. 이에 대한 설명으로 옳지 않은 것은? 난이도 중

〈주요 곡물별 수급 현황〉

(단위 : 백만 톤)

구분		2019년	2020년	2021년
소맥	생산량	697	656	711
	소비량	697	679	703
옥수수	생산량	886	863	964
	소비량	883	860	937
대두	생산량	239	268	285
	소비량	257	258	271

① 2019년부터 2021년까지 대두의 생산량과 소비량이 지속적으로 증가했다.
② 전체적으로 2021년에 생산과 소비가 가장 활발했다.
③ 2020년 옥수수 소비량은 다른 곡물에 비해 소비량의 변화가 전년 대비 작았다.
④ 2019년 전체 곡물 생산량과 2021년 전체 곡물 생산량의 차는 138백만 톤이다.
⑤ 2021년 생산량 대비 소비량의 비중이 가장 낮았던 곡물은 대두이다.

02 다음은 어느 해 개최된 올림픽에 참가한 6개국의 성적이다. 이에 대한 설명으로 옳지 않은 것은? 난이도 하

〈국가별 올림픽 성적〉

(단위 : 명, 개)

국가	참가선수	금메달	은메달	동메달	메달 합계
A	240	4	28	57	89
B	261	2	35	68	105
C	323	0	41	108	149
D	274	1	37	74	112
E	248	3	32	64	99
F	229	5	19	60	84

① 획득한 금메달 수가 많은 국가일수록 은메달 수는 적었다.
② 금메달을 획득하지 못한 국가가 가장 많은 메달을 획득했다.
③ 참가선수의 수가 많은 국가일수록 획득한 동메달 수도 많았다.
④ 획득한 메달의 합계가 큰 국가일수록 참가선수의 수도 많았다.
⑤ 참가선수가 가장 적은 국가의 메달 합계는 전체 6위이다.

03 다음은 수도권 지역의 기상실황표이다. 이에 대한 설명으로 옳지 않은 것은? 난이도 중

〈기상실황표〉

구분	시정 (km)	현재기온 (℃)	이슬점 온도 (℃)	불쾌지수	습도 (%)	풍향	풍속 (m/s)	기압 (hPa)
서울	6.9	23.4	14.6	70	58	동	1.8	1012.7
백령도	0.4	16.1	15.2	61	95	동남동	4.4	1012.6
인천	10	21.3	15.3	68	69	서남서	3.8	1012.9
수원	7.7	23.8	16.8	72	65	남서	1.8	1012.9
동두천	10.1	23.6	14.5	71	57	남남서	1.5	1012.6
파주	20	20.9	14.7	68	68	남남서	1.5	1013.1
강화	4.2	20.7	14.8	67	67	남동	1.7	1013.3
양평	6.6	22.7	14.5	70	60	동남동	1.4	1013
이천	8.4	23.7	13.8	70	54	동북동	1.4	1012.8

① 시정이 가장 좋은 곳은 파주이다.

② 이슬점 온도가 가장 높은 지역은 불쾌지수 또한 가장 높다.

③ 불쾌지수가 70을 초과한 지역은 2곳이다.

④ 현재기온이 가장 높은 지역은 이슬점 온도와 습도 또한 가장 높다.

⑤ 시정이 가장 좋지 않은 지역은 풍속이 가장 강하다.

04 다음은 연도별 근로자 수 변화 추이에 대한 자료이다. 이에 대한 설명으로 옳지 않은 것은? 난이도 중

〈연도별 근로자 수 변화 추이〉

(단위 : 천 명)

구분	전체	남성		여성	
			비중		비중
2017년	14,290	9,061	63.4%	5,229	36.6%
2018년	15,172	9,467	62.4%	5,705	37.6%
2019년	15,536	9,633	62.0%	5,902	38.0%
2020년	15,763	9,660	61.3%	6,103	38.7%
2021년	16,355	9,925	60.7%	6,430	39.3%

① 매년 남성 근로자 수가 여성 근로자 수보다 많다.
② 2021년 근로자 수의 2017년 대비 증가율은 여성이 남성보다 높다.
③ 2017 ~ 2021년 동안 남성 근로자 수와 여성 근로자 수의 차이는 매년 증가한다.
④ 전체 근로자 중 여성 근로자 수의 비중이 가장 큰 해는 2021년이다.
⑤ 2021년 여성 근로자 수는 전년보다 약 5.4% 증가하였다.

05 다음은 OECD 6개국의 행복지수와 경제지수를 제시한 것이다. 경제지수 대비 행복감을 가장 크게 느끼는 나라는? 난이도 하

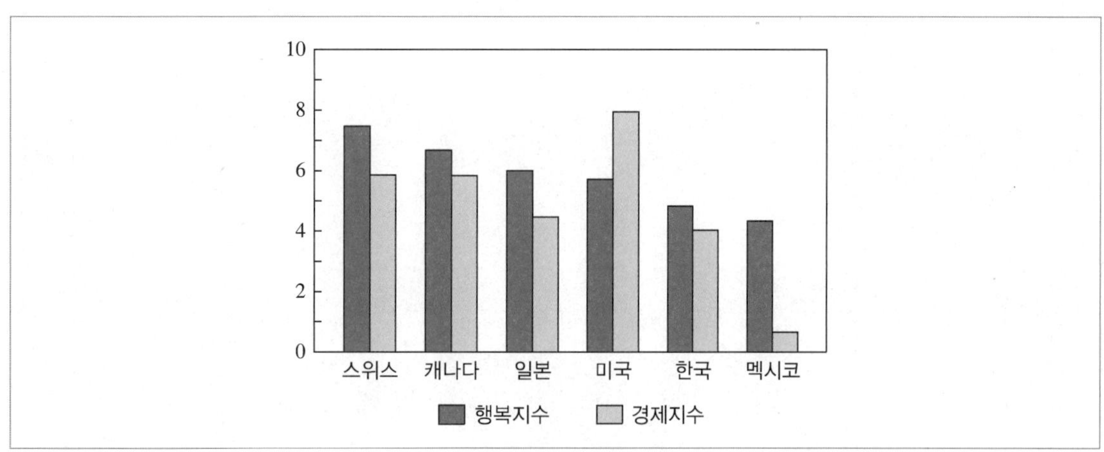

① 스위스
② 미국
③ 한국
④ 멕시코
⑤ 일본

06 **다음은 2018년 하반기부터 2021년 하반기까지의 1인 1일 스팸 수신량에 대한 그래프이다. 이에 대한 설명으로 옳지 않은 것은?**

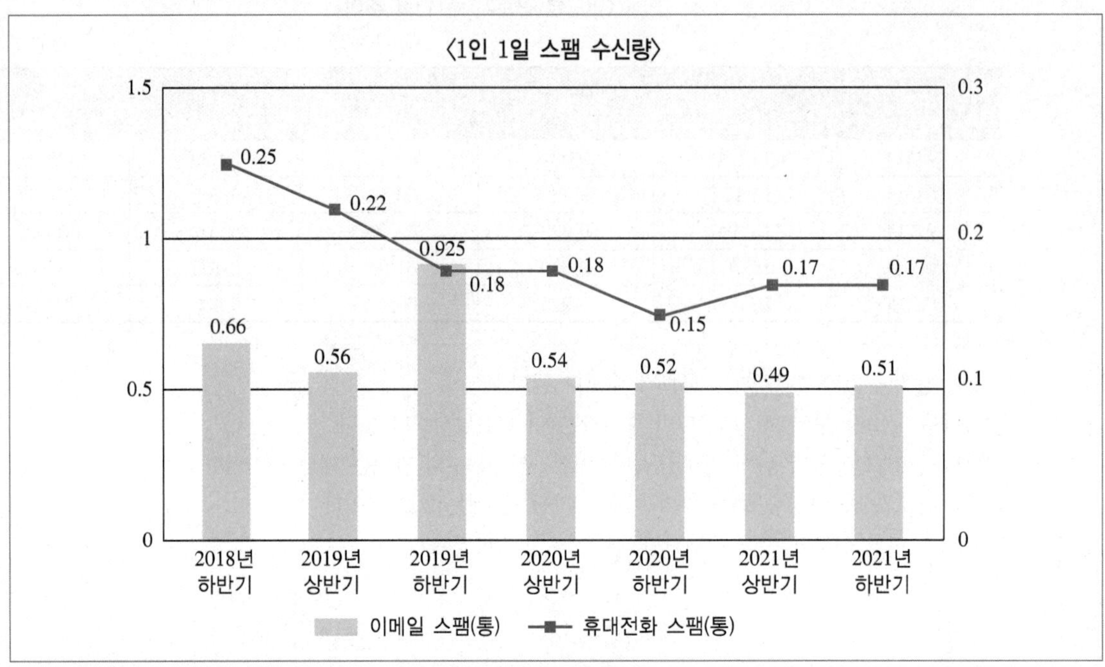

① 이메일과 휴대전화 모두 스팸 수신량이 가장 높은 시기는 2019년 하반기이다.

② 이메일 스팸 수신량이 휴대전화 스팸 수신량보다 항상 많다.

③ 이메일과 휴대전화 스팸 수신량 사이에 밀접한 관련이 있다고 보기 어렵다.

④ 이메일 스팸 총수신량의 평균은 휴대전화 스팸 총수신량 평균의 3배 이상이다.

⑤ 컴퓨터 사용량과 이메일 스팸 수신량이 정비례 관계에 있다고 한다면, 2019년 하반기 우리나라 국민의 평균 컴퓨터 사용량이 제일 높았을 것이다.

07 다음은 10대 무역수지 흑자국에 대한 자료이다. 이에 대한 설명으로 옳지 않은 것은? 난이도 중

〈10대 무역수지 흑자국〉

(단위 : 백만 달러)

순위	2019년		2020년		2021년	
	국가명	금액	국가명	금액	국가명	금액
1	중국	32,457	중국	45,264	중국	47,779
2	홍콩	18,174	홍콩	23,348	홍콩	28,659
3	마샬군도	9,632	미국	9,413	싱가포르	11,890
4	미국	8,610	싱가포르	7,395	미국	11,635
5	멕시코	6,161	멕시코	7,325	베트남	8,466
6	싱가포르	5,745	베트남	6,321	멕시코	7,413
7	라이베리아	4,884	인도	5,760	라이베리아	7,344
8	베트남	4,780	라이베리아	5,401	마샬군도	6,991
9	폴란드	3,913	마샬군도	4,686	브라질	5,484
10	인도	3,872	슬로바키아	4,325	인도	4,793

① 2019년부터 2021년까지 10대 무역수지 흑자국에 2번 이상 포함된 국가의 수는 9개국이다.
② 2021년 1위 흑자국의 액수는 10위 흑자국 액수의 10배 이상이다.
③ 싱가포르의 2019년 대비 2021년의 흑자액은 2배 이상이다.
④ 싱가포르를 제외하고 2019년 대비 2021년의 흑자 증가율이 가장 높은 나라는 베트남이다.
⑤ 2019년부터 2021년까지 매년 순위가 상승한 나라는 2개국이다.

03 PSAT형

01 다음은 학교별 급식학교수와 급식인력(영양사, 조리사, 조리보조원)의 현황에 대한 자료이다. 이에 대한 설명으로 옳지 않은 것은?

〈학교별 급식학교수와 급식인력 현황〉

(단위 : 개, 명)

구분	급식학교 수	직종					
		영양사			조리사	조리보조원	총계
		정규직	비정규직	소계			
초등학교	5,417	3,377	579	3,956	4,955	25,273	34,184
중학교	2,492	626	801	1,427	1,299	10,147	12,873
고등학교	1,951	1,097	603	1,700	1,544	12,485	15,729
특수학교	129	107	6	113	135	211	459
전체	9,989	5,207	1,989	7,196	7,933	48,116	63,245

① 급식인력은 4개의 학교 중 초등학교가 가장 많다.
② 4개의 학교 모두 급식인력(영양사, 조리사, 조리보조원) 중 조리보조원이 차지하는 비율이 가장 높다.
③ 중학교 정규직 영양사는 고등학교 비정규직 영양사보다 23명 더 많다.
④ 특수학교는 4개의 학교 중 유일하게 정규직 영양사보다 비정규직 영양사가 더 적다.
⑤ 영양사 정규직 비율은 특수학교가 중학교보다 2배 이상 높다.

02 다음은 국내 지역별 지진발생 횟수에 대한 자료이다. 이에 대한 설명으로 옳은 것은? 난이도 상

〈지역별 지진발생 횟수〉

(단위 : 회)

지역별	2019년	2020년	2021년
서울 · 경기 · 인천	1	1	1
부산 · 울산 · 경남	1	6	5
대구 · 경북	6	179	121
광주 · 전남	1	1	6
전북	1	1	2
대전 · 충남 · 세종	2	6	3
충북	1	0	2
강원	1	1	1
제주	0	1	0
북한	3	23	25
서해	7	6	22
남해	12	11	18
동해	8	16	20
합계	44	252	223

※ 수도권은 서울 · 경기 · 인천 지역을 의미한다.

① 각 연도별로 전체 지진발생 횟수 중 가장 많은 비중을 차지하는 지역은 2019년부터 2021년까지 매년 동일하다.

② 전체 지진발생 횟수 중 북한의 지진횟수가 차지하는 비중은 2020년에 비해 2021년에 5%p 이상 증가하였다.

③ 2019년 전체 지진발생 횟수 중 대전 · 충남 · 세종이 차지하는 비중은 2020년 전체 지진발생 횟수 중 동해가 차지하는 비중보다 크다.

④ 전체 지진발생 횟수 중 수도권에서의 지진발생 횟수가 차지하는 비중은 2020년과 2021년 모두 전년 대비 감소하였다.

⑤ 2020년에 지진이 발생하지 않은 지역을 제외하고 2020년 대비 2021년 지진발생 횟수의 증가율이 두 번째로 높은 지역은 서해이다.

※ 다음은 A국의 교통사고 사상자 2,500명 대해 조사한 자료이다. 이어지는 질문에 답하시오. **[3~4]**

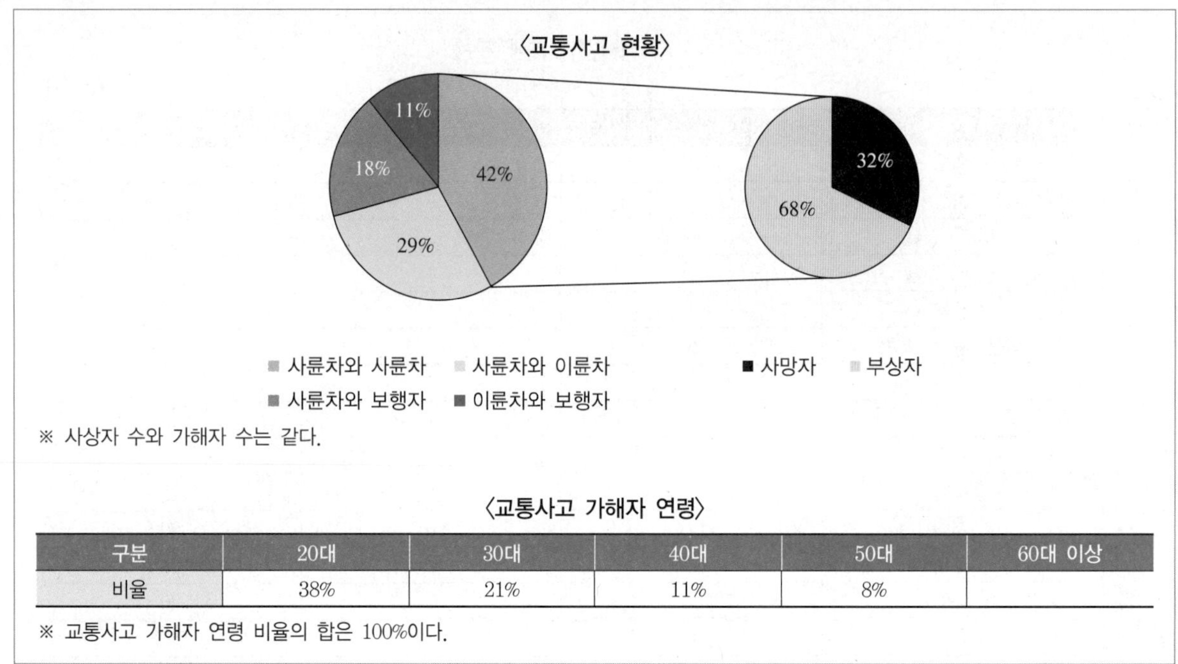

※ 사상자 수와 가해자 수는 같다.

〈교통사고 가해자 연령〉

구분	20대	30대	40대	50대	60대 이상
비율	38%	21%	11%	8%	

※ 교통사고 가해자 연령 비율의 합은 100%이다.

03 다음 중 자료에 대한 설명으로 옳지 않은 것은?

난이도 상

① 교통사고 가해자 연령에서 60대 이상의 비율은 30대보다 높다.

② 사륜차와 사륜차 교통사고 사망사건 가해자가 모두 20대라고 할 때, 20대 가해건수의 35% 이상을 차지한다.

③ 이륜차와 관련된 교통사고의 가해자 연령대가 모두 30대 이하라고 할 때, 30대 이하 가해건수의 70% 이상을 차지한다.

④ 보행자와 관련된 교통사고의 40%는 사망사건이라고 할 때, 보행자 관련 사망건수는 사륜차와 사륜차의 교통사고 건수보다 적다.

⑤ 사륜차와 이륜차 교통사고 사망자와 부상자의 비율이 사륜차와 사륜차 교통사고 사망자와 부상자 비율의 반대라고 할 때, 사륜차와 이륜차 교통사고 사망자 수가 사륜차와 사륜차 교통사고 사망자 수보다 많다.

04 이륜차 또는 보행자와 관련된 교통사고 중 가해자 20%가 20대라고 할 때, 이 인원이 20대 가해자에서 차지하는 비율은 얼마인가?(단, 비율은 소수점 첫째 자리에서 버림한다)

난이도 중

① 10%
② 15%
③ 20%
④ 25%
⑤ 30%

05 다음은 2013년부터 2021년까지 공연예술의 연도별 행사 추이에 대한 자료이다. 이에 대한 설명으로 옳은 것은?

〈연도별 공연예술 행사 추이〉

(단위 : 건)

구분	2013년	2014년	2015년	2016년	2017년	2018년	2019년	2020년	2021년
양악	2,658	2,658	2,696	3,047	3,193	3,832	3,934	4,168	4,628
국악	617	1,079	1,002	1,146	1,380	1,440	1,884	1,801	2,192
무용	660	626	778	1,080	1,492	1,323	미집계	1,480	1,521
연극	610	482	593	717	1,406	1,113	1,300	1,929	1,794

① 이 기간 동안 매년 국악 공연 건수가 연극 공연 건수보다 더 많았다.
② 이 기간 동안 매년 양악 공연 건수가 국악, 무용, 연극보다 더 많았다.
③ 이 기간 동안 공연 건수의 증가율이 가장 높은 장르는 국악이었다.
④ 연극 공연 건수가 무용 공연 건수보다 많아진 것은 2020년부터였다.
⑤ 2020년에 비해 2021년에 공연 건수가 가장 많이 증가한 장르는 국악이다.

SECTION **04**

심화문제

정답 및 해설 p.40

01 다음은 2021년 8월부터 2022년 1월까지의 산업별 월간 국내카드 승인액에 대한 자료이다. 이에 대한 설명으로 옳은 것을 〈보기〉에서 모두 고르면? 난이도 상

〈산업별 월간 국내카드 승인액〉

(단위 : 억 원)

산업별	2021년 8월	2021년 9월	2021년 10월	2021년 11월	2021년 12월	2022년 1월
도매 및 소매업	3,116	3,245	3,267	3,261	3,389	3,241
운수업	161	145	165	159	141	161
숙박 및 음식점업	1,107	1,019	1,059	1,031	1,161	1,032
사업시설관리 및 사업지원 서비스업	40	42	43	42	47	48
교육 서비스업	127	104	112	119	145	122
보건 및 사회복지 서비스업	375	337	385	387	403	423
예술·스포츠 및 여가관련 서비스업	106	113	119	105	89	80
협회 및 단체·수리 및 기타 개인 서비스업	163	155	168	166	172	163

보기

ㄱ. 교육 서비스업의 2022년 1월 국내카드 승인액의 전월 대비 감소율은 25% 이상이다.

ㄴ. 2021년 11월 운수업과 숙박 및 음식점업의 국내카드 승인액의 합은 도매 및 소매업의 국내카드 승인액의 40% 미만이다.

ㄷ. 2021년 10월부터 2022년 1월까지 사업시설관리 및 사업지원 서비스업과 예술·스포츠 및 여가관련 서비스업 국내카드 승인액의 전월 대비 증감 추이는 동일하다.

ㄹ. 2021년 9월 협회 및 단체·수리 및 기타 개인 서비스업의 국내카드 승인액은 보건 및 사회복지 서비스업 국내카드 승인액의 35% 이상이다.

① ㄱ, ㄴ
② ㄱ, ㄷ
③ ㄴ, ㄷ
④ ㄴ, ㄹ
⑤ ㄷ, ㄹ

02 다음은 2017 ~ 2021년의 시행된 국가고시 현황에 대한 표이다. 자료를 참고하여 작성한 그래프로 옳지 않은 것은?(단, 응시자와 합격자 수는 일의 자리에서 반올림한다) 난이도 상

〈국가고시 현황〉

(단위 : 명)

구분	2017년	2018년	2019년	2020년	2021년
접수자	3,540	3,380	3,120	2,810	2,990
응시율	79.40%	78.70%	82.70%	75.10%	74.20%
합격률	46.60%	44.70%	46.90%	47.90%	53.20%

※ $[\text{응시율}(\%)] = \frac{(\text{응시자 수})}{(\text{접수자 수})} \times 100$

※ $[\text{합격률}(\%)] = \frac{(\text{합격자 수})}{(\text{응시자 수})} \times 100$

① 연도별 미응시자 수 추이

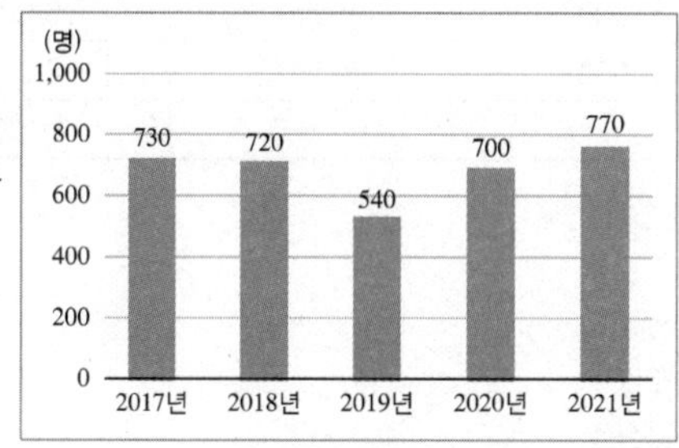

② 연도별 응시자 중 불합격자 수 추이

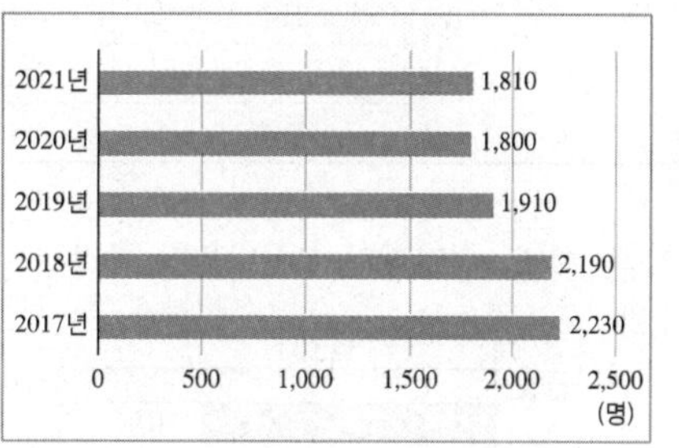

③ 2018 ~ 2021년 전년 대비 접수자 수 변화량

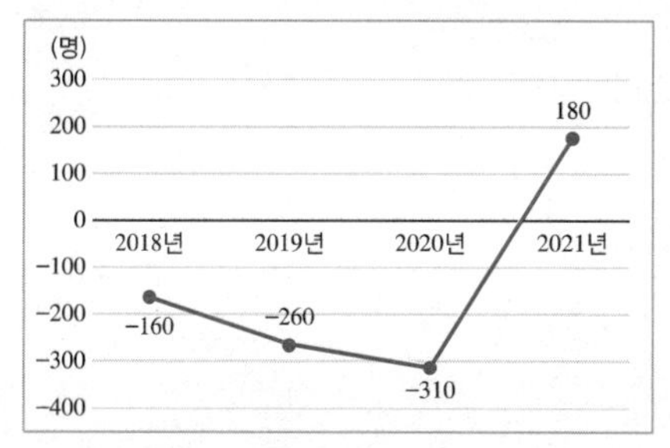

④ 2018 ~ 2021년 전년 대비 합격자 수 변화량

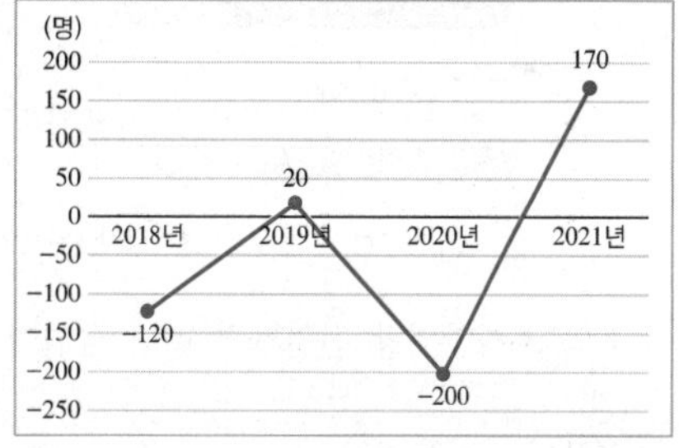

⑤ 2018 ~ 2021년 전년 대비 합격률 증감량

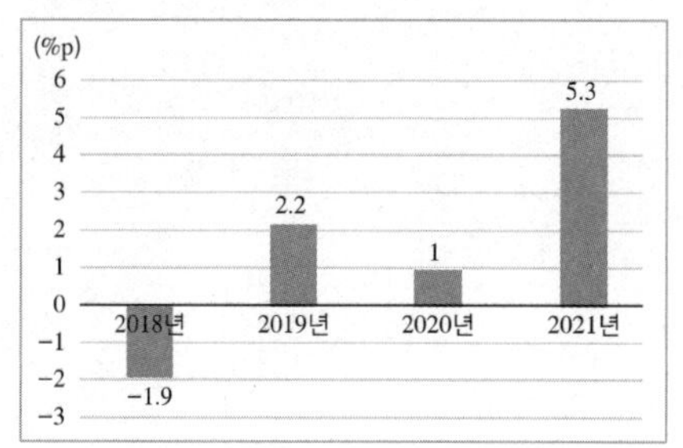

03 다음은 농산물 도매시장의 품목별 조사단위당 가격에 대한 내용이다. 자료를 참고하여 작성한 그래프로 옳지 않은 것은?

난이도 상

〈품목별 조사단위당 가격〉

(단위 : kg, 원)

구분	품목	조사단위	조사단위당 가격		
			금일	전일	전년 평균
곡물	쌀	20	52,500	52,500	47,500
	찹쌀	60	180,000	180,000	250,000
	검정쌀	30	120,000	120,000	106,500
	콩	60	624,000	624,000	660,000
	참깨	30	129,000	129,000	127,500
채소	오이	10	23,600	24,400	20,800
	부추	10	68,100	65,500	41,900
	토마토	10	34,100	33,100	20,800
	배추	10	9,500	9,200	6,200
	무	15	8,500	8,500	6,500
	고추	10	43,300	44,800	31,300

① 쌀, 찹쌀, 검정쌀의 조사단위당 가격

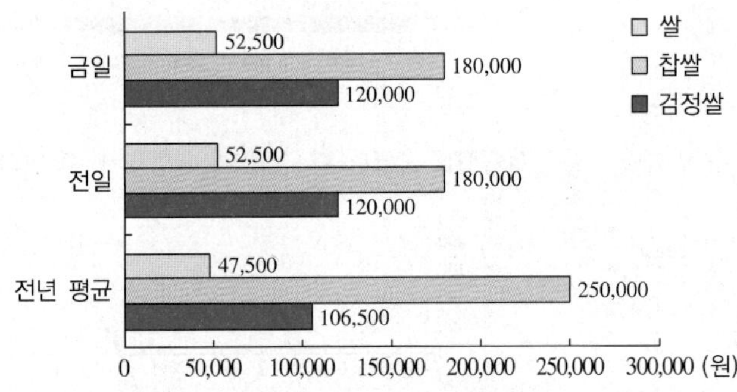

② 채소의 조사단위당 전일가격 대비 금일가격 등락액

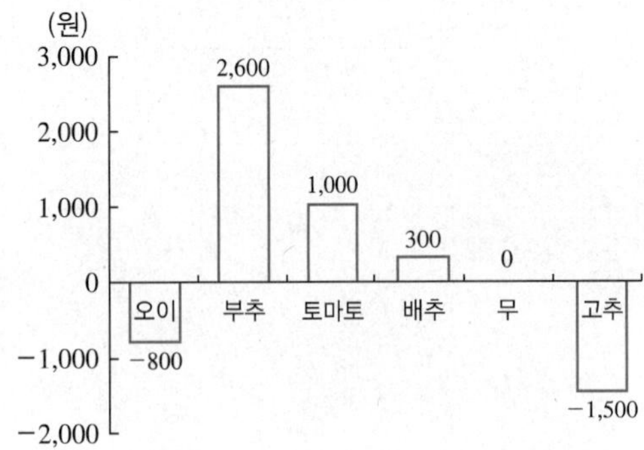

③ 채소 1kg당 금일가격

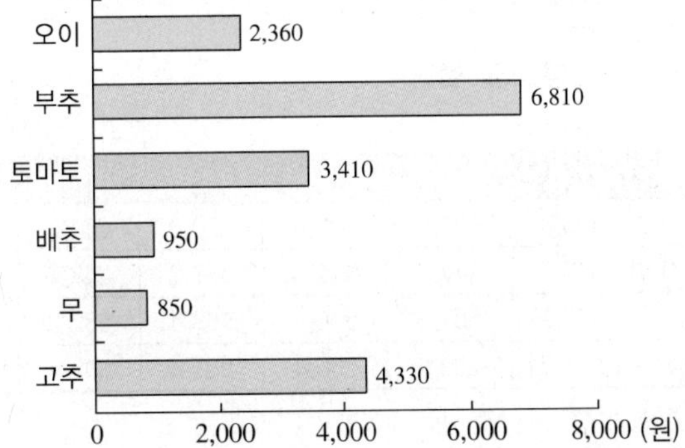

④ 곡물 1kg당 금일가격

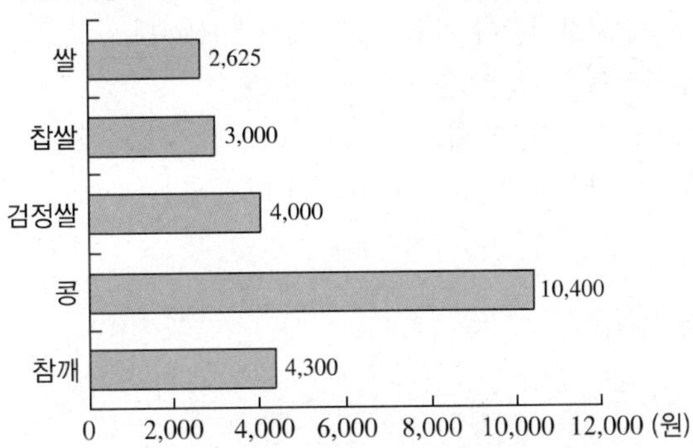

⑤ 채소의 조사단위당 전년 평균가격 대비 금일가격 비율

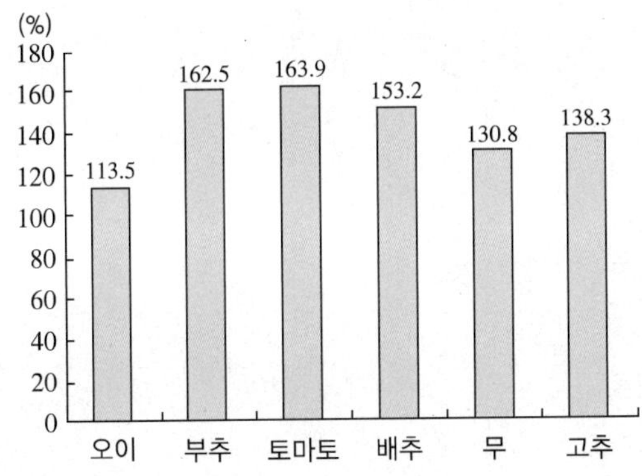

04 다음은 연도별 국내은행 대출 현황을 나타낸 자료이다. 이에 대한 내용으로 옳지 않은 것은? 난이도 상

〈연도별 국내은행 대출 현황〉

(단위 : 조 원)

구분	2013년	2014년	2015년	2016년	2017년	2018년	2019년	2020년	2021년
가계대출	437.1	447.5	459.0	496.4	535.7	583.6	620.0	647.6	655.7
주택담보대출	279.7	300.9	309.3	343.7	382.6	411.5	437.2	448.0	460.1
기업대출	432.7	449.2	462.0	490.1	537.6	546.4	568.4	587.3	610.4
부동산담보대출	156.7	170.9	192.7	211.7	232.8	255.4	284.4	302.4	341.2

※ (은행대출)=(가계대출)+(기업대출)

① 2017년 대비 2021년 부동산담보대출 증가율이 가계대출 증가율보다 높다.

② 주택담보대출이 세 번째로 높은 연도에서 부동산담보대출이 기업대출의 50% 이상이다.

③ 2018 ~ 2021년 동안 가계대출의 전년 대비 증가액은 기업대출보다 매년 높다.

④ 2015년도 은행대출은 2018년 은행대출의 80% 이상 차지한다.

⑤ 2014 ~ 2021년 동안 전년 대비 주택담보대출이 가장 많이 증가한 해는 2017년이다.

CHAPTER **03**

문제해결능력

출제유형 및 학습 전략

1 질문의 의도를 정확하게 파악하라!

문제해결능력은 문제에서 무엇을 묻고 있는지 정확하게 파악하여 풀이방향을 설정하는 것이 가장 효율적인 방법이다. 특히, 조건이 주어지고 답을 찾는 창의적, 분석적인 문제가 주로 출제되고 있기 때문에 처음에 정확한 풀이방향 설정이 되지 않는다면 시간만 허비하고 결국 문제도 풀지 못하게 되므로 첫 번째로 문제의 의도파악에 집중해야 한다.

2 중요한 정보는 반드시 표시하라!

위에 말한 정확한 문제의도 파악을 하기 위해서는 문제에서 중요한 정보는 반드시 표시나 메모를 하여 하나의 조건, 단서도 잊고 넘어가는 일이 없도록 해야 한다. 실제 시험에서는 시간의 압박과 긴장감으로 정보를 잘못 적용하거나 잊고 지나쳐 틀리는 실수가 많이 발생하므로 사전에 충분한 연습이 필요하다. 가령 명제문제의 경우 주어진 명제와 그 명제의 대우를 본인이 한 눈에 파악할 수 있도록 기호화, 도식화하여 메모하면 흐름을 이해하기가 더 수월하다. 이를 통해 자신만의 풀이 순서와 방향, 기준 또한 생길 것이다.

3 반복풀이를 통해 취약유형을 파악하라!

길지 않은 한정된 시간 동안 모든 문제를 다 푸는 것은 조금은 어려울 수도 있다. 따라서 고득점을 얻을 수 있는 방법은 효율적인 문제풀이다. 풀 수 있는 문제부터 빠르게 풀고 취약한 유형은 나중에 푸는 효율적인 문제풀이를 통해 최대한의 고득점을 받는 것이 중요하며, 본인의 취약유형을 파악하기 위해서는 많은 문제를 풀어봐야 한다.

SECTION 01 모듈이론

01 문제해결능력의 의의

(1) 문제의 의의

① 문제와 문제점 기출

문제	업무를 수행함에 있어서 답을 요구하는 질문이나 의논하여 해결해야 하는 사항
문제점	문제의 원인이 되는 사항으로 문제해결을 위해서 조치가 필요한 대상

난폭운전으로 전복사고가 일어난 경우는 '사고의 발생'이 문제이며, '난폭운전'은 문제점이다.

② 문제의 유형

㉠ 기능에 따른 분류 : 제조 문제, 판매 문제, 자금 문제, 인사 문제, 경리 문제, 기술상 문제

㉡ 시간에 따른 분류 : 과거 문제, 현재 문제, 미래 문제

㉢ 해결방법에 따른 분류 : 논리적 문제, 창의적 문제

③ 문제의 분류 기출

구분	내용
발생형 문제 (보이는 문제)	• 눈앞에 발생되어 해결하기 위해 고민하는 문제를 말하며, 원인지향적인 문제라고도 함 • 이탈 문제 : 어떤 기준을 이탈함으로써 생기는 문제 • 미달 문제 : 기준에 미달하여 생기는 문제
탐색형 문제 (보이지 않는 문제)	• 현재의 상황을 개선하거나 효율을 높이기 위한 문제를 말하며, 문제를 방치하면 뒤에 큰 손실이 따르거나 해결할 수 없게 되는 것 • 잠재 문제 : 문제가 잠재되어 인식하지 못하다가 결국 확대되어 해결이 어려운 문제 • 예측 문제 : 현재는 문제가 아니지만 계속해서 현재 상태로 진행될 경우를 가정하고 앞으로 일어날 수 있는 문제 • 발견 문제 : 현재는 문제가 없으나 좋은 제도나 기법, 기술을 발견하여 개선·향상시킬 수 있는 문제
설정형 문제 (미래의 문제)	• 장래의 경영전략을 통해 앞으로 어떻게 할 것인가 하는 문제 • 새로운 목표를 설정함에 따라 일어나는 문제로, 목표 지향적 문제라고도 함 • 많은 창조적인 노력이 요구되므로 창조적 문제라고도 함

(2) 문제해결의 의의

① 문제해결이란?

목표와 현상을 분석하고, 이 분석 결과를 토대로 과제를 도출하여 최적의 해결책을 찾아 실행·평가해가는 활동을 말한다.

② 문제해결의 장애요소

- 문제를 철저하게 분석하지 않는 것
- 고정관념에 얽매이는 것
- 쉽게 떠오르는 단순한 정보에 의지하는 것
- 너무 많은 자료를 수집하려고 노력하는 것

③ 문제해결에 필요한 기본적 사고 기출

㉠ 전략적 사고

현재 당면하고 있는 문제와 해결방법에만 집착하지 말고, 그 문제와 해결방안이 상위 시스템과 어떻게 연결되어 있는지를 생각하는 것이 필요하다.

㉡ 분석적 사고

전체를 각각의 요소로 나누어 그 요소의 의미를 도출한 다음 우선순위를 부여하고, 구체적인 문제해결방법을 실행하는 것이 요구된다.

종류	요구되는 사고
성과 지향의 문제	기대하는 결과를 명시하고 효과적으로 달성하는 방법을 사전에 구상하고 실행에 옮길 것
가설 지향의 문제	현상 및 원인분석 전에 지식과 경험을 바탕으로 일의 과정이나 결과·결론을 가정한 다음 검증 후 사실일 경우 다음 단계의 일을 수행할 것
사실 지향의 문제	일상 업무에서 일어나는 상식·편견을 타파하여 객관적 사실로부터 사고와 행동을 시작할 것

㉢ 발상의 전환

기존에 가지고 있는 사물과 세상을 바라보는 인식의 틀을 전환하여 새로운 관점에서 바로 보는 사고를 지향하는 것이 필요하다.

㉣ 내·외부자원의 효과적 활용

기술, 재료, 방법, 사람 등 필요한 자원 확보 계획을 수립하고, 내·외부자원을 효과적으로 활용하도록 해야 한다.

(3) 제3자를 통한 문제해결 기출

종류	내용
소프트 어프로치	• 대부분의 기업에서 볼 수 있는 전형적인 스타일 • 조직 구성원들이 같은 문화적 토양을 가짐 • 직접적인 표현보다는 암시를 통한 의사전달 • 결론이 애매하게 산출되는 경우가 적지 않음 • 제3자 : 결론을 미리 그려 가면서 권위나 공감에 의지함
하드 어프로치	• 조직 구성원들이 상이한 문화적 토양을 가짐 • 직설적인 주장을 통한 논쟁과 협상 • 논리, 즉 사실과 원칙에 근거한 토론 • 이론적으로는 가장 합리적인 방법 • 제3자 : 지도와 설득을 통해 전원이 합의하는 일치점 추구 • 창조적인 아이디어나 높은 만족감을 이끌어내기 어려움
퍼실리테이션	• 그룹의 지향점을 알려주고, 공감을 이룰 수 있도록 도와주는 것 • 창조적인 해결방안 도출, 구성원의 동기와 팀워크 강화 • 퍼실리테이터의 줄거리대로 결론이 도출되어서는 안됨 • 제3자 : 깊이 있는 커뮤니케이션을 통해 창조적인 문제해결 도모

(4) 퍼실리테이션 기출

① 퍼실리테이션을 통해 배양되는 능력

- 객관적으로 사물을 보는 능력
- 다른 사람의 견해를 편견 없이 들을 수 있는 청취 능력
- 다양한 관점에서 사물을 볼 수 있는 관찰력
- 현상에 대한 분석력
- 인간관계 능력
- 논리적인 사고 능력

② 퍼실리테이션에 필요한 기본 역량

- 문제의 탐색과 발견
- 문제해결을 위한 구성원 간의 커뮤니케이션 조정
- 합의를 도출하기 위한 구성원들 사이의 갈등 관리

OX 문제

01 문제란 해결하기를 원하지만 실제로 해결해야 하는 방법을 모르고 있는 상태를 말한다. [ ]

02 발생형 문제란 현재의 상황을 개선하거나 효율을 높이기 위한 문제를 말한다. [ ]

03 앞으로 어떻게 할 것인가에 대한 문제는 설정형 문제라고 한다. [ ]

04 현상 및 원인분석 전에 일의 과정이나 결론을 가정한 후 일을 수행하는 것은 가설 지향의 문제에 해당한다. [ ]

05 객관적 사실로부터 사고와 행동을 시작하는 것은 성과 지향의 문제에 해당한다. [ ]

01 [○]

02 [×] 탐색형 문제에 대한 설명이다. 발생형 문제란 현재 직면하여 해결하기 위해 고민하는 문제를 말한다.

03 [○]

04 [○]

05 [×] 사실 지향의 문제에 대한 설명이다. 성과 지향의 문제에는 기대하는 결과를 명시하고 효과적으로 달성하는 방법을 사전에 구상하는 것이 해당한다.

02 사고력

(1) 창의적 사고와 브레인스토밍

① 창의적 사고란? 기출

당면한 문제를 해결하기 위해 경험적 지식을 해체하여 새로운 아이디어를 다시 도출하는 것으로, 개인이 가지고 있는 경험과 지식을 통해 참신한 아이디어를 산출하는 힘이다.

② 창의적 사고의 특징 기출

- 발전적(확산적) 사고
- 새롭고 유용한 아이디어를 생산해 내는 정신적인 과정
- 기발하거나, 신기하며 독창적인 것
- 유용하고 적절하며, 가치가 있는 것
- 기존의 정보들을 새롭게 조합시킨 것

③ 브레인스토밍

미국의 알렉스 오즈번이 고안한 그룹발산기법으로, 창의적인 사고를 위한 발산방법 중 가장 흔히 사용되는 방법이다. 집단의 효과를 살려서 아이디어의 연쇄반응을 일으켜 자유분방한 아이디어를 내고자 하는 것이다.

④ 브레인스토밍 진행 방법

- 주제를 구체적이고 명확하게 정한다.
- 구성원의 얼굴을 볼 수 있는 좌석 배치와 큰 용지를 준비한다.
- 구성원들의 다양한 의견을 도출할 수 있는 사람을 리더로 선출한다.
- 구성원은 다양한 분야의 사람들로 5~8명 정도로 구성한다.
- 발언은 누구나 자유롭게 할 수 있도록 하며, 모든 발언 내용을 기록한다.
- 아이디어에 대해 비판해서는 안 된다.

(2) 창의적 사고의 개발 방법 기출

① 자유 연상법 – 생각나는 대로 자유롭게 발상 – 브레인스토밍

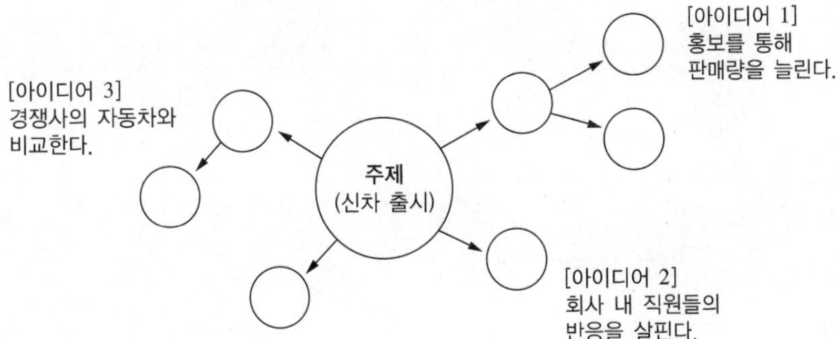

② 강제 연상법 – 각종 힌트와 강제적으로 연결지어서 발상 – 체크리스트

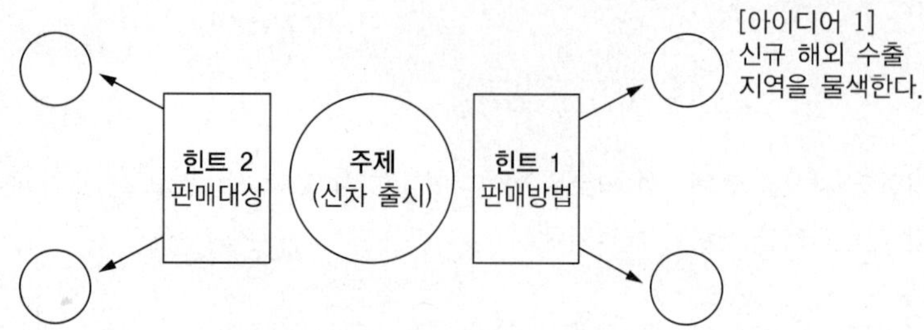

③ 비교 발상법 – 주제의 본질과 닮은 것을 힌트로 발상 – NM법, Synetics

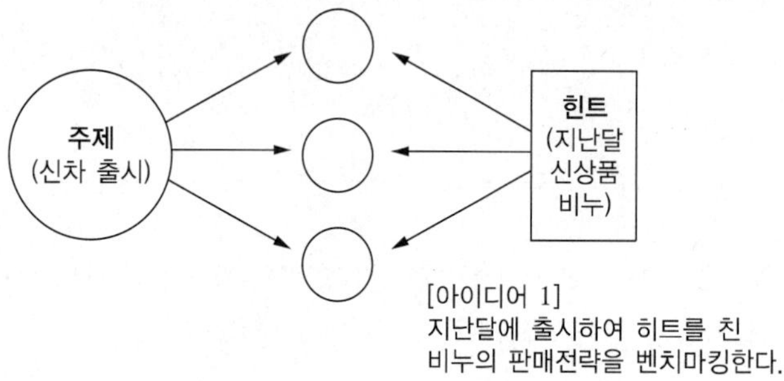

(3) 논리적 사고의 의의

① 논리적 사고란?

- 사고의 전개에 있어서 전후의 관계가 일치하고 있는가를 살피고, 아이디어를 평가하는 능력을 말한다.
- 업무 수행 중에 자신이 만든 계획이나 주장을 주위 사람에게 이해시켜 실현시키기 위해서는 체계적인 설득 과정을 거쳐야 하는데, 이때 필요로 하는 것이 논리적 사고이다.

② 논리적 사고의 5요소 기출

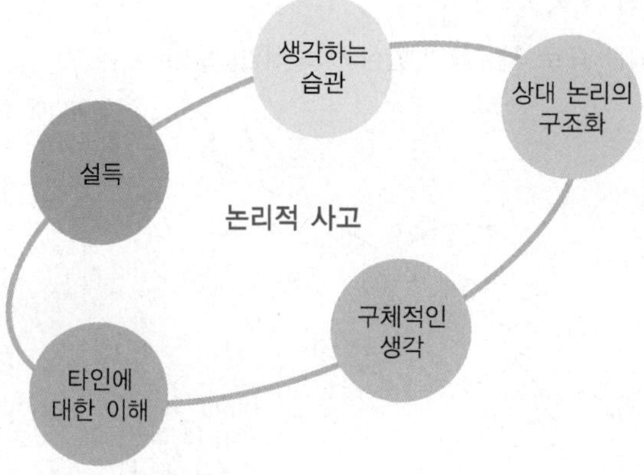

③ 논리적 사고를 개발하기 위한 방법 기출

㉠ 피라미드 기법

보조 메시지들을 통해 주요 메인 메시지를 얻고, 다시 메인 메시지를 종합한 최종적인 정보를 도출해 내는 방법이다.

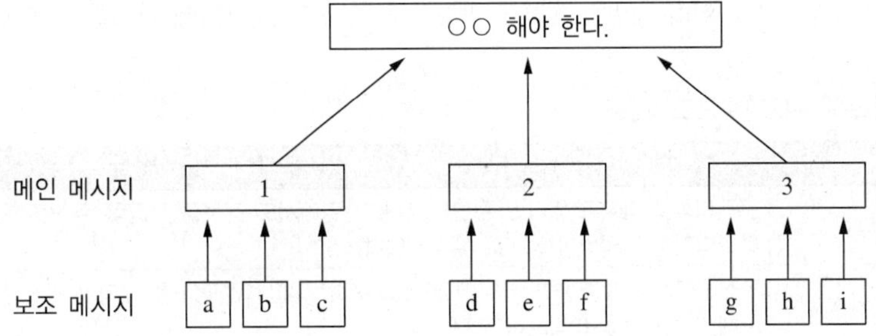

㉡ So What 기법

"그래서 무엇이지?" 하고 자문자답하는 의미로 눈앞에 있는 정보로부터 의미를 찾아내어 가치 있는 정보를 이끌어 내는 사고이다. "So what?"은 단어나 체언만으로 표현하는 것이 아니라 주어와 술어가 있는 글로 표현함으로써 "어떻게 될 것인가?", "어떻게 해야 한다."라는 내용이 포함되어야 한다.

[상황]

ㄱ. 우리 회사의 자동차 판매대수가 사상 처음으로 전년 대비 마이너스를 기록했다.
ㄴ. 우리나라의 자동차 업계 전체는 일제히 적자 결산을 발표했다.
ㄷ. 주식 시장은 몇 주간 조금씩 하락하는 상황에 있다.

[So What?을 사용한 논리적 사고의 예]

a. 자동차 판매의 부진
b. 자동차 산업의 미래
c. 자동차 산업과 주식시장의 상황
d. 자동차 관련 기업의 주식을 사서는 안 된다.
e. 지금이야말로 자동차 관련 기업의 주식을 사야 한다.

[해설]

a. 상황 ㄱ만 고려하고 있으므로 So What의 사고에 해당하지 않는다.
b. 상황 ㄷ을 고려하지 못하고 있으므로 So What의 사고에 해당하지 않는다.
c. 상황 ㄱ~ㄷ을 모두 고려하고는 있으나 자동차 산업과 주식시장이 어떻게 된다는 것을 알 수 없으므로 So What의 사고에 해당하지 않는다.
d·e. "주식을 사지 마라(사라)."는 메시지를 주고 있으므로 So What의 사고에 해당한다.

(4) 비판적 사고

① 비판적 사고

어떤 주제나 주장 등에 대해서 적극적으로 분석하고 종합하며 평가하는 능동적인 사고를 말한다. 이는 문제의 핵심을 중요한 대상으로 하며, 지식과 정보를 바탕으로 한 합당한 근거에 기초를 두고 현상을 분석하여 평가하는 사고이다.

② 비판적 사고에 필요한 요소 기출

종류	내용
문제의식	문제의식을 가지고 있다면 주변의 사소한 일에서도 정보를 수집할 수 있으며, 이러한 정보를 통해서 새로운 아이디어를 끊임없이 생산해 낼 수 있다.
고정관념의 타파	고정관념은 사물을 보는 시각에 영향을 주며, 일방적인 평가를 내리기 쉽게 한다. 따라서 지각의 폭을 넓히기 위해 고정관념을 타파해야 한다.

OX 문제

01 창의적 사고란 기존의 정보를 객관적으로 분석하는 것을 말한다. [ ]

02 자유 연상법은 생각나는 대로 자유롭게 발상하는 방법으로, 체크리스트가 대표적인 방법이다. [ ]

03 비교 발상법은 주제의 본질과 닮은 것을 힌트로 발상해 내는 것으로, NM법이나 Synetics가 대표적이다. [ ]

04 논리적인 사고의 구성요소에서 자신의 사상을 강요하지 않고 자신이 함께 일을 진행하는 상대와 의논해 나가는 가운데, 자신이 깨닫지 못했던 새로운 가치를 발견하고 생각해 낼 수 있는 과정은 설득에 해당한다. [ ]

05 비판적 사고를 방해하는 것으로서, 사물을 바라보는 편협적인 시각을 의미하는 것을 고정관념이라고 한다. [ ]

01 [×] 기존의 정보를 객관적으로 분석하는 일은 논리적 사고 혹은 비판적 사고의 개념이다.

02 [×] 자유 연상법의 대표적인 방법은 브레인스토밍이며, 체크리스트는 강제 연상법의 대표적인 방법이다.

03 [O]

04 [O]

05 [O]

03 문제처리능력

(1) 문제 인식의 절차 기출

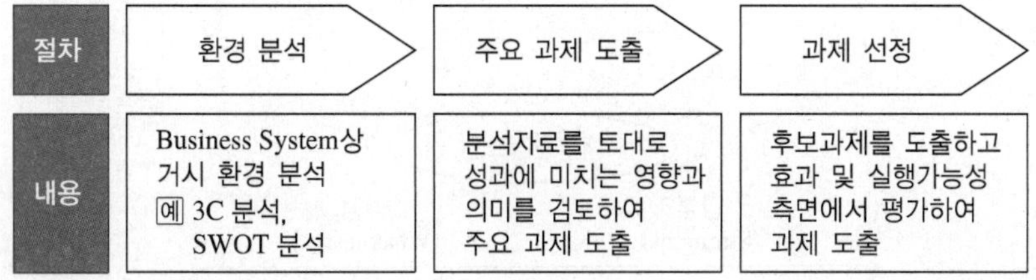

① 환경 분석(3C 분석)

사업환경을 구성하고 있는 요소인 자사, 경쟁사, 고객을 3C라고 하며, 3C에 대한 체계적인 분석을 통해서 환경 분석을 수행할 수 있다.

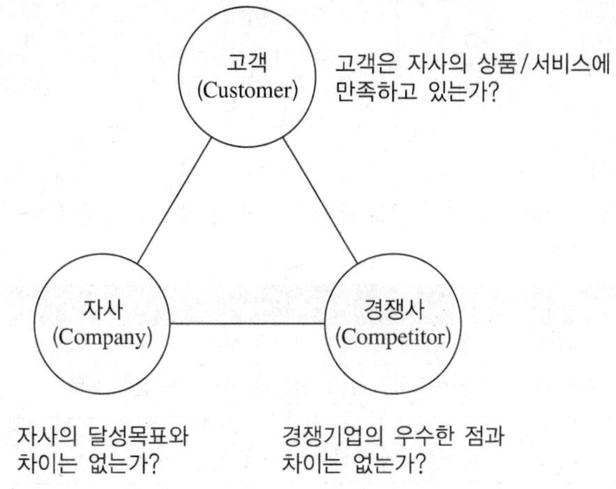

② 주요 과제 도출

과제안을 작성할 때는 과제들 간의 수준은 동일한지, 표현은 구체적인지, 주어진 기간 내에 해결가능한 안인지를 확인해야 한다.

③ 과제 선정

과제안 중 효과 및 실행 가능성 측면을 평가하여 우선순위를 부여한 후 우선순위가 높은 안을 선정하며, 우선순위 평가시에는 과제의 목표, 자원현황 등을 종합적으로 고려하여 평가한다.

(2) SWOT 분석 기출

① SWOT 분석의 의의

기업내부의 강점·약점과 외부환경의 기회·위협요인을 분석 및 평가하며, 이들을 서로 연관지어 전략을 개발하고 문제해결 방안을 개발하는 방법이다.

② SWOT 분석의 흐름

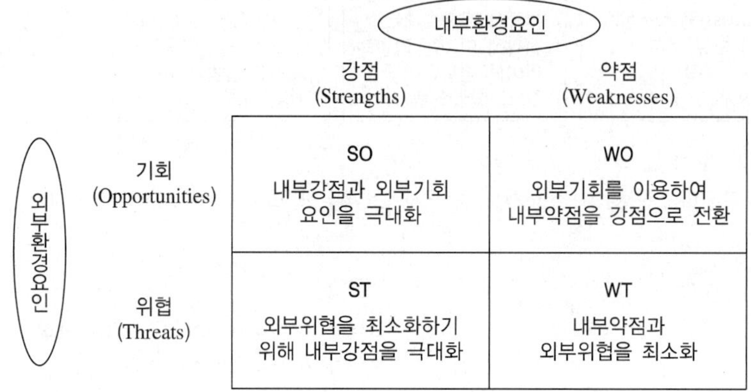

③ SWOT 전략 수립 방법

내부의 강점과 약점을, 외부의 기회와 위협을 대응시켜 기업 목표 달성을 위한 SWOT분석을 바탕으로 구축한 발전 전략의 특성은 다음과 같다.

종류	내용
SO전략	외부환경의 기회를 활용하기 위해 강점을 사용하는 전략 선택
ST전략	외부환경의 위협을 회피하기 위해 강점을 사용하는 전략 선택
WO전략	자신의 약점을 극복함으로써 외부환경의 기회를 활용하는 전략 선택
WT전략	외부환경의 위협을 회피하고 자신의 약점을 최소화하는 전략 선택

④ SWOT 분석의 구체적인 방법

종류	내용
외부환경 분석	• 좋은 쪽으로 작용하는 것은 기회, 나쁜 쪽은 위협으로 분류 • 언론매체, 개인 정보망 등을 통하여 입수한 상식적인 세상의 변화 내용을 시작으로 당사자에게 미치는 영향을 순서대로 점차 구체화 • 인과관계가 있는 경우 화살표로 연결 • 동일한 데이터라도 자신에게 긍정적으로 전개되면 기회로, 부정적으로 전개되면 위협으로 구분 • 외부환경분석시에는 SCEPTIC 체크리스트를 활용 Social(사회), Competition(경쟁), Economic(경제), Politic(정치), Technology(기술), Information(정보), Client(고객)
내부환경 분석	• 경쟁자와 비교하여 나의 강점과 약점을 분석 • 강점과 약점의 내용 : 보유하거나 동원 가능하거나 활용 가능한 자원 • 내부환경 분석에는 MMMITI 체크리스트를 활용 Man(사람), Material(물자), Money(돈), Information(정보), Time(시간), Image(이미지)

(3) 표적집단면접(Focus Group Interview)

① 표적집단면접의 의미

6～8인으로 구성된 그룹에서 특정 주제에 대해 논의하는 과정으로, 숙련된 사회자의 컨트롤 기술에 의해 집단의 이점을 십분 활용하여 구성원들의 의견을 도출하는 방법이다.

② 표적집단면접 진행 절차

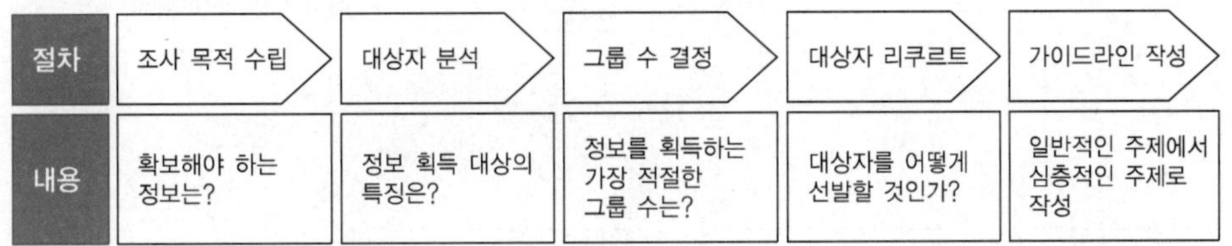

절차
조사 목적 수립
대상자 분석
그룹 수 결정
대상자 리쿠르트
가이드라인 작성
내용
확보해야 하는 정보는?
정보 획득 대상의 특징은?
정보를 획득하는 가장 적절한 그룹 수는?
대상자를 어떻게 선발할 것인가?
일반적인 주제에서 심층적인 주제로 작성

③ 표적집단면접 시 주의사항

- 인터뷰 종료 후 전체 내용에 대한 합의를 한다.
- 가이드라인에 따라 내용을 열거하고, 열거된 내용의 상호 관련을 생각하면서 결론을 얻어 나간다.
- 가능한 그룹으로 분석 작업을 진행한다.
- 동의 혹은 반대의 경우 합의 정도와 강도를 중시한다.
- 조사의 목적에 따라 결론을 이끌 수 있도록 한다.
- 앞뒤에 흩어져 있는 정보들을 주제에 대한 연관성을 고려하여 수집한다.
- 확실한 판정이 가능한 것은 판정을 하지만 그렇지 못한 경우는 판정을 내려서는 안 된다.

(4) 문제 도출

① 세부 절차

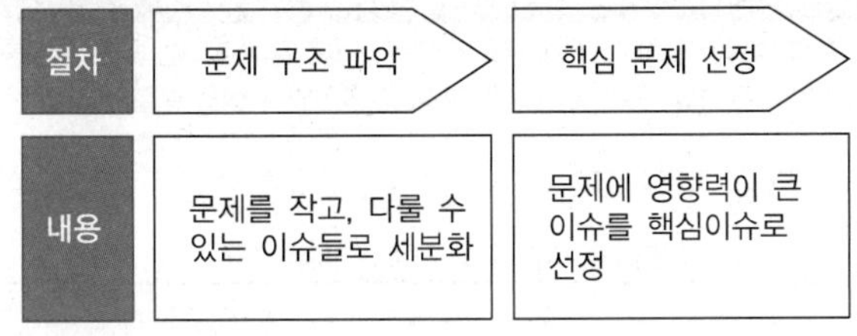

문제를 작고, 다룰 수 있는 이슈들로 세분화
문제에 영향력이 큰 이슈를 핵심이슈로 선정

② 문제 구조 파악

㉠ 전체 문제를 개별화된 세부 문제로 쪼개는 과정으로 문제의 내용 및 미치고 있는 영향 등을 파악하여 문제의 구조를 도출해내는 것이다. 이를 위해서는 문제가 발생한 배경이나 문제를 일으키는 메커니즘을 분명히 해야 하며, 문제의 본질을 다면적으로 보아야 한다.

㉡ Logic Tree 방법

주요 과제를 나무모양으로 분해・정리하는 기술로서, 제한된 시간 동안 문제의 원인을 깊이 파고든다든지, 해결책을 구체화할 때 유용하게 사용된다. 이를 위해서는 전체 과제를 명확히 해야 하며, 분해해가는 가지의 수준을 맞춰야 하고, 원인이 중복되거나 누락되지 않고 각각의 합이 전체를 포함해야 한다.

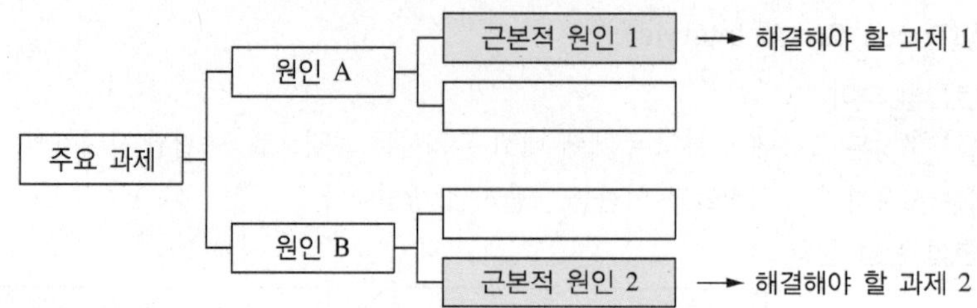

(5) 원인 분석

① 세부 절차

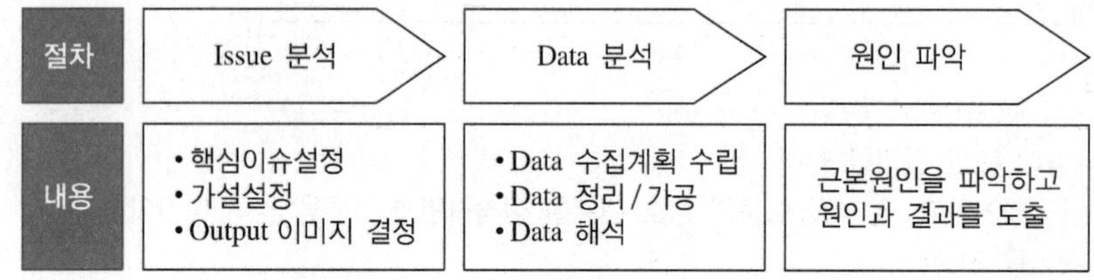

② Issue 분석

절차	내용
핵심이슈설정	업무에 가장 크게 영향을 미치는 문제로 선정하며, 사내・외 고객 인터뷰 등을 활용한다.
가설설정	이슈에 대해 자신의 직관, 경험 등에 의존하여 일시적인 결론을 예측하는 것이며, 설정된 가설은 관련자료 등을 통해 검증할 수 있어야 하며, 논리적이며 객관적이어야 한다.
Output 이미지 결정	가설검증 계획에 의거하여 분석결과를 미리 이미지화하는 것이다.

③ Data 분석

절차	내용
Data 수집계획 수립	데이터 수집 시에는 목적에 따라 수집 범위를 정하고, 전체 자료의 일부인 표본을 추출하는 전통적인 통계학적 접근과 전체 데이터를 활용한 빅데이터 분석을 구분해야 한다. 이때, 객관적인 사실을 수집해야 하며 자료의 출처를 명확히 밝힐 수 있어야 한다.
Data 정리/가공	데이터 수집 후에는 목적에 따라 수집된 정보를 항목별로 분류・정리해야 한다.
Data 해석	정리된 데이터는 "What", "Why", "How" 측면에서 의미를 해석해야 한다.

④ 원인 파악

절차	내용
단순한 인과관계	원인과 결과를 분명하게 구분할 수 있는 경우로, 어떤 원인이 앞에 있어 여기에서 결과가 생기는 인과관계를 의미한다.
닭과 계란의 인과관계	원인과 결과를 구분하기가 어려운 경우로, 브랜드의 향상이 매출확대로 이어지고, 매출확대가 다시 브랜드의 인지도 향상으로 이어지는 경우가 이에 해당한다.
복잡한 인과관계	단순한 인과관계와 닭과 계란의 인과관계의 유형이 복잡하게 서로 얽혀 있는 경우로, 대부분의 경영상 과제가 이에 해당한다.

(6) 해결안 개발

① 세부 절차

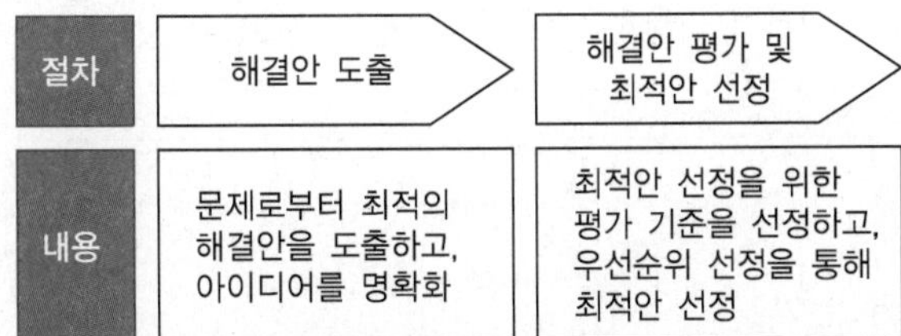

절차
해결안 도출
해결안 평가 및 최적안 선정
내용
문제로부터 최적의 해결안을 도출하고, 아이디어를 명확화
최적안 선정을 위한 평가 기준을 선정하고, 우선순위 선정을 통해 최적안 선정

② 해결안 도출 과정

- 근본원인으로 열거된 내용을 어떠한 방법으로 제거할 것인지를 명확히 한다.
- 독창적이고 혁신적인 방안을 도출한다.
- 전체적인 관점에서 보아 해결의 방향과 방법이 같은 것을 그룹으로 묶는다.
- 최종 해결안을 정리한다.

③ 해결안 평가 및 최적안 선정

문제(What), 원인(Why), 방법(How)을 고려해서 해결안을 평가하여 가장 효과적인 해결안을 선정해야 하며, 중요도와 실현가능성 등을 고려해서 종합적인 평가를 내리고 채택 여부를 결정하는 과정이다.

④ 해결안 개발의 예시

해결안	중요도		실현가능성			종합평가	채택여부
	고객만족도	문제해결	개발기간	개발능력	적용가능성		
해결안 1							
해결안 2							
해결안 3							
해결안 4							

(7) 실행 및 후속조치

① 세부 절차

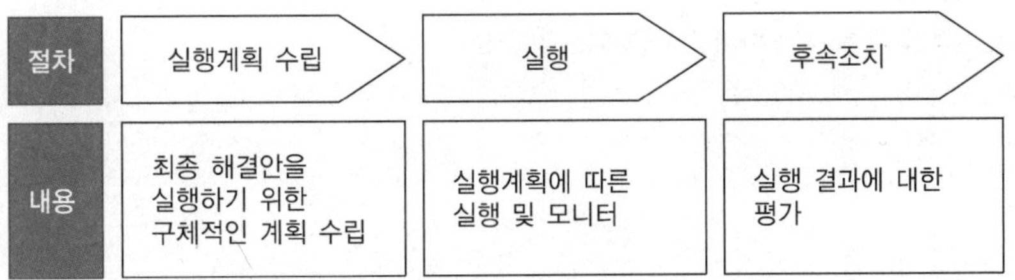

절차
실행계획 수립
실행
후속조치
내용
최종 해결안을 실행하기 위한 구체적인 계획 수립
실행계획에 따른 실행 및 모니터
실행 결과에 대한 평가

② 실행계획 수립

세부 실행내용의 난이도를 고려하여 가급적 구체적으로 세우는 것이 좋으며, 각 해결안별 실행계획서를 작성함으로써 실행의 목적과 과정별 진행내용을 일목요연하게 파악하도록 하는 것이 필요하다.

③ 실행 및 후속조치

㉠ 파일럿 테스트를 통해 문제점을 발견하고, 해결안을 보완한 후 대상 범위를 넓혀서 전면적으로 실시해야 한다. 그리고 실행상의 문제점 및 장애요인을 신속히 해결하기 위해서 모니터링 체제를 구축하는 것이 바람직하다.

㉡ 모니터링 시 고려 사항

- 바람직한 상태가 달성되었는가?
- 문제가 재발하지 않을 것을 확신할 수 있는가?
- 사전에 목표한 기간 및 비용은 계획대로 지켜졌는가?
- 혹시 또 다른 문제를 발생시키지 않았는가?
- 해결책이 주는 영향은 무엇인가?

OX 문제

01 전체 문제를 세부 문제로 쪼개는 과정을 통해 문제의 구조를 파악하는 방법을 Logic Tree 방법이라고 한다. [ ]

02 해결안을 평가하고 채택할 때 사용되는 실현 가능성의 평가 기준은 개발 기간, 고객 만족, 적용 가능성 등을 들 수 있다. [ ]

03 해결안 평가 및 최적안 선정은 문제(What), 원인(Why), 방법(How)을 고려해서 해결안을 평가하고, 가장 효과적인 해결안을 선정해야 한다. [ ]

04 실행계획을 수립할 때에는 실행상의 문제점을 해결하기 위한 모니터링 체제를 구축해야 한다. [ ]

05 문제해결 절차 중 선정된 문제를 분석하여 해결해야 할 것이 무엇인지를 명확히 하는 단계는 문제 도출 단계이다. [ ]

01 [○]

02 [×] 개발 기간, 개발 능력, 적용 가능성은 해결안이 실현 가능한지를 평가하는 기준인 반면, 고객 만족은 해결안의 평가 기준이지만 실현 가능성이 아니라 해결안이 적절한지에 대한 기준이다.

03 [○]

04 [×] 모니터링 체제의 구축은 실행 및 후속조치 단계에서 이루어지는 것이다.

05 [○]

SECTION **02**

문제해결능력 맛보기

01 **다음 글의 내용이 참일 때, 최종 선정되는 단체로 옳은 것은?**

> ○○부는 우수 문화예술 단체 A～E 다섯 중 한 곳을 선정하여 지원하려 한다. ○○부의 이번 선정 방침은 다음 두 가지다. 첫째, 어떤 형태로든 지원을 받고 있는 단체는 최종 후보가 될 수 없다. 둘째, 최종 선정 시 올림픽 관련 단체를 엔터테인먼트 사업(드라마, 영화, K-pop) 단체보다 우선한다.
> A단체는 자유무역협정을 체결한 갑국에 드라마 컨텐츠를 수출하고 있지만 올림픽과 관련된 사업은 하지 않는다. B는 올림픽의 개막식 행사를, C는 폐막식 행사를 각각 주관하는 단체다. E는 오랫동안 한국 음식문화를 세계에 보급해 온 단체다. A와 C 중 적어도 한 단체가 최종 후보가 되지 못한다면, 대신 B와 E 중 적어도 한 단체는 최종 후보가 된다. 반면 게임 개발로 각광을 받은 단체인 D가 최종 후보가 된다면, 한국과 자유무역협정을 체결한 국가와 교역을 하는 단체는 모두 최종 후보가 될 수 없다. 후보 단체들 중 가장 적은 부가가치를 창출한 단체는 최종 후보가 될 수 없고, 최종 선정은 최종 후보가 된 단체 중에서만 이루어진다.
> ○○부의 조사 결과, 올림픽의 개막식 행사를 주관하는 모든 단체는 이미 ○○부로부터 지원을 받고 있다. 그리고 위 문화예술 단체 가운데 한국 음식문화 보급과 관련된 단체의 부가가치 창출이 가장 저조하였다.

① A ② B
③ C ④ D
⑤ E

Key Point

거의 대부분의 논리문제는 대우명제를 결합하여 숨겨진 논리식을 찾는 수준을 벗어나지 않는다. 따라서 '~라면'이 포함된 조건식이 등장한다면 일단 대우명제로 바꾼 것을 같이 적어주는 것이 좋다. 조금 더 과감하게 정리한다면, 제시된 조건식은 그 자체로는 사용되지 않고 대우명제로만 사용되는 경우가 대부분이다.

정답 ③

i) 먼저 주어진 조건만으로 소거되는 단체를 찾아보면, 어떤 형태로든 지원을 받고 있는 단체는 최종 후보가 될 수 없다는 점에서 B를 제거할 수 있으며, 부가가치 창출이 가장 적었던 E 역시 최종 후보가 될 수 없다.

ii) 다음으로 제시된 조건을 정리해보면 [A(×) ∨ C(×)] → [B(○) ∨ E(○)]으로 나타낼 수 있으며, 이를 대우로 변환하면 [B(×) ∧ E(×)] → [A(○)∧ C(○)]으로 표시할 수 있다. 이 조건식과 앞서 B와 E가 모두 최종 후보가 될 수 없다는 것을 결합하면, 결국 A와 C가 최종 후보에 올라간다는 것을 알 수 있다.

iii) 이제 D가 최종 후보가 될 경우 자유무역협정을 체결한 국가와 교역을 하는 단체는 모두 최종 후보가 될 수 없다는 두 번째 조건을 정리하면, [D(○) → A(×)] 으로 나타낼 수 있으며, 이를 대우로 변환하면 (A○ → D×)로 표시할 수 있다. 그런데 앞서 A는 최종 후보에 올라가는 것이 확정되어 있는 상태이기 때문에 D는 후보가 될 수 없다는 것을 알 수 있다.

결국 최종 후보는 A와 C만 남은 상황인데, 조건에서 올림픽 단체를 엔터테인먼트 사업단체보다 우선한다고 하였으므로 폐막식 행사를 주관하는 C가 최종 선정되게 된다.

02 다음 글에서 말하고 있는 문제해결방법인 퍼실리테이션에 대한 설명으로 가장 적절한 것은?

> A협회에서는 지난 달 1일 대한민국 퍼실리테이션/퍼실리테이터 협의회를 개최하였다. 퍼실리테이션이란 리더가 전권을 행사하는 기존의 조직과는 달리 그룹 구성원들이 심도 높은 의사소통 등 효과적인 기법과 절차에 따라 문제해결 과정에 적극적으로 참여하고 상호 작용을 촉진해 문제를 해결하고 목적을 달성하는 활동을 의미한다. 퍼실리테이터란 이러한 퍼실리테이션 활동을 능숙하게 해내는 사람 또는 퍼실리테이션을 수행하는 조직의 리더라고 정의할 수 있다. 이번 협의회에서는 4차 산업혁명의 기술을 활용한 디지털 혁신이 산업 생태계 및 공공 부분 등 사회 전반의 패러다임을 바꾸고 있는 상황에서, 퍼실리테이션의 중요성을 강조하는 자리를 마련하였다. 개최사를 맡은 한국대학교 최선아 교수는 지금까지의 조직변화와 사회변화를 위한 퍼실리테이션의 역할을 다시 한 번 생각하고, 시대 변화에 따른 역할과 기능을 탐색하는 노력을 통해 퍼실리테이션의 방향성을 제시하는 것이 필요하다고 언급하였다. 또한 퍼실리테이션을 통한 성공적인 문제해결 사례로 K기업의 워크숍 사례를 소개하였다. 이 워크숍에서는 미래 조직관점에서 퍼실리테이터의 역할과 요구, 조직 내 갈등 해결, 협력적 의사결정, 변화 촉진 등의 다양한 문제해결을 위한 내용이 포함되어 있다고 밝혔다.

① 직접적인 표현이 바람직하지 않다고 여기며, 무언가를 시사하거나 암시를 통하여 의사를 전달하고 서로를 이해하게 함으로써 문제해결을 도모한다.

② 서로의 생각을 직설적으로 주장하고 논쟁이나 협상을 통해 서로의 의견을 조정해 가는 방법이다.

③ 깊이 있는 커뮤니케이션을 통해 서로의 문제점을 이해하고 공감함으로써 창조적인 문제해결을 도모하여, 초기에 생각하지 못했던 창조적인 해결 방법이 도출된다.

④ 문제해결방법의 종류인 소프트 어프로치와 하드 어프로치를 혼합한 방법이라 할 수 있다.

⑤ 주관적 관점에서 사물을 보는 관찰력과 추상적인 사고 능력으로 문제를 해결한다.

Key Point

퍼실리테이션에 관련된 문제가 자주 출제되고 있다. 특히 그 중에서도 중요한 것은 퍼실리테이터가 존재한다고 하더라도 구성원이 문제해결을 할 때는 자율적으로 실행하는 것이며, 제3자가 합의점이나 줄거리를 준비해 놓고 예정대로 결론이 도출되어 가도록 해서는 안된다는 것이다. 따라서 구성원의 역할이 유동적이라고 볼 수 있으며, 반대로 전통적인 조직에서의 구성원의 역할은 고정적이라고 볼 수 있다.

정답 ③

퍼실리테이션(Facilitation)이란 '촉진'을 의미하며, 어떤 그룹이나 집단이 의사결정을 잘 하도록 도와주는 일을 의미한다. 깊이 있는 커뮤니케이션을 통해 서로의 문제점을 이해하고 공감함으로써, 초기에는 미처 생각하지 못했던 창조적인 문제해결 방법이 도출된다.

오답분석

① 소프트 어프로치 : 조직 구성원들은 같은 문화적 토양을 가지고 이심전심으로 서로를 이해하는 상황을 가정한다.

② 하드 어프로치 : 상이한 문화적 토양을 가지고 있는 구성원을 가정하여 서로의 생각을 직설적으로 주장하고 논쟁이나 협상을 통해 의견을 조정해 가는 방법이다. 이때 중심적 역할을 하는 것이 논리, 즉 사실과 원칙에 근거한 토론이다.

⑤ 퍼실리테이션의 효과 : 객관적으로 사물을 보는 관찰력, 논리적 사고 능력, 편견 없이 듣는 청취력, 원만한 인간관계 능력, 문제를 탐색 및 발견하는 능력, 자신의 변혁 추구 능력, 문제해결을 위한 구성원 간의 커뮤니케이션 조정 능력, 합의 도출을 위한 구성원 간의 갈등 관리능력 등이 있다.

SECTION 03 대표유형 적중문제

정답 및 해설 p.42

01 모듈형

01 다음 중 SWOT 분석에 대한 설명으로 적절하지 않은 것은? 난이도 하

〈SWOT 분석〉

강점, 약점, 기회, 위협요인을 분석·평가하고 이들을 서로 연관 지어 전략을 개발하고 문제해결 방안을 개발하는 방법이다.

	강점 (Strengths)	약점 (Weaknesses)
기회 (Opportunities)	SO	WO
위협 (Threats)	ST	WT

① 강점과 약점은 외부 환경요인에 해당하며, 기회와 위협은 내부 환경요인에 해당한다.
② SO전략은 강점을 살려 기회를 포착하는 전략을 의미한다.
③ ST전략은 강점을 살려 위협을 회피하는 전략을 의미한다.
④ WO전략은 약점을 보완하여 기회를 포착하는 전략을 의미한다.
⑤ WT전략은 약점을 보완하여 위협을 회피하는 전략을 의미한다.

02 **다음 논리적 사고를 개발하는 방법 중 'So what? 기법'을 사용한 예로 옳은 것은?** 난이도 하

- 우리 회사의 자동차 판매대수가 사상 처음으로 전년 대비 마이너스를 기록했다.
- 우리나라의 자동차 업계 전체는 일제히 적자 결산을 발표했다.
- 주식 시장은 몇 주간 조금씩 하락하는 상황에 있다.

① 자동차 판매가 부진하다.
② 자동차 산업의 미래가 좋지 않다.
③ 자동차 산업과 주식시장의 상황이 복잡하다.
④ 자동차 관련 기업의 주식을 사서는 안 된다.
⑤ 자동차 판매를 높이기 위해 가격을 낮춘다.

03 **다음 〈보기〉에서 문제해결과정을 순서대로 바르게 나열한 것은?** 난이도 중

보기

ㄱ. 문제 인식	ㄴ. 실행 및 평가
ㄷ. 원인 분석	ㄹ. 문제 도출
ㅁ. 해결안 개발	

① ㄱ → ㄴ → ㄷ → ㄹ → ㅁ
② ㄱ → ㄹ → ㄷ → ㅁ → ㄴ
③ ㄴ → ㄷ → ㄹ → ㅁ → ㄱ
④ ㄹ → ㄱ → ㄷ → ㅁ → ㄴ
⑤ ㄹ → ㄷ → ㅁ → ㄴ → ㄱ

04 **다음 중 문제를 해결할 때, 필요한 분석적 사고에 대한 설명으로 옳은 것은?** 난이도 중

① 전체를 각각의 요소로 나누어 그 요소의 의미를 도출한 다음 우선순위를 부여하고 구체적인 문제해결 방법을 실행하는 것이 요구된다.
② 성과 지향의 문제는 일상업무에서 일어나는 상식, 편견을 타파하여 사고와 행동을 객관적 사실로부터 시작해야 한다.
③ 가설 지향의 문제는 기대하는 결과를 명시하고 효과적인 달성 방법을 사전에 구상하고 실행에 옮겨야 한다.
④ 사실 지향의 문제는 현상 및 원인분석 전에 지식과 경험을 바탕으로 일의 과정이나 결과, 결론을 가정한 다음 검증 후 사실일 경우 다음 단계의 일을 수행해야 한다.
⑤ 개별 요소가 나타나는 문제의 해결보다는 조직의 분위기에 부합하는 방향으로만 문제해결 방안을 수립해야 한다.

※ 다음은 GE 맥킨지 매트릭스 모델에 대한 자료이다. 이어지는 질문에 답하시오. **[5~6]**

산업매력도 \ 사업의 강점	고	중	저
고	A (청신호)	(청신호)	C (주의신호)
중	(청신호)	E (주의신호)	(적신호)
저	B (주의신호)	(적신호)	D (적신호)

05 다음 중 GE 맥킨지 매트릭스 모델에 대한 설명으로 옳지 않은 것은? 난이도 중

① BCG 매트릭스보다 발전된 기법으로 평가받고 있다.
② 좌상의 청신호 지역은 지속적으로 성장시키는 전략이 필요하다.
③ 대각선 상의 주의신호 지역은 선별적인 투자 전략이 필요하다.
④ 우하의 적신호 지역은 사업을 철수하거나 투자를 최소화해야 한다.
⑤ 사업단위 간의 상호작용을 고려하므로 실제 산업에 적용하기 쉽다.

06 다음 중 자료의 A ~ E사업에 대한 설명으로 옳지 않은 것은? 난이도 상

① A사업은 매력적인 사업으로, 집중적으로 투자하여 시장 지위를 유지하면서 새로운 진출을 모색해야 한다.
② B사업은 강점은 있지만 시장 매력이 적은 사업으로, 시장 지위를 보호해야 한다.
③ C사업은 시장 매력은 있지만 강점이 없는 사업으로, 선택적으로 투자하고 사업의 회수 및 철수시기를 파악해야 한다.
④ D사업은 시장 매력이 낮고 강점이 없는 사업으로, 사업을 축소하거나 매각해야 한다.
⑤ E사업은 현상을 유지하면서 앞으로의 계획을 수립해야 한다.

07 **정과장은 신입직원들을 대상으로 기업의 미래사업이라는 주제에 대해 토론을 하고자 한다. 정과장은 직원들이 최대한 자유롭게 다양한 아이디어를 제시할 수 있도록 동기부여를 해야겠다고 생각했다. 이런 상황에서 정과장이 직원들에게 할 수 있는 말로 가장 적절한 것은?** 난이도 하

① 우리 기업의 비전이나 미션을 생각해보고, 그에 부합하는 주제로 이야기를 시작해보면 좋을 것 같아요.
② 오늘의 토론주제는 미래사업입니다. 어차피 정답도 없고, 지금 현실을 꼭 반영하지 않아도 되니까 이 순간 머리에 떠오르는 것을 아무거나 자유롭게 얘기해 보세요.
③ 현재 우리 기업에서 주력으로 하고 있는 사업들이 무엇인지 한번 생각해보고 그와 관련된 단어들을 이야기해 보면 좋을 것 같아요.
④ 기업 홈페이지 사업안내에 제시되어 있는 사업 분야 중 미래에도 지속적 경영이 가능한 주제를 골라서 이에 대한 이야기를 해주세요.
⑤ 자신의 부서업무를 바탕으로 미래사업 분야와 관련된 아이디어를 적어도 하나씩 발표하면 좋을 것 같아요.

08 **다음 제시된 사례에 적용된 문제해결 방법 중 원인 파악 단계의 결과로 가장 적절한 것은?** 난이도 중

1980년대 초반에 헝가리 부다페스트 교통 당국은 혼잡한 시간대에 대처하기 위해 한 노선에 버스를 여러 대씩 운행시켰다. 그러나 사람들은 45분씩 기다려야 했거나 버스 서너 대가 한꺼번에 온다고 짜증을 냈다. 사람들은 버스 운전사가 멍청하거나 아니면 악의적으로 배차를 그렇게 한다고 여겼다. 다행스럽게도 시 당국은 금방 문제의 원인을 파악했고 해결책도 찾았다. 버스 세 대 이상을 노선에 투입하고 간격을 똑같이 해 놓으면, 버스의 간격은 일정하게 유지되지 않는다. 앞서 가는 버스는 승객을 많이 태우게 되고, 따라서 정차 시간이 길어진다. 바로 뒤 따라가는 버스는 승객이 앞 차만큼 많지 않기 때문에 정차 시간이 짧아진다. 이러다 보면 어쩔 수 없이 뒤차가 앞차를 따라잡아서 버스가 한참 안 오다가 줄줄이 두세 대씩 한꺼번에 몰려오게 된다. 버스들이 자기 조직화 때문에 한꺼번에 다니게 되는 것이다.
상황을 이해하고 나면 해결책도 나온다. 버스 관리자는 이 문제가 같은 노선의 버스는 절대로 앞차를 앞지르지 못하게 되어 있기 때문임을 인지했다. 이 문제를 없애기 위해 당국은 운전사들에게 새로운 규칙을 따르게 했다. 같은 노선의 버스가 서 있는 것을 보면 그 버스가 정류장의 승객을 다 태우지 못할 것 같아도 그냥 앞질러 가라는 것이다. 이렇게 하면 버스들이 한꺼번에 줄줄이 오는 것을 막게 되어 더 효율적으로 운행할 수 있다.

① 버스 운전사의 운전 미숙
② 부다페스트의 열악한 도로 상황
③ 유연하지 못한 버스 운행 시스템
④ 의도적으로 조절한 버스 배차 시간
⑤ 정차된 같은 노선의 버스를 앞지르는 규칙

02 피둘형

01 네 개의 상자 A～ 중 어느 하나에 두 개의 진짜 열쇠가 들어 있고, 다른 어느 한 상자에 두 개의 가짜 열쇠가 들어 있다. 또한 각 상자에는 아래와 같이 두 개의 안내문이 쓰여 있는데, 각 상자의 안내문 중 하나는 참이고 다른 하나는 거짓이다. 다음 중 항상 옳은 것은? 난이도 중

〈안내문〉

- A상자
  - 어떤 진짜 열쇠도 순금으로 되어 있지 않다.
  - C상자에 진짜 열쇠가 들어 있다.
- B상자
  - 가짜 열쇠는 이 상자에 들어 있지 않다.
  - A상자에는 진짜 열쇠가 들어 있다.
- C상자
  - 이 상자에 진짜 열쇠가 들어 있다.
  - 어떤 가짜 열쇠도 구리로 되어 있지 않다.
- D상자
  - 이 상자에 진짜 열쇠가 들어 있다.
  - 가짜 열쇠 중 어떤 것은 구리로 되어 있다.

① B상자에 가짜 열쇠가 들어 있지 않다.
② C상자에 진짜 열쇠가 들어 있지 않다.
③ D상자의 첫 번째 안내문은 거짓이다.
④ 모든 가짜 열쇠는 구리로 되어 있다.
⑤ 어떤 진짜 열쇠는 순금으로 되어 있다.

02 K공단의 사보에는 최근 업무를 통해 쉽게 발생할 수 있는 논리적 오류를 조심하자는 의미로 아래와 같이 3가지의 논리적 오류를 소개하였다. 다음 중 3가지 논리적 오류에 해당하지 않는 것은? 난이도 중

> ▶ 권위에 호소하는 오류
> 논지와 직접적인 관련이 없는 권위자의 견해를 신뢰하여 발생하는 오류
> ▶ 인신공격의 오류
> 주장이나 반박을 할 때 관련된 내용을 근거로 제시하지 않고, 성격이나 지적 수준, 사상, 인종 등과 같이 주장과 무관한 내용을 근거로 사용할 때 발생하는 오류
> ▶ 대중에 호소하는 오류
> 많은 사람들이 생각하거나 선택했다는 이유로 자신의 결론이 옳다고 주장할 때 발생하는 오류

① 최근 조사 결과, 우리 회사의 세탁기를 소비자의 80%가 사용하고 있다는 점에서 성능이 매우 뛰어나다는 것을 알 수 있습니다. 주저하지 마시고 우리 회사 세탁기를 구매해주시기 바랍니다.
② 인사부 최부장님께 의견을 여쭤보았는데, 우리 다음 도서의 디자인은 A안으로 가는 것이 좋겠어.
③ 최근 일본의 예법을 주제로 한 자료를 보면 알 수 있듯이, 일본인들 대부분은 예의가 바르다고 할 수 있습니다. 따라서 우리 회사의 효도상품을 일본 시장에 진출시킬 필요가 있겠습니다.
④ B사원이 제시한 기획서 내용은 잘못되었다고 생각해. B사원은 평소에 이해심이 없기로 유명하거든.
⑤ 최근 많은 사람들이 의학용 대마초가 허용되는 것에 찬성하고 있어. 따라서 우리 회사도 대마초와 관련된 의약개발에 투자를 해야 할 것으로 생각돼.

03 K공사의 직원들은 산악회를 결성하여 정기적으로 등산을 하고 있다. 이번 산악회에는 A ~ H직원 중 5명이 참석한다고 할 때, 다음 〈조건〉에 따라 반드시 산악회에 참가하는 사람은? 난이도 중

> 조건
> • B, C, F 중에서 두 명만이 참가한다.
> • C, E, G 중에서 두 명만이 참가한다.
> • D, E, F 중에서 두 명만이 참가한다.
> • H가 참가하지 않으면 A도 참가하지 않는다.

① B
② D
③ G
④ H
⑤ 알 수 없다.

04 문제해결절차의 문제 도출 단계는 (가), (나)의 절차를 거쳐 수행된다. 다음 중 (가) 절차에 대한 설명으로 적절하지 않은 것은? 난이도 하

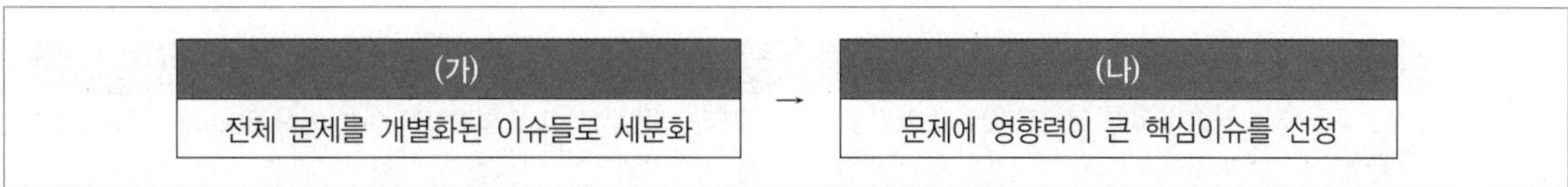
(가)
전체 문제를 개별화된 이슈들로 세분화
→
(나)
문제에 영향력이 큰 핵심이슈를 선정

① 문제의 내용 및 영향 등을 파악하여 문제의 구조를 도출한다.
② 본래 문제가 발생한 배경이나 문제를 일으키는 메커니즘을 분명히 해야 한다.
③ 현상에 얽매이지 말고 문제의 본질과 실제를 봐야 한다.
④ 눈앞의 결과를 중심으로 문제를 바라봐야 한다.
⑤ 문제 구조 파악을 위해서 Logic Tree 방법이 주로 사용된다.

05 귀하의 회사에서 신제품을 개발하여 중국시장에 진출하고자 한다. 귀하의 상사가 3C 분석 결과를 건네며, 사업계획에 반영하고 향후 해결해야 할 회사의 전략 과제가 무엇인지 정리하여 보고하라는 지시를 내렸다. 다음 중 회사에서 해결해야 할 전략 과제로 적절하지 않은 것은? 난이도 중

고객(Customer)	경쟁사(Competitor)	자사(Company)
• 중국시장은 매년 10% 성장 • 20 ~ 30대 젊은 층이 중심 • 온라인 구매가 약 80% 이상 • 인간공학 지향	• 중국기업들의 압도적인 시장점유 • 중국기업들 간의 치열한 가격경쟁 • A/S 및 사후관리 취약 • 생산 및 유통망 노하우 보유	• 국내시장 점유율 1위 • A/S 등 고객서비스 부문 우수 • 해외 판매망 취약 • 온라인 구매시스템 미흡(보안, 편의 등) • 높은 생산원가 구조 • 높은 기술개발력

① 중국시장의 판매유통망 구축
② 온라인 구매시스템 강화
③ 고객서비스 부문 강화
④ 원가 절감을 통한 가격 경쟁력 강화
⑤ 인간공학을 기반으로 한 제품 개발 강화

06 **안전본부 사고분석 개선처에 근무하는 B대리는 혁신우수 연구대회에 출전하여 첨단장비를 활용한 차종별 보행자 사고 모형개발을 발표했다. SWOT 분석 결과에 대응하는 전략과 그 내용이 잘못 짝지어진 것은?** 난이도 하

강점(Strength)	약점(Weakness)
10년 이상 지속적인 교육과 연구로 신기술 개발을 위한 인프라 구축	보행자사고 모형개발을 위한 예산 및 실차 실험을 위한 연구소 부재
기회(Opportunity)	**위협(Threat)**
첨단 과학장비(3D스캐너, MADYMO) 도입으로 정밀 시뮬레이션 분석 가능	교통사고에 대한 국민의 관심과 분석수준 향상으로 공단의 사고분석 질적 제고 필요

① SO전략 : 과학장비를 통한 정밀 시뮬레이션 분석을 토대로 국내 차량의 전면부 형상을 취득하고 보행자사고를 분석해 신기술 개발에 도움

② WO전략 : 실차 실험 대신 과학장비를 통한 시뮬레이션 연구로 모형개발

③ ST전략 : 지속적 교육과 연구로 쌓아온 데이터를 바탕으로 사고분석 프로그램 신기술 개발을 통해 사고분석 질적 향상에 기여

④ WT전략 : 신기술 개발을 위한 연구대회를 개최해 인프라를 더욱 탄탄히 구축

⑤ WT전략 : 보행자사고 실험을 위한 연구소를 만들어 사고 분석 데이터를 축적

03 PSAT형

01 **봉사 동아리의 다섯 학생이 주말을 포함한 일주일 동안 각자 하루를 골라 봉사를 하러 간다. 다음 중 항상 참이 아닌 것은?(단, 일주일의 시작은 월요일이고 끝은 일요일이라고 가정한다)** 난이도 중

(가) 다섯 학생 A～E는 일주일 동안 정해진 요일에 혼자서 봉사를 하러 간다.
(나) A는 B보다 앞서 봉사를 하러 간다.
(다) E는 C가 봉사를 다녀오고 이틀 후에 봉사를 하러 간다.
(라) B와 D는 평일에 봉사를 하러 간다.
(마) C는 목요일에 봉사를 하러 가지 않는다.
(바) A는 월요일, 화요일 중에 봉사를 하러 간다.

① B가 화요일에 봉사를 하러 간다면 토요일에 봉사를 하러 가는 사람은 없다.
② D가 금요일에 봉사를 하러 간다면 다섯 명은 모두 평일에 봉사를 하러 간다.
③ D가 A보다 빨리 봉사를 하러 간다면 B는 금요일에 봉사를 하러 가지 않는다.
④ E가 수요일에 봉사를 하러 간다면 토요일에 봉사를 하러 가는 사람이 있다.
⑤ C가 A보다 빨리 봉사를 하러 간다면 D는 목요일에 봉사를 하러 갈 수 있다.

02 Q공사는 국내 관광열차를 효과적으로 홍보하기 위해 해당 지역과 그 테마에 관련된 관광열차를 맞춘 사람에게 선물을 증정하는 행사를 기획하였다. 다음 참여자 중 선물을 받을 사람은 누구인가? 난이도 중

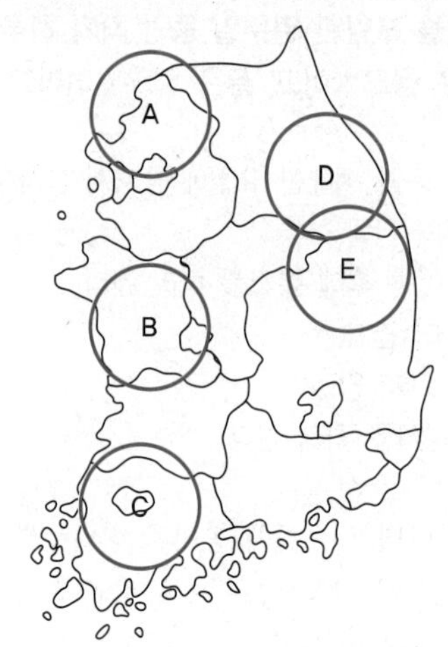

〈관광열차〉

- 정선아리랑열차(A – train) : 유네스코 세계인류무형유산으로 등재된 아리랑의 고장, 정선의 비경을 파노라마로 즐길 수 있도록 천장을 제외한 모든 부분이 창으로 이루어져 있습니다.
- 서해금빛열차(West Gold – train) : 세계 최초 한옥식 온돌마루와 온천 족욕시설을 갖춘 열차를 타고 갯벌, 섬, 낙조 등 풍요로운 자원이 가득한 서해안 7개 지역의 명소를 찾아갑니다.
- 백두대간협곡열차(V – train) : 백두대간 협곡 구간을 왕복 운행하는 국내 최초 개방형 관광열차로, 백호를 형상화한 외관과 복고풍 실내 장식이 여행의 즐거움을 더해줍니다.
- 중부내륙순환열차(O – train) : 고요한 중부내륙 3도(강원, 충북, 경북) 두메산골의 수채화 같은 자연경관을 끼고 순환 운행하는 관광열차입니다.
- 남도해양열차(S – train) : 영남과 호남을 이어주는 열차 안에서 각종 공연과 다례체험을 즐기며, 천혜의 자연경관과 풍성한 문화자원을 지닌 남도의 맛과 멋을 찾아 떠납니다.
- 평화열차(DMZ – train) : 한국전쟁의 상처를 딛고 다시 태어난 비무장지대를 향해 달리는 관광열차로, 역사·자연·평화가 공존하는 뜻깊은 여정을 선사합니다.

① 갑 : E지역에 정선아리랑열차가 확실합니다.
② 을 : 중부내륙순환열차는 D지역을 구경할 수 있겠어요.
③ 병 : B지역은 S – train을 타면 관광할 수 있을 것 같아요.
④ 정 : C지역에 해당하는 열차는 V – train입니다.
⑤ 무 : 비무장지대를 향해 달리는 열차인 DMZ – train은 A지역에 해당합니다.

03 A항공사는 현재 신입사원을 모집하고 있으며, 지원자격은 다음과 같다. 〈보기〉의 지원자 중 A항공사 지원자격에 부합하는 사람은 모두 몇 명인가? 난이도 중

〈A항공사 대졸공채 신입사원 지원자격〉

- 4년제 정규대학 모집대상 전공 중 학사학위 이상 소지한 자(졸업예정자 지원 불가)
- TOEIC 750점 이상인 자(국내 응시 시험에 한함)
- 병역필 또는 면제자로 학업성적이 우수하고, 해외여행에 결격사유가 없는 자

※ 공인회계사, 외국어 능통자, 통계 전문가, 전공 관련 자격 보유자 및 장교 출신 지원자 우대

모집분야		대상 전공
일반직	일반관리	• 상경, 법정 계열 • 통계 / 수학, 산업공학, 신문방송, 식품공학(식품 관련 학과) • 중국어, 러시아어, 영어, 일어, 불어, 독어, 서반아어, 포르투갈어, 아랍어
	운항관리	• 항공교통, 천문기상 등 기상 관련 학과 – 운항관리사, 항공교통관제사 등 관련 자격증 소지자 우대
전산직		• 컴퓨터공학, 전산학 등 IT 관련 학과
시설직		• 전기부문 : 전기공학 등 관련 전공 – 전기기사, 전기공사기사, 소방설비기사(전기) 관련 자격증 소지자 우대 • 기계부문 : 기계학과, 건축설비학과 등 관련 전공 – 소방설비기사(기계), 전산응용기계제도기사, 건축설비기사, 공조냉동기사, 건설기계기사, 일반기계기사 등 관련 자격증 소지자 우대 • 건축부문 : 건축공학 관련 전공(현장 경력자 우대)

보기

지원자	지원분야	학력	전공	병역사항	TOEIC 점수	참고사항
A	전산직	대졸	컴퓨터공학	병역필	820점	• 중국어, 일본어 능통자이다. • 해외 비자가 발급되지 않는 상태이다.
B	시설직 (건축부문)	대졸	식품공학	면제	930점	• 건축현장 경력이 있다. • 전기기사 자격증을 소지하고 있다.
C	일반직 (운항관리)	대재	항공교통학	병역필	810점	• 전기공사기사 자격증을 소지하고 있다. • 학업 성적이 우수하다.
D	시설직 (기계부문)	대졸	기계공학	병역필	745점	• 건축설비기사 자격증을 소지하고 있다. • 장교 출신 지원자이다.
E	일반직 (일반관리)	대졸	신문방송학	미필	830점	• 소방설비기사 자격증을 소지하고 있다. • 포르투갈어 능통자이다.

① 1명　　② 2명

③ 3명　　④ 4명

⑤ 없음

04 S공사의 직원 중 같은 해에 입사한 사원 A ~ E 다섯 명이 있다. 이들이 근무하는 부서와 해당 부서의 성과급은 다음과 같다. 아래의 표와 부서배치에 관한 조건, 휴가에 관한 조건을 참고했을 때, 항상 옳은 것은?(단, 부서별로 각 부서원은 모두 동일한 성과급을 받는다)

난이도 중

비서실	영업부	인사부	총무부	홍보부
60만 원	20만 원	40만 원	60만 원	60만 원

〈부서배치 조건〉

- A는 성과급이 평균보다 적은 부서에서 일한다.
- B와 D의 성과급을 더하면 나머지 세 명의 성과급 합과 같다.
- C의 성과급은 총무부보다는 적지만 A보다는 많이 받는다.
- C와 D 중 한 사람은 비서실에서 일한다.
- E는 홍보부에서 일한다.

〈휴가 조건〉

- 영업부 직원은 비서실 직원보다 휴가를 더 늦게 가야 한다.
- 인사부 직원은 첫 번째 또는 제일 마지막으로 휴가를 가야 한다.
- B의 휴가 순서는 이들 중 세 번째이다.
- E는 휴가를 반납하고 성과급을 두 배로 받는다.

① A의 3개월치 성과급은 C의 2개월치 성과급보다 많다.
② C가 맨 먼저 휴가를 갈 경우, B가 맨 마지막으로 휴가를 가게 된다.
③ D가 C보다 성과급이 많다.
④ 휴가철이 끝난 직후, 급여 명세서에 D와 E의 성과급 차이는 세 배이다.
⑤ B는 A보다 휴가를 먼저 출발한다.

05 인천공항의 공중보건비상 발생 시 상황별 대응관계가 아래와 같을 때, 기사에 해당하는 단계는? 난이도 중

〈공중보건비상 발생 시 상황별 대응단계〉

구분	판단기준	주요조치
관심(Blue) 단계	해외감염병 발생 시	• 해외동향 신속파악 및 대응 • 환자 조기발견 감시체계 가동 • 대국민 홍보 • 환자 진단 및 발생대비 체계 수립
주의(Yellow) 단계	• 해외감염병 국내 유입 시 – 세계보건기구 감염병주의보 발령 • 국내에서 감염병 발생	• 상황모니터링 및 위기경보 발령 • 감염병 감시체계 강화(일일보고) • 신속 진단 심험실진단체계 구축 • 국가방역 인프라 준비태세 점검
경계(Orange) 단계	• 해외감염병의 국내유입 후 타 지역 전파 • 국내감염병의 타 지역으로 전파	• 중앙방역대책본부 운영 • 국가 방역 · 검역체계 강화 : 24시간 비상방역체제 운영 등 • 필요물자 비축확대, 국가 방역 · 검역 인력보강, 대국민 홍보 강화
심각(Red) 단계	• 해외감염병의 전국적 확산 • 국내감염병의 전국적 확산	• 범정부적 대응체계 구축 · 운영강화 • 국가 가용자원 동원방안 마련 : 의료인 지도명령권 발동, 군 의료 인력 자원 등 • 국내외 입출국자 관리 강화

중동 지역에서 주로 유행하는 중동호흡기증후군(메르스) 환자가 국내에 처음으로 확인됐다. 질병관리본부는 20일 바레인으로부터 입국한 68세의 한국인 남자 1명이 중동호흡기증후군 환자로 확인되었다고 발표했다.

이 남성은 지난 4월 18일 ~ 5월 3일까지 바레인에서 체류하면서 농작물 재배 관련 일에 종사하고 5월 4일 카타르를 경유해 인천공항을 통해 입국한 것으로 확인됐다. 입국 시 별다른 증상은 없었지만 입국 일주일 후인 지난 11일 발열 및 기침 등의 증상이 발생해 병원을 방문하고 20일 국립보건연구원에서 병원체를 확진한 것으로 알려지고 있다. 메르스 바이러스는 지난 2012년 사우디아라비아에서 처음 발견된 뒤 중동 지역에서 집중적으로 발견됐다. 정식 명칭은 '메르스 코로나 바이러스'. 의학계에 따르면 2003년 아시아에서 발생한 뒤 전 세계로 확산되며 800명 가까운 사망자를 낸 중증급성호흡기증후군(사스) 바이러스와 비슷하다. 메르스 바이러스는 감염되면 1 ~ 2주일의 잠복기를 거친 후 고열, 기침, 호흡곤란 등의 증상이 나타난다. 심하면 폐렴과 신부전증을 동반하며 사스보다 치사율이 6배 가량 높다. 메르스 바이러스의 정확한 감염 원인은 밝혀지지 않았지만, 박쥐나 낙타에 의해 전파되는 것으로 알려져 있다.

① 관심(Blue) 단계
② 주의(Yellow) 단계
③ 경계(Orange) 단계
④ 심각(Red) 단계
⑤ 해당 없음

SECTION 04 심화문제

정답 및 해설 p.47

01 **다음은 문제의 유형에 대한 설명이다. 사례를 참고할 때, ㉠~㉢을 순서대로 바르게 분류한 것은?** 난이도 중

> 업무수행 과정 중 발생한 문제를 효과적으로 해결하기 위해서는 문제의 유형을 파악하는 것이 우선시 되어야 하며, 이러한 문제의 유형은 발생형 문제, 탐색형 문제, 설정형 문제의 세 가지로 분류할 수 있다.

〈사례〉

㉠ 지속되는 경기 악화에 따라 새로운 신약 개발에 사용되는 원료 중 일부의 단가가 상승할 것으로 예상되어 다른 공급처를 물색할 필요성이 대두되고 있다.
㉡ 새로운 신약 개발과정 중에서의 임상시험 중 임상시험자의 다수가 부작용을 보이고 있어 신약 개발이 전면 중단되었다.
㉢ 현재는 신약개발이 주 업무인 제약회사이지만, 매년 새로운 감염병이 발생하고 있는 현 실정에 진단키트 개발도 추진한다면, 회사의 성장가능성은 더 커질 것으로 보고 있다.

	발생형 문제	탐색형 문제	설정형 문제
①	㉠	㉡	㉢
②	㉠	㉢	㉡
③	㉡	㉠	㉢
④	㉡	㉢	㉠
⑤	㉢	㉡	㉠

02 **A ~ D 네 명은 한 판의 가위바위보를 한 후 그 결과에 대해 각각 두 가지의 진술을 하였다. 두 가지의 진술 중 하나는 반드시 참이고, 하나는 반드시 거짓이라고 할 때, 항상 참인 것은?** 난이도 상

A : C는 B를 이길 수 있는 것을 냈고, B는 가위를 냈다.
B : A는 C와 같은 것을 냈지만, A가 편 손가락의 수는 나보다 적었다.
C : B는 바위를 냈고, 그 누구도 같은 것을 내지 않았다.
D : A, B, C 모두 참 또는 거짓을 말한 순서가 동일하다. 이 판은 승자가 나온 판이었다.

① B와 같은 것을 낸 사람이 있다.
② 보를 낸 사람은 1명이다.
③ D는 혼자 가위를 냈다.
④ B가 기권했다면 가위를 낸 사람이 지는 판이다.
⑤ 바위를 낸 사람은 2명이다.

03 **A기업에서 다음 면접방식으로 면접을 진행할 때, 심층면접을 할 수 있는 최대 인원수와 마지막 심층면접자의 기본면접 종료 시각을 순서대로 바르게 나열한 것은?** 난이도 상

〈면접방식〉

- 면접은 기본면접과 심층면접으로 구분된다. 기본면접실과 심층면접실은 각 1개이고, 면접대상자는 1명씩 입실한다.
- 기본면접과 심층면접은 모두 개별면접의 방식을 취한다. 기본면접은 심층면접의 진행 상황에 관계없이 10분 단위로 계속되고, 심층면접은 기본면접의 진행 상황에 관계없이 15분 단위로 계속된다.
- 기본면접을 마친 면접대상자는 순서대로 심층면접에 들어간다.
- 첫 번째 기본면접은 오전 9시 정각에 실시되고, 첫 번째 심층면접은 첫 번째 기본면접이 종료된 시각에 시작된다.
- 기본면접과 심층면접 모두 낮 12시부터 오후 1시까지 점심 및 휴식 시간을 가진다.
- 각각의 면접 도중에 점심 및 휴식 시간을 가질 수 없고, 1인을 위한 기본면접 시간이나 심층면접 시간이 확보되지 않으면 새로운 면접을 시작하지 않는다.
- 기본면접과 심층면접 모두 오후 1시에 오후 면접 일정을 시작하고, 기본면접의 일정과 관련 없이 심층면접은 오후 5시 정각에는 종료되어야 한다.

※ 면접대상자의 이동 및 교체 시간 등 다른 조건은 고려하지 않는다.

	인원수	종료 시각
①	27명	오후 2시 30분
②	27명	오후 2시 40분
③	28명	오후 2시 30분
④	28명	오후 2시 40분
⑤	28명	오후 2시 50분

04 경영기획실에서 근무하는 귀하는 매년 부서별 사업계획을 정리하는 업무를 맡고 있다. 부서별 사업계획을 간략하게 정리한 보고서를 보고 귀하가 할 수 있는 생각으로 옳은 것은? 난이도 상

〈사업별 기간 및 소요예산〉

- A사업 : 총 사업기간은 2년으로, 첫해에는 1조 원, 둘째 해에는 4조 원의 예산이 필요함
- B사업 : 총 사업기간은 3년으로, 첫해에는 15조 원, 둘째 해에는 18조 원, 셋째 해에는 21조 원의 예산이 필요함
- C사업 : 총 사업기간은 1년으로, 총 소요예산은 15조 원임
- D사업 : 총 사업기간은 2년으로, 첫해에는 15조 원, 둘째 해에는 8조 원의 예산이 필요함
- E사업 : 총 사업기간은 3년으로, 첫해에는 6조 원, 둘째 해에는 12조 원, 셋째 해에는 24조 원의 예산이 필요함

올해를 포함한 향후 5년간 위의 5개 사업에 투자할 수 있는 예산은 아래와 같다.

〈연도별 가용예산〉

(단위 : 조 원)

1차연도(올해)	2차연도	3차연도	4차연도	5차연도
20	24	28.8	34.5	41.5

〈규정〉

(1) 모든 사업은 한번 시작하면 완료될 때까지 중단할 수 없다.
(2) 예산은 당해 사업연도에 남아도 상관없다.
(3) 각 사업연도의 예산은 이월될 수 없다.
(4) 모든 사업을 향후 5년 이내에 반드시 완료한다.

① B사업을 세 번째 해에 시작하고, C사업을 최종연도에 시행한다.
② A사업과 D사업을 첫해에 동시에 시작한다.
③ 첫해에는 E사업만 시작한다.
④ D사업을 첫해에 시작한다.
⑤ 첫해에 E사업과 A사업을 같이 시작한다.

05 T회사는 창립 10주년을 맞이하여 전 직원 단합대회를 준비하고 있다. 이를 위해 사장은 여행상품 중 한 가지를 직원 투표 결과를 통해 결정하려고 한다. 직원 투표 결과와 여행지별 1인당 경비가 다음과 같고 행사를 위한 각 부서별 고려사항을 참고하여 선택할 때, 〈보기〉에서 가장 적절한 것을 모두 고르면? 난이도 상

〈직원 투표 결과〉

상품내용		투표 결과					
상품명	1인당 비용(원)	총무팀	영업팀	개발팀	홍보팀	공장1	공장2
A	500,000	2	1	2	0	15	6
B	750,000	1	2	1	1	20	5
C	600,000	3	1	0	1	10	4
D	1,000,000	3	4	2	1	30	10
E	850,000	1	2	0	2	5	5

〈여행 상품별 정보 정리〉

상품명	날짜	장소	식사제공	차량지원	편의시설	체험시설
A	5/10 ~ 5/11	해변	○	○	×	×
B	5/10 ~ 5/11	해변	○	○	○	×
C	6/7 ~ 6/8	호수	○	○	○	×
D	6/15 ~ 6/17	도심	○	×	○	○
E	7/10 ~ 7/13	해변	○	○	○	×

〈부서별 고려사항〉

- 총무팀 : 행사 시 차량 지원 가능함
- 영업팀 : 6월 초순에 해외 바이어와 가격 협상 회의 일정이 예정됨
- 공장1 : 3일 연속 공장 비가동시 품질의 저하가 예상됨
- 공장2 : 7월 중순 공장의 이전 계획이 있음

보기

a. 필요한 여행 상품 비용은 총 1억 500만 원이다.
b. 투표 결과, 가장 인기가 좋은 여행 상품은 B이다.
c. 공장1의 A, B 투표 결과가 바뀐다면, 여행 상품의 선택도 변경된다.

① a
② a, b
③ a, c
④ b, c
⑤ a, b, c

CHAPTER **04**

자원관리능력

출제유형 및 학습 전략

1 시차를 먼저 계산하자!

시간자원관리문제의 기출유형 중 시차를 계산하여 일정에 맞는 항공권을 구입하거나 회의 시간을 구하는 문제에서는 각각의 나라의 시간을 한국 시간으로 전부 바꾸어 계산하는 것이 편리하다. 조건에 맞는 나라들의 시간을 전부 한국 시간으로 바꾸고 한국 시간과의 시차만 더하거나 빼주면 시간을 단축하여 풀 수 있다.

2 보기를 활용하자!

예산자원관리문제의 기출유형에서는 계산을 해서 값을 요구하는 문제들이 있다. 이런 문제유형에서는 문제 보기를 먼저 본 후 자리 수가 몇 단위로 끝나는지 확인한다. 예를 들어 412,300원, 426,700원, 434,100원, 453,800원인 보기가 있을 경우, 100원 단위로 끝나기 때문에 제시된 조건에서 100원 단위로 나올 수 있는 항목을 찾아 그 항목만 계산하여 시간을 단축하는 방법이 있다. 또한, 640,000원, 720,000원, 810,000원 등의 수를 이용해 푸는 문제의 경우, 만 원 단위를 절사하고 계산하여 64, 72, 81처럼 요약하여 적는 것도 시간을 단축하는 방법이다.

3 최적의 값을 구하는 문제인지 파악하자!

물적자원관리문제의 기출유형에서는 제한된 자원 내에서 최대의 만족 또는 이익을 얻을 수 있는 방법을 강구하는 문제가 출제된다. 이때, 구하고자 하는 값을 x, y로 정하고 연립방정식을 이용해 x, y값을 구한다. 최소 비용으로 목표생산량을 달성하기 위한 업무 및 인력 할당, 정해진 시간 내에 최대 이윤을 낼 수 있는 업체 선정, 정해진 인력으로 효율적 업무 배치 등을 구하는 문제에서 사용되는 방법이다.

4 각 평가항목을 비교해보자!

인적자원관리문제의 기출유형에서는 각 평가항목을 비교하여 기준에 적합한 인물을 고르거나, 저렴한 업체를 선정하거나, 총점이 높은 업체를 선정하는 문제가 출제된다. 이런 문제를 해결할 때는 평가항목에서 가격별, 등급별로 차이가 큰 항목을 찾는다. 가장 격차가 큰 항목을 찾아 삭제하고, 가격이나 점수 차이에 영향을 많이 미치는 항목을 찾아 지우면 1 ~ 2개의 보기를 삭제하고 3 ~ 4개의 보기만 계산하여 시간을 단축한다.

SECTION **01**

모듈이론

01 자원관리능력의 의의

(1) 자원과 자원관리

① 자원이란?

사전적으로는 인간생활에 도움이 되는 자연계의 일부를 말하며, 물질적 자산(물적자원), 재정적 자산(예산), 인적 자산(인적자원)으로 나누기도 한다. 최근에는 여기에 시간도 중요한 자원 중 하나로 보고 있다.

② 자원의 유한성

주어진 시간은 제한되기 마련이어서 정해진 시간을 어떻게 활용하느냐가 중요하며, 돈과 물적자원 역시 제한적일 수밖에 없다. 또한 인적자원 역시 제한된 사람들을 알고 활용할 수 밖에 없다. 이러한 자원의 유한성으로 인해 자원을 효과적으로 확보·유지·활용하는 자원관리는 매우 중요하다고 할 수 있다.

③ 자원관리의 분류

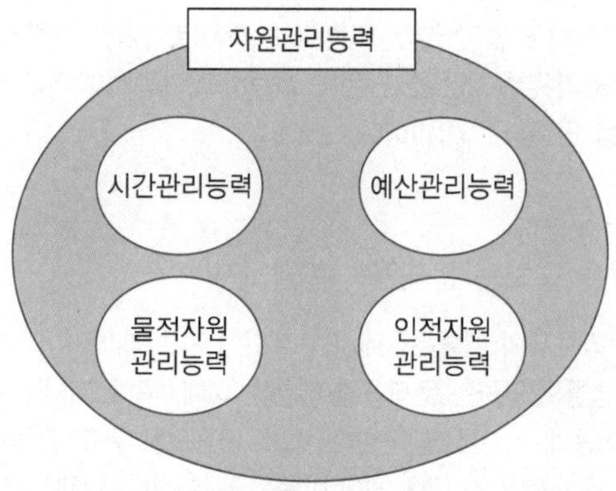

④ 자원낭비의 요인 기출

종류	내용
비계획적 행동	계획 없이 충동적이고 즉흥적으로 행동하여 자신이 활용할 수 있는 자원들을 낭비하게 되는 것
편리성 추구	자원을 활용하는데 있어서 너무 편한 방향으로만 활용하는 것
자원에 대한 인식 부재	자신이 가지고 있는 중요한 자원을 인식하지 못하는 것
노하우 부족	자원관리의 중요성을 인식하면서도 효과적인 방법을 활용할 줄 모르는 것

(2) 자원관리의 과정 기출

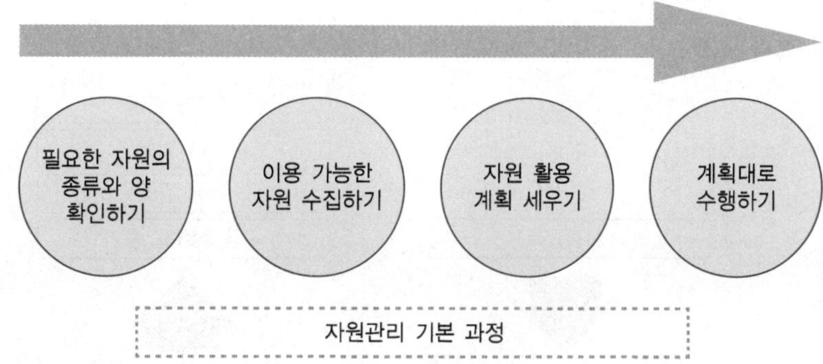

자원관리 기본 과정

① 필요한 자원의 종류와 양 확인하기
업무를 추진하는데 있어서 어떤 자원이 필요하며, 또 얼마만큼 필요한지를 파악하는 단계이다.

② 이용 가능한 자원 수집하기
실제 준비나 활동을 하는 데 있어서 계획과 차이를 보이는 경우가 빈번하기 때문에, 자원을 여유 있게 확보하는 것이 안전하다.

③ 자원 활용 계획 세우기
자원을 실제 필요한 업무에 할당하여 계획을 세워야 하며, 목적을 이루는 데 핵심이 되는 것에 우선순위를 두고 계획을 세울 필요가 있다.

④ 계획대로 수행하기
최대한 계획대로 수행하는 것이 바람직하며, 불가피하게 수정해야 하는 경우에는 전체 계획에 미칠 수 있는 영향을 고려해야 한다.

OX 문제

01 자원을 확보하는 데 있어 중요한 것은 실제 수행상에서의 차이 발생에 대비하여 여유 있게 확보하는 것이다. [ ]

02 주어진 과제나 활동의 우선순위를 고려하여 달성하고자 하는 최종 목적을 이루는 데 가장 핵심이 되는 것에 우선순위를 두고 자원을 활용하는 계획을 세우는 것은 자원 활용 계획 수립 단계이다. [ ]

03 자원은 기업 활동을 위해 사용되는 모든 시간, 예산, 물적·인적자원을 의미한다. [ ]

04 자원관리 과정은 자원 확인, 자원 수집, 자원 활용 계획 수립, 계획 수행의 과정으로 이루어진다. [ ]

01 [O]
02 [O]
03 [O]
04 [O]

02 시간자원관리능력

(1) 시간자원관리의 효과 기출

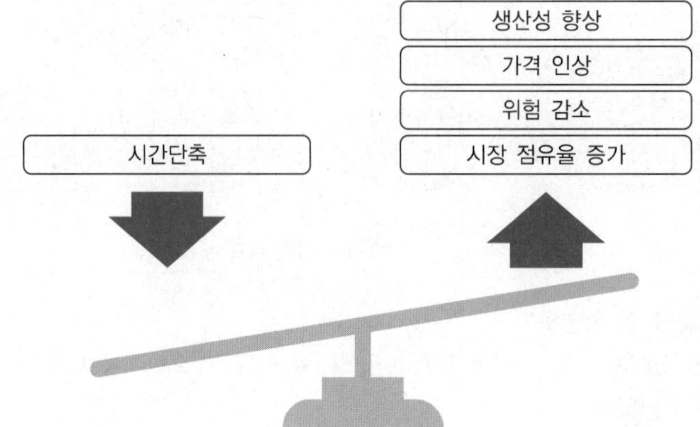

※ '가격 인상'은 기업의 입장에서 일을 수행할 때 소요되는 시간을 단축함으로써 비용이 절감되고, 상대적으로 이익이 늘어남으로써 사실상 '가격 인상' 효과가 있다는 의미이다.

(2) 시간낭비

① 시간낭비의 요인 기출

• 목적이 불명확하다. • 여러 가지 일을 한 번에 많이 다룬다. • 하루의 계획이 구체적이지 않다. • 서류정리를 하다가 서류를 숙독한다. • 메모 등을 찾는 시간이 걸리는 편이다. • 팀워크가 부족하다. • 예정외의 방문자가 많다. • 불완전하거나 지연된 정보가 많다. • 일을 끝내지 않고 남겨둔다. • 회의 시간이 길다. • 커뮤니케이션이 부족하다. • 통지문서가 많다. • 일을 느긋하게 처리하는 경향이 있다. • 기다리는 시간이 많다. • 권한위임을 충분히 하지 않는다.	• 우선순위가 없이 일을 한다. • 일에 도움이 되지 않는 일을 한다. • 책상 위가 항상 번잡하다. • 파일링시스템이 부적당하다. • 일에 대한 의욕이 없다. • 전화를 너무 많이 한다. • 'NO'라고 말하지 못한다. • 극기심이 결여되어 있다. • 주의가 산만하다. • 회의에 대한 준비가 불충분하다. • 잡담이 많다. • 메모 회람이 많다. • 모든 것에 대해 사실을 알고 싶어 한다. • 초조하고 성질이 급하다. • 권한위임한 업무의 관리가 부족하다.

② 시간관리에 대한 오해

시간관리는 상식에 불과하다. 나는 회사에서 일을 잘하고 있기 때문에 시간관리도 잘한다고 말할 수 있다.
나는 시간에 쫓기면 일을 더 잘하는데, 시간을 관리하면 오히려 나의 이런 강점이 없어질지도 모른다.
시간관리에 대한 오해
나는 약속을 표시해 둔 달력과 해야 할 일에 대한 목록만으로 충분하다.
시간관리 자체는 유용할지 모르나 창의적인 일을 하는 나에게는 잘 맞지 않는다. 나는 일상적인 업무에 얽매이는 것이 싫다.

(3) 시간계획

① 시간계획의 의의

시간이라고 하는 자원을 최대한 활용하기 위하여,
- 가장 많이 반복되는 일에 가장 많은 시간을 분배하고,
- 최단시간에 최선의 목표를 달성하는 것을 의미한다.

② SMART 법칙 기출

SMART 법칙은 목표를 어떻게 설정할 것인지와 그 목표를 성공적으로 달성하기 위해 꼭 필요한 필수요건들을 S.M.A.R.T.라는 5개 철자에 따라 제시한 것이다.

구분	의미	내용
S(Specific)	구체적으로	• 목표를 구체적으로 작성한다. 예 나는 토익점수 700점을 넘을 것이다.
M(Measurable)	측정가능하도록	• 수치화, 객관화 시켜 측정이 가능한 척도를 세운다. 예 나는 2시간 안에 10페이지 분량의 보고서를 작성한다.
A(Action-Oriented)	행동지향적으로	• 사고 및 생각에 그치는 것이 아닌 행동을 중심으로 목표를 세운다. 예 매일 부모님을 생각하기(×) 매일 아침 부모님에게 전화드리기(○)
R(Realistic)	현실성 있게	• 실현 가능한 목표를 세운다. 예 하루 만에 5개 국어 마스터하기(×) 1년 안에 토익 700점 넘기기(○)
T(Time limited)	시간적 제약이 있게	• 목표를 설정함에 있어 제한 시간을 둔다. 예 오늘 안에, 이번 주까지 등

③ 시간계획 작성의 순서 기출

㉠ 명확한 목표 설정

㉡ 일의 우선순위 판단(Stenphen R. Covey)

중요성	결과와 연관되는 사명과 가치관, 목표에 기여하는 정도
긴급성	즉각적인 처리가 요구되고 눈앞에 보이며, 심리적으로 압박감을 주는 정도

	긴급함	긴급하지 않음
중요함	Ⅰ 긴급하면서 중요한 일 • 위기상황 • 급박한 문제 • 기간이 정해진 프로젝트	Ⅱ 긴급하지 않지만 중요한 일 • 예방 생산 능력 활동 • 인간관계 구축 • 새로운 기회 발굴 • 중장기 계획, 오락
중요하지 않음	Ⅲ 긴급하지만 중요하지 않은 일 • 잠깐의 급한 질문 • 일부 보고서 및 회의 • 눈앞의 급박한 상황 • 인기 있는 활동	Ⅳ 긴급하지 않고 중요하지 않은 일 • 바쁜 일, 하찮은 일 • 우편물, 전화 • 시간낭비거리 • 즐거운 활동

㉢ 예상 소요시간 결정

모든 일마다 자세한 계산을 할 필요는 없으나, 규모가 크거나 힘든 일의 경우에는 정확한 소요 시간을 계산하여 결정하는 것이 효과적이다.

㉣ 시간 계획서 작성

해야 할 일의 우선순위와 소요 시간을 바탕으로 작성하며 간단한 서식, 일정관리 소프트웨어 등 다양한 도구를 활용할 수 있다.

④ 60 : 40의 법칙 기출

계획된 행동(60%)	계획 외의 행동(20%)	자발적 행동(20%)

|◀──── 총 시간 ────▶|

⑤ 시간계획 시 고려요소 기출

종류	내용
행동과 시간/저해요인의 분석	어디에서 어떻게 시간을 사용하고 있는가를 점검
일과 행동의 목록화	해당 기간에 예정된 행동을 모두 목록화
규칙성-일관성	시간계획을 정기적·체계적으로 체크하여 일관성 있게 일을 마칠 수 있게 해야 함
현실적인 계획	무리한 계획을 세우지 않도록 해야 하며, 실현가능한 것만을 계획화해야 함
유연성	머리를 유연하게 하여야 함. 시간계획은 그 자체가 중요한 것이 아니고, 목표달성을 위해 필요한 것
시간의 손실	발생된 시간 손실은 가능한 한 즉시 메워야 함. 밤을 세우더라도 미루지 않는 자세가 중요함
기록	체크리스트나 스케줄표를 활용하여 계획을 반드시 기록하여 전체상황을 파악할 수 있게 하여야 함
미완료된 일	꼭 해야만 할 일을 끝내지 못했을 경우, 차기 계획에 반영함
성과	예정 행동만을 계획하는 것이 아니라 기대되는 성과나 행동의 목표도 기록
시간 프레임	적절한 시간 프레임을 설정하고 특정의 일을 하는 데 소요되는 꼭 필요한 시간만을 계획에 삽입할 것

우선순위	여러 일 중에서 어느 일이 가장 우선적으로 처리해야 할 것인가를 결정하여야 함
권한위양	기업의 규모가 커질수록 그 업무활동은 점점 복잡해져서 관리자가 모든 것을 다스리기가 어려우므로, 사무를 위임하고 책임을 지움
시간의 낭비요인	예상 못한 방문객 접대, 전화 등의 사건으로 예정된 시간이 부족할 경우를 대비하여 여유 시간 확보
여유 시간	자유롭게 된 시간(이동시간 또는 기다리는 시간)도 계획에 삽입하여 활용할 것
정리 시간	중요한 일에는 좀 더 시간을 할애하고, 중요도가 낮은 일에는 시간을 단축시켜 전체적인 계획을 정리
시간 계획의 조정	자기 외 다른 사람(비서・부하・상사)의 시간 계획을 감안하여 계획 수립

PART 1 PART 2 PART 3 PART 4

OX 문제

01 시간계획이란 시간이라는 자원을 최대한 활용하기 위하여 가장 많이 반복되는 일에 가장 많은 시간을 분배하고, 최단시간에 최선의 목표를 달성하는 것을 의미한다. [ ]

02 시간계획 수립 시 계획 외의 행동이라 함은 예정 외의 행동에 대비한 시간을 의미한다. [ ]

01 [○]
02 [○]

03 예산자원관리능력

(1) 예산자원관리능력의 의의

① 예산이란? 기출

필요한 비용을 미리 헤아려 계산하는 것 또는 그 비용을 의미한다.

② 예산자원관리 기출

아무리 예산을 정확하게 수립하였다 하더라도 활동이나 사업을 진행하는 과정에서 계획에 따라 적절히 관리하지 않으면 아무런 효과가 없다. 따라서 활동이나 사업에 소요되는 비용을 산정하고, 예산을 편성하는 것뿐만 아니라 예산을 통제하는 과정이 필요하며, 이 과정을 예산자원관리라 한다.

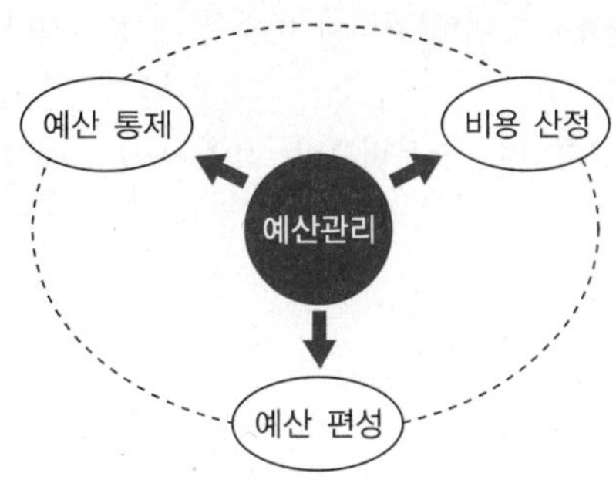

③ 예산자원관리의 필요성

예산자원관리란 이용 가능한 예산을 확인하고, 어떻게 사용할 것인지 계획하여 그 계획대로 사용하는 능력을 의미하며, 최소의 비용으로 최대의 효과를 얻기 위해 요구된다.

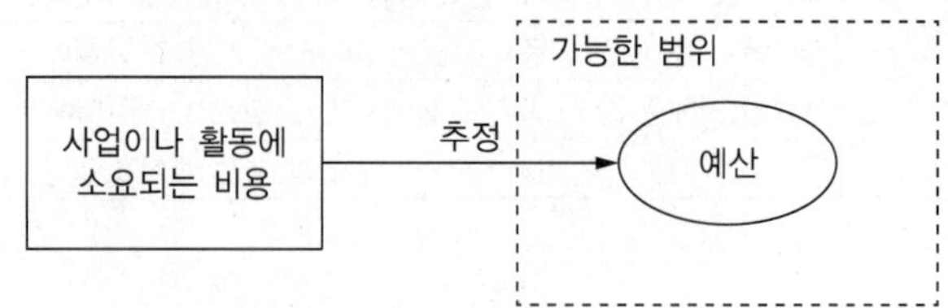

④ 예산책정의 원칙 기출

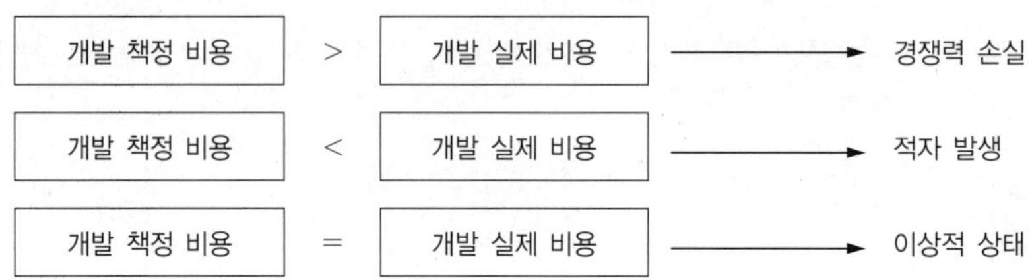

(2) 예산의 구성요소 기출

① 직접비용

간접비용에 상대되는 용어로서, 제품 생산 또는 서비스를 창출하기 위해 직접 소비된 것으로 여겨지는 비용을 말한다.

② 직접비용의 구성

종류	내용
재료비	제품의 제조를 위하여 구매된 재료에 지출된 비용
원료와 장비	제품을 제조하는 과정에서 소모된 원료나 과제를 수행하기 위해 필요한 장비에 지출된 비용. 이 비용에는 실제 구매·임대한 비용이 모두 포함
시설비	제품을 효과적으로 제조하기 위한 목적으로 건설되거나 구매된 시설에 지출한 비용
여행(출장)경비 및 잡비	제품 생산 또는 서비스를 창출하기 위해 출장이나 타 지역으로의 이동이 필요한 경우와 기타 과제 수행상에서 발생하는 다양한 비용을 포함
인건비	제품 생산 또는 서비스 창출을 위한 업무를 수행하는 사람들에게 지급되는 비용. 계약에 의해 고용된 외부 인력에 대한 비용도 인건비에 포함. 일반적으로 인건비는 전체 비용 중에서 가장 비중이 높은 항목

③ 간접비용

제품을 생산하거나 서비스를 창출하기 위해 소비된 비용 중에서 직접비용을 제외한 비용으로, 제품 생산에 직접 관련되지 않은 비용을 말한다.

예 보험료, 건물관리비, 광고비, 통신비, 사무비품비, 각종 공과금 등

(3) 예산수립과 예산집행

① 예산수립절차 기출

② 필요한 과업 및 활동 규명 : 과업세부도 기출

과제 및 활동의 계획을 수립하는데 있어서 가장 기본적인 수단으로 활용되는 그래프로, 필요한 모든 일들을 중요한 범주에 따라 체계화시켜 구분해 놓은 것을 말한다. 다음은 생일파티를 진행하기 위한 과업세부도의 예이다.

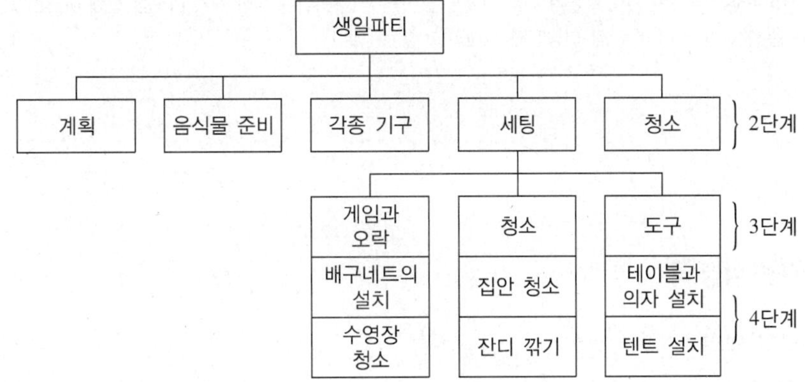

③ 우선순위 결정 기출

과제를 핵심적인 활동과 부수적인 활동으로 구분한 후, 핵심활동 위주로 예산을 편성한다.

④ 예산 배정 기출

- 과업세부도와 예산을 서로 연결하여 배정할 경우 어떤 항목에 얼마만큼의 비용이 소요되는지를 정확하게 파악할 수 있다.
- 이를 통해 과제 수행에 필요한 예산 항목을 빠뜨리지 않고 확인할 수 있으며, 전체 예산을 정확하게 분배할 수 있다.
- 큰 단위의 예산을 수립하고자 할 때에는 해당 기관의 규정을 잘 확인하여야 한다.

⑤ 예산 집행

효과적으로 예산을 관리하기 위해서는 예산 집행 과정에 대한 관리가 중요하다. 개인 차원에서는 가계부 등을 작성함으로 인해 관리할 수 있으며, 프로젝트나 과제와 같은 경우는 예산 집행 실적 워크시트를 작성함으로써 효과적인 예산관리를 할 수 있다.

OX 문제

01 예산은 '필요한 과업 및 활동 규명 → 예산 배정 → 우선순위 결정'의 과정을 거쳐 수립된다. [ ]

02 예산자원관리능력은 최소의 비용으로 최대의 효과를 얻기 위해 요구되는 능력이다. [ ]

03 예산관리에서 중요한 점은 무조건 적은 비용을 들여야 한다는 것이다. [ ]

04 인건비에는 계약에 의해 고용된 외부 인력에 대한 비용도 포함한다. [ ]

01 [×] 예산은 '필요한 과업 및 활동 규명 → 우선순위 결정 → 예산 배정'의 과정을 거쳐 수립된다.

02 [○]

03 [×] 예산관리에서 중요한 점은 무조건 적은 비용을 들이는 것이 아니라 개발 책정 비용과 실제 비용의 차이를 비슷한 상태로 만드는 것이며, 이것이 가장 이상적인 상태라고 할 수 있다.

04 [○]

04 물적자원관리능력

(1) 물적자원관리의 의의

① 물적자원의 종류

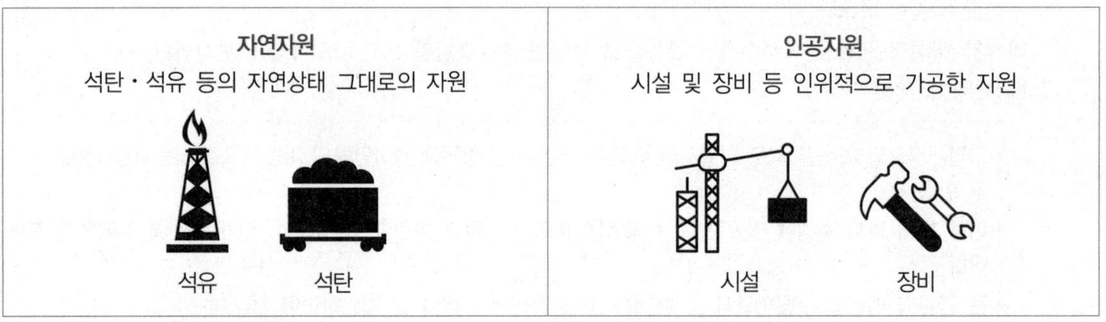

② 물적자원관리의 중요성 기출

물적자원을 효과적으로 관리하지 않으면 경제적 손실과 더불어 과제 및 사업의 실패를 낳을 수 있다.

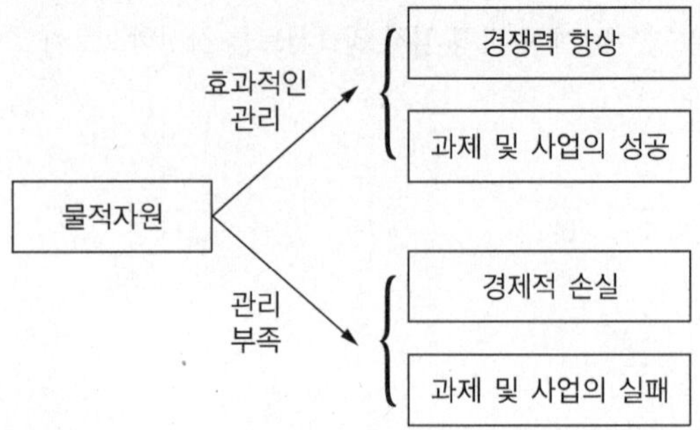

③ 물적자원 활용의 방해요인

- 보관 장소를 파악하지 못하는 경우
- 훼손된 경우
- 분실한 경우
- 분명한 목적 없이 물건을 구입한 경우

(2) 물적자원관리 과정과 기법

① 물적자원관리의 과정 

과정	내용
사용 물품과 보관 물품의 구분	• 물품활용의 편리성 • 반복 작업 방지
↓	
동일 및 유사 물품의 분류	• 동일성의 원칙 • 유사성의 원칙
↓	
물품 특성에 맞는 보관 장소 선정	• 물품의 형상 • 물품의 소재

② 바코드와 QR코드 

구분	내용
바코드	컴퓨터가 쉽게 판독하고 데이터를 빠르게 입력하기 위하여 굵기가 다른 검은 막대와 하얀 막대를 조합시켜 문자나 숫자를 코드화한 것
QR코드	• 격자무늬 패턴으로 정보를 나타내는 매트릭스 형식의 바코드 • 바코드가 용량 제한에 따라 가격과 상품명 등 한정된 정보만 담는 데 비해, QR코드는 넉넉한 용량을 강점으로 다양한 정보를 담을 수 있음

③ 전자태그(RFID) 물품관리 시스템

- 물품에 RFID 태그를 부착하여 취득 · 보관 · 사용 · 처분까지 물품의 수명기간 동안 실시간, 무선으로 물품을 추적 관리하는 시스템
- RFID 관리시스템 구축으로 인해 63 ~ 87%의 생산성이 향상될 것으로 기대되고, 장부에 의한 재물조사 방식에 비해 시간이 약 75% 절감됨

OX 문제

01 회전대응 보관의 원칙은 입·출하의 빈도가 높은 품목은 출입구 가까운 곳에 보관하는 것을 말한다. [ ]

02 QR코드란 문자나 숫자를 흑과 백의 막대 모양 기호로 조합한 것으로, 컴퓨터가 쉽게 판독하고 데이터를 빠르게 입력하기 위하여 쓰인다. [ ]

03 QR코드는 바코드에 비해 정보를 담을 수 있는 용량이 적은 단점이 있다. [ ]

04 효과적인 물적자원관리를 위해서는 '사용 물품과 보관 물품의 구분 → 동일 및 유사 물품의 분류 → 물품 특성에 맞는 보관 장소 선정'의 단계를 거쳐야 한다. [ ]

01 [○]

02 [×] 바코드에 대한 설명이다.

03 [×] 기존의 바코드는 기본적으로 가로 배열에 최대 20여 자의 숫자 정보만 넣을 수 있는 1차원적 구성이지만, QR코드는 가로·세로를 활용하여 숫자는 최대 7,089자, 문자는 최대 4,296자, 한자도 최대 1,817자 정도를 기록할 수 있는 2차원적 구성이다.

04 [○]

05 인적자원관리능력

(1) 인적자원의 의의

① 인적자원관리란?

- 기업이 필요한 인적자원을 조달·확보·유지·개발하여 경영조직 내에서 구성원들이 능력을 최고로 발휘하게 하는 것
- 근로자 스스로가 자기만족을 얻게 하는 동시에 경영 목적을 효율적으로 달성하게끔 관리하는 것

② 효율적이고 합리적인 인사관리 원칙 기출

종류	내용
적재적소 배치의 원칙	해당 직무 수행에 가장 적합한 인재를 배치해야 한다.
공정 보상의 원칙	근로자의 인권을 존중하고 공헌도에 따라 노동의 대가를 공정하게 지급해야 한다.
공정 인사의 원칙	직무 배당·승진·상벌·근무 성적의 평가·임금 등을 공정하게 처리해야 한다.
종업원 안정의 원칙	직장에서 신분이 보장되고 계속해서 근무할 수 있다는 믿음을 갖게 하여 근로자가 안정된 회사 생활을 할 수 있도록 해야 한다.
창의력 계발의 원칙	근로자가 창의력을 발휘할 수 있도록 새로운 제안·건의 등의 기회를 마련하고, 적절한 보상을 하여 인센티브를 제공해야 한다.
단결의 원칙	직장 내에서 구성원들이 소외감을 갖지 않도록 배려하고, 서로 유대감을 가지고 협동·단결하는 체제를 이루도록 해야 한다.

(2) 개인차원과 조직차원에서의 인적자원관리

① 개인차원에서의 인적자원관리 기출

㉠ 인맥의 분류

종류	내용
핵심인맥	자신과 직접적인 관계가 있는 사람들
파생인맥	핵심인맥으로부터 파생되어 자신과 연결된 사람들

㉡ 개인이 인맥을 활용할 경우 이를 통해 각종 정보와 정보의 소스를 획득하고, 참신한 아이디어와 해결책을 도출하며, 유사시 필요한 도움을 받을 수 있다는 장점이 있다.

② 조직차원에서의 인적자원관리 기출

㉠ 인적자원관리의 중요성
기업체의 경우 인적자원에 대한 관리가 조직의 성과에 큰 영향을 미치는데, 이는 기업의 인적자원이 가지는 특성에서 비롯된다.

㉡ 인적자원의 특성

종류	내용
능동성	물적자원으로부터의 성과는 자원 자체의 양과 질에 의해 지배되는 수동적인 특성을 지니고 있는 반면, 인적자원의 경우는 욕구와 동기, 태도와 행동 그리고 만족감 여하에 따라 성과가 결정됨
개발가능성	인적자원은 자연적인 성장과 성숙, 그리고 교육 등을 통해 개발될 수 있는 잠재능력과 자질을 보유하고 있다는 것
전략적 중요성	조직의 성과는 인적자원, 물적자원 등을 효과적이고 능률적으로 활용하는데 달려 있음

(3) 인맥관리방법

① 명함관리

㉠ 명함의 가치

- 자신의 신분을 증명한다.
- 자신을 PR하는 도구로 사용할 수 있다.
- 자신의 정보를 전달하고 상대방에 대한 정보를 얻을 수 있다.
- 대화의 실마리를 제공할 수 있다.
- 후속 교류를 위한 도구로 사용할 수 있다.

㉡ 명함에 메모해 두면 좋은 정보 기출

- 언제, 어디서, 무슨 일로 만났는지에 관한 내용
- 소개자의 이름
- 학력이나 경력
- 상대의 업무내용이나 취미, 기타 독특한 점
- 전근·전직 등의 변동 사항
- 가족사항
- 거주지와 기타 연락처
- 대화를 나누고 나서의 느낀 점이나 성향

② 소셜네트워크(SNS; Social Network Service)

㉠ 초연결사회

정보통신기술 발달하면서 사람 · 정보 · 사물 등을 네트워크로 촘촘하게 연결한 사회를 말하는데, 초연결사회에서는 직접 대면하지 않고 시간과 공간을 초월하여 네트워크상에서 인맥을 형성하고 관리한다.

㉡ 소셜네트워크 서비스(SNS)와 더불어 인맥 구축과 채용에 도움이 되는 비즈니스 특화 인맥관리서비스(BNS; Business social Network Service)로 관심이 증대되고 있다.

(4) 인력 배치의 원리

① 인력 배치의 3원칙 기출

㉠ 적재적소주의

팀의 효율성을 높이기 위해 팀원의 능력이나 성격을 바탕으로 적합한 위치에 배치하여 팀원 개개인의 능력을 최대로 발휘해 줄 것을 기대하는 것이다.

㉡ 능력주의

능력을 발휘할 수 있는 기회와 장소를 부여하고, 그 성과를 바르게 평가하고, 평가된 능력과 실적에 대해 그에 상응하는 보상을 주는 원칙을 말하며, 적재적소주의 원칙의 상위개념이다.

㉢ 균형주의

모든 팀원에 대한 평등한 적재적소, 즉 팀 전체의 적재적소를 고려할 필요가 있다는 것이다.

② 배치의 3가지 유형 기출

종류	내용
양적 배치	부분의 작업량과 조업도, 여유 또는 부족 인원을 감안하여 소요인원을 결정하여 배치하는 것
질적 배치	적재적소주의와 동일한 개념
적성 배치	팀원의 적성 및 흥미에 따라 배치하는 것

③ 과업세부도

할당된 과업에 따른 책임자와 참여자를 명시하여 관리함으로써 업무 추진에 차질이 생기는 것을 막기 위한 문서이다. 다음은 과업세부도의 예이다.

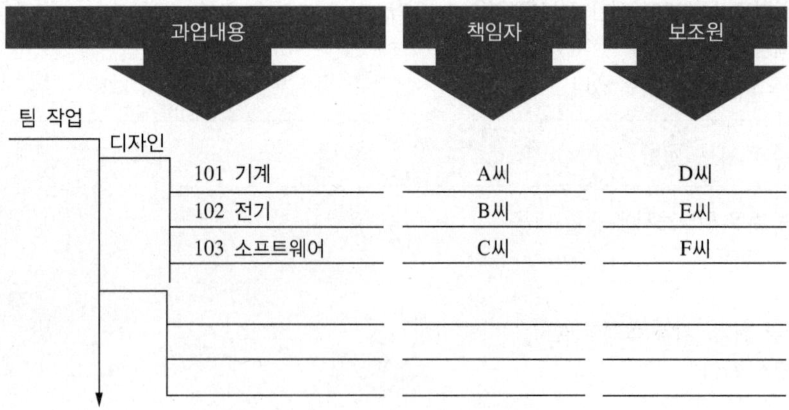

OX 문제

01 과업세부도란 과제 및 활동의 계획을 수립할 때 가장 기본적인 수단으로 활용되는 그래프로, 필요한 모든 일들을 중요한 범주에 따라 체계화하여 구분해 놓은 것이다. [ ]

02 명함은 자신의 신분을 증명하고, 대화의 실마리를 제공할 수 있다. [ ]

03 적재적소 배치의 원리란 해당 직무 수행에 가장 적합한 인재를 배치해야 한다는 것이다. [ ]

04 공정 인사의 원칙이란 직장 내에서 구성원들이 소외감을 갖지 않도록 배려하고, 서로 유대감을 가지고 협동・단결하는 체제를 이루게 하는 것이다. [ ]

01 [○]

02 [○]

03 [○]

04 [×] 공정 인사의 원칙이 아닌 단결의 원칙에 대한 설명이다. 공정 인사의 원칙이란 직무 배당・승진・상별・근무 평정・임금을 공평하게 처리해야 한다는 것을 의미한다.

SECTION 02 자원관리능력 맛보기

01 다음 대화를 토대로 오팀장이 선호하는 인력 배치 유형의 특징으로 옳은 것은?

> 오팀장 : 저는 주로 팀원들이 자신의 적성에 맞고 흥미를 가지고 있는 업무를 할 때 성과가 높아진다고 생각합니다.
> 이팀장 : 제 의견으로는 인력 배치를 통해 팀원 개개인이 자신들의 역량을 발휘해 줄 것을 기대하고 있습니다. 그래서 저는 팀원의 능력이나 성격 등과 가장 적합한 위치에 배치하여 팀의 효율성을 높이고 싶습니다. 즉, 작업이나 직무가 요구하는 요건과 개인이 보유하고 있는 역량을 균형 있게 배치하는 것을 선호하는 편입니다.
> 김팀장 : 저는 인력 배치를 할 때 작업량과 여유 또는 부족 인원을 감안하여 소요 인원을 결정하여 배치하는 것을 선호합니다.
> 박부장 : 각 팀장님들의 의견 잘 들었습니다. 말씀해 주신 인력 배치 유형들을 적절하게 조화하여 팀을 운영한다면 더 좋은 성과를 낼 수 있겠네요.

① 자신의 업무에 흥미를 느낄 수 있는 곳으로 배치된다.
② 작업량과 조업도, 여유 또는 부족 인원을 감안하여 소요 인원을 결정 및 배치한다.
③ 능력이나 성격 등을 고려하여, 가장 적합한 위치에 배치한다.
④ 개인에게 능력을 발휘할 수 있는 기회와 장소를 부여한다.
⑤ 모든 팀원을 평등하게 고려해서 배치한다.

Key Point

인적자원관리와 관련된 문제 중 가장 중요한 것을 꼽으라면 단연 각 배치유형별 특징을 묻는 문제를 들 수 있다. 이에 대한 것은 다음 내용을 숙지하고 있지 않으면 풀이가 불가능한 경우가 많으므로 확실하게 정리해두록 하자.

인력 배치 유형	내용
적성 배치	인력 배치 시 팀원들이 적성에 맞고 흥미를 가질 때 성과가 높아진다는 가정 하에, 각 팀원들의 적성 및 흥미에 따라 배치하는 인력 배치 유형이다.
질적 배치	인력 배치 시 팀원들을 능력이나 성격 등과 가장 적합한 적재적소에 배치하여 팀원 개개인의 능력을 최대로 발휘해 줄 것을 기대하는 것으로서, 작업이나 직무가 요구하는 요건과 개인이 보유하고 있는 조건이 서로 균형 있고 적합하게 대응되어야 하는 인력 배치 유형이다.
양적 배치	인력 배치 시 작업량과 여유 또는 부족 인원을 감안해서 소요 인원을 결정하여 배치하는 인력 배치 유형이다.

정답 ①

오팀장이 선호하는 인력 배치 유형은 적성 배치로, 팀원들이 각자의 적성에 맞고 흥미를 가지고 있는 업무를 할 때 성과가 높아진다고 가정하여 배치한다.

오답분석

② 양적 배치 : 작업량과 조업도, 여유 또는 부족 인원을 감안하여 소요 인원을 결정 및 배치하는 것에 해당한다.
③ 질적 배치 : 능력이나 성격 등과 가장 적합한 위치에 배치하는 것에 해당한다.
④ 능력주의 : 개인에게 능력을 발휘할 수 있는 기회와 장소를 부여하는 것으로, 효과적인 인력배치를 위한 3가지 원칙 중 하나에 해당한다.
⑤ 균형주의 : 효과적인 인력배치를 위한 3가지 원칙 중 하나로, 모든 팀원에 대한 평등한 적재적소, 즉 팀 전체의 적재적소를 고려할 필요가 있다는 것이다.

02 다음은 갑 회사의 공채 지원자 평가 자료와 평가 점수 및 평가 등급의 결정방식에 대한 자료이다. 이에 대한 설명으로 옳지 않은 것은?

〈갑 회사의 공채 지원자 평가 자료〉

(단위 : 점)

구분 지원자	창의성 점수	성실성 점수	체력 점수	최종 학위	평가 점수
가	80	90	95	박사	(　)
나	90	60	80	학사	310
다	70	60	75	석사	300
라	85	(　)	50	학사	255
마	95	80	60	학사	295
바	55	95	65	학사	280
사	60	95	90	석사	355
아	80	(　)	85	박사	375
자	75	90	95	석사	(　)
차	60	70	(　)	학사	290

〈평가 점수 및 평가 등급의 결정방식〉

- 최종 학위 점수는 학사 0점, 석사 1점, 박사 2점임.
- (지원자 평가 점수)=(창의성 점수)+(성실성 점수)+[(체력 점수)×2]+(최종 학위 점수)×20
- 평가 등급 및 평가 점수

평가 등급	평가 점수
S	350점 이상
A	300점 이상 350점 미만
B	300점 미만

① '가'의 평가 점수는 400점으로, 지원자 중 가장 높다.
② '라'의 성실성 점수는 '다'보다 높지만 '마'보다는 낮다.
③ '아'의 성실성 점수는 '라'와 같다.
④ S등급인 지원자는 4명이다.
⑤ '차'는 체력 점수를 원래 점수보다 5점 더 받는다면 A등급이 된다.

Key Point

산식이 주어지고 무엇인가를 계산해야 하는 문제는 많을 경우에는 거의 절반 이상의 비중을 차지한다. 이 문제들은 사칙연산에 약한 취준생에게는 시간을 잡아먹는 문제가 될 수 있고, 평소에 조건이나 단서를 놓치는 등의 실수가 잦은 취준생에게는 오답을 체크할 확률이 높은 문제이다. 따라서 평소 문제를 많이 풀면서 자신의 강점과 약점을 파악한 후, 풀 수 없는 문제는 패스하고 풀 수 있는 문제에 집중하여 정답률을 높이는 것이 핵심 전략이라고 할 수 있다. 한 가지 확실한 것은 아무리 계산 문제에 자신이 없다고 하여도, 이 문제들을 모두 스킵해서는 절대로 합격할 수 없다는 사실이다.

정답 ③

제시된 평가 점수와 평가 등급의 결정방식에 따라 갑 회사의 공채 지원자 평가 자료의 빈칸을 채우면 다음과 같다.

구분 지원자	창의성 점수	성실성 점수	체력 점수	최종 학위	평가 점수
가	80	90	95	박사	(400)
나	90	60	80	학사	310
다	70	60	75	석사	300
라	85	(70)	50	학사	255
마	95	80	60	학사	295
바	55	95	65	학사	280
사	60	95	90	석사	355
아	80	(85)	85	박사	375
자	75	90	95	석사	(375)
차	60	70	(80)	학사	290

'아'의 성실성 점수(85점)는 '라'의 성실성 점수(70점)와 같지 않으므로 옳지 않다.

오답분석

① 위 표에 따르면 '가'의 평가 점수는 400점이고, 전체 지원자 중 가장 높으므로 옳은 내용이다.

② 위 표에 따르면 '라'의 성실성 점수(70점)는 '다'(60점)보다 높지만 '마'(80점)보다 낮으므로 옳은 내용이다.

④ 평가 점수가 350점 이상인 지원자에게 S등급이 부여되므로, 이를 충족하는 지원자는 '가, 사, 아, 자' 4명이다.

⑤ '차'가 체력 점수에서 5점을 더 얻는다면 2배 가중한 값인 10점만큼 전체 평가 점수가 상승하게 되어 300점을 얻게 된다. 제시된 기준에 따르면 300점 이상 350점 미만인 경우 A등급이 부여된다고 하였으므로 옳은 내용이다.

SECTION 03 대표유형 적중문제

정답 및 해설 p.49

01 모듈형

※ 다음은 물적자원을 효과적으로 관리하기 위한 과정을 나타낸 글이다. 이어지는 질문에 답하시오. **[1~2]**

(가) 물품을 적절하게 보관할 수 있는 장소를 선정하여야 한다. 종이류와 유리, 플라스틱 등은 그 재질의 차이로 인해서 보관 장소의 차이를 두는 것이 좋다. 특히 유리의 경우 쉽게 파손될 우려가 있기 때문에 따로 보관해야 한다. 또한, 물품의 무게와 부피에 따라서도 차이를 두어야 한다. 보관 장소에 따라 물품의 무게가 무겁거나 부피가 큰 것은 별도로 취급하는 것이 적절하다. 모든 물품을 같이 놓아두게 된다면 개별 물품의 훼손이 생길 수 있으므로 주의해야 한다.

(나) 보관의 원칙 중 동일성의 원칙과 유사성의 원칙에 따라 물품을 분류한다. 이는 보관한 물품을 다시 활용할 때 보다 쉽고 빠르게 찾을 수 있도록 하기 위해서이다. 특정 물품의 정확한 위치를 알 수 없어도 대략의 위치를 알고 있다면 물품을 찾는 시간을 단축할 수 있기 때문이다.

(다) 물품을 정리하고 보관하고자 할 때, 해당 물품을 앞으로 계속 사용할 것인지, 그렇지 않을지를 구분해야 한다. 그렇지 않으면 가까운 시일 내에 활용하게 될 물품도 창고나 박스 등에 넣어 두었다가 다시 꺼내야 하는 경우가 발생하게 될 것이다. 처음부터 철저하게 물품의 활용계획이나 여부를 확인하는 것이 이러한 시행착오를 예방할 수 있다.

01 (가) ~ (다)를 효과적인 물적자원관리 과정에 따라 순서대로 바르게 나열한 것은? 난이도 중

① (가) – (나) – (다)
② (가) – (다) – (나)
③ (나) – (다) – (가)
④ (다) – (가) – (나)
⑤ (다) – (나) – (가)

02 다음 중 (가)의 단계에서 물품 보관 장소를 선정할 때 기준으로 옳은 것은? 난이도 하

① 물품의 재질
② 물품의 부피
③ 물품의 무게
④ 물품의 특성
⑤ 물품의 파손 여부

03 다음 중 자원관리과정을 순서대로 바르게 나열한 것은?

난이도 하

ㄱ. 필요한 자원의 종류와 양 확인하기	ㄴ. 계획대로 수행하기
ㄷ. 자원 활용 계획 세우기	ㄹ. 이용 가능한 자원 수집하기

① ㄱ－ㄴ－ㄷ－ㄹ
② ㄱ－ㄹ－ㄷ－ㄴ
③ ㄴ－ㄷ－ㄹ－ㄱ
④ ㄹ－ㄱ－ㄷ－ㄴ
⑤ ㄷ－ㄹ－ㄱ－ㄴ

04 자원의 낭비요인을 4가지로 나누어볼 때, 다음 중 〈보기〉의 사례에 해당하는 낭비요인을 순서대로 바르게 나열한 것은?

난이도 중

〈자원의 낭비요인〉

(가) 비계획적 행동 : 자원을 어떻게 활용할 것인가에 대한 계획 없이 충동적이고 즉흥적으로 행동하여 자원을 낭비하게 된다.
(나) 편리성 추구 : 자원을 편한 방향으로만 활용하는 것을 의미하며, 물적자원뿐만 아니라 시간, 돈의 낭비를 초래할 수 있다.
(다) 자원에 대한 인식 부재 : 자신이 가지고 있는 중요한 자원을 인식하지 못하는 것으로, 무의식적으로 중요한 자원을 낭비하게 된다.
(라) 노하우 부족 : 자원관리의 중요성을 인식하면서도 자원관리에 대한 경험이나 노하우가 부족한 경우를 말한다.

보기

㉠ A는 가까운 거리에 있는 패스트푸드점을 직접 방문하지 않고 배달 앱을 통해 배달료를 지불하고 음식을 주문한다.
㉡ B는 의자를 만들어 달라는 고객의 주문에 공방에 남은 재료와 주문할 재료를 떠올리고는 일주일 안으로 완료될 것이라고 이야기하였지만, 생각지 못한 재료의 배송 기간으로 제작 시간이 부족해 약속된 기한을 지키지 못하였다.
㉢ 현재 수습사원인 C는 처음으로 프로젝트를 담당하게 되면서 나름대로 계획을 세우고 열심히 수행했지만, 예상치 못한 상황이 발생하자 당황하여 처음 계획했던 대로 진행할 수 없었고 결국 아쉬움을 남긴 채 프로젝트를 완성하였다.
㉣ D는 TV에서 홈쇼핑 채널을 시청하면서 품절이 임박했다는 쇼호스트의 말을 듣고는 무작정 유럽 여행 상품을 구매하였다.

	(가)	(나)	(다)	(라)
①	㉡	㉣	㉠	㉢
②	㉢	㉣	㉡	㉠
③	㉢	㉠	㉡	㉣
④	㉣	㉠	㉡	㉢
⑤	㉣	㉢	㉡	㉠

05 **다음은 인력확보 계획의 2가지 방식을 설명한 것이다. 이에 대한 내용으로 옳지 않은 것은?** 난이도 중

> 1. 적응전략방식 : 미래시점에 필요한 인력을 그때의 시점에 확보하는 방식이다.
> 2. 계획전략방식 : 미래시점에 필요한 인력을 미리 예측하여 사전에 확보하고 미래의 환경변화를 예측하여 인력의 확보를 준비하는 방식을 말한다.

① 적응전략방식은 직무와 인력 간의 적합성을 극대화하기 어렵다.
② 적응전략방식은 예측위험성에 대한 비용이 감소될 수 있다.
③ 적응전략방식은 시장기회를 상실할 수 있다.
④ 계획전략방식은 외부노동시장의 의존성을 줄일 수 있다.
⑤ 계획전략방식은 근로자의 교육비용이 증가될 수 있다.

06 **다음 중 〈보기〉의 사례에 대한 물적자원관리의 방해요인을 잘못 나열한 것은?** 난이도 하

> 보기
>
> • A는 손톱깎이를 사용한 뒤 항상 아무 곳에나 놓는다. 그래서 손톱깎이가 필요할 때마다 한참 동안 집 안 구석구석을 찾아야 한다.
> • B는 길을 가다가 귀여운 액세서리를 발견하면 그냥 지나치지 못한다. 그래서 B의 화장대 서랍에는 액세서리가 쌓여 있다.
> • C는 지난주에 휴대폰을 잃어버려 얼마 전에 새로 구입하였다. 그런데 오늘 또 지하철에서 새로 산 휴대폰을 잃어버리고 말았다.
> • D는 작년에 친구로부터 선물 받은 크리스마스 한정판 화장품을 잃어버린 후 찾지 못했고, 다시 구입하려고 하니 이미 판매가 끝난 상품이라 구입할 수 없었다.
> • E는 건조한 실내 공기에 작년에 사용하고 넣어 두었던 가습기를 찾았으나, 창고에서 꺼내 온 가습기는 곰팡이가 피어 작동하지 않았다.

① A – 보관 장소를 파악하지 못하는 경우
② B – 분명한 목적 없이 물건을 구입하는 경우
③ C – 물품을 분실한 경우
④ D – 보관 장소를 파악하지 못하는 경우
⑤ E – 물품이 훼손된 경우

02 피둘형

01 다음 글을 읽고, 〈보기〉의 ㉠~㉥을 입찰 경매 순서대로 바르게 나열한 것은? 난이도 중

> H은행의 온라인 거래소는 산지 농산물을 인터넷이나 모바일을 통해 경매나 정가·수의매매로 거래할 수 있는 농산물 공영유통시장이다. 기존의 도매시장처럼 경매나 정가·수의매매로 거래하되, 거래 방법은 출하처가 지정한다. 입찰 경매는 하루에 두 번, 오전과 오후에 진행되지만, 정가 거래는 별도의 시간 제약이 없다.
> 온라인 거래소는 생산자의 결정권이 강화되었다는 평가를 받는다. 정가 거래 시 출하처가 등록한 희망 가격으로만 거래할 수 있으며, 입찰 거래 시에도 출하처가 입찰 최저가격과 출하권역, 배송 최소물량 등을 미리 지정하기 때문이다. 구매자는 출하처가 제시한 최저가격과 물량으로만 입찰할 수 있다. 대신 가격 안정과 거래 활성화를 위해 입찰 거래는 낙찰자 제시가 중 최저가를 일괄 적용한다.
> 온라인 거래소는 일반 도매시장과 달리 출하 표준규격이 없다. 중도매인 외에 식자재 업체나 마트 바이어 등 다양한 구매자가 참여하는 만큼 특정 규격을 지정하기보다 주요 생산 품목을 다양하게 등록할 수 있도록 했다. 또한 낙찰 이후 배송이 지체되면 가격변동으로 인해 구매 의욕 저하가 발생할 수 있기 때문에 산지직송을 통한 익일배송을 원칙으로 한다.
> 온라인 거래소는 정산 주체의 역할도 수행한다. 출하처에 대금을 선지급하고, 차후 구매자가 결제하는 방식이다. 다만 클레임 발생으로 인한 재정산, 정산취소를 방지하기 위해 구매자 상품 수령과 검품 절차를 마친 거래 확정 건에 대해서만 정산한다.

보기

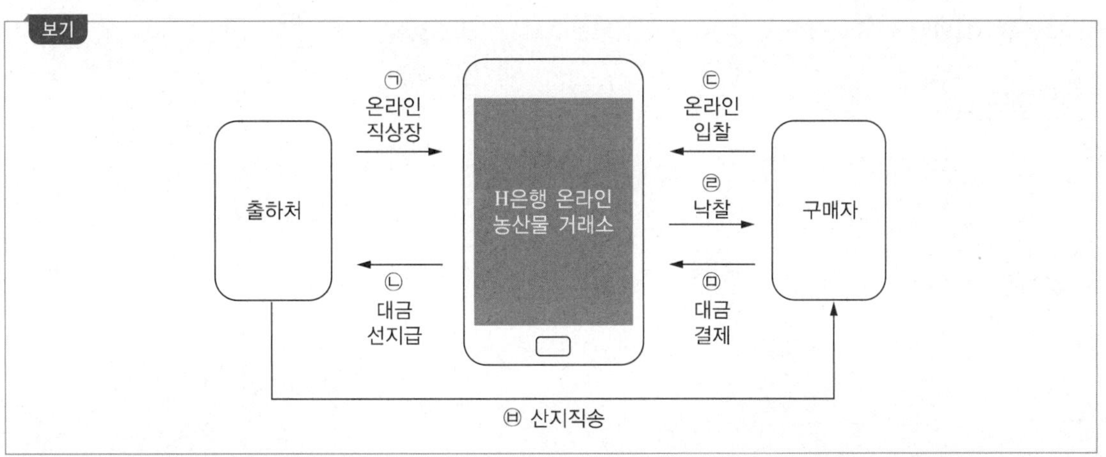

① ㉠-㉡-㉢-㉣-㉤-㉥
② ㉠-㉢-㉡-㉣-㉥-㉤
③ ㉠-㉢-㉣-㉤-㉡-㉥
④ ㉠-㉢-㉣-㉥-㉡-㉤
⑤ ㉢-㉠-㉣-㉥-㉤-㉡

02 다음 자료를 근거로 판단할 때, 연구모임 A～E 중 두 번째로 많은 지원금을 받는 모임은? 난이도 상

〈지원계획〉

- 지원을 받기 위해서는 한 모임당 6명 이상 9명 미만으로 구성되어야 한다.
- 기본지원금은 모임당 1,500천 원을 기본으로 지원한다. 단, 상품개발을 위한 모임의 경우는 2,000천 원을 지원한다.
- 추가지원금

등급	상	중	하
추가지원금(천 원 / 명)	120	100	70

※ 추가지원금은 연구 계획 사전평가결과에 따라 달라진다.

- 협업 장려를 위해 협업이 인정되는 모임에는 위의 두 지원금을 합한 금액의 30%를 별도로 지원한다.

〈연구모임 현황 및 평가결과〉

모임	상품개발 여부	구성원 수	연구 계획 사전평가결과	협업 인정 여부
A	○	5명	상	○
B	×	6명	중	×
C	×	8명	상	○
D	○	7명	중	×
E	×	9명	하	×

① A모임
② B모임
③ C모임
④ D모임
⑤ E모임

03 K회사에서 근무하는 김사원은 수출계약 건으로 한국에 방문하는 바이어를 맞이하기 위해 인천공항에 가야 한다. 미국 뉴욕에서 오는 바이어는 현지시각으로 21일 오전 8시 30분에 한국행 비행기에 탑승할 예정이며, 비행시간은 17시간이다. K회사에서 인천공항까지는 1시간 30분이 걸리고, 바이어의 도착 예정시각보다는 30분 일찍 도착하여 대기하려고 할 때, 김사원이 적어도 회사에서 출발해야 하는 시각은?(단, 뉴욕은 한국보다 13시간이 느리다) 난이도 중

① 21일 10시 30분
② 21일 12시 30분
③ 22일 12시
④ 22일 12시 30분
⑤ 22일 14시 30분

04 B공사에서 근무하는 K사원은 새로 도입되는 교통관련 정책 홍보자료를 만들어서 배포하려고 한다. 다음 중 가장 저렴한 비용으로 인쇄할 수 있는 업체로 옳은 것은? 난이도 중

〈인쇄업체별 비용 견적〉

(단위 : 원)

업체명	페이지당 비용	표지 가격		권당 제본비용	할인
		유광	무광		
A인쇄소	50	500	400	1,500	–
B인쇄소	70	300	250	1,300	–
C인쇄소	70	500	450	1,000	100부 초과 시 초과 부수만 총비용에서 5% 할인
D인쇄소	60	300	200	1,000	–
E인쇄소	100	200	150	1,000	총 인쇄 페이지 5,000페이지 초과 시 총비용에서 20% 할인

※ 홍보자료는 관내 20개 지점에 배포하고, 각 지점마다 10부씩 배포한다.

※ 홍보자료는 30페이지 분량으로 제본하며, 표지는 유광표지로 한다.

① A인쇄소
② B인쇄소
③ C인쇄소
④ D인쇄소
⑤ E인쇄소

05 기획팀 A사원은 다음 주 금요일에 열릴 세미나 장소를 섭외하라는 부장님의 지시를 받았다. 세미나에 참여할 인원은 총 17명이며, 모든 인원이 앉을 수 있는 테이블과 의자, 발표에 사용할 빔프로젝터 1개가 필요하다. A사원은 모든 회의실의 잔여상황을 살펴보고 가장 적합한 대회의실을 선택하였고, 필요한 비품은 다른 회의실과 창고에서 확보한 후 부족한 물건을 주문하였다. 주문한 비품이 도착한 후 물건을 확인했지만 수량을 착각해 빠트린 것이 있었다. 다시 주문하게 된다면 A사원이 주문할 물품 목록으로 옳은 것은? 난이도 중

〈회의실별 비품현황〉

(단위 : 개)

구분	대회의실	1회의실	2회의실	3회의실	4회의실
테이블(2인용)	1	1	2	–	–
의자	3	2	–	–	4
빔프로젝터	–	–	–	–	–
화이트보드	–	–	–	–	–
보드마카	2	3	1	–	2

〈창고 내 비품보유현황〉

(단위 : 개)

구분	테이블(2인용)	의자	빔프로젝터	화이트보드	보드마카
창고	–	2	1	5	2

〈1차 주문서〉

1. 테이블(2인용) 4개
2. 의자 1개
3. 화이트보드 1개
4. 보드마카 2개

① 빔프로젝터 : 1개, 의자 : 3개
② 빔프로젝터 : 1개, 테이블 : 1개
③ 테이블 : 1개, 의자 : 5개
④ 테이블 : 9개, 의자 : 6개
⑤ 테이블 : 9개, 의자 : 3개

03 PSAT형

01 A와 B는 각각 해외에서 직구로 물품을 구매하였다. 해외 관세율이 다음과 같을 때, A와 B 중 어떤 사람이 더 관세를 많이 냈으며 그 금액은 얼마인가? 난이도 중

〈해외 관세율〉

(단위 : %)

품목	관세	부가세
책	5	5
유모차, 보행기	5	10
노트북	8	10
스킨, 로션 등 화장품	6.5	10
골프용품, 스포츠용 헬멧	8	10
향수	7	10
커튼	13	10
카메라	8	10
신발	13	10
TV	8	10
휴대폰	8	10

※ 향수 화장품의 경우 개별소비세 7%, 농어촌특별세 10%, 교육세 30%가 추가된다.

※ 100만 원 이상 전자제품(TV, 노트북, 카메라, 핸드폰 등)은 개별소비세 20%, 교육세 30%가 추가된다.

〈구매 품목〉

A : TV(110만 원), 화장품(5만 원), 휴대폰(60만 원), 스포츠용 헬멧(10만 원)

B : 책(10만 원), 카메라(80만 원), 노트북(110만 원), 신발(10만 원)

① A, 91.5만 원
② B, 90.5만 원
③ A, 94.5만 원
④ B, 92.5만 원
⑤ B, 93.5만 원

02 다음은 A～E자동차의 성능을 비교한 자료이다. K씨의 가족은 서울에서 거리가 140km 떨어진 곳으로 여행을 가려고 한다. 가족 구성원은 총 4명이며 모두가 탈 수 있는 차를 렌트하려고 할 때, 어떤 자동차를 이용하는 것이 가장 비용이 적게 드는가?(단, 비용은 일의 자리에서 반올림한다) 난이도 상

〈자동차 성능 현황〉

구분	종류	연료	연비
A자동차	하이브리드 자동차	일반 휘발유	25km/L
B자동차	전기 자동차	전기	6km/kW
C자동차	가솔린 자동차	고급 휘발유	22km/L
D자동차	가솔린 자동차	일반 휘발유	20km/L
E자동차	가솔린 자동차	고급 휘발유	22km/L

〈연료별 비용〉

구분	비용
전기	500원/kW
일반 휘발유	1,640원/L
고급 휘발유	1,870원/L

〈자동차 인원〉

구분	인원
A자동차	5인용
B자동차	2인용
C자동차	4인용
D자동차	6인용
E자동차	4인용

① A자동차
② B자동차
③ C자동차
④ D자동차
⑤ E자동차

03 A은행 B지점에서는 8월 둘째 주(8월 9일 ~ 8월 13일) 중에 2회에 걸쳐 전 직원을 대상으로 '고객 개인정보 유출 방지'에 관한 교육을 지역 문화회관에서 진행하려고 한다. 자료를 토대로 B지점이 교육을 진행할 수 있는 요일과 시간대를 모두 나열한 것은?(단, 교육은 1회당 3시간씩 진행된다) 난이도 중

〈문화회관 이용 가능 요일〉

구분	월요일	화요일	수요일	목요일	금요일
9시 ~ 12시	○	×	○	×	○
12시 ~ 13시	점심시간(운영 안 함)				
13시 ~ 17시	×	○	○	×	×

〈주간 주요 일정표〉

일정	내용
8월 9일 월요일	08:30 ~ 09:30 주간조회 및 부서별 회의 14:00 ~ 15:00 팀별 전략 회의
8월 10일 화요일	09:00 ~ 10:00 경쟁력 강화 회의
8월 11일 수요일	11:00 ~ 13:00 부서 점심 회식 17:00 ~ 18:00 팀 회식
8월 12일 목요일	15:00 ~ 16:00 경력사원 면접
8월 13일 금요일	특이사항 없음

※ 주요 일정이 있는 시간 이외에 문화회관 이용 시간과 일정 시간이 겹치지 않는다면 언제든지 교육을 받을 수 있음

① 월요일 오전, 수요일 오후, 금요일 오전
② 화요일 오전, 수요일 오후, 목요일 오전
③ 화요일 오후, 수요일 오전, 금요일 오전
④ 화요일 오후, 수요일 오후, 금요일 오전
⑤ 수요일 오전, 수요일 오후, 금요일 오전

※ 다음은 수발실에서 근무하는 직원들에 대한 4분기 근무평정 자료이다. 이어지는 질문에 답하시오. [4~5]

〈정보〉

- 수발실은 공단으로 수신되거나 공단에서 발송하는 문서를 분류, 배부하는 업무를 한다. 문서 수발이 중요한 업무인 만큼, 공단은 매분기 수발실 직원별로 사고 건수를 조사하여 다음의 벌점 산정 방식에 따라 벌점을 부과한다.
- 공단은 이번 4분기 수발실 직원들에 대해 벌점을 부과한 후, 이를 반영하여 성과급을 지급하고자 한다.

〈벌점 산정방식〉

- 분기 벌점은 사고 유형별 건수와 유형별 벌점의 곱의 총합으로 계산한다.
- 전분기 무사고였던 직원의 경우, 해당분기 벌점에서 5점을 차감하는 혜택을 부여받는다.
- 전분기에 무사고였더라도, 해당분기 발신사고 건수가 4건 이상인 경우 벌점차감 혜택을 적용받지 못한다.

〈사고 건수당 벌점〉

(단위 : 점)

사고 종류	수신사고		발신사고	
	수신물 오분류	수신물 분실	미발송	발신물 분실
벌점	2	4	4	6

〈4분기 직원별 오류발생 현황〉

(단위 : 건)

직원	수신물 오분류	수신물 분실	미발송	발신물 분실	전분기 총사고 건수
A	–	2	–	4	2
B	2	3	3	–	–
C	2	–	3	1	4
D	–	2	2	2	8
E	1	–	3	2	–

04 벌점 산정방식에 따를 때, 수발실 직원 중 두 번째로 높은 벌점을 부여받는 직원은? 난이도 중

① A직원
② B직원
③ C직원
④ D직원
⑤ E직원

05 공단은 수발실 직원들의 등수에 따라 4분기 성과급을 지급하고자 한다. 수발실 직원들의 경우 해당 분기 벌점이 적을수록 부서 내 등수가 높다고 할 때, 다음 중 B직원과 E직원이 지급받을 성과급 총액은 얼마인가?

난이도 중

〈성과급 지급 기준〉

- (성과급)=(부서별 성과급 기준액)×(등수별 지급비율)
- 수발실 성과급 기준액 : 100만 원
- 등수별 성과급 지급비율

등수	1등	2～3등	4～5등
지급비율	100%	90%	80%

※ 분기당 벌점이 30점을 초과하는 경우 등수와 무관하게 성과급 기준액의 50%만 지급한다.

① 100만 원
② 160만 원
③ 180만 원
④ 220만 원
⑤ 200만 원

06 A사의 5명의 직원들(과장 1명, 대리 2명, 사원 2명)이 10월 중에 연차를 쓰려고 한다. 아래 〈조건〉을 참고하여 직원들이 나눈 대화 내용 중 옳지 않은 말을 한 직원을 모두 고르면?

난이도 상

조건

- 연차는 하루이다.
- 10월 1일은 월요일이며, 3일과 9일은 공휴일이다.
- 대리는 교육을 신청한 주에 연차를 신청할 수 없다.
- 같은 주에 3명 이상 교육 및 연차를 신청하면 안 된다.
- 워크숍은 5주차 월·화이다.
- 연차는 연이어 쓸 수 없다.
- 대리급 교육은 매주 이틀 동안 목～금에 있으며, 교육은 한 번만 받으면 된다.
- 연차와 교육 신청 순서는 대화 내용에서 말한 차례대로 적용한다.

과장 A : 난 9일에 시골 내려가야 해서 10일에 쓰려고 하네. 나머지 사람들은 그날 제외하고 서로 조율해서 신청하면 좋겠네.

대리 A : 저는 10월에 교육받으러 18～19일에 갈 예정입니다. 그리고 그 다음 주 수요일 날 연차 쓰겠습니다. 그럼 저 교육받는 주에 다른 사람 2명 신청 가능할 것 같은데요.

사원 A : 오, 그럼 제가 15일에 쓰겠습니다.

대리 B : 저는 연이어서 16일에 신청할 수 없으니까 17일에 쓰고, 교육은 11～12일에 받겠습니다.

사원 B : 저만 정하면 끝나네요. 2일로 하겠습니다.

① 과장 A, 대리 A
② 대리 A, 대리 B
③ 대리 B, 사원 A
④ 사원 A, 사원 B
⑤ 사원 B, 대리 B

SECTION **04** # 심화문제

정답 및 해설 p.54

01 다음은 주중과 주말 교통상황에 대한 자료이다. 이에 대한 〈보기〉의 설명으로 옳은 것을 모두 고르면?

난이도 상

〈주중 · 주말 예상 교통량〉

(단위 : 만 대)

구분	전국	수도권 → 지방	지방 → 수도권
주말 교통량	490	50	51
주중 교통량	380	42	35

〈대도시 간 예상 최대 소요시간〉

구분	서울 – 대전	서울 – 부산	서울 – 광주	서울 – 강릉	남양주 – 양양
주말	2시간 40분	5시간 40분	4시간 20분	3시간 20분	2시간 20분
주중	1시간 40분	4시간 30분	3시간 20분	2시간 40분	1시간 50분

보기

ㄱ. 대도시 간 예상 최대 소요시간은 모든 구간에서 주중이 주말보다 적게 걸린다.
ㄴ. 주중 전국 교통량 중 수도권에서 지방으로 가는 교통량의 비율은 10% 이상이다.
ㄷ. 지방에서 수도권으로 가는 주말 예상 교통량은 주중 예상 교통량보다 30% 미만으로 많다.
ㄹ. 서울 – 광주 구간 주중 예상 최대 소요시간은 서울 – 강릉 구간 주말 예상 최대 소요시간과 같다.

① ㄱ, ㄴ
② ㄴ, ㄷ
③ ㄴ, ㄷ, ㄹ
④ ㄱ, ㄴ, ㄹ
⑤ ㄷ, ㄹ

02 K공사에 다니는 W사원은 이번 달에 영국에서 5일 동안 일을 마치고 한국에 돌아와 일주일 후 스페인으로 다시 4일간의 출장을 간다고 한다. 다음 자료를 참고하여 W사원이 영국과 스페인 출장에 사용할 총 비용을 A, B, C은행에서 환전한다고 할 때, 필요한 원화의 최댓값과 최솟값의 차이는 얼마인가?(단, 출장비는 해외여비와 교통비의 합이다)

난이도 상

〈국가별 1일 여비〉

구분	영국	스페인
1일 해외여비	50파운드	60유로

〈국가별 교통비 및 추가 지급비용〉

구분	영국	스페인
교통비(비행시간)	380파운드(12시간)	870유로(14시간)
초과 시간당 추가 지급비용	20파운드	15유로

※ 교통비는 편도 항공권 비용이며, 비행시간도 편도에 해당한다.
※ 편도 비행시간이 10시간을 초과하면 시간당 추가 비용이 지급된다.

〈은행별 환율 현황〉

구분	매매기준율(KRW)	
	원/파운드	원/유로
A은행	1,470	1,320
B은행	1,450	1,330
C은행	1,460	1,310

① 31,900원
② 32,700원
③ 33,500원
④ 34,800원
⑤ 35,200원

03 S컨벤션에서 회의실 예약업무를 담당하고 있는 K씨는 2주 전 B기업으로부터 오전 10시 ~ 낮 12시에 35명, 오후 1시 ~ 오후 4시에 10명이 이용할 수 있는 회의실 예약문의를 받았다. K씨는 회의실 예약 설명서를 B기업으로 보냈고 B기업은 자료를 바탕으로 회의실을 선택하여 결제했다. 하지만 이용일 4일 전 B기업이 오후 회의실 사용을 취소했을 때, 〈조건〉을 참고하여 B기업이 환불받게 될 금액을 고르면?(단, 회의에서는 노트북과 빔프로젝터를 이용하며, 부대장비 대여료도 환불규칙에 포함된다) 난이도 상

〈회의실 사용료(VAT 포함)〉

회의실	수용 인원(명)	면적(m^2)	기본임대료(원)		추가임대료(원)	
			기본시간	임대료	추가시간	임대료
대회의실	90	184	2시간	240,000	시간당	120,000
별실	36	149		400,000		200,000
세미나 1	21	43		136,000		68,000
세미나 2						
세미나 3	10	22		74,000		37,000
세미나 4	16	36		110,000		55,000
세미나 5	8	15		62,000		31,000

〈부대장비 대여료(VAT 포함)〉

장비명	사용료(원)				
	1시간	2시간	3시간	4시간	5시간
노트북	10,000	10,000	20,000	20,000	30,000
빔프로젝터	30,000	30,000	50,000	50,000	70,000

조건

- 기본임대 시간은 2시간이며, 1시간 단위로 연장할 수 있습니다.
- 예약 시 최소 인원은 수용 인원의 $\frac{1}{2}$ 이상이어야 합니다.
- 예약 가능한 회의실 중 비용이 저렴한 쪽을 선택해야 합니다.

〈환불규칙〉

- 결제완료 후 계약을 취소하시는 경우 다음과 같이 취소 수수료가 발생합니다.
  - 이용일 기준 7일 이전 : 취소 수수료 없음
  - 이용일 기준 6일 ~ 3일 이전 : 취소 수수료 10%
  - 이용일 기준 2일 ~ 1일 이전 : 취소 수수료 50%
  - 이용일 당일 : 환불 없음
- 회의실에는 음식물을 반입하실 수 없습니다.
- 이용일 7일 전까지(7일 이내 예약 시에는 금일 중) 결제하셔야 합니다.
- 결제변경은 해당 회의실 이용시간 전까지 가능합니다.

① 162,900원 ② 183,600원
③ 211,500원 ④ 246,600원
⑤ 387,000원

04 철수, 영희, 상수는 재충전 횟수에 따른 업체들의 견적을 비교하여 리튬이온배터리를 구매하려고 한다. 다음 〈조건〉에 따라 옳지 않은 것은?

난이도 중

재충전 \ 누적방수액	유	무
0회 이상~100회 미만	5,000원	5,000원
100회 이상~300회 미만	10,000원	5,000원
300회 이상~500회 미만	20,000원	10,000원
500회 이상~1000회 미만	30,000원	15,000원
12,000회 이상	50,000원	20,000원

조건

- 철수 : 재충전이 12,000회 이상은 되어야 해.
- 영희 : 나는 그렇게 많이는 필요하지 않고, 200회면 충분해.
- 상수 : 나는 무조건 누적방수액을 발라야 해.

① 철수, 영희, 상수가 리튬이온배터리를 가장 저렴하게 구매하는 가격은 30,000원이다.
② 철수, 영희, 상수가 리튬이온배터리를 가장 비싸게 구매하는 가격은 110,000원이다.
③ 영희가 리튬이온배터리를 가장 저렴하게 구매하는 가격은 10,000원이다.
④ 영희가 가장 비싸게 구매하는 가격과 상수가 가장 비싸게 구매하는 가격의 차이는 30,000원 이상이다.
⑤ 상수가 구매하는 리튬이온배터리의 가장 저렴한 가격과 가장 비싼 가격의 차이는 45,000원이다.

05 다음 글의 내용이 참일 때, H공사의 신입사원으로 채용될 수 있는 지원자들의 최대 인원은 몇 명인가?

난이도 중

금년도 신입사원 채용에서 H공사가 요구하는 자질은 이해능력, 의사소통능력, 대인관계능력, 실행능력이다. H공사는 이 4가지 자질 중 적어도 3가지 자질을 지닌 사람을 채용하고자 한다. 지원자는 갑, 을, 병, 정 4명이며, 이들이 지닌 자질을 평가한 결과 다음과 같은 정보가 주어졌다.
㉠ 갑이 지닌 자질과 정이 지닌 자질 중 적어도 두 개는 일치한다.
㉡ 대인관계능력은 병만 가진 자질이다.
㉢ 만약 지원자가 의사소통능력을 지녔다면 그는 대인관계능력의 자질도 지닌다.
㉣ 의사소통능력의 자질을 지닌 지원자는 한 명뿐이다.
㉤ 갑, 병, 정은 이해능력이라는 자질을 지니고 있다.

① 1명 ② 2명
③ 3명 ④ 4명
⑤ 0명

CHAPTER **05**

정보능력

출제유형 및 학습 전략

1 평소에 컴퓨터 활용 스킬을 튼튼이 익혀라!

윈도우(OS)에서 어떠한 설정을 할 수 있는지, 응용프로그램(엑셀 등)에서 어떠한 기능을 활용할 수 있는지를 평소에 직접 사용해 본다면 문제를 보다 수월하게 해결할 수 있다. 여건이 된다면 컴퓨터활용능력에 관련된 자격증 공부를 하는 것도 이론과 실무를 익히는데 도움이 될 것이다.

2 문제의 규칙을 찾는 연습을 하라!

일반적으로 코드체계나 시스템 논리체계를 제공하고 이를 분석하여 문제를 해결하는 유형이 출제된다. 이러한 문제는 문제해결능력과 같은 맥락으로 규칙을 파악하여 접근하는 방식으로 연습이 필요하다.

3 현재 보고 있는 그 문제에 집중하자!

정보능력의 모든 것을 공부하려고 한다면 양이 너무나 방대하다. 그렇기 때문에 수험서에서 본인이 현재 보고 있는 문제들을 집중적으로 공부하고 기억하려고 해야 한다. 그러나 엑셀의 함수 수식, 연산자 등 암기를 필요로 하는 부분들은 필수적으로 암기를 해서 출제가 되었을 때 오답률을 낮출 수 있도록 한다.

4 사진 · 그림을 기억하자!

컴퓨터의 활용 능력을 파악하는 영역이다 보니 컴퓨터 속 옵션, 기능, 설정 등의 사진 · 그림이 문제에 같이 나오는 경우들이 있다. 그런 부분들은 직접 컴퓨터를 통해서 하나하나 확인을 하면서 공부한다면 더 기억에 잘 남게 된다. 조금 귀찮더라도 한 번씩 클릭하면서 확인을 해보도록 한다.

SECTION 01 모듈이론

01 정보능력의 의의

(1) 정보의 의의

① 정보능력의 의미

컴퓨터를 활용하여 필요한 정보를 수집·분석·활용하는 능력이다.

② 자료(Data)·정보(Information)·지식(Knowledge) 기출

구분	일반적 정의	사례
자료	객관적 실체를 전달이 가능하게 기호화한 것	스마트폰 활용 횟수
정보	자료를 특정한 목적과 문제 해결에 도움이 되도록 가공한 것	20대의 스마트폰 활용 횟수
지식	정보를 체계화 하여 보편성을 갖도록 한 것	스마트폰 디자인에 대한 20대의 취향
일반적으로 '자료⊇지식⊇정보'의 포함관계로 나타낼 수 있다.		

③ 정보의 특성

㉠ 적시성 : 정보는 원하는 시간에 제공되어야 한다

㉡ 독점성 : 정보는 공개가 되고 나면 정보가치가 급감하나(경쟁성), 정보획득에 필요한 비용이 줄어드는 효과도 있다(경제성).

구분	공개 정보	반(半)공개 정보	비(非)공개 정보
경쟁성	낮음	⇨	높음
경제성	높음	⇨	낮음

(2) 정보화 사회

① 정보화 사회의 의의

정보가 사회의 중심이 되는 사회로, IT기술을 활용해 필요한 정보가 창출되는 사회이다.

② 정보화 사회의 특징

- 정보의 사회적 중요성이 요구되며, 정보 의존성이 강화된다.
- 전 세계를 하나의 공간으로 여기는 수평적 네트워크 커뮤니케이션이 가능해진다.
- 경제 활동의 중심이 유형화된 재화에서 정보·서비스·지식의 생산으로 옮겨간다.
- 정보의 가치 생산을 중심으로 사회 전체가 움직이게 된다.

③ 미래 사회의 특징

- 지식 및 정보 생산 요소에 의한 부가가치 창출
- 세계화의 진전
- 지식의 폭발적 증가

④ 정보화 사회의 필수 행위

정보 검색, 정보 관리, 정보 전파

⑤ 미래사회의 6T

정보기술(IT), 생명공학(BT), 나노기술(NT), 환경기술(ET), 문화산업(CT), 우주항공기술(ST)

(3) 컴퓨터의 활용 분야 기출

① 기업 경영 분야

경영정보시스템(MIS)	기업 경영에 필요한 정보를 효과적으로 활용하도록 지원하여 경영자가 신속히 의사결정을 할 수 있게 함
의사결정지원시스템(DSS)	
전략정보시스템(SIS)	기업의 전략을 실현해 경쟁 우위를 확보하기 위한 목적으로 사용
사무자동화(OA)	문서 작성과 보관의 자동화, 전자 결재 시스템이 도입되어 업무 처리의 효율을 높여 줌
전자상거래(EC)	기업의 입장에서는 비용을 절감할 수 있으며, 소비자는 값싸고 질 좋은 제품을 구매할 수 있게 함

② 행정 분야

행정 데이터베이스	민원 처리, 행정 통계 등의 행정 관련 정보의 데이터베이스 구축
행정 사무자동화	민원 서류의 전산 발급

③ 산업 분야

공업	컴퓨터를 이용한 공정 자동화
산업	산업용 로봇의 활용
상업	POS 시스템

④ 전자상거래(EC)

- 컴퓨터나 정보통신망 등 전자화된 기술을 이용해 기업과 소비자가 상품과 서비스를 사고파는 것을 의미한다.
- 홈쇼핑, 홈뱅킹, 인터넷 서점 등이 이에 해당한다.
- 모든 기업과 모든 소비자를 대상으로 기업의 상품 및 서비스가 제공된다.
- 전자상거래가 활성화되면 기업은 물류 비용을 줄일 수 있으며, 소비자는 값싸고 질 좋은 제품을 집에서 구매할 수 있게 된다.

(4) 정보 처리 과정

① 기획

정보 활동의 가장 첫 단계이며, 정보 관리의 가장 중요한 단계이다.

5W	What(무엇을)	정보의 입수대상을 명확히 한다.
	Where(어디에서)	정보의 소스를 파악한다.
	When(언제)	정보의 요구시점을 고려한다.
	Why(왜)	정보의 필요 목적을 염두에 둔다.
	Who(누가)	정보 활동의 주체를 확정한다.
2H	How(어떻게)	정보의 수집 방법을 검토한다
	How much(얼마나)	정보 수집의 효용성을 중시한다

② 수집

㉠ 다양한 정보원으로부터 목적에 적합한 정보를 입수하는 것이다.

㉡ 정보 수집의 최종적인 목적은 '예측'을 잘하기 위함이다.

③ 관리 기출

㉠ 수집된 다양한 형태의 정보를 사용하기 쉬운 형태로 바꾸는 것이다.

㉡ 정보관리의 3원칙

목적성	사용 목적을 명확히 설명해야 한다.
용이성	쉽게 작업할 수 있어야 한다.
유용성	즉시 사용할 수 있어야 한다.

④ 정보활용능력 기출

- 정보가 필요하다는 문제 상황을 인지할 수 있는 능력
- 문제해결에 적합한 정보를 찾고 선택할 수 있는 능력
- 찾은 정보를 문제해결에 적용할 수 있는 능력
- 윤리의식을 가지고 합법적으로 정보를 활용할 수 있는 능력

OX 문제

01 정보란 정보 작성을 위하여 필요한 데이터를 말하는 것으로, 이는 '아직 특정의 목적에 대하여 평가되지 않은 상태의 숫자나 문자들의 단순한 나열'을 뜻한다. [ ]

02 지식이란 자료를 가공하여 이용 가능한 정보로 만드는 과정이다. [ ]

03 정보관리의 3원칙이란 목적성, 용이성, 유용성을 말한다. [ ]

04 정보관리의 3원칙 중 용이성이란 해당 정보를 즉시 사용할 수 있어야 한다는 것을 의미한다. [ ]

01 [×] 정보가 아닌 자료에 대한 설명이다. 정보란 자료를 일정한 프로그램에 따라 컴퓨터가 처리・가공함으로써 '특정한 목적을 달성하는 데 필요하거나 특정한 의미를 가진 것으로 다시 생산된 것'을 뜻한다.

02 [×] 지식이 아닌 정보처리에 대한 설명이다. 지식이란 '어떤 특정의 목적을 달성하기 위해 과학적 또는 이론적으로 추상화되거나 정립되어 있는 일반화된 정보'를 뜻한다.

03 [○]

04 [×] 용이성이 아닌 유용성에 대한 설명이다. 용이성이란 쉽게 작업할 수 있어야 한다는 것을 의미한다.

02 컴퓨터 활용능력

(1) 인터넷 서비스의 종류 기출

① 전자우편

> • 인터넷을 이용하여 다른 이용자들과 정보를 주고받는 통신 방법을 말한다.
> • 포털 · 회사 · 학교 등에서 제공하는 전자우편 시스템에 계정을 만들어 이용 가능하다.

② 웹하드

웹서버에 대용량의 저장 기능을 갖추고 사용자가 개인의 하드디스크와 같은 기능을 인터넷을 통해 이용할 수 있게 하는 서비스를 말한다.

③ 메신저

컴퓨터를 통해 실시간으로 메시지와 데이터를 주고받을 수 있는 서비스이며, 응답이 즉시 이루어져 가장 보편적으로 사용되는 서비스이다.

④ 클라우드

> • 사용자들이 별도의 데이터 센터를 구축하지 않고도, 인터넷 서버를 활용해 정보를 보관하고 있다가 필요할 때 꺼내 쓰는 기술을 말한다.
> • 모바일 사회에서는 장소와 시간에 관계없이 다양한 단말기를 통해 사용 가능하다.

⑤ SNS

온라인 인맥 구축을 목적으로 개설된 커뮤니티형 웹사이트를 말하며, 트위터, 페이스북, 인스타그램과 같은 1인 미디어와 정보 공유 등을 포괄하는 개념이다.

⑥ 전자상거래

협의의 전자상거래	인터넷이라는 전자적인 매체를 통해 재화나 용역을 거래하는 것
광의의 전자상거래	소비자와의 거래뿐만 아니라 관련된 모든 기관과의 행위를 포함

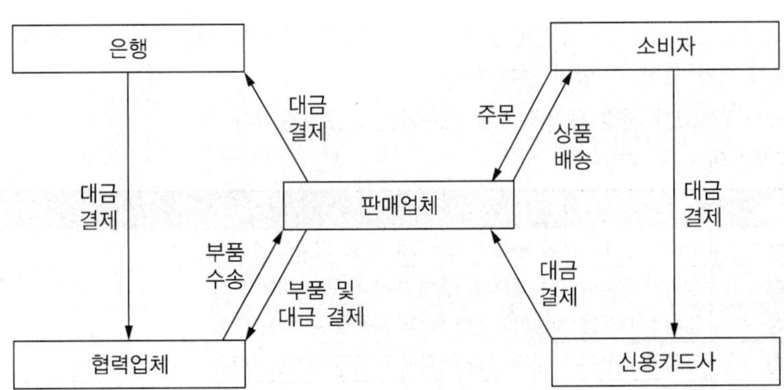

(2) 인터넷 정보 검색

① 정보 검색 단계

검색 주제에 대한 사전 지식을 확보하면 정보검색에 드는 시간을 절약할 수 있다.

첫째, 뉴스 정보인가?

둘째, 인터넷 정보원을 활용해야 하는가?

셋째, 논문자료에서 찾을 수 있는가?

넷째, 해당 주제와 관련 있는 학회나 관공서 사이트에서 찾을 수 있는가?

❶ 검색주제 선정 ➡ ❷ 정보원 선택 ➡ ❸ 검색식 작성 ➡ ❹ 결과 출력

② 검색 엔진의 유형 기출

종류	내용
키워드 검색 방식	• 정보와 관련된 키워드를 직접 입력하여 정보를 찾는 방식 • 방법이 간단하나 키워드를 불명확하게 입력하면 검색이 어려움
주제별 검색 방식	• 주제별, 계층별로 문서들을 정리해 DB를 구축한 후 이용하는 방식 • 원하는 정보를 찾을 때까지 분류된 내용을 차례로 선택해 검색
자연어 검색 방식	문장 형태의 질의어를 형태소 분석을 거쳐 각 질문에 답이 들어 있는 사이트를 연결해 주는 방식
통합형 검색 방식	• 검색 엔진 자신만의 DB를 구축하지 않음 • 검색어를 연계된 다른 검색 엔진에 보낸 후 검색 결과를 보여줌

③ 정보 검색 시 주의사항

- 논문 등 특정 데이터들은 특화된 검색 엔진을 이용하는 것이 효율적이다.
- 키워드는 구체적으로 입력하는 것이 좋으며, 결과 내 재검색 기능을 활용한다.
- 검색 연산자는 검색 엔진에 따라 다소 차이가 있을 수 있다.

(3) 업무용 소프트웨어 기출

① 워드프로세서

㉠ 문서를 작성·편집·저장·인쇄할 수 있는 프로그램을 말하며, 키보드 등으로 입력한 문서의 내용을 화면으로 확인하면서 쉽게 고칠 수 있어 편리하다.

㉡ 훈글과 MS-Word가 가장 대표적으로 활용되는 프로그램이다.

㉢ 워드프로세서의 주요 기능

종류	내용
입력	키보드나 마우스를 통해 문자·그림 등을 입력할 수 있는 기능
표시	입력한 내용을 표시 장치를 통해 나타내 주는 기능
저장	입력된 내용을 저장하여 필요할 때 사용할 수 있는 기능
편집	문서의 내용이나 형태 등을 변경해 새롭게 문서를 꾸미는 기능
인쇄	작성된 문서를 프린터로 출력하는 기능

② 스프레드시트

㉠ 수치나 공식을 입력하여 그 값을 계산해 내고, 결과를 차트로 표시할 수 있는 프로그램을 말하며, 다양한 함수를 이용해 복잡한 수식도 계산할 수 있다.

㉡ Excel이 가장 대표적으로 활용되는 프로그램이다.

㉢ 스프레드시트의 구성단위

스프레드시트는 셀, 열, 행, 영역의 4가지 요소로 구성된다. 그중에서 셀은 가로행과 세로열이 교차하면서 만들어지는 공간을 말하며, 이는 정보를 저장하는 기본단위이다.

③ 프레젠테이션

㉠ 컴퓨터 등을 이용하여 그 속에 담겨 있는 각종 정보를 전달하는 행위를 프레젠테이션이라고 하며, 이를 위해 사용되는 프로그램들을 프레젠테이션 프로그램이라고 한다.

㉡ 파워포인트와 키노트가 가장 대표적으로 활용되는 프로그램이다.

(4) 유틸리티 프로그램

① 파일 압축 유틸리티

파일의 크기를 압축하거나 줄여 준다. 파일을 압축하면 하드 디스크 또는 플로피 디스크의 저장 용량을 적게 차지하므로 디스크의 저장 공간을 넓혀 주고, 파일을 전송하거나 내려받을 때 걸리는 시간을 단축할 수 있다.

② 바이러스 백신 프로그램

바이러스 백신 프로그램이란 컴퓨터 바이러스를 찾아내고 기능을 정지시키거나 제거하여 손상된 파일을 치료하는 기능을 가진 소프트웨어를 뜻한다. 따라서 백신 프로그램은 일종의 치료제 역할을 하는 프로그램으로, 사전에 바이러스 프로그램의 감염을 막지는 못한다.

③ 화면 캡처 프로그램

모니터 화면에 나타나는 영상을 사용자가 원하는 크기·모양 등을 선택하여 이미지 파일로 만들어 주는 프로그램이다.

④ 이미지 뷰어 프로그램

이미지 뷰어 프로그램은 그림 파일이나 디지털 카메라로 찍은 이미지 파일들을 볼 수 있도록 도와주는 유틸리티 프로그램이다. 여러 장의 이미지를 편리하게 볼 수 있도록 화면 크기에 맞게 확대·축소·연속 보기·두 장 보기 등의 기능이 있다.

⑤ 동영상 재생 프로그램

동영상 재생 프로그램은 각종 영화나 애니메이션을 감상하거나 음악을 즐길 수 있는 유틸리티 프로그램이다. 느린 속도와 빠른 속도로 선택 재생이 가능하고, 재생 시점을 임의로 조정할 수 있다.

(5) 데이터베이스

① 데이터베이스의 의의

여러 개의 서로 연관된 파일을 데이터베이스라 하며, 이 연관성으로 인해 사용자는 여러 파일에 있는 정보를 한 번에 검색할 수 있다.

데이터베이스 관리시스템	데이터와 파일의 관계를 생성·유지·검색할 수 있게 하는 소프트웨어
파일 관리시스템	한 번에 한 개의 파일만 생성·유지·검색할 수 있는 소프트웨어

② 데이터베이스의 필요성 기출

종류	내용
데이터 중복 감소	데이터를 한 곳에서만 갖고 있으므로 유지 비용이 절감된다.
데이터 무결성 증가	데이터가 변경될 경우 한 곳에서 수정하는 것만으로 해당 데이터를 이용하는 모든 프로그램에 반영된다.
검색의 용이	한 번에 여러 파일에서 데이터를 찾을 수 있다.
데이터 안정성 증가	사용자에 따라 보안등급의 차등을 둘 수 있다.

③ 데이터베이스의 기능

종류	내용
입력 기능	형식화된 폼을 사용해 내용을 편리하게 입력할 수 있다.
검색 기능	필터나 쿼리 기능을 이용해 데이터를 빠르게 검색하고 추출할 수 있다.
일괄 관리 기능	테이블을 사용해 데이터를 관리하기 쉽고, 많은 데이터를 종류별로 분류해 일괄적으로 관리할 수 있다.
보고서 기능	데이터를 이용해 청구서나 명세서 등의 문서를 쉽게 만들 수 있다.

④ 데이터베이스의 작업순서 기출

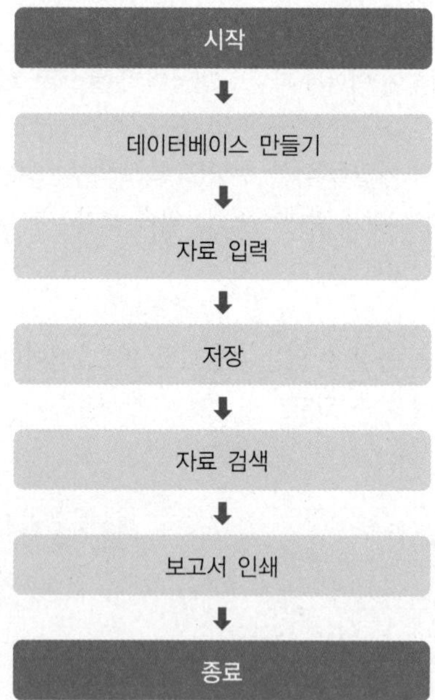

OX 문제

01 정보 검색은 '검색주제 선정 → 정보원 선택 → 검색식 작성 → 결과 출력'의 과정을 거친다. [ ]

02 파일시스템은 데이터베이스 시스템에 비해서 여러 개의 파일이 서로 연관되어 있으므로, 사용자는 여러 개의 파일에 있는 정보를 한 번에 검색해서 볼 수 있는 이점이 있다. [ ]

03 데이터베이스는 데이터가 중복되지 않고 한 곳에만 기록되어 있으므로 데이터의 무결성, 즉 결함 없는 데이터를 유지하는 것이 훨씬 쉬워졌다. [ ]

04 검색 엔진 자신만의 DB를 구축하지 않으며, 검색어를 연계된 다른 검색 엔진에 보낸 후 검색 결과를 보여주는 것을 통합형 검색 방식이라고 한다. [ ]

01 [○]

02 [×] 데이터베이스 시스템은 파일시스템에 비해서 여러 개의 파일이 서로 연관되어 있으므로, 사용자는 여러 개의 파일에 있는 정보를 한 번에 검색해서 볼 수 있는 이점이 있다.

03 [○]

04 [○]

03 정보처리능력

(1) 정보의 수집

① 1차 자료와 2차 자료 기출

구분	내용
1차 자료	• 원래의 연구 성과가 기록된 자료 • 단행본, 학술지와 학술지 논문, 학술회의자료, 연구보고서, 학위논문, 특허정보, 표준 및 규격자료, 레터, 출판 전 배포자료, 신문, 잡지 등
2차 자료	• 1차 자료를 효과적으로 찾아보기 위한 자료 혹은 1차 자료에 포함되어 있는 정보를 압축·정리한 자료 • 사전, 백과사전, 편람, 연감, 서지데이터베이스 등

② 인포메이션과 인텔리전스

구분	내용
인포메이션	하나하나의 개별적인 정보
인텔리전스	인포메이션 중에 몇 가지를 선별해 그것을 연결시켜 판단하기 쉽게 도와주는 하나의 정보 덩어리

③ 정보 수집을 잘하기 위한 방법 기출

㉠ 신뢰관계 수립 : 중요한 정보는 신뢰관계가 좋은 사람에게만 전해지므로, 중요한 정보를 수집하려면 먼저 신뢰관계를 이루어야 한다.

㉡ 선수필승(先手必勝) : 변화가 심한 시대에는 질이나 내용보다 빠른 정보 획득이 중요하다.

㉢ 구조화 : 얻은 정보를 의식적으로 구조화하여 머릿속에 가상의 서랍을 만들어두어야 한다.

㉣ 도구의 활용 : 기억력에는 한계가 있으므로 박스·스크랩 등을 활용하여 정리하여야 한다.

(2) 정보 분석

① 정보 분석의 정의

여러 정보를 상호 관련지어 새로운 정보를 생성해내는 활동을 말한다.

② 정보 분석의 절차 기출

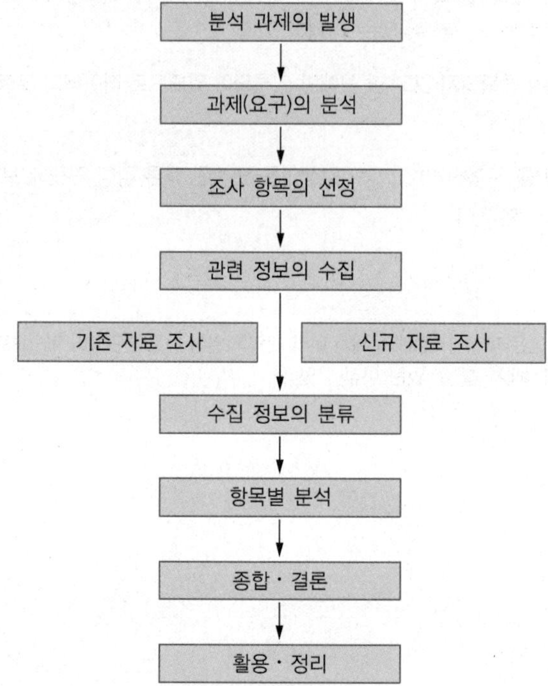

③ 정보 분석의 특징

- 좋은 자료가 있다고 해서 항상 훌륭한 분석이 되는 것은 아니다.
- 반드시 고도의 수학적 기법을 요구하는 것만은 아니다.
- 한 개의 정보만으로는 불분명한 사항일지라도 다른 정보를 통해 이를 명백히 할 수 있다.
- 서로 상반되는 정보들을 판단하여 새로운 해석을 가능하게 한다.

④ 정보의 서열화와 구조화 기출

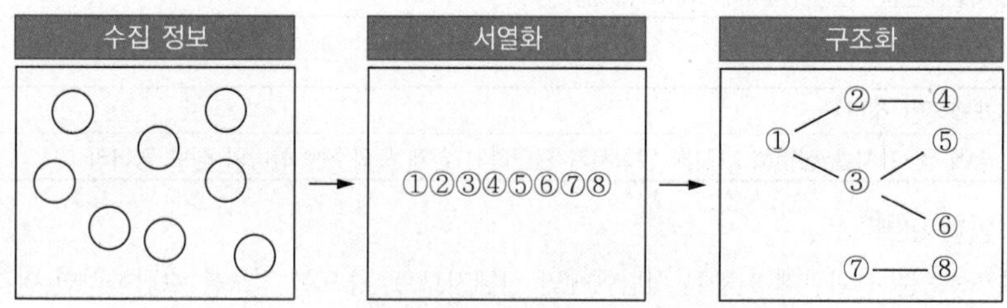

(3) 효율적인 정보 관리 방법 기출

① 목록을 이용한 정보 관리

정보에서 중요 항목을 찾아 기술한 후 정리해 목록을 만드는 것이다.

② 색인을 이용한 정보 관리

㉠ 목록과 색인의 차이

목록	한 정보원에 하나의 목록이 대응된다.
색인	한 정보원에 여러 색인을 부여할 수 있다.

㉡ 색인의 구성요소

③ 분류를 이용한 정보 관리

㉠ 유사한 정보를 하나로 모아 분류하여 정리하는 것은 신속한 정보 검색을 가능하게 한다.

㉡ 분류 기준 예시

기준	내용	예
시간적 기준	정보의 발생 시간별로 분류	2021년 봄, 7월 등
주제적 기준	정보의 내용에 따라 분류	정보사회, ○○대학교 등
기능적/용도별 기준	정보의 용도나 기능에 따라 분류	참고자료용, 강의용, 보고서 작성용 등
유형적 기준	정보의 유형에 따라 분류	도서, 비디오, CD, 한글파일, 파워포인트 파일 등

④ 특징

- 디지털 파일에 색인을 저장하면 추가・삭제・변경이 쉽다.
- 목록은 한 정보원에 하나만 대응하지만, 색인은 여러 개를 부여할 수 있다.
- 정보 목록은 정보에서 중요 항목을 찾아 기술한 후 정리하면서 만들어진다.

(4) 정보의 활용 기출

① 정보활용의 형태

- 수집한 정보를 그대로 활용한다.
- 수집한 정보를 그대로 활용하되, 일정한 형태로 표현하여 활용한다.
- 수집한 정보를 정리・분석・가공하여 활용한다.
- 수집한 정보를 정리・가공하여 활용하되, 일정한 형태로 표현하여 활용한다.
- 생산된 정보를 일정한 형태로 재표현하여 활용한다.
- 일정한 형태로 표현한 정보, 한 번 이용한 정보를 보존・정리하여 장래에 활용한다.

② 동적정보와 정적정보

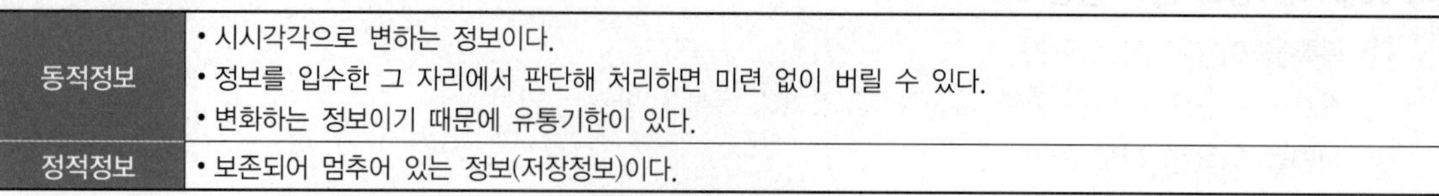

구분	내용
동적정보	• 시시각각으로 변하는 정보이다. • 정보를 입수한 그 자리에서 판단해 처리하면 미련 없이 버릴 수 있다. • 변화하는 정보이기 때문에 유통기한이 있다.
정적정보	• 보존되어 멈추어 있는 정보(저장정보)이다.

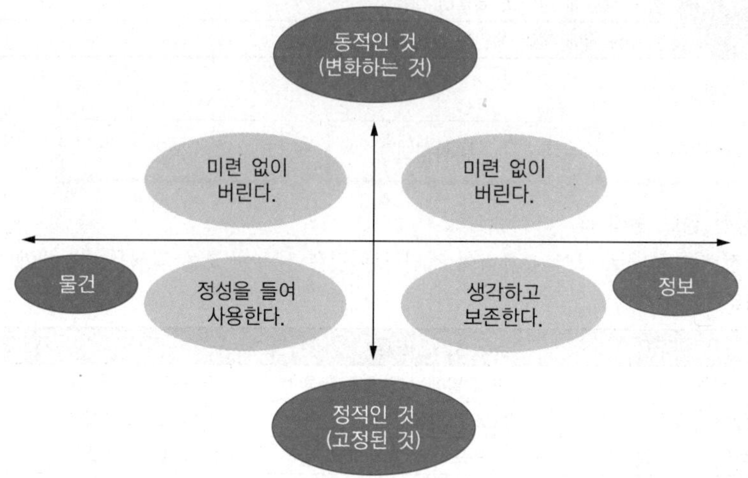

(5) 인터넷의 역기능과 네티켓

① 인터넷의 역기능 기출

- 불건전 정보의 유통
- 개인 정보 유출
- 사이버 성폭력
- 사이버 언어폭력
- 언어 훼손
- 인터넷 중독
- 불건전한 교제
- 저작권 침해

② 네티켓 기출

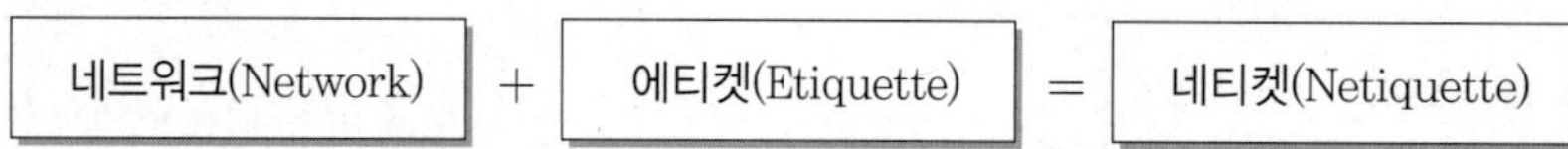

③ 컴퓨터 바이러스 예방방법

- 출처가 불분명한 첨부파일은 바이러스 검사 후 사용
- 백신 프로그램의 실시간 감시 기능 활용, 정기적인 업데이트
- 정품 소프트웨어 사용
- 중요한 파일은 별도의 보조 매체에 백업
- 프로그램 복사 시 바이러스 감염 여부 확인

(6) 개인정보 보호

① 개인정보의 의미

생존하는 개인에 관한 정보로서, 정보에 포함된 성명 등에 의해 개인을 식별할 수 있는 정보를 의미하며, 단일 정보뿐만 아니라 다른 정보와 결합해 식별할 수 있는 것도 이에 해당한다.

② 개인정보의 유출 방지 기출

- 회원 가입 시 이용 약관 확인
- 이용 목적에 부합하는 정보를 요구하는지 확인
- 정기적인 비밀번호 교체
- 정체가 불분명한 사이트 접속 자제
- 가입 해지 시 정보 파기 여부 확인
- 생년월일, 전화번호 등 유추 가능한 비밀번호 사용 자제

OX 문제

01 정보원은 정보를 수집하는 사람의 입장에서 볼 때 공개된 것만 포함된다. [ ]

02 정적정보는 유효기간이 비교적 짧고, 보존이 불가능한 정보를 말한다. [ ]

03 정보분석을 위해서는 1차 정보가 포함하는 주요 개념을 대표하는 용어(Key Word)를 추출하며, 이를 간결하게 서열화 및 구조화하여야 한다. [ ]

04 색인은 한 정보원에 하나의 색인이 대응되는 반면, 목록은 한 정보원에 여러 목록을 부여할 수 있다는 점에서 차이가 있다. [ ]

05 현행 법령상 개인정보란 생존하는 개인에 관한 정보를 뜻한다. [ ]

01 [×] 정보원은 정보를 수집하는 사람의 입장에서 볼 때 공개된 것은 물론이고, 비공개된 것도 포함된다.

02 [×] 정적정보는 유효기간이 비교적 길고, 보존이 가능한 정보를 말하며 잡지, 책 등이 이에 해당한다.

03 [○]

04 [×] 목록은 한 정보원에 하나의 목록이 대응되는 반면, 색인은 한 정보원에 여러 색인을 부여할 수 있다는 점에서 차이가 있다.

05 [○]

SECTION **02**

정보능력 맛보기

01 **다음은 A기업의 자체 데이터베이스에 대한 내용이다.**

A기업은 사회 이슈에 대해 보고서를 발간하며, 모든 자료는 사내 데이터베이스에 보관하고 있다. 데이터베이스를 구축한지 오랜 시간이 흐르고, 축적한 자료도 많아 원하는 자료를 일일이 찾기엔 어려워 A기업에서는 데이터베이스 이용시 검색 명령을 활용하라고 권장하고 있다. A기업의 데이터베이스에서 사용할 수 있는 검색 명령어는 아래와 같다.

명령어	내용
*	두 단어가 모두 포함된 문서를 검색
OR	두 단어가 모두 포함되거나, 두 단어 중에서 하나만 포함된 문서를 검색
|	OR 대신 사용할 수 있는 명령어
!	! 기호 뒤에 오는 단어는 포함하지 않는 문서를 검색
~	앞/뒤에 단어가 가깝게 인접해 있는 문서를 검색

A기업의 최윤오 연구원은 기업의 성과관리에 대한 보고서를 작성하던 도중, 임금체계와 성과급에 대한 자료가 필요해 이를 데이터베이스에서 찾으려고 한다. 임금체계와 성과관리가 모두 언급된 자료를 검색하기 위한 검색 키워드로 '임금체계'와 '성과급'을 입력했을 때, 최윤오 연구원이 활용할 수 있는 검색 명령어를 모두 고르면?

㉠ *　　㉡ OR　　㉢ !　　㉣ ~

① ㉠
② ㉠, ㉡
③ ㉠, ㉡, ㉢
④ ㉠, ㉡, ㉣
⑤ ㉠, ㉢

Key Point

최근에는 자연어 검색방식이 매우 발달하였지만 정확한 검색결과를 얻기 위해서는 여전히 명령어를 사용한 검색방법이 활용되고 있다. 이러한 유형의 문제가 출제된다면 특정한 검색방법을 숙지하고 있는지를 묻는 것이 아닌, 검색방법이 제시된 글이 주어지고 그 방법에 따라 명령어를 입력하면 되게 끔 출제되고 있으니 큰 부담은 없는 유형이다. 따라서 이러한 유형의 문제가 출제된다면 반드시 맞춰야 한다는 것을 명심하자.

정답 ④

임금체계와 성과급이 모두 언급된 자료를 검색해야 하므로, 한 단어가 포함되지 않는 문서를 검색하는 명령어 '!'는 적절하지 않다.

㉠ 임금체계 * 성과급 : 임금체계와 성과급이 모두 포함된 문서를 검색한다.

㉡ 임금체계 OR 성과급 : 임금체계와 성과급이 모두 포함되거나, 두 단어 중에서 하나만 포함된 문서를 검색한다.

㉣ 임금체계 ~ 성과급 : 임금체계와 성과급이 가깝게 인접해 있는 문서를 검색한다.

02 현재 판매량을 제외한 판매 금액이 10,000원 이상인 것들만 모아서 따로 합계를 내고 싶을 때, 사용할 수 있는 올바른 함수식을 고르면?

	A	B	C	D	E	F	G
1							
2	표1					표2	
3	제품	판매량	단가	금액		물품	금액
4	샴푸	6	10,000	30,000		샴푸	
5	린스	7	10,000	30,000		린스	300,000
6	비누	3	2,000	5,000		비누	90,000
7	바디워시	9	10,000	20,000		바디워시	320,000
8	비누	5	5,000	15,000			
9	린스	9	5,000	10,000			
10	샴푸	30	2,000	5,000			
11	바디워시	14	5,000	10,000			
12	면도크림	4	10,000	20,000			
13	면도기	9	20,000	40,000			
14							

① =SUM(C4:D13, “>=10,000”)
② =SUM(D4:D13, “>=10,000”)
③ =SUMIF(D4:D13, “>=10,000”)
④ =SUMIF(D4:D13, “=10,000”)
⑤ =SUMIFS(D4:D13, “=10,000”)

Key Point

Excel의 함수식을 활용하는 문제는 매번 등장하는 유형이지만 실제 출제되는 문제들의 난도는 그리 높지 않은 편이다. 하지만 Excel의 활용법 및 함수식을 숙지하고 있지 않으면 손을 댈 수 없는 유형이므로 시간적 여유가 있을 때 별도로 학습해둘 것을 추천한다. 컴퓨터 활용능력 2급 수준의 지식만 익혀놓고 있으면 충분하다.

정답 ③

SUMIF는 조건을 만족하는 경우의 합을 구하는 함수식으로, 판매 금액을 10,000원 이상만 모아서 따로 합계를 내고 싶을 때 사용할 수 있는 올바른 함수식은 ‘=SUMIF(D4:D13, “>=10,000”)’이다.

오답분석

⑤ SUMIFS 함수식은 주어진 조건에 따라 지정되는 셀을 더한다.

SECTION 03 대표유형 적중문제

정답 및 해설 p.56

01 모듈형

01 다음 중 정보분석에 대한 설명으로 옳지 않은 것은? 난이도 하

① 정보분석이란 여러 정보를 상호 관련지어 새로운 정보를 생성해내는 활동이다.
② 서로 상반되거나 큰 차이가 있는 정보의 내용을 판단해서 새로운 해석을 할 수 있다.
③ 좋은 자료는 항상 훌륭한 분석이 될 수 있다.
④ 한 개의 정보로써 불분명한 사항을 다른 정보로써 명백히 할 수 있다.
⑤ 반드시 고도의 수학적 기법을 요구하는 것만은 아니다.

02 다음 〈보기〉에 제시된 정보, 자료, 지식에 대한 설명으로 옳은 것을 모두 고르면? 난이도 하

A. 자료와 정보 가치의 크기는 절대적이다.
B. 정보는 특정한 상황에 맞도록 평가한 의미 있는 기록이다.
C. 정보는 사용하는 사람과 사용하는 시간에 따라 달라질 수 있다.
D. 지식은 평가되지 않은 상태의 숫자나 문자들의 나열을 의미한다.

① A, B　　② A, C
③ B, C　　④ B, D
⑤ C, D

03 다음은 D고객과 E기사가 나눈 대화이다. 이를 보고 D고객이 앞으로 할 행동으로 가장 적절한 것은?

난이도 하

- D고객 : 안녕하세요. 오늘 오전에 이메일에서 파일을 받았는데, 제 컴퓨터에서 바이러스 감지 알람이 울리고, 이상한 문자가 날아왔어요. 아무래도 개인정보가 유출된 것 같아 연락드립니다.
- E기사 : 아, 네. 다운받으신 파일에서 바이러스가 있었나 봅니다.
- D고객 : 빨리 조치를 취하고 싶은데 무슨 방법이 없을까요?
- E기사 : 현재 새로운 보안 프로그램이 나왔어요. 메일로 보내드릴게요. 우선은 이걸로 컴퓨터를 치료해 보세요.
- D고객 : 감사합니다.

① 의심이 가는 e-메일은 열어서 글을 확인하고 삭제한다.
② 바이러스나 해킹 프로그램 방지를 위해 365일 백신 프로그램을 실행해야 한다.
③ 백신 프로그램은 자동 업데이트 설정보다는 3달에 1번 가능하도록 설정해 놓는 것이 유리하다.
④ 회원 가입한 사이트의 패스워드는 잊어버리지 않도록 알기 쉬운 번호로 설정한다.
⑤ 경제적인 불법 소프트웨어를 사용한다.

※ 다음 글을 읽고, 이어지는 질문에 답하시오. [4~5]

〈코드 부여 방식〉

[제품 종류] – [생산 지역] – [일련번호]

일련번호는 생산된 순서를 나타냄. 예를 들어 일련번호가 10인 경우 열 번째 생산된 장비임.

제품 종류 코드	제품 종류	생산 지역 코드	생산 지역
DCA	디지털 카메라	WO	원주
DFC	필름 카메라	GY	경주
DSL	DSLR 카메라	YE	여수
DMC	미니 카메라	BU	부산

04 여수에서 8번째로 생산된 DSLR 카메라의 코드를 고르면? 난이도 하

① DMC – YE – 8
② 8 – YE – DSL
③ DSL – YE – 8
④ GY – 8 – DCA
⑤ DFC – WO – 8

05 다음 중 'DFC – YE – 20'의 코드를 가지고 있는 생산품의 정보로 옳은 것은? 난이도 하

① 경주에서 20번째로 생산된 미니 카메라이다.
② 여수에서 20번째로 생산된 미니 카메라이다.
③ 여수에서 20번째로 생산된 필름 카메라이다.
④ 원주에서 10번째로 생산된 DSLR 카메라이다.
⑤ 부산에서 10번째로 생산된 디지털 카메라이다.

06 **다음은 자동차 관련 부품을 개발하고 있는 A사의 내부회의 내용이다. 밑줄 친 내용 중 정보의 특성을 고려할 때 바르게 들어간 것을 모두 고르면?** 난이도 중

> • 김팀장 : 이번 A프로젝트의 기한은 9월 11일까지입니다.
> • 최대리 : T사에서 차량 외부차양 개발에 대한 안을 요청했습니다. 외부차양이 내부차양에 비해 실용적인지 자료가 필요합니다.
> • 김팀장 : 시간이 없네. 효율적으로 찾아봐야 하니 박주임은 1차 자료보다는 ㉠ 2차 자료를 찾아보도록 해요.
> • 박주임 : 네, 그럼 성능 비교에 대한 ㉡ 논문을 찾아보겠습니다.
> • 김팀장 : 김대리는 B프로젝트를 맡았으니, 기온에 따른 냉방 효과를 예측할 수 있는 ㉢ 인포메이션(Information)을 만들어보도록 해요.
> • 김대리 : 네, 알겠습니다.

① ㉠
② ㉡
③ ㉠, ㉢
④ ㉡, ㉢
⑤ ㉠, ㉡, ㉢

07 **다음 글을 읽고 데이터베이스의 특징으로 옳지 않은 것은?** 난이도 중

> 데이터베이스란, 대량의 자료를 관리하고 내용을 구조화하여 검색이나 자료 관리 작업을 효과적으로 실행하는 프로그램으로 삽입, 삭제, 수정, 갱신 등을 통하여 항상 최신의 데이터를 유동적으로 유지할 수 있으며, 이와 같은 다량의 데이터는 사용자의 질의에 대한 신속한 응답 처리를 가능하게 한다. 또한 이러한 데이터를 여러 명의 사용자가 동시에 공유가 가능하고 각 데이터를 참조할 때는 사용자가 요구하는 내용에 따라 참조가 가능함은 물론 응용프로그램과 데이터베이스를 독립시킴으로써 데이터를 변경시키더라도 응용프로그램은 변경되지 않는다.

① 실시간 접근성
② 계속적인 진화
③ 동시 공유
④ 내용에 의한 참조
⑤ 데이터 논리적 의존성

08 **다음 중 엑셀의 메모에 대한 설명으로 옳지 않은 것은?** 난이도 중

① 새 메모를 작성하려면 바로가기 키 [Shift]+[F2]를 누른다.
② 작성된 메모가 표시되는 위치를 자유롭게 지정할 수 있고, 메모가 항상 표시되도록 설정할 수 있다.
③ 피벗 테이블의 셀에 메모를 삽입한 경우 데이터를 정렬하면 메모도 데이터와 함께 정렬된다.
④ 메모의 텍스트 서식을 변경하거나 메모에 입력된 텍스트에 맞도록 메모 크기를 자동으로 조정할 수 있다.
⑤ [메모서식]에서 채우기 효과를 사용하면 이미지를 삽입할 수 있다.

09 **다음 중 Windows 원격 지원에 대한 설명으로 옳지 않은 것은?** 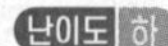

① 다른 사용자에게 도움을 주기 위해서는 먼저 원격 지원을 시작한 후 도움 받을 사용자가 요청하는 연결을 기다려야 한다.
② 다른 사용자의 도움을 요청할 때에는 [간단한 연결]을 사용하거나 [도움 요청 파일]을 사용할 수 있다.
③ [간단한 연결]은 두 컴퓨터 모두 Windows를 실행하고 인터넷에 연결된 경우에 좋은 방법이다.
④ [도움 요청 파일]은 다른 사용자의 컴퓨터에 연결할 때 사용할 수 있는 특수한 유형의 원격 지원 파일이다.
⑤ Windows 방화벽을 사용하고 있으면 원격 지원을 위해 임시로 방화벽 포트를 열어야 한다.

10 **다음 중 온라인에서의 개인정보 오남용으로 인한 피해를 예방하기 위한 행동으로 적절하지 않은 것은?** 난이도 하

① 회원가입을 하거나 개인정보를 제공할 때 개인정보 취급방침 및 약관을 꼼꼼히 살핀다.
② 회원가입 시 비밀번호를 타인이 유추하기 어렵도록 설정하고 이를 주기적으로 변경한다.
③ 아무 자료나 함부로 다운로드하지 않는다.
④ 온라인에 자료를 올릴 때 개인정보가 포함되지 않도록 한다.
⑤ 금융거래 시 금융정보 등은 암호화하여 저장하고, 되도록 PC방, 공용 컴퓨터 등 개방 환경을 이용한다.

11 **다음 중 Windows의 [폴더 옵션]에서 설정할 수 있는 작업에 해당하지 않는 것은?** 난이도 중

① 숨김 파일 및 폴더를 표시할 수 있다.
② 색인된 위치에서는 파일 이름뿐만 아니라 내용도 검색하도록 설정할 수 있다.
③ 숨김 파일 및 폴더의 숨김 속성을 일괄 해제할 수 있다.
④ 파일이나 폴더를 한 번 클릭해서 열 것인지, 두 번 클릭해서 열 것인지를 설정할 수 있다.
⑤ 파일 확장자명을 숨길 수 있다.

12 다음은 데이터베이스에 대한 설명이다. 빈칸 ㉠, ㉡에 들어갈 말을 순서대로 바르게 나열한 것은? 난이도 중

> 파일시스템에서는 하나의 파일은 독립적이고 어떤 업무를 처리하는 데 필요한 모든 정보를 가지고 있다. 파일도 데이터의 집합이므로 데이터베이스라고 볼 수도 있으나 일반적으로 데이터베이스라 함은 ___㉠___을 의미한다. 따라서 사용자는 여러 개의 파일에 있는 정보를 한번에 검색해 볼 수 있다. 데이터베이스 관리시스템은 데이터와 파일, 그들의 관계 등을 생성하고, 유지하고 검색할 수 있게 해주는 소프트웨어이다. 반면에 파일관리시스템은 ___㉡___에 대해서 생성, 유지, 검색을 할 수 있는 소프트웨어다.

	㉠	㉡
①	여러 개의 독립된 파일	한 번에 복수의 파일
②	여러 개의 독립된 파일	한 번에 한 개의 파일
③	여러 개의 연관된 파일	한 번에 복수의 파일
④	여러 개의 연관된 파일	한 번에 한 개의 파일
⑤	여러 개의 연관된 파일	여러 개의 독립된 파일

13 다음 중 피벗 테이블에 대한 설명으로 옳지 않은 것은? 난이도 하

① 피벗 테이블의 결과가 표시되는 장소는 동일한 시트 내에만 지정된다.
② 피벗 테이블로 작성된 목록에서 행 필드를 열 필드로 편집할 수 있다.
③ 피벗 테이블 작성 후에도 사용자가 새로운 수식을 추가하여 표시할 수 있다.
④ 피벗 테이블은 많은 양의 데이터를 손쉽게 요약하기 위해 사용되는 기능이다.
⑤ 피벗 테이블에서 필터 기능을 사용할 수 있다.

14 다음 중 워드프로세서의 복사(Copy)와 잘라내기(Cut)에 대한 설명으로 옳은 것은? 난이도 하

① 복사하거나 잘라내기를 할 때 영역을 선택한 다음에 해야 한다.
② 한 번 복사하거나 잘라낸 내용은 한 번만 붙이기를 할 수 있다.
③ 복사한 내용은 버퍼(Buffer)에 보관되며, 잘라내기한 내용은 내문서에 보관된다.
④ 복사하거나 잘라내기를 하여도 문서의 분량에는 변화가 없다.
⑤ [Ctrl]+[C]는 잘라내기, [Ctrl]+[X]는 복사하기의 단축키이다.

※ 다음은 A~D제품의 연령별 선호도와 매장별 제품 만족도에 대한 자료이다. 이어지는 질문에 답하시오. [15~16]

〈연령별 선호 제품(설문조사)〉

(단위 : %)

구분	20대	30대	40대	50대 이상
A제품	25	35	25	15
B제품	45	30	15	10
C제품	20	35	20	25
D제품	10	20	30	40

〈제품 만족도(오프라인 매장 평가 취합)〉

(단위 : 점)

구분	갑 매장	을 매장	병 매장	정 매장
A제품	4	4	2	4
B제품	4	4	3	3
C제품	2	3	5	3
D제품	3	4	3	4

※ 점수 등급 : 1점(매우 불만족) – 3점(보통) – 5점(매우 만족)

15 다음 중 위의 자료만으로 처리할 수 없는 업무로 옳은 것은? 난이도 중

① 연령별 제품 마케팅 전략 수립
② 제품별 만족도 분석
③ 구입처별 주력 판매 고객 설정
④ 연령별 선물용 제품 추천
⑤ 구입처별 주력 상품 설정

16 H회사는 사내 명절 선물을 결정하려고 한다. 명절 선물에 대한 직원 만족도를 높이기 위해 위 자료에서 추가적으로 수집해야 하는 정보로 적절하지 않은 것은? 난이도 중

① 매장별 할인 판매 현황
② 임직원 제품 선호도
③ 사내 연령 분포
④ 기지급 명절 선물 목록
⑤ 택배 필요 여부

17 귀하는 최근 회사 내 업무용 개인 컴퓨터의 보안을 강화하기 위하여 다음과 같은 메일을 받았다. 이를 토대로 귀하가 취해야 할 행동으로 옳지 않은 것은? 난이도 하

> 발신 : 전산보안팀
>
> ---
>
> 수신 : 전 임직원
>
> 제목 : 업무용 개인 컴퓨터 보안대책 공유
>
> 내용 :
> 안녕하십니까. 전산팀장입니다.
> 최근 개인정보 유출 등 전산보안 사고가 자주 발생하고 있어 각별한 주의가 필요한 상황입니다. 이에 따라 자사에서도 업무상 주요 정보가 유출되지 않도록 보안프로그램을 업그레이드하는 등 전산보안을 더욱 강화하고 있습니다. 무엇보다 업무용 개인 컴퓨터를 사용하는 분들이 특히 신경을 많이 써주셔야 철저한 보안이 실천됩니다. 번거로우시더라도 다음과 같은 사항을 따라주시길 바랍니다.
>
> • 인터넷 익스플로러를 종료할 때마다 검색기록이 삭제되도록 설정해 주세요.
> • 외출 또는 외근으로 장시간 컴퓨터를 켜두어야 하는 경우에는 인터넷 검색기록을 직접 삭제해 주세요.
> • 인터넷 검색기록 삭제 시 기본 설정되어 있는 항목 외에도 '다운로드 기록', '양식 데이터', '암호', '추적방지, ActiveX 필터링 및 Do Not Track 데이터'를 모두 체크하여 삭제해 주세요(단, 즐겨찾기 웹 사이트 데이터 보존 부분은 체크 해제할 것).
> • 인터넷 익스플로러에서 방문한 웹 사이트 목록을 저장하는 기간을 5일로 변경해 주세요.
> • 자사에서 제공 중인 보안프로그램은 항시 업데이트하여 최신 상태로 유지해 주세요.
>
> 위 사항을 적용하는 데 어려움이 있을 경우에는 첨부파일에 이미지와 함께 친절하게 설명되어 있으니 참고바랍니다.
>
> 〈첨부〉 업무용 개인 컴퓨터 보안대책 적용 방법 설명(이미지).zip

① 인터넷 익스플로러에서 [도구(또는 톱니바퀴 모양)]를 클릭하여 [인터넷 옵션]의 '일반' 카테고리에 있는 [종료할 때 검색 기록 삭제]를 체크한다.

② 장시간 외출할 경우에는 [인터넷 옵션]의 '일반' 카테고리에 있는 [삭제]를 클릭해 직접 삭제한다.

③ 검색기록 삭제 시 [인터넷 옵션]의 '일반' 카테고리에 있는 [삭제]를 클릭하여 기존에 설정되어 있는 항목을 포함한 모든 항목을 체크하여 삭제한다.

④ [인터넷 옵션]의 '일반' 카테고리 중 검색기록 부분에서 [설정]을 클릭하고, '기록' 카테고리의 [페이지 보관일수]를 5일로 설정한다.

⑤ 자사의 보안프로그램을 실행하고 [설정]에서 업데이트를 실행한다.

02 엑셀형

01 아래 시트에서 [A2:A4] 영역의 데이터를 이용하여 [C2:C4] 영역처럼 표시하려고 할 때, [C2] 셀에 입력할 수식으로 옳은 것은? 난이도 중

	A	B	C
1	주소	사원 수	출신지
2	서귀포시	10	서귀포
3	여의도동	90	여의도
4	김포시	50	김포

① =LEFT(A2,LEN(A2)−1)
② =RIGHT(A2,LENGTH(A2))−1
③ =MID(A2,1,VALUE(A2))
④ =LEFT(A2,TRIM(A2))−1
⑤ =MID(A2,LENGTH(A3))

02 G사 인사부에 근무하는 김대리는 신입사원들의 교육점수를 다음과 같이 정리한 후 VLOOKUP 함수를 이용해 교육점수별 등급을 입력하려고 한다. [E2:F8]의 데이터 값을 이용해 (A) 셀에 함수식을 입력한 후 자동 채우기 핸들로 사원들의 교육점수별 등급을 입력할 때, (A) 셀에 입력해야 할 함수식으로 옳은 것은? 난이도 상

	A	B	C	D	E	F
1	사원	교육점수	등급		교육점수	등급
2	최○○	100	(A)		100	A
3	이○○	95			95	B
4	김○○	95			90	C
5	장○○	70			85	D
6	정○○	75			80	E
7	소○○	90			75	F
8	신○○	85			70	G
9	구○○	80				

① =VLOOKUP(B2,E2:F8,2,1)
② =VLOOKUP(B2,E2:F8,2,0)
③ =VLOOKUP(B2,$E$2:$F$8,2,0)
④ =VLOOKUP(B2,$E$2:$F$8,1,0)
⑤ =VLOOKUP(B2,$E$2:$F$8,1,1)

03 다음 시트에서 [B1] ~ [B5] 셀에 〈보기〉의 (가) ~ (마) 함수를 순서대로 입력하였을 때, 표시되는 결괏값이 나머지 넷과 다른 하나는? 난이도 중

	A	B
1	333	
2	합격	
3	불합격	
4	12	
5	7	

보기

(가) =ISNUMBER(A1)
(나) =ISNONTEXT(A2)
(다) =ISTEXT(A3)
(라) =ISEVEN(A4)
(마) =ISODD(A5)

① (가)
② (나)
③ (다)
④ (라)
⑤ (마)

04 다음 시트에서 판매수량과 추가판매의 합계를 구하기 위해서 [B6] 셀에 들어갈 수식으로 가장 적절한 것은? 난이도 중

	A	B	C
1	일자	판매수량	추가판매
2	06월19일	30	8
3	06월20일	48	
4	06월21일	44	
5	06월22일	42	12
6	합계	184	

① =SUM(B2,C2,C5)
② =LEN(B2:B5, 3)
③ =COUNTIF(B2:B5,">=12")
④ =SUM(B2:B5)
⑤ =SUM(B2:B5,C2,C5)

05 D사 영업부에 근무 중인 C사원은 영업부 사원들의 월별 매출을 다음과 같이 함수를 이용해 만 단위로 나타내려고 한다. 다음 중 [B9] 셀에 입력된 함수로 옳은 것은? 난이도 중

	A	B	C	D	E	F
1	구분	1월	2월	3월	5월	6월
2	A대리	1,252,340	1,345,620	1,568,670	1,321,670	1,563,850
3	B주임	1,689,320	1,859,460	1,546,210	1,689,250	1,123,960
4	C사원	1,432,670	1,965,230	1,532,460	1,326,030	1,659,210
5	D주임	1,235,640	1,635,420	1,236,950	1,468,210	1,246,180
6	E사원	1,743,560	1,325,470	1,125,350	1,856,920	1,216,530
7						
8	구분	1월	2월	3월	5월	6월
9	A대리	1,260,000	1,350,000	1,570,000	1,330,000	1,570,000
10	B주임	1,690,000	1,860,000	1,550,000	1,690,000	1,130,000
11	C사원	1,440,000	1,970,000	1,540,000	1,330,000	1,660,000
12	D주임	1,240,000	1,640,000	1,240,000	1,470,000	1,250,000
13	E사원	1,750,000	1,330,000	1,130,000	1,860,000	1,220,000

① =ROUND(B2, −3)

② =ROUND(B2, −4)

③ =ROUNDUP(B2, −3)

④ =ROUNDUP(B2, −4)

⑤ =ROUNDDOWN(B2, −4)

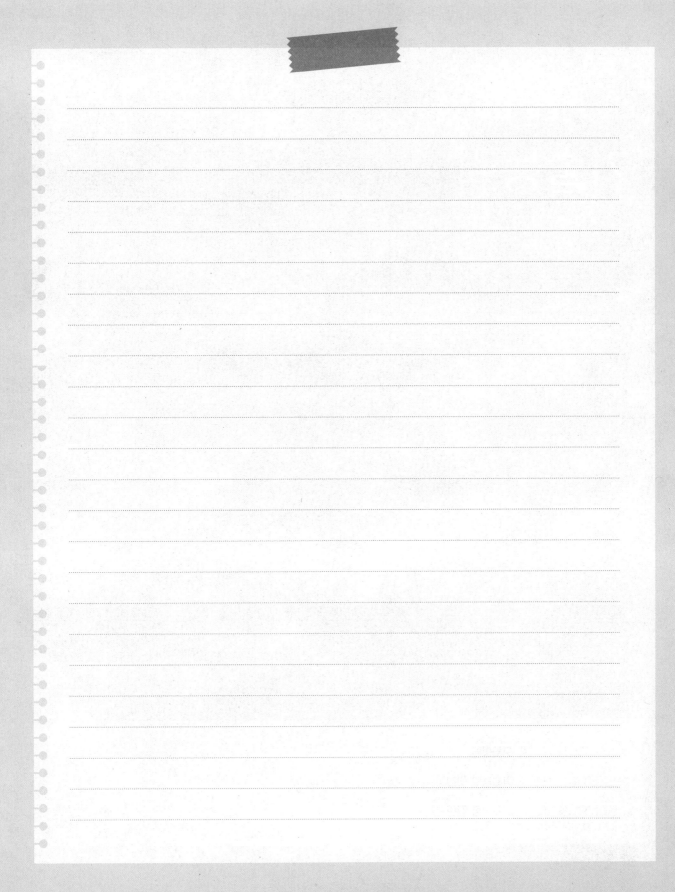

CHAPTER **06**

기술능력

출제유형 및 학습 전략

1 긴 지문이 출제될 때는 보기의 내용을 미리 보자!

기술능력에서 자주 출제되는 제품설명서나 상황별 매뉴얼을 제시하는 문제에서는 기술을 이해하고, 상황에 알맞은 원인 및 해결방안을 고르는 문제가 출제된다. 실제 시험장에서 문제를 풀 때, 시간적 여유가 없기 때문에 보기를 먼저 읽고, 그 다음 지문을 보면서 동시에 보기와 일치하는 내용이 나오는지 확인해가면서 푸는 것이 좋다.

2 전공이론도 익혀두자!

지원하는 직렬의 전공이론이 기술능력으로 출제되는 경우가 많기 때문에 전공이론을 익혀 두는 것이 좋다. 깊이 있는 지식을 묻는 문제가 아니더라도 출제되는 문제의 소재가 전공과 관련된 내용일 가능성이 크기 때문에 최소한 지원하는 직렬의 전공 용어는 확실히 익혀두는 것이 좋다.

3 포기하지 말자!

직업기초능력에서 주요 영역이 아니면 소홀한 경우가 많다. 시험장에서 기술능력을 읽어보지도 않고 포기하는 경우가 많은데 차근차근 읽어보면 지문만 잘 읽어도 풀리는 문제들이 출제되는 경우가 있다. 따라서 그냥 지나치지 말고 이론을 모르더라도 풀 수 있는 문제인지 파악해보자.

SECTION 01 모듈이론

01 기술능력의 의의

(1) 기술의 의의

① 기술의 의미 기출

지적인 도구를 특정한 목적에 사용하는 지식 체계를 말하며, 제품이나 용역을 생산하는 원료 · 생산 공정 등에 관한 지식의 집합체를 의미한다.

② 노하우(Know-how)와 노와이(Know-why) 기출

원래 노하우의 개념이 강하였으나 시대가 지남에 따라 노하우와 노와이가 결합하는 모습을 보이고 있다.

구분	내용
노하우	• 특허권을 수반하지 않는 엔지니어 등이 가지고 있는 체화된 기술 • 경험적 · 반복적인 행위를 통해 얻게 됨
노와이	• 어떻게 기술이 성립하고 작용하는가에 관한 원리적 측면 • 이론적인 지식으로 과학적인 탐구를 통해 얻게 됨

③ 기술의 특징 기출

- 하드웨어나 인간에 의해 만들어진 비자연적인 대상 혹은 그 이상을 의미한다.
- 기술을 설계 · 생산 · 사용하기 위해서는 노하우가 필요하므로, 기술은 노하우를 포함한다.
- 하드웨어를 생산하는 과정이다.
- 인간의 능력을 확장시키기 위한 하드웨어와 그것의 활용이다.
- 정의 가능한 문제를 해결하기 위해 순서화되고, 이해 가능한 노력을 뜻한다.

④ 광의의 기술과 협의의 기술

구분	내용
광의의 기술	직업 세계에서 필요로 하는 기술적 요소
협의의 기술	구체적 직무 수행 능력

⑤ 지속가능한 발전과 기술 기출

구분	내용
지속가능한 발전	현재의 욕구를 충족시키지만, 동시에 후속 세대의 욕구 충족을 침해하지 않는 발전
지속가능한 기술	• 지속가능한 발전을 가능하게 하는 기술 • 고갈되지 않는 자연 에너지를 활용 • 낭비적인 소비 행태를 지양 • 기술적 효용만이 아닌 환경효용을 추구하는 기술

(2) 기술능력의 의의

① 기술교양과 기술능력 기출

기술교양	기술의 특성 등에 대해 일정 수준의 지식을 갖추는 것
기술능력	• 기술교양의 개념을 구체화시킨 개념 • 일상적으로 요구되는 수단・도구・조작 등에 관한 기술적인 요소들을 이해하고, 적절한 기술을 선택・적용하는 능력

② 기술능력을 향상시키는 방법 기출

전문 연수원	• 연수 분야의 노하우를 통한 체계적인 교육이 가능 • 최신 실습장비, 전산 시설 등을 활용할 수 있음 • 자체교육에 비해 교육비가 저렴하며, 고용보험 환급도 가능
E-Learning	• 원하는 시간과 장소에서 학습이 가능 • 새로운 내용을 커리큘럼에 반영하기가 수월 • 의사소통과 상호작용이 자유롭게 이루어질 수 있음
상급학교 진학	• 실무 중심의 교육이 가능하며, 인적 네트워크 형성이 가능 • 경쟁을 통해 학습 효과를 향상시킬 수 있음
OJT	• 시간 낭비가 적고 조직의 필요에 부합하는 교육이 가능 • 교육자와 피교육자 사이에 친밀감이 조성

(3) 산업재해

① 산업재해의 의미

산업 활동 중의 사고로 인해 사망・부상을 당하거나 유해 물질에 의한 중독 등으로 직업성 질환・신체적 장애를 가져오는 것

② 산업재해의 원인 기출

교육적 원인	안전지식의 불충분, 안전수칙의 오해, 훈련의 불충분 등
기술적 원인	기계 장치의 설계불량, 구조물의 불안정, 생산 공정의 부적당 등
작업 관리상 원인	안전관리 조직의 결함, 작업 준비 불충분, 인원 배치의 부적당 등

③ 산업재해 예방 대책 5단계 기출

안전관리 조직	• 경영자 : 사업장의 안전 목표 설정, 안전관리 책임자 선정 • 안전관리 책임자 : 안전계획 수립・시행・감독
사실의 발견	사고 조사, 현장 분석, 관찰 및 보고서 연구, 면담 등
원인 분석	발생 장소, 재해 형태, 재해 정도, 공구 및 장비의 상태 등
시정책의 선정	기술적 개선, 인사 조정 및 교체, 공학적 조치 등
시정책의 적용	안전에 대한 교육 및 훈련 실시, 결함 개선 등

④ 불안전한 행동과 상태의 제거 기출

불안전한 행동 제거	안전수칙 제정, 상호 간 불안전한 행동 지적, 쾌적한 작업 환경 등
불안전한 상태 제거	안전성이 보장된 설비 제작, 사고 요인의 사전 제거

OX 문제

01 기술교양은 모든 사람들이 광범위한 관점에서 기술의 특성, 기술적 행동, 기술의 힘, 기술의 결과에 대해 어느 정도의 지식을 가지는 것을 의미한다. [ ]

02 E-Learning이란 조직 안에서 피교육자인 종업원이 직무에 종사하면서 받게 되는 교육 훈련방법의 하나이다. [ ]

01 [○]

02 [×] E-Learning이 아닌 OJT에 대한 설명이다. E-Learning은 인터넷을 활용하여 개인 및 조직의 목적과 연결되는 학습경험과 네트워크 기술을 이용하여 상호작용하는 자기주도적인 학습활동이다.

02 기술이해능력과 기술선택능력

(1) 기술 시스템

① 기술 시스템의 의의

개별 기술들이 네트워크로 결합하여 새로운 기술이 만들어지는 것을 말한다.

② 기술 시스템의 발전 4단계 기출

단계	내용
1단계	• 발명 · 개발 · 혁신의 단계 • 기술 시스템이 탄생하고 성장 • 기술자의 역할이 중요
2단계	• 기술 이전의 단계 • 성공적인 기술이 다른 지역으로 이동 • 기술자의 역할이 중요
3단계	• 기술 경쟁의 단계 • 기술 시스템 사이의 경쟁이 이루어짐 • 기업가의 역할이 중요
4단계	• 기술 공고화 단계 • 경쟁에서 승리한 기술 시스템이 관성화 • 자문 엔지니어의 역할이 중요

(2) 기술혁신

① 기술혁신의 특성 기출

- 과정 자체가 매우 불확실하고, 장기간의 시간을 필요로 한다.
- 지식 집약적인 활동이며, 조직의 경계를 넘나드는 특성이 있다.
- 혁신과정의 불확실성 · 모호함은 기업 내에서 많은 논쟁과 갈등을 유발할 수 있다.
- 기술혁신은 조직의 경계를 넘나드는 특성을 갖고 있다.

② 기술혁신의 과정과 역할 기출

과정	혁신 활동	필요한 자질
아이디어 창안	• 아이디어를 창출하고 가능성을 검증 • 일을 수행하는 새로운 방법 고안	• 각 분야의 전문지식 • 추상화와 개념화 능력
챔피언	• 아이디어의 전파 • 혁신을 위한 자원 확보	• 정력적이고 위험을 감수 • 아이디어의 응용
프로젝트 관리	• 리더십 발휘 • 프로젝트의 기획 및 조직	• 의사결정능력 • 업무 수행 방법에 대한 지식
정보 수문장	• 조직외부의 정보를 내부에 전달 • 조직 내 정보원 기능	• 높은 수준의 기술적 역량 • 원만한 대인관계능력
후원	• 혁신에 대한 격려와 안내 • 불필요한 제약에서 프로젝트 보호	조직의 주요 의사결정에 대한 영향력

③ 기술혁신의 지식 집약성

• 지식과 경험은 인간의 개별적인 지능과 창의성, 상호 학습을 통해 축적되고 학습된다.
• 개발에 참가한 엔지니어의 지식은 문서화되기 어렵기 때문에 다른 사람들에게 쉽게 전파될 수 없다.

OX 문제

01 기술 이전의 단계는 성공적인 기술이 다른 지역으로 이동하는 단계로 기술자들의 역할이 중요하며, 기술 공고화 단계는 경쟁에서 승리한 기술 시스템이 관성화되는 단계이다. [ ]

02 기술혁신은 그 과정 자체가 매우 불확실하고, 장기간의 시간을 필요로 한다. [ ]

03 기술혁신은 노동 집약적인 활동이다. [ ]

04 기술혁신은 조직의 경계를 넘나드는 특성을 갖고 있다. [ ]

05 사전의 의도나 계획보다는 우연에 의해 이루어지는 경우도 기술혁신에 포함된다. [ ]

01 [○]
02 [○]
03 [×] 기술혁신은 지식 집약적인 활동이다.
04 [○]
05 [○]

03 기술선택능력

(1) 기술선택

① 기술선택의 의의 기출

기술을 외부로부터 도입할 것인지 자체 개발할 것인지를 결정하는 것이다.

② 기술선택 방법 기출

구분	내용
상향식 기술선택	• 연구자나 엔지니어들이 자율적으로 기술을 선택 • 고객의 니즈와 동떨어진 기술이 선택될 수 있음
하향식 기술선택	• 경영진과 기획담당자들에 의한 체계적인 분석이 이루어짐 • 내부역량과 외부환경 분석, 전략수립을 통해 우선순위를 결정

③ 기술선택 시 우선순위

- 제품의 성능이나 원가에 미치는 영향력이 큰 기술
- 매출과 이익 창출 잠재력이 큰 기술
- 기업 간에 모방이 어려운 기술
- 기업이 생산하는 제품에 보다 광범위하게 활용할 수 있는 기술
- 최신 기술로 인해 진부화될 가능성이 적은 기술

④ 기술선택 절차 기출

㉠ 외부 환경 분석 : 수요 변화 및 경쟁자 변화, 기술 변화 등 분석

㉡ 중장기 사업목표 설정 : 기업의 장기 비전, 중장기 매출목표 및 이익목표 설정

㉢ 내부 역량 분석 : 기술능력, 생산능력, 마케팅·영업능력, 재무능력 등 분석

㉣ 사업 전략 수립 : 사업 영역 결정, 경쟁우위 확보 방안 수립

㉤ 요구 기술 분석 : 제품 설계·디자인 기술, 제품 생산공정, 원재료·부품 제조 기술 분석

㉥ 기술 전략 수립 : 핵심기술의 선택, 기술 획득 방법 결정

(2) 벤치마킹

① 벤치마킹의 의의

특정 분야에서 뛰어난 기술 등을 배워 합법적으로 응용하는 것으로, 단순한 모방이 아니라 자사의 환경에 맞추어 재창조하는 것을 말한다.

② 벤치마킹의 종류 기출

구분	종류	내용
비교대상에 따른 분류	내부 벤치마킹	• 대상 : 같은 기업 내의 유사한 활용 • 자료 수집이 용이하고 다각화된 우량기업의 경우 효과가 크나, 관점이 제한적일 수 있다.
	경쟁적 벤치마킹	• 대상 : 동일 업종에서 고객을 공유하는 경쟁기업 • 기술에 대한 비교가 가능하지만, 대상의 적대적인 태도로 인해 자료 수집이 어렵다.
	비경쟁적 벤치마킹	• 대상 : 우수한 성과를 거둔 비경쟁 기업 • 혁신적인 아이디어의 창출 가능성이 높으나, 환경이 상이하다는 것을 감안하지 않으면 효과가 없다.
	글로벌 벤치마킹	• 대상 : 최고로 우수한 동일 업종의 비경쟁적 기업 • 자료 수집이 용이하나, 문화적·제도적 차이를 감안하지 않으면 효과가 없다.

수행방식에 따른 분류	직접적 벤치마킹	• 직접 접촉하여 자료를 입수하고 조사하기 때문에 정확도가 높으며 지속가능하다. • 벤치마킹 대상의 선정이 어렵고, 수행비용 및 시간이 과다하게 소요된다.
	간접적 벤치마킹	• 벤치마킹 대상의 수에 제한이 없고 다양하다. • 벤치마킹 대상을 직접적으로 방문하지 않고 문서 등을 이용해 수행한다. • 비용 또는 시간이 상대적으로 많이 절감된다. • 벤치마킹 결과가 피상적이며, 정확한 자료의 확보가 어렵다.

(3) 매뉴얼

① 매뉴얼의 의의

기술선택과 적용·활용에 있어 가장 종합적이고 기본적인 안내서를 말한다.

② 매뉴얼의 종류 기출

제품 매뉴얼	• 제품의 특징이나 기능 설명, 사용방법, 유지보수, A/S, 폐기까지 제품에 관련된 정보를 소비자에게 제공하는 것 • 사용능력 및 사용자의 오작동까지 고려해 만들어야 함
업무 매뉴얼	• 어떤 일의 진행방식, 규칙, 관리상의 절차 등을 일관성 있게 표준화해 설명하는 지침서 • 프랜차이즈 점포의 경우 '편의점 운영 매뉴얼', '제품 진열 매뉴얼', 기업의 경우 '부서 운영 매뉴얼', '품질 경영 매뉴얼' 등이 대표적임

③ 매뉴얼 작성 방법 기출

- 내용이 정확해야 한다.
  추측성 기능 설명은 사용자에게 사고를 유발할 수 있으므로 절대 금물이다.
- 사용자가 이해하기 쉬운 문장으로 작성해야 한다.
  하나의 문장에는 하나의 명령 또는 밀접하게 관련된 소수의 명령만을 포함해야 하며, 수동태보다는 능동태를, 추상적 명사보다는 행위 동사를 사용한다.
- 사용자를 위한 심리적 배려가 있어야 한다.
  사용자의 질문들을 예상하고 사용자에게 답을 제공한다.
- 사용자가 찾고자 하는 정보를 쉽게 찾을 수 있어야 한다.
  짧고 의미 있는 제목을 사용하여 원하는 정보의 위치를 파악하는 데 도움이 된다.
- 사용하기 쉬워야 한다.
  사용자가 보기 불편하게 크거나, 구조가 복잡해 찾아보기 힘들다면 아무 소용이 없다.

(4) 지식재산권 기출

① 지식재산권의 의의

인간의 창조적 활동 또는 경험 등을 통해 창출되거나 발견한 지식・정보・기술이나 표현・표시, 그 밖에 무형적인 것으로서, 재산적 가치가 실현될 수 있는 지적 창작물에 부여된 권리를 말한다.

② 지식재산권의 체계

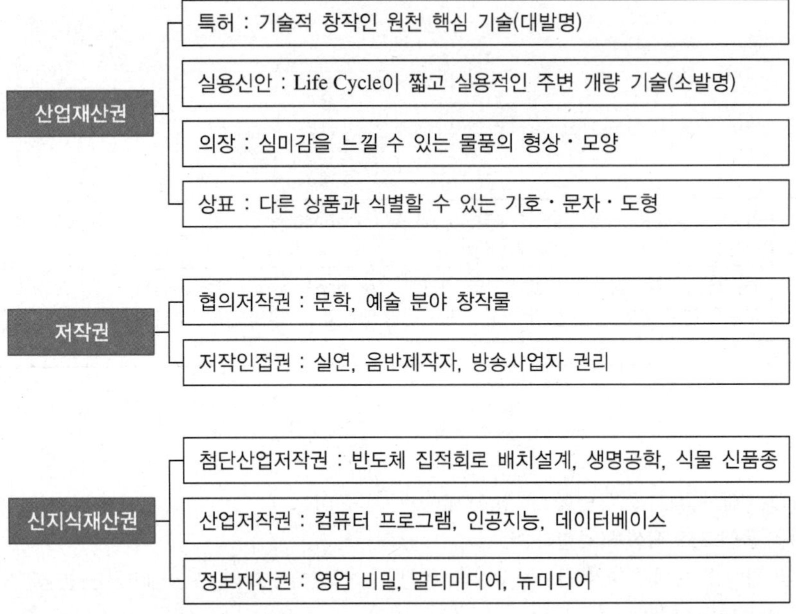

③ 지식재산권의 특징

- 국가 산업 발전 및 경쟁력을 결정짓는 산업자본이다.
- 눈에 보이지 않는 무형의 재산이다.
- 지식재산권을 활용한 다국적 기업화가 이루어지고 있다.
- 연쇄적인 기술 개발을 촉진하는 계기를 마련하고 있다.
- 타인에게 사용권을 설정하거나 권리 자체를 양도해 판매 수입 등을 얻을 수 있다.

OX 문제

01 하향식 기술선택은 기술 개발 실무를 담당하는 기술자들의 흥미를 유발하고, 그들의 창의적인 아이디어를 활용할 수 있다는 장점이 있다. [ ]

02 인터넷 및 문서 형태의 자료를 통해서 수행하는 방법은 간접적 벤치마킹에 해당하는 방법이다. [ ]

03 매뉴얼은 작성자 위주의 쉬운 문장으로 쓰여야 한다. [ ]

04 특허란 기술적 창작 수준이 소발명 정도인 실용적인 창작(고안)을 보호하기 위한 것을 말한다. [ ]

05 지식재산권은 타인에게 사용권을 설정하거나 권리 자체를 양도할 수 있다. [ ]

01 [×] 상향식 기술선택은 기술 개발 실무를 담당하는 기술자들의 흥미를 유발하고, 창의적인 아이디어를 활용할 수 있다는 장점이 있다. 하향식 기술선택은 경영진에 의한 체계적인 분석이 이루어지고, 내부역량·외부환경 분석·전략수립을 통해 우선순위를 결정한다는 특징이 있다.

02 [○]

03 [×] 매뉴얼은 작성자가 아닌 사용자가 알기 쉽도록 작성되어야 한다.

04 [×] 특허가 아닌 실용신안에 대한 설명이다. 특허란 자연법칙을 이용한 기술적 사상(Idea)의 창작으로, 기술 수준이 높은 것에 대한 독점적 권리를 뜻한다.

05 [○]

PART 1 PART 2 PART 3 PART 4

04 기술적용능력

(1) 기술적용능력

① 기술적용능력의 의의

직장생활에 필요한 기술을 실제로 적용하고 결과를 확인하는 능력을 말한다.

② 기술적용의 형태

기술을 그대로 적용	• 시간과 비용의 절감 • 기술이 적합하지 않을 경우 실패할 가능성 높음
기술을 그대로 적용하되, 불필요한 기술은 버리고 적용	• 시간과 비용의 절감, 프로세스의 효율성 • 버린 기술이 과연 불필요한가에 대한 문제 제기
기술을 분석하고 가공	• 시간과 비용의 소요 • 업무 환경에 맞는 프로세스를 구축할 수 있음

③ 기술적용 시 고려사항 기출

- 기술적용에 따른 비용이 많이 드는가?
- 기술의 수명주기는 어떻게 되는가?
- 기술의 전략적 중요도는 어떻게 되는가?
- 잠재적으로 응용 가능성이 있는가?

(2) 기술경영

① 기술경영자의 일반적 요건

- 기술 개발이 결과 지향적으로 수행되도록 유도하는 능력
- 기술 개발 과제의 세부 사항까지 파악하는 치밀함
- 기술 개발 과제의 전 과정을 전체적으로 조망하는 능력

② 기술경영자에게 요구되는 행정능력 기출

- 기술을 기업의 전반적인 전략 목표에 통합시키는 능력
- 새로운 기술을 습득하고 기존의 기술에서 탈피하는 능력
- 기술을 효과적으로 평가할 수 있는 능력
- 기술 이전을 효과적으로 할 수 있는 능력
- 새로운 제품 개발 시간을 단축할 수 있는 능력
- 서로 다른 분야에 걸쳐있는 프로젝트를 수행할 수 있는 능력
- 기술 전문 인력을 운용할 수 있는 능력

(3) 네트워크 혁명과 융합기술

① 네트워크 혁명의 의의

사람과 사람을 연결하는 방법, 정보를 교환하는 방법 등 대상 간의 연결 방법에 혁명적인 변화가 생기고 있는 현상을 말하며, 인터넷이 상용화된 1990년대 이후에 촉발되었다.

② 네트워크 혁명의 특징 기출

- 정보통신 네트워크의 전 지구성에 따라 네트워크 혁명도 전 지구적이다.
- 상호 영향이 보편화되면서 사회의 위험과 개인의 불안이 증가한다.
- '이타적 개인주의'라는 공동체 철학이 부각된다.

③ 네트워크 혁명의 3가지 법칙 기출

무어의 법칙	컴퓨터의 파워가 18개월마다 2배씩 증가
메트칼프의 법칙	네트워크의 가치는 사용자 수의 제곱에 비례
카오의 법칙	창조성은 네트워크가 가진 다양성에 비례

④ 네트워크 혁명의 역기능 기출

- 사례 : 디지털 격차(Digital Divide), 정보화에 따른 실업, 게임 중독, 반사회적 사이트 활성화, 정보기술을 이용한 감시
- 문제점 : 네트워크의 역기능과 순기능은 잘 분리되지 않아 해결책을 찾기 어려움
- 해결방안 : 법적–제도적 기반 구축, 사회 전반에 걸친 정보화 윤리의식 강화, 시스템 보안–관리 제품의 개발

⑤ 융합기술 기출

- 나노기술(NT), 생명공학기술(BT), 정보기술(IT), 인지과학(CS)의 4대 핵심기술(NBIC)이 상호 의존적으로 결합되는 것을 의미
- NT, BT, IT 등의 신기술 간 또는 이들과 기존 산업・학문 간의 상승적인 결합을 통해 새로운 창조적 가치를 창출함으로써 미래 경제와 사회・문화의 변화를 주도하는 기술

OX 문제

01 기술경영자는 새로운 제품개발 시간을 연장할 수 있는 능력을 가져야 한다. [ ]

02 무어의 법칙이란 네트워크의 가치는 사용자 수의 제곱에 비례한다는 법칙을 말한다. [ ]

01 [×] 기술경영자는 새로운 제품개발 시간을 연장하는 것이 아니라 단축할 수 있는 능력을 보유해야 한다.

02 [×] 무어의 법칙이 아닌 메트칼프의 법칙에 대한 설명이다. 무어의 법칙이란 컴퓨터의 파워가 18개월마다 2배씩 증가한다는 법칙을 말한다.

SECTION 02 기술능력 맛보기

01 B사원은 아래 제품 설명서의 내용을 기반으로 직원들을 위해 '사용 전 꼭 읽어야 할 사항'을 만들려고 한다. 작성된 내용으로 적절하지 않은 것은?

〈제품 설명서〉

[사용 전 알아두어야 할 사항]
1. 물통 또는 제품 내부에 절대 의류 외에 다른 물건을 넣지 마십시오.
2. 제품을 작동시키기 전 문이 제대로 닫혔는지 확인하십시오.
3. 필터는 제품 사용 전후로 반드시 청소해주십시오.
4. 제품의 성능유지를 위해서 물통을 자주 비워주십시오.
5. 겨울철이거나 건조기가 설치된 곳의 기온이 낮을 경우 건조시간이 길어질 수 있습니다.
6. 과도한 건조물을 넣고 기계를 작동시키면 완벽하게 건조되지 않거나 의류에 구김이 생길 수 있습니다. 최대용량 5kg 이내로 의류를 넣어주십시오.
7. 가죽, 슬립, 전기담요, 마이크로 화이바 소재 의류, 이불, 동·식물성 충전재 사용 제품은 사용을 피해주십시오.

[동결 시 조치방법]
1. 온도가 낮아지게 되면 물통이나 호스가 얼 수 있습니다.
2. 동결 시 작동 화면에 'ER' 표시가 나타납니다. 이 경우 일시정지 버튼을 눌러 작동을 멈춰주세요.
3. 물통이 얼었다면, 물통을 꺼내 따뜻한 물에 20분 이상 담가주세요.
4. 호스가 얼었다면, 호스 안의 이물질을 모두 꺼내고, 호스를 따뜻한 물 또는 따뜻한 수건으로 20분 이상 녹여주세요.

① 사용 전, 후로 필터는 꼭 청소해주세요.
② 건조기에 넣은 의류는 5kg 이내로 해주세요.
③ 사용이 불가한 의류 제품 목록을 꼭 확인해주세요.
④ 화면에 ER 표시가 떴을 때는 전원을 끄고 작동을 멈춰주세요.
⑤ 호스가 얼었다면, 호스를 따뜻한 물 또는 따뜻한 수건으로 20분 이상 녹여주세요.

Key Point

일상에서 흔히 접할 수 있는 가전제품 등의 설명서와 실제 해당 제품을 사용하는 상황이 주어지는 유형이다. 결론적으로 매우 쉬운 유형이지만 제시되는 설명서의 분량이 방대하여 선택지의 내용이 설명서의 어느 부분에 해당하는지를 찾는 것에 상당한 시간이 소요된다. 이 유형은 문제를 푼다는 마음으로 깊이 있게 접근하기보다는, 자신이 가전제품을 구입했다고 생각하고 가볍게 접근하는 것이 좋다.

정답 ④

지문의 [동결 시 조치방법] 2에서는 화면에 'ER' 표시가 나타나면 전원 버튼이 아닌, 일시정지 버튼을 눌러 작동을 멈추라고 설명하고 있다.

오답분석

① [사용 전 알아두어야 할 사항] 3에서 필터는 제품 사용 전후로 반드시 청소하라고 기술되어 있다.
② [사용 전 알아두어야 할 사항] 6에서 과도한 건조물을 넣고 기계를 작동시키면 완벽하게 건조되지 않거나 의류에 구김이 생길 수 있으니, 최대용량 5kg 이내로 의류를 넣으라고 기술되어 있다.
③ [사용 전 알아두어야 할 사항] 7에서 건조기 사용이 불가한 제품 목록이 기술되어 있다.
⑤ [동결 시 조치방법] 4에서 호스가 얼었다면, 호스 안의 이물질을 모두 꺼내고, 호스를 따뜻한 물 또는 따뜻한 수건으로 20분 이상 녹이라고 설명하고 있다.

※ 다음 글의 지문을 읽고 이어지는 질문에 답하시오. **[2~3]**

> 박사원은 반도체 생산기업에 기술직으로 입사한 신입사원이다. 기술 시스템 관련 교육에 참석한 박사원은 기술직뿐만 아니라 다양한 직무의 신입사원들이 함께 교육받는다는 것을 알고 의아해했다. 그러나 기술 시스템의 발전 단계를 보고 각 단계에서 중요한 역할을 하는 직무 및 사람이 다르다는 것을 알게 되어 의문이 풀렸다. 아래는 박사원이 교육받은 내용이다.
>
> • 기술 시스템의 의미
>
> 개별기술이 네트워크와 결합하여 만들어진 것으로, 인공물의 집합체만이 아니라 회사, 투자회사, 법적 제도, 더 나아가 정치, 과학, 자연자원을 모두 포함하는 개념이다. 기술적인 것과 사회적인 것이 결합하여 공존하므로 사회기술 시스템이라고 불리기도 한다.
>
> • 기술 시스템의 발전 단계
>
> 1) 발명, 개발, 혁신의 단계 : 기술 시스템이 탄생하고 성장
> 2) ㉠ : 성공적인 기술이 다른 지역으로 이동
> 3) ㉡ : 기술 시스템 사이의 경쟁
> 4) 기술 공고화 단계 : 경쟁에서 승리한 기술 시스템의 관성화

02 다음 발전 단계 중 ㉠에 해당하는 것으로 옳은 것은?

① 기술 상세화 단계
② 기술 이전의 단계
③ 기술 이후의 단계
④ 기술 경쟁의 단계
⑤ 기술 공고화 단계

03 다음 중 ㉡ 단계에서 중요한 역할을 하는 사람은?

① 자문 엔지니어
② 기술자
③ 금융 전문가
④ 기업가
⑤ 정치인

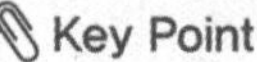

앞서 살펴본 영역들과 기술능력 부분은 사전적으로 알고 있어야 풀이가 가능한 문제들이 종종 출제되는 편이다. 특히 이 문제와 같이 특정한 단계에 대한 세부적인 내용을 묻는 경우가 많은데, 이를 위해서는 본 교재의 이론편에 수록된 이론들을 확실하게 숙지할 필요가 있다. 다른 영역에 비해 투입 대비 산출이 명확한 영역이 바로 기술능력이다.

02

 ②

기술 시스템의 발전 단계

발명(Invention)・개발(Development)・혁신(Innovation)의 단계 → 기술 이전(Transfer)의 단계 → 기술 경쟁(Competition)의 단계 → 기술 공고화(Consolidation) 단계

03

정답 ④

기술 시스템의 발전 단계

단계	중요 역할자
발명・개발・혁신의 단계	기술자
기술 이전의 단계	기술자
기술 경쟁의 단계	기업가
기술 공고화 단계	자문 엔지니어, 금융 전문가

SECTION 03 대표유형 적중문제

정답 및 해설 p.59

01 모듈형

01 다음 중 기술경영자의 능력으로 옳지 않은 것은? 난이도 하

① 기술을 기업의 전반적인 전략 목표에 통합시키는 능력
② 빠르고 효과적으로 새로운 기술을 습득하고 기존의 기술에서 탈피하는 능력
③ 기술을 효과적으로 평가할 수 있는 능력
④ 조직 밖의 기술 이용을 수행할 수 있는 능력
⑤ 기술 이전을 효과적으로 할 수 있는 능력

02 다음은 산업재해를 예방하기 위해 제시되고 있는 하인리히의 법칙이다. 이에 의거하였을 때, 산업재해의 예방을 위해 조치를 취해야 하는 단계는 무엇인가? 난이도 하

> 1931년 미국의 한 보험회사에서 근무하던 하인리히는 회사에서 접한 수많은 사고를 분석하여 하나의 통계적 법칙을 발견하였다. '1 : 29 : 300 법칙'이라고도 부르는 이 법칙은 큰 사고로 인해 산업재해가 발생하면 이 사고가 발생하기 이전에 같은 원인으로 발생한 작은 사고 29번, 잠재적 사고 징후가 300번이 있었다는 것을 나타낸다. 하인리히는 이처럼 심각한 산업재해의 발생 전에 여러 단계의 사건이 도미노처럼 발생하기 때문에 앞 단계에서 적절히 대처한다면 산업재해를 예방할 수 있다고 주장했다.

① 사회 환경적 문제가 발생한 단계
② 개인 능력의 부족이 보이는 단계
③ 기술적 결함이 나타난 단계
④ 불안전한 행동 및 상태가 나타난 단계
⑤ 작업 관리상 문제가 나타난 단계

※ 다음 글을 읽고 이어지는 질문에 답하시오. [3~4]

〈기술능력 향상 교육 안내〉

교육	내용
E-Learning을 활용한 기술교육	• 원하는 시간에 원하는 내용을 원하는 순서대로 학습할 수 있다. • 비디오, 사진, 소리 등 멀티미디어를 이용한 학습이 가능하다. • ㉠ 현장 중심의 실무 교육이 어렵다.
전문 연수원을 통한 기술과정 연수	• 연수 시설을 보유하지 않고 있는 기업에 적합하다. • 이론을 겸한 실무 중심의 교육을 실시할 수 있다. • ㉡ 교수자와 동료들 간의 인간적인 접촉이 상대적으로 적으며, 중도에 탈락할 가능성이 높다.
상급학교 진학을 통한 기술교육	• 학문적이고 최신의 기술흐름을 반영한 기술교육이 가능하다. • 관련 분야 종사자들과 인적 네트워크를 형성할 수 있다. • ㉢ 일정 시간을 할애해야 하며 학습자가 직접 학습을 조절하거나 통제할 수 없다.
OJT를 활용한 기술교육	• ㉣ 조직의 필요에 합치되는 교육훈련을 실시할 수 있다. • 시간의 낭비가 적으며 교육자와 피교육자 사이에 친밀감이 조성된다. • ㉤ 모든 관리자 및 감독자는 업무 수행상 지휘감독자이자 부하직원의 능력 향상을 담당하는 교육자라는 사실에 기반한다.

03 ㉠~㉤ 중 기술능력 향상 교육에 대한 내용으로 옳지 않은 것은? 난이도 중

① ㉠
② ㉡
③ ㉢
④ ㉣
⑤ ㉤

04 제시된 지문에서 김대리가 이사원의 실무능력을 향상시켜주기 위해 사용한 교육방법은 무엇인가? 난이도 하

Z은행에 취업한 이사원은 취업하기 이전에 대학교 학업에 충실하였고, 대학교와 연계된 기업에서 인턴을 수행하며 좋은 평가를 받았다. 이사원은 충분한 경험과 이론적 지식을 갖추고 있지만 출근 첫날에는 실무에 대한 파악이 전혀 되어있지 않은 상태이다. 이사원의 선임인 김대리는 자신의 업무 분담을 통해 업무 지식 및 실무에 적용하는 기술을 가르쳐 줄 생각이다. 또한 기업 내 시설을 둘러보며, 각 부서와 위치에서 어떠한 역할을 수행하고 있는지도 함께 알려줄 계획이다.

① Action Learning
② E-Learning
③ OJT(On-The-Job Training)
④ Off JT
⑤ Problem Based Learning

05 다음은 기술선택을 설명한 글이다. 이에 대한 내용으로 옳지 않은 것은?

난이도 중

> 기술선택이란 기업이 어떤 기술에 대하여 외부로부터 도입할 것인가 또는 그 기술을 자체 개발하여 활용할 것인가를 결정하는 것이다. 기술을 선택하는 데에 대한 의사결정은 크게 다음과 같이 두 가지 방법으로 볼 수 있다.
> 먼저 상향식 기술선택(Bottom Up Approach)은 기업 전체 차원에서 필요한 기술에 대한 체계적인 분석이나 검토 없이 연구자나 엔지니어들이 자율적으로 기술을 선택하도록 하는 것이다.
> 다음으로 하향식 기술선택(Top Down Approach)은 기술경영진과 기술기획담당자들에 의한 체계적인 분석을 통해 기업이 획득해야 하는 대상기술과 목표기술수준을 결정하는 것이다.

① 상향식 기술선택은 기술자들의 창의적인 아이디어를 얻기 어렵다는 단점이 있다.
② 하향식 기술선택은 먼저 기업이 직면하고 있는 외부환경과 보유 자원에 대한 분석을 통해 중·장기적인 사업목표를 설정하는 것이다.
③ 상향식 기술선택은 시장의 고객들이 요구하는 제품이나 서비스를 개발하는 데 부적합한 기술이 선택될 수 있다.
④ 하향식 기술선택은 사업전략의 성공적인 수행을 위해 필요한 기술들을 열거하고, 각각의 기술에 대한 획득의 우선순위를 결정하는 것이다.
⑤ 상향식 기술선택은 경쟁기업과의 경쟁에서 승리할 수 없는 기술이 선택될 수 있다.

06 다음 글을 읽고 벤치마킹의 종류에 대한 설명으로 옳은 것은?

난이도 중

> 네스프레소는 가정용 커피머신 시장의 선두주자이다. 이러한 성장 배경에는 기존의 산업 카테고리를 벗어나 랑콤, 이브로쉐 등 고급 화장품 업계의 채널 전략을 벤치마킹했다는 사실이 있다. 고급 화장품 업체들은 독립 매장에서 고객들에게 화장품을 직접 체험할 수 있는 기회를 제공하고, 이를 적극적으로 수요와 연계하고 있었다. 네스프레소는 이를 통해 신규 수요를 창출하기 위해서는 커피머신의 기능을 강조하는 것이 아니라, 즉석에서 추출한 커피의 신선한 맛을 고객에게 체험하게 하는 것이 중요하다는 인사이트를 도출했다. 이후 전 세계 유명 백화점에 오프라인 단독 매장들을 개설해 고객에게 커피를 시음할 수 있는 기회를 제공했다. 이를 통해 네스프레소의 수요는 급속도로 늘어나 매출 부문에서 30~40%의 고속성장을 거두게 됐고 전 세계로 확장되며 여전히 높은 성장세를 이어가고 있다.

① 자료수집이 쉬우며 효과가 크지만 편중된 내부시각에 대한 우려가 있다는 단점이 있다.
② 비용 또는 시간적 측면에서 상대적으로 많이 절감할 수 있다는 장점이 있다.
③ 문화 및 제도적인 차이에 대한 검토가 부족하면 잘못된 결과가 나올 수 있다.
④ 경영성과와 관련된 정보 입수가 가능하나 윤리적인 문제가 발생할 소지가 있다.
⑤ 새로운 아이디어가 나올 가능성이 높지만 가공하지 않고 사용한다면 실패할 수 있다.

07 다음 글을 읽고 추론할 수 있는 기술혁신의 특성으로 옳은 것은?

난이도 하

> 인간의 개별적인 지능과 창의성, 상호학습을 통해 발생하는 새로운 지식과 경험은 빠른 속도로 축적되고 학습되지만, 이러한 지식은 문서화되기 어렵기 때문에 다른 사람들에게 쉽게 전파될 수 없다. 따라서 연구개발에 참가한 연구원과 엔지니어들이 그 기업을 떠나는 경우 기술과 지식의 손실이 크게 발생하여 기술 개발을 지속할 수 없는 경우가 종종 발생한다.

① 기술혁신은 그 과정 자체가 매우 불확실하다.
② 기술혁신은 장기간의 시간을 필요로 한다.
③ 기술혁신은 지식 집약적인 활동이다.
④ 기술혁신 과정의 불확실성과 모호함은 기업 내에서 많은 갈등을 유발할 수 있다.
⑤ 기술혁신은 조직의 경계를 넘나든다.

08 다음 중 벤치마킹의 주요 단계에 대한 설명으로 옳지 않은 것은?

난이도 중

① 범위 결정 : 벤치마킹이 필요한 상세 분야를 정의하고 목표와 범위를 결정하며 벤치마킹을 수행할 인력들을 결정
② 개선계획 수립 : 벤치마킹 결과를 바탕으로 성과차이를 측정항목별로 분석
③ 대상 결정 : 비교분석의 대상이 되는 기업·기관들을 결정하고, 대상 후보별 벤치마킹 수행의 타당성을 검토하여 최종적인 대상 및 대상별 수행방식을 결정
④ 측정범위 결정 : 상세분야에 대한 측정항목을 결정하고, 측정항목이 벤치마킹의 목표를 달성하는 데 적정한가를 검토
⑤ 변화 관리 : 개선목표 달성을 위한 변화사항을 지속적으로 관리하고, 개선 후 변화사항과 예상했던 변화사항을 비교

09 다음 글은 무엇에 대한 설명인가?

난이도 하

> 농부는 농기계와 화학비료를 써서 밀을 재배하고 수확한다. 이렇게 생산된 밀은 보관업자, 운송업자, 제분회사, 제빵 공장을 거쳐 시장에서 판매된다. 보다 높은 생산성을 위해 화학비료를 연구하고, 공장을 가동하기 위해 공작기계와 전기를 생산한다. 보다 빠른 운송을 위해서 트럭이나 기차, 배가 개발되었고, 보다 효과적인 운송수단과 농기계를 운용하기 위해 증기기관에서 석유에너지로 발전하였다. 이렇듯 우리의 식탁에 올라오는 빵은 여러 기술이 네트워크로 결합하여 시너지를 낸 결과이다.

① 기술시스템　② 기술혁신
③ 기술경영　④ 기술이전
⑤ 기술경쟁

PART 1 PART 2 PART 3 PART 4

※ 다음은 벤치마킹에 대한 자료이다. 이어지는 질문에 답하시오. **[10~11]**

〈벤치마킹의 기본〉

어느 특정분야에서 우수한 상대를 표적 삼아 자기 기업과의 성과차이를 비교하고 이를 극복하기 위해 그들의 뛰어난 운영 프로세스 등을 배우면서 부단히 자기 혁신을 추구하는 기법이다. 즉 뛰어난 상대에게서 배울 것을 찾아 배우는 것이다. 기본적으로 측정 프로세스이나 이러한 측정 프로세스는 결과적으로 상대방의 성과를 비교하는 데 그치는 것이 아니라 상대방의 우수한 성과가 어떻게 도출되었는가 하는 방법론적인 노하우까지도 비교대상으로 삼는다. 즉 벤치마킹 활동의 결과물로는 상대적인 성과의 비교뿐만 아니라 우수한 성과를 가져오게 된 동인(Enabler)도 분석하여 제시되어야 한다. 벤치마킹의 종류는 비교대상에 따른 분류와 수행방식에 따른 분류로 나뉜다. 그 중 비교대상에 따른 분류에는 총 4가지가 있다. 내부 벤치마킹, 경쟁적 벤치마킹, 비경쟁적 벤치마킹 그리고 글로벌 벤치마킹으로 구분된다.

〈벤치마킹의 원리〉

벤치마킹은 우선 자사의 개선활동을 위한 노력의 일환으로 진행되지만, 벤치마킹 대상 파트너(경쟁회사일 수도 있음)의 협조가 필수적이기 때문에 상호 이득이 될 수 있는 방향에서 진행되어야 한다.

(1) ㉠

벤치마킹은 상호 관련성을 기반으로 수행되므로 파트너와 정보를 상호 교환하는 것이 모든 참가자들에게 서로 이익이 될 수 있다. 따라서 기업들은 상호 이득을 가져올 수 있는 상황의 창조를 위해 노력해야 한다. 또한 정보의 공유 정도와 데이터의 상호 교환 정도는 반드시 파트너와 협의되어야 한다.

(2) ㉡

벤치마킹을 수행하기 위해서는 먼저 파트너 기업과의 프로세스가 비교 가능한 것이거나 유사성이 존재해야 한다는 전제가 있어야 한다. 조직의 문화와 구조, 경영 방식 등을 충분히 이해하고 자사의 환경에 맞게 잘 전달될 수 있다면 어떤 기업의 어떠한 프로세스도 벤치마킹의 대상이 될 수는 있다. 벤치마킹 파트너 선정을 위한 기준을 잘 이해하고 유사성이 높은 기업과 프로세스를 선정하는 것이 벤치마킹의 성공여부를 결정하는 데 주요한 요소이다.

(3) ㉢

프로세스의 측정은 자사와 파트너사의 프로세스 성과를 비교하기 위해서 반드시 수행되어야 한다. 이를 위해서는 먼저 성과 측정의 단위를 결정하여야 할 뿐만 아니라 측정단위가 계량화 되어야 한다. 유사한 프로세스에 대한 정확한 측정과 관찰만이 프로세스 동인을 파악하여 자사의 프로세스에 적용하는데 도움을 줄 수 있다.

(4) ㉣

자사나 경쟁사의 프로세스 측정과 검사결과는 타당한 실적 자료나 연구 자료에 의한 근거를 갖고 있어야 한다. 이는 벤치마킹 업무수행의 신뢰성을 확보하기 위하여 필수적이다. 따라서 영감이나 의견, 감정보다는 자료 위주의 접근법을 이용하여야만 벤치마킹에 대한 신뢰성과 타당성을 확보할 수 있다.

10 **윗글을 바탕으로 비경쟁적 벤치마킹의 비교 대상으로 가장 적절한 것은?** 

① 같은 기업 내의 다른 지역이나 타 부서를 비교 대상으로 함
② 동일 업종에서 고객을 직접적으로 공유하는 경쟁기업을 대상으로 함
③ 제품, 서비스 및 프로세스의 단위 분야에 있어 가장 우수한 실무를 보이는 비경쟁적 기업 내의 유사 분야를 대상으로 함
④ 프로세스에 있어 최고로 우수한 성과를 보유한 동일 업종의 비경쟁적 기업을 대상으로 함
⑤ 국가 간의 유사한 활용을 비교 대상으로 함

11 **윗글에서 설명하는 벤치마킹 원리 ㉠~㉣과 그 유형을 순서대로 바르게 나열한 것은?** 난이도 중

	상호성	유사성	측정성	타당성
①	㉣	㉠	㉡	㉢
②	㉡	㉢	㉡	㉠
③	㉠	㉡	㉢	㉣
④	㉣	㉡	㉠	㉢
⑤	㉠	㉡	㉣	㉢

※ 다음은 기술경영자에게 필요한 능력에 대한 직원들의 의견이다. 이어지는 질문에 답하시오. **[12~14]**

소프트웨어 생산기술팀에 있는 사원들은 기술경영자에게 필요한 능력에 대해 토론하고 있다. 다음은 토론 중 사원들의 의견과 능력을 이용한 사례이다.

[의견]
이사원 : 기업의 전반적인 전략 목표에 기술을 통합시키는 능력은 중요합니다.
박주임 : 빠르고 효과적으로 새로운 기술을 습득하지만, 기존의 기술에서 탈피하는 능력은 필요 없습니다.
신과장 : 조직 내의 기술을 이용하는 것은 기본적인 능력이라 할 수 있습니다.
김대리 : 크고 복잡하며 서로 다른 분야에 걸쳐 있는 프로젝트를 수행할 수 있는 능력이 필요합니다.
박과장 : 기술 전문 인력을 운용하거나, 효과적으로 평가할 수 있는 능력 또한 필요합니다.

[사례1]
지금의 마이크로소프트사를 만든 것은 Windows 이전에 MS-DOS였다. 1981년 당시 세계 최대의 컴퓨터 회사인 IBM은 후에 IBM-PC로 불리게 되는 퍼스널 컴퓨터 개발에 착수하였으며, 마이크로소프트사에 8086용 CP/M 개발을 의뢰했다. 이에 빌 게이츠는 시애틀 컴퓨터사가 독자적으로 개발한 86-DOS의 판권을 구입한 후 IBM-PC용으로 보완하여 PC-DOS를 만들어냈으며, 이후 마이크로소프트사는 자사상표인 MS-DOS라는 이름으로 이를 시장에 내놓았다. 사용자들은 너도나도 IBM-PC를 사용하기를 원했고, IBM-PC에서 사용할 수 있는 유일한 OS는 거의 MS-DOS뿐이었다.

[사례2]
영상 스트리밍 사이트에 동영상을 업로드하면 '영상 처리 중입니다.'라는 문구가 나온다. 이는 올린 영상을 트랜스코딩하는 것인데 시간은 보통 영상 재생 길이와 맞먹는다. 즉, 한 시간의 동영상을 업로드하려면 한 시간을 영상 포맷하는데 소비해야 하는 것이다. ○○기업은 이러한 문제점을 해결하고자 동영상 업로드 시 포맷 변환을 생략하고 바로 재생할 수 있는 '노컷 어댑티브 스트리밍' 기술을 개발했다. 이 기술을 처음 제안한 ○○기업의 기술최고책임자 A는 "영상 길이에 맞춰 기다려야 했던 포맷 변환 과정을 건너뛴 것"이라며 "기존 영상 스트리밍 사이트가 갖고 있던 단점을 보완한 기술"이라고 설명했다. 화질을 유동적으로 변환시켜 끊김 없이 재생하는 어댑티브 스트리밍 기술은 대부분의 영상 스트리밍 사이트에 적용되고 있다. Mp4나 Fly 같은 동영상 포맷을 업로드할 경우 어댑티브 스트리밍 포맷에 맞춰 변환시켜줘야 한다. 바로 이 에어브로드 기술은 자체 개발한 알고리즘으로 변환 과정을 생략한 것이다.

12 다음 중 기술경영자에게 필요한 능력에 대하여 옳지 않은 의견을 말한 사람은? 난이도 하

① 이사원
② 박주임
③ 신과장
④ 김대리
⑤ 박과장

13 [사례1]을 통해 배울 수 있는 기술경영자의 능력으로 가장 적절한 것은? 난이도 중

① 크고 복잡하며 서로 다른 분야에 걸쳐 있는 프로젝트를 수행할 수 있는 능력
② 기술을 기업의 전반적인 전략 목표에 통합시키는 능력
③ 조직 내의 기술 이용을 수행할 수 있는 능력
④ 빠르고 효과적으로 새로운 기술을 습득하고, 기존의 기술에서 탈피하는 능력
⑤ 기술 전문 인력을 운용할 수 있는 능력

14 [사례2]를 바탕으로 알 수 있는 기술경영자의 능력으로 가장 적절한 것은?

① 새로운 제품개발 시간을 단축할 수 있는 능력
② 기술을 기업의 전반적인 전략 목표에 통합시키는 능력
③ 기술 전문 인력을 운용할 수 있는 능력
④ 새로운 기술을 습득하고, 기존의 기술에서 탈피하는 능력
⑤ 기술 이전을 효과적으로 할 수 있는 능력

02 피듈형

※ 다음은 K사의 업소용 식기세척기 사용설명서 중 〈고장신고 전에 확인해야 할 사항〉의 내용이다. 이어지는 질문에 답하시오. [1~3]

〈고장신고 전에 확인해야 할 사항〉

이상증상	확인사항	조치방법
세척이 잘 되지 않은 때	식기가 겹쳐있다.	식기의 배열 상태에 따라 세척성능에 차이가 있습니다. 사용설명서의 효율적인 그릇배열 및 주의사항을 참고해서 다시 해보세요.
	세척날개가 회전할 때 식기가 부딪친다.	국자, 젓가락 등 가늘고 긴 식기가 바구니 밑으로 빠지지 않도록 해야 합니다. 세척날개에 걸려 세척이 되지 않습니다.
	세척날개의 구멍이 막혔다.	세척날개를 분리하고 세척해줍니다.
	필터가 찌꺼기 등으로 인해 막혔다.	필터를 청소 및 필터 주변의 찌꺼기를 제거합니다.
	필터가 제대로 장착이 안 됐다.	필터의 조립상태를 확인하여 다시 조립합니다.
	세제 양을 확인한다.	적정량의 세제를 넣어야 정상적으로 세척이 되므로 표시선에 맞춰 적정량의 세제를 넣어줍니다.
	전용세제를 사용해야 한다.	일반 세제를 사용하면 거품으로 인해 정상적인 세척이 되지 않을 수 있습니다.
작동이 되지 않을 때	문을 확실하게 닫는다.	문 중앙을 딸깍 소리가 날 때까지 눌러 확실하게 닫아줍니다.
	수도꼭지가 잠겨있다.	수도꼭지가 잠겨있는지 확인 후 열어줍니다.
	단수인지 확인한다.	다른 곳의 수도꼭지를 확인해주세요.
	물이 채워지지 않았다.	설정된 양만큼 급수될 때까지 기다리세요.
	버튼 잠금 표시가 켜져 있다.	버튼 잠금 설정이 되어 있는 경우 '전원'과 '동작'을 동시에 3초간 누르면 해제할 수 있습니다.
소음이 날 때	내부에서 달그락거리는 소리가 난다.	가벼운 식기들이 분사압에 의해 서로 부딪혀 나는 소리일 수 있습니다.
	세척날개가 회전할 때 식기가 부딪친다.	동작을 멈춘 후 문을 열어 선반 아래로 뾰족하게 내려온 것이 있는지 등 식기 배열을 다시 해줍니다.
	작동하면 우웅~진동소리가 난다.	급수 전에 내부에 남은 잔수를 배수하기 위해 배수펌프가 동작하는 소리이므로 안심해도 됩니다.
	급수 시 소음이 들린다.	급수압이 높을 경우, 소음이 발생할 수 있습니다. 급수밸브를 약간만 잠가 급수압을 약하게 줄이면 소리가 줄어듭니다.
냄새가 날 때	타는 냄새가 난다.	사용 초기에는 제품 운전 시 발생하는 열에 의해 세척모터 등의 전기부품에서 특유의 냄새가 날 수 있습니다. 이러한 냄새는 5회 정도 사용하면 냄새가 날아가니 안심하고 사용하셔도 됩니다.
	세제 냄새가 난다.	문이 닫힌 상태로 운전이 되므로 운전이 끝난 후 문을 열게 되면 제품 내부에 갇혀 있던 세제 특유의 향이 날 수 있습니다.
	새 제품인데 냄새가 난다.	제품을 처음 꺼내면 새 제품 특유의 냄새가 날 수 있으나 설치 후 사용을 시작하면 냄새가 없어집니다.

01 **K사의 서비스센터에서 근무하고 있는 S사원은 고객으로부터 세척이 잘 되지 않는다는 문의전화를 받았다. S사원이 확인해보라고 할 사항이 아닌 것은?** 난이도 하

① 식기가 서로 겹쳐 있는지?
② 세척날개의 구멍이 막히진 않았는지?
③ 타는 듯한 냄새가 나진 않았는지?
④ 필터가 들뜨거나 잘못 조립되진 않았는지?
⑤ 전용세제를 사용했는지?

02 **식기세척기가 작동이 되지 않을 때의 조치방법으로 옳지 않은 것은?** 

① 문이 안 닫힌 경우에는 문 중앙을 딸깍 소리가 날 때까지 눌러 확실하게 닫는다.
② 급수밸브와 수도꼭지가 잠긴 경우에는 급수밸브와 수도꼭지를 열어준다.
③ 젓가락 등이 아래로 빠진 경우에는 식기배열을 다시 한다.
④ 단수인지 아닌지 다른 수도꼭지를 확인한다.
⑤ 설정된 양만큼 급수될 때까지 기다린다.

03 **고객이 식기세척기의 세척날개를 분리하고 세척을 하지 않았을 때 나타나는 이상증상으로 옳은 것은?** 난이도 하

① 작동이 잘 되지 않는다.
② 밤에 소음이 심하게 생긴다.
③ 세척을 해도 오염이 남아있다.
④ 세척 후 냄새가 난다.
⑤ 세척 날개가 회전할 때 식기가 부딪친다.

※ 다음 자료를 참고하여 이어지는 질문에 답하시오. **[4~6]**

스위치	기능
○	1번과 2번 기계를 시계 방향으로 90° 회전함
●	1번과 4번 기계를 시계 방향으로 90° 회전함
□	2번과 3번 기계를 시계 방향으로 90° 회전함
■	1번과 3번 기계를 시계 반대 방향으로 90° 회전함
◐	2번과 4번 기계를 시계 반대 방향으로 90° 회전함
◑	3번과 4번 기계를 시계 반대 방향으로 90° 회전함

04 처음 상태에서 스위치를 두 번 눌렀더니 화살표 모양과 같은 상태로 바뀌었다. 어떤 스위치를 눌렀는가?

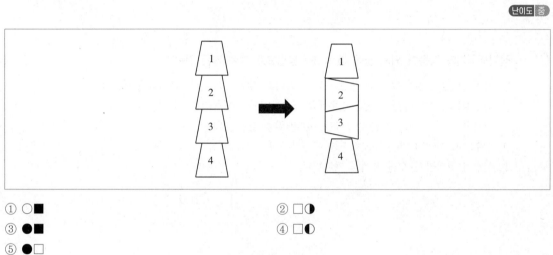

난이도 중

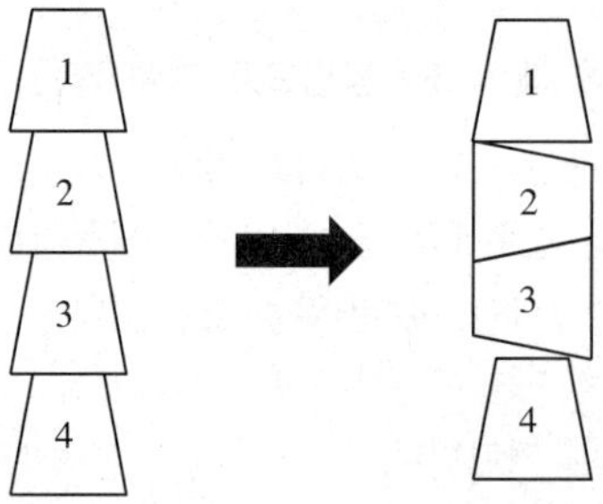

1
2
3
4
→
1
2
3
4

① ○■
② □◑
③ ●■
④ □◐
⑤ ●□

05 처음 상태에서 스위치를 두 번 눌렀더니 화살표 모양과 같은 상태로 바뀌었다. 어떤 스위치를 눌렀는가?

난이도 중

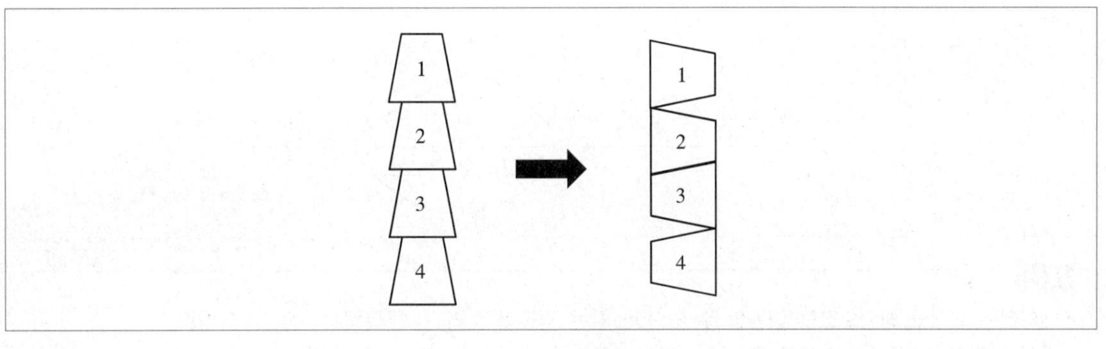

① ●◑ ② ◑◐

③ ●□ ④ ■●

⑤ ○◑

06 처음 상태에서 스위치를 세 번 눌렀더니 화살표 모양과 같은 상태로 바뀌었다. 어떤 스위치를 눌렀는가?

난이도 중

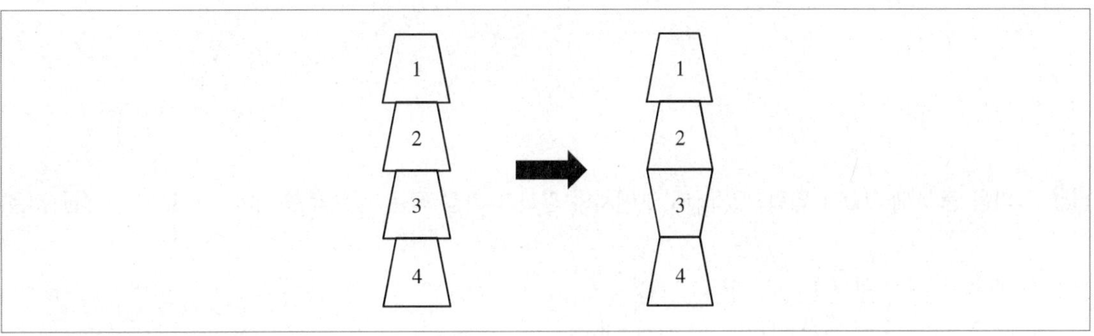

① ○□● ② □◑○

③ ◑■● ④ ■○□

⑤ ■○●

※ 귀하가 근무하는 기술자격팀에서 작년부터 연구해 온 데이터의 흐름도가 완성되었다. 이어지는 질문에 답하시오. [7~8]

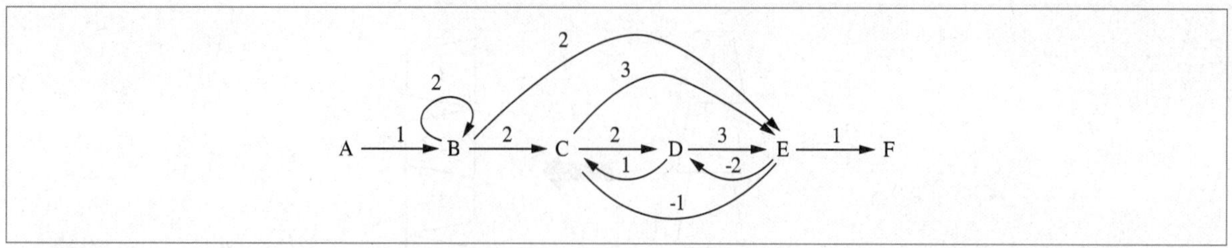

조건

- 데이터는 화살표 방향으로만 이동할 수 있으며, 같은 경로를 여러 번 반복해서 이동할 수 있다.
- 화살표 위의 숫자는 그 경로를 통해 데이터가 1회 이동할 때마다 데이터에 곱해지는 수치를 의미한다.
- 각 경로를 따라 데이터가 이동할 때, 1회 이동 시간은 1시간이며, 데이터의 총 이동 시간은 10시간을 초과할 수 없다.
- 데이터의 대소 관계는 [음수<0<양수]의 원칙에 따른다.

07 다음 중 A에서 1이 입력되었을 때 F에서의 결과가 가장 크게 되는 값은 얼마인가? 난이도 중

① 256
② 384
③ 432
④ 864
⑤ 1,296

08 다음 중 A에 100이 입력되었을 때, F에서의 결과가 가장 작은 경로를 순서대로 바르게 나열한 것은? 난이도 중

① A－B－B－E－D－C－E－C－E－F
② A－B－C－D－E－D－C－D－E－F
③ A－B－E－D－C－E－C－D－E－F
④ A－B－C－D－E－D－E－D－E－F
⑤ A－B－B－C－E－D－E－D－E－F

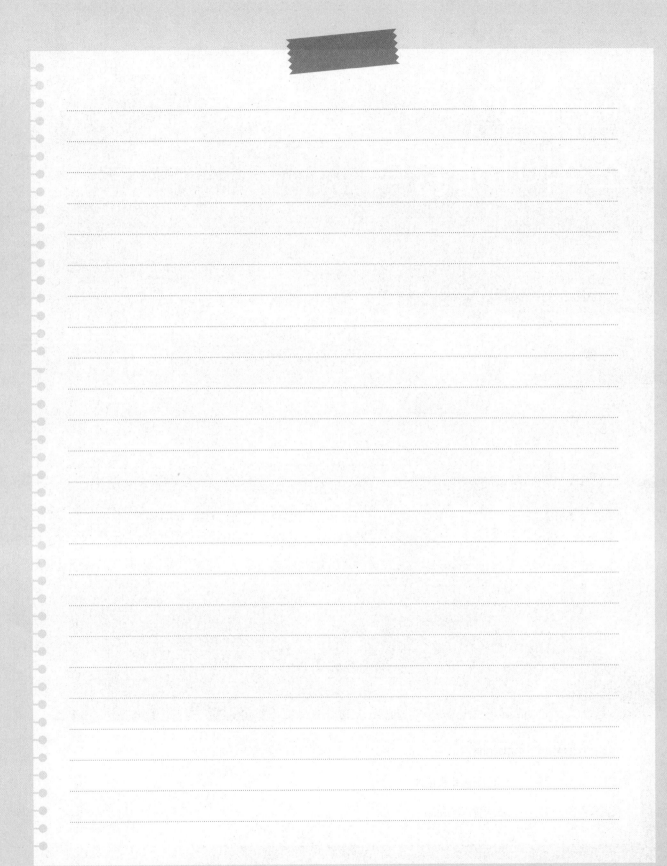

CHAPTER 07

조직이해능력

출제유형 및 학습 전략

1 문제 속에 정답이 있다!

경력이 없는 경우 조직에 대한 이해가 낮을 수밖에 없다. 그러나 문제 자체가 실무적인 내용을 담고 있어도 문제 안에는 해결의 단서가 주어진다. 부담을 갖지 않고 접근하는 것이 중요하다.

2 경영 · 경제학원론 정도의 수준은 갖추도록 하라!

지원한 직군마다 차이는 있을 수 있으나, 경영 · 경제이론을 접목시킨 문제가 꾸준히 출제되고 있다. 따라서 기본적인 경영 · 경제이론은 익혀둘 필요가 있다.

3 지원하는 공사 · 공단의 조직도를 파악하자!

출제되는 문제는 각 공사 · 공단의 세부내용일 경우가 많기 때문에 지원하는 공사 · 공단의 조직도를 파악해 두어야 한다. 조직이 운영되는 방법과 전략을 이해하고, 조직을 구성하는 체제를 파악하고 간다면 조직이해능력영역에서 조직도가 나올 때 단기간에 문제를 풀 수 있을 것이다.

4 실제 업무에서도 요구되므로 이론을 익혀두자!

각 공사 · 공단의 직무 특성상 일부 영역에 중요도가 가중되는 경우가 있어서 많은 취업준비생들이 일부 영역에만 집중하지만 실제 업무 능력에서 직업기초능력 10개 영역이 골고루 요구되는 경우가 많고, 현재는 필기시험에서도 조직이해능력을 출제하는 기관의 비중이 늘어나고 있기 때문에 미리 이론을 익혀둔다면 모듈형 문제에서 고득점을 노릴 수 있다.

SECTION 01 모듈이론

01 조직이해능력의 의의

(1) 조직과 조직이해능력

① 조직의 의의

두 사람 이상이 공동의 목표를 달성하기 위해 의식적으로 구성되며, 상호작용과 조정을 행하는 행동의 집합체를 말한다.

② 조직의 기능

경제적 기능	재화나 서비스를 생산
사회적 기능	조직 구성원들에게 만족감을 주고 협동을 지속시킴

(2) 조직의 유형 기출

① 공식성에 따른 분류

비공식조직으로부터 공식화가 진행되어 공식조직으로 발전되지만, 공식조직 내에서 인간관계를 지향하면서 비공식조직이 새롭게 생성되기도 한다.

공식조직	조직의 구조·기능·규정 등이 조직화되어 있는 조직
비공식 조직	개인들의 협동과 상호작용에 따라 형성된 자발적인 집단 조직

② 영리성에 따른 분류

영리조직	기업과 같이 이윤을 목적으로 하는 조직
비영리조직	정부조직을 비롯해 공익을 추구하는 조직

③ 조직 규모에 따른 분류

소규모조직	가족 소유의 상점과 같이 규모가 작은 조직
대규모조직	대기업과 같이 규모가 큰 조직, 최근에는 동시에 둘 이상의 국가에서 법인을 설립하고 경영 활동을 벌이는 다국적 기업이 증가하고 있음

(3) 조직 체제의 구성 요소 기출

① 체제이해능력

조직은 하나의 체제(System)이며, 체제는 특정한 방식이나 양식으로 서로 결합된 부분들의 총체를 의미한다. 따라서 한 조직의 구성원은 자신이 속한 조직의 체제를 이해할 수 있어야 한다.

② 체제(System)의 구성

- 인풋(Input) : 시스템에 유입되는 것
- 업무 프로세스(Process) : 시스템의 연결망, 즉 조직의 구조를 통해서 인풋이 아웃풋으로 전환되는 과정
- 아웃풋(Output) : 업무 프로세스를 통해 창출된 시스템의 결과물

③ 조직의 목표

- 조직이 달성하려는 장래의 상태로, 조직이 존재하는 정당성 · 합법성을 제공
- 전체 조직의 성과 · 자원 · 시장 · 인력개발 · 혁신과 변화 · 생산성에 대한 목표를 포함

④ 조직의 구조

기계적 조직	구성원들의 업무나 권한이 분명하게 정의된 조직
유기적 조직	의사결정권이 하부에 위임되고 업무가 고정적이지 않은 조직

⑤ 조직도와 업무 프로세스

조직도	구성원들의 임무와 수행하는 과업, 일하는 장소 등을 알 수 있게 해줌
업무 프로세스	조직에 유입된 인풋 요소들이 최종 산출물로 만들어지기까지 구성원 간의 업무 흐름이 어떻게 연결되는지를 보여줌

⑥ 조직의 문화

- 조직 구성원들의 사고, 행동에 영향을 주며, 일체감 · 정체성을 부여하고 조직이 안정적으로 유지되게 함
- 조직문화를 긍정적인 방향으로 조성하기 위한 경영층의 노력이 강조

⑦ 조직의 규칙

- 조직의 목표나 전략에 따라 수립되어 조직 구성원들의 활동 범위를 제약, 일관성 부여
- 공식화 정도에 따라 조직의 구조가 결정되기도 함

(4) 조직의 변화

① 조직 변화의 의의

급변하는 환경에 맞춰 조직이 생존하려면 조직은 새로운 아이디어와 행동을 받아들이는 조직 변화에 적극적이어야 한다.

② 조직 변화의 과정

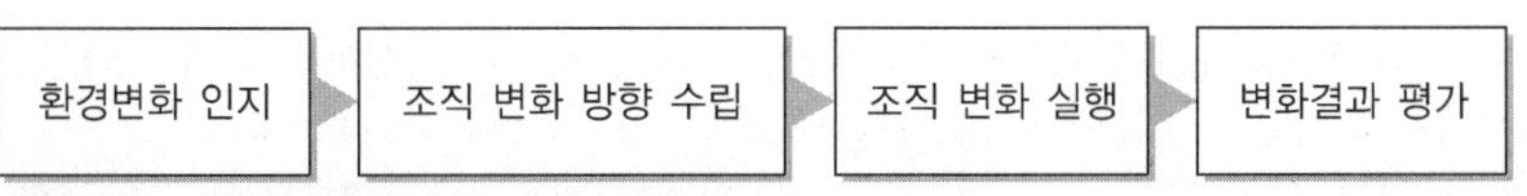

환경변화 인지	환경변화 중에 해당 조직에 영향을 미치는 변화를 인식하는 것
조직 변화 방향 수립	체계적으로 구체적인 추진 전략을 수립하고, 추진 전략별 우선순위를 마련함
조직 변화 실행	수립된 조직 변화 방향에 따라 조직을 변화시킴
변화결과 평가	조직 개혁의 진행 사항과 성과를 평가함

③ 조직 변화의 유형

제품 · 서비스의 변화	기존 제품, 서비스의 문제점을 인식하고 고객의 요구에 부응하기 위한 것
전략 · 구조의 변화	조직의 목적 달성과 효율성 제고를 위해 조직 구조 · 경영 방식 · 각종 시스템 등을 개선함
기술 변화	새로운 기술을 도입하는 것으로, 신기술이 발명되었을 때나 생산성을 높이기 위한 변화
문화의 변화	구성원들의 사고방식 · 가치체계를 변화시키는 것으로, 조직의 목적과 일치시키기 위해 문화를 유도함

OX 문제

01 조직이 발달해 온 역사를 보면 공식조직에서 자유로운 비공식조직으로 발전해 왔다. [ ]

02 체제이해능력이란 조직의 구조와 목적, 업무 프로세스, 조직문화, 규칙 및 규정 등 자신이 속한 조직의 체제를 이해하는 능력을 말한다. [ ]

03 조직 구조는 구성원들의 업무나 권한이 분명하게 정의된 유기적 조직과 의사결정권이 하부 구성원들에게 많이 위임되고 업무가 고정적이지 않은 기계적 조직으로 구분된다. [ ]

04 조직의 구조는 조직 내의 부문 사이에 형성된 관계로, 조직 구성원들의 공유된 생활양식이나 가치이다. [ ]

05 조직 변화는 기존의 조직 구조나 경영방식하에서 환경변화에 따라 제품이나 기술을 변화시키는 것이다. [ ]

01 [×] 조직이 발달해 온 역사를 보면 비공식조직으로부터 공식화가 진행되어 공식조직으로 발전해 왔다.

02 [○]

03 [×] 조직 구조는 구성원들의 업무나 권한이 분명하게 정의된 기계적 조직과 의사결정권이 하부 구성원들에게 많이 위임되고 업무가 고정적이지 않은 유기적 조직으로 구분된다.

04 [×] 조직의 구조가 아닌 조직 문화에 대한 설명이다.

05 [×] 조직 변화는 전략이나 구조의 변화를 통해 조직의 조직 구조나 경영방식을 개선하는 것을 의미한다.

02 경영이해능력

(1) 경영의 의의

① 경영이란?

조직의 목적을 달성하기 위한 전략·관리·운영 활동을 의미하며, 조직은 목적을 달성하기 위해 지속적인 관리와 운영이 요구된다.

② 경영의 4요소 기출

경영 목적	조직의 목적을 어떤 과정과 방법을 통해 수행할 것인가를 제시함
조직 구성원	조직에서 일하고 있는 임직원들로, 이들의 역량과 직무수행능력에 따라 경영 성과가 달라짐
자금	경영 활동에 사용할 수 있는 돈으로, 이윤 추구를 목적으로 하는 사기업에서 자금은 새로운 이윤을 창출하는 기초가 됨
경영 전략	기업 내 모든 인적·물적 자원을 경영 목적을 달성하기 위해 조직화하고, 이를 실행에 옮겨 경쟁우위를 달성하는 일련의 방침 및 활동

③ 경영의 과정

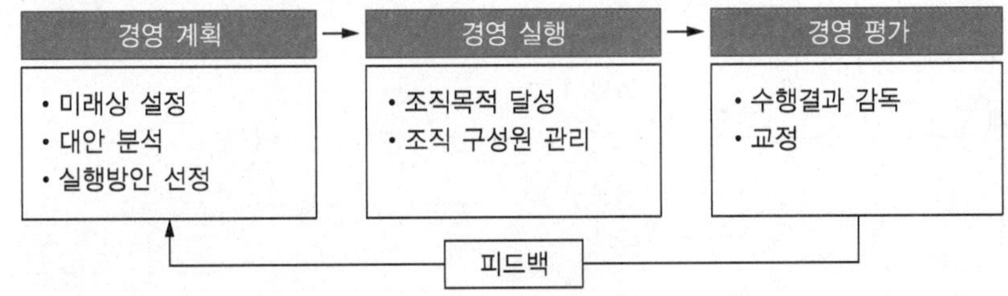

(2) 경영 활동

① 경영 활동의 유형

외부 경영 활동	조직 외부에서 조직의 효과성을 높이기 위해 이루어지는 활동으로 외적 이윤 추구 활동을 말하며, 마케팅 활동이 이에 해당함
내부 경영 활동	조직 내부에서 자원 및 기술을 관리하는 것을 말하며 인사·재무·생산 관리가 이에 해당함

② 경영참가제도 기출

의의	근로자 또는 노동조합을 경영의 파트너로 인정하는 협력적 노사관계가 중시됨에 따라 이들을 경영의사결정 과정에 참여시키는 것
목적	경영의 민주성 제고, 노사 간의 세력 균형 추구, 새로운 아이디어 제시 또는 현장에 적합한 개선방안 마련, 경영의 효율성 향상, 노사 간 상호 신뢰 증진
종류	공동의사결정제도, 노사협의회제도, 이윤분배제도, 종업원지주제도 등

(3) 의사결정과정

① 확인 단계

의사결정이 필요한 문제를 인식하는 단계이다.

- 문제의 중요도나 긴급도에 따라서 체계적으로 이루어지기도 하고, 비공식적으로 이루어지기도 함
- 문제를 신속히 해결할 필요가 있는 경우에는 진단시간을 줄이고 즉각 대응해야 함
- 일반적으로는 다양한 문제를 리스트한 후 주요 문제를 선별하거나, 문제의 증상을 리스트한 후 그러한 증상이 나타나는 근본원인을 찾아야 함

② 개발 단계

확인된 문제의 해결방안을 모색하는 단계이다.

탐색	• 조직 내의 기존 해결 방법 중에서 새로운 문제의 해결방법을 찾는 과정 • 조직 내 관련자와의 대화나 공식적인 문서 등을 참고
설계	• 이전에 없었던 새로운 문제의 경우 이에 대한 해결안을 설계 • 시행착오적 과정을 거치면서 적합한 해결방법 모색

③ 선택 단계

실행 가능한 해결안을 선택하는 단계이다.

판단	한 사람의 의사결정권자의 판단에 의한 선택
분석	경영과학기법과 같은 분석에 의한 선택
교섭	이해관계집단의 토의와 교섭에 의한 선택
승인	해결방안의 선택 후에 조직 내에서 공식적인 승인 절차를 거친 다음 실행

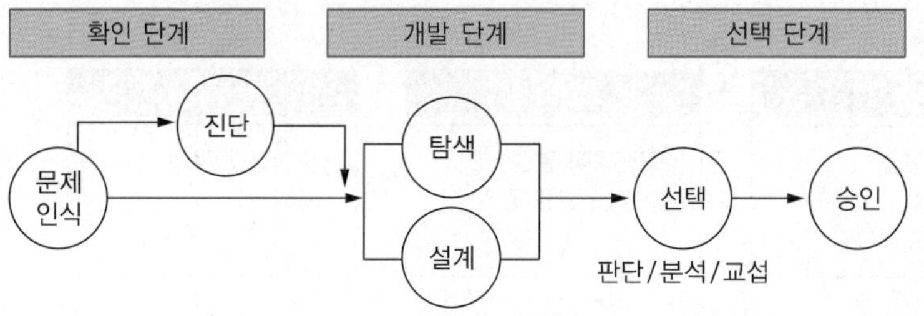

(4) 집단의사결정

① 집단의사결정의 특징 기출

- 한 사람보다 집단이 가지고 있는 지식과 정보가 더 많으므로 집단의 의사결정이 더 효과적이다.
- 다양한 집단 구성원이 각자 다른 시각에서 문제를 바라보므로 다양한 견해를 가지고 접근할 수 있다.
- 의견이 불일치하는 경우 의사결정을 내리는 데 시간이 많이 소요된다.
- 특정 구성원에 의해 의사결정이 독점될 가능성이 있다.

② 브레인스토밍의 의의

여러 명이 한 가지의 문제를 놓고 아이디어를 비판 없이 제시해 그 중에서 최선책을 찾아내는 방법을 말한다.

③ 브레인스토밍의 규칙 기출

- 다른 사람이 아이디어를 제시할 때에는 비판하지 않는다.
- 문제에 대한 제안은 자유롭게 이루어질 수 있다.
- 아이디어는 많이 나올수록 좋다.
- 모든 아이디어들이 제안되고 나면 이를 결합하여 해결책을 마련한다.

④ 브레인라이팅(Brain Writing)

구두로 의견을 교환하는 브레인스토밍과 달리 포스트잇 같은 메모지에 의견을 적은 다음 메모된 내용을 차례대로 공유하는 방법을 말한다.

⑤ 레드팀

조직 내부의 전략 수립에 개입되지 않은 독립적인 팀이 경쟁자들처럼 생각하고 시뮬레이션하여 기존에 세워진 가설을 검증하고, 취약점을 살피며, 나아가 대체방안을 분석하는 과정을 거쳐 복잡하게 얽힌 문제에 대해 새로운 시각으로 해결책을 제시하는 팀을 말한다.

(5) 경영 전략

① 경영 전략의 개념

조직이 환경에 적응해 목표를 달성할 수 있도록 경영 활동을 체계화하는 수단을 말한다.

② 경영 전략의 종류

조직 전략	조직의 사명을 정의함
사업 전략	사업 수준에서 각 사업의 경쟁적 우위를 점하기 위한 방향을 다룸
부문 전략	기능 부서별로 사업 전략을 구체화해 세부적인 수행 방법을 결정함

③ 본원적 경쟁 전략(Michael E. Porter) 기출

원가우위 전략	• 원가를 절감해 해당 산업에서 우위를 점하는 전략 • 대량생산을 통해 원가를 낮추거나 새로운 생산 기술을 개발해야 함
차별화 전략	• 생산품과 서비스를 차별화해 고객에게 가치있게 인식되도록 하는 전략 • 연구 · 개발 · 광고를 통해 기술 · 품질 · 서비스 · 브랜드 이미지를 개선해야 함
집중화 전략	• 특정 시장과 고객에게 한정된 전략 • 경쟁 조직들이 소홀히 하고 있는 시장을 집중적으로 공략함

OX 문제

01 경영실행 단계에서는 구체적인 실행방안을 선정하고 조직 구성원을 관리한다. [ ]

02 의사결정과정 중 선택 단계에서는 새로운 문제에 대한 해결안을 계획한다. [ ]

03 브레인스토밍을 이용하여 의사결정을 할 때는 다른 사람이 아이디어를 비판하지 않는 것이 중요하다. [ ]

01 [×] 경영의 과정은 계획 · 실행 · 평가로 구분되며, 실행 단계에서는 계획 단계에서 수립된 실행방안에 따라 조직목적 달성을 위한 활동과 조직 구성원의 관리가 이루어진다.

02 [×] 조직 내 의사결정과정 중 개발 단계에서는 새로운 문제에 대한 해결안을 설계한다.

03 [○]

03 체제이해능력

(1) 조직 목표

① 조직 목표의 개념

조직이 달성하려는 장래의 상태로, 미래지향적이지만 현재 조직 행동의 방향을 결정하는 역할을 한다.

② 조직 목표의 기능 기출

- 조직이 존재하는 정당성과 합법성 제공
- 조직 구성원 의사결정의 기준
- 수행평가의 기준
- 조직이 나아가야 할 방향 제시
- 조직 구성원 행동수행의 동기유발
- 조직설계의 기준

③ 조직 목표의 특징 기출

- 공식적 목표와 실제적 목표가 다를 수 있음
- 조직 목표간 위계적 상호관계가 있음
- 조직의 구성요소와 상호관계를 가짐
- 다수의 조직목표 추구 가능
- 가변적 속성

④ 목표에 영향을 미치는 요인

내적 요인	조직 리더의 결단이나 태도 변화, 조직 내 권력 구조의 변화 등
외적 요인	경쟁업체의 변화, 자원의 변화, 경제 정책의 변화 등

⑤ MBO(Management by Objectives)와 OKR(Objective Key Results)

기업의 성과관리 기법의 하나로 사업 전략·사업 계획에서 출발해 목표를 정하고 결과를 측정·평가하는 기법이다.

MBO	1년간 달성해야 하는 목표치를 제시하고, 이를 달성하기 위해 노력하는 과정에서 생산성이 향상될 것이라고 막연히 기대한다.
OKR	단기간에 구체적인 수준의 목표를 달성하라고 요구하고, 이를 확인하는 과정에서 생산성 향상을 도모하는 것이다. 구글의 '3-3-3 원칙'이 대표적으로, 이는 3개월간 3개 목표에 집중하고 목표당 3개의 핵심 결과를 도출해내도록 하는 것이다.

(2) 조직 구조

① 조직 구조의 이해

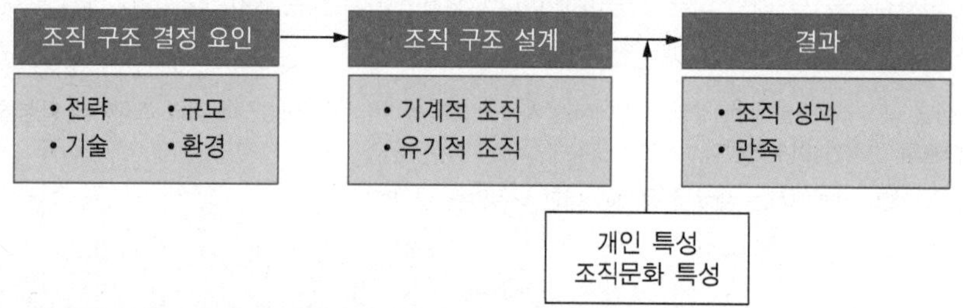

② 조직 구조의 결정 요인

전략	• 조직의 목적을 달성하기 위해 수립한 계획 • 조직이 자원을 배분하고 경쟁적 우위를 달성하기 위한 주요 방침
규모	대규모 조직은 소규모 조직에 비해 업무가 전문화·분화되어 있고, 많은 규칙과 규정이 존재함
기술	• 조직이 투입 요소를 산출물로 전환시키는 지식·절차 등을 의미 • 소량생산 기술은 유기적 조직, 대량생산 기술은 기계적 조직과 연결
환경	• 안정적이고 확실한 환경에서는 기계적 조직 • 급변하는 환경에서는 유기적 조직이 적합

③ 조직 구조의 유형 기출

기계적 조직	• 구성원들의 업무가 분명하게 정의됨 • 다수의 규칙과 규제가 존재하며, 위계질서가 엄격함 • 상하간 의사소통이 공식적인 경로를 통해 이루어짐
유기적 조직	• 의사결정권한이 하부 구성원들에게 많이 위임됨 • 업무가 고정되지 않고 공유 가능 • 비공식적인 의사소통이 원활함 • 규제나 통제의 정도가 낮음

(3) 조직 구조의 형태 기출

① 기능적 조직 구조

- 최상층에 최고경영자(CEO)가 위치하고, 구성원들이 단계적으로 배열되는 구조
- 환경이 안정되었거나 일상적인 기술을 사용하는 경우에 유리함
- 기업의 규모가 작을 때 업무의 내용이 유사한 것들을 결합

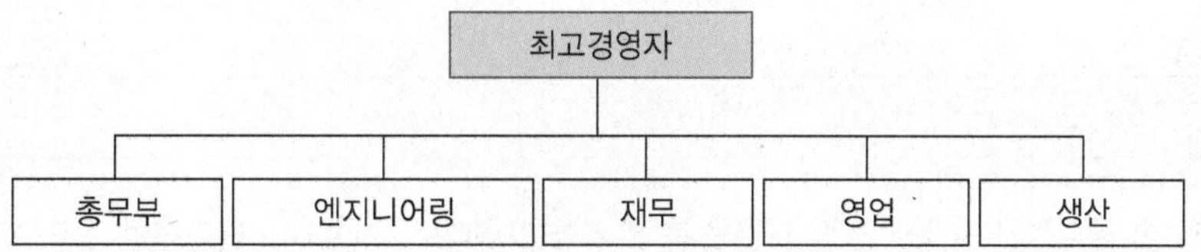

② 사업별 조직 구조

- 급변하는 환경에 대응하고 제품·지역 등의 차이에 신속하게 대응하기 위함
- 의사결정이 분권화되어 이루어짐
- 개별 제품·서비스·프로젝트 등에 따라 조직화됨

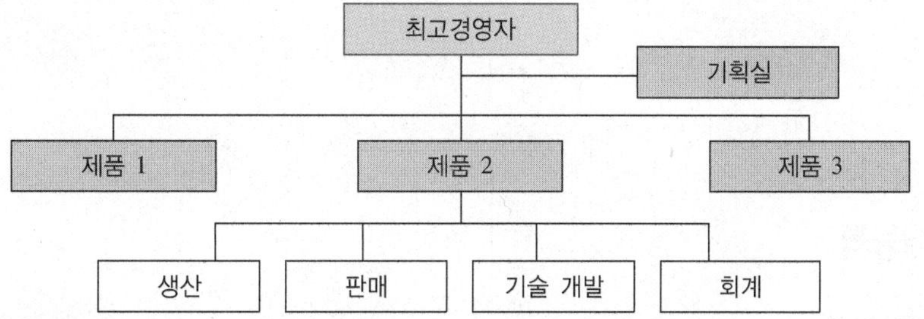

③ 애자일(Agile) 조직 구조

급변하는 시장 환경 속에서 다양한 수요에 유연하고 민첩하게 대응하기 위한 경영방식으로, 부서 간 경계를 허물고 필요에 맞게 소규모 팀을 구성해 업무를 수행하는 조직 구조를 말한다.

(4) 조직 내 집단

① 집단의 유형 기출

공식적인 집단	• 조직의 공식적인 목표를 추구하기 위해 의도적으로 만든 집단 • 목표·임무가 명확하게 규정 • 참여하는 구성원들도 인위적으로 결정 예 각종 위원회, 임무 수행을 위한 태스크포스
비공식적인 집단	• 조직 구성원들의 요구에 따라 자발적으로 형성된 집단 • 공식적인 업무 수행 이외의 다양한 요구에 의해 이루어짐 예 스터디 모임, 봉사활동 동아리, 각종 친목회

② 집단 간 경쟁 기출

조직 내의 한정된 자원을 더 많이 가지려 하거나, 서로 상반되는 목표를 추구하기 때문에 발생하게 된다.

순기능	집단 내부에서는 응집성이 강화되고, 집단의 활동이 더욱 조직화됨
역기능	경쟁이 과열되면 자원의 낭비, 업무 방해, 비능률 등의 문제가 발생

③ 팀

- 구성원들이 공동의 목표를 이루기 위해 기술을 공유하고 공동으로 책임을 지는 집단
- 상호 공동 책임을 중요시 하나, 자율성을 가지고 스스로 관리하는 경향이 강함
- 생산성을 높이고 의사를 신속하게 결정하며 창의성 향상을 도모하기 위해 구성
- 조직 구성원들의 협력과 관리자층의 지지가 필수적임

OX 문제

01 조직 목표 중 공식적인 목표인 조직 사명은 측정 가능한 형태로, 기술되는 단기적인 목표이다. [ ]

02 유기적 조직에서는 비공식적인 상호 의사소통이 원활히 이루어지며, 규제나 통제의 정도가 낮아 변화에 따라 쉽게 변할 수 있는 특징을 가진다. [ ]

01 [×] 조직 목표는 공식적이고 장기적인 목표인 조직 사명과 이를 달성하기 위한 단기적 관점의 세부목표로 이루어진다.
02 [○]

04 업무이해능력

(1) 업무의 의의와 특성

① 업무의 의의
상품이나 서비스를 창출하기 위한 생산적인 활동으로, 조직의 목적 달성을 위한 근거가 된다.

② 업무의 특성 기출

구분	내용
공통된 목적 지향	업무는 조직 목적의 효과적 달성을 위해 세분화된 것이므로 궁극적으로 같은 목적을 지향한다.
적은 재량권	개인이 선호하는 업무를 임의로 선택할 수 있는 재량권이 적다.
다른 업무와의 관련성	업무는 서로 독립적으로 이루어지지만 업무 간에는 서열이 있어서 순차적으로 이루어지기도 하며, 서로 정보를 주고 받기도 한다.
업무권한	구성원들이 업무를 공적으로 수행할 수 있는 힘을 말하며, 구성원들은 이에 따라 자신이 수행한 일에 대한 책임도 부여받는다.

(2) 업무 수행 계획 수립의 절차

① 업무 지침 확인

- 개인이 임의로 업무를 수행하지 않고 조직의 목적에 부합될 수 있도록 안내함
- 업무 지침을 토대로 작성하는 개인의 업무 지침은 업무 수행의 준거가 됨
- 개인의 업무 지침 작성 시에는 조직의 업무 지침, 장·단기 목표, 경영 전략 등을 고려
- 개인의 업무 지침은 3개월에 한 번 정도로 지속적인 개정이 필요

② 활용 자원 확인

- 물적 자원과 인적 자원 등의 업무 관련 자원을 확인
- 자원은 무한정하지 않으므로 효과적인 활용이 필요함
- 업무 수행에 필요한 지식, 기술이 부족하면 이를 함양하기 위한 계획의 수립이 필요

③ 업무 수행 시트의 작성 기출

- 구체적인 업무 수행 계획을 수립하여 가시적으로 나타냄
- 주어진 시간 내에 일을 끝낼 수 있게 동기부여
- 단계별로 협조를 구해야 할 사항과 처리해야 할 일을 체계적으로 알 수 있음
- 문제 발생시 발생 지점을 정확히 파악할 수 있음

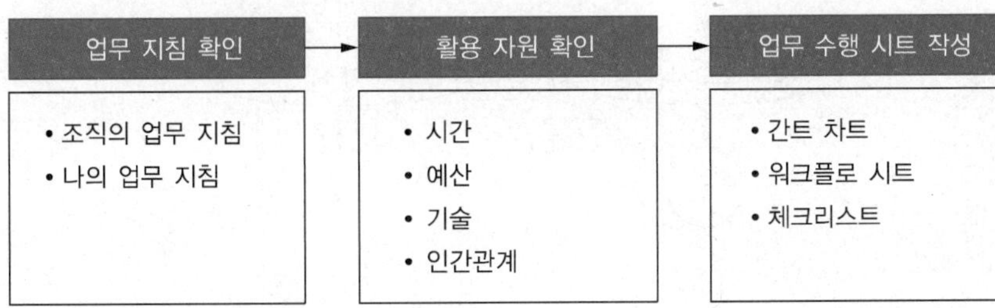

(3) 업무 수행 시트의 종류 기출

① 간트 차트

단계별로 업무를 시작해서 끝내는 데 걸리는 시간을 바 형식으로 표시한다. 전체 일정을 한 눈에 볼 수 있고, 단계별로 소요되는 시간과 각 업무활동 사이의 관계를 파악할 수 있다.

업무		6월				7월				8월				9월			
설계	자료 수집	■	■	■	■	■	■										
	기본 설계						■	■	■	■	■						
	타당성 조사 및 실시 설계										■						
시공	시공											■	■	■	■		
	결과 보고													■	■	■	■

② 워크플로 시트

일의 흐름을 동적으로 보여주는 데 효과적이며, 사용되는 도형을 다르게 표현함으로써 각각의 작업의 특성을 구분하여 표현할 수 있다.

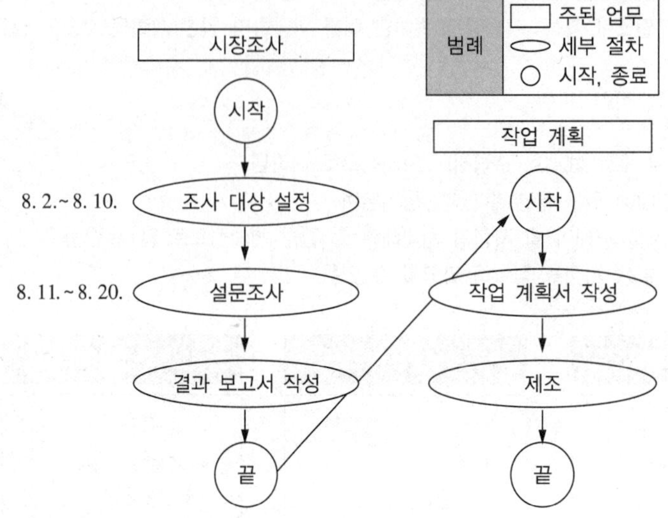

③ 체크리스트

업무의 각 단계를 효과적으로 수행했는지 자가 점검해볼 수 있으며, 각 활동별로 기대되는 수행 수준을 달성했는지를 확인하는 데 효과적이다. 단, 시간의 흐름을 표현하기는 어렵다.

업무		체크	
		YES	NO
고객관리	고객 대장을 정비하였는가?		
	3개월에 한 번씩 고객 구매 데이터를 분석하였는가?		
	고객의 청구 내용 문의에 정확하게 응대하였는가?		
	고객 데이터를 분석하여 판매 촉진 기획에 활용하였는가?		

OX 문제

01 워크플로 시트는 전체 일정을 한눈에 볼 수 있고, 단계별로 업무의 시작과 끝을 알려주며, 간트 차트는 도형과 선으로 일의 흐름을 동적으로 보여준다. [ ]

01 [×] 간트 차트는 전체 일정을 한눈에 볼 수 있고, 단계별로 업무의 시작과 끝을 알려주며, 워크플로 시트는 도형과 선으로 일의 흐름을 동적으로 보여준다.

05 국제감각

(1) 국제감각이란

① 국제감각의 의의

업무를 하는 중에 다른 나라의 문화를 이해하고 국제적인 동향을 이해하는 능력을 말한다.

② 글로벌화의 의의 기출

활동 범위가 세계로 확대되는 것으로, 경제나 산업 등의 측면에서 벗어나 문화나 정치 등 다른 영역까지 확대되는 개념을 말한다.

③ 글로벌화에 따른 변화 기출

세계적인 경제통합	• 신기술을 확보한 기업이 국경을 넘어 확장 • 다국적 기업의 증가에 따른 국가간 경제 통합 강화
FTA 체결	무역장벽을 없애기 위한 노력

(2) 외국인과의 커뮤니케이션

① 문화충격(Culture Shock)

- 한 문화권에 속한 사람이 다른 문화를 접하게 되었을 때 체험하는 충격이다.
- 상대문화를 이질적으로 대하게 되고, 위화감·심리적 부적응 상태를 경험하게 된다.
- 문화충격에 대비하려면 다른 문화에 대해 개방적인 태도를 견지해야 한다.
- 자신의 기준으로 다른 문화를 평가하지 않되, 자신의 정체성은 유지해야 한다.

② 이문화(Intercultural) 커뮤니케이션

언어적 커뮤니케이션	• 언어를 통해 의사소통하는 것으로 상대방에게 의사를 전달할 때 직접적으로 이용되는 것이다. • 외국어 사용능력과 직결된다.
비언어적 커뮤니케이션	• 생활양식·행동규범 등을 통해 상대방과 의사소통하는 것이다. • 외국어 능력이 유창해도 문화적 배경을 잘 모르면 언어에 내포된 의미를 오해하거나 수용하지 못할 수 있다.

OX 문제

01 국제감각은 자신의 업무와 관련하여 국제적인 동향을 파악하고, 이를 적용할 수 있는 능력이다. [ ]

02 문화충격에 대비해서 가장 중요한 것은 자신이 속한 문화를 기준으로 다른 문화를 객관적으로 평가하는 일이다. [ ]

01 [O]

02 [×] 문화충격에 대비해서 가장 중요한 것은 자신이 속한 문화를 기준으로 다른 문화를 평가하지 말고, 자신의 정체성은 유지하되 다른 문화를 경험하는 데 개방적이고 적극적 자세를 취하는 것이다.

SECTION 02

조직이해능력 맛보기

※ 다음 글의 내용을 읽고 이어지는 질문에 답하시오. [1~2]

C사의 교육팀에 신입사원이 입사를 하게 되었다. 교육팀장은 교육운영을 맡았던 박대리에게 그 간의 업무는 신입사원에게 인수인계를 하고, 같은 팀 최과장을 도와 교육을 기획하는 업무를 담당하라고 이야기했다. 박대리는 신입사원이 출근하기에 앞서 교육팀에서 지난 2년 간 수행했던 업무들을 정리하여 인수인계서를 작성했다. 인수인계서를 모두 작성하고 팀장의 결제를 받기 전에 내용이 빠짐없이 작성되었는지 확인할 필요가 있다고 판단되어 박대리는 팀 내에서 공통으로 활용하는 다음과 같은 점검표를 활용하기로 했다.

업무		확인	
		YES	NO
현황	담당업무에 대한 구분 및 정의는 명확하게 기술되었는가?		
	주요 업무계획 및 진행사항은 구체적으로 서술되었는가?		
	현안사항 및 문제점은 빠짐없이 작성되었는가?		
	주요 미결사항은 리스트와 세부 내용이 서술되었는가?		
⋮	⋮		

01 박대리가 업무 인수인계서를 작성할 때 필수적으로 고려해야 할 항목으로 거리가 먼 것은?

① 조직의 업무 지침
② 업무 요령 및 활용 팁
③ 요구되는 지식, 기술, 도구
④ 관련 업무 및 유관부서 담당자
⑤ 요구되는 태도 및 재량권

02 박대리는 업무수행을 점검하기 위해 어떤 도구를 활용하였는가?

① 체크리스트
② 간트 차트
③ 워크플로 시트
④ 벤 다이아그램
⑤ 스프레드 시트

Key Point

조직이해능력에서는 조직 자체에 대한 내용과 그 조직이 수행하는 업무에 대한 이해력을 묻는 두 가지의 유형으로 출제된다. 전자의 경우는 본 교재에서 설명하고 있는 조직이해론을 이해하고 있으면 충분히 풀이가 가능하나, 후자의 경우는 업무 자체에 대한 이해와 그 업무를 수행하는 데 필요한 절차 및 도표에 대한 문제들이 복합적으로 연결되어 출제되는 편이다. 의외로 이 유형의 문제에서 난도가 높은 문제가 종종 출제되므로 주의하기 바란다.

01

정답 ②

업무 수행에 필요한 요령이나 활용 팁 등은 인수인계서 작성 시 필수적으로 고려해야 할 항목은 아니다.

오답분석

업무 인수인계서를 작성할 때 필수적으로 고려해야 할 항목으로는 조직의 업무 지침, 요구되는 지식, 기술, 도구, 태도, 관련 업무 및 관련 부서 담당자, 자율권 및 재량권, 업무에 대한 구분 및 정의 등이 해당된다.

02

정답 ①

박대리는 팀 내에서 공통으로 활용하는 체크리스트로 업무를 점검하였다.

업무 수행 시트의 종류

시트	내용
체크리스트 (Checklist)	업무의 각 단계를 효과적으로 수행했는지 스스로 점검해 볼 수 있는 도구로, 시간의 흐름을 표현하는 데에는 한계가 있지만 업무를 세부적인 활동들로 나누고 각 활동별로 기대되는 수행수준을 달성했는지를 확인하는 데에는 효과적이다.
간트 차트 (Gantt Chart)	미국의 간트가 1919년에 창안한 작업진도 도표로, 단계별로 업무 전체 시간을 바(Bar) 형식으로 표시한 것이다. 일정을 한눈에 볼 수 있고, 단계별로 소요되는 시간과 각 업무활동 사이의 관계를 보여준다.
워크플로 시트 (Work Flow Sheet)	일의 흐름을 동적으로 보여 주는 데 효과적이다. 특히 도형을 다르게 표현함으로써 주된 작업과 부차적인 작업, 혼자 처리할 수 있는 일과 다른 사람의 협조를 필요로 하는 일, 주의해야 할 일, 컴퓨터와 같은 도구를 사용해서 할 일 등을 구분해서 표현할 수 있다.

※ 다음 H그룹의 부서별 업무소개 자료를 읽고, 이어지는 질문에 답하시오. [3~4]

1. (㉠) 직무 특성 및 소개

시설투자・공사지원・유지관리로 회사의 자산 가치를 극대화하고 임직원과의 소통과 원활한 경영활동 지원을 위한 업무를 수행합니다. 효율적인 공간 활용 및 쾌적한 사무환경 구축, 임직원 복지 증진으로 업무 효율성을 높이는 등 총체적인 업무지원 제반 활동을 진행합니다. 세부적으로 본사 및 사업장 부동산 자산관리, 임대차 자산 계약관리 등을 담당하는 관재업무, 설비 총괄 관리 및 시설물 관리로 쾌적한 근무환경 조성 업무, 주주총회 기획・운영・관리 업무, 임직원 복리후생 제도 기획・운영 및 사회공헌 프로그램을 진행하는 복지관련 업무, 경영진 및 VIP 의전 및 대민・대관 관련 업무 등을 수행합니다.

2. 구매직무 주요 업무 내용

- 시장조사 : 환율, 원부자재 가격 변동 등 Trend 조사 및 분석
- 업체발굴 : TCO관점에서 QCD 만족시키는 협력사 검토
- 협상/계약 : 가격 협상 및 납기 조율
- 자재관리 : 시스템 상 재고와 실 창고 재고 일치화 및 재고 수량 조사
- 협력사 관리 및 협력사 기술/품질지원 : SRM시스템 구축 및 운영
- 원가절감 활동 : 통합구매, 구매방식 다양화, 구매 시기 조정

03 다음 중 빈칸 ㉠에 들어갈 업무로 옳은 것은?

① 총무
② 인사
③ 회계
④ 생산
⑤ 기획

04 다음 중 구매 직무를 수행하기 위해 필요한 능력으로 옳지 않은 것은?

① 원가에 대한 이해력
② 데이터 분석 및 가공능력
③ 협상 및 설득능력
④ 생산 제품에 대한 지식
⑤ 협력사 검토 및 관리력

Key Point

업무 자체에 대한 이해를 묻는 문제로, 경우에 따라서는 실제 회사의 조직도가 주어지고 이와 연계하여 출제되는 경우도 종종 있는 편이다. 회사별로 업무 분장이 차이가 있을 수 있으나 총무, 인사 등과 같은 기본 업무들은 그 내용이 대동소이하므로 지원하는 곳의 조직도를 미리 구해 각 부서들이 실제로 수행하는 업무들을 살펴보는 것이 좋다. 이는 NCS 직업기초능력평가 뿐만 아니라 필기 시험 합격 후 면접 시험을 대비할 때에도 큰 도움이 된다.

03

정답 ①

총무 업무는 일반적으로 주주총회 및 이사회 개최 관련 업무, 의전 및 비서업무, 집기비품 및 소모품의 구입과 관리, 사무실 임차 및 관리, 차량 및 통신시설의 운영, 국내외 출장 업무 협조, 복리후생업무, 법률자문과 소송관리, 사내외 홍보 광고업무 등이 있다.

오답분석

② 인사 업무 : 조직기구의 개편 및 조정, 업무분장 및 조정, 직원수급계획 및 관리, 직무 및 정원의 조정 종합, 노사관리, 평가관리, 상벌관리, 인사발령, 교육체계 수립 및 관리, 임금제도, 복리후생제도 및 지원업무, 복무관리, 퇴직관리 등

③ 회계 업무 : 회계제도의 유지 및 관리, 재무상태 및 경영실적 보고, 결산 관련 업무, 재무제표 분석 및 보고, 법인세, 부가가치세, 국세 지방세 업무자문 및 지원, 보험가입 및 보상업무, 고정자산 관련 업무 등

④ 생산 업무 : 생산계획 수립 및 총괄, 생산실행 및 인원관리, 원자재 수급 및 관리, 공정관리 및 개선업무, 원가관리, 외주관리 등

⑤ 기획 업무 : 경영계획 및 전략 수립, 전사기획업무 종합 및 조정, 중장기 사업계획의 종합 및 조정, 경영정보 조사 및 기획보고, 경영진단업무, 종합예산수립 및 실적관리, 단기사업계획 종합 및 조정, 사업계획, 손익추정, 실적관리 및 분석 등

04

정답 ④

생산 제품에 대한 지식은 품질관리 직무를 수행하기 위해 필요한 능력이다.

오답분석

① 원가절감 활동을 하기 위해서는 원가에 대한 이해력이 있어야 한다.

② 시장조사를 하기 위해서는 각종 데이터 분석 및 가공능력이 있어야 한다.

③ 협상 및 계약을 하기 위해서는 설득능력이 있어야 한다.

⑤ 업체 발굴 및 협력사 관리를 위해 필요한 능력이다.

SECTION 03 대표유형 적중문제

정답 및 해설 p.63

01 모듈형

01 H공단에 근무 중인 B차장은 새로운 사업을 실행하기에 앞서 설문조사를 하려고 한다. 아래의 방법을 이용하려고 할 때, 설문조사 순서를 바르게 나열한 것은? 난이도 중

> 델파이 기법은 전문가들의 의견을 종합하기 위해 고안된 기법으로 불확실한 상황을 예측하고자 할 경우 사용하는 인문사회과학 분석기법 중 하나이다. 설문지로만 이루어지기 때문에 전문가들의 익명성이 보장되고, 반복적인 설문을 통해 얻은 반응을 수집·요약해 특정한 주제에 대한 전문가 집단의 합의를 도출하는 방식으로 진행된다.

① 설문지 제작 – 발송 – 회수 – 검토 후 결론 도출 – 결론 통보
② 설문지 제작 – 1차 대면 토론 – 중간 분석 – 2차 대면 토론 – 합의 도출
③ 설문지 제작 – 발송 – 회수 – 중간 분석 – 대면 토론 – 합의 도출
④ 설문지 제작 – 발송 – 새 설문지 제작 – 발송 – 회수 – 합의 도출
⑤ 설문지 제작 – 발송 – 회수 – 중간 분석 – 재발송 – 회수 – 합의 도출

02 귀하는 W은행의 프라이빗뱅킹(PB) 서비스를 제공하는 업무를 담당하고 있다. 최근 팀 내의 실적이 감소하고 있는 추세에 대해서 근본적인 원인을 파악하기 위해서 여러 가지 떠오르는 생각들을 순서대로 기술하였다. 이를 체계적으로 분석하여 팀 회의에서 보고하려고 하는데, 다음 원인들의 인과관계를 따져보고 귀하가 택할 가장 근본적인 원인은 무엇인가? 난이도 중

> • 재무설계 제안서의 미흡
> • 절대적인 고객 수 감소
> • 고객과의 PB 서비스 계약 감소
> • 고객정보의 수집 부족
> • 금융상품의 다양성 부족

① 고객과의 PB 서비스 계약 감소
② 절대적인 고객 수 감소
③ 고객정보의 수집 부족
④ 금융상품의 다양성 부족
⑤ 재무설계 제안서의 미흡

※ 다음의 대화를 읽고 이어지는 질문에 답하시오. **[3~4]**

• 김희재 : 좋은 직장과 안 좋은 직장을 알 수 있는 기준은 참 많지만, 하나를 골라보라면 ㉠ 를 고를 겁니다. 전임자가 회사를 도망치듯 나오거나 회사 자체가 ㉠ 의 중요성을 모르거나 후임자가 알아서 적응하는 것을 당연히 여기는 모습을 관행으로 여긴다면 좋은 회사일 리가 없죠.

• 정동원 : 저도 그렇게 생각해요. ㉠ 을/를 잘하는 것이 조직의 경쟁력 중에 하나가 될 수 있는데 말이죠. 앞서 일을 맡은 사람이 긴 시간 동안 보고 듣고 느낀 내용 중 가장 중요한 것만 전달할 수 있는 학습의 장이자, 업무의 질을 한 단계 올릴 수 있는 시간으로 만들 수도 있는데요.

• 임영웅 : 그러게 말이에요. 제가 지금 딱 그 상황입니다. 이번 달에 부서 이동을 해서 업무를 진행하기 전 ㉠ 자료를 보면서 업무 파악을 하고 있어요. 그런데 전임자였던 김호중 씨가 정말 기본적인 정보 외에는 주지 않더군요. 물어볼 사항이 한두 가지가 아닌데… 경쟁자로 의식하나 봅니다. ㉡ 이전에 김호중 씨가 작성했던 보고서를 참고하려고 자료를 요청했는데 자신이 직접 작성한 거라 공유하기가 어렵다고 하더군요. 그나마 시급한 문제들은 장민호 계장이 도와준 덕분에 잘 해결되었으니 다행이죠.

• 이찬원 : 저도 곧 인사발령이 나면 제 업무를 누군가가 담당해야 할 것인데 김호중 씨처럼 본인의 담당업무 외에 일을 안 맡으려는 분이 있으니 마음이 좀 무겁네요. 서로 도우면 좋을 텐데..

03 다음 중 빈칸 ㉠에 공통으로 들어갈 내용으로 가장 적절한 것은? 난이도 중

① 업무지침
② 체크리스트
③ 인수인계
④ 직무기술서
⑤ 간트차트

04 다음 중 ㉡과 같은 상황에서의 주의사항으로 옳지 않은 것은? 난이도 중

① 전임자의 업무 경험과 같이 파일을 공유해야 한다.
② 팀 단위의 상황에서는 과거 사례를 바탕으로 팀원의 핵심역량에 대해 인계해야 한다.
③ 맡았던 모든 일을 일일이 디테일하게 다 알려주어야 한다.
④ 조직 내에서 현재 진행하고 있는 일에 대해 주요 이슈별로 정리해서 현재 진척 상황을 공유해야 한다.
⑤ 정식 인수인계 문서를 작성하고 관리자와 기타 영향을 받을 주요 직원들과 함께 문서를 검토해야 한다.

※ 다음 D기업의 경영전략의 자료를 읽고 이어지는 질문에 답하시오. [5~6]

> 지난 해 D기업은 총 매출 기준으로 1조 2,490억 원을 달성했다. 이는 대한민국 인구 5,000만 명을 기준으로 했을 때, 인당 D기업 제품을 연간 약 20개를 구입한 셈이다. 평균가 1,200원 제품을 기준으로 했을 때는 연간 총 약 10억 개가 팔린 수치다. 하루 평균 약 273만개, 시간당 약 11만개, 분당 약 1,830개, 초당 약 30개가 팔린 것이다. 하루 D기업 매장을 이용하는 고객수도 일일 60만 명에 이르고 있다. 요즘 SNS상에는 D기업이라는 이름보다 '다있소'라는 말이 더 많이 검색된다. "오늘 다있소에서 득템했어.", "다있소의 희귀템 추천합니다." 등은 없는 것이 없는 D기업을 지칭하는 말이다. 이같이 인식시킬 수 있었던 비결에는 D기업만의 차별화된 콘셉트와 마케팅 전략이 숨어 있기 때문이라고 회사는 설명한다. ㉠ <u>1,000원 상품 비중이 50% 이상, 국산 제품 비중이 50% 이상이어야 한다는 기본 경영철학 하에 가격 고정이라는 카테고리 전략을 펼친 것이다.</u> 이것에 승부를 걸어온 D기업은 전국 어디에서나 일상생활에 필요한 모든 상품을 공급한다는 차별화 된 정책을 지속시키고 있다. 과거에는 불황시대의 산물로써 비춰진 적도 있었지만, 불황이나 호황에 구애받지 않는 것 또한 D기업만의 차별화된 행보다. 매월 600여 개의 신제품을 쏟아내는 것 또한 D기업만의 차별화된 소싱 능력으로 꼽을 수 있다.

05 다음 중 ㉠에 해당하는 D기업의 경영전략에 해당하는 것은? 난이도 하

① 원가우위전략
② 차별화전략
③ 집중화전략
④ 혁신전략
⑤ 비차별화전략

06 경영전략은 전략 목표 설정, 전략 환경 분석, 경영전략 도출, 경영전략 실행, 전략평가 및 피드백의 단계로 실행된다. 경영전략의 5단계 추진 과정 중 윗글의 사례에 해당하는 것은? 난이도 중

① 전략 환경 분석
② 경영전략 도출
③ 경영전략 실행
④ 전략 평가 및 피드백
⑤ 전략 목표 설정

※ 다음 글을 읽고 이어지는 질문에 답하시오. [7~8]

최근 서울 강서구에 있는 L전자제품 유통채널인 'B샵'에 한 손님이 찾아왔다. 이 손님은 건물 1～2층에 위치한 고객 체험형 가전공간과 연계한 인테리어 숍인숍, 3층 서비스센터 등 매장 곳곳을 살펴봤다. 이 손님은 코로나 사태로 힘든 시기임에도 제품 판매와 A/S, 배송 등 서비스 제공을 위해 최선을 다하는 직원들에게 감사를 표하고 매장을 떠났다. 이 손님은 바로 L그룹 대표였다. 그는 직원들 업무에 지장을 주지 않도록 B샵 담당 임원과 책임급 실무자 3～4명과 함께 이 매장을 찾았다. 당시 매장에는 고객들이 적지 않았지만, L그룹 회장의 방문을 눈치챈 사람은 한 명도 없었던 것으로 알려졌다.
L그룹 대표는 불필요한 형식과 격식은 과감하게 없애고, 진심을 갖고 구성원과 이해관계자들을 대하면서 L그룹의 미래를 위한 새로운 변화를 이끌고 있다. L그룹 대표는 2018년 6월 29일 L그룹 대표이사 회장에 취임한 직후 임직원들에게 '회장'이 아닌 '대표'로 불러 달라 당부했다. 또 문자나 이메일 등으로 임직원과 격의 없이 소통한다. L그룹 내에는 대표의 문자를 받고 깜짝 놀랐다는 임원이 적지 않은 것으로 알려졌다. 또한 올해부터 아예 온라인 시무식으로 전환해 신년사를 담은 영상을 전 세계 25만 명의 임직원에게 이메일로 전달했다. 회의문화도 철저히 실용적으로 변화시켰다.

07 윗글을 읽고 유추할 수 있는 L그룹의 경영전략으로 적절하지 않은 것은? 난이도 중

① 대표는 실용성과 진정성, 이 두 가지 리더십을 가지고 회사를 경영하고 있다.
② 회장이라는 직위보다는 지주회사 대표라는 직책이 갖는 의미를 강조하고 있다.
③ 1등 전략을 통해 국내 선도기업을 목표로 하고 있다.
④ 직원들과 격의 없이 소통하며 직원들을 동반자의 관계로 존중하고 있다.
⑤ 코로나 시대에 직원 간 소통을 비대면으로 하며 효과적으로 대응하고 있다.

08 조직문화에 가장 많은 영향을 주는 사람은 CEO이다. 〈보기〉의 조직문화를 구성하는 7가지 요소 중 글의 사례에 해당하는 것으로 옳은 것은? 난이도 중

보기
- 조직문화를 구성하는 7요소
공유가치(Shared Value), 전략(Strategy), 조직구조(Structure), 제도(System), 구성원(Staff), 관리기술(Skill), 리더십스타일(Style)

① 리더십스타일
② 구성원
③ 제도
④ 관리기술
⑤ 공유가치

09 다음 〈보기〉의 직무수행교육(OJT; On the Job Training)의 네 가지 단계를 순서대로 바르게 나열한 것은?

난이도 하

보기

㉠ 시켜보고 잘못을 시정한다. 시켜보면서 작업을 설명하도록 한다. 다시 한 번 시켜보면서 급소를 말하도록 한다. 완전히 이해할 때까지 확인한다.

㉡ 편안하게 한다. 어떤 작업을 하는지 말한다. 그 작업에 대해서 어느 정도 알고 있는지 확인한다. 작업을 배우고 싶은 기분이 되도록 한다. 올바른 위치에 자세를 취하도록 한다.

㉢ 중요한 스텝(Step)을 하나씩 말해서 들려주고, 해 보이고, 기록해 보인다. 급소를 강조한다. 확실하게, 빠짐없이, 끈기 있게, 이해하는 능력 이상으로 하지 않는다.

㉣ 작업에 종사시킨다. 모를 때에 답변할 사람을 지정해 둔다. 몇 번이고 조사한다. 질문하도록 작용한다. 차츰 지도를 줄인다.

① ㉠－㉢－㉡－㉣
② ㉡－㉠－㉢－㉣
③ ㉡－㉢－㉠－㉣
④ ㉢－㉠－㉣－㉡
⑤ ㉢－㉡－㉠－㉣

02 피듈형

01 **C사원은 베트남에서의 국내 자동차 판매량에 대해 조사를 하던 중에 한 가지 특징을 발견했다. 베트남 사람들은 간접적인 방법을 통해 구매하는 것보다 매장에 직접 방문해 구매하는 것을 더 선호한다는 사실이다. 다음 중 이를 참고하여 C사원이 기획한 신사업 전략으로 옳지 않은 것은?** 난이도 하

① 인터넷과 TV광고 등 비대면채널 홍보를 활성화한다.
② 쾌적하고 깔끔한 매장 환경을 조성한다.
③ 언제 손님이 방문할지 모르므로 매장에 항상 영업사원을 배치한다.
④ 매장 곳곳에 홍보물을 많이 비치해둔다.
⑤ 정확한 설명을 위해 사원들에게 신차에 대한 정보를 숙지하게 한다.

02 **다음 상황에서 팀장의 지시를 적절히 수행하기 위하여 오대리가 거쳐야 할 부서명을 순서대로 바르게 나열한 것은?** 난이도 중

오대리, 내가 내일 출장 준비 때문에 무척 바빠서 그러는데 자네가 좀 도와줘야 할 것 같군. 우선 박비서한테 가서 오후 사장님 회의 자료를 좀 가져다 주게나. 오는 길에 지난주 기자단 간담회 자료 정리가 되었는지 확인해 보고 완료됐으면 한 부 챙겨 오고. 다음 주에 승진자 발표가 있을 것 같은데 우리 팀 승진 대상자 서류가 잘 전달되었는지 그것도 확인 좀 해 줘야겠어. 참, 오후에 바이어가 내방하기로 되어 있는데 공항 픽업 준비는 잘 해 두었지? 배차 예약 상황도 다시 한 번 점검해 봐야 할 거야. 그럼 수고 좀 해 주게.

① 기획팀 – 홍보팀 – 총무팀 – 경영관리팀
② 비서실 – 홍보팀 – 인사팀 – 총무팀
③ 인사팀 – 법무팀 – 총무팀 – 기획팀
④ 경영관리팀 – 법무팀 – 총무팀 – 인사팀
⑤ 회계팀 – 경영관리팀 – 인사팀 – 총무팀

※ 다음 J회사의 조직구성표를 읽고 아래의 이어지는 질문에 답하시오. [3~4]

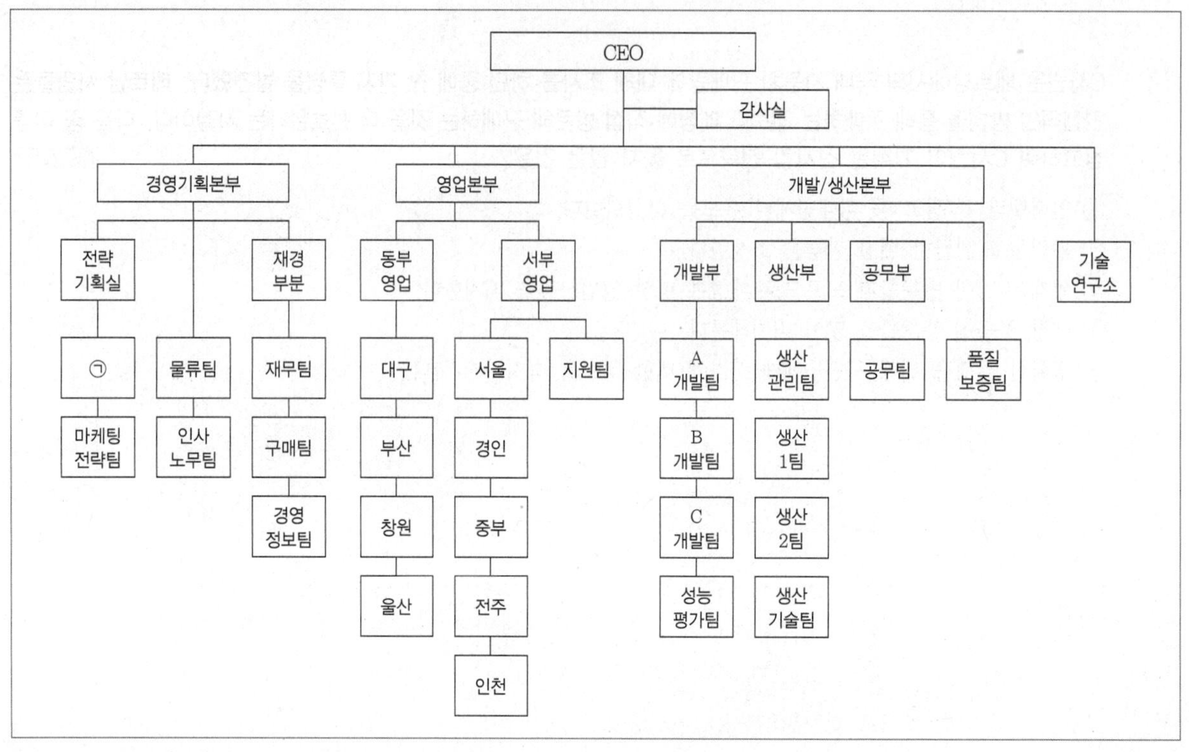

03 다음 중 빈칸 ㉠에 들어갈 팀으로 적절하지 않은 것은? 난이도 하

① 전략지원팀
② 경영기획팀
③ 시설관리팀
④ 기획홍보팀
⑤ 인력지원팀

04 〈보기〉는 김준호 씨가 담당하고 있는 업무의 소개이다. 김준호 씨는 어느 본부 소속인가? 난이도 하

보기

김준호 씨는 생산 제품의 영업기획, 영업계획 수립, 견적, 계약, 판매관리, 채권관리, 홍보관리 등의 업무를 담당한다. 영업기획은 시장, 경쟁사 동향 파악은 물론 신제품 개발 및 신규사업 수요조사를 통한 장·단기 수요, 판매를 예측하고 대응전략을 수립한다. 그리고 영업계획 수립은 월별 견적, 수주, 판매, 수금 계획을 작성 및 관리하며, 사양 및 원가를 검토해 견적서를 제출한다. 이외에 계약 전반적인 사항의 검토 및 협의, 기준 판매 가격 책정, 영업 실적 및 출하일정 관리, 국내 딜러 및 고객사 관리·지원 등의 업무를 수행한다.

① 경영기획본부
② 영업본부
③ 개발/생산본부
④ 기술 연구소
⑤ 감사실

※ 다음은 어떤 기관에서 공지한 교육 홍보물의 내용 중 일부를 발췌한 자료이다. 이어지는 질문에 답하시오. [5~6]

– 상략 –

▶ 신청 자격 : 중소기업 재직자, 중소기업 관련 협회·단체 재직자
- 성공적인 기술 연구개발을 통해 기술 경쟁력을 강화하고자 하는 중소기업
- 정부의 중소기업 지원 정책을 파악하고 국가 연구개발 사업에 신청하고자 하는 중소기업

▶ 교육비용 : 100% 무료교육(교재 및 중식 제공)

▶ 교육일자 : 모든 교육과정은 2일 16시간 과정, 선착순 60명 마감

과정명	교육내용	교육일자	교육장소	접수마감
정규(일반)	연구개발의 성공을 보장하는 R&D 기획서 작성	8. 19(목) ~ 20(금)	B대학교	8. 18(수)
정규(종합)	R&D 기획서 작성 및 사업화 연계	8. 28(토) ~ 29(일)	A센터	8. 23(월)

※ 선착순 모집으로 접수마감일 전 정원 초과 시 조기 마감될 수 있습니다.

본 교육과 관련하여 보다 자세한 정보를 원하시면 ___㉠___ K사원(123-4567)에게 문의하여 주시기 바랍니다.

05 다음 중 K사원이 속해 있을 부서에서 수행하고 있을 업무로 적절하지 않은 것은? 난이도 하

① 중소기업 R&D 지원 사업 기획 및 평가·관리
② R&D 교육 관련 전문 강사진 관리
③ 연구개발 기획 역량 개발 지원 사업 기획·평가·관리
④ R&D 관련 장비 활용 지원 사업 기획 및 평가·관리
⑤ R&D 사업화 연계·지원 관리

06 교육 홍보물에 공지한 교육과 관련된 고객의 질문에 대해 K사원이 대답하기 가장 어려운 질문은? 난이도 중

① 교육 과정을 신청할 때 한 기업에서 참여할 수 있는 인원수 제한이 있습니까?
② 본 교육의 내용을 바탕으로 기획서를 작성한다면 저희 기업도 개발 지원이 가능합니까?
③ 접수 마감일인 18일 현재 신청이 마감되었습니까? 혹시 추가 접수도 가능합니까?
④ 이전 차수에서 동일한 교육 과정을 이수했을 경우 이번 교육은 참여가 불가능합니까?
⑤ 일반과 종합과정을 모두 신청하는 것도 가능합니까?

CHAPTER **08**

대인관계능력

출제유형 및 학습 전략

1 일반적인 수준에서 판단하라!

일상생활에서의 대인관계를 생각하면서 문제에 접근하면 어렵지 않게 풀 수 있다. 그러나 수험생들 입장에서 직장 속 상황, 특히 역할(직위)에 따른 대인관계를 묻는 문제는 까다롭게 느껴질 수 있고 일상과는 차이가 있을 수 있기 때문에 이런 유형에 대해서는 따로 알아둘 필요가 있다.

2 이론을 먼저 익혀라!

대인관계능력 이론을 접목한 문제가 종종 출제된다. 물론 상식수준에서도 풀 수 있지만 정확하고 신속하게 해결하기 위해서는 이론을 정독해야 한다. 하지만 이론 정독은 기본으로 해야 하며 자주 출제되는 부분들(리더십과 멤버십의 차이, 단계별 협상과정, 고객불만 처리 프로세스 등)은 외워둘 필요가 있다.

3 실제 업무에 대한 이해를 높여라!

출제되는 문제의 수는 많지 않으나, 직군 및 직무와 상관없이 모든 직업인에게 중요한 영역이다. 특히 고객과의 접점에 있는 서비스 직군 시험에 출제될 가능성이 높은 영역이다. 상황 제시형 문제들이 많이 출제되므로 실제 업무에 대한 이해를 높여야 한다.

4 애매한 유형의 빈출 문제, 선택지를 파악하라!

대인관계능력의 출제 문제들을 보면 이것도 맞고, 저것도 맞는 것 같은 선택지가 많다. 하지만 정답은 하나이다. 출제자들은 대인관계능력이란 공부를 통해 얻는 것이 아닌 본인의 독립적인 성품으로부터 자연스럽게 나오는 것이라고 생각한다. 수험생들이 선택하는 보기로 그 수험생들을 파악한다. 그러므로 대인관계능력은 빈출 유형의 문제와 선택지를 파악하고 가는 것이 애매한 문제들의 정답률을 높이는 데 도움이 될 것이다.

SECTION 01 모듈이론

01 대인관계능력의 의의

(1) 대인관계능력이란?

① 대인관계의 의의

조직 구성원 간에 협조적인 관계를 유지하고, 구성원들에게 도움을 줄 수 있으며, 조직 내·외부의 갈등을 원만히 해결하는 능력을 말한다.

② 대인관계능력의 하위능력

종류	내용
팀워크 능력	다른 구성원들과 목표를 공유하고 원만한 관계를 유지하며, 책임감 있게 업무를 수행하는 능력
리더십 능력	조직 구성원들의 업무 향상에 도움을 주며 동기화시킬 수 있고, 조직의 목표 및 비전을 제시할 수 있는 능력
갈등관리 능력	조직 구성원 사이에 갈등이 발생하였을 경우, 이를 원만히 조절하는 능력
협상 능력	협상 가능한 목표를 세우고 상황에 맞는 협상 전략을 선택하여 다른 사람과 협상하는 능력
고객서비스 능력	고객서비스에 대한 이해를 바탕으로 실제 현장에서 다양한 고객에 대처하고 고객만족을 이끌어낼 수 있는 능력

(2) 대인관계 양식의 유형과 특징 기출

유형	특징
지배형	• 대인관계에 자신이 있으며 자기주장이 강하고 주도권을 행사함 • 지도력과 추진력이 있음 • 강압적·독단적·논쟁적이어서 마찰이 발생할 가능성이 높음 • 지시에 순종하지 않고 거만하게 보임
실리형	• 이해관계에 예민하며 성취 지향적임 • 자기중심적·경쟁적이며, 이익을 우선시함 → 타인에 대한 관심과 배려가 부족함 • 타인을 신뢰하지 못함 • 불공평한 대우에 예민함
냉담형	• 이성적이고 냉철하며, 의지가 강하고 타인과 거리를 둠 • 타인의 감정에 무관심함 • 긍정적인 감정 표현을 어려워함 • 오랜 기간 깊게 사귀기 어려움
고립형	• 혼자 일하는 것을 좋아하며, 감정을 드러내지 않음 • 사회적 상황을 회피하며 감정을 지나치게 억제함 • 침울하고 우유부단하여 고립될 가능성이 있음
복종형	• 수동적이고 의존적임 • 자신감이 낮고 주목받는 일을 피함 • 자신의 의사를 전달하기 어려워함 • 상급자의 위치에서 일하는 것에 부담을 느낌

순박형	• 단순하고 솔직하며, 너그럽고 겸손함 • 주관 없이 끌려다니기 쉬움 → 이용당할 가능성이 높음 • 원치 않을 때에도 타인의 의견에 반대하지 못함
친화형	• 타인을 배려하며 자기희생적 태도 • 요구를 잘 거절하지 못하고 타인의 필요를 자신보다 앞세움 • 타인과의 정서적 거리 유지 노력 • 본인의 이익도 중요함을 인식
사교형	• 외향적, 인정받고자 하는 욕구 • 타인에게 간섭하는 경향 • 흥분, 충동적 성향 • 개인적인 일을 타인에게 너무 알리는 경향이 있음 • 자신의 내면적 생활에 관심을 가지고, 인정받고자 하는 욕구에 대해 성찰할 필요가 있음

OX 문제

01 대인관계능력이란 조직원들과 협조적인 관계 유지, 조직 구성원들에게 업무상의 도움, 조직 내부 및 외부의 갈등 해결, 고객의 요구를 충족시켜줄 수 있는 능력 등을 포괄하는 개념이다. [ ]

02 친화형 인간의 경우는 나의 이익보다는 타인의 이익이 중요하다는 것을 인식함으로서 문제점을 해결할 수 있다. [ ]

03 대인관계 유형 중 순박형은 겸손하고 너그러운 경향이 있으며, 본인이 원치 않는 것에 대해서는 반대 의견을 잘 표현한다. [ ]

01 [○]

02 [×] 친화형의 경우 타인의 요구를 잘 거절하지 못하고 타인의 필요를 자신의 것보다 앞세우는 경향이 있기 때문에, 타인의 이익만큼이나 나의 이익이 중요하다는 것을 인식하는 게 중요하다.

03 [×] 순박형은 겸손하고 너그러운 경향이 있으며, 본인이 원치 않는 것에 대해서는 반대 의견을 잘 표현하지 못한다. 이에 자신의 의견을 표현하고 주장하는 노력이 필요하다.

02 팀워크능력

(1) 팀워크의 의의와 특징

① 팀워크의 정의

'Team'과 'Work'의 합성어로, 팀 구성원이 공동의 목적을 달성하기 위해 상호 관계성을 가지고 협력해 업무를 수행하는 것을 말한다.

② 팀워크와 응집력의 차이

팀워크	응집력
구성원이 공동의 목적을 달성하기 위해 상호 관계성을 가지고 서로 협력해 업무를 수행하는 것	사람들로 하여금 집단에 머물도록 하고, 그 집단의 구성원으로 계속 남아 있기를 원하게 만드는 힘

③ 팀워크의 유형

협력·통제·자율 등의 3가지 기제를 통해 구분되는데, 조직이나 팀의 목적, 추구하는 사업 분야에 따라 서로 다른 유형의 팀워크를 필요로 한다.

④ 팀워크를 저해하는 요소 기출

- 조직에 대한 이해 부족
- 이기주의
- 자아의식 과잉
- 질투나 시기로 인한 파벌주의
- 그릇된 우정과 인정
- 사고방식의 차이에 대한 무시

(2) 리더십과 팔로워십

① 팔로워십의 의의

리더를 따르는 것으로, 따르는 사람들은 헌신, 전문성, 용기, 정직하고 현명한 평가 능력, 융화력, 겸손함이 있어야 하며, 리더가 결점이 보일 때 덮어주는 아량도 있어야 한다. 리더십과 팔로워십은 상호 보완적이며 필수적인 관계를 이룬다.

② 팔로워십의 유형 기출

구분	자아상	동료 / 리더의 시각	조직에 대한 자신의 느낌
소외형	• 자립적 • 일부러 반대의견 제시 • 조직의 양심	• 냉소적 • 부정적 • 고집이 셈	• 자신을 인정하지 않음 • 적절한 보상의 부재 • 불공정하며 문제가 있음
순응형	• 기쁜 마음으로 과업수행 • 팀플레이 • 리더나 조직을 믿고 헌신	• 아이디어 없음 • 인기 없는 일은 하지 않음 • 조직을 위해 자신과 가족의 요구를 양보	• 기존 질서 존중 • 리더의 의견을 거스르지 못함 • 획일적인 태도
실무형	• 조직의 운영방침에 민감 • 균형 잡힌 시각 • 규정과 규칙	• 개인의 이익 극대화 • 적당한 열의와 평범한 수완	• 규정 준수 강조 • 명령과 계획의 잦은 변경 • 리더와 부하 간의 비인간적 풍토
수동형	• 리더에 의존 • 지시에 의한 행동	• 제 몫을 하지 못함 • 감독이 반드시 필요	• 조직이 자신의 아이디어를 원치 않음 • 노력과 공헌은 소용없음
주도형	이상적인 유형		

(3) 팀워크의 촉진방법

① 건설적 피드백

문제 제기	해당 팀원으로 하여금 업무 수행이나 근무태도의 특정 사안에 대해 시정해야 할 부분이 있음을 알게 하는 것으로, 업무목표 달성과 관련된 경우나 자신이 해야 할 일이 아닌 업무를 하고 있을 때 문제를 제기하는 단계
상황 이해	업무 수행과 근무태도가 부서에 미치는 영향에 관해 기술하고, 상호 이해에 도달함으로써 해당 팀원이 무엇이 문제인지를 알게 하는 단계
문제 해결	바람직한 결과를 끌어내기 위해서 해당 팀원이 현재 상황을 개선할 수 있도록 행동을 취하게 하는 단계

② 갈등의 해결

㉠ 성공적으로 운영되는 팀은 갈등의 해결에 능숙하다. 효과적인 갈등관리로 혼란과 내분을 방지하고, 팀 진전 과정에서의 방해 요소를 미리 없앤다.

㉡ 팀원 사이의 갈등을 발견하면 제3자로서 신속히 개입해 중재해야 한다.

③ 훌륭한 결정이 되기 위해서 고려해야 할 2가지 측면

결정의 질	• 쟁점의 모든 측면을 다루었는가? • 모든 팀원과 협의하였는가? • 추가 정보나 조언을 얻기 위해 팀 외부와 협의할 필요가 있는가?
구성원의 참여	• 모든 팀원이 결정에 동의하는가? • 팀원들은 결정을 실행함에 있어서 각자의 역할을 이해하고 있는가? • 팀원들은 결정을 열성적으로 실행하고자 하는가?

OX 문제

01 응집력이란 사람들로 하여금 집단에 머물도록 만들고, 그 집단의 멤버로서 계속 남아 있기를 원하게 만드는 힘을 의미한다. [ ]

02 팔로워십 유형 중 실무형은 조직의 운영방침에 민감하며 사건을 균형 잡힌 시각으로 보는 특징을 가진다. [ ]

03 팔로워십의 유형 중 소외형은 조직이 자신을 인정해 주지 않는다고 느끼며, 다른 사람이 볼 때 다소 냉소적·부정적으로 보인다. [ ]

01 [O]
02 [O]
03 [O]

03 리더십 능력

(1) 리더십의 의의

① 리더십의 의의 기출

모든 조직 구성원이 각자의 위치에서 가질 수 있는 것으로, '조직의 공통된 목적을 달성하기 위하여 개인이 조직원들에게 영향을 미치는 과정'을 의미한다.

② 리더십에 대한 일반적인 정의·개념

- 조직 구성원들로 하여금 조직의 목표를 위해 자발적으로 노력하도록 영향을 주는 행위
- 어떤 주어진 상황 내에서 목표 달성을 위해 개인 또는 집단에 영향력을 행사하는 과정
- 자신의 주장을 소신 있게 나타내고 다른 사람들을 격려하는 힘

③ 리더와 관리자

리더	관리자
• 새로운 상황 창조자 • 혁신지향적 • '내일'에 초점을 맞춘다. • 사람을 중시 • 정신적 • 계산된 리스크를 취한다. • '무엇을 할까?'를 생각한다.	• 상황에 수동적 • 유지지향적 • '오늘'에 초점을 맞춘다. • 체제나 기구를 중시 • 기계적 • 리스크를 회피한다. • '어떻게 할까?'를 생각한다.

④ 리더십의 발휘 구도

산업 사회에서 정보 사회로 이행되면서 상사가 하급자에게 발휘하는 형태뿐만 아니라 조직원이 동료나 상사에게까지도 발휘해야 하는 전방위적 형태로 바뀌었다.

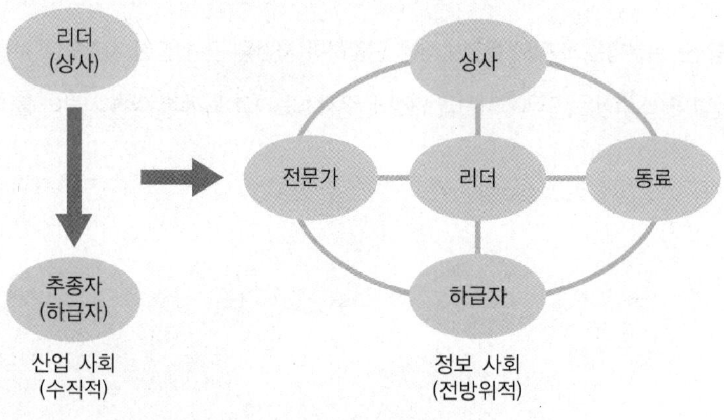

(2) 리더십의 유형 기출

① 독재자 유형
㉠ 정책의사결정과 대부분의 핵심 정보를 자신에게만 국한해 소유한다.
㉡ 통제가 없이 방만한 상태에 있을 때 혹은 가시적인 성과물이 보이지 않을 때 효과적이다.
㉢ 특징 : 질문 금지, 모든 정보는 내 것, 실수를 용납하지 않음

② 민주주의 근접 유형
㉠ 독재자 유형보다는 관대하다. 전체 그룹 구성원 모두를 목표 방향 설정에 참여시킴으로써 구성원들에게 확신을 심어주려고 노력한다.
㉡ 혁신적이고 탁월한 부하 직원들을 거느리고, 그러한 방향을 계속적으로 지향할 때 가장 효과적이다.
㉢ 특징 : 참여, 토론의 장려, 거부권

③ 파트너십 유형
㉠ 리더와 집단 구성원 사이의 구분이 희미하다.
㉡ 소규모 조직에서 풍부한 경험과 재능을 소유한 개개인들에게 적합하고 신뢰, 정직, 구성원들의 능력에 대한 믿음이 파트너십의 핵심 요소이다.
㉢ 특징 : 평등, 집단의 비전, 책임 공유

④ 변혁적 유형
㉠ 개개인과 팀이 유지해 온 업무 수행 상태를 뛰어넘으려 한다.
㉡ 특징 : 카리스마, 자기 확신, 존경심과 충성심, 풍부한 칭찬, 감화

(3) 동기부여

① 동기부여의 의의
'동기부여'는 리더십의 핵심 개념이다. 성과와 목표의 실현은 동기부여의 직접적인 결과이며, 자신에게 동기를 부여해야 좋은 결과를 얻을 수 있다.

② 동기부여의 방법 기출

긍정적 강화법	목표달성을 높이 평가하여 곧바로 보상하는 행위
새로운 도전의 기회 부여	환경 변화에 따라 조직원에게 새로운 업무를 맡을 기회를 제공하여 발전과 창조성을 고무
창의적인 문제 해결법 발견	문제를 해결하도록 지도하고 개입하지만, 해결책은 스스로 찾을 수 있도록 분위기를 조성
역할과 행동에 책임감 부여	업무에 책임을 지도록 하는 환경 조성 → 안정감을 느끼고 의미 있는 일을 하고 있다는 긍지를 가짐
코칭	문제 및 진척 상황을 팀원들과 함께 살피고 지원하며, 지도 및 격려
변화를 두려워하지 않음	위험을 감수해야 할 이유와 목표 제시를 통해 팀원이 안전지대를 벗어나 높은 목표를 향하도록 격려
지속적 교육	지속적인 교육과 성장의 기회 제공을 통해 상사로부터 인정받고 있으며, 권한을 위임받았다고 느낄 수 있도록 동기부여

(4) 임파워먼트(Empowerment)

① 임파워먼트의 의의

직원들에게 일정 권한을 위임하면 자신의 능력을 인정받았다고 인식해 업무 효율성이 높아지므로 훨씬 쉽게 목표를 달성할 수 있다.

② 임파워먼트 환경의 특징 기출

- 도전적이고 흥미 있는 일
- 학습과 성장의 기회
- 높은 성과와 지속적인 개선을 가져오는 요인들에 대한 통제
- 긍정적인 인간관계
- 개인들이 공헌하며 만족한다는 느낌
- 상부로부터의 지원

③ 임파워먼트의 장애요인 기출

구분	내용
개인 차원	주어진 일을 해내는 역량의 결여, 동기의 결여, 결의의 부족, 책임감 부족, 의존성
대인 차원	다른 사람과의 성실성 결여, 약속 불이행, 성과를 제한하는 조직의 규범, 갈등 처리 능력 부족, 승패의 태도
관리 차원	통제적 리더십 스타일, 효과적 리더십 발휘 능력 결여, 경험 부족, 정책 및 기획의 실행 능력 결여, 비전의 효과적 전달 능력 결여
조직 차원	공감대 형성이 없는 구조와 시스템, 제한된 정책과 절차

(5) 변화관리의 단계 기출

① 1단계 : 변화의 이해

리더는 먼저 변화의 실상을 정확히 파악한 다음, 익숙했던 것들을 버리는 데서 오는 감정과 심리적 상태를 어떻게 다룰 것인가에 대해 심사숙고해야 한다. 변화관리에서 변화를 다루는 방법만큼 중요한 것은 없다.

- 변화가 왜 필요한가?
- 무엇이 변화를 일으키는가?
- 변화는 모두 좋은 것인가?

② 2단계 : 변화의 인식

리더는 직원들에게 변화와 관련된 상세한 정보를 제공하여 직원들 자신이 변화를 주도하고 있다는 마음이 들도록 이끌어야 한다.

- 개방적인 분위기를 조성한다.
- 구성원들의 감정을 세심하게 살핀다.
- 변화의 긍정적인 면을 강조한다.
- 변화에 적응할 시간을 준다.

③ 3단계 : 변화의 수용

- 부정적인 행동을 보이는 구성원은 개별 면담을 통해 늘 관심 있게 지켜보고 있다는 사실과 언제든지 대화를 나눌 수 있다는 점을 주지시킨다.
- 변화에 스스로 대처하려는 직원들에게도 도움을 주어야 한다. 이런 구성원들에게는 '인간은 자기실현적 예언자'라는 점을 인식시키면 좋다.

OX 문제

01 독재자 유형의 리더십은 집단이 통제가 없이 방만한 상태에 있을 때 혹은 가시적인 성과물이 보이지 않을 때 사용한다면 효과적일 수 있다. [ ]

02 목표달성을 높이 평가하여 곧바로 보상하는 행위를 긍정적 강화라고 한다. [ ]

03 지속적으로 동기부여하기 위해 가장 좋은 방법은 금전적인 보상이나 편익, 승진 등의 외적인 동기유발이다. [ ]

04 성공적인 임파워먼트를 위해서는 권한 위임의 한계를 명확하게 하여야 한다. [ ]

01 [○]

02 [○]

03 [×] 외적인 동기유발제는 일시적으로 효과를 낼 수 있으며, 단기간에 좋은 결과를 가져오고 사기를 끌어올릴 수 있지만, 그 효과는 오래가지 못한다.

04 [○]

04 갈등관리능력

(1) 갈등의 의의

① '갈등'의 일반적 의미

조직을 구성하는 개인과 집단, 조직 간에 잠재적 또는 현재적으로 대립하고 마찰하는 사회적 · 심리적 상태를 말한다.

② 갈등과 조직성과 사이의 관계

갈등수준이 전혀 없거나 낮을 때에는 조직 내부는 의욕이 상실되고 환경 변화에 대한 적응력도 떨어져 조직성과가 낮아지게 된다. 그러나 갈등수준이 적절(X_1)할 때는 조직 내부에 생동감이 넘치고 변화지향적이며 문제해결 능력이 발휘된다.

[갈등과 조직성과]

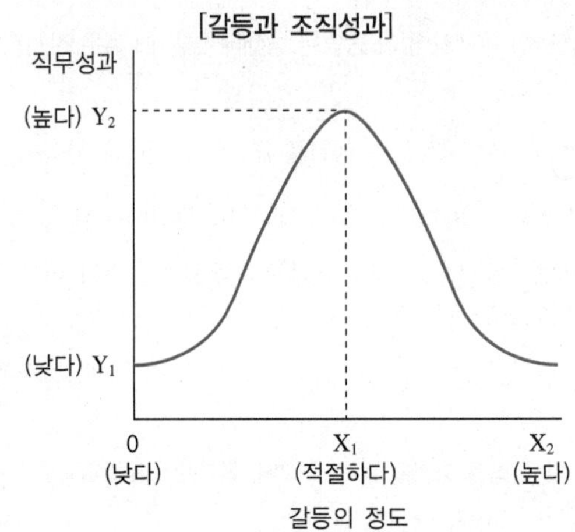

③ 갈등의 증폭원인 기출

적대적 행동	• 팀원은 '승리 · 패배의 경기'를 시작한다. • 팀원은 문제를 해결하기보다는 '승리하기'를 원한다.
입장 고수	• 팀원은 공동의 목표를 달성할 필요성을 느끼지 않는다. • 팀원은 각자의 입장만을 고수하고, 의사소통의 폭을 줄이며, 서로 접촉하는 것을 꺼린다.
감정적 관여	• 팀원은 자신의 입장에 감정적으로 묶인다.

(2) 갈등의 두 가지 쟁점 기출

핵심적인 문제들은 대부분 갈등의 밑바닥에 깔려 있는 반면에, 감정적인 문제들은 갈등을 복잡하게 만든다. 갈등을 해결하기 위해서는 핵심적인 문제부터 해결해야 한다.

핵심 문제	감정적 문제
• 역할 모호성 • 방법에 대한 불일치 • 목표에 대한 불일치 • 책임에 대한 불일치 • 가치에 대한 불일치	• 공존할 수 없는 개인적 스타일 • 통제나 권력 확보를 위한 싸움 • 자존심에 대한 위협 • 질투 • 분노

(3) 갈등을 해결하기 위한 방법

① 갈등의 과정

의견 불일치	상대방에게 생각과 동기를 설명할 수 있는 기회를 주고 대화를 나누다 보면 오해가 사라지고 더 좋은 관계로 발전할 수 있지만, 그냥 내버려 두면 심각한 갈등으로 발전하게 된다.
대결 국면	상대방의 입장은 부정하면서 자기주장만 하려고 하며, 서로의 입장을 고수하려는 강도가 높아지면서 서로 간의 긴장은 더욱 높아지고 감정적인 대응이 더욱 격화되어 간다.
격화 국면	상대방에 대하여 더욱 적대적으로 발전해 나가며, 상대방의 생각이나 의견·제안을 부정하고, 그에 대한 반격으로 대응함으로써 자신들의 반격을 정당하게 생각한다.
진정 국면	흥분과 불안이 가라앉고 이성과 이해의 원상태로 돌아가려 하며, 협상이 시작된다. 협상과정을 통해 쟁점이 되는 주제를 논의하고 새로운 제안을 하며 대안을 모색하게 된다.
갈등의 해소	갈등 당사자들은 문제를 해결하지 않고는 자신들의 목표를 달성하기 어렵다는 것을 알게 된다. 서로 간에 쌓인 갈등의 해소는 회피형, 지배 또는 강압형, 타협형, 순응형, 통합 또는 협력형 등의 방법으로 이루어진다.

② 갈등 해결 방법

회피형 (Avoiding)	• 자신과 상대방에 대한 관심이 모두 낮은 경우 • 개인의 갈등상황으로부터 철회 또는 회피하는 것 • '나도 지고, 너도 지는 방법(I Lose-You Lose)'
경쟁형 (Competing)	• '지배형'이라고도 함 • 자신에 대한 관심은 높고, 상대방에 대한 관심은 낮은 경우 • '나는 이기고, 너는 지는 방법(Win-Lose)', 제로섬(Zero Sum)
수용형 (Accomodating)	• 자신에 대한 관심은 낮고, 상대방에 대한 관심은 높은 경우 • '나는 지고, 너는 이기는 방법(I Lose-You Win)' • 상대방이 거친 요구를 해오는 경우에 전형적으로 나타나는 반응
타협형 (Compromising)	• 서로가 받아들일 수 있는 결정을 하기 위하여 타협적으로 주고받는 방식(Give and Take) • 갈등 당사자들이 반대의 끝에서 시작하여 중간 정도 지점에서 타협하여 해결점을 찾는 것
통합형 (Integrating)	• '협력형(Collaborating)'이라고도 함 • 자신은 물론 상대방에 대한 관심이 모두 높은 경우로서, '나도 이기고, 너도 이기는 방법(Win-Win)' • 가장 바람직한 갈등 해결 유형

(4) 윈-윈(Win-Win) 갈등관리법 기출

① 윈-윈 갈등관리법의 의미

문제해결을 위해 서로의 관점과 공동의 책임을 수용하도록 하는 방법으로, 팀원들에게 서로의 역할을 바꾸어서 수행해보도록 하는 것 등을 예시로 들 수 있다(어떤 모델을 적용할지 미리 결정하는 것보다 팀 내에서 대립이 있을 때마다 적절한 모델을 적용하는 것이 중요).

② 윈-윈 전략에 의거한 갈등해결 7단계

㉠ 1단계 : 충실한 사전 준비

㉡ 2단계 : 긍정적인 접근 방식

㉢ 3단계 : 두 사람의 입장을 명확히 하기

㉣ 4단계 : Win-Win에 기초한 기준에 동의하기

㉤ 5단계 : 몇 가지 해결책을 생각해내기

㉥ 6단계 : 몇 가지 해결책을 평가하기

㉦ 7단계 : 최종 해결책을 선택하고, 실행하는 것에 동의하기

OX 문제

01 '윈 – 윈(Win – Win) 갈등 관리법'이란 갈등을 피하거나 타협으로 예방하기 위한 방법이다. [ ]

01 [×] 갈등을 피하거나 타협으로 예방하려고 하는 접근법은 상당히 효과적이기는 하지만 문제를 근본적으로 해결해 주는 데에는 한계가 있다.

05 협상능력

(1) 협상의 의의 기출

차원	내용
의사소통 차원	이해당사자들이 자신들의 욕구를 충족시키기 위해 상대방으로부터 최선의 것을 얻어내려고 상대방을 설득하는 커뮤니케이션 과정
갈등 해결 차원	개인 · 조직 또는 국가가 가지고 있는 갈등의 문제를 해결하기 위해서 갈등관계에 있는 이해당사자들이 대화를 통해서 상반되는 이익은 조정하고, 공통되는 이익은 증진시키는 상호작용 과정
지식과 노력 차원	우리가 얻고자 원하는 것을 어떻게 다른 사람들보다 더 우월한 지위를 점유하면서 얻을 수 있을 것인가 등에 관련된 지식이며, 노력의 장
의사결정 차원	둘 이상의 이해당사자들이 여러 대안들 가운데 이해당사자들 모두가 수용가능한 대안을 찾기 위한 의사결정 과정
교섭 차원	선호가 서로 다른 당사자들이 합의에 도달하기 위해 의사결정하는 과정

(2) 협상의 단계 기출

협상 시작	• 협상 당사자들 사이에 상호 친근감을 쌓음 • 간접적인 방법으로 협상 의사를 전달함
상호 이해	• 적극적으로 경청하고 자기주장을 제시함 • 협상을 위한 협상 대상 안건을 결정함
실질 이해	• 겉으로 주장하는 것과 실제로 원하는 것을 구분하여 실제로 원하는 것을 찾아냄 • 분할과 통합 기법을 활용해 이해관계를 분석함
해결 대안	• 협상 안건마다 대안들을 평가함 • 대안 이행을 위한 실행 계획을 수립함
합의 문서	• 합의문을 작성함 • 합의문 상의 합의 내용 · 용어 등을 재점검한 후 서명함

(3) 협상 전략의 종류 기출

종류	내용
협력전략 : 문제해결전략 (Cooperative Strategy)	• 협상 참여자들이 협동과 통합으로 문제를 해결하고자 하는 협력적 문제해결전략 • 문제를 해결하는 합의에 이르기 위해서 협상 당사자들이 서로 협력하는 것 • 'I Win, You Win, We Win' 전략 • 협상전술 : 협동적 원인 탐색, 정보수집과 제공, 쟁점의 구체화, 대안들에 대한 공동평가, 협동하여 최종안 선택
유화전략 : 양보전략 (Smoothing Strategy)	• 상대방이 제시하는 것을 일방적으로 수용하여 협상의 가능성을 높이려는 전략 • 상대방의 욕구와 주장에 자신의 욕구와 주장을 조정하고 순응시켜 굴복 • 'I Lose, You Win' 전략 • 협상전술 : 유화, 양보, 순응, 수용, 굴복, 요구사항의 철회 등
회피전략 : 무행동전략 (Avoiding Strategy)	• 협상을 피하거나 잠정적으로 중단 또는 철수하는 전략 • 협상의 가치가 낮거나 중단하고자 할 때 혹은 상대방에게 필요한 양보를 얻어내고자 할 때, 또는 협상 이외의 방법으로 대안이 존재할 경우에 회피전략 사용 • 'I Lose, You Lose, We Lose' 전략 • 협상전술 : 협상을 회피·무시, 상대방의 도전에 대한 무반응, 협상안건을 타인에게 넘겨주기, 협상으로부터 철수 등
강압전략 : 경쟁전략 (Forcing Strategy)	• 상대방의 주장을 무시하고 자신의 힘으로 일방적으로 밀어붙여 상대방에게 자신의 입장을 강요하는 전략 • 상대방에 비해 자신의 힘이 강하거나 서로 인간관계가 나쁘고, 신뢰가 전혀 없는 상황에서 자신의 실질적 결과를 극대화하고자 할 때 강압전략을 사용 • 'I Win, You Lose' 전략 • 협상전술 : 위압적인 입장 천명, 협박과 위협, 협박적 설득, 확고한 입장에 대한 논쟁, 협박적 회유와 설득, 상대방 입장에 대한 강압적 설명 요청

(4) 상대방을 설득하는 방법

① See – Feel – Change 전략 기출

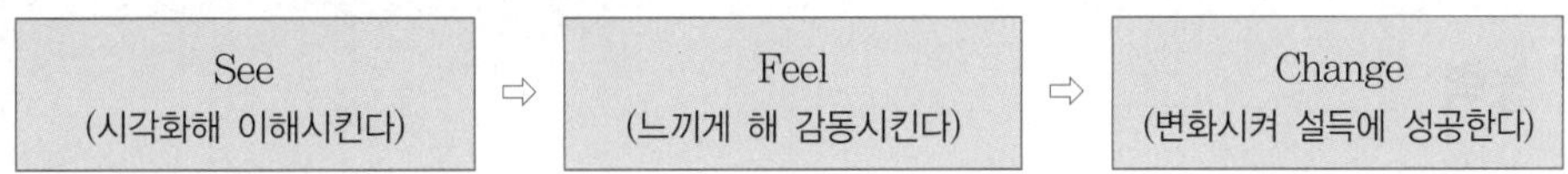
See
(시각화해 이해시킨다)
Feel
(느끼게 해 감동시킨다)
Change
(변화시켜 설득에 성공한다)

② 상대방 이해 전략

협상 전략에 있어서 상대방 이해란 협상 과정상의 갈등해결을 위해서 상대방에 대한 이해가 선행되어 있으면 갈등해결이 용이하다는 것이다.

③ 호혜관계 형성 전략

협상 당사자 사이에 어떤 혜택들을 주고받는 관계가 형성되어 있으면 그 협상 과정상의 갈등해결에 용이하다.

④ 헌신과 일관성 전략

협상 당사자 사이에 기대하는 바에 일관성 있게 헌신적으로 부응해 행동하게 되면 협상 과정상의 갈등해결이 용이하다.

⑤ 사회적 입증 전략

어떤 과학적인 논리보다도 동료나 이웃의 언행에 의해서 상대방 설득을 진행하는 것이 협상 과정상의 갈등해결이 더 쉽다.

⑥ 연결 전략

협상 과정상의 갈등상태가 발생했을 때 그 갈등 문제와 갈등관리자를 연결하는 것이 아니라 그 갈등을 야기한 사람과 관리자를 연결하면 갈등해결이 용이해진다.

⑦ 권위 전략 기출

직위나 전문성, 외모 등을 이용하면 협상 과정상의 갈등해결에 도움이 될 수 있다.

⑧ 희소성 해결 전략
사람들은 시간적으로 희소하고 사회경제적으로 희소한 것을 소유하고자 하는 강력한 욕구가 있을 때 목숨을 걸 정도로 설득을 잘 당한다.

⑨ 반항심 극복 전략
반대가 심화될수록 희소성이 강화되고 반항심을 더욱 자극해 설득에 실패할 확률이 높아진다.

OX 문제

01 협상에서 성공하기 위해서는 시종 협상의 통제권을 잃지 않도록 해야 한다. [ ]

02 협력전략은 협상 당사자들이 자신들의 목적이나 우선순위에 대한 정보를 서로 교환하여 통합적으로 해결하고자 할 때 사용한다. [ ]

03 유화전략은 자신의 주장을 견지하면서 자신과 상대방의 주장을 절충하여 서로 양보하고자 할 때 사용한다. [ ]

01 [×] 협상은 통제권을 확보하는 것이 아니라 함께 의견 차이를 조정하면서 최선의 해결책을 찾는 것이다.
02 [O]
03 [×] 유화전략은 상대방과의 충돌을 피하고자 상대방의 주장에 대하여 자신의 욕구와 주장을 순응시켜 양보하고 굴복하는 전략이다.

06 고객서비스 능력

(1) 고객서비스의 의의와 고객의 불만

① 고객서비스의 의의
다양한 고객의 요구를 파악하고, 대응법을 마련하여 양질의 서비스를 제공하는 것을 말한다.

② 고객의 불만표현 유형 기출

유형	내용
거만형	• 자신의 과시욕을 드러내고 싶어 하는 고객으로, 보통 제품을 폄하하는 사람들이 많다. • 대응법 : 정중하게 대하는 것이 좋고, 자신의 과시욕이 충족되도록 제지하지 않는 것이 좋다.
의심형	• 직원의 설명이나 제품의 품질에 대해 의심을 많이 하는 고객을 말한다. • 대응법 : 분명한 증거나 근거를 제시해 스스로 확신을 갖도록 유도하고, 때로는 책임자로 하여금 응대하도록 하는 것도 좋다.
트집형	• 사소한 것으로 트집을 잡는 까다로운 고객을 말한다. • 대응법 : 이야기를 경청하면서 맞장구치거나 추켜세우고 설득하는 방법이 효과적이다. 잠자코 고객의 의견을 경청하고 사과를 하는 응대가 바람직하다.
빨리빨리형	• 성격이 급하고, 확신 있는 말이 아니면 잘 믿지 않는 고객을 말한다. • 대응법 : 애매한 화법의 사용은 피하도록 하고, 여러 가지 일을 신속하게 처리하는 모습을 보이면 응대하기 쉽다.

③ 고객불만 처리 프로세스 기출

경청	고객의 항의를 경청하며, 선입관을 버리고 문제를 파악한다.
감사와 공감 표시	• 일부러 시간을 내서 해결의 기회를 준 것에 감사를 표시한다. • 고객의 항의에 공감을 표시한다.
사과	문제점에 대해 인정하고, 잘못된 부분에 대해 사과한다.
해결약속	고객이 불만을 느낀 상황에 대해 관심과 공감을 보이며, 문제의 빠른 해결을 약속한다.
정보파악	• 문제 해결을 위해 꼭 필요한 질문만 하여 정보를 얻는다. • 최선의 해결 방법을 찾기 어려우면 고객에게 어떻게 해주면 만족스러울지를 묻는다.
신속처리	잘못된 부분을 신속하게 시정한다.
처리확인과 사과	불만 처리 후 고객에게 처리 결과에 만족하는지를 물어본다.
피드백	고객불만 사례를 회사 및 전 직원에게 알려 다시는 동일한 문제가 발생하지 않도록 한다.

(2) 고객만족 조사

① 고객만족 조사계획 수립 기출

- 조사 분야 및 대상 설정
- 조사 목적 설정
- 조사 방법 및 횟수
- 조사 결과 활용 계획

② 고객만족 조사 시 주의사항

- 조사 방향에 일관성을 부여하기 위하여 조사 결과의 활용계획을 설정한다.
- 1회만 실시하는 조사보다는 연속해서 시행하는 것이 더 정확한 결과를 얻을 수 있다.

OX 문제

01 트집형 고객을 대할 때에는 고객의 주장이 옳지 않다는 것에 대한 분명한 증거나 근거를 제시하여 확신을 갖도록 유도하는 것이 좋다. [ ]

01 [×] 트집형 고객에 대해서는 반박을 하기 보다는 고객의 지적이 옳음을 표시하고, 고객의 의견을 들어주며 사과를 하는 응대가 바람직하다.

SECTION 02

대인관계능력 맛보기

※ 다음 글을 읽고 이어지는 질문에 답하시오. [1~2]

> • 직원 : 안녕하세요. 어떻게 오셨습니까?
> • 고객 : 네, 안녕하세요. 다름이 아니라 이 회사가 있는 건물의 주차장 천장에 부착된 안내판이 위험해보여서요. 제가 며칠 전에도 왔는데 그 때도 떨어질 것 같이 흔들거리더니, 오늘도 계속 흔들거리는 게 위험해 보이네요.
> • 직원 : ㉠ <u>그러셨습니까? 고객님, 일부러 찾아오셔서 알려주시니 정말 감사합니다</u>. 그리고 ㉡ <u>이용에 불편을 드려 죄송합니다</u>.
> • 고객 : 아니에요. 그게 떨어지면 큰 사고가 날 것 같은데, 얼른 조치를 취하셔야 할 것 같아요.
> • 직원 : 네, 알겠습니다. 확인하는 대로 바로 처리하겠습니다. ㉢ <u>혹시 몇 층 주차장인지 알려주실 수 있을까요?</u>
> • 고객 : 지하 3층 B 구역이요.
> • 직원 : 감사합니다. ㉣ <u>바로 담당 직원을 보내 확인 후 처리하도록 하겠습니다</u>. ㉤ <u>다시 한번 이용에 불편을 드려 죄송합니다</u>.

01 윗글의 밑줄 친 ㉠~㉤과 이에 해당하는 고객 불만처리 프로세스가 잘못 짝지어진 것은?

① ㉠ : 일부러 시간을 내서 해결의 기회를 준 것에 감사를 표시한다.
② ㉡ : 고객의 이야기를 듣고 잘못된 부분에 대해 사과한다.
③ ㉢ : 문제 해결을 위해 꼭 필요한 정보를 얻는다.
④ ㉣ : 고객 불만 사례를 회사 및 전 직원에게 알려 다시는 동일한 문제가 발생하지 않도록 한다.
⑤ ㉤ : 문제점에 대해 인정하며 잘못된 부분에 대해 사과한다.

02 윗글의 밑줄 친 ㉢은 고객 불만 처리 과정 중 어느 단계에 해당하는가?

① 정보파악 단계
② 신속처리 단계
③ 처리확인과 사과 단계
④ 피드백 단계
⑤ 감사와 공감 표시 단계

Key Point

대인관계능력에서는 주로 고객과 직접 접촉하는 과정에서 발생할 수 있는 상황이 주어지고 이 상황에서 어떻게 대처하는 것이 올바른가를 묻는 문제가 출제된다. 특히 이 문제와 같이 가상의 대화가 주어지고 올바르게 대처하지 않은 부분을 찾게 하는 유형이 대표적이다. 그런데 이 유형의 경우 '이 정도는 괜찮겠지.'라고 생각되는 부분이 오답으로 처리되는 경우가 자주 등장한다. 따라서 대화를 분석할 때에는 일상적인 대화보다는 도덕교과서 수준으로 보다 엄격하게 해석할 필요가 있다.

PART 1 PART 2 PART 3 PART 4

01

정답 ④

㉣은 문제의 빠른 해결을 약속하는 '해결약속' 단계에서 해야 될 말이다.

고객 불만 처리 프로세스

경청	고객의 항의에 선입관을 버리고 끝까지 경청한다.
감사와 공감표시	일부러 시간을 내서 해결의 기회를 준 것에 감사를 표시하며, 고객의 항의에 공감을 표시한다.
사과	고객의 이야기를 듣고 문제점에 대해 인정하며, 잘못된 부분에 대해 사과한다.
해결약속	고객이 불만을 느낀 상황에 대해 관심과 공감을 보이며, 문제의 빠른 해결을 약속한다.
정보파악	문제해결을 위해 꼭 필요한 질문만 하여 정보를 얻고, 최선의 해결방법을 찾기 어려우면 고객에게 어떻게 해주면 만족스러운지를 묻는다.
신속처리	잘못된 부분을 신속하게 시정한다.
처리확인과 사과	불만처리 후 고객에게 처리 결과에 만족하는지를 물어보고, 고객에게 불편을 끼친 점에 대해 사과한다.
피드백	고객 불만 사례를 회사 및 전 직원에게 알려 다시는 동일한 문제가 발생하지 않도록 한다.

오답분석

① 감사와 공감 표시에 대한 설명이다.
②・⑤ 사과에 대한 설명이다.
③ 정보파악에 대한 설명이다.

02

정답 ①

㉢은 문제해결을 위해 꼭 필요한 질문만 하여 정보를 얻고, 최선의 해결방법을 찾기 어려우면 고객에게 어떻게 해주면 만족스러운지를 묻는 정보파악 단계 과정이다.

※ 다음 글은 A시 시설공단의 고객만족도 조사 시행계획이다. 이어지는 질문에 답하시오. **[3~4]**

〈고객만족도 제고를 위한 집단심층면접(Focus Group Interview; FGI) 조사 공고〉

고객님께 더 나은 서비스를 제공하고자 고객만족도 제고를 위한 집단심층면접 조사를 실시하게 되어 이를 공고합니다.

• 조사개요
  - 조사명 : 고객만족도 제고를 위한 집단심층면접 조사
  - 조사 대상 : 공단 서비스 이용 고객
  - 조사 기간 : 2022년 7월
  - 조사 수행업체 : B리서치(123-456-7890)

• 조사목적 및 내용
  - 선별된 주요 고객과의 심층 인터뷰를 통해 고객의 불만해소, 니즈 파악, 이후의 사업 관련 정보 입수 목적
  - 공단의 사업별 만족 요인 심층 조사
  - 공단의 전반적인 서비스 만족/불만족 주요 요인에 대한 심층 조사
  - 개선이 필요한 서비스 심층 조사

03 윗글에서 나타난 조사의 내용으로 적절하지 않은 것은?

① 고객에 대한 대응 및 고객과의 관계 유지 파악 목적이다.
② 평균치 계산으로 많은 목적이 달성된다.
③ 고객심리 및 평가의 결정요인에 대한 해명 등이 분석의 대상이다.
④ 고객만족도 수준은 어떠한 상황에 있는지, 어떠한 요인에 의해 결정되는지 등 전체적인 관점에서 조사한다.
⑤ 공단의 고객에 대한 개선이 필요한 서비스를 조사하고자 하는 목적이다.

04 윗글에서 나타난 조사 방법에 대한 설명으로 적절하지 않은 것은?

① 인터뷰 결과를 사실과 다르게 해석할 수 있다.
② 비교적 빠른 시간 내에 조사를 실시할 수 있다.
③ 다른 방법을 통해 포착할 수 없는 심층적이고, 독특한 정보를 경험적으로 얻을 수 있다.
④ 조사자와 응답자 간의 대면접촉에 의해 응답자의 잠재적 동기, 신념, 태도 등을 발견하는 데 사용된다.
⑤ 여러 응답자들을 모아놓고 조사하고자 하는 주제에 대해 서로 토론하도록 하는 방법이다.

Key Point

고장난 가전제품을 A/S 받은 상황에서 주로 접하게 되는 고객만족도 조사에 대한 문제도 자주 출제되는 유형이다. 앞서 기술능력의 설명서 문제유형과 같이 자신이 직접 고객만족도 조사에 참여한다고 생각하고 문제를 풀면 의외로 간단하게 풀리는 유형이다. 단, 주의할 것은 문제를 풀 때에 기업의 입장에서 판단해서는 안된다는 것이다. 반드시 제품 내지는 서비스를 이용하는 고객의 입장에서 판단해야 한다.

03

정답 ②

윗글에서는 고객만족도 조사에 대한 평균치 계산에 대한 내용은 포함되어 있지 않다. 고객만족도 조사의 목적에는 전체적 경향 파악, 고객에 대한 개별대응 및 고객과의 관계 유지 파악, 평가목적, 개선목적 등이 있다.

04

정답 ②

집단심층면접은 주로 소비자 면접 전용 장소에 6 ~ 12명의 소비자들을 모아놓고 조사하고자 하는 주제에 대해 서로 토론하도록 하는 방법으로, 심층면접법은 일반 면접법에 비해 30분에서 1시간 정도의 비교적 긴 시간이 소요된다.

SECTION

03 대표유형 적중문제

정답 및 해설 p.65

모듈형

※ 다음 글을 읽고 이어지는 질문에 답하시오. [1~3]

M기업의 대외홍보팀은 M기업이 조직 개편을 하면서 신설된 팀으로, 개설된 지 2개월이 되지 않았다. 업무수행을 위한 체계는 어느 정도 갖추어졌지만, 최근 팀 구성원 간의 마찰과 갈등이 수차례 발생하고 있다. 최선우 팀장은 팀원 한 명 씩 면담을 진행하여 팀의 발전방안에 대한 의견을 나누었다.

- 연우진 대리는 팀의 갈등 원인이 자기중심적인 팀원들 때문이라고 말하였다. 그는 팀원들이 모두 개인성과에 집중하여 각자의 성과를 올리기 위해 노력하고 경쟁하지만, 선의의 경쟁이 되지 못하고 서로가 서로를 경계하고 본인에게 도움이 되지 않는다고 서로를 돕지 않아 협업이 발생하지 않는 상황이라고 설명하였다.
- 김성주 사원은 팀의 갈등 원인이 조직의 정체성 때문이라고 말하였다. 그는 팀원 모두가 '대외홍보팀'이라는 팀에서는 무엇을 목표로 무엇을 해야 하는지 잘 이해하지 못하고 있어 자신이 무엇을 해야 하는지 잘 모르고 있다고 말하였다. 무엇을 해야 하는지 모르니 역할 분담과 책임 분담도 잘 되지 않아 갈등이 발생할 수밖에 없는 상황이라고 하였다.
- 정형권 대리는 현재 팀에 대해서 팀이 자신의 아이디어를 원치 않고, 노력과 공헌을 해도 아무런 소용과 보상이 없으니 동기부여가 잘 되지 않는다고 말하였다. 팀원들이 자신에 대해 하는 일이 없고 제 몫을 하지 않는다고 생각할 것이지만, 동기부여가 되지 않으니 어쩔 수 없다고 언급하였다.

최선우 팀장은 팀원들의 의견을 듣고 효과적인 팀을 위해 ㉠ <u>팀의 사명과 목표를 명확하게 기술</u>하여 조직의 정체성과 업무 목표를 명확히 하기로 하였으며, 또 ㉡ <u>개인의 강점을 활용하여 역할과 책임을 명료화</u>하고 팀원들의 업무와 책임 분담을 확실히 하기로 하였다. ㉢ <u>개방적인 의사소통을 통해 의견 불일치를 건설적으로 해결하는 팀 문화를 조성</u>하기로 하였다. 뿐만 아니라 효과적인 팀을 구성하기 위해 ㉣ <u>자신이 가지고 있는 리더십을 다른 팀원들에게 공유</u>하는 방법도 고려하고 있다. 팀원에게 각각 리더로서 능력을 발휘할 기회를 제공하면, 팀원들이 감독자의 역할을 이해할 수 있게 되며, 팀원 개인의 역량 또한 향상될 수 있을 것이라고 기대하고 있다. 또한 서로 다른 업무수행 방식을 시도하고 의도적인 모험을 강행하여 실패하더라도 두려워하지 않음으로써 유연하고 ㉤ <u>창조적인 운영</u>을 할 것을 고려하고 있다.

01 윗글에 따르면, M기업의 대외홍보팀은 팀의 발전 단계 중 어느 단계에 해당하는가? 난이도 상

① 형성기
② 격동기
③ 규범기
④ 해지기
⑤ 통합기

02 다음 〈보기〉 중 연우진 대리와 김성주 사원이 언급한 팀워크 저해 요소를 모두 고르면? 난이도 하

> 보기
> ㉠ 사고방식의 차이에 대한 무시
> ㉡ 자기중심적인 이기주의
> ㉢ 조직에 대한 이해 부족
> ㉣ 질투나 시기로 인한 파벌주의

① ㉠, ㉡
② ㉠, ㉣
③ ㉡, ㉢
④ ㉡, ㉣
⑤ ㉢, ㉣

03 정형권 대리의 말에 근거하여 추론하였을 때, 정형권 대리가 해당되는 멤버십의 유형은? 난이도 중

① 소외형 멤버십
② 순응형 멤버십
③ 실무형 멤버십
④ 수동형 멤버십
⑤ 주도형 멤버십

04 다음 중 A부서가 직면한 상황에서 대안으로 제시될 팀워크(Teamwork) 유형의 핵심 가치로 옳은 것을 모두 〈보기〉에서 고르면? 난이도 하

> A부서는 최근 도전적인 프로젝트 진행을 위해 새로운 팀워크 유형을 모델로 삼으려고 한다. 빠른 실천과 피드백이 필요한 만큼, 구성원 개인이 거쳐야 하는 결재 절차를 간소화하는 방향의 팀워크 유형을 적용하여 조직 구조를 변화시키고자 한다.

> 보기
> ㄱ. 일관성
> ㄴ. 개인적 책임
> ㄷ. 유연성
> ㄹ. 제한된 조망

① ㄱ, ㄴ
② ㄱ, ㄷ
③ ㄴ, ㄷ
④ ㄴ, ㄹ
⑤ ㄷ, ㄹ

※ 다음은 X기업의 한 부서에 대한 내용이다. 이어지는 질문에 답하시오. **[5~6]**

X기업의 신입사원 A씨는 입사 후 현재의 부서로 발령받아 근무를 시작한 지 3개월이 다 되어가고 있다. 팀에 융화되기 위해 A씨가 지금까지 팀의 분위기를 살펴본 결과, 팀이 팀장에게 의존하는 정도가 심하다고 느꼈다. 팀원들은 간단한 문서 작성, 고객과의 접촉, 의사결정에 있어서 무조건 팀장의 판단에 의지하였다. 예를 들어, 보고서 작성 시 스타일을 어떻게 해야 할지, 자신이 만나는 고객인데도 약속 시간을 몇 시로 해야 할지 팀장에게 묻는 것이다. A씨는 그 정도는 팀원 각자 결정해서 해도 될 것 같은데, 매번 팀장에게 물어보고 확인하는 팀원들을 보며 자신도 그렇게 해야 하는지 고민하고 있다. 또한, 팀원들은 팀장의 지시가 있어야 행동하는 특징도 발견되었다. 어떤 프로젝트를 진행하는 데 있어서, 자신이 맡은 부분이 있다 하더라도 팀장의 자세한 설명과 지시가 있어야 일을 시작하는 경향이 있는 것이다. A씨는 자신의 스타일대로 행동해야 할지, 아니면 팀의 분위기에 맞춰서 자신도 팀장에게 의존하면서 업무를 수행해야 할지 고민하고 있다.

05 윗글에서 나타난 A사원이 속한 팀의 멤버십 유형은 무엇인가? 난이도 하

① 소외형
② 순응형
③ 실무형
④ 수동형
⑤ 주도형

06 다음 중 윗글에서 나타난 A사원이 속한 팀의 멤버십 유형의 특징으로 가장 적절한 것은? 난이도 하

① 스스로 생각하고 건설적 비판을 하며, 주인의식을 가지고 있다.
② 판단, 사고를 리더에게 의존하며 지시가 있어야 행동한다.
③ 팀플레이를 하며 리더나 조직을 믿고 헌신한다.
④ 조직의 운영방침에 민감하게 반응하고 사건을 균형잡힌 시각으로 본다.
⑤ 일부러 반대의견을 제시하기도 하며 자립적으로 행동한다.

※ 다음은 어떤 기업 내 부서별 리더십에 대한 글이다. 이어지는 질문에 답하시오. **[7~8]**

(가) 최근 생산부서는 새로운 생산 장비를 도입하여 기존의 일하는 방식은 모두 배제한 채, 새로운 업무 방식을 구축해야 하는 상황에 놓여있다. 처음부터 새로 시작해야 하는 상황에 생산팀의 직원들은 모두 침울해 하고 있다. 생산팀의 박기정 팀장은 이를 개선하기 위해 직원들에게 명확한 비전과 목표를 제시하고, 직원들을 격려하였다.

(나) 기획부서의 최기명 부장은 업무를 수행하는 데 있어서 본인이 원하는 방향대로 진행해야 직성이 풀리는 타입이다. 이런 상황에서 기획부서의 직원들은 부서에서 진행하는 일의 큰 그림에 대한 정보는 알지 못한 채, 자신에게 주어진 업무만 수행하고 있다.

(다) 마케팅부서는 김오석 팀장의 주재하에, 매주 금요일 의견 공유 회의를 진행하고 있다. 회의에서는 그 주의 주요 업무에 대해서 결정사항에 대해 팀원들이 모두 토의를 나누곤 한다. 의견 제시 및 발언권은 모두에게 동등하게 주어지고 있어, 회의에서는 다양한 아이디어가 제시되기도 한다.

(라) 고객상담부서의 팀장과 팀원은 모두 성과와 책임을 분담·공유하고 있다. 이는 한국영 팀장의 가치관으로부터 비롯되었는데, 한국영 팀장은 자신이 팀장이긴 하나 팀을 구성하는 팀원 중 한 명이라는 생각을 하고 있다. 그는 자신이 다른 팀원보다 유달리 더 뛰어나거나, 더 비중이 있어야 한다고 생각하지 않는다.

(마) 시설팀의 강기영 팀장은 본인이 맡은 업무를 직원들에게 떠넘기기 일쑤고 문제가 발생해도 관여하거나 휘말리지 않고 무사히 퇴직 시까지 버텨보고자 한다. 이런 상황에서 직원들은 문제가 생겨도 팀장에게 보고하는 대신 직원들이 서로 논의해서 문제를 해결하려고 한다.

PART 1

PART 2

PART 3

PART 4

07 (가) ~ (마)의 사례의 리더들의 특징과 가장 유사한 리더십 유형을 연결하려고 한다. 다음 중 연결이 가장 적절한 것은? 난이도 하

① (가) : 파트너십 유형의 리더십, 소규모 조직에서 경험·재능을 소유한 조직원이 있을 때 발휘하는 리더십이다.
② (나) : 민주주의 유형의 리더십, 팀원의 참여도가 높으며 토론을 장려하며, 최종결정권(거부)은 리더에게만 허용되는 유형의 리더십이다.
③ (다) : 독재자 유형의 리더십, 질문을 금지하고 실수를 용납하지 않으며 리더가 정보를 독점하는 유형의 리더십이다.
④ (라) : 파트너십 유형의 리더십, 집단의 비전을 공유하면서, 조직 구성원 간 평등하고 책임을 공유하는 조직에서 발휘되는 리더십이다.
⑤ (마) : 변혁적 유형의 리더십, 개개인과 팀이 유지해 온 이제까지의 업무 수행 상태를 뛰어넘고자 한다.

08 윗글의 (가) 사례에서 박기정 팀장이 보일 수 있는 리더의 행동으로 옳은 것을 모두 고르면? 난이도 중

㉠ 카리스마	㉡ 팀원을 향한 풍부한 칭찬
㉢ 질문 금지	㉣ 정보 독점

① ㉠, ㉡
② ㉠, ㉣
③ ㉡, ㉢
④ ㉢, ㉣
⑤ ㉡, ㉣

※ 다음 글을 읽고 이어지는 질문에 답하시오. [9~10]

최근 S기업의 강천 생산공장의 생산 실적이 하락하고, 불량품 발생률이 급증하자 본사에서는 김일동 이사를 강천 생산공장으로 긴급 파견하였다. 김일동 이사는 강천 공장에서 20년 이상 근무한 베테랑으로, 현재는 본사의 생산혁신본부를 총괄하고 있다. 김일동 이사는 강천 공장에 있는 2개월 동안 공장 직원들의 역량을 강화하여 생산량을 늘리고 불량품은 줄일 것이라고 포부를 밝혔다. 생산량과 불량품률 등 구체적인 수치의 목표는 공장 상황을 명확하게 파악하고 결정할 계획이다. 이를 위해서 김일동 이사는 본인의 노하우를 공유하면서도, 최우선적으로 직원들의 의견을 적극 경청하여 현장의 문제점과 작업 시 애로사항을 도출하고, 이를 통해 작업 개선 방안을 수립할 계획이다. 작업 개선 방안이 성공적으로 현장에 정착하기 위해서 개선 방안의 수립과 고도화 과정 중 직원 스스로 해결책을 찾도록 유도하고, 일부 권한을 위임하는 등 직원 스스로가 작업 개선에 책임의식을 갖도록 할 것이다.

09 윗글에서 나타난 김일동 이사의 리더십 역량 강화에 대한 설명으로 가장 적절한 것은? 난이도 중

① 리더가 지식이나 정보를 하달하며 의사결정의 권한을 가지고 있는 전통적인 커뮤니케이션 접근법을 사용하는 리더십이다.
② 직원들이 안전지대에서 벗어나 더욱 높은 목표를 향해 나아가도록 격려하는 리더십이다.
③ 지침보다는 질문과 논의를 통해, 통제보다는 경청과 지원을 통해 상황의 발전과 좋은 결과를 이끌어낸다.
④ 높은 성과를 달성한 조직원에게는 곧바로 보상을 부여하는 동기부여 방법의 리더십이다.
⑤ 불량률을 줄이기 위해 실수를 불허하며, 저항하는 직원은 과감하게 해고하려고 한다.

10 윗글에서 나타난 리더십 역량 강화 방법을 통해 얻을 수 있는 혜택이라고 보기 어려운 것은? 난이도 하

① 개인이 문제 해결 과정에 적극적으로 노력하도록 유도할 수 있다.
② 직원들의 반발심을 줄일 수 있다.
③ 높은 품질의 제품을 생산할 수 있다.
④ 효율성 및 생산성의 전반적인 상승을 기대할 수 있다.
⑤ 동기를 부여받은 직원들이 책임감을 갖고 자신감 있게 업무에 임하게 된다.

11 다음 제시된 김사원의 업무 스타일에 따라 멤버십 유형을 판단할 때, 〈보기〉에서 김사원에 대한 동료들의 시각으로 옳은 것을 모두 고르면? 난이도 중

김사원은 과업이 부여되면 즐거운 마음으로 수행하며, 부서원과 협업하는 것을 어려워하지 않는다. 팀플레이에 익숙하며, 그만큼 조직 구성원들을 신뢰한다. 리더에 대해서도 높은 신뢰도를 보이며, 조직에 헌신한다.

보기

ㄱ. 참신한 아이디어가 없는 편이다.
ㄴ. 인기가 있거나 촉망받지 않는 일은 수행하지 않는다.
ㄷ. 조직을 위해 자신 혹은 가족의 요구를 희생할 줄 안다.
ㄹ. 업무 수행에는 반드시 감독이 필요하다.

① ㄱ, ㄷ
② ㄴ, ㄷ
③ ㄴ, ㄹ
④ ㄱ, ㄴ, ㄷ
⑤ ㄴ, ㄷ, ㄹ

12 다음은 S공사 총무부에 근무하는 최과장과 S공사에 사무용품을 납품하는 협력업체 정사장의 대화이다. 거래처 관리를 위한 최과장의 업무처리 방식으로 가장 적절한 것은? 난이도 중

- 정사장 : 과장님, 이번 달 사무용품 주문량이 급격히 감소하여 궁금해 찾아왔습니다. 저희 물품에 무슨 문제라도 있습니까?
- 최과장 : 사장님께서 지난 7년간 계속 납품해 주고 계시는 것에 저희는 정말 만족하고 있습니다. 그런데 아시다시피 요즘 들어 경기가 침체되어 저희 내부에서도 비용절약운동을 하고 있어요. 그래서 개인책상 및 서랍 정리를 통해 사용 가능한 종이와 펜들이 많이 수거되었지요. 아마 이런 이유 때문이 아닐까요?
- 정사장 : 그렇군요. 그런데 얼마 전 저희에게 주문하시던 종이가방을 다른 업체에서도 견적서를 받으신 것을 우연히 알게 되었습니다. 저희 종이가방에 어떤 하자가 있었나요?
- 최과장 : 아, 그러셨군요. 사실 회사의 임원께서 종이가방의 비용이 많이 든다는 지적을 하셨습니다. 그래서 가격 비교 차원에서 다른 업체의 견적서를 받아 본 것입니다.

① 유사 서비스를 제공하는 업체는 많으므로 늘 가격 비교 및 서비스 비교를 통해 업체를 자주 변경하는 것이 유리하다.
② 오래된 거래업체라고 해도 가끔 상호관계와 서비스에 대해 교차점검을 하는 것이 좋다.
③ 사내 임원이나 동료의 추천으로 거래처를 소개받았을 경우에는 기존의 거래처에서 변경하는 것이 좋다.
④ 한 번 선정된 업체는 될 수 있는 대로 변경하지 않고 동일 조건으로 계속 거래를 유지하는 것이 바람직하다.
⑤ 거래할 때마다 다른 거래처와 거래를 함으로써 여러 거래처를 아는 것이 좋다.

13 다음 상황에서 알 수 있는 잘못된 고객응대 자세는? 난이도 하

> 직원 J씨는 규모가 큰 대형 마트에서 육류제품의 유통 업무를 담당하고 있다. 전화벨이 울리고 신속하게 인사와 함께 전화를 받았는데 채소류에 관련된 업무 문의였다. 직원 J씨는 고객에게 자신은 채소류에 관련된 담당자가 아니라고 설명하고, "지금 거신 전화는 육류에 관련된 부서로 연결되어 있습니다. 채소류 관련 부서로 전화를 연결해드릴 테니 잠시만 기다려주십시오."라고 말하고 다른 부서로 돌렸다.

① 신속하게 전화를 받지 않았다.
② 기다려 주신 데 대한 인사를 하지 않았다.
③ 고객의 기다림에 대해 양해를 구하지 않았다.
④ 전화를 다른 부서로 돌려도 괜찮은지 묻지 않았다.
⑤ 자신의 직위를 밝히지 않았다.

14 다음 제시된 정대리의 업무 스타일에 따라 멤버십 유형을 판단할 때, 〈보기〉에서 정대리에 대한 동료들의 시각으로 옳은 것을 모두 고르면? 난이도 하

> 정대리는 조직의 운영규칙, 내규에 민감하여 항상 업무환경 주변에 내규 책자를 비치하고 있다. 내부에서 의견 대립이 발생한 경우 양측에서의 입장을 모두 고려하여 판단하고자 하며, 무엇보다 규범 준수를 우선한다.

> 보기
> ㄱ. 개인의 이익을 극대화하기 위한 흥정에 능숙하다.
> ㄴ. 누구보다 강한 업무적 열정을 갖고 있다.
> ㄷ. 업무 수행 능력이 평범한 수준이다.
> ㄹ. 자신의 몫을 다 하지 못한다.

① ㄱ, ㄴ
② ㄱ, ㄷ
③ ㄴ, ㄷ
④ ㄴ, ㄹ
⑤ ㄷ, ㄹ

15 K사원은 현재 H공단에서 고객응대 업무를 맡고 있다. 다음과 같이 고객의 민원에 답변하였을 때, 고객 전화 응대법과 관련하여 적절하지 않은 답변은? 난이도 하

고 객 : 저기요. 제가 너무 답답해서 이렇게 전화했습니다.
K사원 : 안녕하세요. 고객님. 상담사 ○○○입니다. 무슨 문제로 전화해주셨나요? … ①

고 객 : 아니, 아직 납부기한이 지나지도 않았는데, 홈페이지에 왜 '납부하지 않은 보험료'로 나오는 건가요? 일 처리를 왜 이렇게 하는 건가요?
K사원 : 고객님, 이건 저희 실수가 아니라 고객님이 잘못 이해하신 부분 같습니다. … ②

고 객 : 무슨 소리에요? 내가 지금 홈페이지에서 확인하고 왔는데.
K사원 : 네, 고객님. 홈페이지 '납부하지 않은 보험료'로 표시되는 경우에는 고객님께서 다음 달 10일까지 납부하셔야 할 당월분 보험료라고 이해하시면 됩니다. … ③

고 객 : 정말이에요? 나, 참. 왜 이렇게 헷갈리게 만든 건가요?
K사원 : 죄송합니다, 고객님. 참고로 이미 보험료를 납부했는데도 '납부하지 않은 보험료'로 표시되는 경우에는 보험료 납부내역이 공단 전산에 반영되는 기준일이 '납부 후 최장 4일 경과한 시점'이기 때문임을 유의해주시기 바랍니다. … ④

고 객 : 알겠습니다. 수고하세요.
K사원 : 감사합니다. 고객님 좋은 하루 보내세요. 상담사 ○○○이었습니다. … ⑤

16 다음은 접경도로 개선에 대하여 조정합의가 이루어진 사례이다. 이를 통해 A시에서 취한 갈등해결 방법으로 가장 적절한 것은? 난이도 중

A시와 B시의 경계 부근에 위치한 중소기업 C의 사장이 민원을 제기하였다. A시와 B시의 접경지역에는 8개의 중소기업 및 인근 경작지 300,000m^2의 통행을 위한 농로가 존재하였으나, 도로폭이 좁아서 차량사고의 위험이 높고, 기업 운영에 애로가 크니 이에 대한 대책을 마련해 달라는 내용이었다.
A시의 위원회에서는 3차례의 현지 조사를 통해 8개 중소기업의 기업 활동에 애로가 많다고 판단하고 문제의 해결을 위해 A시에서 도로 정비 및 개선에 필요한 부지를 B시와 2분의 1씩 나누어 부담하고, A시에서는 도로 정비 및 개선에 필요한 설계 및 확장·포장 공사를 맡아서 진행하기로 했다. B시는 이에 대해 공사비 60% 부담하는 것을 대안으로 제시하였다. 이후 수십 차례 문제해결 방안을 협의하고, 세 차례의 업무 회의 등을 거쳐 피신청기관의 의견을 계속적으로 조율한 결과, A시 위원회가 작성한 조정서의 내용대로 접경도로 개선을 추진하기로 의견이 모아졌고, A시 위원회가 현지조정회의를 개최하여 조정서를 작성하고 조정 합의하였다.

① 갈등상황을 회피하면서 위협적인 상황을 피하는 데 사용하는 방법
② 나는 지고, 너는 이기는 방법(I lose, You win)
③ 서로 간에 정보를 교환하면서 모두의 목표를 달성할 수 있는 방법(Win – Win)
④ 서로가 받아들일 수 있는 결정을 하기 위하여 타협적으로 주고받는 방식
⑤ 나는 이기고, 너는 지는 방법(I win, You lose)

CHAPTER 09

자기개발능력

출제유형 및 학습 전략

1 개념을 정립하자!

자기개발능력의 문제들은 대부분 어렵고 특별한 지식을 요구하는 것은 아니다. 그렇기 때문에 따로 시간을 할애해 학습하지 않아도 득점이 가능하다. 다만 매슬로우의 욕구단계, 조하리의 창 등의 개념이나 키워드들은 정리해서 미리 알아둘 필요가 있다.

2 개념 + 상황을 대비하자!

자신에 대한 이해를 바탕으로 스스로를 관리하고 나아가 개발을 하는 것에 대한 질문이 이 영역의 내용인데 상식으로 풀 수 있는 내용뿐만 아니라 지식을 알아두지 않으면 틀릴 수밖에 없는 내용도 많다. 그렇기 때문에 자주 출제되는 개념들은 분명히 정리해야 하고, 출제되는 유형이 지식 자체를 묻기 보다는 대화나 예시를 제시하기 때문에 상황과 함께 연결해서 정리해 두어야 한다.

3 업무 사례와 연관 지어보자!

자기개발의 정의와 구성 요인을 파악하는 기본적인 이론도 중요하지만, 실제 업무 사례와 연관 짓거나 상황에 적용하는 등의 문제를 통해 자기개발 전략에 대해 이해할 필요가 있다. 스스로 자기개발 계획을 수립하여 실제 업무 수행 시 반영할 수 있어야 한다.

4 자기개발의 출제이유를 생각해라!

이 영역은 공부를 굳이 하지 않아도 되는 영역이라고 생각하는 사람들이 많다. 그럼에도 공사·공단에서 자기개발능력의 영역을 시험으로 출제하는 근본적인 이유를 생각해 볼 필요가 있다. 대부분의 수험생들이 자기개발능력에 공부시간을 전혀 할애하지 않고 시험을 보러 간다. 그렇기 때문에 본인이 찍는 정답이 곧 본인의 가치관을 반영하는 것이라고 할 수 있다. 자기개발은 본인 스스로를 위해서 이루어지고, 직장생활에서의 자기개발은 업무의 성과를 향상시키기 위해 이루어진다. 출제자들은 그것을 파악하려고 하는 것이다. 기본적인 개념을 익히고 암기를 해야 할 이유이다.

SECTION **01**

모듈이론

01 자기개발능력의 의의

(1) 자기개발의 의미와 필요성

① 자기개발의 의미

자신의 능력・적성・특성 등에 있어서 강점을 강화하고, 약점을 관리해 성장을 위한 기회로 활용하는 것이다.

② 자기개발능력의 의미

자신의 능력・적성・특성 등의 이해를 기초로 자기 발전 목표를 스스로 수립하고 자기관리를 통해 성취해 나가는 능력을 말한다.

③ 자기개발의 특징 기출

- 자기개발을 통해 지향하는 바와 선호하는 방법 등이 사람마다 다르다.
- 평생에 걸쳐 이루어지는 과정이다.
- 일과 관련해 이루어지는 활동이다.
- 생활 가운데 이루어져야 한다.
- 모든 사람이 해야 하는 것이다.

④ 자기개발의 필요성 기출

- 효과적인 업무 처리, 즉 업무 성과의 향상을 위해 필요하다.
- 빠르게 변화하는 환경에 적응하기 위해 필요하다.
- 주변 사람들과 긍정적인 인간관계를 형성하기 위해 필요하다.
- 달성하고자 하는 목표의 성취를 위해 필요하다.
- 개인적으로 보람된 삶을 살기 위해 필요하다.

(2) 자기개발의 방법 기출

① 자아인식

의미	• 자신의 가치, 신념 등 자신이 누구인지 아는 것 • 자신이 어떠한 특성을 가지고 있는 지를 인식할 수 있어야 함
방법	내가 아는 나를 확인하는 방법, 다른 사람과의 대화를 통해 알아가는 방법, 표준화된 검사 척도를 이용하는 방법 등

② 자기관리

의미	자신을 이해하고, 목표의 성취를 위해 자신의 행동 및 업무수행을 관리하는 것
과정	자신에 대한 이해를 토대로 비전・목표를 수립 → 과제를 발견 → 자신의 일정을 수립・조정해 자기관리를 수행 → 반성 및 피드백

③ 경력개발

경력	일생에 걸쳐서 지속적으로 이루어지는 일과 관련된 경험
경력개발	개인의 경력목표와 전략을 수립하고 실행하며 피드백하는 과정
경력계획	자신과 상황을 인식하고 경력 관련 목표를 설정해 목표를 달성하기 위한 과정
경력관리	경력계획을 준비하고 실행하며 피드백함

(3) 자기개발 계획

① 자기개발 설계 전략

종류	내용
장·단기 목표의 수립	• 장기 목표 : 보통 5 ~ 20년 정도의 목표로, 욕구·가치·흥미·적성·기대를 고려해 수립한다. • 단기 목표 : 보통 1 ~ 3년 정도의 목표로, 장기 목표를 이루기 위한 기본 단계가 된다.
인간관계의 고려	• 인간관계를 고려하지 않고 자기개발 계획을 수립하면 계획을 실행하는 데 어려움을 겪는다. • 다른 사람과의 관계를 발전시키는 것도 하나의 자기개발 목표가 된다.
현재의 직무 고려	• 현재의 직무 상황과 이에 대한 만족도가 자기개발 계획의 수립에 중요한 역할을 한다. • 현재의 직무 담당에 필요한 능력과 이에 대한 자신의 수준, 개발해야 할 능력, 관련된 적성 등을 고려한다.
구체적인 방법 계획	• 자기개발 방법을 명확하고 구체적으로 수립하면, 노력을 집중하고 효율화할 수 있다. • 장기 목표일 경우에는 구체적인 방법을 계획하는 것이 어렵거나 바람직하지 않을 수도 있다.
자신의 브랜드화	• 자신을 알리는 것을 넘어 다른 사람과의 차별화된 특징을 지속적인 자기개발을 통하여 알리는 것을 말한다. • 구체적인 방법으로는 소셜네트워크와 인적네트워크 활용, 경력 포트폴리오의 구성 등이 있다.

② 자기개발 계획 수립의 장애 요인 기출

자기 정보의 부족, 내·외부 작업 정보의 부족, 의사결정 시 자신감의 부족, 일상생활의 요구사항, 주변 상황의 제약

PART 1 PART 2 PART 3 PART 4

OX 문제

01 자기개발 계획을 수립함에 있어 장기 목표는 단기 목표를 수립하기 위한 기본 단계가 된다. [ ]

02 인간관계는 자기개발 목표를 수립하는 데 고려해야 될 사항인 동시에 하나의 자기개발 목표가 될 수 있다. [ ]

03 자기개발은 일과 관련하여 이루어지는 활동이다. [ ]

04 자기개발은 주변 사람과의 관계에서 우위에 서기 위해 필요하다. [ ]

01 [×] 단기 목표는 장기 목표를 수립하기 위한 기본 단계가 된다.
02 [○]
03 [○]
04 [×] 자기개발은 주변 사람들과 긍정적인 인간관계를 형성하기 위해서 필요한 것이지, 타인과의 관계에서 우위에 서기 위해 필요한 것은 아니다.

02 자아인식능력

(1) 자아인식의 개념

① 자아인식의 의미

자신의 요구를 파악하고 자신의 능력·기술을 이해하여 자신의 가치를 확신하는 것으로, 개인과 팀의 성과를 높이는 데 필수적으로 요구된다.

② 자아존중감

개인의 가치에 대한 주관적인 평가와 판단을 통해 자기결정에 도달하는 과정이며, 스스로에 대한 긍정적 또는 부정적 평가를 통해 가치를 결정짓는 것이다.

종류	내용
가치 차원	다른 사람들이 자신을 가치 있게 여기며 좋아한다고 생각하는 것
능력 차원	과제를 완수하고 목표를 달성할 수 있다는 신념
통제감 차원	자신이 세상에서 경험하는 일들과 거기에 영향을 미칠 수 있다고 느끼는 정도

③ 나를 아는 방법 기출

- 본인 스스로에게 질문하는 방법
- 다른 사람과의 대화를 통하는 방법
- 표준화된 검사도구를 활용하는 방법

(2) 흥미와 적성의 개발 방법과 자아성찰

① 흥미와 적성의 개발 방법 기출

- 마인드 컨트롤을 하라.
- 조금씩 성취감을 느껴라.
- 기업의 문화 및 풍토를 고려하라.

② 자아성찰의 필요성 기출

- 다른 일을 할 때 필요한 노하우의 축적
- 성장의 기회
- 신뢰감 형성
- 창의적인 사고

OX 문제

01 성찰을 하더라도 한 번 한 실수는 반복적으로 하게 되므로, 어떤 경우에도 실수를 하지 않는 것이 중요하다. [ ]

02 자아존중감이란 개인의 가치에 대한 주관적인 평가와 판단을 통해 자기결정에 도달하는 과정이며, 스스로에 대한 긍정적 또는 부정적 평가를 통해 가치를 결정짓는 것이다. [ ]

01 [×] 사람은 누구나 처음에는 실수할 수 있다. 그러나 자아성찰을 통해 과거에 했었던 실수를 반복하지 않을 수 있으며, 이로 인해 업무를 수행하는 능력이 향상될 수 있다.

02 [○]

03 자기관리능력

(1) 자기관리 단계별 계획 기출

① 비전 및 목적 정립

- 나에게 가장 중요한 것은 무엇인가?
- 나의 가치관은?
- 내 삶의 목적은 어디에 있는가?

② 과제 발견

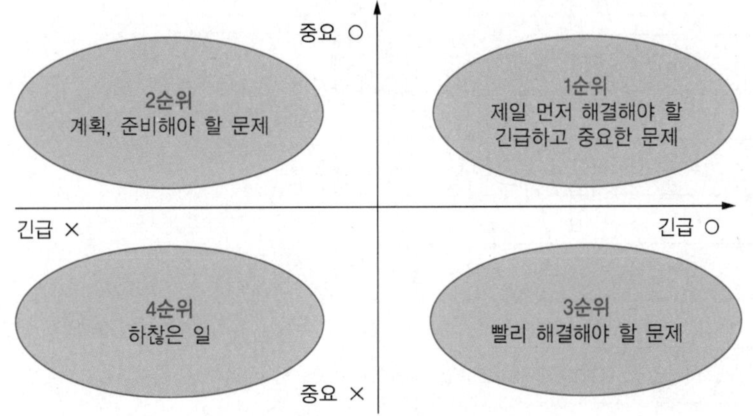

③ 일정 수립

긴급한 문제라고 하여 우선순위를 높게 잡고 계획을 세우면 오히려 중요한 일을 놓칠 수 있다. 앞서 분석한 우선순위에 따라 중요한 일을 모두 수행할 수 있도록 계획을 세워야 한다.

종류	내용
월간 계획	장기적인 관점에서 계획하고 준비해야 될 일을 작성
주간 계획	우선순위가 높은 일을 먼저 하도록 계획을 세움
일간 계획	보다 자세하게 시간 단위로 작성

④ 수행

내가 하려고 하는 일은 무엇인지, 이 일에 영향을 미치는 요소들은 무엇인지, 이를 관리하기 위한 방법은 어떤 것이 있는지 찾아 계획한대로 바람직하게 수행한다.

⑤ 반성 및 피드백

㉠ 일을 수행하고 나면 다음의 질문을 통해 분석한다.

- 일을 수행하는 동안 어떤 문제에 직면했는가?
- 어떻게 결정을 내리고 행동했는가?
- 우선순위, 일정에 따라 계획적으로 수행했는가?

㉡ 분석 결과를 다음 수행에 반영한다.

(2) 합리적인 의사결정

① 합리적인 의사결정 과정 기출

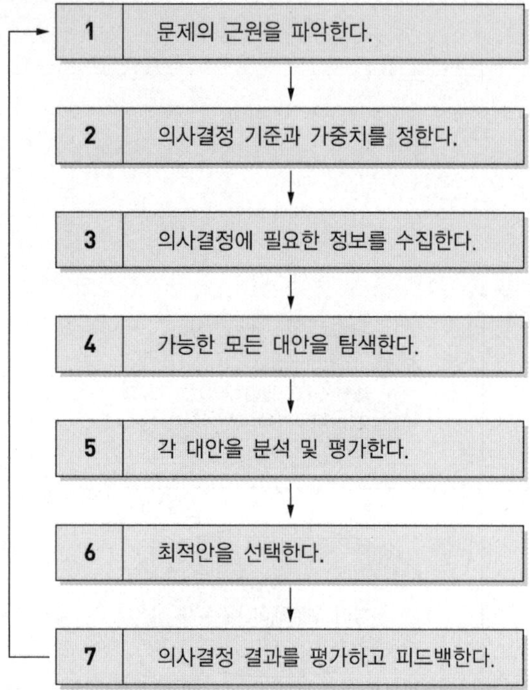
1 문제의 근원을 파악한다.
2 의사결정 기준과 가중치를 정한다.
3 의사결정에 필요한 정보를 수집한다.
4 가능한 모든 대안을 탐색한다.
5 각 대안을 분석 및 평가한다.
6 최적안을 선택한다.
7 의사결정 결과를 평가하고 피드백한다.

② 거절의 의사결정을 하고 표현할 때 유의할 사항 기출

- 상대방의 말을 들을 때에는 주의를 기울여 문제의 본질을 파악한다.
- 거절의 의사결정은 빠를수록 좋다.
- 거절을 할 때에는 분명한 이유를 만들어야 한다.
- 대안을 제시한다.

(3) 의사결정의 오류 기출

숭배에 의한 논증	권위 있는 전문가의 말을 따르는 것은 일반적으로 옳을 수 있지만, 무작정 따라간다면 문제가 있다.
상호성의 법칙	상대의 호의로 인한 부담으로 인해 부당한 요구를 거절하지 못하게 된다면 문제가 있다.
사회적 증거의 법칙	베스트셀러를 사는 것처럼 많은 사람들이 하는 것을 무의식적으로 따라간다면 문제가 있다.
호감의 법칙	자신에게 호감을 주는 상대의 권유에 무의식적으로 따라간다면 문제가 있다.
권위의 법칙	권위에 맹종하여 따라간다면 문제가 있다.
희귀성의 법칙	'얼마 없습니다.', '이번이 마지막 기회입니다.'라는 유혹에 꼭 필요하지 않은 것임에도 따라간다면 문제가 있다.

(4) 자신의 내면 관리와 성과 향상 방법 기출

- 인내심 키우기
- 긍정적인 마음 가지기
- 업무수행 성과를 높이기 위한 행동전략 : 역할 모델 설정, 일을 미루지 않음, 회사·팀의 업무 지침을 따름, 업무를 묶어서 처리

OX 문제

01 인내심을 키우기 위해서는 일관되게 한 가지 시각으로 상황을 분석한다. [ ]

02 합리적인 의사결정을 위해서는 핵심적으로 연관된 대안들을 찾은 후 분석하여야 한다. [ ]

03 권위 있는 전문가의 말을 따르는 것이 옳다고 생각하는 것은 숭배에 의한 논증 오류(동굴의 우상)에 해당한다. [ ]

01 [×] 인내심을 키우기 위해서는 여러 가지 새로운 시각으로 상황을 분석해야 한다.
02 [×] 합리적인 의사결정을 위해서는 가능한 모든 대안을 찾아야 한다.
03 [O]

PART 1

PART 2

PART 3

PART 4

04 경력개발능력

(1) 경력개발의 의미

① 경력개발

개인이 경력목표와 전략을 수립하고 실행하며 피드백하는 과정으로, 개인은 한 조직의 구성원으로서 조직과 함께 상호작용하며 자신의 경력을 개발한다.

② 경력개발능력

자신의 진로에 대해 단계적 목표를 설정하고, 목표 성취에 필요한 역량을 개발해 나가는 능력을 말한다.

③ 경력개발능력의 필요성 기출

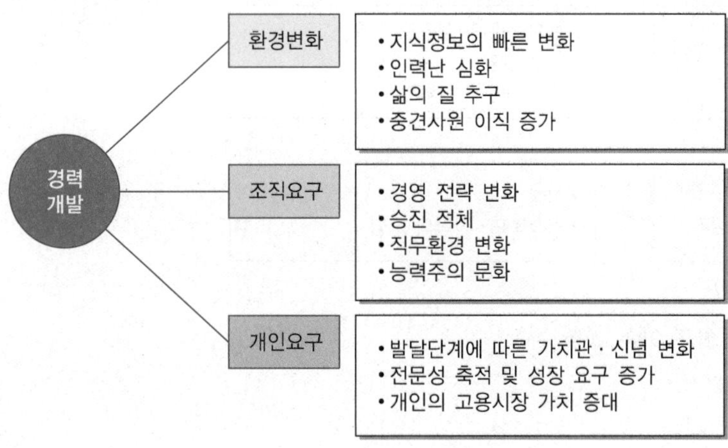

④ 지속적인 경력관리

계속적 · 적극적인 경력관리를 통해 경력목표를 지속적으로 수정하며, 환경 · 조직의 변화에 따라 새로운 미션을 수립해 새로운 경력이동 경로를 만들어야 한다.

(2) 경력단계의 과정

① 경력개발 단계별 세부 내용 기출

단계	세부 내용
직업선택 (0세 ~ 25세)	• 최대한 여러 직업의 정보를 수집하여 탐색 후 나에게 적합한 최초의 직업 선택 • 관련학과 외부 교육 등 필요한 교육 이수
조직입사 (18세 ~ 25세)	• 원하는 조직에서 일자리 얻음 • 정확한 정보를 토대로 적성에 맞는 적합한 직무 선택
경력초기 (25세 ~ 40세)	• 조직의 규칙과 규범에 대해 배움 • 직업과 조직에 적응해 감 • 역량(지식 · 기술 · 태도)을 증대시킴
경력중기 (40세 ~ 55세)	• 경력초기를 재평가함 • 성인 중기에 적합한 선택을 함
경력말기 (55세 ~ 퇴직)	• 자존심 유지 • 퇴직 준비의 자세한 계획

② 경력개발 계획의 단계 기출

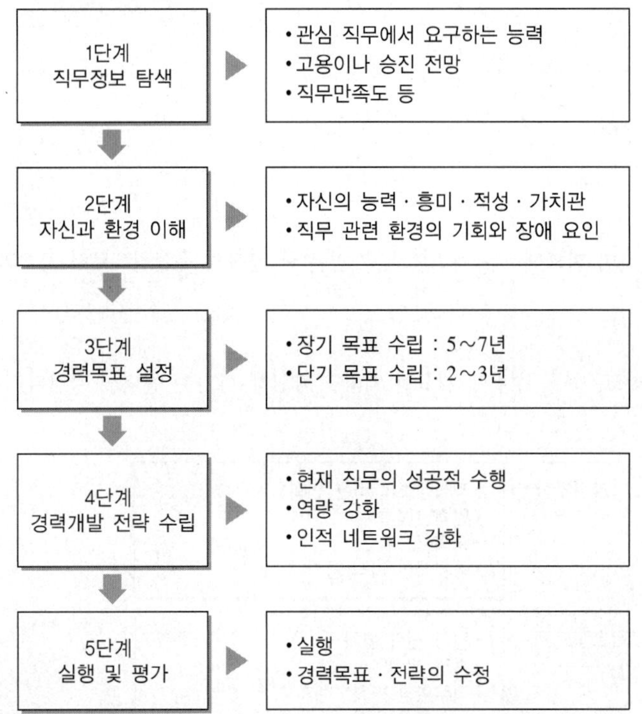

(3) 경력개발 관련 최근 이슈 기출

① 평생학습 사회

② 투잡스(Two-Jobs)

③ 청년 실업

④ 독립근로자와 같은 새로운 노동 형태의 등장

⑤ 일과 생활의 균형(WLB; Work-life Balance, 워라밸)

OX 문제

01 경력개발은 자신과 자신의 환경 상황을 인식하고 분석하여 합당한 경력 관련 목표를 설정하는 과정으로, 경력계획과 이를 준비하고 실행하며 피드백 하는 경력관리로 이루어진다. [ ]

02 경력은 개인의 경력목표와 전략을 수립하고 실행하며 피드백하는 과정이며, 이는 자신과 상황을 인식하고 경력 관련 목표를 설정하여 그 목표를 달성하기 위한 과정인 경력계획과, 경력계획을 준비하고 실행하며 피드백하는 경력관리로 이루어진다. [ ]

03 경력개발은 경력을 탐색하고, 자신에게 적합한 경력목표를 설정하며, 이에 따른 전략을 수립해서 실행하고, 평가하여 관리하는 단계로 이루어진다. [ ]

04 경력초기를 재평가하고 업그레이드된 목표로 수정하는 단계는 경력중기 단계에 해당한다. [ ]

01 [○]
02 [×] 경력이 아닌 경력개발에 대한 내용이다. 경력은 일생에 걸쳐서 지속적으로 이루어지는 일과 관련된 경험을 의미한다.
03 [○]
04 [○]

SECTION **02**

자기개발능력 맛보기

※ 다음 글의 내용을 읽고 이어지는 질문에 답하시오. [1~2]

제과업체 인사부서에서 20년간 일하고 있는 40대 후반의 C씨는 최근 경기상황 악화로 인해 경영전략의 변화, 인사적체로 인해 조직 내에서 퇴사에 대한 압박을 받고 있다. 가장으로서 계속 경제활동을 해야 하는 입장이고, 하고 있는 일 이외에 마땅히 다른 일에 대한 고민도 해 보지 않았던 C씨는 갑자기 심각함을 느꼈다. 며칠 동안 고심하던 중 C씨는 중장년 재취업 상담을 하는 기관에서 경력과 심리 상담을 받아보기로 했다. 심리 상담 결과를 분석해보니 C씨는 사람 중심의 업무를 선호하고, 사회봉사와 교육 분야에 특히 관심이 많은 것으로 나타났다. 또한 인사 및 노무 관리, 교육훈련 등 인사 분야의 경험이 많아 이에 대한 전문성을 가지고 있는 것으로 나왔다. C씨는 이를 바탕으로 취업 컨설턴트와 상의를 거쳐 취업 방향을 노인이나 아동복지 기관이나 직업훈련 기관의 교육행정직으로 정하고 몇 군데 기관에 지원서를 제출했다. 얼마 지나지 않아 C씨는 직장에서 퇴사를 하게 되었지만 경력과 직무 강점을 살려 사회복지 관련 기관의 교육훈련팀장으로 재취업을 하는데 성공했다.

01 현재 C씨는 경력단계 중 어느 단계에 놓여 있는가?

① 경력초기
② 경력중기
③ 경력말기
④ 직업선택
⑤ 조직입사

02 현재 C씨의 경력단계에서 나타나는 현상으로 적절하지 않은o 것은?

① 자신이 그동안 성취한 것을 재평가하고, 생산성을 그대로 유지한다.
② 개인적으로 현 직업이나 생활스타일에 대한 불만을 느끼며, 매일의 반복적인 일상에 따분함을 느끼기도 한다.
③ 현재의 직종 및 직무와 관련 없는 다른 직업군으로 이동하는 경력변화가 일어나기도 한다.
④ 조직에서 자신의 입지를 확고히 다져나가 승진하는 데 많은 관심을 가지게 된다.
⑤ 직업 및 조직에서 어느 정도 입지를 굳혀 수직적인 승진가능성이 적은 경력 정체시기에 이른다.

Key Point

경력개발 단계에 대한 문제는 매우 자주 출제되는 유형이다. 이 유형은 일반적인 상식으로는 풀이가 어려운 경우가 많으므로 본 교재의 이론편에서 설명하고 있는 각 단계별 세부 내용들을 확실하게 숙지할 필요가 있다. 이 문제와 같이 가상의 사례가 주어지고 주인공이 어느 단계에 해당하는지를 정확하게 잡아낼 수 있어야만 풀이가 가능하므로 주의가 필요하다. 대부분 초반부에 주인공의 연령대가 제시되므로 그 부분만 읽고 곧바로 문제를 풀이해도 큰 무리가 없다.

01

정답 ②

C씨는 40 ~ 55세의 성인중기에 위치해 있고, 경력중기 단계에 놓여 있다. 경력중기는 자신이 그동안 성취한 것을 재평가하고, 생산성을 그대로 유지하는 단계로 일반적으로 40 ~ 55세의 성인중기를 일컫는다.

02

정답 ④

경력중기 단계는 자신이 그동안 성취한 것을 재평가하고, 생산성을 그대로 유지하는 단계이다. 그러나 경력중기에 이르면 직업 및 조직에서 어느 정도 입지를 굳히게 되어 더 이상 수직적인 승진가능성이 적은 경력 정체시기에 이르게 되며, 새로운 환경의 변화에 직면하게 되어 생산성을 유지하는 데 어려움을 겪기도 한다. 또한 개인적으로 현 직업이나 생활스타일에 대한 불만을 느끼며, 매일의 반복적인 일상에 따분함을 느끼기도 한다. 이에 따라 자신의 경력초기의 생각을 재검토하게 되며, 현재의 경력경로와 관련 없는 다른 직업으로 이동하는 경력변화가 일어나기도 한다.

※ 다음 글의 내용을 읽고 이어지는 질문에 답하시오. [3~4]

의류회사에 디자이너로 일하고 직장인 A씨는 평소 관심이 많았던 메이크업에 대해 꾸준히 공부하고 기술을 익혀 얼마 전부터 패션 유튜버로 활동하고 있다. 주중에는 회사에서 본연의 업무에 충실하고 주 52시간 근무제가 자리를 잡으면서 저녁 여가시간과 주말을 이용해 메이크업과 코디네이션에 대한 콘텐츠를 만들어 유튜버로 이름을 알리고 있다. 사람들이 평소 관심이 많은 분야라서 그런지 구독자 수는 생각보다 빨리 늘어나기 시작했다.
몇 개월 준비기간을 거쳐 일주일에 한 번씩 콘텐츠를 꾸준히 올린 결과 활동 6개월째부터는 많지는 않지만 광고수입도 일부 얻을 수 있었다. A씨는 유튜버로 활동하면서 추가 수입과 자신의 흥미를 충족시킬 수 있어 좋다는 생각도 들었다. 또 시간이 많이 흐르고 조직생활을 끝나면 창업을 하거나 독립을 하게 되어도 자신에게 도움이 될 것이라는 생각도 하게 되었다.

03 윗글은 경력개발과 관련된 어떤 이슈와 가장 연관이 깊은가?

① 청년실업
② 창업경력
③ 평생학습사회
④ 투잡(Two Jobs)
⑤ 일과 생활의 균형(Work-Life Balance)

04 A씨가 하고 있는 경력개발과 관련된 사회 환경의 변화로 적절하지 않은 것은?

① 지식과 정보의 폭발적인 증가로 새로운 기술개발에 따라 직업에서 요구되는 능력도 변화하고 있다.
② 지속적인 경기불황에 따라 2개 혹은 그 이상의 직업을 가지는 사람들이 늘어나고 있다.
③ 주 5일제와 주 52시간 근무제가 시행되면서 직장인들 사이에 확대되는 추세를 보이고 있다.
④ 경제적인 이유와 자아실현, 실직 대비 등이 주요 목적으로 나타난다.
⑤ 꾸준한 경력 개발에 대한 중요성이 커지고 있고, 경력 개발의 방법이 다양해지고 있다.

Key Point

자기개발능력에서는 시사적인 문제들이 종종 출제된다. 청년 취업난을 반영한 사례, 창업에 뛰어든 사람들의 사례 등이 주어지고 각 사례들에서 시사하는 바를 찾게 하는 것이 대표적인 유형이다. 이러한 사례들은 주로 신문의 특별기획섹션 내지는 시사잡지 등에서 확인할 수 있으므로 평소 이런 자료들을 유심히 읽으며 자기 나름대로의 분석을 해보는 것이 좋다.

03

정답 ④

A씨는 주중에는 회사에서 패션디자이너로 일을 하고, 퇴근 후와 주말시간에는 유튜버로 활동하는 투잡을 가진 사람이다. 최근 사회 환경을 변화에 따라 투잡을 희망하거나 가지고 있는 사람이 꾸준히 증가하고 있다.

오답분석

① 외환위기 이후 우리나라 노동시장에서 부각된 문제로 경기 침체 시 대부분의 기업들은 우선적으로 신규채용을 억제하기 때문에 청년 노동시장은 경기변동에 매우 민감한 특징이 있다.
② 전 세계적으로 창업이 증가하는 추세로, 최근에는 인터넷의 확산으로 공간이나 시간의 제약 없이 손쉽게 창업을 하고 있으며, 여성들의 창업도 증가하고 있다.
③ 지식과 정보의 폭발적인 증가로 새로운 기술개발에 따라 직업에서 요구되는 능력도 변화하고 있으며, 지속적인 능력개발이 필요한 시대가 되었다.
⑤ 우리나라의 경우 경쟁력 있는 복리후생 제도와 일과 삶의 균형에 대한 관심이 증가하고 있다.

04

정답 ①

지속적인 경기불황에 따라 2개 혹은 그 이상의 직업을 가지는 사람이 늘고 있다. 특히 주 5일제와 주 52시간 근무제가 시행되면서 이러한 투잡은 더욱 확대되고 있으며, 경제적 이유, 자아실현, 실직 대비 등으로 인해 투잡을 원하는 사람들이 늘어가고 있다. 또한 취업 이후에도 지속적인 경력개발의 중요성이 점점 커지고 있으며 환경의 변화가 잦고, 평생직장이라는 개념이 약해지면서 취업 이후에도 자신의 직업을 유지하기 위해 노력하는 것이 좋다.

SECTION 03 # 대표유형 적중문제

정답 및 해설 p.69

모듈형

01 다음 〈보기〉 중 자기개발의 특징에 대한 설명으로 옳은 것을 모두 고르면? 난이도 하

보기

ㄱ. 자기개발의 주체와 객체는 자신이므로 자기개발의 성공적 수행을 위해서는 자신에 대한 이해가 필요하다.
ㄴ. 자기개발은 가능한 환경과 시기적 필요성이 갖추어진 경우에 수행하여야 한다.
ㄷ. 타인의 방법보다 자신에게 알맞은 자기개발 방법을 추구하는 것이 바람직하다.
ㄹ. 완성도 있는 자기개발을 위해, 자기개발은 생활과 구분되어 이루어져야 한다.

① ㄱ, ㄴ
② ㄱ, ㄷ
③ ㄴ, ㄷ
④ ㄴ, ㄹ
⑤ ㄷ, ㄹ

02 다음 경력개발이 필요하게 된 사례를 환경 차원, 조직 차원, 개인 차원에 따라 순서대로 바르게 나열한 것은? 난이도 중

ㄱ. 기업의 승진적체가 심해지고 있다.
ㄴ. 국내 기업들의 경력자 이직이 증가하고 있다.
ㄷ. 곧 아내가 출산하여 가족이 늘어난다.
ㄹ. 승진에 전문기술이 더 중요하게 되었다.
ㅁ. 기업 문화가 능력주의 문화로 변하였다.
ㅂ. 돈보다는 워라밸을 선호하는 추세가 되었다.

	환경 차원	개인 차원	조직 차원
①	ㄴ, ㅂ	ㄷ, ㄹ	ㄱ, ㅁ
②	ㄴ, ㅁ	ㄷ, ㄱ	ㄹ, ㅂ
③	ㄹ, ㄷ	ㄱ, ㅁ	ㅂ, ㄴ
④	ㄷ, ㄹ	ㄱ, ㅂ	ㄴ, ㅁ
⑤	ㄱ, ㄴ,	ㅂ, ㄹ	ㅁ, ㄷ

※ 다음 글의 내용을 읽고 이어지는 질문에 답하시오. [3~4]

1년 전 회사 송년회 자리에서 김사원은 자신의 사내 멘토이자 대학 동문인 같은 팀 박과장에게 다이어리를 한 권 선물 받았다. 다이어리의 내용은 회사에서 주는 일반 다이어리와는 달리 좀 다르게 구성되어 있었다. 하루 업무를 중요한 순서대로 정리하고 진행 여부를 체크하는 칸이 있었고 일일 단위로 자신이 잘한 일과 제일 상단에는 개선하고 보완할 점을 쓰는 칸이 별도로 마련되어 있었다.
박과장은 자신의 멘토였던 옆 팀 이팀장으로부터 대리 때 같은 다이어리를 선물 받았다고 이야기하며 1년 간 꾸준히 작성하고 스스로를 성찰하는 시간을 가지면 회사생활을 하는데 많은 도움이 될 거라고 이야기했다. 박과장의 조언대로 김사원은 지난 1년 간 휴가를 제외하고는 업무를 수행하는 날은 하루도 거르지 않고 다이어리를 작성했고, 잘한 점과 개선할 점을 다시금 생각해 보는 시간을 갖게 되었다. 성찰이 거듭될수록 자신에 대해 돌아보게 되고 앞으로 나아갈 수 있는 더 나은 아이디어가 많이 떠올랐다. 그 결과 올해 송년회에서는 업무 개선 아이디어를 가장 많이 제안한 사원으로 대표이사의 표창과 금일봉을 받게 되었다. 김사원은 1년간의 노력이 결실을 맺었다는 생각에 스스로에 대한 동기부여가 되었다.

03 김사원이 1년간 다이어리를 작성하고 성찰하는 과정을 거치면서 어떤 점들이 나아지게 되었는지 〈보기〉에서 모두 고르면? 난이도 하

보기
㉠ 지속적인 성장의 기회 마련
㉡ 다른 일을 하는 데 있어 노하우 축적
㉢ 창의적인 사고 향상

① ㉠
② ㉠, ㉡
③ ㉠, ㉢
④ ㉡, ㉢
⑤ ㉠, ㉡, ㉢

04 다음 중 김사원이 다이어리를 통해 스스로의 성찰을 위해 한 질문으로 적절하지 않은 것은? 난이도 중

① 지금 일이 잘 진행되거나 그렇지 않은 이유는 무엇인가?
② 이 상태를 변화시키거나 혹은 유지하기 위해 해야 하는 일은 무엇인가?
③ 이번 일 중 다르게 수행했다면 더 좋은 성과를 냈을 일은 무엇인가?
④ 이번 일의 문제점이 드러나지 않기 위해서는 무엇을 해야 하는가?
⑤ 했던 일 중에 잘했던 일과 잘못했던 일은 무엇인가?

※ 다음 글의 내용을 읽고 이어지는 질문에 답하시오. [5~6]

직장생활 6년 차인 김대리는 올해 과장 승진이 가능한 연차가 되었다. 김대리의 회사는 과장부터 팀장이 될 수 있는 기회가 주어진다. 김대리는 대리가 되면서 조직생활에서 팀장이 되어 리더십을 꼭 발휘해 보겠다는 목표를 세웠고, 궁극적으로는 회사에서 영업담당 임원이 되겠다는 비전을 가지고 직장생활을 하고 있다. 김대리는 대리승진을 하면서부터 지난 몇 년간 매해 자신의 역할과 능력을 생각해 활동목표와 세부목표를 세우고 업무 및 개인생활 등 일정을 세워 꾸준히 실행해 왔다. 사내외 강의도 듣고 공부도 하면서 업무를 좀 더 잘 수행하기 위한 방법도 다양화했다. 하지만 나름 ㉠ 자기관리를 해왔는데 매년 비슷할 뿐 점점 더 나아지고 있다는 생각이 들지 않았고, 이런 활동들이 형식적이 되어가고 있다는 생각도 들었다. 그러던 중 사내 멘토인 박팀장과 이야기를 나누게 되었다.

05 다음 중 김대리가 ㉠과 같은 생각을 하게 되는 이유로 가장 적절한 것은? 난이도 하

① 비전 및 목적이 정립되지 않아서
② 반성 및 피드백을 하지 않아서
③ 과제를 발견하지 못해서
④ 수행에 문제가 있어서
⑤ 계획을 수립하지 않아서

06 김대리가 ㉠과 같은 생각을 극복하기 위해 스스로에게 해야 하는 질문으로 적절하지 않은 것은? 난이도 중

① 어떤 목표를 성취하였는가?
② 일을 수행하는 동안 어떤 문제에 직면했는가?
③ 우선순위, 일정에 따라 계획적으로 수행하였는가?
④ 나에게 가장 중요한 것은 무엇인가?
⑤ 어떻게 결정을 내리고 행동했는가?

PART 1 PART 2 PART 3 PART 4

07 다음 글에서 간과하고 있는 자기개발의 특징으로 옳은 것은?

난이도 중

100세 시대는 이제 옛말이다. 하루가 다르게 발전하는 의학기술로 이제 110세 시대, 120세 시대는 물론, 머지않아 언제까지 살지 예측할 수 없는 시대가 올 것이다. 그렇기 때문에 미래에 대한 준비는 더욱 더 중요한 시대에 우리는 살고 있다. 지금 잘 다니고 있는 회사도 언젠가 은퇴할 것이고, 그 은퇴 후의 삶은 누구도 책임져 주지 않기에, 우리 모두 지금 이 순간 자기개발에 힘써야 할 것이다.

이러한 자기 개발은 개개인 자신이 주체가 되어 이루어져야 하는데, 이는 각자 현재 처해있는 상황과 지향 하는 바 그리고 선호하는 방식이 모두 다르기 때문이다. 또한 바쁜 현대 사회에 자기개발을 위해 시간을 내기란 쉽지 않기 때문에 현재 본인이 하고 있는 일과 관련이 있는 분야, 혹은 일상생활에서 이루어지기 쉬운 활동의 방향으로 자기개발 분야를 정하는 것도 좋은 방법이 될 것이다. 이와 더불어 장기간적인 목표보다는 단기간적인 목표를 정해 하나하나 이뤄나간다면 그로 인한 성취감으로 인해 자기개발을 할 수 있는 에너지는 더욱더 상승될 것이다.

① 자기개발을 모든 사람이 할 필요는 없다.
② 자기개발은 자신이 아닌 타인의 의해 이루어져야 더 효과적이다.
③ 자기개발을 통해 지향하는 바와 선호하는 방법은 사람마다 비슷하다.
④ 자기개발은 일과는 별개로 이루어져야 하는 활동이다.
⑤ 자기개발은 단기간이 아닌 평생에 걸쳐 이루어져야 한다.

08 다음 사례의 밑줄 친 ㉠과 관련된 욕구로 가장 적절한 것은?

난이도 하

A사원 : 사내 게시판에 공지된 교육프로그램 참여 신청에 관한 안내문은 보셨나요?
B대리 : 봤지. 안 그래도 신청해야 하나 고민 중이야.
A사원 : 대리님이 꼭 따고 싶다고 하셨던 자격증 강의잖아요.
B대리 : ㉠ 아니, 나는 아침잠이 많아서…. 너무 이른 시간이라 참여할 수 있을지 걱정이야.
A사원 : 그런 이유로 고민할 시간도 없어요. 선착순 마감되기 전에 얼른 신청하세요!

① 안전의 욕구
② 사회적 욕구
③ 생리적 욕구
④ 존경의 욕구
⑤ 자기실현의 욕구

※ 다음 글의 내용을 읽고 이어지는 질문에 답하시오. [9~10]

> 성인 여성을 대상으로 의상 코디네이터로 5년 간 일하다가 일을 그만 두고 2년 전 여성의류를 파는 인터넷 쇼핑몰을 창업한 B씨는 최근 다시 코디네이터 일자리를 알아보고 있다. 코디네이터 일을 하면서 옷에 대해서는 나름 전문성을 가지고 있다고 생각했고 장시간 노동과 박봉 등 회사의 근무 여건도 너무 열악해서 '이럴 바에는 창업을 해 보자.'라는 생각으로 일단 뛰어들었다. 2년이 지난 지금 사무실을 겸하는 B씨의 집에는 의류재고가 발 딛을 틈 없이 쌓여있고, 같이 일하던 동료도 얼마 전부터 일자리를 알아보고 있다. 2년 간 바쁘게 일한 것 같은데 버는 돈은 코디네이터로 일할 때의 월급 기준으로 80% 정도만 겨우 가져가고 서버운영비, 물품대금 등을 지불하고 나니 이 달이 지나면 적자를 면하기 어려운 지경에 놓여 있다. B씨는 코디네이션을 잘하는 것과 장사를 잘하는 것 사이에는 큰 괴리가 있다는 것을 창업 2년 만에 절실히 깨닫게 되었다. 많은 시간을 투자해 창업에 대해 꼼꼼하게 준비하지 못한 점 특히, 들어가는 비용, 자신의 전문분야를 살린 창업 아이템인가에 대한 문제를 심사숙고하지 않은 것이 후회가 되었다.

09 B씨가 회사를 그만 두고 창업을 하게 된 계기로 볼 수 없는 것은? 난이도 하

① 회사생활에 대한 불만을 가지고 있었다.
② 인터넷 확산으로 손쉽게 창업을 할 수 있는 환경이 되었다.
③ 정치, 경제적 변화에 민감하게 대응해야 한다고 생각했다.
④ 자신의 전문성을 살려 창업을 해 보고 싶은 욕구가 있었다.
⑤ 회사의 급여에 만족하지 못하고 있었다.

10 B씨가 성공적인 창업을 위해 준비했어야 하는 요인으로 보기 어려운 것은? 난이도 중

① 자신의 흥미, 재능, 가치, 라이프스타일을 철저히 이해했어야 한다.
② 자신의 사업을 경영하고 싶다는 열망을 가지고 시작했어야 한다.
③ 업무 환경에 대한 충분한 정보를 조사하고 분석했어야 한다.
④ 창업에 대해 구체적인 목표와 전략을 수립하여 실행해야 한다.
⑤ 코디네이터와 사업 경영이 다른 직무라는 것에 대한 이해가 부족했다.

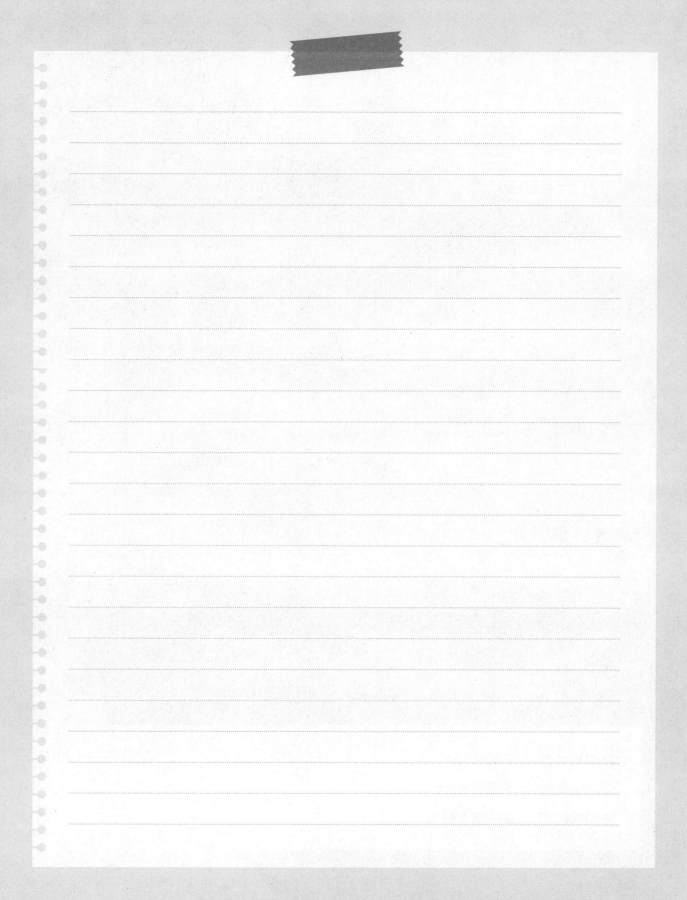

CHAPTER 10

직업윤리

출제유형 및 학습 전략

1 오답을 통해 대비하라!

이론을 따로 정리하는 것보다는 문제에서 본인이 생각하는 모범답안을 선택하고 틀렸을 경우 그 이유를 정리하는 방식으로 학습하는 것이 효율적이다. 암기하기보다는 이해에 중점을 두고, 자신의 상식으로 문제를 푸는 것이 아니라 해당 문제가 어느 영역 어떤 하위능력의 문제인지 파악하는 훈련을 한다면 답이 보일 것이다.

2 직업윤리와 일반윤리를 구분하라!

일반윤리와 구분되는 직업윤리의 특징을 이해해야 한다. 통념상 비윤리적이라고 일컬어지는 행동도 특정한 직업에서는 허용되는 경우가 있다. 그러므로 문제에서 주어진 상황을 판단할 때는 우선 직업의 특성을 고려해야 한다.

3 직업윤리의 하위능력을 파악해두자!

직업윤리의 경우 직장생활 경험이 없는 수험생들은 조직에서 일어날 수 있는 구체적인 직업윤리와 관련된 내용에 흥미가 없고 이를 이해하는 데 어려움이 있을 수 있다. 그러나 문제에서는 구체적인 상황・사례를 제시하는 문제가 나오기 때문에 직장에서의 예절을 정리하고 문제 상황에서 적절한 대처를 선택하는 연습을 하는 것이 중요하다.

4 면접에서도 유리하다!

많은 공사・공단에서 면접 시 직업윤리와 관련된 질문을 하는 경우가 많다. 직업윤리 이론을 학습해두면 본인의 가치관을 세우는 데 도움이 되고, 이는 곧 기업의 인재상과도 연결되기 때문에 미리 준비해두면 필기시험에서 합격하고 면접을 준비할 때도 수월할 것이다.

SECTION 01 모듈이론

01 직업윤리의 의의

(1) 윤리란 무엇인가?

① 윤리의 의미 기출

인간과 인간 사이에서 지켜야 할 도리를 바르게 하는 것 또는 인간사회에 필요한 올바른 질서라고 해석할 수 있다.

② 윤리규범의 형성

- 인간의 특성 : 기본적인 욕구 충족에 도움이나 방해가 되는 사물 등에 선호를 가지게 된다.
- 사회적 인간 : 인간은 사회의 공동 목표 달성과 구성원들의 욕구 충족에 도움이 되는 행위는 찬성하고, 반대되는 행위는 비난한다.
- 윤리규범의 형성 : 인간의 기본적인 특성과 사회성에 부합하는 행위가 반복되면서 무엇이 옳고 그른지에 대한 윤리규범이 형성된다.

(2) 비윤리적 행위의 원인과 유형 기출

① 비윤리적 행위의 원인

구분	내용
무지	어떤 사람이 선이라고 생각하고 노력하는 대상이 실제로는 악이라는 사실을 모르거나 그것을 달성하기 위한 수단적 덕목들을 제대로 알지 못하는 경우이다.
무관심	자신의 행위가 비윤리적이라는 것은 알고 있지만, 윤리적인 기준에 따라 행동하는 것을 중요하게 여기지 않는 경우이다.
무절제	자신의 행위가 잘못이라는 것을 알고 그러한 행위를 하지 않으려고 하지만, 자신의 통제를 벗어나는 어떤 요인으로 인하여 비윤리적 행위를 저지르는 것이다.

② 비윤리적 행위의 유형

구분	내용
도덕적 타성	사람의 행동이나 사회현상에도 기존 패턴을 반복하려는 경향, 즉 타성(惰性, Inertia)이 존재한다. 타성은 나태함이나 게으름의 뜻을 내포하고 있는데, 바람직한 행동이 무엇인지 알고 있으면서도 취해야 할 행동을 취하지 않는 무기력한 모습이라고 할 수 있다.
도덕적 태만	비윤리적인 결과를 피하기 위하여 일반적으로 필요한 주의나 관심을 기울이지 않는 것을 말한다.
거짓말	상대를 속이려는 의도로 표현되는 메시지라고 할 수 있다. 주로 말이나 글로 표현되는 것에 한정하며, 상대를 속이려는 의도가 있는 것을 말한다.

(3) 직업과 직업윤리

① 직업의 특징 기출

종류	내용
계속성	주기적으로 일을 하거나 명확한 주기가 없어도 계속 행해지며, 현재 하고 있는 일을 계속할 의지와 가능성이 있어야 함을 의미한다.
경제성	경제적 거래 관계가 성립되는 활동이어야 한다. 따라서 무급 자원봉사나 전업 학생은 직업으로 보지 않으며, 자연 발생적인 이득의 수취나 우연하게 발생하는 경제적 과실에 전적으로 의존하는 활동도 직업으로 보지 않는다.
윤리성	비윤리적인 영리 행위나 반사회적인 활동을 통한 경제적 이윤추구는 직업 활동으로 인정되지 않음을 의미한다.
사회성	모든 직업 활동이 사회 공동체적 맥락에서 의미 있는 활동이어야 한다는 것이다.
자발성	속박된 상태에서의 제반 활동은 경제성이나 계속성의 여부와 상관없이 직업으로 보지 않는다는 것이다.

② 직업윤리의 의미

직업 활동을 하는 개인이 자신의 직무를 잘 수행하고 자신의 직업과 관련된 직업과 사회에서 요구하는 규범에 부응하여 개인이 갖추고 발달시키는 직업에 대한 신념·태도·행위를 의미한다.

③ 직업윤리의 종류 기출

종류	내용
소명의식	자신이 맡은 일은 하늘에 의해 맡겨진 일이라고 생각하는 태도
천직의식	자신의 일이 자신의 능력과 적성에 꼭 맞는다 여기며, 그 일에 열성을 가지고 성실히 임하는 태도
직분의식	자신이 하고 있는 일이 사회나 기업을 위해 중요한 역할을 하고 있다고 믿고, 자신의 활동을 수행하는 태도
책임의식	직업에 대한 사회적 역할과 책무를 충실히 수행하고 책임을 다하는 태도
전문가의식	자신의 일이 누구나 할 수 있는 것이 아니라 해당 분야의 지식과 교육을 밑바탕으로 성실히 수행해야만 가능한 것이라 믿고 수행하는 태도
봉사의식	직업 활동을 통해 다른 사람과 공동체에 대하여 봉사하는 정신을 갖추고 실천하는 태도

④ 직업윤리의 5대 기본원칙 기출

종류	내용
객관성의 원칙	업무의 공공성을 바탕으로 공사 구분을 명확히 하고, 모든 것을 숨김없이 투명하게 처리하는 원칙을 말함
고객 중심의 원칙	고객에 대한 봉사를 최우선으로 생각하고, 현장 중심·실천 중심으로 일하는 원칙을 말함
전문성의 원칙	자기 업무에 전문가로서의 능력과 의식을 가지고 책임을 다하며, 능력을 연마하는 원칙을 말함
정직과 신용의 원칙	업무와 관련된 모든 것을 숨김없이 정직하게 수행하고, 본분과 약속을 지켜 신뢰를 유지하는 원칙을 말함
공정 경쟁의 원칙	법규를 준수하고, 경쟁 원리에 따라 공정하게 행동하는 원칙을 말함

⑤ 개인윤리와 직업윤리의 조화

- 개인윤리를 기반으로 공동의 협력을 추구한다.
- 규모가 큰 공동의 재산, 정보 등을 개인의 권한하에 위임한다.
- '팔은 안으로 굽는다'로 표현되는 공사 구분의 모호함을 배제한다.

OX 문제

01 직업이란 경제적인 보상이 있어야 하며, 본인의 자발적 의사에 의한 것이어야 한다. 또한 장기적으로 계속해서 일하는 지속성이 있어야 한다. [ ]

02 모든 윤리적 가치는 시대와 상황을 떠나서 절대적이므로 변하지 않는다. [ ]

03 직업윤리의 기본원칙 중 객관성의 원칙이란 업무의 공공성을 바탕으로 공과 사 구분을 명확히 하고, 모든 것을 숨김없이 투명하게 처리하는 원칙을 말한다. [ ]

01 [○]

02 [×] 윤리적 가치는 불변의 진리가 아니라 시대와 사회 상황에 따라 조금씩 다르게 변화하는 것이다.

03 [○]

02 근로윤리

(1) 근면한 태도

① 근면의 개념적 특성 기출

㉠ 고난의 극복 : 근면은 과거의 고난을 극복한 경험을 통해 형성되고, 현재의 고난을 극복할 수 있는 자원이 된다.

㉡ 개인의 절제나 금욕 : 근면은 고난을 극복하기 위해서 금전과 시간, 에너지를 사용할 수 있도록 준비하는 것이다.

㉢ 장기적이고 지속적인 행위 과정 : 근면은 고난을 극복하기 위해서 어려움 속에서도 목표를 완성시킴으로써 결과에 만족하고 이를 마무리하면서 그 가치를 완성하는 것이다.

② 근면의 종류 기출

종류	내용
외부로부터 강요당한 근면	• 삶(생계)의 유지를 위한 필요에 의해서 강요된 근면 예 오직 삶의 유지를 위해 열악한 노동 조건에서 기계적으로 일하는 것
자진해서 하는 근면	• 자신의 것을 창조하며 조금씩 자신을 발전시키고, 시간의 흐름에 따라 자아를 확립시켜 가는 근면 예 세일즈맨이 자신의 성과를 높이기 위해 노력하는 것

(2) 정직과 성실

① 정직의 의의 기출

타인이 전하는 말・행동이 사실과 부합된다는 신뢰가 없다면 일일이 직접 확인해야 하므로 사람들의 행동은 상당한 제약을 피할 수 없으며, 조직과 사회 체제의 유지 자체가 불가능해진다.

② 성실의 의미 기출

구분	내용
사전적 의미	정성스럽고 참됨을 의미하며, 단어의 본질을 살펴보았을 때 그 의미가 근면함보다는 충(忠) 혹은 신(信)의 의미와 더 가까움
심리학적 의미	사회규범이나 법을 존중하고 충동을 통제하며, 목표 지향적 행동을 조직하고 유지하며 목표를 추구하도록 동기를 부여하는 것을 의미하기도 함

③ 현대 사회에서의 성실성

- 성실의 항상성은 다른 덕목들의 모태가 되며, 어떠한 일을 할 때 꾸준히 자신의 정성을 다하도록 만든다. 이는 조직에서 생활을 영위할 때 중요한 요인으로 작동한다.
- 성실이 항상 긍정적인 측면만 지니고 있는 것은 아니다. 성실은 시대 개념적 차원에서 볼 때 현대 사회와 어울리지 않는 한계성 또한 지니고 있다.

OX 문제

01 성실의 항상성은 덕목들로부터 파생된 것으로, 현대에서 필수적인 요소로 작용한다. [ ]

02 성실은 항상 긍정적인 측면만 지니므로 언제나 지켜야 할 사회규범이다. [ ]

03 성실의 사전적 의미는 정성스럽고 참됨으로 풀이할 수 있으며, 단어의 본질을 살펴보았을 때 그 의미가 근면함보다는 충(忠) 혹은 신(信)의 의미에 더 가깝다. [ ]

01 [×] 성실의 특징인 항상성은 다른 덕목들의 모태가 된다.
02 [×] 성실은 현대 사회와 어울리지 않는 한계가 있다.
03 [○]

03 공동체윤리

(1) 봉사와 사회적 책임, 준법의식

① 봉사와 사회적 책임의 의미 기출

구분	내용
봉사	다른 사람과 공동체에 대하여 봉사하는 정신을 갖추고 실천하는 태도를 의미하며, 나아가 고객의 가치를 최우선으로 하는 고객 서비스 개념
책임의식	직업에 대한 사회적 역할과 책무를 충실히 수행하고 책임지려는 태도이며, 맡은 업무를 어떠한 일이 있어도 수행해 내는 태도

② 기업의 사회적 책임(CSR; Corporate Social Responsibility)

단순히 이윤 추구를 하는 집단의 형태를 벗어나 자신들이 벌어들인 이익의 일부분을 사회로 환원하는 개념을 말한다.

③ 준법의 의미

- 민주시민으로서 기본적으로 지켜야 하는 의무이며 생활 자세이다.
- 민주사회의 법과 규칙을 준수하는 것은 시민으로서의 자신의 권리를 보장받고, 다른 사람의 권리를 보호하며 사회 질서를 유지하는 역할을 수행하는 것이다.

④ 우리사회의 준법의식

- 여전히 사회적 부패 현상이 만연해 있으며, 이러한 현상은 올바름에 대한 기준과 윤리적 판단 기준을 흐리게 한다.
- 민주주의와 시장경제는 구성원들에게 자유와 권리를 주는 동시에 규율의 준수와 책임을 요구하므로 개개인의 의식 변화와 함께 체계적 접근과 단계별 실행을 통한 제도적·시스템적 기반의 확립이 필요하다.

(2) 직장에서의 예절

① 예절의 의미

일정한 생활문화권에서 오랜 생활습관을 통해 하나의 공통된 생활방법으로 정립되어 관습적으로 행해지는 사회계약적인 생활규범을 말한다.

② 에티켓과 매너

에티켓	사람과 사람 사이에 마땅히 지켜야 할 규범으로서 형식적 측면이 강함
매너	형식을 나타내는 방식으로서 방법적 성격이 강함

③ 비즈니스 매너 기출

㉠ 인사 예절

- 비즈니스에서 가장 일반적인 인사법인 악수는 윗사람이 아랫사람에게, 여성이 남성에게 청한다.
- 소개를 할 때는 연소자를 연장자에게, 내가 속해 있는 회사의 관계자를 타 회사의 관계자에게, 동료를 고객에게 먼저 소개한다.
- 명함을 건넬 때는 왼손으로 받치고 오른손으로 건네는데, 자신의 이름이 상대방을 향하도록 한다. 또한, 손아랫사람이 손윗사람에게 먼저 건네고 상사와 함께라면 상사가 먼저 건네도록 한다.

㉡ 전화 예절

- 전화는 태도나 표정을 보여줄 수 없으므로 상냥한 목소리와 정확한 발음에 유의한다.
- 전화가 연결되면 담당자 확인 후 자신을 소개하고, 간결하고 정확하게 용건을 전달한다. 전화를 끊기 전 내용을 다시 한 번 정리해 확인하며, 담당자가 없을 땐 전화번호를 남긴다.
- 전화를 받을 때는 벨이 3～4번 울리기 전에 받는다.

㉢ 이메일 예절

- 이메일을 쓸 때는 서두에 소속과 이름을 밝힌다.
- 업무 성격에 맞는 형식을 갖추고 올바른 철자와 문법을 사용한다.
- 메일 제목은 반드시 쓰고, 간결하면서 핵심을 알 수 있게 작성한다.

④ 직장 내 괴롭힘 기출

근로기준법에 따른 사용자 또는 근로자가 직장에서의 지위 또는 관계 등의 우위를 이용하여 업무상 적정 범위를 넘어 다른 근로자에게 신체적・정신적 고통을 주거나 근무환경을 악화시키는 행위를 말한다.

⑤ 직장 내 성희롱 기출

남녀고용평등과 일・가정 양립 지원에 관한 법률에 따른 사업주・상급자 또는 근로자가 직장 내의 지위를 이용하거나 업무와 관련하여 다른 근로자에게 성적 언동 등으로 성적 굴욕감 또는 혐오감을 느끼게 하거나 성적 언동 또는 그 밖의 요구 등에 따르지 아니하였다는 이유로 근로 조건 및 고용에서 불이익을 주는 것을 말한다.

OX 문제

01 책임이란 주어진 업무 또는 스스로 맡은 업무를 어떠한 일이 있어도 수행해 내는 태도이다. [ ]

02 직업세계에서 다른 직종에 비해 더 많은 이익을 얻는 집단이라 해도 그들의 이익 분배에 대해 특별히 달리 생각할 필요는 없다. [ ]

03 기업의 사회적 책임이란 단순히 이윤 추구를 하는 집단의 형태를 벗어나 자신들이 벌어들인 이익의 일부분을 사회로 환원하는 개념으로, 최근 들어 핵심적인 가치로 부각되고 있다. [ ]

01 [○]

02 [×] 직업세계에서 다른 직종에 비해 더 많은 이익을 얻는 집단은 그렇지 않은 집단들에게 그들의 이익을 분배할 수 있는 사회 환원 의식도 가져야 할 것이다.

03 [○]

SECTION 02 직업윤리 맛보기

※ 다음 글을 읽고 이어지는 질문에 답하시오. [1~2]

> ○○동의 지역공동체는 도시재생사업의 일환으로 만들어지게 되었다. 낙후된 지역으로 노인들이 대다수를 차지했던 이 지역은 공동육아시설 운영, 교육 및 커뮤니티 카페사업을 통해 지역 경제 상생발전을 도모하고 있다.
> 이 지역공동체는 다양한 활동을 통해 지역을 살아있는 공간으로 만들고 커뮤니티 확장과 나눔을 실천해 나갔다. 그로 인해 갈등을 대화로 해결하며 진정한 이웃사촌이 될 수 있었다.
> 최근 코로나19의 여파로 인해 이 지역공동체의 공동육아시설과 강의실, 카페 등은 운영이 수개월째 중단된 상태이다. 이러한 위기 상황에도 불구하고 이 지역공동체는 커뮤니티 구성원을 중심으로 결속력을 보이며, 시설 및 온라인 커뮤니티를 통해 나눔과 정보 교류 등을 꾸준히 진행하고 있다.

01 윤리라는 본질적인 의미에서 볼 때, 윗글은 인간의 어떤 특성을 설명하고 있는가?

① 유희적 존재
② 문화적 존재
③ 사회적 존재
④ 정치적 존재
⑤ 윤리적 존재

02 윤리적 가치와 윤리적 규범이라는 측면에서 위기 상황임에도 불구하고 지속적인 운영이 되고 있는 이 공동체의 시사점으로 가장 적절한 것은?

① 지역 주민을 위한 교류 공간 활성화
② 주민 일자리 제공 및 수익 창출을 통한 지역 경제 상생발전
③ 지역 일대 명소로 자리매김
④ 유대감과 결속력 기반의 공동체 의식
⑤ 주민들의 소명의식 증대

Key Point

최근 중요성이 부각되고 있는 직업윤리 영역은 추상적인 내용들로 가득 차 있는 탓에 학습하기가 만만치 않은 부분이다. 그러나 이 영역은 일부 암기가 필요한 부분을 제외하고는 대부분 '바르게 살아가는 법' 그 이상도 이하도 아니므로 크게 부담을 가질 필요가 없다. 다만, 공공분야에서 근무하는 사람이라면 반드시 알아두어야 할 일명 '김영란 법'에 대한 내용은 정리해둘 필요가 있다.

01

정답 ③

사회적 존재인 개인의 욕구는 개인의 행동에 따라 충족되는 것이 아니라, 다른 삶의 행동과 협력을 바탕으로 충족된다. 제시문은 지역공동체가 다양한 활동을 통해 다른 구성원들과 소통과 협력하는 장으로 발전하는 인간의 사회적 존재로서의 모습을 설명하고 있다.

오답분석

① 유희적 존재 : 놀이를 하는 존재
② 문화적 존재 : 사회와 소통하면서 서로 공감하는 존재
④ 정치적 존재 : 국가를 이루고 개인과 공동체의 문제에 대한 정치 활동을 하는 존재
⑤ 윤리적 존재 : 인간이 도덕적으로 자율성을 가지고 있는 존재

02

정답 ④

주어진 공동체의 시사점으로 가장 적절한 것은 위기 상황임에도 불구하고 윤리적 측면에서 유대감과 결속력 기반의 공동체 의식에 대한 것이다.

※ 다음 글을 읽고 이어지는 질문에 답하시오. [3~4]

김대리 : (전화벨이 다섯 차례 넘게 올리자) 누가 전화 좀 받아요. 제가 통화 중이라.
홍사원 : (전화를 돌려받으며) 네. 전화 받았습니다. A기업 영업팀 홍길동 사원입니다. 아! 김대리님이요. 지금 통화 중이신데요. 나중에 다시 전화 주세요.
(전화 통화가 끝나고)
김대리 : 홍길동씨, 아까 저 찾는 전화인 것 같던데. 어디서 전화 왔어요?
홍사원 : 잘 모르겠는데요. 여자 분이셨어요.
김대리 : 네? 오늘 고객사에서 중요한 전화 올 게 있었는데. 누군지 안 여쭤 봤어요?
홍사원 : 네. 굳이 말씀하시지 않으셔서….

03 다음 중 홍사원의 전화예절에 대한 문제점으로 적절하지 않은 것은?

① 전화벨이 3~4번 울리기 전에 받는다.
② 담당자에게 전화와 관련된 내용을 전달한다.
③ 긍정적인 말로서 전화 통화를 마치도록 하고, 전화를 건 상대방에게 감사의 표시를 한다.
④ 자신이 누구인지를 즉시 말한다.
⑤ 상대방의 용건을 물어보지 않았다.

04 김대리가 홍사원의 전화예절에 대해서 난색을 보인 이유로 적절하지 않은 것은?

① 상대방이 누구인지 물어보지 않았다.
② 전화를 대신 받았는데, 자신의 소속과 성명을 명확하게 밝히지 않았다.
③ 통화를 시작하고 마무리할 때 감사 인사를 하지 않았다.
④ 상대방의 용건이 무엇인지 메모하지 않았다.
⑤ 담당자에게 용건을 전달하지 않았다.

Key Point

의외로 많은 수험생들이 전화 예절 등 비즈니스 매너에 대한 문제들을 잘 처리하지 못한다. 이는 평소 가까운 지인들에게 하는 행동과 업무상 만나게 되는 사람들에게 하는 행동이 다르기 때문인데, 현실적으로 이를 단기간에 체화시키기는 어려우므로 본 교재에서 설명하고 있는 내용들을 암기하는 것도 하나의 방법이다. 다만, 어차피 합격 후 근무를 하게 되면 이 내용들과 같이 실천해야 할 것이니, 지금부터라도 이런 에티켓들을 하나하나 체화시켜 보기로 하자.

03

정답 ④

홍사원은 자신이 누구인지 즉시 말하였다.

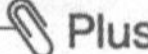

Plus

전화예절

- 전화를 받을 때는 벨이 3 ~ 4번 울리기 전에 받는다.
- 회사명과 부서명, 이름을 밝힌 뒤 상대방의 용건을 정확하게 확인한다.
- 용건에 즉답하기 어려우면 양해를 구한 뒤, 회신 가능한 시간을 약속한다.
- 통화 담당자가 없으면 자리를 비운 이유를 간단히 설명하고, 통화가 가능한 시간을 알려준다.
- 용건을 물어본 후 처리할 수 있으면 처리한다.
- 전화를 끊으면 담당자에게 정확한 메모를 전달한다.

04

정답 ②

홍사원은 전화를 대신 받았고, 자신의 소속과 성명을 밝혔다.
김대리가 홍사원의 전화예절에 대해 난색을 표시한 이유는 상대방이 누구이고, 용건이 무엇인지에 대해 파악하지 않고 전화가 왔다는 메모도 남기지 않았다는 점과 전화를 준 고객에 대한 감사 인사를 하지 않고 담당자에게 메모를 전달하지 않는 등 전화예절에 어긋나게 전화를 받은 점이다.

SECTION 03 대표유형 적중문제

정답 및 해설 p.71

모듈형

01 다음 〈보기〉 중 직업인에게 요구되는 기본자세로 적절한 것을 〈보기〉에서 모두 고르면? 난이도 중

보기

㉠ 소명의식	㉡ 천직의식
㉢ 특권의식	㉣ 봉사정신
㉤ 협동정신	㉥ 지배정신
㉦ 책임의식	㉧ 회피의식
㉨ 전문의식	㉩ 공평무사한 자세

① ㉠, ㉡, ㉢, ㉣, ㉤, ㉥, ㉩
② ㉠, ㉢, ㉤, ㉥, ㉦, ㉧, ㉨
③ ㉠, ㉡, ㉣, ㉤, ㉦, ㉨, ㉩
④ ㉠, ㉢, ㉤, ㉥, ㉧, ㉨, ㉩
⑤ ㉠, ㉢, ㉥, ㉦, ㉧, ㉨, ㉩

02 다음 사례를 읽고 K대리에게 필요한 직업윤리로 가장 적절한 것은? 난이도 중

> K대리는 늦잠을 자서 약속 시간을 지키기가 빠듯했고, 결국은 과속으로 경찰에 단속되었다.
> 경찰 : 안녕하세요. 제한속도 60km 이상 과속하셨습니다.
> K대리 : 어머님이 위독하다는 연락을 받고 경황이 없어서 그랬습니다.
> 경찰 : 그래도 과속하셨습니다. 벌점 15점에 벌금 6만 원입니다.
> K대리 : 이번에 벌점을 받으면 면허정지 됩니다. 한 번만 봐주세요.

① 창의력
② 협동심
③ 근면
④ 자주
⑤ 준법

※ 다음 글을 읽고 이어지는 질문에 답하시오. [3~4]

탄력근무제와 주 52시간제가 시행되면서 해외사업팀에서 남미지역을 담당하고 있는 김대리는 아침시간을 활용해 회사 근처 스페인어 학원에 다닐 수 있는 시간을 확보하게 되었다. 과거와는 달리 정해진 출퇴근 시간을 지키다 보니 저녁시간도 여유로워지고 오래 전부터 계획했던 스페인어 공부도 시작할 수 있게 된 것이다.
예전에는 저녁에 알람을 몇 개씩 맞춰 놓고 자도 한 달에 3～4회 지각을 해서 팀장님께 주의를 받기도 했었는데, 스스로 목표를 세우고 하고 싶은 공부를 시작하게 되니 회사에 지각하는 일도 없어지고 업무에 집중할 수 있게 되었다. 결국 1년 후 김대리는 업무 성과를 인정받게 되어 높은 인사고과를 받게 되었다.

PART 1 PART 2 PART 3 PART 4

03 윗글을 읽고 근면에 대한 설명으로 적절하지 않은 것은? 난이도 하

① 스스로 자진해서 하는 근면이다.
② 능동적이며 적극적인 태도로 임하게 된다.
③ 시간의 흐름에 따라 자아를 확립시켜 나가게 되는 계기가 된다.
④ 외부로부터 강요당한 근면이다.
⑤ 자신의 것을 창조하며 자신을 발전시키는 태도이다.

04 윗글을 읽고 직장생활에서 근면하기 위해 필요한 자세로 적절하지 않은 것은? 난이도 하

① 자진해서 하는 일이라고 생각하는 것
② 일상을 대수롭지 않게 느끼고 돈을 받고 하는 일이라고 생각하는 것
③ 능동적이고 적극적인 태도로 임하는 것
④ 자신의 일에 대한 의욕과 즐겁게 시간을 보내는 것에 대한 의미를 생각해 보는 것
⑤ 자신의 것을 창조하며 자신을 발전시키는 일이라고 생각하는 것

※ 다음 글을 읽고 이어지는 질문에 답하시오. [5~6]

세계적으로도 우수한 기술을 가지고 있는 A중공업은 지난 해 정부의 해외 발전소 공사 사업 건을 수주하기 위해 기관 관계자에게 수억 원의 뇌물을 건넸다. A중공업의 영업임원과 기관 관계자는 대학 선후배 사이로 수년간 골프모임을 지속한 사실도 파악되었다. 이 사건으로 인해 A중공업은 향후 5년간 공공사업에 대한 입찰이 금지되었다. 대규모 공사 프로젝트 발주가 급격히 감소한 요즘, 정부 사업에 대한 수주가 원천적으로 금지된 것은 회사 입장에서도 정부 입장에서도 엄청난 손실이다.
A중공업은 발전소 사업 외에 조선 사업도 수행하고 있는 업체라 당장 정부가 발주한 특수선 건조 사업에도 직격탄을 맞게 되었다. A중공업은 과거처럼 업계의 관행을 답습하다가 회사의 존폐에 대한 위기까지 맞게 된 것이다.

05 윗글의 내용과 관련된 부패의 원인 중 관계가 가장 적은 것은? 난이도 하

① 사회적 윤리의식의 부재
② 효율적 사회시스템의 미비
③ 공사 구분을 모호하게 하는 문화적 특성
④ 건전한 가치관의 미정립
⑤ 부패한 과거를 답습하는 문화

06 윗글에 대한 설명으로 적절하지 않은 것은? 난이도 중

① 거래당사자 간의 부도덕의 문제에 불과하며, 사회적 비용으로 보기에는 무리가 있다.
② 공적인 입장의 사람이 자신의 권한과 권력을 이용해 이익을 취한 사례이다.
③ 사회 전체 시스템의 정상적인 가동을 방해하는 요인이 된다.
④ 막대한 사회적 비용을 수반하게 되며 사회구성원 전체에게 피해를 주게 된다.
⑤ 건전한 이윤추구의 가치를 훼손시키는 사례이다.

07 다음 중 정직과 신용을 구축하기 위한 지침으로 적절하지 않은 것은? 난이도 하

① 신뢰는 축적되는 것이므로 정직과 신용의 자산을 매일 조금씩이라도 쌓아가야 한다.
② 정직한 이미지에 해가 되지 않도록 잘못한 것은 감출 수 있는 한 감추도록 한다.
③ 개인적인 인정에 치우쳐 부정직한 것에 눈감지 않도록 한다.
④ 부정직한 관행은 인정하지 않는다.
⑤ 사소한 것이라도 나 하나쯤이라는 생각을 하지 않는다.

PART 1 PART 2 PART 3 PART 4

08 다음의 대화에서 K대리가 저지른 전화예절의 실수로 가장 적절한 것은? 난이도 중

K대리 : 안녕하세요. A출판부 K대리입니다. 무엇을 도와드릴까요?
S부장 : 아, K대리! 나 영업부 S부장이네.
K대리 : (펜과 메모지를 준비한다.) 네! S부장님, 안녕하세요. 어떤 일로 전화 주셨습니까?
S부장 : 다음 달에 예정되어 있는 신간도서 계획서를 좀 보고 싶어서 말이야.
K대리 : 네, 부장님. 지금 바로 준비해서 갖다 드리겠습니다.
S부장 : 고맙네. 이따 보지.
K대리 : 네! 이만 전화 끊겠습니다.

① 언제나 펜과 메모지를 곁에 두어 메시지를 받아 적을 수 있도록 한다.
② 전화 받은 사람이 누구인지를 즉시 말한다.
③ 통화를 마칠 때, 전화를 건 상대방에게 감사의 표시를 한다.
④ 천천히, 명확하게 예의를 갖추고 말한다.
⑤ 말을 할 때 상대방의 이름을 함께 사용한다.

※ 다음 글을 읽고 이어지는 질문에 답하시오. [9~10]

김사원 : 팀장님, 시간 괜찮으시면 이번에 새로 거래를 하게 된 ○○물산 박대표님 오셨는데 함께 미팅하시겠습니까?
(김사원과 이팀장 모두 박대표와 처음 만나 미팅을 진행하는 경우이다.)
이팀장 : 어 그러지. 회의실로 모셔 와.
(이대로 팀장보다 연배가 훨씬 위인 반 백의 거래처 대표가 회의실로 김사원과 함께 들어온다.)
김사원 : 팀장님, ○○물산 박한우 대표님이십니다. 박한우 대표님, 여기는 저희 구매팀장님을 맡고 계신 이대로 팀장님입니다.
이팀장 : (악수를 청하며) 처음 뵙겠습니다. 이대로입니다. 먼 길 와주셔서 감사합니다. 김사원에게 말씀 많이 들었습니다. 함께 일하게 되어 기쁩니다. 앞으로 좋은 파트너로 서로 도움이 되면 좋겠습니다. 많이 도와 주십시오.
박대표 : 처음 뵙겠습니다. 박한우입니다. 기회 주셔서 감사합니다. 열심히 하겠습니다. 과거부터 영업본부장이신 성전무님과 인연이 있어 이팀장님 말씀은 많이 들었습니다. 말씀대로 유능하신 분이라는 생각이 듭니다.
(박대표는 이팀장과 악수를 한 후 김사원과도 악수를 한다. 왼손잡이인 김사원은 자연스럽게 왼손을 내밀어 미소를 지으며 손을 가볍게 흔들며 '김철수입니다. 잘 부탁드리겠습니다.'라는 인사를 건넨다.)
이팀장 : 과찬이십니다. 그럼 잠시 이번 포워딩 건에 대해 말씀 나누죠.
이팀장 : (미팅이 끝난 후) 김철수 씨, 나랑 잠깐 이야기 좀 할까?

09 다음 중 소개예절에서 김사원이 한 실수로 적절하지 않은 것은? 난이도 중

① 나이 어린 사람을 연장자에게 먼저 소개하지 않았다.
② 내가 속해 있는 회사의 관계자를 타 회사의 관계자에게 먼저 소개하지 않았다.
③ 소개하는 사람에 대해 성과 이름을 함께 말하지 않았다.
④ 동료임원을 고객, 손님에게도 소개하였다.
⑤ 소개할 때 나이를 고려하지 않았다.

10 다음 중 악수예절에서 김사원이 한 실수로 가장 적절한 것은? 난이도 하

① 악수를 할 때 상대를 바라보며 가벼운 미소를 지었다.
② 악수를 할 때 간단한 인사 몇 마디를 주고받았다.
③ 악수를 할 때 너무 강하게 쥐어짜듯이 손을 잡지 않았다.
④ 악수를 할 때 왼손잡이라서 왼손으로 악수를 했다.
⑤ 악수를 할 때 이름을 말하며 인사를 했다.

PART 2 직무수행능력평가

CHAPTER **01**

사무직 직무수행능력평가

출제유형 및 학습 전략

직무수행능력평가는 실제 직무를 수행하는 데 있어서 지원자의 전문성과 자질을 평가하기 위해 치러지는 시험으로, 직렬과 직무에 따라 요구되는 지식과 기술 등을 평가한다. 선발직렬에 의해 그 과목이 달라지며, 문항 수나 출제범위 등 그 변화가 잦으므로 항상 해당 공기업의 공고문을 잘 확인해야 한다.

사무직 직무수행능력평가의 경우, 주요 공사공단에서 주로 출제되는 과목은 경영·경제·행정 등이 있다.

1 경영학

주요 출제 범위는 경영학원론, 재무관리, 마케팅, 조직론, 재무회계 등이 있다.

2 경제학

주요 출제 범위는 경제학원론, 미시경제, 거시경제, 국제경제, 계량경제, 재정학 등이 있다.

SECTION 01 경영학 핵심이론

01 테일러와 포드 시스템의 비교

테일러 시스템	포드 시스템
• 과업관리(시간과 동작연구를 통한) • 차별성과급 도입 : 객관적인 과학적 방법을 사용한 임금률 • 과학적 관리 방법을 도입한 표준화 • 작업의 과학화와 개별생산관리 • 인간노동의 기계화시대	• 동시관리 : 작업조직의 철저한 합리화에 의해 작업의 동시적 진행을 기계적으로 실현하고 관리를 자동적으로 전개 • 컨베이어시스템, 대량생산 • 공장 전체로 확대 • 인간에게 기계의 보조역할 요구

02 환경의 2가지 차원(환경의 동태성 및 복잡성의 정도)

• 환경의 동태성 : 안정적 환경 → 관리자가 미래의 사건 예측, 동태적 환경 → 관리자가 과거의 패턴으로부터 예측할 수 있게 된다.
• 환경의 복잡성 : 환경요소들이 단순한가, 그렇지 않은가를 말하는 것으로 상호작용하는 환경요소의 수와 관련 있다.
• 환경의 2가지 차원 도식화

구분		환경의 복잡성	
		단순	복잡
환경의 동태성	안정적	(단순)+(안정)=(낮은 불확실성) 예 컨테이너 제조업, 음료병 제조업	(복잡)+(안정)=(다소 낮은 불확실성) 예 대학, 병원
	동태적	(단순)+(동태적)=(다소 높은 불확실성) 예 유행의류 제조업, 장난감 제조업	(복잡)+(동태적)=(높은 불확실성) 예 전자산업, 석유회사

03 기업합병

• 법률적으로 독립적인 복수의 기업이 단일조직이 되는 형태
• 피합병기업은 독립성을 완전히 상실
• 흡수합병 및 신설합병
  – 흡수합병 : 어떠한 하나의 회사기업이 타 회사기업을 흡수하는 것
  – 신설합병 : 합병에 참여하는 회사기업이 모두 해산·소멸 후 신회사기업이 승계하는 것

04 의사결정 문제와 의사결정 모형

사이먼(H. Simon)은 의사결정 유형을 정형적 · 비정형적인 것으로 분류하고, 정형적 의사결정은 구조화된 결정 문제, 비정형적 의사결정은 비구조화된 결정 문제라고 하였다.

구분	정형적 의사결정	비정형적 의사결정
문제의 성격	• 보편적, 일상적인 상황	• 비일상적, 특수적 상황
문제해결 방안의 구체화 방식	• 문제해결안이 조직의 정책 또는 절차 등에 의해 미리 상세하게 명시됨	• 해결안은 문제가 정의된 다음에 창의적으로 결정
의사결정의 계층	• 주로 하위층	• 주로 고위층
의사결정의 수준	• 업무적 · 관리적 의사결정	• 전략적 의사결정
적용조직의 형태	• 시장 및 기술이 안정되고, 일상적이며 구조화된 문제해결이 많은 조직	• 구조화가 되어 있지 않으며, 결정사항이 비일상적이면서 복잡한 조직
전통적 기법	• 업무절차, 관습 등	• 직관, 판단, 경험법칙, 창조성 등
현대적 기법	• EDPS, OR 등	• 휴리스틱 기법

05 포드 시스템의 비판

- 동시작업 시스템의 문제 : 한 라인에서 작업이 중지될 경우 전체 라인의 작업이 중지되어 제품생산에 큰 차질을 빚게 된다.
- 인간의 기계적 종속화 : 컨베이어 시스템 등의 생산기계에 이상이 있을 시 생산은 중단되고 사람은 아무런 일도 하지 못하게 된다.
- 노동착취의 원인 제공 : 생산라인에서 사람은 쉬지 못할 뿐만 아니라 떠날 수도 없기 때문에, 이러한 생산과정은 노동의 과부하를 불러일으킬 수 있다.
- 제품의 단순화 · 표준화는 효율적이지만 다양한 욕구를 충족시키기에는 역부족이다.

06 다각화의 종류

- 수직적 다각화 : 기업이 자신의 분야에 포함된 분야로 사업영역을 확장하는 것이다.
- 수평적 다각화 : 자신의 분야와 동등한 수준의 분야로 다각화하는 것이다.
- 집중적 다각화 : 핵심기술 한 가지에 집중해서 판매하는 것 또는 다른 관점에서 바라보면 경영합리화의 목적, 시장통제의 목적, 금융상 이점 등을 목적으로 상호 간 협정 또는 제휴를 통해 과다경쟁으로 인한 폐해를 없애고 기업조직의 안정 및 시장지배를 목적으로 하는 것이다.
- 복합적 다각화 : 해당 사업이 연계한 동종업종의 것일 수도 있으며, 전혀 자신들의 업종과는 다른 양상의 분야로 확장해서 운영하는 것이다.

07 경쟁전략의 형태

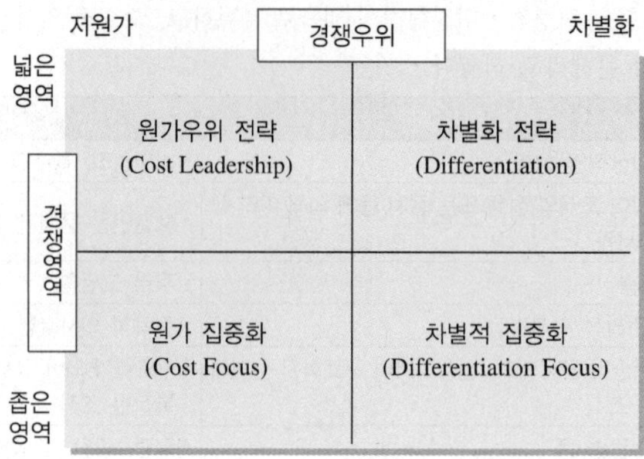

08 기능별 조직과 사업부제 조직의 비교

구분	기능별 조직	사업부제 조직
장점	• 기능별로 최적방법(품질관리, 생산관리, 마케팅 등)의 통일적인 적용 • 전문화에 의한 지식경험의 축적 및 규모의 경제성 • 인원・신제품・신시장의 추가 및 삭감이 신속하고 신축적 • 자원(사람 및 설비)의 공통 이용	• 부문 간 조정 용이 • 제품별 명확한 업적평가, 자원의 배분 및 통제 용이 • 사업부별 신축성 및 창의성을 확보하면서 집권적인 스태프와 서비스에 의한 규모의 이익 추구 • 사업부장의 총체적 시각에서 의사결정
단점	• 과도한 권한의 집중 및 의사결정의 지연 • 기능별 시각에 따른 모든 제품 및 서비스 경시 • 다각화 시 제품별 조건 적합적 관리 불가능 • 각 부문의 업적평가 곤란	• 단기적인 성과를 중시 • 스태프, 기타 자원의 중복에 의한 조직슬랙의 증대 • 분권화에 의한 새로운 부문 이기주의의 발생 및 사업부 이익의 부분 극대화 • 전문직 상호 간 커뮤니케이션의 저해

09 직무평가의 방법

비교기준 / 비교대상	직무전반	구체적 직무요소
직무 대 직무	서열법 (Ranking Method)	요소비교법 (Factor Comparison Method)
직무 대 기준	분류법 (Job Classfication Method)	점수법 (Point Method)

10 임금관리의 3요소

임금관리 3요소	핵심 사항	분류(고려 대상)
임금수준	적정성	생계비 수준, 사회적 임금수준, 동종업계 임금 수준 감안
임금체계	공정성	연공급, 직능급, 성과급, 직무급
임금형태	합리성	시간급제, 일급제, 월급제, 연봉제

11 노동조합의 탈퇴 및 가입

- 오픈 숍(Open Shop) : 사용자가 노동조합에 가입한 조합원뿐만 아니라 비조합원도 자유롭게 채용할 수 있도록 하는 제도를 말한다. 종업원의 노동조합에 대한 가입 · 비가입 등이 채용이나 해고조건에 전혀 영향력을 끼치지 못하는 것이라 할 수 있다. 노동조합에 대한 가입 및 탈퇴에 대한 부분은 종업원들의 각자 자유에 맡기고, 사용자는 비조합원들도 자유롭게 채용할 수 있기 때문에 조합원들의 사용자에 대한 교섭권은 약화된다.
- 클로즈드 숍(Closed Shop) : 기업의 결원에 대한 보충이나 신규채용 등에 있어 사용자가 조합원 중에서 채용을 하지 않으면 안 되는 것을 의미한다. 노동조합의 가입이 채용의 전제조건이 되므로 조합원의 확보방법으로서는 최상의 강력한 제도라 할 수 있으며, 클로즈드 숍하에서는 노동조합이 노동의 공급 등을 통제할 수 있기 때문에 노동가격(임금)을 상승시킬 수 있다.
- 유니언 숍(Union Shop) : 사용자의 노동자에 대한 채용은 자유롭지만, 일단 채용이 된 후 종업원들은 일정기간이 지난 뒤에는 반드시 노동조합에 가입해야만 하는 제도이다.

12 적시생산시스템(JIT; Just In Time)

- 필요한 시기에 필요한 양만큼의 단위를 생산해내는 것이다.
- 푸시 시스템 : 작업이 생산의 첫 단계에서 방출되고 차례로 재공품을 다음 단계로 밀어내어 최종 단계에서 완성품이 나온다.
- 풀 시스템 : 필요한 시기에 필요한 양만큼 생산해내는 시스템으로, 이는 수요변동에 의한 영향을 감소시키고 분권화에 의해 작업관리의 수준을 높인다.
- JIT의 효과 : 납기 100% 달성, 고설계 적합성, 생산 리드타임의 단축, 수요변화의 신속한 대응, 낮은 수준의 재고를 통한 작업의 효율성, 작업 공간 사용의 개선, 분권화를 통한 관리의 증대, 재공품 재고변동의 최소화, 각 단계 간 수요변동의 증폭전달 방지, 불량 감소, 유연성 등

13 종합적 품질경영(TQM; Total Quality Management)

경영자의 열의 및 리더십을 기반으로 지속된 교육 및 참여에 의해 능력이 개발된 조직 구성원들이 합리적이면서 과학적인 관리방식을 활용해서 기업조직 내 절차를 표준화하며, 이를 지속적으로 개선해 나가는 과정에서 종업원의 니즈를 만족시키고 소비자 만족 및 기업조직의 장기적인 성장을 추구하는 관점에서의 경영시스템이다.

14 목표시장 선정 전략

시장 세분화	• 시장 세분화를 위한 세분화 기준변수 파악 • 각 세분시장의 프로파일 개발
표적시장 선정	• 세분시장 매력도 평가를 위한 측정변수 개발 • 표적시장 선정
포지셔닝	• 각 표적시장별 포지셔닝을 위한 위치 파악 • 각 표적시장별 마케팅믹스 개발

15 제품믹스 전략

- 제품믹스 : 일반적으로 기업이 다수의 소비자에게 제공하는 모든 형태의 제품계열과 제품품목을 통합한 것을 말한다.
- 제품계열 : 제품믹스 중에서 물리적·기술적 특징이나 용도가 비슷하거나 동일한 고객집단에 의해 구매되는 제품의 집단이다. 즉, 특성이나 용도가 비슷한 제품들로 이루어진 집단을 말한다.
  - 제품믹스의 폭 : 기업이 가지고 있는 제품계열의 수를 의미
  - 제품믹스의 깊이 : 각 제품계열 안에 있는 품목의 수를 의미
  - 제품믹스의 길이 : 제품믹스 내의 모든 제품품목의 수를 의미

16 푸시전략과 풀전략

푸시(Push)전략	• 제조업자가 소비자를 향해 제품을 밀어낸다는 의미로 제조업자는 도매상에게, 도매상은 소매상에게, 소매상은 소비자에게 제품을 판매하게 만드는 전략을 말한다. • 푸시전략은 소비자들의 브랜드 애호도가 낮고, 브랜드 선택이 점포 안에서 이루어지며, 동시에 충동구매가 잦은 제품의 경우에 적합한 전략이다.
풀(Pull)전략	• 제조업자 쪽으로 당긴다는 의미로 소비자를 상대로 적극적인 프로모션 활동을 하여 소비자들이 스스로 제품을 찾게 만들고 중간상들은 소비자가 원하기 때문에 제품을 취급할 수밖에 없게 만드는 전략을 말한다. • 광고와 홍보를 주로 사용하며, 소비자들의 브랜드 애호도가 높고, 점포에 오기 전 브랜드 선택에 대해서 관여도가 높은 상품에 적합한 전략이다.

17 재무회계와 관리회계 비교

구분	재무회계	관리회계
보고대상	외부정보 이용자	내부정보 이용자
보고시기	정기보고	수시보고
기준	일반적으로 인정된 회계원칙(GAAP)	원가계산시스템
형식	일정한 형식	일정한 형식 없음
보고내용	주로 재무제표와 부속자료	제한 없음 (주로 원가, 예산, 기타 분석 자료)

18 재고자산 평가방법의 비교

구분	크기비교	비고
기말재고자산	선입선출법>이동평균법>총평균법>후입선출법	제외
매출원가	선입선출법<이동평균법<총평균법<후입선출법	–
당기순이익	선입선출법>이동평균법>총평균법>후입선출법	–
법인세	선입선출법>이동평균법>총평균법>후입선출법	과세소득이 충분함
현금흐름	선입선출법<이동평균법<총평균법<후입선출법	법인세효과

19 체계적 위험(Systematic Risk)과 비체계적 위험(Unsystematic Risk)

체계적 위험	• 경제성장률, 이자율, 인플레이션, 환율, 국제유가 등 경제 전반에 영향을 미치는 요인들의 변동에 따른 위험 • 모든 주식에 공통적으로 영향을 미치기 때문에 여러 주식으로 포트폴리오를 구성해서 투자해도 제거할 수 없음
비체계적 위험	• 주식을 발행한 기업의 경영 성과, 경영진의 교체, 신제품 개발의 성패 등과 같이 그 기업에만 영향을 미치는 요인들로 인한 위험 • 주식 수를 충분히 증가시켜서 투자하면 완전히 제거할 수 있음

20 듀레이션(Duration)의 특징

- 만기가 길수록 듀레이션은 커진다.
- 표면이자율이 높을수록 듀레이션은 작아진다.
- 만기수익률이 높을수록 듀레이션은 작아진다.
- 이자 지급 빈도가 증가할수록 듀레이션은 작아진다.

SECTION 01 경영학 적중예상문제

정답 및 해설 p.74

01 다음은 마이클 포터(Michael Porter)의 산업구조 분석모델(Five Forces Model)이다. 빈칸 A에 들어갈 용어는?

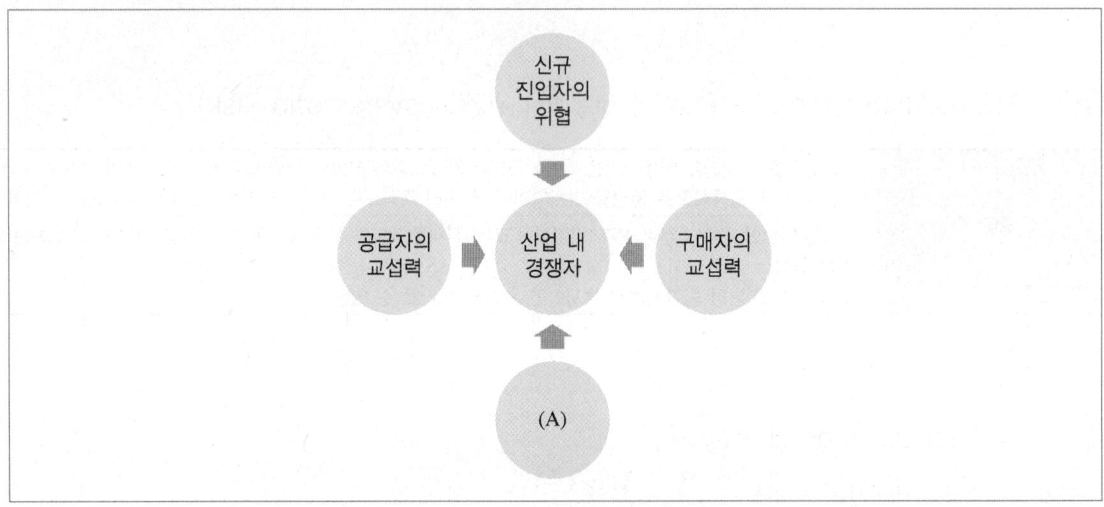

① 정부의 규제 완화
② 고객의 충성도
③ 공급업체의 규모
④ 가격의 탄력성
⑤ 대체재의 위협

02 다음 중 BCG 매트릭스와 GE 매트릭스의 차이점으로 적절하지 않은 것은?

① BCG 매트릭스는 GE 매트릭스에 비해 더 간단하며, BCG 매트릭스는 4개의 셀로 구성되는 반면 GE 매트릭스 9개의 셀로 구성된다.
② BCG 매트릭스의 기반이 되는 요인은 시장 성장과 시장점유율이고, GE 매트릭스의 기반이 되는 요인은 산업계의 매력과 비즈니스 강점이다.
③ BCG 매트릭스는 기업이 여러 사업부에 자원을 배치하는 데 사용되며, GE 매트릭스는 다양한 비즈니스 단위 간의 투자 우선순위를 결정하는 데 사용한다.
④ BCG 매트릭스에서는 하나의 측정만 사용되는 반면 GE 매트릭스에서는 여러 측정이 사용된다.
⑤ BCG 매트릭스는 기업이 그리드에서의 위치에 따라 제품 라인이나 비즈니스 유닛을 전략적으로 선택하는 데 사용하고, GE 매트릭스는 시장의 성장과 회사가 소유한 시장점유율을 반영한 성장 – 공유 모델로 이해할 수 있다.

03 다음 중 ESG 경영에 대한 설명으로 옳지 않은 것은?

① ESG는 기업의 비재무적 요소인 '환경(Environment), 사회(Social), 지배구조(Governance)'의 약자이다.
② ESG는 재무제표에는 드러나지 않지만 중장기적으로 기업 가치에 영향을 미치는 지속가능성 평가 지표이다.
③ ESG는 기업의 행동이 미치는 영향 등을 구체화하고 그 노력을 측정 가능하도록 지표화하여 투자를 이끌어낸다.
④ ESG 평가가 높을수록 단순히 사회적 평판이 좋은 기업이라기보다 리스크에 강한 기업이라 할 수 있다.
⑤ ESG 경영의 핵심은 효율을 최우선으로 착한 기업을 키워나가는 것을 목적으로 한다.

04 다음 중 경제적 자립권과 독립성을 둘 다 포기한 채 시장독점의 단일한 목적 아래 여러 기업이 뭉쳐서 이룬 하나의 통일체를 의미하는 조직은?

① 카르텔(Kartell)
② 신디케이트(Syndicate)
③ 트러스트(Trust)
④ 콘체른(Konzern)
⑤ 콩글로머리트(Conglomerate)

05 다음 중 목표설정이론 및 목표관리(MBO)에 대한 설명으로 옳지 않은 것은?

① 목표는 구체적이고 도전적으로 설정하는 것이 바람직하다.
② 목표는 지시적 목표, 자기설정 목표, 참여적 목표로 구분된다.
③ 목표를 설정하는 과정에 부하직원이 함께 참여한다.
④ 조직의 목표를 구체적인 부서별 목표로 전환하게 된다.
⑤ 성과는 경영진이 평가하여 부하직원 개개인에게 통보한다.

06 다음 중 기계적 조직과 유기적 조직에 대한 설명으로 옳지 않은 것은?

① 기계적 조직은 공식화 정도가 낮고 유기적 조직은 공식화 정도가 높다.
② 기계적 조직은 경영관리 위계가 수직적이고 유기적 조직은 경영관리 위계가 수평적이다.
③ 기계적 조직은 직무 전문화가 높고 유기적 조직은 직무 전문화가 낮다.
④ 기계적 조직은 의사결정권한이 집중화되어 있고 유기적 조직은 의사결정권한이 분권화되어 있다.
⑤ 기계적 조직은 수직적 의사소통이고 유기적 조직은 수평적 의사소통이다.

07 다음 〈보기〉 중 가격책정 방법에 대한 설명으로 옳은 것을 모두 고르면?

보기

ⓐ 준거가격이란 구매자가 어떤 상품에 대해 지불할 용의가 있는 최고가격을 의미한다.
ⓑ 명성가격이란 가격－품질 연상관계를 이용한 가격책정 방법이다.
ⓒ 단수가격이란 판매가격을 단수로 표시하여 가격이 저렴한 인상을 소비자에게 심어주어 판매를 증대시키는 방법이다.
ⓓ 최저수용가격이란 심리적으로 적당하다고 생각하는 가격 수준을 의미한다.

① ⓐ, ⓑ
② ⓐ, ⓒ
③ ⓑ, ⓒ
④ ⓑ, ⓓ
⑤ ⓒ, ⓓ

08 다음 중 CSR(Corporate Social Responsibility)의 법률적 책임에 해당하는 것은?

① 이윤 극대화 추구
② 고용 창출
③ 녹색 경영
④ 회계의 투명성
⑤ 교육 문화활동 지원

09 **다음 중 수직적 통합의 이유로 옳은 것은?**

① 대기업이 시장점유율을 높여 가격선도자 역할을 하기 위해
② 중소기업이 생산규모를 확대하고, 판매망을 강화하기 위해
③ 원료부터 제품까지의 기술적 일관성을 위해
④ 대규모 구조조정을 통한 경영혁신을 위해
⑤ 규모의 경제 확보를 위해

10 **다음 중 자재소요계획(MRP)에 대한 설명으로 옳은 것은?**

① MRP는 풀 생산방식(Pull System)에 속하며 시장 수요가 생산을 촉발시키는 시스템이다.
② MRP는 독립수요를 갖는 부품들의 생산수량과 생산시기를 결정하는 방법이다.
③ 자재명세서의 각 부품별 계획 주문 발주시기를 근거로 MRP를 수립한다.
④ 생산 일정계획의 완제품 생산일정(MPS), 자재명세서(BOM), 재고기록철(IR) 정보를 근거로 MRP를 수립한다.
⑤ MRP는 필요할 때마다 요청해서 생산하는 방식이다.

11 **다음 중 작업 우선순위 결정 규칙에 대한 설명으로 옳지 않은 것은?**

① 최소작업시간(SPT) : 작업시간이 짧은 순서대로 처리한다.
② 최소여유시간(STR) : 납기일까지 남은 시간이 적은 순서대로 처리한다.
③ 최소납기일(EDD) : 납기일이 빠른 순서대로 처리한다.
④ 선입선출(FCFS) : 먼저 도착한 순서대로 처리한다.
⑤ 후입선출(LCFS) : 늦게 도착한 순서대로 처리한다.

12 다음을 활용하여 경제적 주문량(EOQ)을 고려한 연간 총재고비용을 구하면?[단, 기준은 (총재고비용)=(주문비)+(재고유지비)이다]

> • 연간 부품 수요량 : 1,000개
> • 1회 주문비 : 200원
> • 단위당 재고 유지비 : 40원

① 500원
② 1,000원
③ 2,000원
④ 3,000원
⑤ 4,000원

13 다음 중 재무제표에 대한 설명으로 옳지 않은 것은?

① 재무제표는 재무상태표, 포괄손익계산서, 자본변동표, 현금흐름표, 그리고 주석으로 구성된다.
② 재무제표는 적어도 1년에 한 번은 작성한다.
③ 현금흐름에 대한 정보를 제외하고는 발생기준의 가정하에 작성한다.
④ 기업이 경영활동을 청산 또는 중단할 의도가 있더라도, 재무제표는 계속기업의 가정하에 작성한다.
⑤ 재무제표 요소의 측정기준은 역사적원가와 현행가치 등으로 구분된다.

14 A회사는 B회사와 다음과 같은 기계장치를 상호 교환하였다. 교환과정에서 A회사는 B회사에게 현금을 지급하고, 기계장치 취득원가 ₩470,000, 처분손실 ₩10,000을 인식하였다. 교환과정에서 A회사가 지급한 현금은?(단, 교환거래에 상업적 실질이 있고 각 기계장치의 공정가치는 신뢰성 있게 측정된다)

구분	A회사	B회사
취득원가	₩800,000	₩600,000
감가상각누계액	₩340,000	₩100,000
공정가치	₩450,000	₩480,000

① ₩10,000
② ₩20,000
③ ₩30,000
④ ₩40,000
⑤ ₩50,000

15 **다음 5가지 성격 특성 요소(Big Five Personality Traits) 중 〈보기〉에 해당하는 요소는?**

> 보기
>
> 과제 및 목적 지향성을 촉진하는 속성과 관련된 것으로, 심사숙고, 규준이나 규칙의 준수, 계획 세우기, 조직화, 과제의 준비 등과 같은 특질을 포함한다.

① 개방성(Openness to Experience)
② 성실성(Conscientiousness)
③ 외향성(Extraversion)
④ 수용성(Agreeableness)
⑤ 안정성(Emotional Stability)

PART 1
PART 2
PART 3
PART 4

16 **다음 중 기업합병에 대한 설명으로 옳지 않은 것은?**

① 기업합병이란 두 독립된 기업이 법률적, 실질적으로 하나의 기업실체로 통합되는 것이다.
② 기업합병에는 흡수합병과 신설합병이 있으며 흡수합병의 경우 한 회사는 존속하고 다른 회사의 주식은 소멸한다.
③ 기업인수는 한 기업이 다른 기업의 지배권을 획득하기 위하여 주식이나 자산을 취득하는 것이다.
④ 기업매각은 사업부문 중의 일부를 분할한 후 매각하는 것으로, 기업의 구조를 재편성하는 것이다.
⑤ 수평적 합병은 기업의 생산이나 판매과정 전후에 있는 기업 간의 합병으로, 주로 원자재 공급의 안정성 등을 목적으로 한다.

17 **다음 중 터크만(Tuckman)의 집단 발달의 5단계 모형에서 집단구성원들 간에 집단의 목표와 수단에 대해 합의가 이루어지고 응집력이 높아지며 구성원들의 역할과 권한 관계가 정해지는 단계는?**

① 형성기(Forming)
② 격동기(Storming)
③ 규범기(Norming)
④ 성과달성기(Performing)
⑤ 해체기(Adjourning)

18 **다음 〈보기〉의 푸시 앤 풀(Push and Pull) 기법 중 푸시 전략에 대한 설명으로 옳은 것을 모두 고르면?**

> 보기
>
> ㉠ 제조업자가 중간상을 대상으로 적극적인 촉진전략을 사용하여 도매상, 소매상들이 자사의 제품을 소비자에게 적극적으로 판매하도록 유도하는 방법이다.
>
> ㉡ 인적판매와 중간상 판촉의 중요성이 증가하게 되고, 최종소비자를 대상으로 하는 광고의 중요성은 상대적으로 감소하게 된다.
>
> ㉢ 제조업자가 최종소비자를 대상으로 적극적인 촉진을 사용하여 소비자가 자사의 제품을 적극적으로 찾게 함으로써 중간상들이 자발적으로 자사 제품을 취급하게 만드는 전략이다.
>
> ㉣ 최종소비자를 대상으로 하는 광고와 소비자 판촉의 중요성이 증가하게 된다.

① ㉠, ㉡　　② ㉠, ㉣

③ ㉡, ㉢　　④ ㉡, ㉣

⑤ ㉢, ㉣

19 **다음 중 인간의 감각으로 자각하기 어려울 정도의 자극을 주어 잠재의식에 호소하는 광고는?**

① 애드버커시 광고　　② 서브리미널 광고

③ 리스폰스 광고　　④ 키치 광고

⑤ 티저 광고

20 **다음 중 공급사슬관리(SCM)의 목적으로 가장 적절한 것은?**

① 제품 생산에 필요한 자재의 소요량과 소요시기를 결정한다.

② 기업 내 모든 자원의 흐름을 정확히 파악하여 자원을 효율적으로 배치한다.

③ 자재를 필요한 시각에 필요한 수량만큼 조달하여 낭비 요소를 근본적으로 제거한다.

④ 자재의 흐름을 효과적으로 관리하여 불필요한 시간과 비용을 절감한다.

⑤ 조직의 인적 자원이 축적하고 있는 개별적인 지식을 체계화하고 공유한다.

21 다음 중 최고경영자, 중간경영자, 하위경영자 모두가 공통적으로 가져야 할 능력으로 옳은 것은?

① 타인에 대한 이해력과 동기부여 능력
② 지식과 경험을 해당 분야에 적용시키는 능력
③ 복잡한 상황 등 여러 상황을 분석하여 조직 전체에 적용하는 능력
④ 담당 업무를 수행하기 위한 육체적, 지능적 능력
⑤ 한 부서의 변화가 다른 부서에 미치는 영향을 파악하는 능력

22 B회사는 철물 관련 사업을 하는 중소기업이다. 이 회사는 수요가 어느 정도 안정된 소모품을 다양한 거래처에 납품하고 있으며, 내부적으로는 부서별 효율성을 추구하고 있다. 이러한 회사의 조직구조로 적합한 유형은?

① 기능별 조직
② 사업부제 조직
③ 프로젝트 조직
④ 매트릭스 조직
⑤ 다국적 조직

23 다음 〈보기〉에서 설명하는 현상은?

보기
- 응집력이 높은 집단에서 나타나기 쉽다.
- 집단구성원들의 지배적인 생각에 순응하여 잘못된 의사결정을 하게 된다.
- 이에 대처하기 위해서는 자유로운 비판이 가능한 분위기 조성이 필요하다.

① 집단사고(Groupthink)
② 조직시민행동(Organizational Citizenship Behavior)
③ 임파워먼트(Empowerment)
④ 몰입상승(Escalation of Commitment)
⑤ 악마의 옹호자(Devil's Advocacy)

24 **다음 중 노동조합의 가입방법에 대한 설명으로 옳지 않은 것은?**

① 클로즈드 숍(Closed Shop) 제도는 기업에 속해 있는 근로자 전체가 노동조합에 가입해야 할 의무가 있는 제도이다.
② 클로즈드 숍(Closed Shop) 제도에서는 기업과 노동조합의 단체협약을 통하여 근로자의 채용 · 해고 등을 노동조합의 통제하에 둔다.
③ 유니언 숍(Union Shop) 제도에서 신규 채용된 근로자는 일정기간이 지나면 반드시 노동조합에 가입해야 한다.
④ 오픈 숍(Open Shop) 제도에서는 노동조합 가입여부가 고용 또는 해고의 조건이 되지 않는다.
⑤ 에이전시 숍(Agency Shop) 제도에서는 근로자들의 조합가입과 조합비 납부가 강제된다.

25 **다음 중 SWOT 분석 방법에서 관점이 다른 하나를 고르면?**

① 시장에서의 기술 우위
② 기업상표의 명성 증가
③ 해외시장의 성장
④ 기업이 보유한 자원 증가
⑤ 고품질 제품 보유

26 **다음 중 소비자에게 제품의 가격이 낮게 책정되었다는 인식을 심어주기 위해 이용하는 가격설정방법은?**

① 단수가격(Odd Pricing)
② 준거가격(Reference Pricing)
③ 명성가격(Prestige Pricing)
④ 관습가격(Customary Pricing)
⑤ 기점가격(Basing-point Pricing)

27 **다음 중 제품수명주기(Product Life Cycle)에 대한 설명으로 옳지 않은 것은?**

① 도입기, 성장기, 성숙기, 쇠퇴기의 4단계로 나누어진다.
② 성장기에는 제품선호형 광고에서 정보제공형 광고로 전환한다.
③ 도입기에는 제품인지도를 높이기 위해 광고비가 많이 소요된다.
④ 성숙기에는 제품의 매출성장률이 점차적으로 둔화되기 시작한다.
⑤ 쇠퇴기에는 매출이 떨어지고 순이익이 감소하기 시작한다.

28 **다음 중 체계적 위험과 비체계적 위험에 대한 설명으로 옳은 것은?**

① 투자자는 포트폴리오를 구성할 때 하나의 자산만 편입시켜 위험을 상쇄한다.
② 2개 이상의 자산으로 포트폴리오를 구성했을 때 기대수익률은 유지하면서 위험만 줄일 수 있는데 이를 포트폴리오 효과 또는 분산효과라고 한다.
③ 아무리 분산투자를 하여도 제거할 수 없는 위험을 비체계적 위험이라고 한다.
④ 특정 기업만 가질 수 있는 사건이나 상황의 변동에서 발생되는 위험을 체계적 위험이라고 한다.
⑤ 체계적 위험은 베타값으로 측정할 수 있는데 베타는 시장포트폴리오의 위험을 공분산으로 나눈 값이다.

PART 1 PART 2 PART 3 PART 4

29 **다음 중 제품의 마케팅조사에 있어서 신뢰성에 대한 설명으로 옳지 않은 것은?**

① 동일한 조건 · 대상 · 개념에 대하여 반복 측정하였을 때 같은 값을 나타내는 정도이다.
② 측정 방법으로는 재검사법, 동형 검사법이 있다.
③ 내적 일관성법은 가능한 모든 반분 신뢰도의 평균값으로 신뢰성을 추정하는 방법이다.
④ 마케팅 조사의 신뢰도를 측정하는 방법으로 크론바흐 알파계수를 이용하기도 한다.
⑤ 체계적 오차는 측정도구와 관계없이 측정상황에 따라 발생하는 오차이며 오차가 적다는 것은 신뢰성이 높다고 볼 수 있다.

30 **다음 중 액면가가 ₩10,000, 만기가 5년, 표면이자율이 0%인 채권의 듀레이션은?**

① 5년
② 6년
③ 7년
④ 8년
⑤ 9년

SECTION 02 경제학 핵심이론

01 생산가능곡선의 개념

- 생산가능곡선이란 경제 내의 모든 생산요소를 가장 효율적으로 사용하여 최대로 생산할 수 있는 X재와 Y재의 조합을 나타내는 곡선을 말한다.
- 생산요소의 양이 주어져 있는 상태에서 X재와 Y재만을 생산한다고 가정하는 경우, X재의 생산량을 증가시키기 위해서는 Y재의 생산량을 감소시켜야 하므로 생산가능곡선은 우하향한다.
- 기회비용체증 법칙으로 인해 생산가능곡선은 원점에 대하여 오목한 형태이다.

02 수요의 가격탄력성

- 의의 : 수요의 가격탄력성(Price Elasticity of Demand)은 상품가격의 변화율에 대한 수요량 변화율의 상대적 크기로 측정된다.
- 가격탄력성의 도출

$$\varepsilon_P = -\frac{(\text{수요량의 변화율})}{(\text{가격의 변화율})} = -\frac{\frac{\Delta Q_D}{Q_D}}{\frac{\Delta P}{P}} = -\frac{\Delta Q_D}{\Delta P} \cdot \frac{P}{Q_D}$$

03 물품세 부과와 자원배분

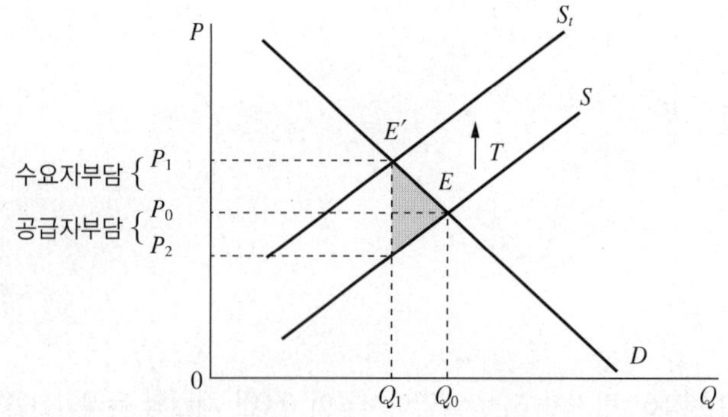

물품세 부과에 따라 소비자가격은 상승하며($P_0 \rightarrow P_1$), 공급자가 인식하는 가격수준은 하락한다($P_0 \rightarrow P_2$). 소비자가격의 상승분($\overline{P_1 P_0}$)이 소비자부담에 해당하며, 공급자가 인식하는 가격수준의 하락폭($\overline{P_0 P_2}$)이 공급자부담에 해당한다. 물품세 부과로 인하여 사회적으로 비효율이 발생하고 시장균형거래량은 감소한다.

04 소비자 균형의 변화

구분	대체효과	보상수요곡선의 기울기	소득효과	가격효과	(마샬)수요곡선의 기울기
정상재	−	우하향	−	−	우하향
열등재	−	우하향	+	0, −, +	알 수 없음
기펜재	−	우하향	+	+	우상향

※ 가격변화 방향과 구입량변화 방향이 동일한 경우 (+), 반대일 경우 (−)로 표시한다.

05 완전경쟁시장의 장기균형조건

P=AR=MR=LMC=LAC

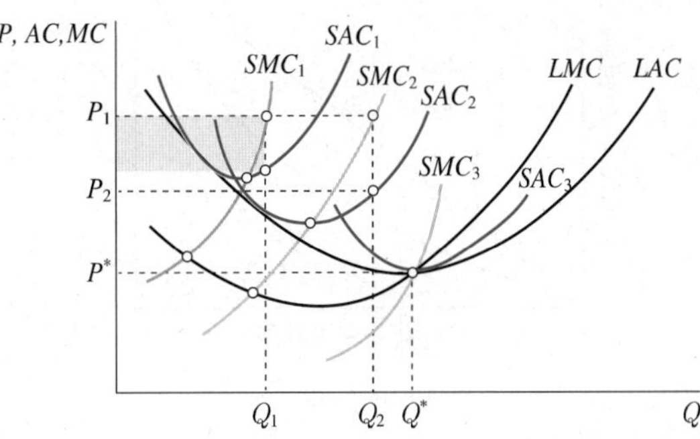

06 독점의 규제

개념			이윤극대화 조건의 변화	효과	평가
가격규제		가격의 상한을 설정	P=MC 수준에서 가격상한을 설정	• 가격 하락 • 생산량 증가	자연독점의 경우 기업은 손실을 볼 수 있음
조세 부과	종량세	재화 1단위당 조세 부과	평균비용 상승, 한계비용 상승	• 가격 상승 • 생산량 감소 • 독점이윤 감소	자원배분왜곡에 따른 비효율 발생
	정액세	산출량과 관계없이 일정액을 부과	평균비용 상승, 한계비용 불변	• 가격 불변 • 생산량 불변 • 독점이윤 감소	자원배분상태는 불변이나 독점이윤을 제거하여 분배측면은 개선 가능
	이윤세	기업의 이윤에 조세 부과	이윤세의 부과는 기업의 이윤극대화 조건을 변화시키지 않음		

07 쿠르노 모형

수요곡선이 직선인 경우 완전경쟁시장, 독점시장, 쿠르노 모형에서의 산출량 간에는 다음의 관계가 성립한다.

- (독점기업의 산출량)$=\frac{1}{2}\times$(완전경쟁기업의 산출량)
- (쿠르노 모형에서 각 기업의 산출량)$=\frac{1}{3}\times$(완전경쟁기업의 산출량)

08 로렌츠 곡선(Lorenz Curve)

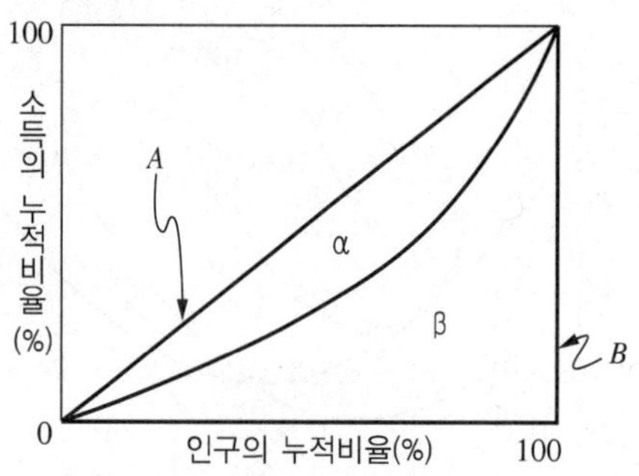

- 인구의 누적비율과 소득의 누적비율 사이의 관계를 나타낸 곡선
- 완전평등 시 로렌츠 곡선 : A
- 완전불평등 시 로렌츠 곡선 : B
- 로렌츠 곡선의 장단점 : 로렌츠 곡선으로 불평등도를 판단하는 방법은 최소한의 가치판단을 전제로 하고 있어서 높은 객관성이 유지되나 곡선 교차 시 평등도의 비교가 곤란하다. 아울러 서수적인 판단만이 가능하다.

09 시장실패의 원인

- 공공재(Public Goods) : 비경합성과 배제불가능성을 지니는 공공재의 경우 과소공급과 무임승차의 문제가 발생한다.
- 외부성(Externality) : 소비의 외부성이 존재하는 경우 SMB와 PMB가 일치하지 않게 되며, 생산의 외부성이 존재하는 경우 SMC와 PMC가 일치하지 않게 되어 과소·과다소비, 과소·과다생산이 이루어지게 된다.
- 불확실성 : 불확실성이 존재하는 경우에 시장실패가 일어나는 것이 일반적이나, 완전한 조건부상품시장이 존재하는 경우에는 시장실패가 발생하지 않는다(K. Arrow).
- 불완전한 정보 : 역선택과 도덕적 해이
- 완비되지 못한 시장 : 전쟁, 천재지변에 대한 보험시장이 존재하지 않는 경우

10 고전학파와 케인즈의 비교

구분	고전학파	케인즈
경제환경	19세기까지의 물물교환경제	20세기의 화폐경제
분석중심	초과수요경제	초과공급경제
기본가정	공급 측	수요 측
경제이론	모든 시장은 완전경쟁, 가격 변수의 신축성, 완전정보	가격변수의 경직성, 불완전정보, 불완전경쟁시장
경제의 안정여부	자본주의 경제는 안정적이다.	자본주의 경제는 불안정적이다.
정책	자유방임정책	정부의 적극적 개입

11 IS곡선 기울기에 대한 학파별 견해

구분	고전학파	통화론자	케인즈학파	케인즈 단순모형
투자의 이자율 탄력성	완전탄력적	탄력적	비탄력적	완전비탄력적
IS곡선의 기울기	수평	완만	가파른 형태	수직
재정정책의 유효성	무력	효과 적음 (구축효과가 크다)	효과 많음 (구축효과가 적다)	구축효과가 발생하지 않음

12 LM곡선 기울기에 대한 학파별 견해

구분	고전학파	통화론자	케인즈학파	케인즈 단순모형
화폐수요의 이자율탄력성	완전비탄력적	비탄력적	탄력적	탄력적 (유동성함정하 완전탄력적)
LM곡선의 기울기	수직	가파른 형태	완만	완만 (유동성함정하 수평)
금융정책의 유효성	고전적이분성, 효과 없음	유효	효과 적음	효과 적음 (유동성함정하 효과 없음)

13 금융정책의 중간지표에 대한 학파별 견해

- 통화주의학파(주요지표 : 통화량)
  이자율지표는 매우 불완전한 정보를 제공하기 때문에 통화량을 금융지표로 사용해야 한다고 주장한다.
- 케인즈학파(주요지표 : 이자율)
  통화량증감은 그 자체에 의미가 있는 것이 아니라 그것이 이자율을 변동시켜 투자수요(실물경제)에 영향을 미칠 때 그 의미가 있다고 주장한다.

14 각 학파의 화폐수요함수 및 유통속도에 대한 견해

구분	고전적 화폐수량설	케인즈의 유동성 선호설	프리드만의 신화폐수량설
화폐의 기능	교환의 매개수단 강조	가치저장수단 강조	가치저장수단 강조
화폐수요 결정요인	명목국민소득(PY)	소득과 이자율 → 이자율 강조	소득과 이자율 → 항상소득(Y_P) 강조
화폐유통속도	일정 (외생적 결정 변수)	불안정적	안정적
화폐수요함수	$M^d=\frac{1}{V}PY$	$\frac{M^d}{P}=L_T(Y)+L_S(\mathrm{r})$	$\frac{M^d}{P}=k(\mathrm{r},\ \pi^e)\,Y_P$
화폐수요함수의 안정성	매우 안정적	불안정적	매우 안정적
화폐수요의 이자율탄력성	완전 비탄력적	탄력적	비탄력적
화폐수요의 소득탄력성	1(단위 탄력적)	매우 비탄력적	1에 가깝다.

15 인플레이션의 발생원인

학파	수요견인 인플레이션	비용인상 인플레이션
고전학파	통화공급(M)의 증가	통화주의는 물가수준에 대한 적응적 기대를 하는 과정에서 생긴 현상으로 파악
통화주의학파		
케인즈학파	정부지출 증가, 투자 증가 등 유효수요 증가와 통화량 증가	임금인상 등의 부정적 공급충격

16 실업률의 측정

- 실업률 : $\frac{(\text{실업자})}{(\text{경제활동인구})}\times 100(\%)$
- 경제활동참가율 : $\frac{(\text{경제활동인구})}{(\text{15세 이상 인구})}\times 100(\%)$
- [생산가능인구(15세 이상 인구)]=(경제활동인구)+(비경제활동인구)
- (경제활동인구)=(실업자)+(취업자)
- 비경제활동인구는 주부, 학생, 환자, 실망노동자 등 취업할 의사가 없는 사람

17 요소가격 균등화 정리

헥셔 – 오린모형에서 생산요소의 국가 간 이동은 불가능하다. 그러나 재화에 대한 자유무역이 발생하게 되면 양국 간 재화의 상대가격뿐만 아니라 절대가격이 동일하게 된다. 재화의 가격이 동일해짐에 따라 생산요소시장에서 생산요소의 수요의 변화와 산업 간 생산요소의 이동이 발생하고 이러한 변화에 기인하여 각국 간 생산요소의 절대가격과 상대가격이 동일하게 된다.

18 환율제도

구분	고정환율제도	변동환율제도
국제수지 불균형의 조정	정부개입에 의한 해결(평가절하, 평가절상)과 역외국에 대해서는 독자관세 유지	시장에서 환율의 변화에 따라 자동적으로 조정
환위험	작음	환율의 변동성에 기인하여 환위험에 크게 노출되어 있음
환투기의 위험	작음	큼(이에 대해 프리드먼은 환투기는 환율을 오히려 안정시키는 효과가 존재한다고 주장)
해외교란요인의 파급 여부	국내로 쉽게 전파됨	환율의 변화가 해외교란요인의 전파를 차단(차단효과)
금융정책의 자율성 여부	자율성 상실(불가능성 정리)	자율성 유지
정책의 유효성	금융정책 무력	재정정책 무력

SECTION

02 경제학 적중예상문제

정답 및 해설 p.78

01 다음 중 화폐에 대한 설명으로 가장 적절한 것은?

① 상품화폐의 내재적 가치는 변동하지 않는다.
② 광의의 통화(M2)는 준화폐(Near Money)를 포함하지 않는다.
③ 불태환화폐(Flat Money)는 내재적 가치를 갖는 화폐이다.
④ 가치 저장수단의 역할로 소득과 지출의 발생 시점을 분리시켜 준다.
⑤ 다른 용도로 사용될 수 있는 재화는 교환의 매개 수단으로 활용될 수 없다.

02 다음 중 통화정책의 단기적 효과를 높이는 요인으로 적절한 것을 모두 고르면?

ㄱ. 화폐수요의 이자율 탄력성이 높은 경우
ㄴ. 투자의 이자율 탄력성이 높은 경우
ㄷ. 한계소비성향이 높은 경우

① ㄱ
② ㄴ
③ ㄱ, ㄴ
④ ㄴ, ㄷ
⑤ ㄱ, ㄴ, ㄷ

03 기업의 생산함수가 $Y=200N-N^2$ 이고(이때, Y는 생산량, N은 노동시간이다), 근로자의 여가 1시간당 가치가 40이다. 상품시장과 생산요소시장이 완전경쟁시장이고, 생산물의 가격이 1일 때, 균형노동시간은?

① 25시간
② 75시간
③ 80시간
④ 95시간
⑤ 125시간

04 **수요함수가 $q=10-p$로 주어진 생산물시장에서 두 기업 1과 2가 꾸르노경쟁(Cournot Competition)을 하고 있다. 기업 1의 비용함수는 $c_1(q_1)=3q_1$이고 기업 2의 비용함수는 $c_2(q_2)=2q_2$라 할 때, 다음 설명 중 적절한 것은?**

① 균형에서 시장생산량은 5이다.
② 균형에서 기업 1의 생산량은 기업 2의 생산량의 절반이다.
③ 만약 기업 1이 독점기업이면 시장생산량은 4이다.
④ 만약 두 기업이 완전경쟁기업으로 행동한다면 시장생산량은 6이다.
⑤ 만약 두 기업이 베르뜨랑경쟁(Bertrand Competition)을 한다면 기업1이 모든 시장수요를 차지할 것이다.

05 **국민소득, 소비, 투자, 정부지출, 순수출, 조세를 각각 Y, C, I, G, NX, T라고 표현한다. 국민경제의 균형이 다음과 같이 결정될 때, 균형재정승수(Balanced Budget Multiplier)는?**

C=100+0.8(Y−T)
Y=C+I+G+NX

① 0.8
② 1
③ 4
④ 5
⑤ 7

06 **다음 중 가격차별 행위로 보기에 적절하지 않은 것을 모두 고르면?**

가. 전월세 상한제
나. 학생과 노인에게 극장표 할인
다. 수출품 가격과 내수품 가격을 다르게 책정
라. 전력 사용량에 따라 단계적으로 다른 가격 적용
마. 대출 최고 이자율 제한

① 가, 마
② 다, 라
③ 나, 다, 라
④ 나, 다, 마
⑤ 다, 라, 마

07 다음 중 도덕적 해이(Moral Hazard)를 해결하는 방안에 해당하는 것을 모두 고르면?

가. 스톡옵션(Stock Option)
나. 은행담보대출
다. 자격증 취득
라. 전자제품 다년간 무상수리
마. 사고 건수에 따른 보험료 할증

① 가, 나
② 가, 라
③ 다, 마
④ 가, 나, 마
⑤ 나, 라, 마

08 다음 중 어떤 산업이 자연독점화되는 이유로 가장 적절한 것은?

① 고정비용의 크기가 작은 경우
② 최소효율규모의 수준이 매우 큰 경우
③ 다른 산업에 비해 규모의 경제가 작게 나타나는 경우
④ 생산량이 증가함에 따라 평균비용이 계속 늘어나는 경우
⑤ 기업 수가 증가할수록 산업의 평균 생산비용이 감소하는 경우

09 甲국과 乙국 두 나라만 존재하며 재화는 TV와 쇠고기, 생산요소는 노동뿐이다. 두 나라에서 재화 1단위 생산에 필요한 노동량은 다음과 같을 때, 리카도(D. Ricardo)의 비교우위론에 입각한 설명으로 가장 적절한 것은?

구분	甲국	乙국
TV	3	2
쇠고기	10	4

① 乙국이 두 재화 모두 甲국에 수출한다.
② 甲국은 쇠고기를 乙국은 TV를 상대국에 수출한다.
③ 국제거래가격이 TV 1단위당 쇠고기 0.2단위면, 甲국은 TV를 수출한다.
④ 국제거래가격은 쇠고기 1단위당 TV 0.3단위와 0.5단위 사이에서 결정된다.
⑤ 자유무역이 이루어질 경우, 甲국은 TV만 생산할 때 이익이 가장 크다.

10 **다음 중 상품 A의 가격을 10% 인상하여 상품 A의 판매량이 5% 감소하였을 때, 이에 대한 설명으로 가장 적절한 것은?**

① 공급의 가격 탄력성은 1이다.
② 공급의 가격 탄력성은 1보다 크다.
③ 공급의 가격 탄력성이 1보다 작다.
④ 수요의 가격 탄력성이 1보다 크다.
⑤ 수요의 가격 탄력성이 1보다 작다.

11 **다음 중 생산자의 단기 생산 활동에 대한 설명으로 적절하지 않은 것은?**

① 가변요소의 투입량이 증가할 때 평균생산성은 증가하다가 감소한다.
② 가변요소의 투입량이 증가할 때 한계생산성은 증가하다가 감소한다.
③ 수확체감의 법칙은 한계생산성이 지속적으로 감소하는 구간에서 발생한다.
④ 평균생산성이 증가하는 구간에서 한계생산성은 평균생산성보다 크다.
⑤ 한계생산물곡선은 평균생산물곡선의 극대점을 통과하므로 한계생산물과 평균생산물이 같은 점에서는 총생산물이 극대가 된다.

12 **다음 중 산업 내 무역에 대한 설명으로 가장 적절한 것은?**

① 산업 내 무역은 규모의 경제와 관계없이 발생한다.
② 산업 내 무역은 부존자원의 상대적인 차이 때문에 발생한다.
③ 산업 내 무역은 경제여건이 다른 국가 사이에서 이루어진다.
④ 산업 내 무역은 유럽연합 국가들 사이의 활발한 무역을 설명할 수 있다.
⑤ 산업 내 무역은 무역으로 인한 소득재분배가 발생한다.

13 다음 중 외부효과로 인한 시장의 문제점을 해결하기 위한 방법으로 제시된 코즈의 정리에 대한 설명으로 적절한 것을 〈보기〉에서 모두 고르면?

보기

가. 외부효과를 발생시키는 재화에 대해 시장을 따로 개설해 주면 시장의 문제가 해결된다.
나. 외부효과를 발생시키는 재화에 대해 조세를 부과하면 시장의 문제가 해결된다.
다. 외부효과를 발생시키는 재화의 생산을 정부가 직접 통제하면 시장의 문제가 해결된다.
라. 외부효과를 발생시키는 재화에 대해 소유권을 인정해주면 이해당사자들의 협상을 통하여 시장의 문제가 해결된다.
마. 코즈의 정리와 달리 현실에서는 민간주체들이 외부효과 문제를 항상 해결할 수 있는 것은 아니다.

① 가, 다
② 라, 마
③ 나, 다, 마
④ 가, 나, 라
⑤ 다, 라, 마

14 다음 중 내생적 경제성장이론에 대한 설명으로 적절한 것을 〈보기〉에서 모두 고르면?

보기

가. 인적자본의 축적이나 연구개발은 경제성장을 결정하는 중요한 요인이다.
나. 정부의 개입이 경제성장에 중요한 역할을 한다.
다. 자본의 한계생산은 체감한다고 가정한다.
라. 선진국과 후진국 사이의 소득격차가 줄어든다.

① 가, 나
② 가, 다
③ 나, 다
④ 나, 라
⑤ 다, 라

15 다음 중 파레토효율성에 대한 설명으로 적절하지 않은 것은?

① 어느 한 사람의 효용을 감소시키지 않고서는 다른 사람의 효용을 증가시킬 수 없는 상태를 파레토효율적이라고 한다.
② 일정한 조건이 충족될 때 완전경쟁시장에서의 일반균형은 파레토효율적이다.
③ 파레토효율적인 자원배분이 평등한 소득분배를 보장해주는 것은 아니다.
④ 파레토효율적인 자원배분하에서는 항상 사회후생이 극대화된다.
⑤ 파레토효율적인 자원배분은 일반적으로 무수히 많이 존재한다.

16 다음 중 소비의 항상소득가설과 생애주기가설에 대한 설명으로 적절한 것을 〈보기〉에서 모두 고르면?

보기

가. 소비자들은 가능한 한 소비수준을 일정하게 유지하려는 성향이 있다.
나. 생애주기가설에 의하면 고령인구의 비율이 높아질수록 민간부문의 저축률이 하락할 것이다.
다. 프리드만의 항상소득가설에 의하면 높은 소득의 가계가 평균적으로 낮은 평균소비성향을 갖는다.
라. 케인즈는 항상소득가설을 이용하여 승수효과를 설명하였다.

① 가, 나
② 가, 라
③ 나, 다
④ 가, 나, 다
⑤ 나, 다, 라

17 다음 중 자국의 실물시장 균형을 나타내는 IS곡선에 대한 설명으로 적절하지 않은 것은?(단, IS곡선의 기울기는 세로축을 이자율, 가로축을 소득으로 하는 그래프상의 기울기를 말한다)

① 자국의 한계소비성향이 커지면 IS곡선의 기울기가 완만해진다.
② 자국의 정부지출이 증가하면 IS곡선은 오른쪽으로 이동한다.
③ 자국의 한계수입성향이 커질수록 IS곡선의 기울기는 가팔라진다.
④ 해외교역국의 한계수입성향이 커질수록 IS곡선의 기울기는 완만해진다.
⑤ 자국의 소득증가로 인한 한계유발투자율이 증가하면 IS곡선의 기울기가 완만해진다.

18 다음 중 소비자물가지수에 대한 설명으로 적절하지 않은 것은?

① 기준연도에서 항상 100이다.
② 대체효과를 고려하지 못해 생계비 측정을 왜곡할 수 있다.
③ 가격 변화 없이 품질이 개선될 경우, 생계비 측정을 왜곡할 수 있다.
④ GDP 디플레이터보다 소비자들의 생계비를 더 왜곡한다.
⑤ 소비자가 구매하는 대표적인 재화와 서비스에 대한 생계비용을 나타내는 지표이다.

19 독점기업 A의 한계비용은 10이고 고정비용은 없다. A기업 제품에 대한 소비자의 역수요함수는 $P=90-2Q$이다. A기업은 내부적으로 아래와 같이 2차에 걸친 판매 전략을 채택하였다. 이때, A기업이 설정한 (ㄱ) 1차 판매 가격과 (ㄴ) 2차 판매 가격은?(단, 소비자는 제품을 한 번만 구매하고, 소비자 간 재판매할 수 없다)

> • 1차 : 모든 소비자를 대상으로 이윤을 극대화하는 가격을 설정하여 판매
> • 2차 : 1차에서 제품을 구매하지 않은 소비자를 대상으로 이윤을 극대화하는 가격을 설정하여 판매

	ㄱ	ㄴ
①	30	20
②	40	20
③	40	30
④	50	30
⑤	60	30

20 다음 표를 보고 국내총생산(GDP)과 국민총생산(GNP) 간의 관계를 옳게 표현한 것은?

구분	자국민이	외국인이
자국에서 생산한 것	A	B
외국에서 생산한 것	C	D

① GNP=GDP+B
② GNP=GDP+C
③ GNP=GDP+D
④ GNP=GDP−B+C
⑤ GNP=GDP+B−C

21 자동차 타이어에 대한 수요와 공급이 각각 $Q_D=800-2P$, $Q_S=200+3P$로 주어져 있을 때, 정부가 소비자에게 타이어 1개당 50원의 세금을 부과한다. 이때, 공급자가 받는 가격과 소비자가 지불하는 가격은?(단, P는 가격을 나타낸다)

① 100원, 120원
② 100원, 150원
③ 120원, 100원
④ 120원, 150원
⑤ 150원, 100원

22 A국과 B국은 각각 고구마와 휴대폰을 생산한다. A국은 고구마 1kg 생산에 200명이, 휴대폰 한 대 생산에 300명이 투입된다. B국은 고구마 1kg 생산에 150명이, 휴대폰 한 대 생산에 200명이 투입된다. 두 나라에 각각 6천명의 투입 가능한 인력이 있다고 할 때 비교우위에 의한 생산을 바르게 계산한 것은?

① A국 휴대폰 20대, B국 고구마 30kg
② A국 휴대폰 20대, B국 고구마 40kg
③ A국 고구마 30kg, B국 휴대폰 30대
④ A국 고구마 30kg, B국 휴대폰 40대
⑤ A국 고구마 40kg, B국 휴대폰 30대

23 어떤 복권의 당첨확률이 50%이고, 이 복권의 가격은 1만 원이다. 당첨이 될 경우 50만 원의 상금이 주어지며, 당첨이 되지 않을 경우 복권가격의 200%에 해당하는 벌금이 부과된다. 이 사람의 기대소득과 기대효용이 같다고 할 때, 이 복권을 살 경우의 기대효용은 얼마인가?

① 1만 원
② 10만 원
③ 23만 원
④ 24만 원
⑤ 50만 원

24 다음은 케인즈의 국민소득결정모형이다. 완전고용 국민소득수준이 Y_3일 때, 적절하지 않은 것은?(단, Y : 소득, AE : 총지출, C : 소비, C_0 : 기초소비, c : 한계소비성향, I : 투자, I_0 : 독립투자)

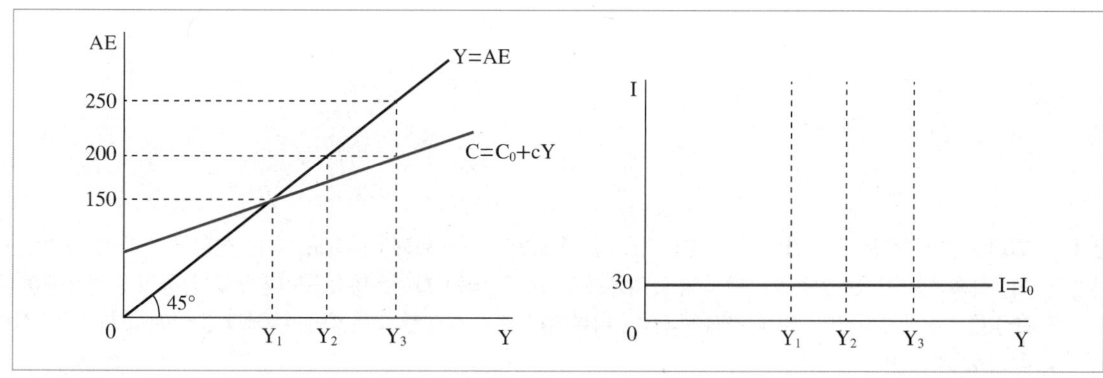

① OY_3수준에서 총수요는 230이다.
② 완전고용에 필요한 총수요는 250이다.
③ 위 그래프는 유발투자를 고려하고 있지 않다.
④ 디플레이션갭이 50이다.
⑤ OY_3수준에서 소비와 투자의 차이는 170이다.

25 다음은 기업 A와 기업 B의 광고여부에 따른 보수행렬을 나타낸다. 내쉬균형에서 기업 A와 기업 B의 이윤은 얼마인가?

구분		기업 B의 광고 전략	
		광고를 함	광고를 하지 않음
기업 A의 광고전략	광고를 함	(55, 75)	(235, 45)
	광고를 하지 않음	(25, 115)	(165, 85)

① (25, 75)
② (55, 75)
③ (55, 115)
④ (235, 45)
⑤ (235, 115)

26 다음 중 경기침체기에 경기를 부양하기 위해 취하였던 통화 공급, 감세 등과 같은 완화정책이나 과도하게 풀린 자금을 경제회복의 조짐이 있는 상황에서 도로 거두어들이는 경제정책을 무엇이라 하는가?

① 출구전략
② 통화 스와프
③ 입구전략
④ 긴축재정정책
⑤ 확대재정정책

27 화폐수량방정식은 $M \times V = P \times Y$이다(M은 통화량, V는 화폐유통속도, P는 산출물의 가격, Y는 산출량이고, 화폐유통속도는 일정함). 甲국의 화폐유통속도가 乙국의 화폐유통속도보다 크고 양국의 중앙은행이 각각 통화량을 5% 증가시켰다. 이때 화폐수량설에 따른 추론으로 적절한 것은?(단, 甲국과 乙국에서 화폐수량설이 독립적으로 성립한다)

① 물가상승률은 甲국이 乙국보다 높다.
② 물가상승률은 乙국이 甲국보다 높다.
③ 산출량증가율은 甲국이 乙국보다 높다.
④ 산출량증가율은 乙국이 甲국보다 높다.
⑤ 甲국과 乙국의 명목산출량은 각각 5% 증가한다.

28 다음 중 무역수지에 대한 설명으로 적절하지 않은 것은?

① 무역수지 흑자란 수출이 수입보다 클 때를 말하며, 이 때 순수출은 0보다 크다.
② 무역수지 흑자의 경우 국민소득이 국내지출(소비+투자+정부지출)보다 크다.
③ 무역수지 흑자의 경우 국내투자가 국민저축보다 크다.
④ 무역수지 적자의 경우 순자본유출은 0보다 작다.
⑤ 순수출은 순자본유출과 같다.

29 다음 빈칸에 들어갈 용어를 순서대로 바르게 나열한 것은?

가. 구직활동 과정에서 일시적으로 실업 상태에 놓이는 것을 의미한다.
나. 실업률과 GDP 갭(국민생산손실)은 정(+)의 관계이다.
다. 실업이 높은 수준으로 올라가고 나면 경기확장정책을 실시하더라도 다시 실업률이 감소하지 않는 경향을 의미한다.
라. 경기침체로 인한 총수요의 부족으로 발생하는 실업이다.

	가	나	다	라
①	마찰적 실업	오쿤의 법칙	이력현상	경기적 실업
②	마찰적 실업	경기적 실업	오쿤의 법칙	구조적 실업
③	구조적 실업	이력현상	경기적 실업	마찰적 실업
④	구조적 실업	이력현상	오쿤의 법칙	경기적 실업
⑤	경기적 실업	오쿤의 법칙	이력현상	구조적 실업

30 효용을 극대화하는 소비자 A는 X재와 Y재, 두 재화만 소비한다. 다른 조건이 일정하고 X재의 가격만 하락하였을 경우, A의 X재에 대한 수요량이 변하지 않았다. 이에 대한 설명으로 적절한 것을 〈보기〉에서 모두 고르면?

보기

ㄱ. 두 재화는 완전보완재이다.
ㄴ. X재는 열등재이다.
ㄷ. Y재는 정상재이다.
ㄹ. X재의 소득효과와 대체효과가 서로 상쇄된다.

① ㄱ, ㄴ
② ㄱ, ㄴ, ㄷ, ㄹ
③ ㄱ, ㄷ, ㄹ
④ ㄴ, ㄷ, ㄹ
⑤ ㄷ, ㄹ

CHAPTER 02

기술직 직무수행능력평가

출제유형 및 학습 전략

직무수행능력평가는 실제 직무를 수행하는 데 있어서 지원자의 전문성과 자질을 평가하기 위해 치러지는 시험으로, 직렬과 직무에 따라 요구되는 지식과 기술 등을 평가한다. 선발직렬에 의해 그 과목이 달라지며, 문항 수나 출제범위 등 그 변화가 잦으므로 항상 해당 공기업의 공고문을 잘 확인해야 한다.
기술직 직무수행능력평가의 경우, 공사공단에서 주로 출제되는 과목은 토목 · 전기 · 기계 · 전자 통신 · 건축 · 화학 등이 있다.

1 전기일반

주요 출제 범위는 전기자기학, 전기기기, 전력공학, 회로이론, 한국전기설비규정 등이 있으며, 해당 분야 고교 졸업자 수준 또는 기능사 자격시험 수준 이상으로 출제된다.

2 기계일반

주요 출제 범위는 열역학, 유체역학, 기계재료, 기계공작법, 기계설계, 재료역학 등이 있으며, 해당 분야 고교 졸업자 수준 또는 기능사 자격시험 수준 이상으로 출제된다.

SECTION 01

전기일반 핵심이론

01 쿨롱의 법칙

$$F=\frac{Q_1Q_2}{4\pi\varepsilon_0 r^2}=9\times10^9\times\frac{Q_1Q_2}{r^2}[\mathrm{N}]$$

※ Q : 전하량[C], r : 거리[m], ε_0(진공 유전율)=8.855×10^{-12}F/m

02 전계의 세기

- 단위 점전하(+1C)와 전하 사이에 미치는 쿨롱의 힘

$$E=\frac{Q}{4\pi\varepsilon_0 r^2}[\mathrm{V/m}]=9\times10^9\cdot\frac{Q}{r^2}$$

- 전계의 세기 단위 표시

$$E=\frac{F}{Q}[\mathrm{V/m}]\ (\text{단위 : }[\mathrm{N/C}]=\left[\frac{N\cdot m}{C\cdot m}\right]=\left[\frac{J}{C\cdot m}\right]=[\mathrm{V/m}])$$

03 전기력선의 성질

- 전기력선의 방향은 전계의 방향과 같다.
- 전기력선의 밀도는 전계의 세기와 같다(∵ 가우스의 법칙).
- 전기력선은 전위가 높은 곳에서 낮은 곳으로, (+)에서 (−)로 이동한다.
- 전하가 없는 곳에서 발생하지만 소멸이 없다(연속적).
- 단위전하에서는 $\frac{1}{\varepsilon_0}=36\pi\times10^9$개의 전기력선이 출입한다.
- 전기력선은 자신만으로 폐곡선을 이루지 않는다.
- 두 개의 전기력선은 서로 교차하지 않는다(전계가 0이 아닌 곳).
- 전기력선은 등전위면과 수직 교차한다.

04 전기쌍극자

$M = Q \cdot \delta[\mathrm{C} \cdot \mathrm{m}]$ (쌍극자의 모멘트)

※ 미소전하 $\pm Q[\mathrm{C}]$, 미소거리 δ 떨어져서 배치

- 전기쌍극자의 전위

$$V = \frac{M}{4\pi\varepsilon_0 r^2}\cos\theta[\mathrm{V}]$$

[$\theta=0°$(최대), $90°$(최소)]

- 전기쌍극자의 전계

$$E = \frac{M}{4\pi\varepsilon_0 r^3}\sqrt{1+3\cos^2\theta}\,[\mathrm{V/m}]$$

[$\theta=0°$(최대), $90°$(최소)]

05 표피효과

- 표피효과 : 도선의 중심부로 갈수록 전류밀도가 적어지는 현상
- 침투깊이 : $\delta = \sqrt{\frac{2}{\omega\mu k}} = \sqrt{\frac{1}{\pi f \mu k}}$

※ 침투깊이가 작을수록(f, μ, k가 클수록), 표피효과가 커진다($w=2\pi f$).

06 상호 인덕턴스

$M = k\sqrt{L_1 L_2}$ (M=상호 인덕턴스, k=결합계수, L_1, L_2=자기 인덕턴스)

07 애자(Insulator)

- 기능 : 전선을 절연하여 지지물과의 고정 간격을 유지한다.
- 애자가 갖추어야 할 조건
  - 절연 내력이 커야 한다.
  - 절연 저항이 커야 한다(누설 전류가 적을 것).
  - 기계적 강도가 커야 한다.
  - 온도 급변에 견디고 습기를 흡수하지 않아야 한다.
- 전압부담
  - 최대 : 전선에 가장 가까운 애자
  - 최소 : 철탑(접지측)에서 1/3 또는 전선에서 2/3 위치에 있는 애자
- 애자의 연효율(연능률)

$$\eta = \frac{V_n}{nV_1}\times 100$$ (V_n=애자련의 전체 섬락전압, n=애자의 개수, V_1=애자 1개의 섬락전압)

08 연가(Transposition)

- 목적 : 선로정수 평형
- 효과 : 선로정수 평형, 정전 유도 장해 방지, 직렬 공진에 의한 이상 전압 상승 방지

09 동기 조상기

무부하로 운전하는 동기 전동기

- 과여자 운전 : 콘덴서로 작용, 진상
- 부족 여자 운전 : 리액터로 작용, 지상
- 증설이 어려움, 손실 최대(회전기)

10 경제적인 송전 전압의 결정(Still의 식)

$V_S = 5.5\sqrt{0.6l + \frac{P}{100}}$ [kV] (l = 송전 거리[km], P = 송전 전력[kW])

11 절연 협조

피뢰기의 제한전압 < 변압기의 기준충격 절연강도(BIL) < 부싱, 차단기 < 선로애자(피뢰기의 제1보호대상 : 변압기)

12 보호 계전기의 종류

선로 보호용	• 거리 계전기(임피던스 계전기, ohm 계전기, Mho 계전기) – 전압과 전류의 비가 일정값 이하가 되면 동작 – 기억 작용(고장 후에도 고장 전 전압을 잠시 유지) • 지락 계전기 – 선택접지 계전기(병렬 2회선, 다회선) – 지락 방향 계전기
발전기 · 변압기 보호용	• 과전류 계전기(oCR) • 부흐홀츠 계전기(변압기 보호) – 변압기와 콘서베이터 연결관 도중에 설치 • 차동 계전기(양쪽 전류 차에 의해 동작) • 비율차동 계전기

13 부하율, 수용률, 부등률

- 부하율 $= \frac{(\text{평균 전력})}{(\text{최대 전력})} \times 100$
- 수용률 $= \frac{(\text{최대 전력})}{(\text{설비 용량})} \times 100$

• 부등률(전기 기구의 동시 사용 정도)$=\frac{\text{(개별 최대수용 전력의 합)}}{\text{(합성 최대 전력)}}1 \geq 1$

(단독 수용가일 때, 부등률$=1$)

14 변압기 절연유의 구비조건

• 절연내력이 커야 한다.
• 점도가 적고 비열이 커서 냉각효과가 커야 한다.
• 인화점은 높고, 응고점은 낮아야 한다.
• 고온에서 산화하지 않고, 침전물이 생기지 않아야 한다.

15 병렬 운전 조건

• 극성, 권수비, 1, 2차 정격전압이 같아야 한다(용량은 무관).
• 각 변압기의 저항과 리액턴스비가 같아야 한다.
• 부하분담 시 용량에 비례하고 임피던스강하에는 반비례해야 한다.
• 상회전 방향과 각 변위가 같아야 한다(3ϕ 변압기).

16 변압기효율

• 전부하효율

$$\eta=\frac{P_n\cos\theta}{P_n\cos\theta+P_i+P_c}\times 100$$

• $\frac{1}{m}$ 부하 시 효율

$$\eta_{\frac{1}{m}}=\frac{\frac{1}{m}P_n\cos\theta}{\frac{1}{m}P_n\cos\theta+P_i+\left(\frac{1}{m}\right)^2P_c}\times 100$$

• 최대 효율조건

– 전부하 시 : $P_i=P_c$ (철손 : 동손$=1:1$)

– $\frac{1}{m}$ 부하 시 : $P_i=\left(\frac{1}{m}\right)^2P_c$, $\frac{1}{m}=\sqrt{\frac{P_i}{P_c}}$ [(철손) : (동손)$=1:2$]

– 최대 효율 : $\eta_{\max}=\frac{\frac{1}{m}P_n\cos\theta}{\frac{1}{m}P_n\cos\theta+2P_i}\times 100$

– 전일 효율 : $\eta_{day}=\frac{\text{(24시간 출력 전력량)}}{\text{(24시간 입력 전력량)}}\times 100$

17 농형과 권선형의 비교

농형	• 구조가 간단하고, 보수가 용이하다. • 효율이 좋다. • 속도 조정이 곤란하다. • 기동 토크가 작아 대형이 되면 기동이 곤란하다.
권선형	• 중형과 대형에 많이 사용한다. • 기동이 쉽고 속도 조정이 용이하다.

18 직 · 병렬회로 요약

직렬회로(전압분배)	병렬회로(전류분배)
$R_0 = R_1 + R_2$ $V_1 = R_1 I = \frac{R_1}{R_1 + R_2} V$ $V_2 = R_2 I = \frac{R_2}{R_1 + R_2} V$	$R_0 = \frac{R_1 R_2}{R_1 + R_2}$ $I_1 = \frac{V}{R_1} = \frac{R_2}{R_1 + R_2} I$ $I_2 = \frac{V}{R_2} = \frac{R_1}{R_1 + R_2} I$

19 공진회로

구분	직렬공진	병렬공진(반공진)
공진조건	$\omega_r L = \frac{1}{\omega_r C}$	$\omega_r C = \frac{1}{\omega_r L}$
공진주파수	$f_r = \frac{1}{2\pi \sqrt{LC}}$	$f_r = \frac{1}{2\pi \sqrt{LC}}$
임피던스	최소	최대
전류	최대	최소

20 선택도(첨예도)

- 직렬공진 : $Q = \frac{1}{R}\sqrt{\frac{L}{C}}$
- 병렬공진 : $Q = R\sqrt{\frac{C}{L}}$

SECTION 01

전기일반 적중예상문제

정답 및 해설 p.82

01 $+Q_1$[C]과 $-Q_2$[C]의 전하가 진공 중에서 r[m]의 거리에 있을 때, 이들 사이에 작용하는 정전기력 F[N]는?

① $9\times10^{-7}\times\dfrac{Q_1Q_2}{r^2}$

② $9\times10^{-9}\times\dfrac{Q_1Q_2}{r^2}$

③ $9\times10^{9}\times\dfrac{Q_1Q_2}{r^2}$

④ $9\times10^{10}\times\dfrac{Q_1Q_2}{r^2}$

⑤ $9\times10^{11}\times\dfrac{Q_1Q_2}{r^2}$

02 전속 밀도가 100C/m^2, 전기장의 세기가 50V/m인 유전체의 단위 체적에 축적되는 에너지를 구하면?

① $5{,}000\text{J/m}^3$

② $2{,}500\text{J/m}^3$

③ $1{,}500\text{J/m}^3$

④ $1{,}000\text{J/m}^3$

⑤ 500J/m^3

03 $4\mu\text{F}$ 및 $6\mu\text{F}$의 콘덴서를 직렬로 접속하고 100V의 전압을 가하였을 때, 합성 정전 용량은?

① $2.4\mu\text{F}$

② $3.8\mu\text{F}$

③ $1.8\mu\text{F}$

④ $5\mu\text{F}$

⑤ $7\mu\text{F}$

04 내구의 반지름이 a[m], 외구의 반지름이 b[m]인 동심 구형 콘덴서에서 내구의 반지름과 외구의 반지름을 각각 $2a$[m], $2b$[m]로 증가시킬 때, 구형 콘덴서의 정전용량은 몇 배로 되는가?

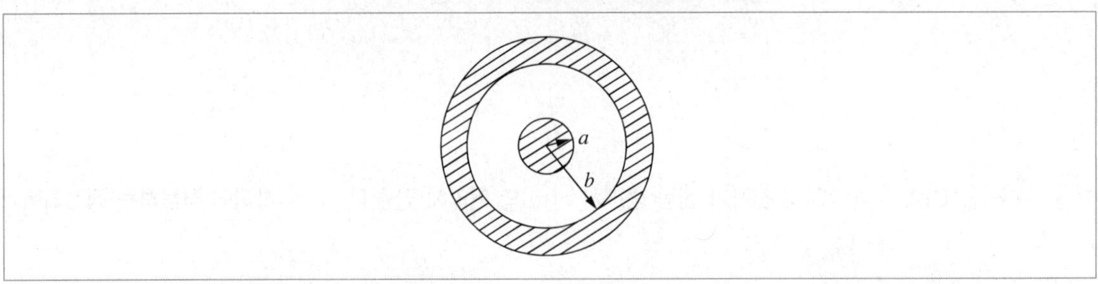

① 1배
② 2배
③ 4배
④ 8배
⑤ 10배

05 서로 다른 종류의 안티몬과 비스무트의 두 금속을 접합한 후 여기에 전류를 통하면 그 접점에서 열의 발생 또는 흡수가 일어난다. 줄열과 달리 전류의 방향에 따라 열의 흡수와 발생이 다르게 나타나는 현상은?

① 펠티에 효과
② 제벡 효과
③ 제3금속의 법칙
④ 열전 효과
⑤ 톰슨 효과

06 점 A에 정지해 있던 질량 1kg, 전하량 1C의 물체가 점 A보다 전위가 2V 낮은 점 B로 전위차에 의해서 가속되었을 때, 이 물체가 점 B에 도달하는 순간의 속도는?

① 1m/s
② 2m/s
③ 3m/s
④ 4m/s
⑤ 5m/s

07 직선 전류가 흐르는 무한히 긴 도체에서 80cm 떨어진 점의 자기장의 세기가 20AT/m일 때, 도체에 흐른 전류는 몇 A인가?

① 2π[A]
② 4π[A]
③ 8π[A]
④ 16π[A]
⑤ 32π[A]

08 다음 중 전류에 의한 자계의 세기와 관계가 있는 법칙은?

① 옴의 법칙
② 렌츠의 법칙
③ 키르히호프의 법칙
④ 비오－사바르의 법칙
⑤ 플레밍의 왼손 법칙

09 권수 300회의 코일에 6A의 전류가 흘러서 0.05Wb의 자속이 코일을 지닐 때, 이 코일의 자체 인덕턴스는 몇 H인가?

① 0.25H
② 0.35H
③ 2.5H
④ 3.5H
⑤ 4.5H

10 인덕턴스가 100mH인 코일에 전류가 0.5초 사이에 10A에서 20A로 변할 때, 이 코일에 유도되는 평균기전력과 자속의 변화량은?

	평균기전력[V]	자속의 변화량[Wb]
①	1	0.5
②	1	1
③	2	0.5
④	2	1
⑤	3	2

11 정격 출력 5kW, 정격 전압 100V의 직류 분권전동기를 전기 동력계를 사용하여 시험하려고 한다. 전기 동력계의 저울이 5kg을 지시했을 때, 전동기의 출력은 약 얼마인가?(단, 동력계의 암의 길이는 0.6m, 전동기의 회전수는 1,500rpm으로 한다)

① 3.69kW
② 3.81kW
③ 4.62kW
④ 4.87kW
⑤ 4.92kW

12 다음 중 직류기에서 전기자 반작용을 방지하기 위한 보상권선의 전류 방향은?

① 계자 전류의 방향과 같다.
② 계자 전류의 방향과 반대이다.
③ 전기자 전류 방향과 같다.
④ 전기자 전류 방향과 반대이다.
⑤ 정류자 전류 방향과 같다.

13 다음 중 3상 유도전동기를 급속 정지할 때, 사용하는 제동방식은?

① 단상제동
② 회생제동
③ 발전제동
④ 역상제동
⑤ 저항제동

14 다음 중 변압기유의 구비조건으로 옳지 않은 것은?

① 냉각효과가 클 것
② 응고점이 높을 것
③ 절연내력이 클 것
④ 고온에서 화학반응이 없을 것
⑤ 발화점이 높을 것

15 다음 동기기 손실 중 무부하손(No Load Loss)이 아닌 것은?

① 풍손
② 와류손
③ 전기자 동손
④ 베어링 마찰손
⑤ 히스테리시스손

16 변압기의 2차측 부하 임피던스 Z가 20Ω 일 때 1차측에서 보아 $18\text{k}\Omega$ 이 되었다면 이 변압기의 권수비는?(단, 변압기의 임피던스는 무시한다)

① 3
② 30
③ $\frac{1}{3}$
④ $\frac{1}{30}$
⑤ $\frac{1}{300}$

17 다음 단상 유도 전동기의 기동방법 중 기동토크가 가장 큰 것은?

① 반발 기동형
② 분상 기동형
③ 반발 유도형
④ 콘덴서 기동형
⑤ 셰이딩 코일형

18 4극, 60Hz의 유도 전동기가 슬립 5%로 전부하 운전하고 있다. 2차 권선의 손실이 94.25W라고 할 때, 토크의 크기는?

① 1.02N·m
② 2.04N·m
③ 10N·m
④ 20N·m
⑤ 30N·m

PART 1 PART 2 PART 3 PART 4

19 $e=\sqrt{2}\,V\sin\theta$[V]의 단상 전압을 SCR 한 개로 반파 정류하여 부하에 전력을 공급하는 경우, $\alpha=60°$에서 점호하면 직류분의 전압은?

① 0.338V
② 0.395V
③ 0.672V
④ 0.785V
④ 0.826V

20 상전압이 300V인 3상 반파 정류 회로의 직류 전압은 몇 V인가?

① 420V
② 351V
③ 330V
④ 271V
⑤ 250V

21 기전력 1.5V, 전류 용량 1A인 건전지 6개가 있다. 이것을 직・병렬로 연결하여 3V, 3A의 출력을 얻으려면 어떻게 접속하여야 하는가?

① 2개 직렬 연결한 것을 3조 병렬 연결
② 3개 직렬 연결한 것을 2조 병렬 연결
③ 3개 병렬 연결한 것을 2조 직렬 연결
④ 6개 모두 직렬 연결
⑤ 6개 모두 병렬 연결

22 다음 회로에서 스위치 S가 충분히 오래 단자 a에 머물러 있다가 $t=0$에서 스위치 S가 단자 a에서 단자 b로 이동하였다. $t>0$일 때의 전류 $i_L(t)$[A]는?

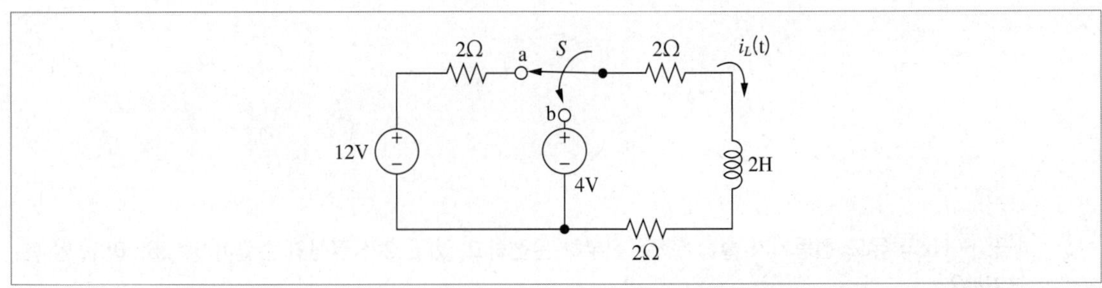

① $2+e^{-3t}$
② $2+e^{-2t}$
③ $1+e^{-2t}$
④ $1+e^{-3t}$
⑤ $1+e^{-4t}$

23 다음 회로에서 부하임피던스 Z_L에 최대전력이 전달되기 위한 $Z_L[\Omega]$은?

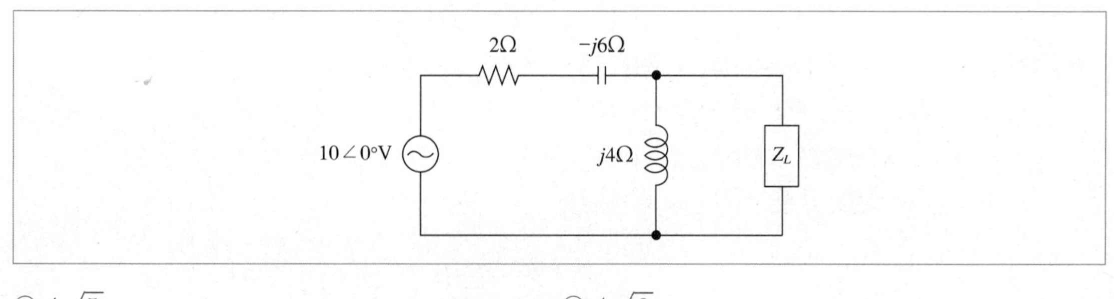

① $4\sqrt{5}$
② $4\sqrt{6}$
③ $5\sqrt{3}$
④ $6\sqrt{3}$
⑤ $6\sqrt{3}$

24 기전력 120V, 내부저항(r)이 15Ω 인 전원이 있다. 여기에 부하저항(R)을 연결하여 얻을 수 있는 최대전력은?

① 100W
② 140W
③ 200W
④ 240W
⑤ 300W

25 한 상의 임피던스가 $30+j40\Omega$ 인 Y결선 평형부하에 선간전압 200V를 인가할 때, 발생되는 무효전력은?

① 580Var
② 640Var
③ 968Var
④ 1,024Var
⑤ 1,246Var

26 다음 중 3상 교류 전력을 나타내는 식으로 옳은 것은?

① $P= \sqrt{4}\times$(선간 전압)×(상전류)×(역률)
② $P= \sqrt{2}\times$(상전압)×(상전류)×(역률)
② $P= \sqrt{2}\times$(선간 전압)×(상전류)×(역률)
④ $P= \sqrt{3}\times$(상전압)×(선간 전압)×(역률)
⑤ $P= \sqrt{3}\times$(선간 전압)×(선전류)×(역률)

27 다음 중 정전 용량이 $0.1\mu F$인 콘덴서의 1MHz의 주파수에 대한 용량 리액턴스는?

① 약 1.59Ω
② 약 2.05Ω
③ 약 2.35Ω
④ 약 3.45Ω
⑤ 약 5.29Ω

28 다음 중 RLC 병렬회로의 동작에 대한 설명으로 옳은 것을 〈보기〉에서 모두 고르면?

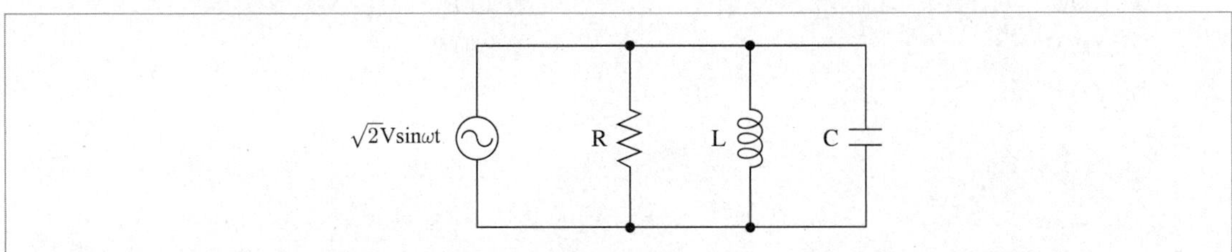

보기

ㄱ. 각 소자 R, L, C 양단에 걸리는 전압은 전원전압과 같다.
ㄴ. 회로의 어드미턴스 $Y=\frac{1}{R}+j\left(\omega L-\frac{1}{\omega C}\right)$이다.
ㄷ. ω를 변화시켜 공진일 때 전원에서 흘러나오는 모든 전류는 R에만 흐른다.
ㄹ. L에 흐르는 전류와 C에 흐르는 전류는 동상(In Phase)이다.
ㅁ. 모든 에너지는 저항 R에서만 소비된다.

① ㄱ, ㅁ
② ㄱ, ㄴ, ㄹ
③ ㄱ, ㄷ, ㅁ
④ ㄴ, ㄷ, ㄹ
⑤ ㄴ, ㄹ, ㅁ

29 다음 회로에 표시된 테브난 등가저항은?

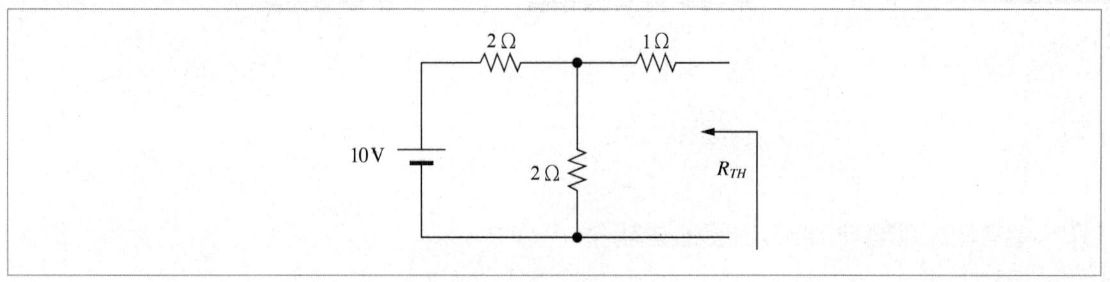

① 1Ω
② 1.5Ω
③ 2Ω
④ 3Ω
⑤ 4.5Ω

30 다음 회로에서 전압 V_o는?

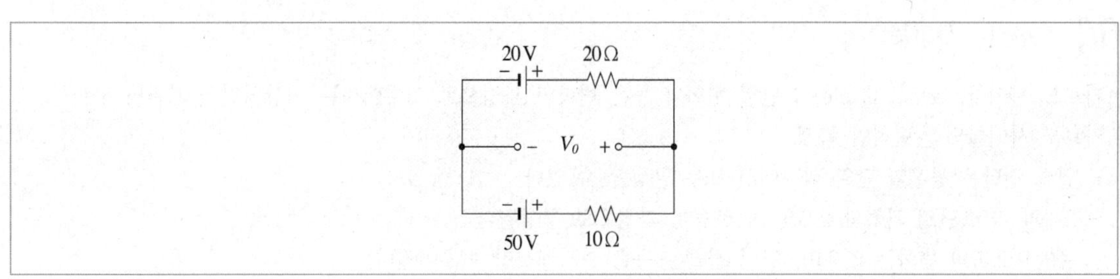

① −60V
② −40V
③ 40V
④ 60V
⑤ 80V

SECTION

02 기계일반 핵심이론

01 열역학의 제1법칙(에너지 보존의 법칙)

- 에너지가 다른 형태로 전환될 때 에너지의 총합은 항상 같다. 즉, 에너지의 생성이나 소멸은 없으며, 단지 다른 형태로 바뀔 뿐이다.
- 공급된 에너지는 내부에너지와 사용한 일의 합과 같다.
- $Q=\delta q+W$ (δq= 열량, W= 일량)

02 보일 - 샤를의 법칙

기체의 부피는 압력에 반비례하고, 절대온도에 비례한다.

$\dfrac{P_1V_1}{T_1}=\dfrac{P_2V_2}{T_2}$=[일정(Const)] ($T$= 온도, P= 압력, V= 부피)

03 엔트로피

- 엔트로피(s) : 물리 열의 이동과 더불어 유효하게 이용할 수 있는 에너지의 감소 정도나 무효(無效) 에너지의 증가 정도를 나타내는 양, 즉 시스템을 구성하는 물질들의 무질서한 정도를 나타내는 척도이다.

  엔트로피 변화식은 $\Delta s=s_2-s_1=\displaystyle\int_1^2\frac{\delta q}{T}$ 이다.
- 엔트로피의 특징 : 엔트로피는 항상 증가한다. 또한 엔트로피 생성 항은 항상 양수이다.

04 카르노 사이클

- 카르노 사이클(Carnot Cycle) : 단열 변화와 등온 변화의 과정으로 이루어지는 이상적인 열기관의 사이클
- 카르노 사이클의 일반적인 특성
  - 열의 전달은 등온과 단열 과정에서 모두 발생할 수 있다.
  - 2개의 가역 단열 과정과 2개의 가역 등온 과정으로 구성된다.
  - 총엔트로피의 변화는 없으며, 열의 전달은 등온 과정에서만 이루어진다.
- 카르노 사이클의 열효율 : $\eta=1-\dfrac{T_2(\text{저온, 절대온도})}{T_1(\text{고온, 절대온도})}=1-\dfrac{273+T_2[°C]}{273+T_1[°C]}$

05 냉동 사이클의 성적계수(ε_r, 성능계수, CoP)

- 냉동 효과를 나타내는 기준이 되는 수치
- $\varepsilon_r = \frac{(\text{저온체에서 흡수한 열량})}{(\text{공급 열량})} = \frac{Q_2}{Q_1 - Q_2} = \frac{T_2}{T_1 - T_2} = \frac{(\text{증발기})}{(\text{응축기})-(\text{증발기})}$(여기서 T_1=고온, T_2=저온)

06 기계효율과 제동마력, 도시마력

- 기계효율 : $\eta - = \frac{(\text{제동마력})}{[\text{도시마력(지시마력)}]} \times 100$
- 제동마력(BHP) : 실제 기관 운전에 사용되는 마력(=축마력, 정미마력)

  $\text{BHP} = \frac{2\pi NT}{75 \times 60}$[PS] ($N$=회전수[rpm])
- 도시마력(IHP) : 연소실 발생 마력으로, 실린더 내부의 폭발 압력을 측정한 것(지시마력)

  $\text{IHP} = \frac{PV_sZN}{75 \times 60}$[PS] ($P$=평균유효압력, V_s=행정 부피, Z=실린더 수)

07 표면장력과 모세관 현상

- 표면장력(γ 또는 σ) : 유체 입자 간 응집력으로 인해 유체의 자유표면이 서로 잡아당기면서 얇은 탄성 막이 형성되는 성질
  - 표면장력 : $\sigma = \frac{F}{L} = \frac{ma}{L} = \frac{[\text{kg} \cdot \text{m/s}^2]}{[\text{m}]} = [\text{kg/s}^2]$
  - 표면장력의 차원 : MT^{-2}
- 모세관 현상 : 물 속에 모세관을 세로로 넣으면 관 내부의 액체 표면이 외부 액체의 표면보다 높거나 낮아지는 현상이다. 물 분자와 유리벽 사이의 접착력이 액체의 응집력보다 더 클 때 발생한다.

  액면으로부터의 모세관 높이 $h = \frac{4\sigma\cos\theta}{\gamma d}$ (γ=물의 비중량, σ=표면장력, θ=모세관에 의해 올라간 각도, d=모세관 지름)

08 베르누이의 정리

- 베르누이의 정리 : 유체에 에너지 보존의 법칙을 적용한 법칙이며, 오일러 방정식을 적분하면 베르누이의 정리가 된다. 베르누이의 정리는 유체의 유동 관련식을 수두의 형태로 표현한 방정식으로 다음과 같다.

$$\frac{P_1}{\gamma}+\frac{{v_1}^2}{2g}+z_1=\frac{P_2}{\gamma}+\frac{{v_2}^2}{2g}+z_2 \ \left(\frac{P_1}{\gamma}=\text{압력수두},\ \frac{{v_1}^2}{2g}=\text{속도수두},\ z_1=\text{위치수두}\right)$$

- 베르누이 방정식을 충족시키기 위해 가정한 조건
  - 정상 유동이다.
  - 비점성 유동이다.
  - 비압축성 유동이다.
  - 유체 입자는 유선을 따라서 유동한다.

09 다르시 - 바이스바흐 방정식

관로를 흐르는 물에 발생되는 손실은 물의 점성으로 인한 마찰이 발생된다는 것(관마찰계수)을 가정하고, 마찰 손실의 크기를 정량화하기 위해 마찰손실수두를 구하는 공식

$$H_L=f\times\frac{L}{D}\times\frac{V^2}{2g} \ (f=\text{관마찰계수},\ v=\text{유속},\ D=\text{관의 직경},\ L=\text{길이},\ g=\text{중력가속도})$$

10 선반 작업 시의 3분력과 절삭 칩

- 선반 가공 3분력 : 주분력, 배분력, 이송분력
- 선반 작업 시 발생하는 3분력의 크기 순서 : 주분력 > 배분력 > 이송분력

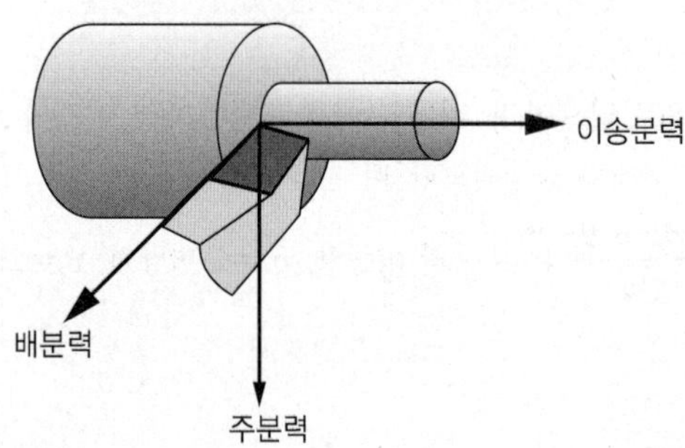

11 절삭 속도와 회전수

- 절삭 속도(v) : 공구가 공작물을 절삭하면서 절삭 칩이 나오는 속도

$$v=\frac{\pi dn}{1,000}\,[\text{m/min}] \ (v=\text{절삭 속도[m/min]},\ d=\text{공작물의 지름[mm]},\ n=\text{주축 회전수})$$

- 회전수(n) : 주축의 회전수로서, $n=\dfrac{1,000v}{\pi d}\,[\text{rpm}]$

12 밀링머신의 테이블 이송 속도(f)

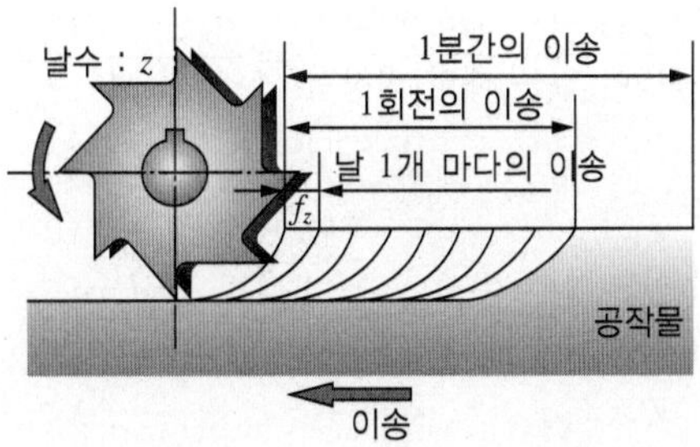

$f = f_z \times z \times n$ (f = 테이블의 이송 속도[mm/min], f_z = 밀링 커터날 1개의 이송[mm], z = 밀링 커터날의 수, n = 밀링 커터의 회전수= $\dfrac{1,000v}{\pi d}$[rpm])

13 드릴 구멍 가공 시간

$T = \dfrac{l \times i}{n \times s}$[min] ($l$ = 구멍 가공 길이[mm], i = 구멍 수, n = 주축 회전속도[rpm], s = 1회전당 이송량[mm])

14 기어의 지름(피치원 지름, PCD= D)

$D = m$(모듈)$\times Z$(잇수)

모듈(m)은 이의 크기를 나타내는 기준으로, $m = \dfrac{PCD(=D)}{Z}$

15 속도비(i) 일반식

$$i = \frac{n_2}{n_1} = \frac{w_2}{w_1} = \frac{D_1}{D_2} = \frac{z_1}{z_2}$$

16 리벳이음의 효율(η)

• 리벳 강판의 효율 : $\eta_t = \frac{\text{(1피치 내 구멍이 있을 때의 인장력)}}{\text{(1피치 내 구멍이 없을 때의 인장력)}} = \frac{\sigma_t(p-d)t}{\sigma_t pt} = 1 - \frac{d}{p}$ (d= 리벳의 지름, p= 리벳의 피치)

• 리벳의 효율 : $\eta_s = \frac{\text{(1피치 내 리벳이 있는 경우 전단)}}{\text{(1피치 내 리벳이 있는 경우 전단)}} = \frac{\tau\frac{\pi d^2}{4}n}{\sigma_t pt} = \frac{\pi d^2 \tau n}{4pt\sigma_t}$

17 벨트의 전체 길이, 유효장력

• 벨트의 전체 길이(L)

– 바로걸기(Open) : $L = 2C + \frac{\pi(D_1 + D_2)}{2} + \frac{(D_2 - D_1)^2}{4C}$

– 엇걸기(Cross) : $L = 2C + \frac{\pi(D_1 + D_2)}{2} + \frac{(D_2 + D_1)^2}{4C}$

• 벨트의 유효장력 : $P_e = T_t$(긴장측 장력)$-$ T_s(이완측 장력)

– 긴장측 장력 : $T_t = \frac{P_e e^{\mu\theta}}{e^{\mu\theta} - 1}$ ($P_e = T_e$)

– 이완측 장력 : $T_s = \frac{P_e}{e^{\mu\theta} - 1}$

18 모멘트

• 모멘트 : $M = F$(작용 힘)$\times L$(작용점과의 직선거리)

• 비틀림 모멘트(T) : 회전을 일으키려는 힘으로, 토크라고도 한다.

• 모멘트 관련식

– 최대 굽힘 모멘트 : $M_{\max} = \sigma_{\max} \times Z$ ($\sigma_{\max}$= 최대 굽힘응력, Z= 단면계수)

– 비틀림 모멘트 : $T = \tau \times Z_P$, $\tau = \frac{T}{Z_P} = \frac{T}{\frac{\pi d^3}{16}} = \frac{16T}{\pi d^3}$ (τ= 전단응력, Z_P= 극단면계수)

– 상당굽힘 모멘트 : $M_e = \frac{1}{2}\left(M + \sqrt{M^2 + T^2}\right)$

– 상당비틀림 모멘트 : $T_e = \sqrt{M^2 + T^2}$

19 세장비

- 세장비(λ) : 기둥의 길이 L과 최소 회전 반지름 R과의 비율로서, 좌굴을 알아보기 위해 사용되며, 세장비가 크면 좌굴이 잘 일어난다. 세장비의 크기에 따라 단주와 장주로 구분된다.

$$\lambda = \frac{l(\text{기둥의 길이})}{k(\text{최소 회전 반경})} = \frac{l}{\sqrt{\frac{I}{A}}} \quad (A = \text{기둥의 단면적},\ I = \text{관성모멘트})$$

- 단주는 세장비가 30 이하인 것을, 장주는 세장비가 100 이상인 것을 뜻한다.

20 변형률

- 변형률(인장변형률, 연신율) : 재료가 축방향의 인장하중을 받으면 길이가 늘어나는데, 처음 길이에 비해 늘어난 길이의 비율이다.

$$\varepsilon = \frac{(\text{변형된 길이})}{(\text{처음의 길이})} = \frac{\Delta l}{l} \times 100$$

- 전단변형률(γ) : 미소의 직사각형 단면이 전단응력을 받아 변형된 각도를 라디안(rad)으로 나타낸 것이다.

$$\gamma = \frac{\Delta \lambda}{l} = \tan\theta \ \ (\theta = \text{전단변형각})$$

- 가로변형률(ε', 단면수축률) : $\varepsilon' = \frac{\Delta A}{A} = \frac{A_1 - A_2}{A_1} = \frac{\frac{\pi d_1^2}{4} - \frac{\pi d_2^2}{4}}{\frac{\pi d_1^2}{4}} = \frac{d_1^2 - d_2^2}{d_1^2}$

SECTION 02 기계일반 적중예상문제

정답 및 해설 p.86

01 허용인장강도 600MPa의 연강봉에 50kN의 축방향 인장하중이 가해질 때, 안전율을 7이라 하면 강봉의 최소 지름은?

① 2.7cm
② 3.4cm
③ 5.7cm
④ 7.3cm
⑤ 9.4cm

02 다음 중 연성 재료의 응력(σ) – 변형률(ε) 선도에서 인장강도에 해당하는 위치는?

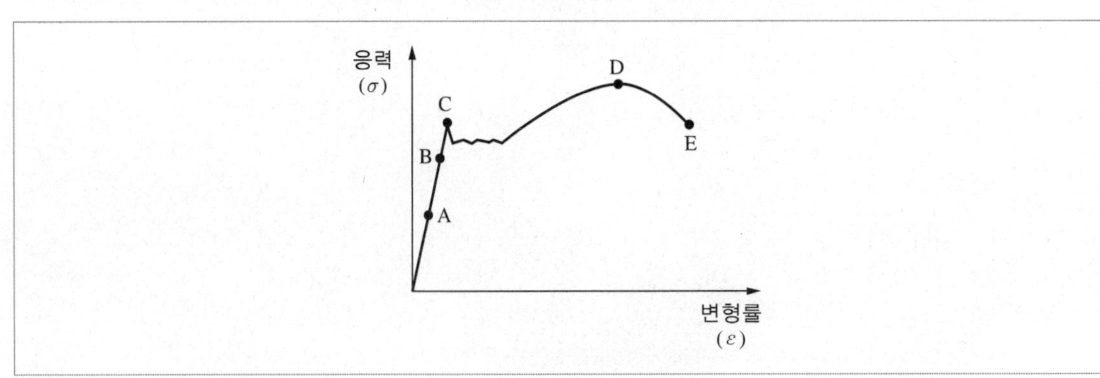

① A
② B
③ C
④ D
⑤ E

03 굽힘 모멘트 M과 비틀림 모멘트 T를 동시에 받는 축에서 최대주응력설에 적용할 상당굽힘 모멘트 M_e은?

① $M_e = \frac{1}{2}(M + \sqrt{M^2 + T^2})$
② $M_e = (\sqrt{M^2 + T^2})$
③ $M_e = (M + \sqrt{M^2 + T^2})$
④ $M_e = \frac{1}{2}(M + T)$
⑤ $M_e = \frac{1}{2}\sqrt{M^2 + T^2}$

04 다음 중 주철의 장점으로 옳지 않은 것은?

① 주조성이 우수하다.
② 고온에서 쉽게 소성변형 되지 않는다.
③ 값이 싸므로 널리 이용된다.
④ 복잡한 형상으로도 쉽게 주조된다.
⑤ 압축강도가 크다.

05 다음 중 열경화성 수지에 해당하지 않는 것은?

① 요소수지
② 페놀수지
③ 멜라민 수지
④ 폴리에틸렌 수지
⑤ 에폭시

06 다음 중 재결정온도에 대한 설명으로 옳은 것은?

① 가공도가 클수록 낮아지는 온도
② 재결정이 시작되는 온도
③ 시간에 상관없이 재결정이 완결되는 온도
④ 재결정이 완료되어 결정립성장이 시작되는 온도
⑤ 1시간 안에 완전하게 재결정이 이루어지는 온도

07 **다음 중 절삭가공에서 절삭유(Cutting Fluid)의 일반적인 사용 목적으로 적절하지 않은 것은?**

① 공구와 공작물 접촉면의 마찰 감소
② 절삭력 증가
③ 절삭부로부터 생성된 칩(Chip) 제거
④ 절삭부 냉각
⑤ 공구의 경도저하를 막고 수명을 늘림

08 **공작물, 연삭입자, 가공액, 컴파운드를 상자(배럴) 속에 넣고 회전 또는 진동시켜 공작물 표면의 요철을 없애고 평평한 가공면을 얻는 가공법은?**

① 배럴(Barrel) 가공
② 호닝(Honing)
③ 슈퍼 피니싱(Super Finishing)
④ 숏 피닝(Shot Peening)
⑤ 래핑(Lapping)

09 **다음 중 마이크로미터의 측정 눈금을 나타낸 그림의 측정값은?**

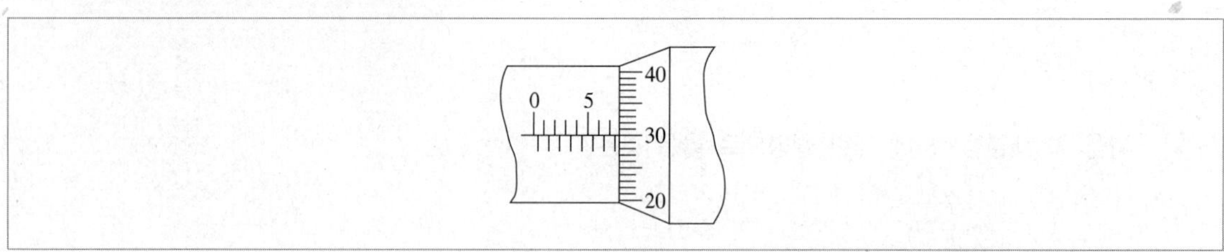

① 1.35mm ② 1.85mm
③ 7.35mm ④ 7.80mm
⑤ 7.95mm

10 다음 중 소재에 없던 구멍을 만들기 위한 가공법으로 가장 적절한 것은?

① 브로칭(Broaching)
② 밀링(Milling)
③ 셰이핑(Shaping)
④ 리밍(Reaming)
⑤ 카운터 보링(Counter boring)

11 다음은 도면상에서 나사가공을 지시한 예이다. 각 기호에 대한 설명으로 옳지 않은 것은?

4－M8×1.25

① 4는 나사의 등급을 나타낸 것이다.
② M은 나사의 종류를 나타낸 것이다.
③ 8은 나사의 호칭지름을 나타낸 것이다.
④ 1.25는 나사의 피치를 나타낸 것이다.
⑤ M8은 8mm를 나타낸 것이다.

12 다음 중 헬리컬 기어(Helical Gear)의 특징으로 옳지 않은 것은?

① 원통 기어의 하나이다.
② 스퍼 기어(평 기어)보다 큰 힘을 전달한다.
③ 기어 제작이 쉽다.
④ 주로 동력 전달 장치나 감속기에 사용한다.
⑤ 2중 헬리컬 기어는 서로 방향이 다른 기어를 조합한 것을 말한다.

13 다음 〈보기〉에서 도면의 필수요소를 모두 고르면?

보기	
㉠ 윤곽선	㉡ 표제란
㉢ 중심마크	㉣ 부품란

① ㉠, ㉡
② ㉡, ㉢
③ ㉢, ㉣
④ ㉠, ㉡, ㉢
⑤ ㉡, ㉢, ㉣

14 다음 중 유압장치에 대한 설명으로 옳지 않은 것은?

① 유량의 조절을 통해 무단변속운전을 할 수 있다.
② 파스칼의 원리에 따라 작은 힘으로 큰 힘을 얻을 수 있는 장치제작이 가능하다.
③ 유압유의 온도 변화에 따라 액추에이터의 출력과 속도가 변화되기 쉽다.
④ 공압에 비해 입력에 대한 축력의 응답속도가 떨어진다.
⑤ 제어하기 쉽고 비교적 정확하다.

15 다음 중 유량제어 밸브를 실린더의 출구 쪽에 설치해서 유출되는 유량을 제어하여 피스톤 속도를 제어하는 회로는?

① 미터 아웃 회로
② 블리드 오프 회로
③ 미터 인 회로
④ 카운터 밸런스 회로
⑤ 언로딩 회로

16 밑면이 4m×4m인 탱크에 비중이 0.8인 기름과 물이 다음 그림과 같이 들어 있다. AB면에 작용하는 압력은 몇 kPa인가?

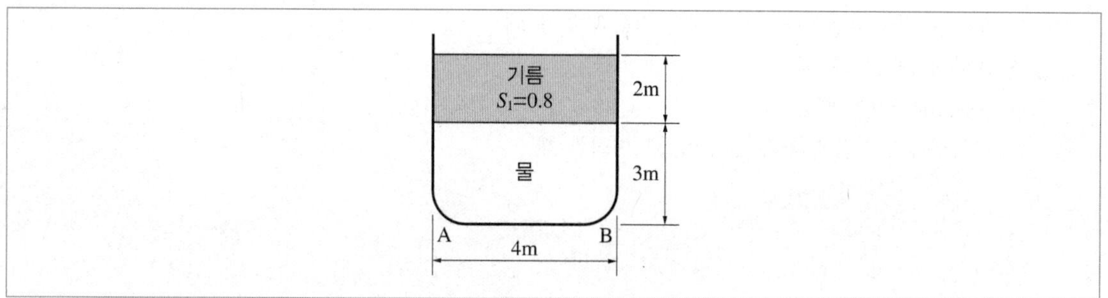

① 20.82kPa
② 32.24kPa
③ 45.08kPa
④ 61.15kPa
⑤ 72.35kPa

17 다음 중 레이놀즈수에 대한 설명으로 옳지 않은 것은?

① 층류와 난류를 구별하여 주는 척도가 된다.
② 레이놀즈수가 작은 경우에는 점성력이 크게 영향을 미친다.
③ 층류에서 난류로 변하는 레이놀즈수를 하임계 레이놀즈수라고 한다.
④ 관성력과 점성력의 비를 나타낸다.
⑤ 유동단면의 형상이 변하면 임계레이놀즈수도 변한다.

18 수조에 지름의 비율이 1 : 2 : 3인 모세관을 동일 높이로 엎어놓았을 때, 모세관 속으로 올라간 물의 높이의 비율은?

① A : B : C=1 : 1 : 1
② A : B : C=1 : 2 : 3
③ A : B : C=4 : 3 : 2
④ A : B : C=3 : 2 : 1
⑤ A : B : C=6 : 3 : 2

19 다음 중 정상유동이 일어나는 경우는?

① 유동상태가 모든 점에서 시간에 따라 변화하지 않을 때
② 모든 순간에 유동상태가 이웃하는 점들과 같을 때
③ $\partial V/\partial t$가 일정할 때
④ $\partial V/\partial s = 0$일 때
⑤ 유동상태가 시간에 따라 점차적으로 변화할 때

20 다음 중 열역학 제2법칙에 대한 설명으로 옳은 것은?

① 에너지 보존 법칙을 알 수 있다.
② 에너지의 양을 결정한다.
③ 에너지의 종류를 판단할 수 있다.
④ 공학적 장치의 크기를 알 수 있다.
⑤ 물질 변화과정의 방향성을 제시한다.

21 저열원이 90℃, 고열원이 700℃인 범위로 작동하는 카르노 사이클에 있어서 1사이클 당 공급되는 열량이 230kJ일 때, 한 사이클 당 일량(kJ)과 열효율(%)은 얼마인가?

① 144.21kJ, 62.7%
② 144.21kJ, 87.1%
③ 200.43kJ, 62.7%
④ 200.43kJ, 87.1%
⑤ 200.43kJ, 78.2%

22 다음 중 유압 작동유의 구비조건으로 옳지 않은 것은?

① 비인화성일 것
② 오염물 제거 능력이 클 것
③ 체적탄성계수가 작을 것
④ 캐비테이션에 대한 저항이 클 것
⑤ 공기 흡수가 작을 것

23 **전달 토크가 크고 정밀도가 높아 가장 널리 사용되는 키(Key)로서, 벨트풀리와 축에 모두 홈을 파서 때려 박는 키는?**

① 평키
② 안장키
③ 접선키
④ 묻힘키
⑤ 새들키

24 **4행정 사이클 기관에서 크랭크축이 12회 회전하는 동안 흡기밸브가 열리는 횟수는?**

① 6회
② 8회
③ 10회
④ 12회
⑤ 14회

25 **실린더 내의 공기가 100kPa, 20℃ 상태에서 300kPa이 될 때까지 가역 단열과정으로 압축될 때, 공기의 엔트로피 변화는?(단, 공기의 비열비 $k=1.4$이다)**

① −1.35kJ/kg·K
② 1.35kJ/kg·K
③ 13.5kJ/kg·K
④ −13.5kJ/kg·K
⑤ 0kJ/kg·K

26 **다음 중 소성가공법에 대한 설명으로 옳지 않은 것은?**

① 압출 : 상온 또는 가열된 금속을 용기 내의 다이를 통해 밀어내어 봉이나 관 등을 만드는 가공법이다.
② 인발 : 금속봉이나 관 등을 다이를 통해 축방향으로 잡아당겨 지름을 줄이는 가공법이다.
③ 압연 : 열간 혹은 냉간에서 금속을 회전하는 두 개의 롤러 사이를 통과시켜 두께나 지름을 줄이는 가공법이다.
④ 전조 : 형을 사용하여 판상의 금속재료를 굽혀 원하는 형상으로 변형시키는 가공법이다.
⑤ 단조 : 재료를 가열하고 두들겨서 하는 가공법이다.

27 다음 중 2개의 단열과정과 1개의 정적과정, 1개의 정압과정으로 이루어진 가스터빈 이상 사이클은?

① 에릭슨 사이클(Ericsson Cycle)
② 사바테 사이클(Sabathé Cycle)
③ 앳킨슨 사이클(Atkinson Cycle)
④ 브레이턴 사이클(Brayton Cycle)
⑤ 카르노 사이클(Carnot Cycle)

28 다음 중 구성인선(Built Up Edge)에 대한 설명으로 옳지 않은 것은?

① 구성인선은 일반적으로 연성재료에서 많이 발생한다.
② 구성인선은 공구 윗면경사면에 윤활을 하면 줄일 수 있다.
③ 구성인선에 의해 절삭된 가공면은 거칠게 된다.
④ 구성인선은 절삭속도를 느리게 하면 방지할 수 있다.
⑤ 구성인선은 절삭깊이를 작게 하여 방지할 수 있다.

29 다음 중 크리프(Creep) 변형에 대한 설명으로 가장 적절한 것은?

① 응력과 온도가 일정한 상태에서 시간이 지남에 따라 변형이 연속적으로 진행되는 현상이다.
② 반복응력이 장시간 가해졌을 때 일어나는 파괴현상이다.
③ 응력이 증가하여 재료의 항복점을 지났을 때 일어나는 파괴현상이다.
④ 균열이 진전되어 소성변형 없이 빠르게 파괴되는 현상이다.
⑤ 외력이 증가할 때, 시간이 흐름에 따라 재료의 변형이 증대하는 현상이다.

30 다음 중 강에 티타늄(Ti)을 첨가하는 목적으로 옳지 않은 것은?

① 내식성 증가
② 자기적 성질 증가
③ 강도 증가
④ 전기적 저항 증가
⑤ 내마모성 증가

PART

3

최종점검 모의고사

제 1 회 모의고사(핵심영역)

모바일 OMR
답안채점/성적분석
서비스

정답 및 해설 p.92

01 의사소통능력

01 다음 글의 주제로 가장 적절한 것은?

> 우리는 우리가 생각한 것을 말로 나타낸다. 또 다른 사람의 말을 듣고, 그 사람이 무슨 생각을 가지고 있는가를 짐작한다. 그러므로 생각과 말은 서로 떨어질 수 없는 깊은 관계를 가지고 있다.
>
> 그러면 말과 생각이 얼마만큼 깊은 관계를 가지고 있을까? 이 문제를 놓고 사람들은 오랫동안 여러 가지 생각을 하였다. 그 가운데 가장 두드러진 것이 두 가지 있다. 그 하나는 말과 생각이 서로 꼭 달라붙은 쌍둥이인데 한 놈은 생각이 되어 속에 감추어져 있고 다른 한 놈은 말이 되어 사람 귀에 들리는 것이라는 생각이다. 다른 하나는 생각이 큰 그릇이고 말은 생각 속에 들어가는 작은 그릇이어서 생각에는 말 이외에도 다른 것이 더 있다는 생각이다.
>
> 이 두 가지 생각 가운데서 앞의 것은 조금만 깊이 생각해 보면 틀렸다는 것을 즉시 깨달을 수 있다. 우리가 생각한 것은 거의 대부분 말로 나타낼 수 있지만, 누구든지 가슴 속에 응어리진 어떤 생각이 분명히 있기는 한데 그것을 어떻게 말로 표현해야 할지 애태운 경험을 가지고 있을 것이다. 이것은 한 가지만 보더라도 말과 생각이 서로 안팎을 이루는 쌍둥이가 아님은 쉽게 판명된다.
>
> 인간의 생각이라는 것은 매우 넓고 큰 것이며 말이란 결국 생각의 일부분을 주워 담는 작은 그릇에 지나지 않는다. 그러나 아무리 인간의 생각이 말보다 범위가 넓고 큰 것이라고 하여도 그것을 가능한 한 말로 바꾸어 놓지 않으면 그 생각의 위대함이나 오묘함이 다른 사람에게 전달되지 않기 때문에 생각이 형님이요, 말이 동생이라고 할지라도 생각은 동생의 신세를 지지 않을 수가 없게 되어 있다. 그러니까 말을 통하지 않고는 생각을 전달할 수가 없는 것이다.

① 말은 생각의 폭을 확장시킨다.
② 말은 생각을 전달하기 위한 수단이다.
③ 생각은 말이 내면화된 쌍둥이와 같은 존재이다.
④ 말은 생각의 하위요소이다.
⑤ 말은 생각을 제한하는 틀이다.

02 L공사는 담수화 플랜트 관련 사업을 추진하며 현 실태를 파악하기 위해 담수화 과정을 도입하고 있는 나라와 그 배경을 조사하였다. 조사 중 한 신문에서 다음과 같은 글을 보았을 때, 글에서 언급한 내용으로 적절하지 않은 것은?

> 최근 세계적으로 사막화가 빠른 속도로 진행되고 있다. 이러한 사막화가 인류에게 심각한 위협이라는 인식을 전 세계가 공유해야만 한다. 유엔의 조사결과, 이대로 가면 지구 육지 면적의 3분의 1이 사막화될 것으로 예상된다. 사막화란 건조 지대에서 일어나는 토지 황폐화 현상으로, 지구 온난화를 비롯한 지구 환경의 변화 때문에 발생한다. 과도한 경작으로 땅을 혹사시키거나 무분별한 벌목으로 삼림을 파괴하는 인간의 잘못된 활동에 의해서도 일어날 수 있다. 사막화는 많은 나라에서 진행되기 때문에 심각한 문제이다. 그중 특히 심각한 곳은 아프리카이고 중동이나 호주, 중국도 심각한 수준이다.
> 사막화의 피해는 눈에 띌 정도로 뚜렷하게 나타난다. 우선 생산력을 잃은 토지에서 식물이 자랄 수 없게 되고 농경이 불가능해진다. 이것은 식량 생산의 감소를 의미한다. 또한, 식수가 부족하게 될 것이다. 최근 중동 지역이나 호주 같은 나라들은 이 문제를 해결하기 위해 바닷물을 담수화 과정을 거쳐 식수로 만들고 있다.

① 사막화를 막는 방안
② 사막화가 심한 지역
③ 사막화 진행 이유
④ 사막화의 정의
⑤ 사막화의 부정적 전망

03 다음 중 문서의 종류와 작성이 바르게 연결되지 않은 것은?

① 공문서 : 마지막엔 반드시 '끝' 자로 마무리한다.
② 설명서 : 복잡한 내용은 도표화한다.
③ 기획서 : 상대가 요구하는 것이 무엇인지 고려하여 작성한다.
④ 보고서 : 상대에게 어필해 상대가 채택하게끔 설득력 있게 작성한다.
⑤ 공문서 : 날짜는 연도와 월일을 반드시 함께 언급해야 한다.

04 신입사원 A는 입사 후 처음으로 보고서를 작성하게 되었다. 다음 중 보고서라는 양식 자체에 대해 A사원이 이해한 내용으로 가장 적절한 것은?

① 전문용어는 이해하기 어렵기 때문에 최대한 사용하지 말아야 해.
② 상대가 요구하는 것이 무엇인지 파악하는 것이 가장 중요해. 상대의 선택을 받아야 하니까.
③ 이해를 돕기 위해서 관련 자료는 최대한 많이 첨부하는 것이 좋아.
④ 문서와 관련해서 받을 수 있는 질문에 대비해야 해.
⑤ 한 장에 담아내는 것이 원칙이니까 내용이 너무 길어지지 않게 신경 써야겠어.

05 다음은 신규서비스 이벤트 기획안이다. 이에 대한 내용으로 적절하지 않은 것은?

〈개인정보 강화를 위한 신규서비스 이벤트 기획안〉

최근 증가하고 있는 고객의 요구에 대응하고 신규서비스를 알리기 위한 방안으로 다음과 같이 기획서를 제출합니다.

부서	고객서비스처	날짜	2022년 4월 3일
참여자	A대리, B주임, C사원, D사원, E사원		
기획목적	개인정보 도용 최소화를 통해 외부적 위협요소를 제거		
환경분석	• 공공기관에서 개인정보 강화 및 보안 시스템 도입이 증가 • 개인정보 보호에 대한 사회적 니즈가 증가하는 추세		
현황 인식	• 신규서비스에 대한 인지도가 23% 이하로 조사 • 공사 내 정보 보안 인식이 계속적으로 증가(전년 대비 3.2% 증가)		
문제점 도출	• 개인정보의 범위가 모호 • 서비스가 도입되었으나 이용방법을 모르는 고객 및 직원이 다수		
목표설정	• 개인정보의 범위 구체화 • 신규서비스에 대한 사용자 인지도를 50% 이상으로 증가 • 이벤트를 통한 홍보로 공사 내 정보 보안 인식 재고		
해결방안	• 개인정보 노출도가 높은 직원들에게 어필할 수 있는 이벤트 경품 제공 • 개인정보 강화 사용방법을 숙지할 수 있는 Q&A식 퀴즈 이벤트 기획		
일정	5월 13 ~ 16일	이벤트 페이지 제작 요청	
	5월 17 ~ 18일	이벤트 스토리보드 공유	
	5월 19 ~ 21일	이벤트 세팅 및 웹페이지 완료	
	5월 22일 ~ 6월 5일	이벤트 진행	
인원	총 6명(고객서비스처 3명, 기획혁신처 2명, 홍보실 1명)		
비용	이벤트 경품 100만 원		
첨부파일	작년 이벤트 진행성과 자료 및 기획서 첨부		

① G대리 : 기획목적에서 개인정보 도용 최소화를 통해 외부적 위협요소를 제거한다고 하셨는데 이를 구체적으로 제시하면 좋을 것 같습니다.

② H대리 : 기획안은 기획 단계에 작성하는 것이므로 관련 내용을 깊이 있게 다루지 않는 것이 필요할 것 같습니다.

③ I주임 : 효과적인 내용 전달을 위해 개인정보 보호에 대한 사회적 니즈나 신규서비스 인식에 관한 표 또는 그래프를 활용하는 것은 어떨까요?

④ J주임 : 기획에 따른 기대효과가 빠져 있네요. 이 부분을 추가하면 좋겠습니다.

⑤ K사원 : 이벤트는 약 15일간 진행되네요. 구체적인 홍보 전략이 들어간다면 더욱 좋을 것 같습니다.

06 다음 기사의 (가) ~ (마) 문단의 소제목으로 적절하지 않은 것은?

(가) 우리 경제는 1997년을 기준으로 지난 30년간 압축성장을 이룩하는 과정에서 많은 문제점을 안게 되었다. 개발을 위한 물자 동원을 극대화하는 과정에서 가명 · 무기명 금융거래 등 잘못된 금융 관행이 묵인되어 음성 · 불로 소득이 널리 퍼진 소위 지하경제가 번창한 것이다.

(나) 이에 따라 계층 간 소득과 조세 부담의 불균형이 심화되었으며, 재산의 형성 및 축적에 대한 불신이 팽배해져 우리 사회의 화합과 지속적인 경제성장의 장애 요인이 되고 있었다. 또한 비실명거래를 통해 부정한 자금이 불법 정치자금 · 뇌물 · 부동산투기 등에 쓰이면서 각종 비리와 부정부패의 온상이 되기도 하였다. 이로 인하여 일반 국민들 사이에 위화감이 조성되었으며, 대다수 국민들의 근로의욕을 약화시키는 요인이 되었다.

(다) 이와 같이 비실명 금융거래의 오랜 관행에서 발생되는 폐해가 널리 번짐에 따라 우리 경제가 더 나은 경제로 진입하기 위해서는 금융실명제를 도입하여 금융거래를 정상화할 필요가 절실했으며, 그러한 요구가 사회단체를 중심으로 격렬하게 제기되었다.

(라) 이에 문민정부는 과거 정권에서 부작용을 우려하여 실시를 유보하였던 금융실명제를 과감하게 도입했다. 금융실명제는 모든 금융거래를 실제의 명의(實名)로 하도록 함으로써 금융거래와 부정부패 · 부조리를 연결하는 고리를 차단하여 깨끗하고 정의로운 사회를 구현하고자 하는 데 의미가 있었다.

(마) 이러한 금융실명제가 도입되면서 금융 거래의 투명성은 진전되었으나 여전히 차명 거래와 같은 문제점은 존재했다. 이전까지는 탈세 목적을 가진 차명 거래가 적발되어도 법률로 계좌를 빌려준 사람과 실소유주를 처벌할 수 없었던 것이다.

① (가) : 잘못된 금융 관행으로 나타난 지하경제
② (나) : 비실명 금융거래의 폐해
③ (다) : 금융실명제의 경제적 효과
④ (라) : 금융실명제의 도입과 의미
⑤ (마) : 금융실명제 도입에서 나타난 허점

07 다음 중 공문서의 특성에 대한 설명으로 가장 적절한 것은?

① 회사 내부로 전달되는 글이므로 누가, 언제, 어디서, 무엇을, 어떻게(혹은 왜)가 드러나지 않아도 된다.
② 날짜 다음에 괄호를 사용할 경우 반드시 마침표를 찍어야 한다.
③ 복잡한 내용은 도표를 통해 시각화하여 이해도를 높인다.
④ 여러 장에 담아내는 것이 원칙이다.
⑤ 반드시 일정한 양식과 격식을 갖추어 작성하여야 한다.

08 **다음 글의 논지 전개 구조를 바르게 설명한 것은?**

> ㉠ 중국에 생원이 있듯이 우리나라에는 양반이 있다. 중국의 고정림(顧亭林)이 온 천하 사람이 생원이 되는 것을 우려하였던 것처럼 나는 온 나라 사람이 양반이 되는 것을 우려한다.
> ㉡ 그런데 양반의 폐단은 더욱 심한 바가 있다. 생원은 실제로 과거에 응시해서 생원 칭호를 얻는 것이지만, 양반은 문무관(文武官)도 아니면서 허명(虛名)만 무릅쓰는 것이다.
> ㉢ 생원은 정원(定員)이 있으나 양반은 도대체 한절(限節)이 없으며, 생원은 세월이 지남에 따라 변천이 있으나 양반은 한번 얻으면 백세토록 버리지 않는다.
> ㉣ 항차 생원의 폐는 양반이 모두 다 겸하여 지녔음에랴.
> ㉤ 그러하니 내가 바라는 것은, 온 나라 사람이 양반이 되어 온 나라에 양반이 없는 것과 같이 되도록 하는 것이다.

① ㉡·㉢·㉣은 ㉤의 근거가 된다.
② ㉠은 이 글의 중심 문단이다.
③ ㉡은 ㉠의 상술 문단이다.
④ ㉢은 ㉠의 상술 문단이다.
⑤ ㉣은 ㉠의 부연 문단이다.

09 **다음 중 밑줄 친 ㉠에 대한 설명으로 가장 적절한 것은?**

> 오늘날 유전 과학자들은 유전자의 발현에 관한 ㉠ <u>물음</u>에 관심을 갖고 있다. 맥길 대학의 연구팀은 이 물음에 답하려고 연구를 수행하였다. 어미 쥐가 새끼를 핥아주는 성향에는 편차가 있다. 어떤 어미는 다른 어미보다 더 많이 핥아주었다. 많이 핥아주는 어미가 돌본 새끼들은 인색하게 핥아주는 어미가 돌본 새끼들보다 외부 스트레스에 무디게 반응했다. 게다가 인색하게 핥아주는 친어미에게서 새끼를 떼어내어 많이 핥아주는 양어미에게 두어 핥게 하면, 새끼의 스트레스 반응 정도는 양어미의 새끼 수준과 비슷해졌다.
> 연구팀은 어미가 누구든 많이 핥인 새끼는 그렇지 않은 새끼보다 뇌의 특정 부분, 특히 해마에서 글루코코르티코이드 수용체들, 곧 GR들이 더 많이 생겨났다는 것을 발견했다. 이렇게 생긴 GR의 수는 성체가 되어도 크게 바뀌지 않았다. GR의 수는 GR 유전자의 발현에 달려있다. 이 쥐들의 GR 유전자는 차이는 없지만 그 발현 정도에는 차이가 있을 수 있다. 이 발현을 촉진하는 인자 중 하나가 NGF 단백질인데, 많이 핥인 새끼는 그렇지 못한 새끼에 비해 NGF 수치가 더 높다.
> 스트레스 반응 정도는 코르티솔 민감성에 따라 결정되는데 GR이 많으면 코르티솔 민감성이 낮아지게 하는 되먹임 회로가 강화된다. 이 때문에 똑같은 스트레스를 받아도 많이 핥인 새끼는 그렇지 않은 새끼보다 더 무디게 반응한다.

① 코르티솔 유전자는 어떻게 발현되는가?
② 유전자는 어떻게 발현하여 단백질을 만드는가?
③ 핥아주는 성향의 유전자는 어떻게 발현되는가?
④ 후천 요소가 유전자의 발현에 영향을 미칠 수 있는가?
⑤ 유전자 발현에 영향을 미치는 유전 요인에는 무엇이 있는가?

10 다음 글을 근거로 판단할 때, A학자의 언어체계에서 표기와 그 의미를 연결한 것으로 적절하지 않은 것은?

> A학자는 존재하는 모든 사물을 자연적인 질서에 따라 나열하고 그것들의 지위와 본질을 표현하는 적절한 기호를 부여하면 보편언어를 만들 수 있다고 생각했다.
> 이를 위해 A학자는 우선 세상의 모든 사물을 40개의 '속(屬)'으로 나누고, 속을 다시 '차이(差異)'로 세분했다. 예를 들어 8번째 속인 돌은 순서대로 아래와 같이 6개의 차이로 분류된다.
> (1) 가치 없는 돌
> (2) 중간 가치의 돌
> (3) 덜 투명한 가치 있는 돌
> (4) 더 투명한 가치 있는 돌
> (5) 물에 녹는 지구의 응결물
> (6) 물에 녹지 않는 지구의 응결물
> 이 차이는 다시 '종(種)'으로 세분화되었다. 예를 들어, '가치 없는 돌'은 그 크기, 용도에 따라서 8개의 종으로 분류되었다.
> 이렇게 사물을 전부 분류한 다음에 A학자는 속, 차이, 종에 문자를 대응시키고 표기하였다.
> 예를 들어, 7번째 속부터 10번째 속까지는 다음과 같이 표기된다.
> (7) 원소 : de
> (8) 돌 : di
> (9) 금속 : do
> (10) 잎 : gw
> 차이를 나타내는 표기는 첫 번째 차이부터 순서대로 b, d, g, p, t, c, z, s, n을 사용했고, 종은 순서대로 w, a, e, i, o, u, y, yi, yu를 사용했다. 따라서 'di'는 돌을 의미하고 'dib'는 가치 없는 돌을 의미하며, 'diba'는 가치 없는 돌의 두 번째 종을 의미한다.

① ditu – 물에 녹는 지구의 응결물의 여섯 번째 종
② gwpyi – 잎의 네 번째 차이의 네 번째 종
③ dige – 덜 투명한 가치 있는 돌의 세 번째 종
④ deda – 원소의 두 번째 차이의 두 번째 종
⑤ donw – 금속의 아홉 번째 차이의 첫 번째 종

11 **다음 글의 내용 전개상 특징으로 가장 적절한 것은?**

> 광고는 문화 현상이다. 이 점에 대해서 의심하는 사람은 거의 없다. 그럼에도 불구하고 많은 사람들이 광고를 단순히 경제적인 영역에서 활동하는 상품 판매 도구로만 인식하고 있다. 이와 같이 광고를 경제현상에 집착하여 논의하게 되면 필연적으로 극단적인 옹호론과 비판론으로 양분될 수밖에 없다. 예컨대, 옹호론에서 보면 마케팅적 설득이라는 긍정적 성격이 부각되는 반면, 비판론에서는 이데올로기적 조작이라는 부정적 성격이 두드러지는 이분법적 대립이 초래된다는 것이다.
> 물론 광고는 숙명적으로 상품 판촉수단으로서의 굴레를 벗어날 수 없다. 상품광고가 아닌 공익광고나 정치광고 등도 현상학적으로는 상품 판매를 위한 것이 아니라 할지라도, 본질적으로 상품과 다를 바 없이 이념과 슬로건, 그리고 정치적 후보들을 판매하고 있다.
> 그런데 현대적 의미에서 상품 소비는 물리적 상품 교환에 그치는 것이 아니라 기호와 상징들로 구성된 의미 교환 행위로 파악된다. 따라서 상품은 경제적 차원에만 머무르는 것이 아니라 문화적 차원에서 논의될 필요가 있다. 현대사회에서 상품은 기본적으로 물질적 속성의 유용성과 문제적 속성의 상징성이 이중적으로 중첩되어 있다. 더구나 최근 상품의 질적인 차별이 없어짐으로써 상징적 속성이 더욱더 중요하게 되었다.
> 현대 광고에 나타난 상품의 모습은 초기 유용성을 중심으로 물질적 기능이 우상으로 숭배되는 모습에서, 근래 상품의 차이가 사람의 차이가 됨으로써 기호적 상징이 더 중요시되는 토테미즘 양상으로 변화되었다고 한다. 이와 같은 광고의 상품 '채색' 활동 때문에 현대사회의 지배적인 '복음'은 상품의 소유와 소비를 통한 욕구 충족에 있다는 비판을 받는다. 광고는 상품과 상품이 만들어 놓는 세계를 미화함으로써 개인의 삶과 물질적 소유를 보호하기 위한 상품 선택의 자유와 향락을 예찬한다.
> 이러한 맥락에서 오늘날 광고는 소비자와 상품 사이에서 일어나는 일종의 담론이라고 할 수 있다. 광고 읽기는 단순히 광고를 수용하거나 해독하는 행위에 그치지 않고 '광고에 대한 비판적인 안목을 갖고 비평을 시도하는 것'을 뜻한다고 할 수 있다.

① 대상을 새로운 시각으로 바라보고, 이해할 수 있게 하였다.
② 대상의 의미를 통시적 관점으로 고찰하고 있다.
③ 대상의 문제점을 파악하고 나름의 해결책을 모색하고 있다.
④ 대상에 대한 견해 중 한쪽에 치우쳐 논리를 전개하고 있다.
⑤ 대상에 대한 상반된 시각을 예시를 통해 소개하고 있다.

12 A대리는 B사원에게 일일업무일지 작성 방법을 전달하라는 지시를 받고 B사원의 업무일지를 살펴 보았다. B사원이 작성한 업무일지를 보고 B사원에게 말해 줄 유의사항으로 적절하지 않은 것은?

<table>
<tr><td rowspan="2">일일업무일지</td><td>소속</td><td>출판사업부</td><td>작성자</td><td>B사원</td></tr>
<tr><td>날짜</td><td colspan="3">2022년 7월 2일</td></tr>
</table>

분류	일과	비고
오늘 할 일	1. 원고정리 (△) 2. 출간회의 (○) - 5월 출간일정 체크 3. 저자미팅 - 오후 3:00 ○○대학 경제학과 김지원 교수님 (○) 4. 디자인팀 업무협조요청 (×)	
내일 할 일		

① 일과는 오전과 오후 업무로 나누어 기재해 주세요.
② 끝내지 못한 업무가 있다면 업무일지에서 삭제하는 것이 좋아요.
③ 업무 외의 지시사항은 비고란에 기록하세요.
④ 내부 회의나 외부 사람과의 미팅은 간략하게 내용도 적어주는 것이 좋아요.
⑤ 장·단기 업무를 따로 구분해 기재하면 업무진행에 도움이 됩니다.

13 A는 공기업 취업스터디에 가입하였다. 첫 모임에서 각자 공기업 분석을 하기로 해 평소 입사하고 싶었던 H공사를 맡아 분석하기로 하였다. 자료를 찾아보던 중 H공사의 친환경 활동에 대한 글을 보게 되었고 내용을 간략히 적어 발표하려고 한다. 다음 중 A가 정리한 주제로 적절하지 않은 것은?

> 변전소 주거용 복합건물은 전자계에 의한 인체 영향 논란이 지속되는 현실에서 국민에게 전자계에 대한 올바른 정보를 제공하고 전력설비에 대한 새로운 인식을 심어주고자 도심 내에서 혐오시설로 인식되는 변전소를 지하에 배치시키고 그 위에 H공사 직원을 위한 아파트를 건설하는 사업입니다. 실제 주거용 복합건물의 전자계를 측정한 결과 우리가 일상생활에서 늘 사용하는 냉장고, TV 같은 가전제품과 비교해도 현저히 낮은 수치가 발생하는 것이 입증되었습니다. H공사는 앞으로 환경, 사람, 지역과 조화를 이루는 전력설비 건설을 계속 추진해 나갈 계획입니다.
> 현재 지중에 설치된 맨홀은 배수시설이 없고 오염물이 유입되어 대부분의 맨홀이 심각하게 오염되었으며 청소과정에서 주변지역으로 배출되기 때문에 주변환경오염에 심각한 원인이 될 수 있습니다. 이에 맨홀에서 발생하는 오수를 정화하여 방류하기 위해서 당사에서는 맨홀청소와 오수처리 작업이 동시에 가능한 장비를 개발하였습니다. 장비의 개발로 인하여 기존 작업의 문제점을 해결하였고, 작업시간의 단축을 실현하였으며, 기존 인력작업으로 인한 경제적 손실을 장비의 활용으로 개선하고, 작업의 효율성을 증대하였습니다. 본 장비의 현장적용으로 작업자의 안전, 도로결빙, 차량정체, 민원발생 등 여러 문제점을 해결할 수 있을 것입니다.
> 기존의 전주는 회색콘크리트가 자연경관과 조화를 이루지 못하여 경관을 해치는 혐오시설로 인식되어 왔습니다. 이러한 인식을 불식시키고자 자연경관에 조화를 이루도록 녹색, 적갈색의 천연광물로 만든 도료로 색칠하여 환경친화적인 전주를 만들었습니다. 앞으로도 H공사는 환경과 조화를 이루는 전력설비 건설을 계속 추진해 나갈 계획입니다.
> 서울 시내에 지상에 설치되어 있는 기기(변압기, 개폐기)에 대하여 주민들의 이설 및 설치 반대 민원이 증가하고 있습니다. 이에 H공사의 이미지를 압축한 지상기기 설치로 고객친화 홍보효과를 제고하기 위하여 기존의 특성과 기능을 유지한 채 미관을 고려한 새로운 외함을 개발하게 되었습니다. 이를 통하여 도심경관에서도 사랑받을 수 있는 설비가 되도록 지속적으로 디자인을 개발하고 확대 보급할 예정입니다.
> 가공송전선로 건설공사의 철탑을 설치하기 위하여 필요한 건설 자재는 운반용 자재 운반로를 개설하여 시공하는 것이 경제적이며 일반적으로 적용하는 공법이나, 이로 인한 산림의 훼손이 불가피함에 따라 친환경적인 시공법에 대한 도입이 적극적으로 요구되고 있습니다. H공사는 산림자원 및 자연환경 보전에 대한 인식확산에 따라 가공송전선로 건설공사 시공 시 산림의 형질변경을 최소화하고자 삭도 및 헬기를 이용하여 공사용 자재를 운반함으로써 산림자원 보전에 기여하고 있습니다.

① 친환경 주거용 복합변전소 건설
② 배전용 맨홀 청소 및 오수 처리장비 개발
③ 환경친화 칼라전주 개발 사용
④ 도심미관을 해치는 지상기기의 최소화
⑤ 삭도 및 헬기를 이용한 공사용 자재 운반

14 다음 중 밑줄 친 ㉠에 대한 평가로 가장 적절한 것은?

> 일어나기 매우 어려운 사건이 일어났다고 매우 믿을 만한 사람이 증언했을 때, 우리는 그 사건이 일어났다고 추론할 수 있는가? 증언하는 사람이 거짓말을 자주 해서 믿을 만하지 않은 사람이거나 증언이 진기한 사건에 관한 것이라면, 증언의 믿음직함은 떨어질 수밖에 없다. 흄은 증언이 단순히 진기한 사건 정도가 아니라 기적 사건에 관한 것인 경우를 다룬다. 기적이 일어났다고 누군가 증언했다고 생각해 보자. 흄의 이론에 따르면, 그 증언이 거짓일 확률과 그 기적이 실제로 일어날 확률을 비교해서, 후자가 더 낮다면 우리는 기적 사건이 일어나지 않았다고 생각하고, 전자가 더 낮다면 우리는 그 증언이 거짓이 아니라고 생각해야 한다. 한편 프라이스의 이론에 따르면, 그 증언이 참일 확률이 기적이 일어날 확률보다 훨씬 높으면, 우리는 그 증언으로부터 기적이 실제로 일어났으리라고 추론할 수 있다.
>
> 예컨대 가람은 ㉠ 거의 죽어가는 사람이 살아나는 기적이 일어났다고 증언했다. 그런 기적이 일어날 확률은 0.01%지만, 가람은 매우 믿을 만한 사람이어서 그의 증언이 거짓일 확률은 0.1%다. 의심 많은 나래는 가람보다 더 믿을 만한 증인이다. 나래도 그런 기적을 증언했는데 그의 증언이 거짓일 확률은 0.001%다.

① 흄의 이론에 따르면, 나래가 ㉠에 대해 거짓말했다고 생각해야 한다.
② 흄의 이론에 따르면, ㉠에 대한 가람의 증언이 받아들일 만하다고 생각해야 한다.
③ 프라이스의 이론에 따르면, 가람이 ㉠에 대해 거짓말했다고 생각해야 한다.
④ 흄의 이론에 따르든 프라이스의 이론에 따르든, 가람의 증언으로부터 ㉠이 실제로 일어났으리라고 추론할 수 있다.
⑤ 흄의 이론에 따르든 프라이스의 이론에 따르든, 나래의 증언으로부터 ㉠이 실제로 일어났으리라고 추론할 수 있다.

※ 다음은 H재단의 연구개발사업 추진절차에 대한 내용이다. 이어지는 질문에 답하시오. [15~16]

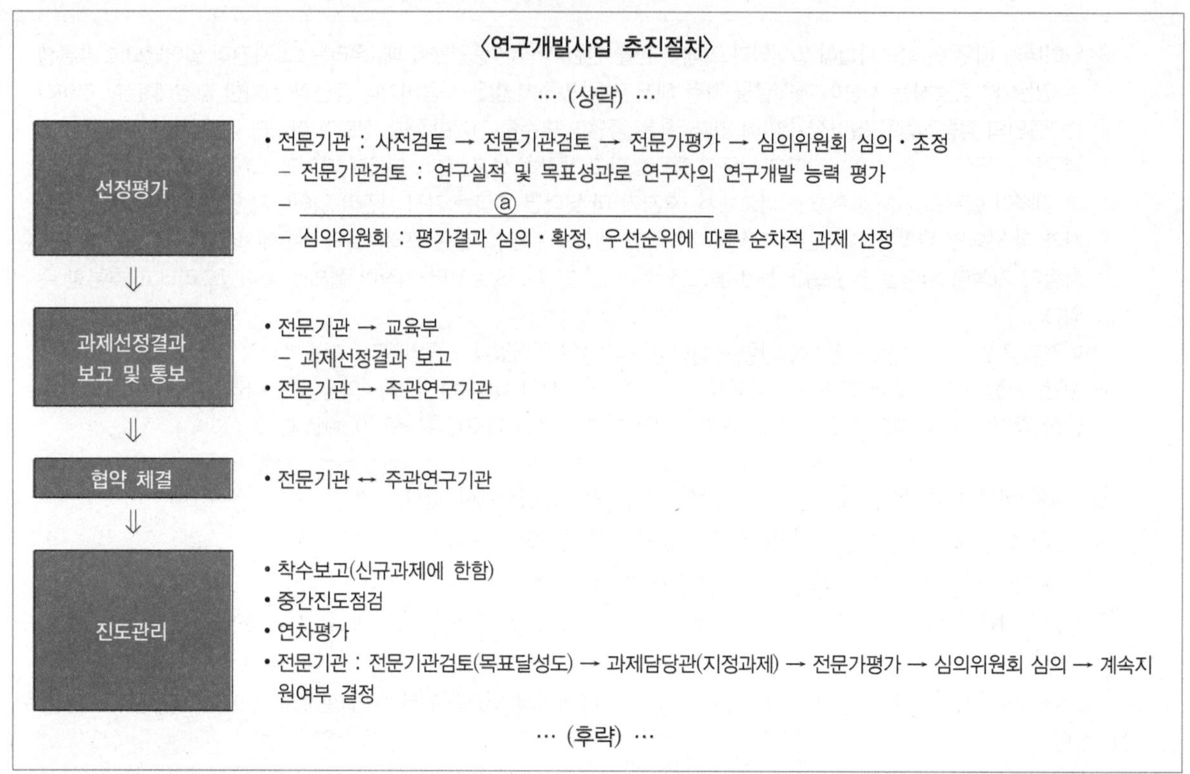

〈연구개발사업 추진절차〉

… (상략) …

단계	내용
선정평가	• 전문기관 : 사전검토 → 전문기관검토 → 전문가평가 → 심의위원회 심의 · 조정 – 전문기관검토 : 연구실적 및 목표성과로 연구자의 연구개발 능력 평가 – ⓐ – 심의위원회 : 평가결과 심의 · 확정, 우선순위에 따른 순차적 과제 선정
⇓	
과제선정결과 보고 및 통보	• 전문기관 → 교육부 – 과제선정결과 보고 • 전문기관 → 주관연구기관
⇓	
협약 체결	• 전문기관 ↔ 주관연구기관
⇓	
진도관리	• 착수보고(신규과제에 한함) • 중간진도점검 • 연차평가 • 전문기관 : 전문기관검토(목표달성도) → 과제담당관(지정과제) → 전문가평가 → 심의위원회 심의 → 계속지원여부 결정

… (후략) …

15 다음은 〈연구개발사업 추진절차〉에서 언급하고 있지 않은 추진절차이다. 제시된 절차를 순서대로 바르게 나열한 것은?

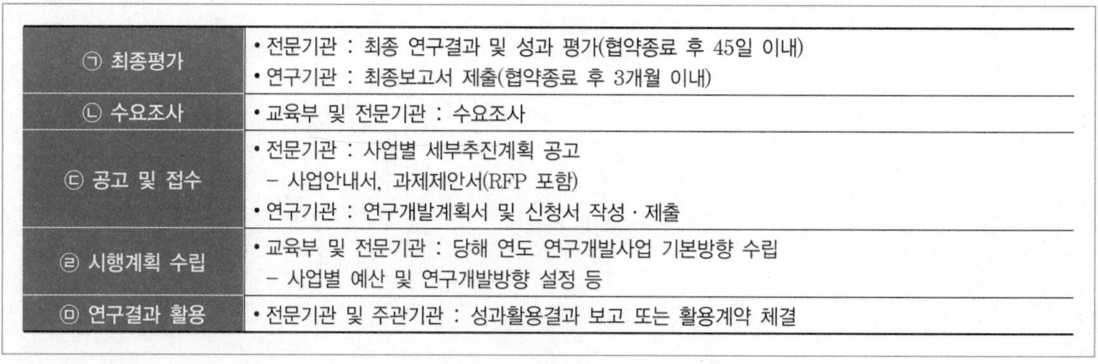

절차	내용
㉠ 최종평가	• 전문기관 : 최종 연구결과 및 성과 평가(협약종료 후 45일 이내) • 연구기관 : 최종보고서 제출(협약종료 후 3개월 이내)
㉡ 수요조사	• 교육부 및 전문기관 : 수요조사
㉢ 공고 및 접수	• 전문기관 : 사업별 세부추진계획 공고 – 사업안내서, 과제제안서(RFP 포함) • 연구기관 : 연구개발계획서 및 신청서 작성 · 제출
㉣ 시행계획 수립	• 교육부 및 전문기관 : 당해 연도 연구개발사업 기본방향 수립 – 사업별 예산 및 연구개발방향 설정 등
㉤ 연구결과 활용	• 전문기관 및 주관기관 : 성과활용결과 보고 또는 활용계약 체결

① ㉡－㉢－㉣－㉤－㉠
② ㉡－㉣－㉢－㉠－㉤
③ ㉢－㉡－㉣－㉠－㉤
④ ㉣－㉢－㉡－㉤－㉠
⑤ ㉣－㉡－㉢－㉠－㉤

16 **다음 중 ⓐ에 들어갈 내용으로 가장 적절한 것은?**

① 전문가평가 : 연구개발과제 평가단 구성, 발표 심사
② 연구비 지급
③ 과제 선정결과 통보 및 협약체결요령, 제출구비 서류 안내
④ 연구기관 : 연차실적 · 계획서 제출(당해 연도 연구종료 1개월 전)
⑤ 사전검토

17 **다음은 산업현장 4대 필수 안전수칙에 대한 글이다. 이를 토대로 답변하기 어려운 질문은 무엇인가?**

〈나를 지키는 안전에너지 산업현장 4대 필수 안전수칙〉

□ 안전보건교육 실시
- 작업 전에 모든 작업자가 유해 · 위험요인을 인지하고, 안전한 작업방법을 이행할 수 있도록 교육을 실시
- 사업주는
  - 근로자와 관리감독자에 대하여 정기적으로 안전보건교육을 실시해야 합니다.
  - 근로자 신규채용 시 또는 작업내용 변경 시 안전보건교육을 실시해야 합니다.
  - 유해 · 위험 작업을 하는 근로자에 대하여 관련 안전보건교육을 실시해야 합니다.
  - 건설 현장 일용근로자에 대하여 기초안전 · 보건교육을 이수하도록 해야 합니다.

  ※ 이를 위반 시 500만 원 이하의 과태료를 부과받게 됩니다.
- 근로자는
  - 사업주가 실시하는 안전보건교육에 참석해야 합니다.
  - 안전보건교육 내용을 잘 숙지해야 합니다.
  - 안전보건교육 내용에 따라 안전하게 작업해야 합니다.

… (후략) …

① 산업현장 필수 안전수칙은 총 몇 종류인가요?
② 안전보건교육을 실시하지 않으면 과태료가 얼마인가요?
③ 안전보건교육을 실시와 관련하여 근로자가 지켜야 할 내용은 무엇인가요?
④ 안전보건교육을 실시하지 않아도 되는 면제대상은 누구인가요?
⑤ 건설 현장 일용근로자들이 받아야 할 안전보건교육은 무엇인가요?

※ 다음은 박람회의 사업추진절차이다. 이어지는 질문에 답하시오. **[18~19]**

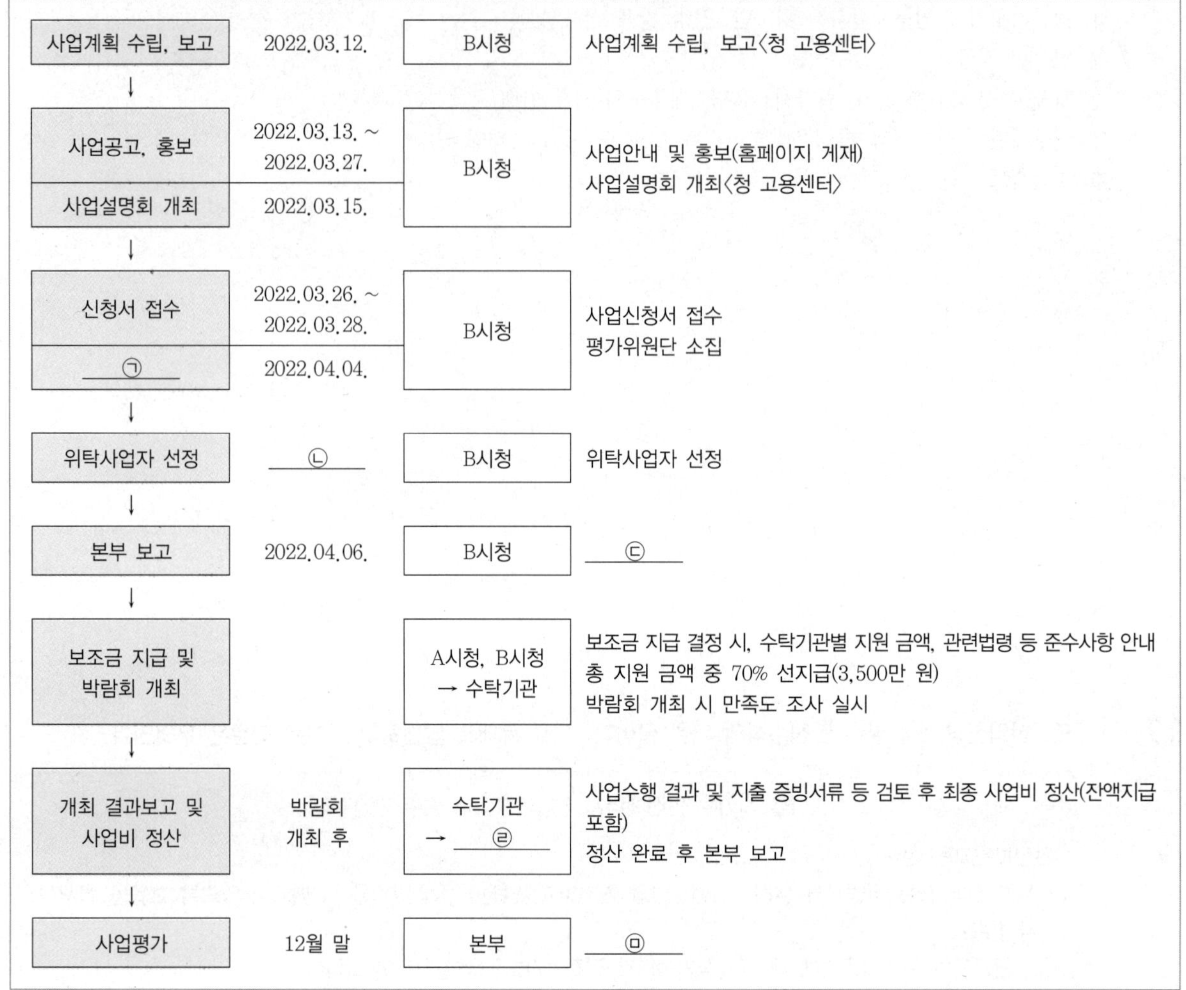

18 다음 중 박람회의 사업추진절차를 잘못 이해한 사람은?

① 민섭 : 2개 시청의 합동 사업추진으로 생각되네.
② 우형 : 최종 사업비 정산 시 받을 수 있는 금액은 1,500만 원일 거야.
③ 재연 : 교육박람회를 추진 중이야.
④ 혁찬 : 외주업체 선정을 통해 박람회를 개최하는 것으로 보여.
⑤ 지훈 : 최종 사업비 정산은 박람회 개최 이후에 이루어지네.

19 **다음 중 빈칸 ㉠~㉤에 들어갈 말이 잘못 연결된 것은?**

① ㉠ : 심사위원회 개최
② ㉡ : 2022.04.05
③ ㉢ : 선정결과를 본부에 제출
④ ㉣ : A시청, B시청
⑤ ㉤ : 차기 사업계획 수립

20 **다음 글에서 밑줄 친 결론을 이끌어내기 위해 추리해야 할 전제를 〈보기〉에서 모두 고르면?**

이미지란 우리가 세계에 대해 시각을 통해 얻는 표상을 가리킨다. 상형문자나 그림문자를 통해서 얻은 표상도 여기에 포함된다. 이미지는 세계의 실제 모습을 아주 많이 닮았으며 그러한 모습을 우리 뇌 속에 복제한 결과이다. 그런데 우리의 뇌는 시각적 신호를 받아들일 때 시야에 들어 온 세계를 한꺼번에 하나의 전체로 받아들이게 된다. 즉, 대다수의 이미지는 한꺼번에 지각된다. 예를 들어 우리는 새의 전체 모습을 한꺼번에 지각하지 머리, 날개, 꼬리 등을 개별적으로 지각한 후 이를 머릿속에서 조합하는 것이 아니다.
표음문자로 이루어진 글을 읽는 것은 이와는 다른 과정이다. 표음문자로 구성된 문장에 대한 이해는 그 문장의 개별적인 문법적 구성요소들로 이루어진 특정한 수평적 연속에 의존한다. 문장을 구성하는 개별 단어들, 혹은 각 단어를 구성하는 개별 문자들이 하나로 결합하여 비로소 의미 전체가 이해되는 것이다. 비록 이 과정이 너무도 신속하고 무의식적으로 이루어지기는 하지만 말이다. 알파벳을 구성하는 기호들은 개별적으로는 아무런 의미도 가지지 않으며 어떠한 이미지도 나타내지 않는다. 일련의 단어군은 한꺼번에 파악될 수도 있겠지만, 표음문자의 경우 대부분 언어는 개별 구성요소들이 하나의 전체로 결합하는 과정을 통해 이해된다.
남성적인 사고는 사고 대상 전체를 구성요소 부분으로 분해한 후 그들 각각을 개별화시키고 이를 다시 재조합하는 과정으로 진행된다. 그에 비해 여성적인 사고는 분해되지 않은 전체 이미지를 통해서 의미를 이해하는 특징을 지닌다. 그림 문자로 구성된 글의 이해는 여성적인 사고 과정을, 표음문자로 구성된 글의 이해는 남성적인 사고 과정을 거친다. 여성은 대체로 여성적 사고를, 남성은 대체로 남성적 사고를 한다는 점을 고려할 때 <u>표음문자 체계의 보편화는 여성의 사회적 권력을 약화하는 결과를 낳게 된다</u>.

보기

ㄱ. 그림문자를 쓰는 사회에서는 남성의 사회적 권력이 여성의 그것보다 우월하였다.
ㄴ. 표음문자 체계는 기능적으로 분화된 복잡한 의사소통을 가능하도록 하였다.
ㄷ. 글을 읽고 이해하는 능력은 사회적 권력에 영향을 미친다.

① ㄱ
② ㄴ
③ ㄷ
④ ㄱ, ㄴ
⑤ ㄴ, ㄷ

02 수리능력

21 다음은 성별 국민연금 가입자 수에 대한 자료이다. 이에 대한 설명으로 옳은 것은?

〈성별 국민연금 가입자 수〉

(단위 : 명)

구분	사업장 가입자	지역 가입자	임의 가입자	임의계속 가입자	합계
남성	8,059,994	3,861,478	50,353	166,499	12,138,324
여성	5,775,011	3,448,700	284,127	296,644	9,804,482
합계	13,835,005	7,310,178	334,480	463,143	21,942,806

① 남성 사업장 가입자 수는 남성 지역 가입자 수의 2배 미만이다.
② 여성 사업장 가입자 수는 나머지 여성 가입자 수를 모두 합친 것보다 적다.
③ 전체 지역 가입자 수는 전체 사업장 가입자 수의 50% 미만이다.
④ 전체 가입자 중 여성 가입자 수의 비율은 40% 이상이다.
⑤ 가입자 수가 많은 순서대로 나열하면 '사업장 가입자 – 지역 가입자 – 임의 가입자 – 임의계속 가입자' 순서이다.

22 다음은 A국과 B국의 축구 대결을 앞두고 양국의 골키퍼, 수비(중앙 수비, 측면 수비), 미드필드, 공격(중앙 공격, 측면 공격) 능력을 영역별로 평가한 결과이다. 이에 대한 설명으로 옳지 않은 것은?(단, 원 중심에서 멀어질수록 점수가 높아진다)

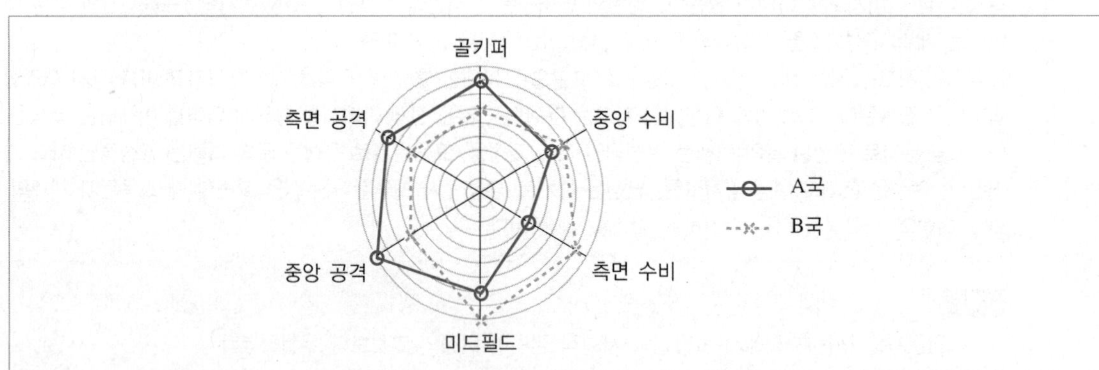

① A국은 공격보다 수비에 약점이 있다.
② B국은 미드필드보다 수비에서의 능력이 뛰어나다.
③ A국과 B국은 측면 수비 능력에서 가장 큰 차이가 난다.
④ A국과 B국 사이에 가장 작은 차이를 보이는 영역은 중앙 수비이다.
⑤ 골키퍼의 역량이 보다 뛰어난 국가는 A국이다.

23 보라는 제주도 맛집 열 곳 중에서 세 곳을 골라 아침, 점심, 저녁을 먹으려고 한다. 가능한 경우의 수는?

① 420가지
② 560가지
③ 600가지
④ 720가지
⑤ 750가지

24 비가 온 날의 다음 날에 비가 올 확률은 0.7, 비가 오지 않는 날의 다음 날에 비가 올 확률은 0.4이다. 수요일에 비가 왔을 때, 금요일에 비가 올 확률은?

① 0.4
② 0.56
③ 0.61
④ 0.77
⑤ 0.82

25 A기업에서는 조직 개편을 하려고 하는데, 5명을 한 팀으로 개편하면 2명이 팀에 편성되지 않고, 6명을 한 팀으로 개편하면 팀에 편성되지 않는 사람은 없지만, 5명을 한 팀으로 조직을 개편했을 때보다 2팀이 줄어든다. 5명을 한 팀으로 개편했을 때, 만들어지는 팀은 총 몇 팀인가?

① 12팀
② 13팀
③ 14팀
④ 15팀
⑤ 16팀

26 해선이가 학교로 출발한 지 5분 후, 동생이 따라 나왔다. 동생은 매분 100m의 속력으로 걷고 해선이는 매분 80m의 속력으로 걷는다면, 두 사람은 동생이 출발한 뒤 몇 분 후에 만나는가?

① 15분
② 20분
③ 25분
④ 30분
⑤ 35분

27 귀하는 미디어 매체별 이용자 분포 자료를 토대로 보고서에 추가할 그래프를 제작하였다. 완성된 보고서를 상사에게 제출하였는데, 그래프 중에서 잘못된 것이 있다고 피드백을 받았다. 귀하가 다음의 자료를 토대로 그래프를 검토할 때, 수정이 필요한 것은 무엇인가?

〈미디어 매체별 이용자 분포〉

(단위 : %)

구분		TV	스마트폰	PC / 노트북
사례 수		7,000명	6,000명	4,000명
성별	남자	49.4	51.7	51.9
	여자	50.6	48.3	48.1
연령	10대	9.4	11.2	13.0
	20대	14.1	18.7	20.6
	30대	17.1	21.1	23.0
	40대	19.1	22.2	22.6
	50대	18.6	18.6	15.0
	60세 이상	21.7	8.2	5.8
직업	사무직	20.1	25.6	28.2
	서비스직	14.8	16.6	14.9
	생산직	20.3	17.0	13.4
	학생	13.2	16.8	19.4
	주부	20.4	17.8	18.4
	기타	0.6	0.6	0.6
	무직	10.6	5.6	5.1
소득	상	31.4	35.5	38.2
	중	45.1	49.7	48.8
	하	23.5	14.8	13.0
도시 규모	대도시	45.3	47.5	49.5
	중소도시	37.5	39.6	39.3
	군지역	17.2	12.9	11.2

① 연령대별 스마트폰 이용자 수(단위 : 명)

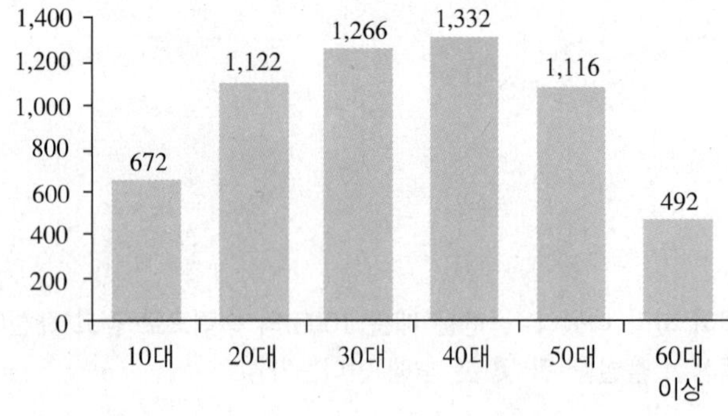

② 성별 매체이용자 수(단위 : 명)

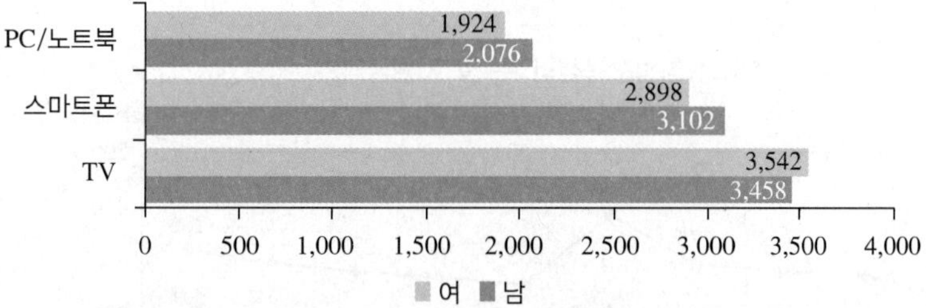

③ 매체별 소득수준 구성비

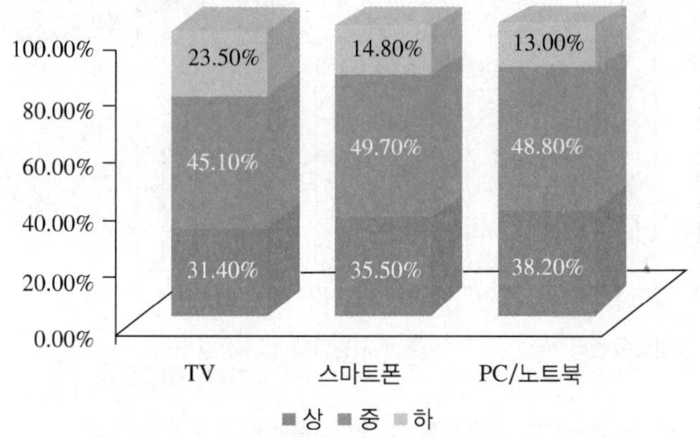

④ TV+스마트폰 이용자의 도시규모별 구성비

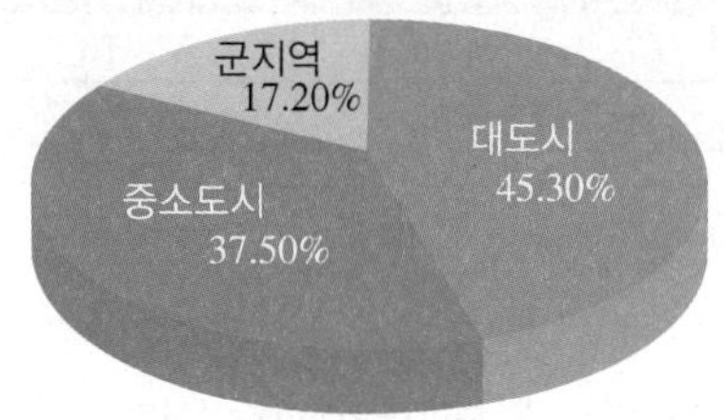

⑤ 사무직 이용자의 매체별 구성비

28 다음은 창업보육센터의 현황에 대한 자료이다. 이에 대한 설명으로 옳지 않은 것을 〈보기〉에서 모두 고르면?

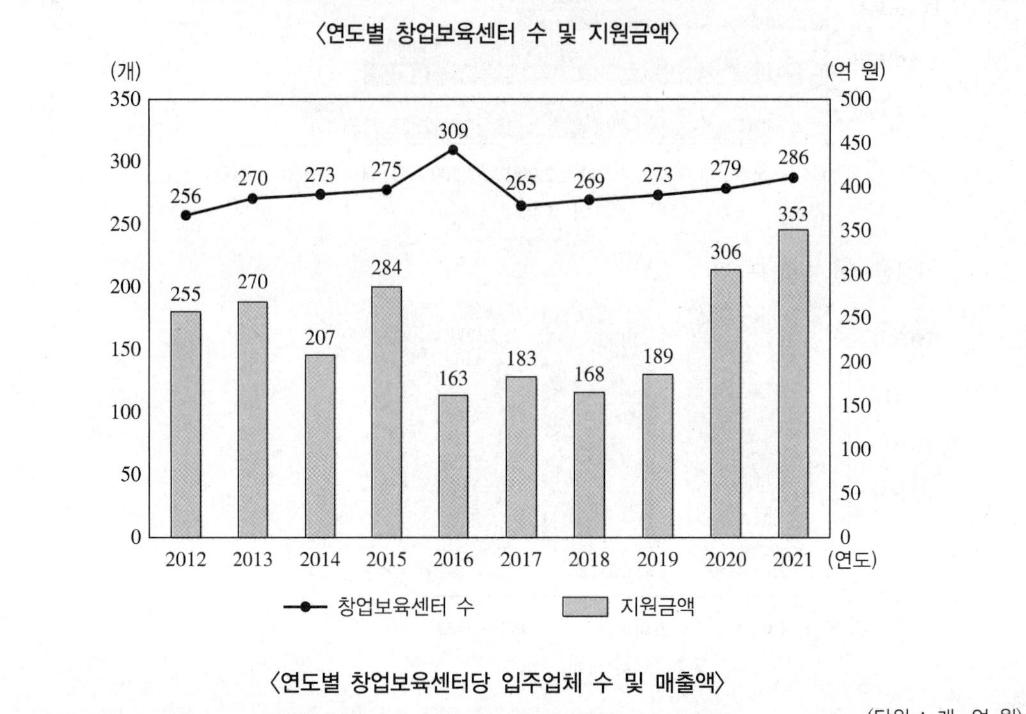

〈연도별 창업보육센터당 입주업체 수 및 매출액〉

(단위 : 개, 억 원)

구분	2019년	2020년	2021년
창업보육센터당 입주업체 수	16.6	17.1	16.8
창업보육센터당 입주업체 매출액	85.0	91.0	86.7

※ 한 업체는 1개의 창업보육센터에만 입주한다.

보기

ㄱ. 2021년 창업보육센터 지원금액의 전년 대비 증가율은 창업보육 센터 수 증가율의 5배 이상이다.
ㄴ. 2021년 창업보육센터의 전체 입주업체 수는 전년보다 적다.
ㄷ. 창업보육센터당 지원금액이 가장 적은 해는 2016년이며, 가장 많은 해는 2021년이다.
ㄹ. 창업보육센터 입주업체의 전체 매출액은 2019년 이후 매년 증가하였다.

① ㄱ, ㄴ
② ㄱ, ㄷ
③ ㄴ, ㄷ
④ ㄴ, ㄹ
⑤ ㄷ, ㄹ

29 다음은 2017 ~ 2021년 갑 국의 사회간접자본(SOC) 투자규모에 대한 자료이다. 이에 대한 설명으로 옳지 않은 것은?(단, 소수점 둘째 자리에서 반올림한다)

〈갑 국의 사회간접자본(SOC) 투자규모〉

(단위 : 조 원, %)

구분 \ 연도	2017년	2018년	2019년	2020년	2021년
SOC 투자규모	20.5	25.4	25.1	24.4	23.1
총지출 대비 SOC 투자규모 비중	7.8	8.4	8.6	7.9	6.9

① 2021년 총지출은 300조 원 이상이다.
② 2018년 SOC 투자규모의 전년 대비 증가율은 30% 이하이다.
③ 2018 ~ 2021년 동안 SOC 투자규모가 전년에 비해 가장 큰 비율로 감소한 해는 2021년이다.
④ 2018 ~ 2021년 동안 SOC 투자규모와 총지출 대비 SOC 투자규모 비중의 전년 대비 증감방향은 동일하다.
⑤ 2022년 SOC 투자규모의 전년 대비 감소율이 2021년과 동일하다면, 2022년 SOC 투자규모는 20조 원 이상이다.

30 다음은 K전자의 2021년 분기별 손익 현황에 대한 자료이다. 이에 대한 설명으로 옳은 것을 〈보기〉에서 모두 고르면?

〈2021년 분기별 손익 현황〉

(단위 : 억 원)

구분		1분기	2분기	3분기	4분기
손익	매출액	9,332	9,350	8,364	9,192
	영업손실	278	491	1,052	998
	당기순손실	261	515	1,079	1,559

※ $[\text{영업이익률}(\%)]=\frac{[\text{영업이익(손실)}]}{(\text{매출액})}\times 100$

보기

ㄱ. 2021년 3분기의 영업이익이 가장 높다.
ㄴ. 2021년 4분기의 영업이익률은 2021년 1분기보다 감소하였다.
ㄷ. 2021년 2 ~ 4분기 매출액은 직전 분기보다 증가하였다.
ㄹ. 2021년 3분기의 당기순손실은 직전 분기 대비 100% 이상 증가하였다.

① ㄱ, ㄴ
② ㄱ, ㄷ
③ ㄴ, ㄷ
④ ㄴ, ㄹ
⑤ ㄷ, ㄹ

31 다음은 전국 폐기물 발생 현황에 대한 자료이다. 빈칸에 해당하는 값을 순서대로 바르게 나열한 것은?(단, 소수점 둘째 자리에서 반올림한다)

〈전국 폐기물 발생 현황〉

(단위 : 톤, %)

구분		2015년	2016년	2017년	2018년	2019년	2020년
총계	발생량	359,296	357,861	365,154	373,312	382,009	382,081
	증감율	6.6	−0.4	2.0	2.2	2.3	0.02
의료 폐기물	발생량	52,072	50,906	49,159	48,934	48,990	48,728
	증감율	3.4	−2.2	−3.4	(ㄱ)	0.1	−0.5
사업장 배출시설계 폐기물	발생량	130,777	123,604	137,875	137,961	146,390	149,815
	증감율	13.9	(ㄴ)	11.5	0.1	6.1	2.3
건설 폐기물	발생량	176,447	183,351	178,120	186,417	186,629	183,538
	증감율	2.6	3.9	−2.9	4.7	0.1	−1.7

	(ㄱ)	(ㄴ)
①	−0.5%	−5.5%
②	−0.5%	−4.5%
③	−0.6%	−5.5%
④	−0.6%	−4.5%
⑤	−0.7%	−5.5%

32 정희는 5명으로 구성된 인사팀에서 비품을 담당하고 있다. 비품을 신청할 때가 되어 다음과 같이 비품을 주문하려고 하는데, 정해진 예산은 25,000원이다. 다음 비품을 모두 주문하고 남은 돈으로 1자루에 250원짜리 볼펜을 주문한다고 할 때, 볼펜 몇 타를 살 수 있겠는가?(단, 볼펜 1타는 볼펜 12자루이다)

〈주문 비품 목록〉

물품	가격	개수
지우개	500원	인사팀 인원 수
계산기	5,700원	1개
형광펜	600원	3개

① 2타
② 3타
③ 4타
④ 5타
⑤ 6타

33 Q공사는 상반기 신입사원 공개채용을 시행했다. 1차 서류전형과 인적성, 면접전형이 모두 끝나고 최종 면접자들의 점수를 확인하여 합격 점수 산출법에 따라 합격자를 선정하려고 한다. 총점이 80점 이상인 지원자가 합격한다고 할 때, 다음 중 합격자를 모두 고르면?

〈최종 면접 점수〉

구분	A	B	C	D	E
직업기초능력	75	65	60	68	90
의사소통능력	52	70	55	45	80
문제해결능력	44	55	50	50	49

〈합격 점수 산출법〉

- 직업기초능력×0.6
- 의사소통능력×0.3
- 문제해결능력×0.4
- 총점 : 80점 이상

※ 과락 점수(미만) : 직업기초능력 60점, 의사소통능력 50점, 문제해결능력 45점

① A, C
② A, D
③ B, E
④ C, E
⑤ D, E

34 다음은 연도별 아르바이트 소득에 대한 자료이다. 이에 대한 설명으로 옳은 것은?

〈아르바이트 월 소득 및 시급〉

(단위 : 원, 시간)

구분	2017년	2018년	2019년	2020년	2021년
월 평균 소득	682,500	771,000	860,000	896,000	902,000
평균 시급	6,600	7,800	8,500	8,700	9,000
주간 평균 근로 시간	24	23.5	22	23	23.4

① 2018~2021년 동안 전년 대비 월 평균 소득의 증가율이 가장 높은 연도는 2021년이다.
② 주간 평균 근로시간이 많을수록 평균 시급이 낮다.
③ 전년 대비 2019년 평균 시급 증가액은 전년 대비 2021년 증가액보다 100원 적다.
④ 2017년 월 평균 소득은 2021년 월 평균 소득의 70% 이하이다.
⑤ 평균 시급에 대한 월 평균 소득의 비율이 가장 적은 연도는 2018년이다.

35 다음은 2012년부터 2021년까지 연도별 청년 고용률 및 실업률에 대한 그래프이다. 고용률과 실업률의 차이가 가장 큰 연도는?

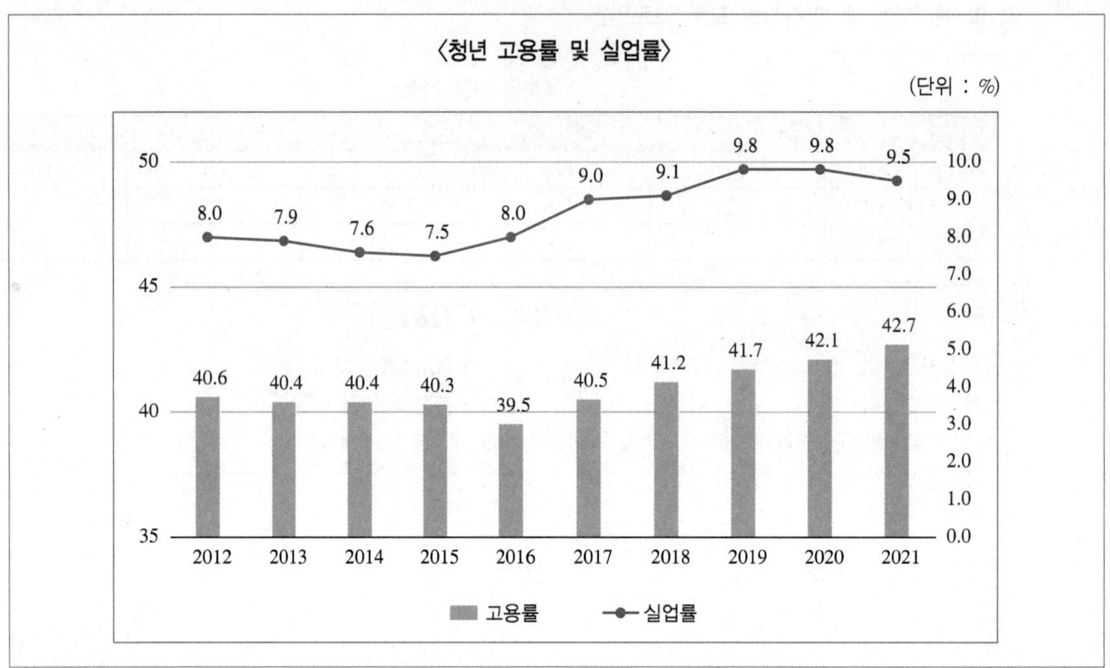

① 2015년
② 2018년
③ 2019년
④ 2020년
⑤ 2021년

※ 다음은 2021년 주당 근무시간을 나타낸 자료이다. 이어지는 질문에 답하시오. [36~37]

〈2021년 주당 근무시간〉

(단위 : %)

특성별		사례 수(명)	주 40시간 이하	주 41 ~ 52시간 이하	주 53시간 이상
전체	소계	50,091	52.3	27.2	20.5
성별	남성	28,612	48.1	28.7	23.2
	여성	21,478	58.0	25.0	17.0
종사상 지위별	고용원이 없는 자영업자	7,677	27.6	26.0	46.4
	고용원이 있는 자영업자 / 사업주	2,993	28.3	30.0	41.7
	임금근로자	37,073	59.7	27.4	12.9
	무급가족종사자	2,149	46.0	24.0	30.0
	그외종사자	200	61.6	19.8	18.6
직업별	관리자	291	63.6	30.1	6.3
	전문가 및 관련종사자	10,017	64.5	26.5	9.0
	사무종사자	9,486	70.8	25.0	4.2
	서비스종사자	6,003	39.6	21.9	38.5
	판매종사자	6,602	34.7	29.1	36.2
	농림어업 숙련종사자	2,710	54.8	24.5	20.7
	기능원 및 관련기능종사자	4,853	35.1	37.1	27.8
	장치, 기계조작 및 조립종사자	5,369	41.8	32.2	26.0
	단순노무종사자	4,642	57.4	21.9	20.7
	군인	118	71.9	23.8	4.3

36 다음 〈보기〉 중 자료에 대한 설명으로 옳지 않은 것을 모두 고르면?

보기

ㄱ. 판매종사자 중 주 52시간 이하로 근무하는 비율은 60%를 넘는다.
ㄴ. 남성과 여성 모두 주 41 ~ 52시간 이하로 근무하는 비율이 가장 높다.
ㄷ. 응답자 중 무급가족종사자의 절반 이상은 주 40시간 이하로 근무한다.
ㄹ. 농림어업 숙련종사자 중 주 40시간 이하로 근무하는 응답자의 수는 1,000명이 넘는다.

① ㄱ, ㄴ
② ㄱ, ㄷ
③ ㄴ, ㄷ
④ ㄴ, ㄹ
⑤ ㄷ, ㄹ

37 다음 중 고용원이 없는 자영업자와 고용원이 있는 자영업자 / 사업주에서 주 40시간 이하로 근무하는 응답자의 비율의 합으로 옳은 것은?

① 0.7%p
② 37.6%p
③ 54.9%p
④ 55.9%p
⑤ 58.0%p

38 다음은 2021년 공항철도를 이용한 월별 여객 수송실적이다. 표를 보고 (A) ~ (C)에 들어갈 수를 순서대로 바르게 나열한 것은?

〈공항철도 이용 여객 현황〉

(단위 : 명)

구분	수송인원	승차인원	유입인원
1월	209,807	114,522	95,285
2월	208,645	117,450	(A)
3월	225,956	133,980	91,976
4월	257,988	152,370	105,618
5월	266,300	187,329	78,971
6월	(B)	189,243	89,721
7월	328,450	214,761	113,689
8월	327,020	209,875	117,145
9월	338,115	(C)	89,209
10월	326,307	219,077	107,230

※ 유입인원은 환승한 인원이다.

※ (수송인원)=(승차인원)+(유입인원)

	(A)	(B)	(C)
①	101,195	278,884	243,909
②	101,195	268,785	243,909
③	91,195	268,785	248,906
④	91,195	278,964	248,906
⑤	90,095	278,964	249,902

※ 다음은 다문화 신혼부부의 성별 출신국적 현황을 나타낸 자료이다. 이어지는 질문에 답하시오. **[39~40]**

〈다문화 신혼부부의 성별 출신국적 현황〉

(단위 : 명)

주요국적 순위별	2020년				2021년			
	남편		아내		남편		아내	
	국적	인원수	국적	인원수	국적	인원수	국적	인원수
합계	합계	22,114	합계	38,745	합계	21,792	합계	36,766
1순위	중국	9,597	중국	10,239	중국	9,335	중국	9,928
2순위	미국	3,725	베트남	6,456	미국	3,549	베트남	5,234
3순위	베트남	1,531	필리핀	5,897	베트남	1,911	필리핀	4,872
4순위	일본	1,443	일본	3,037	일본	1,194	일본	2,992
5순위	캐나다	1,018	캄보디아	2,575	캐나다	968	캄보디아	2,534
6순위	대만	518	미국	1,933	대만	530	태국	2,417
7순위	영국	478	태국	1,775	영국	490	미국	1,962
8순위	파키스탄	430	우즈벡	1,038	파키스탄	375	우즈벡	1,002
9순위	호주	384	대만	919	호주	348	대만	993
10순위	프랑스	278	몽골	799	프랑스	295	몽골	781
11순위	뉴질랜드	248	캐나다	618	뉴질랜드	236	캐나다	627
기타	기타	2,464	기타	3,459	기타	2,561	기타	3,424

39 다음 〈보기〉 중 자료에 대한 설명으로 옳지 않은 것을 모두 고르면?

보기

ㄱ. 영국 출신의 남편의 수는 2020년과 2021년에 동일하다.
ㄴ. 남편의 국적과 아내의 국적의 인원이 많은 순위는 각각 2020년과 2021년에 동일하다.
ㄷ. 프랑스 출신의 남편의 수는 2020년보다 2021년에 많다.
ㄹ. 2020년 다문화 신혼부부 중 중국 국적인 남편의 수는 필리핀 국적인 아내의 수의 2배 이상이다.

① ㄱ, ㄷ
② ㄴ, ㄹ
③ ㄱ, ㄴ, ㄹ
④ ㄱ, ㄷ, ㄹ
⑤ ㄱ, ㄴ, ㄷ, ㄹ

40 2020년과 2021년 다문화 신혼부부 중 호주 국적의 남편의 수의 합과 미국 출신 아내의 수의 합의 합계로 옳은 것은?

① 2,810명
② 3,759명
③ 4,210명
④ 4,627명
⑤ 4,957명

41 **귀하는 점심식사 중 식당에 있는 TV에서 정부의 정책에 대한 뉴스가 나오는 것을 보았다. 함께 점심을 먹는 동료들과 뉴스를 보고 나눈 대화의 내용으로 적절하지 않은 것은?**

〈뉴스〉

앵커 : 저소득층에게 법률서비스를 제공하는 정책을 구상 중입니다. 정부는 무료로 법률자문을 하겠다고 자원하는 변호사를 활용하는 자원봉사제도, 정부에서 법률 구조공단 등의 기관을 신설하고 변호사를 유급으로 고용하여 법률서비스를 제공하는 유급법률구조제도, 정부가 법률서비스의 비용을 대신 지불하는 법률보호제도 등의 세 가지 정책대안 중 하나를 선택할 계획입니다.

이 정책대안을 비교하는 데 고려해야 할 정책목표는 비용저렴성, 접근용이성, 정치적 실현가능성, 법률서비스의 전문성입니다. 정책대안과 정책목표의 관계는 화면으로 보여드립니다. 각 대안이 정책목표를 달성하는 데 유리한 경우는 (+)로, 불리한 경우는 (−)로 표시하였으며, 유・불리 정도는 같습니다. 정책목표에 대한 가중치의 경우, '0'은 해당 정책목표를 무시하는 것을, '1'은 해당 정책목표를 고려하는 것을 의미합니다.

〈정책대안과 정책목표의 상관관계〉

정책목표	가중치		정책대안		
	A안	B안	자원봉사제도	유급법률구조제도	법률보호제도
비용저렴성	0	0	+	−	−
접근용이성	1	0	−	+	−
정치적 실현가능성	0	0	+	−	+
전문성	1	1	−	+	−

① 아마도 전문성 면에서는 유급법률구조제도가 자원봉사제도보다 더 좋은 정책 대안으로 평가받게 되겠군.
② A안에 가중치를 적용할 경우 유급법률구조제도가 가장 적절한 정책대안으로 평가받게 되지 않을까?
③ 반대로 B안에 가중치를 적용할 경우 자원봉사제도가 가장 적절한 정책대안으로 평가받게 될 것 같아.
④ A안과 B안 중 어떤 것을 적용하더라도 정책대안 비교의 결과는 달라지지 않을 것으로 보여.
⑤ 비용저렴성을 달성하기에 가장 유리한 정책대안은 자원봉사제도로군.

※ 다음은 G공사의 직원회의에서 올해 제안된 5가지 프로젝트이다. 이어지는 질문에 답하시오. **[42~43]**

〈직원회의 제안 프로젝트〉

프로젝트	소요예산	소요기간	소요인력	직원호응도 순위
직원 복지시설 신설	5천만 원	5개월	30명	2
청소년 직업탐방 및 교육제공	4천만 원	4개월	40명	5
농가 봉사활동	3천만 원	2개월	30명	4
농가 살리기 홍보	7천만 원	3개월	25명	3
저소득 농가 보조금 지원	8천만 원	1개월	15명	1

〈프로젝트 진행방법〉

- 한 프로젝트가 끝나면 최소 한 달의 휴식기간을 가진다.
- 투입가능 예산은 총 2억 원, 투입가능 인원은 총 100명이다.
- 프로젝트는 동시에 진행할 수 없다.
- 투입가능 인원에서 인력마다 하나의 프로젝트 참여만 가능하다.

42 G공사는 소요예산만 고려하여 투입가능 예산을 모두 사용하기로 했다면, 다음 중 가능한 프로젝트를 바르게 나열한 것은?(단, 투입가능 예산은 초과할 수 없다)

① 청소년 직업탐방 및 교육제공, 농가 살리기 홍보, 저소득 농가 보조금 지원
② 농가 봉사활동, 농가 살리기 홍보, 저소득 농가 보조금 지원
③ 직원 복지시설 신설, 청소년 직업탐방 및 교육제공, 농가 봉사활동, 농가 살리기 홍보
④ 직원 복지시설 신설, 청소년 직업탐방 및 교육제공, 농가 봉사활동, 저소득 농가 보조금 지원
⑤ 직원 복지시설 신설, 청소년 직업탐방 및 교육제공, 농가 봉사활동, 농가 살리기 홍보, 저소득 농가 보조금 지원

43 G공사가 다음 〈조건〉을 고려하여 가능한 한 많은 프로젝트를 진행하려고 할 때, 진행할 수 있는 모든 프로젝트를 바르게 나열한 것은?

조건

- 소요기간은 짧은 순서대로 5점부터 1점까지 점수를 부여한다.
- 직원호응도 순위는 순위가 높은 순서로 5점부터 1점까지 점수를 부여한다.
- 소요기간과 직원호응도 점수의 총점이 높은 프로젝트부터 투입이 가능한 예산 및 인원 범위 안에서 진행한다.
- 총점이 동일할 경우 직원호응도 순위가 높은 프로젝트를 우선한다.

① 직원 복지시설 신설, 청소년 직업탐방 및 교육제공, 농가 봉사활동
② 직원 복지시설 신설, 청소년 직업탐방 및 교육제공, 농가 살리기 홍보
③ 청소년 직업탐방 및 교육제공, 농가 봉사활동, 농가 살리기 홍보
④ 청소년 직업탐방 및 교육제공, 농가 봉사활동, 저소득 농가 보조금 지원
⑤ 농가 봉사활동, 농가 살리기 홍보, 저소득 농가 보조금 지원

44 L마트에서는 최근 시간관리 매트릭스에 대한 교육을 실시했다. 시간관리 매트릭스는 효율적으로 시간관리를 할 수 있도록 중요한 일과 중요하지 않은 일의 우선순위를 나누는 분류 방법이다. 다음 중 강의를 들은 A씨가 교육 내용을 적용하여 ⓐ~ⓒ를 순서대로 바르게 나열한 것은?

〈시간관리 매트릭스〉

구분	긴급한 일	긴급하지 않은 일
중요한 일	제1사분면	제2사분면
중요하지 않은 일	제3사분면	제4사분면

※ 각 사분면의 좌표의 위치는 우선 순위 정도에 고려하지 않는다.

A씨는 L마트 고객지원팀 사원이다. A씨는 ⓐ 다음 주에 상부에 보고할 내용을 마무리 하는 도중 고객으로부터 '상품을 먹은 후 두드러기가 나서 일상생활이 힘들 정도다.'라는 ⓑ 불만 접수를 받았다. 고객은 오늘 내로 해결할 방법을 알려달라는 강한 불만을 제기했다. 아직 업무는 다 끝내지 못한 상태고, 오늘 저녁에 ⓒ 친구와 약속이 있다. 약속 시간까지는 2시간 정도 남은 상태이다.

	제1사분면	제2사분면	제3사분면	제4사분면
①	ⓐ	ⓒ	ⓑ	–
②	ⓑ	ⓐ	–	ⓒ
③	ⓑ, ⓒ	–	–	ⓐ
④	–	ⓐ	ⓒ	ⓑ
⑤	ⓒ	–	ⓐ, ⓑ	–

45 **S공사에 입사한 A ~ E신입사원은 각각 2개 항목의 물품을 신청하였다. 5명의 신입사원 중 2명의 진술이 거짓일 때, 다음 중 신청 사원과 신청 물품을 바르게 나열한 것은?**

> 신입사원이 신청한 항목은 4개이며, 항목별 신청 사원의 수는 다음과 같다.
> • 필기구 : 2명
> • 의자 : 3명
> • 복사용지 : 2명
> • 사무용 전자제품 : 3명

> • A : 나는 필기구를 신청하였고, E는 거짓말을 하고 있다.
> • B : 나는 의자를 신청하지 않았고, D는 진실을 말하고 있다.
> • C : 나는 의자를 신청하지 않았고, E는 진실을 말하고 있다.
> • D : 나는 필기구와 사무용 전자제품을 신청하였다.
> • E : 나는 복사용지를 신청하였고, B와 D는 거짓말을 하고 있다.

① A – 복사용지
② A – 의자
③ C – 필기구
④ C – 사무용 전자제품
⑤ E – 필기구

46 **다음 문제해결절차에 따라 (가) ~ (마)를 순서대로 바르게 나열한 것은?**

> 〈문제해결절차〉
>
> 문제 인식 → 문제 도출 → 원인 분석 → 해결안 개발 → 실행 및 평가
>
> (가) 파악된 핵심문제에 대한 분석을 통해 근본 원인을 도출한다.
> (나) 실행계획을 실제 상황에 적용하는 활동으로 당초 장애가 되는 문제의 원인들을 해결안을 사용하여 제거한다.
> (다) 해결해야 할 전체 문제를 파악하여 우선순위를 정하고, 선정 문제에 대한 목표를 명확히 한다.
> (라) 문제로부터 도출된 근본 원인을 효과적으로 해결할 수 있는 최적의 해결방안을 수립한다.
> (마) 선정된 문제를 분석하여 해결해야 할 것이 무엇인지를 명확히 한다.

① (가) – (나) – (다) – (라) – (마)
② (나) – (마) – (가) – (라) – (다)
③ (다) – (가) – (마) – (나) – (라)
④ (다) – (마) – (가) – (라) – (나)
⑤ (라) – (나) – (마) – (가) – (다)

47 K공사는 필리핀의 신재생에너지 시장에 진출하려고 한다. 전략기획팀의 M대리는 3C 분석 방법을 통해 다음과 같은 결과를 도출하였다. K공사의 필리핀 시장 진출에 대한 판단으로 가장 적절한 것은?

3C	상황분석
고객(Customer)	• 아시아국가 중 전기요금이 높은 편에 속함 • 태양광, 지열 등 훌륭한 자연환경 조건 기반 • 신재생에너지 사업에 대한 필리핀 정부의 적극적 추진 의지
경쟁사(Competitor)	• 필리핀 민간 기업의 투자 증가 • 중국 등 후발국의 급속한 성장 • 체계화된 기술 개발 부족
자사(Company)	• 필리핀 화력발전사업에 진출한 이력 • 필리핀의 태양광 발전소 지분 인수 • 현재 미국, 중국 등 4개국에서 풍력과 태양광 발전소 운영 중

① 필리핀은 전기요금이 높아 국민들의 전력 사용량이 많지 않을 것으로 예상되며, 열악한 전력 인프라로 신재생에너지 시장의 발전 가능성 또한 낮을 것으로 예상되므로 자사의 필리핀 시장 진출은 바람직하지 않다.

② 필리핀은 정부의 적극적 추진 의지로 신재생에너지 시장이 급성장하고 있으나, 민간 기업의 투자와 다른 아시아국가의 급속한 성장으로 경쟁이 치열하므로 자사는 비교적 경쟁이 덜한 중국 시장으로 진출하는 것이 바람직하다.

③ 풍부한 자연환경 조건을 가진 필리핀 신재생에너지 시장의 성장 가능성은 높지만, 경쟁사에 비해 체계적이지 못한 자사의 기술 개발 역량이 필리핀 시장 진출에 걸림돌이 될 것이다.

④ 훌륭한 자연환경 조건과 사업에 대한 정부의 추진 의지를 바탕으로 한 필리핀의 신재생에너지 시장에서는 필리핀 민간 기업이나 후발국과의 치열한 경쟁이 예상되나, 자사의 진출 이력을 바탕으로 경쟁력을 확보할 수 있을 것이다.

⑤ 필리핀 시장에 대한 정보가 부족한 자사가 성장 가능성이 높은 신재생에너지 시장에 진출하기 위해서는 현재 급속한 성장을 보이고 있는 중국 등과 협력하여 함께 진출하는 것이 바람직하다.

※ K기업은 새로 출시할 화장품과 관련하여 회의를 하였다. 이어지는 질문에 답하시오. **[48~49]**

신제품 홍보 콘셉트 기획 1차 미팅			
참여자	• 제품 개발팀 : A과장, B대리 • 기획팀 : C과장, D대리, E사원 • 온라인 홍보팀 : F대리, G사원		
회의 목적	신제품 홍보 방안 수립, 제품명 개발	회의 날짜	2022.12.2.(금)

〈제품 특성〉

1. 여드름 치료에 적합한 화장품
2. 성분이 순하고, 향이 없음
3. 이용하기 좋은 튜브형 용기로 제작
4. 타사 여드름 관련 화장품보다 가격이 저렴함

〈회의 결과〉

• 제품 개발팀 : 자사 제품의 특성을 분석
• 기획팀 : 특성에 맞고 소비자의 흥미를 유발하는 제품명 개발
• 온라인 홍보팀 : 현재 출시된 타사 제품에 대한 소비자 반응 확인, 온라인 설문조사 실시

PART 1 PART 2 PART 3 PART 4

48 **다음 회의까지 해야 할 일로 적절하지 않은 것은?**

① B대리 : 우리 제품이 피부자극이 적은 성분을 사용했다는 것을 성분표로 작성해 확인해봐야겠어.
② C과장 : 여드름 치료 화장품이니 주로 청소년층이 우리 제품을 구매할 가능성이 커. 그러니 청소년층에게 흥미를 일으킬 수 있는 이름을 고려해야겠어.
③ D대리 : 현재 판매되고 있는 타사 여드름 제품들의 특성을 조사해야지.
④ F대리 : 화장품과 관련된 커뮤니티에서 타사의 여드름 제품에 대한 반응을 확인해야겠다.
⑤ G사원 : 여드름이 고민인 사람들이 많이 모인 커뮤니티에서 온라인 설문조사를 할 수 있는지 살펴봐야겠어.

49 **온라인 홍보팀 G사원은 온라인에서 타사의 여드름 화장품에 대한 소비자의 반응을 조사해 추후 회의에 가져갈 생각이다. 다음 중 회의에 가져갈 반응으로 적절하지 않은 것은?**

① A응답자 : 여드름용 화장품에 들어간 알코올 성분 때문에 얼굴이 화끈거리고 따가워요.
② B응답자 : 화장품이 유리용기에 담겨있어 쓰기에 불편해요.
③ C응답자 : 향이 강한 제품이 많아 거부감이 들어요.
④ D응답자 : 여드름 화장품을 사용하는데 가격이 비싸 부담돼요.
⑤ E응답자 : 여드름용 화장품을 판매하는 매장이 적어 구매하기가 불편해요.

50 다음 자료와 상황을 토대로 K씨가 취해야 할 적절한 조치로 가장 적절한 것은?

〈S공사의 AMI를 이용한 사회안전망 시스템 구성도〉

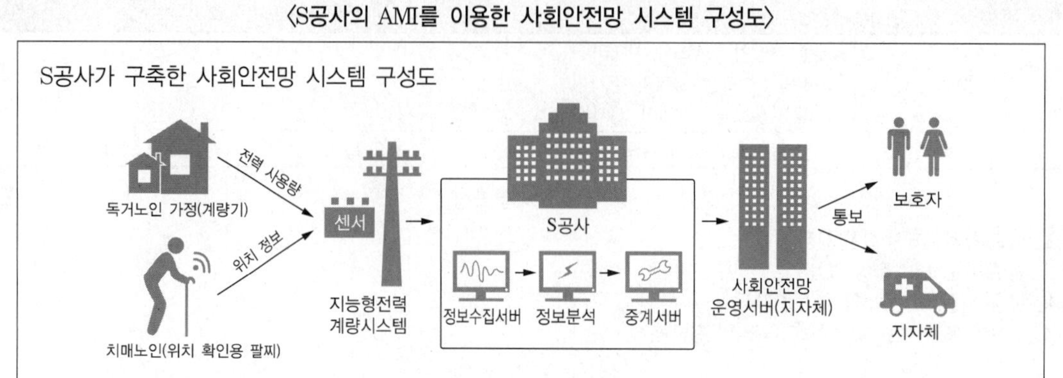

AMI 2022년까지 전국으로 확대
웨어러블 기기 찬 치매환자
전봇대에 설치된 센서가 감지
일정 거리 벗어나면 보호자에 연락

S공사 하반기 본격 서비스
전력 사용 패턴 분석
독거노인 신변 이상도 확인

AMI(지능형 전력계량 인프라)
통신을 이용해 전기 사용량을 원격으로 측정하고 전력 수요·공급 정보를 실시간으로 파악해 전력망 효율을 올리는 시스템

*AMI : Advanced Metering Infrastructure

〈상황〉

나주시에서 사회복지사로 근무하고 있는 K씨는 독거노인을 관리하는 업무를 맡고 있다. K씨의 주된 업무는 마을을 돌며 독거노인과 말동무를 해주며 건강상태를 체크하여 수시로 필요한 조치들을 하는 것이다. 그리고 작년부터 새로운 업무 하나가 추가되었다. 그것은 S공사에서 제공하는 원격검침시스템(AMI)에 표시되는 독거노인의 전력량을 체크하여 안전을 확인하는 업무다. 따라서 K씨는 출근하자마자 독거노인들의 전력사용량과 패턴을 수시로 모니터링하며 변동사항을 기록한다.
K씨는 자신이 관리하는 어느 독거노인의 전력사용량이 전날 오후부터 현저히 떨어져 있는 것을 발견했다. 확인 차 수차례 전화를 걸어보았지만 연락이 닿지 않고 있다.

① 이상하지만 좀 더 상황을 지켜보기로 한다.
② 즉시 가까운 경찰서와 소방서에 신고하고 다른 업무를 본다.
③ 상사에게 보고 후 현장으로 출발하여 확인하고, 이상 시 119에 신고한다.
④ S공사에 전화를 걸어 기기 이상을 체크한다.
⑤ 전력 사용량을 계속 주시하면서 이전에 발생한 유사한 사례를 확인한다.

51 **영희는 회사 앞의 빌라에 혼자 살고 있다. 빌라는 A동과 B동으로 각각 5층이며, 층별로 3호까지 있다(1호, 2호, 3호). 또한 빌라에 거주하고 있는 1인 가구는 4가구(남자 2, 여자 2), 2인 가구는 3가구(노부부, 중년부부, 신혼부부), 3인 가구는 1가구, 4인 가구는 1가구이며, 같은 층에 사는 총 인원은 5명을 넘지 않는다. 제시된 〈조건〉을 참고할 때, 다음 중 옳지 않은 것은?(단, A동 5층 3호와 B동 1층 2호는 사정상 창고로 사용하고 있다)**

조건

- 여고를 졸업하고 취업 준비를 위해 혼자 상경한 은희는 영희와 학교 동창이고, 혼자 사는 영희의 옆집에 산다.
- A동에 사는 총 인원은 11명으로, B동에 사는 총 인원보다 5명 더 많다.
- 부부와 아들 한 명이 사는 집은 부부와 아들과 딸이 사는 집 바로 아래에 있다.
- 일주일 전에 결혼한 신혼부부인 희수는 4층에 살고 있으며, 아직 같은 층 이웃은 없다.
- 1인 가구 남자들은 모두 B동에 산다.
- 노부부는 1층에 살고 있으며, 같은 층에는 총 4명이 산다.
- A동 5층에는 1인 가구 여자들이 산다.

① 희수는 A동에 산다.
② 4인 가구와 3인 가구가 정확하게 몇 호에 사는지는 알 수 없다.
③ 노부부는 B동에 산다.
④ A동에는 중년부부가 산다.
⑤ B동에 사는 인원의 성비를 비교했을 때, 남자가 여자의 2배이다.

※ L공사는 직원들의 복지를 개선하고자 체육관 개선공사를 계획하고 있다. 다음은 체육관 개선공사 입찰에 참여한 A ~ F기업을 입찰기준에 따라 각 분야별로 10점 척도로 점수화한 자료이다. 이어지는 질문에 답하시오. **[52~53]**

〈입찰업체의 분야별 점수〉

(단위 : 점)

입찰업체 \ 입찰기준	운영건전성 점수	환경친화자재 점수	시공실적 점수	디자인 점수	공간효율성 점수
A	6	7	3	4	7
B	7	3	9	8	5
C	5	9	6	1	3
D	8	2	8	2	9
E	9	6	5	8	5
F	6	4	6	3	4

〈입찰업체별 입찰가격〉

(단위 : 억 원)

입찰업체	입찰가격
A	5
B	11
C	7
D	6
E	9
F	10

52 L공사는 제시된 선정방식에 따라 체육관 개선공사 업체를 선정하고자 한다. 다음 중 최종 선정될 업체는?

- 입찰가격이 9억 원 이하인 업체를 선정대상으로 한다.
- 운영건전성 점수와 시공실적 점수, 공간효율성 점수에 1 : 2 : 2의 가중치를 적용하여 합산한 값이 가장 높은 3개 업체를 중간 선정한다.
- 중간 선정된 업체들 중 디자인 점수가 가장 높은 곳을 최종 선정한다.

① A
② C
③ D
④ E
⑤ F

53 L공사가 내부 판단에 따라 환경친화자재 점수도 포함하여 공정하게 업체를 선정하고자 한다. 다음 변경된 선정방식에 따라 최종 선정될 업체는?

> • 입찰가격이 11억 원 미만인 업체를 선정대상으로 한다.
> • 운영건전성 점수, 환경친화자재 점수, 시공실적 점수, 디자인 점수의 가중치를 2 : 1 : 3 : 1로 하여 점수를 합산한다.
> • 시공실적 점수가 16점 미만인 업체는 선정에서 제외한다.
> • 합산한 점수가 가장 높은 2개 업체를 중간 선정한다.
> • 중간 선정된 업체들 중 운영건정성 점수가 더 높은 곳을 최종 선정한다.

① A ② C
③ D ④ E
⑤ F

54 다음 글을 근거로 판단할 때, 가락을 연주하기 위해 ㉶를 누른 상태로 줄을 튕기는 횟수는?

> 줄이 하나인 현악기가 있다. 이 악기는 줄을 누를 수 있는 지점이 ㉮부터 ㉸까지 총 11곳 있고, 이 중 어느 한 지점을 누른 상태로 줄을 튕겨서 연주한다. ㉮를 누르고 줄을 튕기면 A음이 나고, ㉯를 누르고 줄을 튕기면 A음보다 반음 높은 소리가 난다. 이런 식으로 ㉮ ~ ㉸ 순서로 누르는 지점을 옮길 때마다 반음씩 더 높은 소리가 나며, 최저 A음부터 최고 G음까지 낼 수 있다.
> 이들 음은 다음과 같은 규칙이 있다.
> • 반음 차이 두 개의 합은 한 음 차이와 같다.
> • A음보다 B음이, C음보다 D음이, D음보다 E음이, F음보다 G음이 한 음 높고, 둘 중 낮은음보다 반음 높은음은 낮은음의 이름 오른쪽에 #을 붙여 표시한다.
> • B음보다 C음이, E음보다 F음이 반음 높다.

> 〈가락〉
>
> E D# E D# E B D C A A A A B E G B C

① 0회 ② 1회
③ 2회 ④ 3회
⑤ 4회

※ 다음은 A항만공사의 홍보관인 월드마린센터 안내문과 예약 내역이다. 이어지는 질문에 답하시오. [55~56]

▶ 관람 안내

- 관람일시 : 매주 월 ~ 금요일 / 09:00 ~ 17:40(약 30분 소요)
- 휴일(토 · 일 · 공휴일)은 홍보관 휴관

구분	기존	변경
평일	09:00 ~ 17:00	09:00 ~ 17:40
토요일(공휴일)	09:00 ~ 17:00	휴관
일요일	09:00 ~ 12:00(오전)	휴관

- 홍보관 위치 : 전라남도 광양시 항만대로 465 월드마린센터 19층
- 장소가 협소하여 최대 45명까지 동시 관람이 가능하며, 45인 이상인 경우는 30분씩 교대로 관람 가능
- 1일 최대 관람인원은 70명임

〈4월 예약 내역〉

일	월	화	수	목	금	토
1	2	3 13시 7명	4	5	6 16시 32명	7
8	9 12시 65명	10	11 15시 18명	12 11시 8명	13	14
15	16	17 17시 70명	18 16시 38명	19	20	21
22	23	24 13시 5명	25	26	27	28
29	30					

55 월드마린센터 예약 관리를 담당하는 C대리는 새롭게 변경된 휴관일과 관람시간을 추가한 안내문을 만들었다. 다음 중 안내문의 내용으로 옳지 않은 것은?

① 평일 관람 시간은 하루 기준 40분 더 늘었으니 조금 더 여유로운 관람이 가능합니다.
② 홍보관 휴관일은 휴일에 한정하며 토 · 일 · 공휴일이 포함됩니다.
③ 월드마린센터는 서울과 광양 두 곳에 위치하므로 예약 시 지점을 잘 확인해 주세요.
④ 홍보관 관람 시 평균적으로 30분이 소요됩니다.
⑤ 하루 최대 관람인원은 70명이므로 늦지 않게 방문해 주세요.

56 D고등학교는 신청자에 한해 현장학습을 진행한다. 월드마린센터를 현장학습 장소로 선정해 제시된 <조건>에 따라 예약하려고 한다. 다음 중 관람예약일로 가장 적절한 날은?

조건

- 1 ~ 3학년의 현장학습일은 동일하다.
- 신청자 중 1학년은 33명, 2학년은 27명, 3학년은 3명이다.
- 학사일정상 최대한 빠른 주에 예약한다.
- 홀수 주는 현장학습을 할 수 없다.
- 매주 금요일은 모의고사가 있어 3학년은 현장학습을 할 수 없다.

① 10일 ② 13일
③ 19일 ④ 24일
⑤ 28일

57 A ~ C 세 명은 각각 킥보드, 자전거, 오토바이 중에 한 대를 가지고 있고, 그 이름을 쌩쌩이, 날쌘이, 힘찬이로 지었다. 다음 <조건>을 보고 기구를 가진 사람과 이름, 기구를 순서대로 바르게 나열한 것은?

조건

- A가 가진 것은 힘찬이와 부딪힌 적이 있다.
- B가 가진 자전거는 쌩쌩이와 색깔이 같지 않고, 날쌘이와 색깔이 같다.
- C의 날쌘이는 오토바이보다 크기가 작다.

① A – 날쌘이 – 오토바이
② A – 쌩쌩이 – 킥보드
③ B – 날쌘이 – 자전거
④ C – 힘찬이 – 자전거
⑤ C – 날쌘이 – 킥보드

※ K공사에 근무하는 A사원은 신혼부부 전세임대주택 입주자 모집공고에 자주 묻는 질문을 정리하여 답변과 함께 올리고자 한다. 이어지는 질문에 답하시오. [58~59]

Q1. 전세임대 신청 시 현재 거주하고 있는 지역에서만 신청가능한가요?
- 입주신청은 입주자모집 공고일 현재 신청자의 주민등록이 등재되어 있는 주소지를 기준으로 신청 가능합니다. 다만, 입주자 선정 후 전세주택 물색은 해당 특별시, 광역시 또는 도(道) 및 이와 연접한 시·군에서 가능합니다.

Q2. 전세임대 신청 시 청약통장은 반드시 있어야 하나요?
- 전세임대 신청 시 청약통장이 반드시 필요한 것은 아니나, 동일순위 입주희망자 간 경합이 있는 경우 청약저축 등 납입횟수에 따라 가점을 부여하고 있어 통장 보유 시 유리할 수 있습니다. 단, 청약통장은 신청자 명의의 통장만 인정합니다.

Q3. 신혼부부 전세임대로 입주하게 되면 20년간 거주가 보장되는 건가요?
- 신혼부부 전세임대는 최초 임대기간이 2년으로 재계약은 9회까지 가능합니다. 따라서 전세기간 2년을 전부 채운 경우 최장 20년까지 거주가 가능하지만 반드시 거주기간 20년을 보장하는 것은 아닙니다.

Q4. 입주대상자의 자격 검색은 어떻게 하나요?
- 전세임대 입주대상자 선정 시 생계·의료급여 수급자 여부 및 해당 세대의 소득 등은 보건복지부의 '사회보장정보시스템'을 이용하여 파악하므로, 입주대상자가 직접 서류를 준비할 필요가 없어 임대주택 신청이 간편합니다.

Q5. 모집공고일 현재 혼인신고하지 않은 예비신혼부부는 어떻게 신청하나요?
- 입주인 전까지 혼인신고 예정인 예비신혼부부에 한하여 입주신청 가능하며, 신청지역은 예비신혼부부 일방(성별 무관)의 주민등록등본 주소지를 기준으로 신청해주시면 됩니다.

Q6. 친척 소유의 주택을 전세임대주택으로 지원받을 수 있나요?
- 본인과 배우자의 직계 존·비속 소유의 주택은 전세임대주택으로 지원받을 수 없으며, 가족관계증명서로 주택소유자를 확인합니다.

Q7. 소득 산정 시 어떤 소득이 포함되나요?
- 소득 산정 대상은 기존의 2종(상시근로소득, 기타사업소득)에서 12종으로 확대되었으며, 해당 세대의 소득은 소득항목별 소득 자료 제공기관에 별도 문의하여 확인할 수 있습니다.

58 다음 중 자주 묻는 질문을 통해 알 수 있는 사실로 옳지 않은 것은?

① 선정된 입주자는 주민등록상 주소지와 연접한 시·군에서도 전세주택 계약을 할 수 있다.
② 전세임대 신청 시 청약통장이 반드시 있어야 하는 것은 아니나 경합 시 불리할 수 있다.
③ 입주자의 자격서류는 입주대상자가 보건복지부의 '사회보장정보시스템'에서 조회하여 준비해야 한다.
④ 예비신혼부부 중 한 사람의 주민등록등본 주소지를 기준으로 전세임대를 신청할 수 있다.
⑤ 전세임대주택 계약 시 주택소유자는 가족관계증명서로 확인하며, 이때 본인과 배우자의 직계 존·비속의 주택은 지원받을 수 없다.

59 **A사원은 빠른 이해를 위해 질문을 카테고리별로 분류하고자 한다. 다음 중 분류가 옳은 것은?**

① 입주신청 : Q1, Q3, Q5
② 입주신청 : Q2, Q6
③ 자격조회 : Q4, Q6, Q7
④ 계약 및 입주 : Q1, Q3, Q6
⑤ 계약 및 입주 : Q3, Q6

60 **K공사 직원 A ~ E 5명은 점심식사를 하고 카페에서 각자 원하는 음료를 주문하였다. 다음 〈조건〉을 참고할 때, 카페라테 한 잔의 가격은 얼마인가?**

조건

- 5명이 주문한 음료의 총 금액은 21,300원이다.
- A를 포함한 3명의 직원은 아메리카노를 주문하였다.
- B는 혼자 카페라테를 주문하였다.
- 나머지 한 사람은 5,300원인 생과일주스를 주문하였다.
- A와 B의 음료 금액은 총 8,400원이다.

① 3,800원
② 4,000원
③ 4,200원
④ 4,400원
⑤ 4,600원

제2회 모의고사(전 영역)

모바일 OMR
답안채점/성적분석
서비스

정답 및 해설 p.105

01 **L사는 6층 건물의 모든 층을 사용하고 있으며, 건물에는 기획부, 인사 교육부, 서비스개선부, 연구·개발부, 해외사업부, 디자인부가 각 층별로 위치하고 있다. 다음 〈조건〉을 참고할 때 항상 옳은 것은?(단, 6개의 부서는 서로 다른 층에 위치하며, 3층 이하에 위치한 부서의 직원은 출근 시 반드시 계단을 이용해야 한다)**

조건

- 기획부의 문대리는 해외사업부의 이주임보다 높은 층에 근무한다.
- 인사 교육부는 서비스개선부와 해외사업부 사이에 위치한다.
- 디자인부의 김대리는 오늘 아침 엘리베이터에서 서비스개선부의 조대리를 만났다.
- 6개의 부서 중 건물의 옥상과 가장 가까이에 위치한 부서는 연구·개발부이다.
- 연구·개발부의 오사원이 인사 교육부 박차장에게 휴가 신청서를 제출하기 위해서는 4개의 층을 내려와야 한다.
- 건물 1층에는 회사에서 운영하는 커피숍이 함께 있다.

① 출근 시 엘리베이터를 탄 디자인부의 김대리는 5층에서 내린다.
② 디자인부의 김대리가 서비스개선부의 조대리보다 먼저 엘리베이터에서 내린다.
③ 인사 교육부와 커피숍은 같은 층에 위치한다.
④ 기획부의 문대리는 출근 시 반드시 계단을 이용해야 한다.
⑤ 인사 교육부의 박차장은 출근 시 연구·개발부의 오사원을 계단에서 만날 수 없다.

02 다음 중 언어의 친교적 기능이 드러난 대화를 모두 고르면?

> ㉠ A : 오늘 날씨가 춥네. 밥은 먹었니?
> B : 옷을 좀 더 따뜻하게 입고 다녀야겠네.
> ㉡ A : 얘, 이제 곧 저녁 먹어야 하는데 지금 어디 가니?
> B : 우체국에 잠시 다녀올게요.
> ㉢ A : 이만 가봐야겠다. 이따가 전화하자.
> B : 오늘 정말 즐거웠어.
> ㉣ A : 김대리, 여행은 어디로 다녀왔나?
> B : 네, 부장님. 홍콩과 마카오로 다녀왔습니다.
> ㉤ A : 이렇게 헤어지기 너무 아쉽다.
> B : 그래, 조만간 밥 한번 먹자.
> ㉥ A : 오랜만이네, 너 요즘도 거기서 근무하니?
> B : 그래, 너도 잘 지내고 있지?

① ㉠, ㉡
② ㉡, ㉣
③ ㉠, ㉢, ㉤
④ ㉡, ㉣, ㉥
⑤ ㉠, ㉢, ㉤, ㉥

03 다음 글을 바탕으로 한 추론으로 옳지 않은 것은?

> 3자 물류란 물류 관련 비용의 절감을 위해 제품 생산을 제외한 물류 전반을 특정 물류 전문업체에 위탁하는 것을 말한다. 예전엔 단순히 비용 절감을 위해 물류 부문을 아웃소싱하는 것을 의미했으나, 최근 들어선 전문 물류 회사가 제품의 생산공정으로부터 고객에게 이르는 전 단계를 효율화하는 것으로 의미가 넓어졌다. 일반 물류와 다른 점은 3자 물류는 화주업체와 1년 이상 장기간의 계약에 의해 제휴관계를 맺고 복수의 물류기능을 하나로 묶어 통합 물류서비스를 제공한다는 데 있다. 3자 물류는 계약에 기반을 두기 때문에 계약물류라고도 한다. 국내에서 3자 물류는 1997년 외환위기를 기점으로 발전하기 시작했다. 외환위기 이후 기업들이 자사의 핵심역량에 집중하고 비주력 영역을 아웃소싱을 통해 기업구조를 개선하려는 의지를 보였기 때문이다. 이때를 기점으로 물류의 아웃소싱이 활발히 검토되기 시작했다. 최근 들어 그룹단위의 물류가 아웃소싱 시장으로 나오기 시작하는 등 3자 물류가 활기를 띠고 있다. 물류업체들도 3자 물류 시장을 잡기 위해 혈안이다.

① 3자 물류란 제품 생산을 제외한 물류 전반을 전문업체에 위탁하는 것을 말한다.
② 과거에는 단순한 비용 절감을 위해 아웃소싱을 했다.
③ 3자 물류의 범위가 과거보다 확장되었다.
④ 3자 물류는 화주업체와 3년 이상 장기간의 계약을 필수적으로 한다.
⑤ 3자 물류는 계약물류라고도 한다.

04 다음은 개인과외교습 표지 부착 안내에 대한 설명이다. 부착 표지 서식에 따라 제작한 표지로 옳은 것은?(단, 글자비율은 13 : 24 : 13로 모두 동일하다)

〈개인과외교습 표지 부착 안내〉

교육부 학원정책팀(☎ 044-123-1234)

「학원의 설립·운영 및 과외교습에 관한 법률」 개정으로 개인과외교습자는 개인과외 표지를 부착하도록 하여 개인과외 운영의 투명성 및 학습자의 알권리를 강화하였습니다.

- 개인과외교습자가 그 주거지에서 과외교습을 하는 경우에는 주된 출입문 또는 출입문 주변에 쉽게 볼 수 있는 위치에 표지를 부착해야 합니다.
- 또한, 개인과외교습자가 그 주거지에 표지를 부착하지 않은 경우에는 위반횟수에 따라 과태료가 부과됩니다.
  ※ 과태료 : 1회 위반 50만 원, 2회 위반 100만 원, 3회 위반 200만 원

〈부착 표지 서식〉

- 재질 : 자율로 하되, 비바람에 쉽게 훼손되지 않는 것
- 색깔 : 바탕 – 흰색, 글자 – 검정색
- 내용 : 우측 상단 – 신고번호, 정중앙 – 개인과외교습자 표시, 하단 중앙 – 교습과목
- 글자체 : 자율
- 글자비율 : '교육지원청 신고번호·개인과외교습자·교습과목'의 글자크기 비율은 13 : 24 : 13

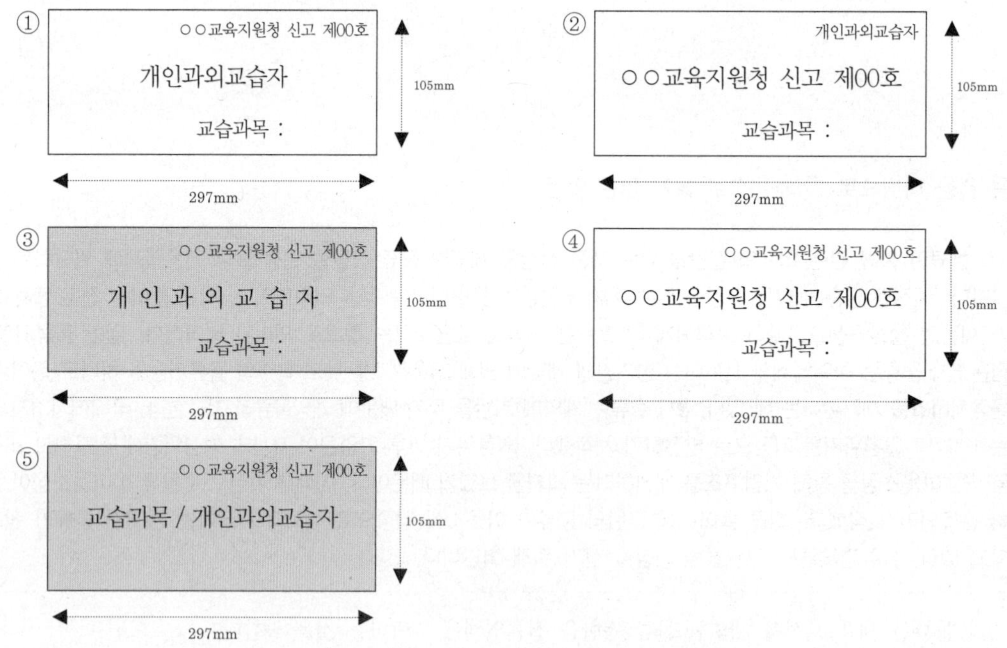

05 K부서 A ~ E 다섯 명의 직원이 원탁에 앉아 저녁을 먹기로 했다. 다음 〈조건〉에 따라 원탁에 앉을 때, C직원을 첫 번째로 하여 시계방향으로 세 번째에 앉은 사람은 누구인가?(단, C가 첫 번째 사람이다)

조건

- C 바로 옆 자리에 E가 앉고, B는 앉지 못한다.
- D가 앉은 자리와 B가 앉은 자리 사이에 1명 이상 앉아 있다.
- A가 앉은 자리의 바로 오른쪽은 D가 앉는다.
- 좌우 방향은 원탁을 바라보고 앉은 상태를 기준으로 한다.

① A
② B
③ C
④ D
⑤ E

06 직무 전결 규정상 전무이사가 전결인 '과장의 국내출장 건'의 결재를 시행하고자 한다. 박기수 전무이사가 해외출장으로 인해 부재중이어서 직무대행자인 최수영 상무이사가 결재하였다. 이와 관련하여 옳지 않은 것을 모두 고르면?

ㄱ. 최수영 상무이사가 결재한 것은 전결이다.
ㄴ. 공문의 결재표 상에는 '과장 최경옥, 부장 김석호, 상무이사 전결, 전무이사 최수영'이라고 표시되어 있다.
ㄷ. 박기수 전무이사가 출장에서 돌아와서 해당 공문을 검토하는 것은 후결이다.
ㄹ. 전결사항은 부재중이더라도 돌아와서 후결을 하는 것이 원칙이다.

① ㄱ, ㄴ
② ㄱ, ㄹ
③ ㄱ, ㄴ, ㄹ
④ ㄴ, ㄷ, ㄹ
⑤ ㄱ, ㄴ, ㄷ, ㄹ

※ 다음은 호텔별 연회장 대여 현황에 대한 자료이다. 이어지는 질문에 답하시오. [7~8]

〈호텔별 연회장 대여 현황〉

건물	연회장	대여료	수용 가능 인원	회사로부터 거리	비고
A호텔	연꽃실	140만 원	200명	6km	2시간 이상 대여 시 추가비용 40만 원
B호텔	백합실	150만 원	300명	2.5km	1시간 초과 대여 불가능
C호텔	매화실	150만 원	200명	4km	이동수단 제공
	튤립실	180만 원	300명	4km	이동수단 제공
D호텔	장미실	150만 원	250명	4km	

07 총무팀에 근무하고 있는 이대리는 김부장에게 다음과 같은 지시를 받았다. 이대리가 연회장 예약을 위해 지불해야 하는 예약금은 얼마인가?

> 다음 주에 있을 회사창립 20주년 기념행사를 위해 준비해야 할 것들 알려줄게요. 먼저 다음 주 금요일 오후 6시부터 8시까지 사용 가능한 연회장 리스트를 뽑아서 행사에 적합한 연회장을 예약해주세요. 연회장 대여를 위한 예산은 160만 원이고, 회사에서의 거리가 가까워야 임직원들이 이동하기에 좋을 것 같아요. 행사 참석 인원은 240명이고, 이동수단을 제공해준다면 우선적으로 고려하도록 하세요. 예약금은 대여료의 10%라고 하니 예약 완료하고 지불하도록 하세요.

① 14만 원
② 15만 원
③ 16만 원
④ 18만 원
⑤ 20만 원

08 회사창립 20주년 기념행사의 연회장 대여 예산이 200만 원으로 증액된다면, 이대리는 어떤 연회장을 예약하겠는가?

① A호텔 연꽃실
② B호텔 백합실
③ C호텔 매화실
④ C호텔 튤립실
⑤ D호텔 장미실

09 다음 글의 문맥상 빈칸에 들어갈 말로 가장 적절한 것은?

과학은 한 형태의 자연에 대한 지식이라는 사실 그 자체만으로도 한없이 귀중하고, 과학적 기술이 인류에게 가져온 지금까지의 혜택은 아무리 부정하려 해도 부정될 수 없다. 앞으로도 보다 많고 보다 정확한 과학 지식과 고도로 개발된 과학적 기술이 필요하다. 그러나 문제의 핵심은 생태학적이고 예술적인 자연관, 즉 존재 일반에 대한 넓고 새로운 시각, 포괄적인 맥락에서 과학적 지식과 기술의 의미에 눈을 뜨고 그러한 지식과 기술을 활용함에 있다. 그렇지 않고 오늘날과 같은 추세로 그러한 지식과 기술을 당장의 욕망을 위해서 인간 중심적으로 개발하고 이용한다면 그 효과가 당장에는 인간에게 만족스럽다 해도 머지않아 자연의 파괴뿐만 아니라 인간적 삶의 파괴, 그리고 궁극적으로는 인간 자신의 멸망을 초래하고 말 것이다. 한마디로 지금 우리에게 필요한 것은 과학적 비전과 과학적 기술의 의미를 보다 포괄적인 의미에서 이해하는 작업이다. 이러한 작업을 ＿＿＿＿＿＿라 불러도 적절할 것 같다.

① 예술의 다양화
② 예술의 기술화
③ 과학의 예술화
④ 과학의 현실화
⑤ 예술의 과학화

10 A대학 동문회는 월말에 열릴 동문 초청의 밤 행사를 위해 회비를 갹출하려고 한다. 2022년 비용 계획과 연도별 동문회 참가인원을 참고하여 비용을 산출한다면 올해 1인당 최소 회비는?(단, 회비는 만 원 단위로 갹출하며 참가인원 전원이 식사한다)

〈2022년도 비용 계획〉

항목	비용(원)	신청자수(명)
1인당 식사비	25,000	미정
기념 티셔츠	12,500	미정
기념 모자	5,000	120
홍보 팸플릿	5,000	미정
기념 컵	5,000	100

※ 미정인 신청자 수는 최근 3년간 동문회 참가인원의 평균을 근거로 산출한다.

〈2017 ~ 2021년 동문회 참가인원〉

구분	2017년	2018년	2019년	2020년	2021년
참가인원(명)	208	190	185	201	163

① 4만 원
② 5만 원
③ 6만 원
④ 7만 원
⑤ 8만 원

11 다음 글에서 〈보기〉의 문장이 들어갈 가장 적절한 곳은?

오늘날 인류가 왼손보다 오른손을 선호하는 경향은 어디서 비롯되었을까? 오른손을 귀하게 여기고 왼손을 천대하는 현상은 어쩌면 산업화 이전 사회에서 배변 후 사용할 휴지가 없었다는 사실과 관련이 있을 법하다. (가)
맨손으로 배변 뒤처리를 하는 것은 불쾌할 뿐더러 병균을 옮길 위험을 수반하는 일이었다. 이런 위험의 가능성을 낮추는 간단한 방법은 음식을 먹거나 인사할 때 다른 손을 사용하는 것이었다. 기술 발달 이전의 사회는 대개 왼손을 배변 뒤처리에, 오른손을 먹고 인사하는 일에 사용했다. (나)
나는 이런 배경이 인간 사회에 널리 나타나는 '오른쪽'에 대한 긍정과 '왼쪽'에 대한 반감을 어느 정도 설명해 줄 수 있으리라고 생각한다. 그러나 이 설명은 왜 애초에 오른손이 먹는 일에, 그리고 왼손이 배변 처리에 사용되었는지 설명해주지 못한다. 동서양을 막론하고, 왼손잡이 사회는 확인된 바 없다. (다)
한쪽 손을 주로 쓰는 경향은 뇌의 좌우반구의 기능 분화와 관련되어 있는 것으로 보인다. 보고된 증거에 따르면, 왼손잡이는 읽기와 쓰기, 개념적·논리적 사고 같은 좌반구 기능에서 오른손잡이보다 상대적으로 미약한 대신 상상력, 패턴 인식, 창의력 등 전형적인 우반구 기능에서는 상대적으로 기민한 경우가 많다. (라)
나는 이성 대 직관의 힘겨루기, 뇌의 두 반구 사이의 힘겨루기가 오른손과 왼손의 힘겨루기로 표면화된 것이 아닐까 생각한다. 즉, 오른손이 원래 왼손보다 더 능숙했기 때문이 아니라 뇌의 좌반구가 인간의 행동을 지배하는 권력을 갖게 되었기 때문에 오른손 선호에 이르렀다는 생각이다. (마)

보기

따라서 근본적인 설명은 다른 곳에서 찾아야 할 것 같다.

① (가)
② (나)
③ (다)
④ (라)
⑤ (마)

※ 하반기에 연수를 마친 A ~ E 다섯 명은 세계 각국에 있는 해외사업본부로 배치될 예정이다. A, D, E는 회계직이며, B와 C는 기술직이다. 다음 〈조건〉에 따라 A ~ E가 배치될 때, 이어지는 질문에 답하시오. [12~13]

조건

- A, B, C, D, E는 인도네시아, 미국 서부, 미국 남부, 칠레, 노르웨이에 있는 해외사업본부로 배치되며, 이들은 서로 다른 본부로 배치된다.
- C와 D 중 한 명은 미국 서부에 배치된다.
- B는 칠레에 배치되지 않는다.
- E는 노르웨이로 배치된다.
- 미국 서부에는 회계직이 배치된다.
- C가 인도네시아에 배치되면 A는 칠레에 배치된다.
- A가 미국 남부에 배치되면 B는 인도네시아에 배치된다.

12 다음 중 D가 배치될 해외사업본부는 어디인가?

① 인도네시아
② 미국 서부
③ 미국 남부
④ 칠레
⑤ 노르웨이

13 다음 〈조건〉을 볼 때, 〈보기〉의 설명으로 옳은 것을 모두 고르면?

보기

ㄱ. C가 인도네시아에 배치되면 B는 미국 남부에 배치된다.
ㄴ. A가 미국 남부에 배치되면 C는 인도네시아에 배치된다.
ㄷ. A는 반드시 칠레에 배치된다.
ㄹ. 노르웨이에는 회계직이 배치된다.

① ㄱ, ㄴ
② ㄱ, ㄹ
③ ㄴ, ㄷ
④ ㄴ, ㄹ
⑤ ㄷ, ㄹ

※ A공단은 본사 근무환경개선을 위해 공사를 시행할 업체를 선정하고자 한다. 이어지는 질문에 답하시오. **[14~15]**

〈공사 시행업체 선정방식〉

- 평가점수는 적합성 점수와 실적점수, 입찰점수를 1 : 2 : 1의 비율로 합산하여 도출한다.
- 평가점수가 가장 높은 업체 한 곳을 최종 선정한다.
- 적합성 점수는 각 세부항목의 점수를 합산하여 도출한다.
- 입찰점수는 가격이 가장 낮은 곳부터 10점, 8점, 6점, 4점, 2점을 부여한다.
- 평가점수가 동일한 경우, 실적점수가 우수한 업체에 우선순위를 부여한다.

〈업체별 입찰정보 및 점수〉

평가항목 \ 업체		A	B	C	D	E
적합성 점수 (30점)	운영건전성(8점)	8	6	8	5	7
	근무효율성개선(10점)	8	9	6	7	8
	환경친화설계(5점)	2	3	4	5	4
	미적만족도(7점)	4	6	5	3	7
실적점수(10점)	최근 2년 시공실적(10점)	6	9	7	8	7
입찰점수(10점)	입찰가격(억 원)	7	10	11	8	9

※ 미적만족도 항목은 지난달에 시행한 내부 설문조사 결과에 기반함

14 공사 시행업체 선정방식에 따라 시공업체를 선정할 때, 다음 중 최종 선정될 업체는?

① A　　② B
③ C　　④ D
⑤ E

15 A공단은 근무환경개선이라는 취지를 살리기 위해 공사 시행업체 선정방식을 다음과 같이 수정하였다고 한다. 수정된 선정방식에 따라 최종 선정될 업체는?

〈공사 시행업체 선정방식〉

- 평가점수는 적합성 점수와 실적점수, 입찰점수를 1 : 1 : 1의 비율로 합산하여 도출한다.
- 적합성 점수 평가항목 중 만점을 받은 세부항목이 있는 업체는 적합성 점수 총점에 가점 2점을 부여한다.
- 적합성 점수는 각 세부항목의 점수를 합산하여 도출한다.
- 입찰점수는 가격이 가장 낮은 곳부터 9점, 8점, 7점, 6점, 5점을 부여한다.
- 평가점수가 높은 순서로 세 업체를 중간 선정한다.
- 중간 선정된 업체 중 근무효율성개선 점수가 가장 높은 업체를 선정한다.

① A　② B　③ C　④ D　⑤ E

PART 1 PART 2 PART 3 PART 4

16 다음 제시된 사례에 적용된 문제해결 방법 중 원인 파악 단계의 결과로 가장 적절한 것은?

1980년대 초반에 헝가리 부다페스트 교통 당국은 혼잡한 시간대에 대처하기 위해 한 노선에 버스를 여러 대씩 운행시켰다. 그러나 사람들은 45분씩 기다려야 했거나 버스 서너 대가 한꺼번에 온다고 짜증을 냈다. 사람들은 버스 운전사가 멍청하거나 아니면 악의적으로 배차를 그렇게 한다고 여겼다. 다행스럽게도 시 당국은 금방 문제의 원인을 파악했고, 해결책도 찾았다. 버스 세 대 이상을 노선에 투입하고 간격을 똑같이 해 놓으면, 버스의 간격은 일정하게 유지되지 않는다. 앞서 가는 버스는 승객을 많이 태우게 되고, 따라서 정차 시간이 길어진다. 바로 뒤 따라가는 버스는 승객이 앞 차만큼 많지 않기 때문에 정차 시간이 짧아진다. 이러다 보면 어쩔 수 없이 뒤차가 앞차를 따라잡아서 버스가 한참 안 오다가 줄줄이 두세 대씩 한꺼번에 몰려오게 된다. 버스들이 자기 조직화 때문에 한꺼번에 다니게 되는 것이다.
상황을 이해하고 나면 해결책도 나온다. 버스 관리자는 이 문제가 같은 노선의 버스는 절대로 앞차를 앞지르지 못하게 되어 있기 때문임을 인지했다. 이 문제를 없애기 위해 당국은 운전사들에게 새로운 규칙을 따르게 했다. 같은 노선의 버스가 서 있는 것을 보면 그 버스가 정류장의 승객을 다 태우지 못할 것 같아도 그냥 앞질러 가라는 것이다. 이렇게 하면 버스들이 한꺼번에 줄줄이 오는 것을 막게 되어 더 효율적으로 운행할 수 있다.

① 버스 운전사의 운전 미숙
② 부다페스트의 열악한 도로 상황
③ 유연하지 못한 버스 운행 시스템
④ 의도적으로 조절한 버스 배차 시간
⑤ 정차된 같은 노선의 버스를 앞지르는 규칙

※ 다음은 A회사의 창립기념일 기념행사 공고에 대한 자료이다. 이어지는 질문에 답하시오. [17~19]

〈창립기념일 기념행사 공고〉

▸ 일시 : 2022년 4월 22일 ~ 23일(금, 토)
▸ 장소 : 대부도 내 기관 연수원
▸ 세부 일정

1일 차		2일 차	
~ 12:00	연수원 집결	08:00 ~ 10:00	아침식사
12:00 ~ 14:00	점심식사	10:00 ~ 12:00	팀워크 향상 도미노 게임
14:00 ~ 14:15	개회식 (진행 : 김지우 대리, 이다인 대리)	12:00 ~ 13:30	폐회식 및 점심식사 (기념품 지급)
14:15 ~ 14:45	대표님 말씀	13:30 ~	귀가
14:45 ~ 15:00	기념영상 상영		
15:00 ~ 15:10	휴식		
15:10 ~ 16:00	시상식 (장기근속자, 우수 동호회, 우수 팀, 우수 사원)		
16:00 ~ 16:10	휴식		
16:10 ~ 18:00	팀 장기자랑 및 시상 (1등, 2등, 3등, 인기상)		
18:00 ~	연회 및 팀별 자유 시간		

▸ 차량운행
- 우리 기관 → 대부도 연수원 : 21일 11시 30분 출발
- 대부도 연수원 → 우리 기관 : 22일 13시 30분 출발

17 다음 중 비용 지출 항목의 성격이 다른 것은?

① 차량운행에 필요한 차량 대여료 및 기사님 섭외비
② 도미노 게임 진행을 맡아 줄 전문 진행자 행사비
③ 각종 시상 상품과 기념품 구입을 위한 구입비
④ 창립기념일 기념영상 제작 업체 섭외비
⑤ 시상식 및 연회 장소 인테리어 업체 섭외비

18 다음 예산 항목과 지출 근거 중 가장 불필요한 내역을 순서대로 바르게 나열한 것은?

	예산 항목	지출 근거
①	인쇄비	기념품 내 기관 로고 삽입
②	답사비	대부도 연수원 위치, 시설 및 주변 답사
③	다과비	복도 비치용 다과 구입, 팀별 자유 시간용 다과 구입
④	식대	연회용 출장 뷔페 섭외
⑤	차량비	기관과 연수원 이동에 필요한 자동차 대여

19 상기 행사 공고가 나간 후 약 40%의 직원들이 앞당기거나 미룰 수 없는 외부 미팅으로 인해 점심시간 내 도착이 어렵다는 이야기를 해왔다. 다음 중 예산절약을 위해 행사 담당자가 취해야 하는 행동으로 적절하지 않은 것은?

① 외부 일정으로 인해 정해진 시간 내에 도착하지 못하는 인원을 파악한다.
② 예정되어 있던 점심식사 관련 내역의 수정 여부를 확인한다.
③ 예정대로 도착하는 인원을 대상으로 점심식사 의견을 조사한다.
④ 상황에 따라 일정을 조절할지, 예정대로 진행할지 결정한다.
⑤ 일정이 수정될 경우, 다시 공고하여 직원들에게 조정된 일정들을 알려준다.

20 다음 제시문을 읽고 비만백서의 내용을 예상한 것으로 옳지 않은 것은?

> 국민건강보험공단은 비만에 대한 관심을 촉구하고, 국내 비만 문제의 심각성과 비만 예방 및 관리의 필요성을 알리기 위해 비만백서를 발간하였다.
> 비만백서는 제1장 총설, 제2장 국민건강보험공단 빅데이터로 본 비만실태, 제3장 국내·외 정책 개황, 제4장 국내·외 주요 연구 사례와 제5장 국민건강보험공단의 비만예방활동 등으로 구성되어 있으며, 2016년 11월 지역별 비만지표(지도) 공표와 함께 '국민건강보험공단 비만대책위원회'의 대표 사업으로 매년 발간 예정이라고 밝혔다.

① 제1장 – 비만대책위원회 구성·운영, 비만예방·영양개선 시범사업, 건강증진센터 운영 등 공단의 사업소개
② 제2장 – 성인·영유아 비만실태와 분석방법
③ 제3장 – 외국에서 다양하게 펼치고 있는 비만관련 정책의 내용과 동향
④ 제4장 – 국내·외 연구결과를 토대로 비만도를 감소시키는 방법
⑤ 제5장 – 공단의 대표적 비만예방활동의 추진배경, 연혁, 사업내용, 추진실적, 성과

21 다음 중 밑줄 친 (가)와 (나)의 예시로 적절하지 않은 것은?

> 사회적 관계에 있어서 상호주의란 '행위자 갑이 을에게 베푼 바와 같이 을도 갑에게 똑같이 행하라.'는 행위 준칙을 의미한다. 상호주의 원형은 '눈에는 눈, 이에는 이'로 표현되는 탈리오의 법칙에서 발견된다. 그것은 일견 피해자의 손실에 상응하는 가해자의 처벌을 정당화한다는 점에서 가혹하고 엄격한 성격을 드러낸다. 만약 상대방의 밥그릇을 빼앗았다면 자신의 밥그릇도 미련 없이 내주어야 하는 것이다. 그러나 탈리오 법칙은 온건하고도 합리적인 속성을 동시에 함축하고 있다. 왜냐하면 누가 자신의 밥그릇을 발로 찼을 경우 보복의 대상은 밥그릇으로 제한되어야지 밥상 전체를 뒤엎는 것으로 확대될 수 없기 때문이다. 이러한 일대일 방식의 상호주의를 (가) 대칭적 상호주의라 부른다. 하지만 엄밀한 의미의 대칭적 상호주의는 우리의 실제 일상생활에서 별로 흔하지 않다. 오히려 '되로 주고 말로 받거나, 말로 주고 되로 받는' 교환 관계가 더 일반적이다. 이를 대칭적 상호주의와 대비하여 (나) 비대칭적 상호주의라 일컫는다.
> 그렇다면 교환되는 내용이 양과 질의 측면에서 정확한 대등성을 결여하고 있음에도 불구하고, 교환에 참여하는 당사자들 사이에 비대칭적 상호주의가 성행하는 이유는 무엇인가? 그것은 셈에 밝은 이른바 '경제적 인간(Homo Economicus)'들에게 있어서 선호나 기호 및 자원이 다양하기 때문이다. 말하자면 교환에 임하는 행위자들이 각인각색인 까닭에 비대칭적 상호주의가 현실적으로 통용될 수밖에 없으며, 어떤 의미에서는 그것만이 그들에게 상호 이익을 보장할 수 있는 것이다.

① (가) – A국과 B국 군대는 접경지역에서 포로 5명씩을 맞교환했다.
② (가) – 오늘 우리 아이를 옆집에서 맡아주는 대신 다음에 옆집 아이를 하루 맡아주기로 했다.
③ (가) – 동생이 내 발을 밟아서 볼을 꼬집어주었다.
④ (나) – 필기노트를 빌려준 친구에게 고맙다고 밥을 샀다.
⑤ (나) – 옆집 사람이 우리 집 대문을 막고 차를 세웠기에 타이어에 펑크를 냈다.

22 다음 〈보기〉의 A ~ D 중에서 아래 조직도를 바르게 이해한 사람을 모두 고르면?

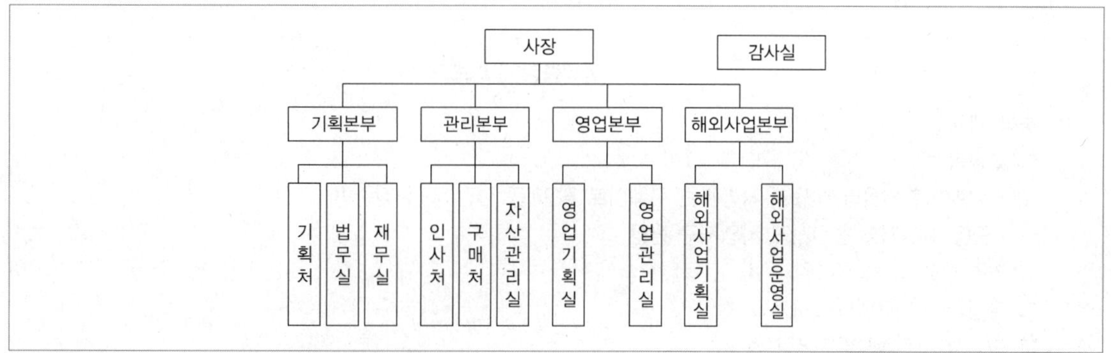

보기

- A : 조직도를 보면 4개 본부, 3개의 처, 8개의 실로 구성돼 있어.
- B : 사장 직속으로 4개의 본부가 있고, 그중 한 본부에서는 인사를 전담하고 있네.
- C : 감사실은 사장 직속이지만 별도로 분리되어 있구나.
- D : 해외사업기획실과 해외사업운영실은 둘 다 해외사업과 관련이 있으니까 해외사업본부에 소속되어 있는 것이 맞아.

① A, B
② A, C
③ A, D
④ B, C
⑤ B, D

※ 쿠웨이트로 현장순방을 다녀온 L공사의 A대리는 출장 결과보고서를 다음과 같이 작성하였다. 이어지는 질문에 답하시오. **[23~24]**

〈국외출장 결과보고〉

Ⅰ. 출장 개요

□ 출장목적

• 쿠웨이트 압둘라 신도시 사업관련 쿠웨이트 장관 등 면담 및 현장순방

• 중동지역 개발 선진사례 사업지구 탐방

□ 기간 : 2022. 3. 3.(일) ~ 3. 7.(목)

□ 출장국가 : 쿠웨이트, UAE

□ 출장자 : 전략사업본부장 외 3인

Ⅱ. 출장 결과

□ 일정

일정		업무수행내용
3. 3.(일)	12:45 ~ 18:15	이동(인천 → UAE 두바이)
3. 4.(월)	09:00 ~ 12:30	Crystal Lagoon(인공호수) 등 견학
	13:30 ~ 15:00	Palm Jumeirah 탐방
	15:00 ~ 18:00	두바이 신도시 견학
	18:00 ~ 21:35	이동(UAE 두바이 → 쿠웨이트)
3. 5.(화)	09:00 ~ 12:00	압둘라 신도시 / 주변 신도시 현장 답사
	12:00 ~ 14:00	쿠웨이트 주택부장관, 주거복지청장 면담
	14:00 ~ 18:00	쿠웨이트 지사방문 및 업무보고
3. 6.(수)	09:00 ~ 11:00	쿠웨이트 공원사례 방문(Al Shaheed Park)
	14:15 ~	이동(쿠웨이트 → 인천)
3. 7.(목)	10:50	인천 도착

□ 쿠웨이트 주택부장관 면담

• 일시 : 2022. 3. 5.(화) 12:30 ~ 13:20

• 장소 : 쿠웨이트 국회의사당

• 참석자 : (L공사) 전략사업본부장 외 3인
(쿠웨이트) 주택부장관, 주거복지청장, 계획실장, 투자실장 등
(대사관) 정○○ 국토관

• 전략사업본부장

– L공사는 한국 최대 공기업으로서 SSAC 개발에 책임과 사명감을 가지고 있으며, 수익추구보다는 SSAC의 성공을 최우선으로 함

– 쿠웨이트 국민의 부담 가능 수준과 세계 최고 수준의 비용차이 해결 필요

– 쿠웨이트 국민의 Needs 충족과 압둘라 신도시 가치 상승에 대한 확신을 주어야 성공할 수 있음

• 주택부장관

– SSAC는 스마트 시티이자 친환경 도시 측면에서 기대되는 신사업이며, 쿠웨이트에서 모범이 되는 사업이 될 수 있을 것으로 생각함

– SSAC에서 제공하는 주택을 쿠웨이트 국민이 구매 가능토록 하는 것이 중요하며, 이에 따른 경제성 분석이 중요

□ 기타
- (선진사례 견학) Downtown Dubai 및 MBR City 내 인공호수, 팜 쥬메이라 등 두바이 내 세계적 수준의 신도시 조성사례 견학
- (쿠웨이트 방문) 압둘라 신도시 사업지구 현황 파악 및 쿠웨이트 주거복지청에서 시공 분양한 Shulaibikhat 조성 사례와 인공호수(Al Shaheed Park) 방문

※ SSAC : 쿠웨이트 사우스 사드 알 압둘라 신도시

23 **다음 중 A대리가 작성한 출장 결과보고서에 대한 내용으로 옳은 것은?**

① 선진사례 견학은 출장 둘째 날에 이루어졌다.
② 국외출장 일정은 모두 4박 5일간 진행되었다.
③ 쿠웨이트에서 이루어진 면담에는 총 9명의 인원이 참석하였다.
④ 쿠웨이트 주택부장관은 SSAC 개발은 국민의 부담 가능 수준과 개발 비용차이의 해결이 필요하다고 보았다.
⑤ 쿠웨이트에는 L공사가 시공한 인공호수가 있다.

24 **A대리가 보고서를 검토하던 중 시사점을 빠뜨렸다는 사실을 알고 급하게 추가하였다. 다음 중 글에서 틀린 부분은 모두 몇 개인가?**

Ⅲ. 시사점
- 쿠웨이트 주택부장관과에 면담을 통해 압둘라 신도시 성공을 위한 계발방향 공감대 형성과 신뢰관계 구축
- 압둘라 신도시를 쿠웨이트 내 모범이 돼는 선진 스마트 도시 조성 사례로 만드는 목표에 공감

① 1개 ② 2개
③ 3개 ④ 4개
⑤ 5개

25 **다음 중 제시된 사례의 쟁점과 협상전략을 순서대로 바르게 나열한 것은?**

대기업 영업부장인 김봉구 씨는 기존 재고를 처리할 목적으로 업체 W사와 협상 중이다. 그러나 W사는 자금 부족을 이유로 이를 거절하고 있다. 하지만 김봉구 씨는 자신의 회사에서 물품을 제공하지 않으면 W사가 매우 곤란한 지경에 빠진다는 사실을 알고 있다. 그래서 김봉구 씨는 앞으로 W사와 거래하지 않을 것이라는 엄포를 놓았다.

① 자금 부족 – 협력전략
② 재고 처리 – 갈등전략
③ 재고 처리 – 경쟁전략(강압전략)
④ 정보 부족 – 양보전략(유화전략)
⑤ 정보 부족 – 경쟁전략(강압전략)

※ 한국관광상품 개발 및 상품의 질적 제고를 위한 인바운드 우수 신상품 기획 공모전을 개최하려 한다. 이어지는 질문에 답하시오. [26~27]

1. 인바운드 상품개발 공모전 개최
   - 사업명 : 인바운드 우수 신상품 개발 공모
   - 주최 : 문화체육관광부, 한국관광공사
   - 후원 : 한국관광협회중앙회, 한국일반여행업협회
   - 응모부문
     - 여행사 : 한국 상품 취급 해외 여행사(현지 에이전트) 우수 신상품 기획 개발 공모
     - 일반인 : 국내외 일반인 상품개발 아이디어 공모
   - 응모기간 : 2022.1.1 ~ 2022.6.30
   - 심사 및 시상 : 2022.7월 중 예정
   - 응모대상
     - 여행사 부문 : 해외 소재 한국 관광 상품 개발 및 판매 여행사
       → 1사 3개 이내 관광 상품
     - 일반인 부문 : 한국 관광에 관심 있는 내외국인
       → 1인 3개 이내 관광 상품 아이디어
   - 응모방법 : 우편 또는 E-mail
     - 여행사 부문 : 관광공사 해외지사를 통해 접수
     - 일반인 부문 : 관광공사 해외지사 및 본사(상품개발팀)에 접수
   - 응모요령 : 관광 소재 특성, 관광 상품 매력, 주 타깃 지역 및 타깃층, 관광객 유치 가능성
2. 추진 목적 및 방향
   - 외국인 관광객의 다양한 관광 니즈에 맞는 인바운드 신상품을 공모・육성함으로써, 신규 수요창출과 외국인 관광객 유치 증대
   - 우수 관광소재의 관광 상품화를 적극 지원하여 한국 상품 취급 해외 여행사(현지 에이전트)의 신상품 개발 활성화 지원 도모
   - 지속가능하며 한국 관광에 기여할 수 있는 상품 개발
   - 국내외 일반인 대상 관광 상품 소재 개발 아이디어 공모전 개최를 통해 한국 관광에 대한 관심과 화제 도출
3. 평가 기준 및 심사 내용
   - 평가 기준 : 상품의 독창성, 상품개발의 체계성, 가격의 적정성, 지역관광 활성화 가능성, 상품 실현성 및 지속 가능성
   - 심사 관련 : 2회 심사
     - 1차 심사 : 2022.7월 중(심사위원 : 관광공사)
     - 2차 심사 : 2022.7월 중(심사위원 : 관광공사, 관광 학계, 언론인, 협회 등 관련 단체)
   - 홍보 계획
     - 한국 관광 상품 판매 대상 여행사 : 해외지사를 통한 홍보
     - 일반인 대상 홍보 웹사이트 홍보 : 문화부, 관광공사 홈페이지 활용
     - 기타 언론 및 인터넷 매체 홍보 추진

26 다음 중 윗글의 내용으로 가장 적절한 것은?

① 한국관광협회중앙회, 한국일반여행업협회에서 주최하고 있다.
② 국내여행사도 참여가 가능하다.
③ 일반인은 한두 개의 관광 상품 아이디어를 제출해도 된다.
④ 여행사 기획상품은 문화부, 관광공사 홈페이지를 통해 홍보된다.
⑤ 상품의 독창성, 상품개발의 체계성 등이 평가 기준이 되며, 상품 가격은 평가와 관련이 없다.

27 다음 중 공모전의 추진목적에 따른 상품기획 소재로 옳지 않은 것은?

① 한류 드라마 및 영화 촬영장소
② DMZ 투어
③ 한스타일(한복, 한글, 한지 등) 연계 상품
④ 면세점 명품쇼핑 투어
⑤ 고궁 투어

28 다음 〈보기〉 중 경영의 4요소로 옳은 것을 모두 고르면?

보기

ㄱ. 조직의 목적을 달성하기 위해 경영자가 수립하는 것으로 더욱 구체적인 방법과 과정이 담겨 있다.
ㄴ. 조직에서 일하는 구성원으로 경영은 이들의 직무수행에 기초하여 이루어지기 때문에 이것의 배치 및 활용이 중요하다.
ㄷ. 생산자가 상품 또는 서비스를 소비자에게 유통하는 데 관련된 모든 체계적 경영 활동이다.
ㄹ. 특정의 경제적 실체에 관하여 이해관계를 이루는 사람들에게 합리적인 경제적 의사결정을 하는 데 유용한 재무적 정보를 제공하기 위한 일련의 과정 또는 체계이다.
ㅁ. 경영하는 데 사용할 수 있는 돈으로 이것이 충분히 확보되는 정도에 따라 경영의 방향과 범위가 정해지게 된다.
ㅂ. 조직이 변화하는 환경에 적응하기 위하여 경영활동을 체계화하는 것으로, 목표달성을 위한 수단이다.

① ㄱ, ㄴ, ㄷ, ㄹ
② ㄱ, ㄴ, ㄷ, ㅁ
③ ㄱ, ㄴ, ㅁ, ㅂ
④ ㄷ, ㄹ, ㅁ, ㅂ
⑤ ㄴ, ㄷ, ㅁ, ㅂ

29 다음 글과 〈보기〉의 내용을 근거로 할 때, 이에 대한 내용으로 가장 적절한 것은?

환경오염 및 예방 대책의 추진(제○○조)

환경부장관 및 시장·군수·구청장 등은 국가산업단지의 주변지역에 대한 환경기초조사를 정기적으로 실시하여야 하며 이를 기초로 하여 환경오염 및 예방 대책을 수립·시행하여야 한다.

환경기초조사의 방법·시기 등(제○○조)

전조(前條)에 따른 환경기초조사의 방법과 시기 등은 다음 각 호와 같다.

1. 환경기초조사의 범위는 지하수 및 지표수의 수질, 대기, 토양 등에 대한 계획·조사 및 치유대책을 포함한다.
2. 환경기초조사는 당해 기초지방자치단체장이 1단계 조사를 하고 환경부장관이 2단계 조사를 한다. 다만 1단계 조사결과에 의하여 정상지역으로 판정된 때는 2단계 조사를 하지 아니한다.
3. 제2호에 따른 1단계 조사는 그 조사 시행일 기준으로 매 3년마다 실시하고, 2단계 조사는 1단계 조사 판정일 이후 1개월 이내에 실시하여야 한다.

보기

- A시에는 갑, 을, 병 세 곳의 국가산업단지가 있다.
- A시 시장은 다음과 같이 세 개 단지의 주변지역에 대한 1단계 환경기초조사를 하였다. 2022년 1월 1일 현재, 기록되어 있는 시행일, 판정일 및 판정 결과는 다음과 같다.

구분	1단계 조사 시행일	1단계 조사 판정일	결과
갑단지 주변지역	2021년 7월 1일	2021년 11월 30일	오염 지역
을단지 주변지역	2019년 3월 1일	2019년 9월 1일	오염 지역
병단지 주변지역	2020년 10월 1일	2021년 7월 1일	정상 지역

① 갑단지 주변지역에 대하여 2022년에 환경부장관은 2단계 조사를 해야 한다.
② 을단지 주변지역에 대하여 2022년에 A시 시장은 1단계 조사를 해야 한다.
③ 을단지 주변지역에 대하여 A시 시장은 2019년 9월 중에 2단계 조사를 하였다.
④ 병단지 주변지역에 대하여 환경부장관은 2021년 7월 중에 2단계 조사를 하였다.
⑤ 갑단지 주변지역에 대한 1단계 조사는 환경부장관이 실시해야 한다.

※ **당신은 G기관의 상담사이며, 현재 불만고객 응대 프로세스에 따라 불만고객 응대를 하고 있는 중이다. 이어지는 질문에 답하시오. [30~31]**

상담사 : 안녕하십니까. G기관 상담사 ㅁㅁㅁ입니다.
고객 : 학자금 대출 이자 납입건으로 문의할 게 있어서요.
상담사 : 네, 고객님 어떤 내용이신 지 말씀해주시면 제가 도움을 드리도록 하겠습니다.
고객 : 제가 G기관으로부터 대출을 받고 있는데 아무래도 대출 이자가 잘못 나간 것 같아서요. 안 그래도 바쁘고 시간도 없는데 이것 때문에 비 오는데 우산도 없이 은행에 왔다갔다했네요. 도대체 일을 어떻게 처리하는 건지…
상담사 : 아 그러셨군요, 고객님. 번거롭게 해드려서 죄송합니다. 확인을 위해서 고객님 성함과 전화번호 불러주시겠어요?
고객 : 네, △△△이구요, 전화번호는 000-0000-0000입니다.
상담사 : 확인해주셔서 감사합니다.
㉠

30 **다음 중 위의 대화에서 언급된 고객은 어떤 유형의 불만고객에 해당하는가?**

① 거만형
② 의심형
③ 트집형
④ 빨리빨리형
⑤ 우유부단형

31 **위의 대화에서 상담사의 마지막 발언 직후인 ㉠에 이어질 내용을 순서대로 바르게 나열한 것은?**

(A) 어떤 해결 방안을 제시해주는 것이 좋은지 고객에게 의견을 묻는다.
(B) 고객 불만 사례를 동료에게 전달하겠다고 한다.
(C) 고객이 불만을 느낀 상황에 대한 빠른 해결을 약속한다.
(D) 대출내역을 검토한 후 어떤 부분에 문제가 있었는지 확인하고 답변해준다.

① (A) – (B)
② (B) – (C)
③ (C) – (D)
④ (A) – (D)
⑤ (B) – (D)

32 A ~ D 네 팀이 참여하여 체육대회를 하고 있다. 다음 순위 결정 기준과 각 팀의 현재까지 득점 현황에 근거하여 판단할 때, 항상 옳은 추론을 〈보기〉에서 모두 고르면?

〈순위 결정 기준〉

- 각 종목의 1위에게는 4점, 2위에게는 3점, 3위에게는 2점, 4위에게는 1점을 준다.
- 각 종목에서 획득한 점수를 합산한 총점이 높은 순으로 종합 순위를 결정한다.
- 총점에서 동점이 나올 경우에는 1위를 한 종목이 많은 팀이 높은 순위를 차지한다.
  - 만약 1위 종목의 수가 같은 경우에는 2위 종목이 많은 팀이 높은 순위를 차지한다.
  - 만약 1위 종목의 수가 같고, 2위 종목의 수도 같은 경우에는 공동 순위로 결정한다.

〈득점 현황〉

종목명 \ 팀명	A	B	C	D
가	4	3	2	1
나	2	1	3	4
다	3	1	2	4
라	2	4	1	3
마	?	?	?	?
합계	?	?	?	?

※ 종목별 순위는 반드시 결정되고, 동순위는 나오지 않는다.

보기

ㄱ. A팀이 종목 '마'에서 1위를 한다면 종합 순위 1위가 확정된다.
ㄴ. B팀이 종목 '마'에서 C팀에게 순위에서 뒤지면 종합 순위에서도 C팀에게 뒤지게 된다.
ㄷ. C팀은 종목 '마'의 결과와 관계없이 종합 순위에서 최하위가 확정되었다.
ㄹ. D팀이 종목 '마'에서 2위를 한다면 종합 순위 1위가 확정된다.

① ㄱ　② ㄹ
③ ㄱ, ㄴ　④ ㄴ, ㄷ
⑤ ㄷ, ㄹ

33 다음 정의에 따른 경력개발 방법으로 적절하지 않은 것을 〈보기〉에서 모두 고르면?

〈정의〉

경력개발은 개인이 경력목표와 전략을 수립하고 실행하며 피드백하는 과정으로 직업인은 한 조직의 구성원으로서 조직과 함께 상호작용하며, 자신의 경력을 개발해 나간다.

보기

㉠ 영업직에 필요한 것은 사교성일 수도 있지만, 무엇보다 사람에 대한 믿음과 성실함이 기본이어야 한다고 생각한다. 영업팀에서 10년째 근무 중인 나는 인맥을 쌓기 위해 오랜 기간 인연을 지속한 사람들을 놓치지 않으려고 노력하였다.

㉡ 전략기획팀에서 근무하고 있는 나는 앞으로 회사의 나아갈 방향을 설정하는 업무를 주로 하고 있다. 따라서 시대의 흐름을 놓쳐서는 안 된다. 나의 이러한 감각을 배양하기 위해 전문 서적을 탐독하고, 경영환경 변화에 대한 공부를 끊임없이 하고 있다.

㉢ 나는 지난달부터 체력단련을 위해 헬스를 하고 있다. 자동차 동호회 활동을 통해 취미활동도 게을리 하지 않는다.

㉣ 직장 생활도 중요하지만, 개인적인 삶을 풍요롭게 할 필요가 있다. 회사는 내가 필요한 것과 내 삶을 윤택하게 하는 데 도움을 주는 요소이다. 그러므로 회사 내의 활동이나 모임 등에 집중하기보다는 나를 위한 투자(운동, 개인학습 등)에 소홀하지 않아야 한다.

① ㉠, ㉡
② ㉠, ㉢
③ ㉡, ㉢
④ ㉡, ㉣
⑤ ㉢, ㉣

34 P회사에서는 업무효율을 높이기 위해 근무여건 개선방안에 대하여 논의하고자 한다. 이에 대한 설명으로 옳지 않은 것은?

〈야간근무 현황(주 단위)〉

(단위 : 일, 시간)

구분	임원	부장	과장	대리	사원
평균 야간근무 빈도	1.2	2.2	2.4	1.8	1.4
평균 야간근무 시간	1.8	3.3	4.8	6.3	4.2

※ 60분의 3분의 2 이상을 채울 시 1시간으로 야간근무 수당을 계산한다.

① 과장은 한 주에 평균적으로 2.4일 정도 야간근무를 한다.
② 전 직원의 주 평균 야간근무 빈도는 1.8일이다.
③ 사원은 한 주 동안 평균 4시간 12분 정도 야간근무를 하고 있다.
④ 1회 야간근무 시 평균적으로 가장 긴 시간 동안 일하는 직원은 대리이다.
⑤ 야간근무 수당이 시간당 10,000원이라면 과장은 주 평균 50,000원을 받는다.

35 다음 〈보기〉에 제시된 개인정보 유출 방지책들 중 옳은 것을 모두 고르면?

보기

A. 기억하기 쉬운 비밀번호 사용하기
B. 가입 해지 시 정보 파기 요구하기
C. 비밀번호를 정기적으로 교체하기
D. 회원가입 시 이용 약관 확인하기
E. 이용 목적에 부합하는 정보를 요구하는지 확인하기
F. 회사 업무에 필요한 개인정보들을 공유하기

① A, B, C, D
② A, B, E, F
③ B, C, D, E
④ B, C, D, F
⑤ A, C, D, E

※ 다음은 음식 업종 사업자 수 현황에 대한 자료이다. 이어지는 질문에 답하시오. **[36~37]**

〈음식 업종 사업자 수 현황〉

(단위 : 명)

구분	2018년	2019년	2020년	2021년
커피음료점	25,151	30,446	36,546	43,457
패스트푸드점	27,741	31,174	32,982	34,421
일식전문점	12,997	13,531	14,675	15,896
기타외국식전문점	17,257	17,980	18,734	20,450
제과점	12,955	13,773	14,570	15,155
분식점	49,557	52,725	55,013	55,474
기타음식점	22,301	24,702	24,818	24,509
한식전문점	346,352	360,209	369,903	375,152
중식전문점	21,059	21,784	22,302	22,712
호프전문점	41,796	41,861	39,760	37,543
간이주점	19,849	19,009	17,453	16,733
구내식당	35,011	31,929	29,213	26,202
합계	632,026	659,123	675,969	687,704

36 2018년 대비 2021년 사업자 수의 감소율이 두 번째로 큰 업종의 감소율을 바르게 구한 것은?(단, 소수점 둘째 자리에서 반올림한다)

① 25.2%
② 18.5%
③ 15.7%
④ 10.2%
⑤ 9.9%

37 다음 중 자료에 대한 설명으로 옳지 않은 것은?

① 기타음식점의 2021년 사업자 수는 전년보다 309명 감소했다.
② 2019년의 전체 음식 업종 사업자 수에서 분식점 사업자 수가 차지하는 비중과 패스트푸드점 사업자 수가 차지하는 비중의 차이는 5%p 미만이다.
③ 사업자 수가 해마다 감소하는 업종은 두 곳이다.
④ 2018년 대비 2020년 일식전문점 사업자 수의 증감률은 약 15.2%이다.
⑤ 전체 음식 업종 사업자 수 중 구내식당의 비중은 2018년이 가장 높다.

38 A패션회사의 기획홍보부에 근무하는 P대리는 자신이 해야 할 일들을 아래와 같이 메모하였고, 일이 차질 없이 진행되도록 〈보기〉의 표에 업무를 나누어 적어보려고 한다. 다음 중 업무에 해당하는 순위를 순서대로 바르게 나열한 것은?

〈해야 할 일(1월 1일 기준)〉

㉠ 기획홍보부 신입사원 사내 기본교육 및 업무 인수인계 진행(다음 주까지)
㉡ 경쟁업체 신규 매장 오픈(4월 1일)으로 인한 경영전략 수립(3월 중 유통부와 공조하여 진행)
㉢ 3월 1일에 시작하는 봄맞이 프로모션 준비 : 할인 품목 및 할인율 재점검, 프로모션 전략자료 준비(2월 1일까지 제출)
㉣ 어학학원 수강신청 및 등록

보기

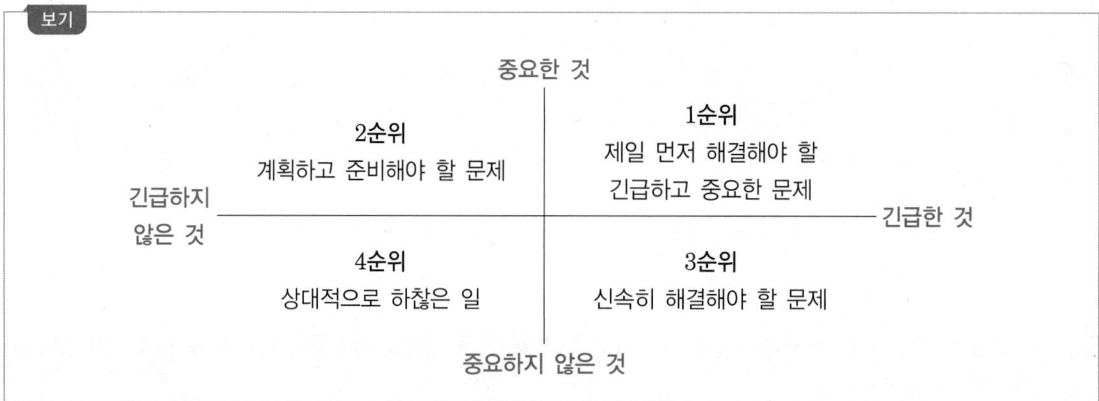

	1순위	2순위	3순위	4순위
①	㉠	㉡	㉢	㉣
②	㉡	㉢	㉠	㉣
③	㉢	㉠	㉡	㉣
④	㉢	㉡	㉠	㉣
⑤	㉣	㉢	㉠	㉡

※ 다음 자료는 신재생에너지 공급량 현황이다. 이어지는 질문에 답하시오. [39~40]

〈신재생에너지 공급량 현황〉

[단위 : 천TOE]

구분	2013년	2014년	2015년	2016년	2017년	2018년	2019년	2020년	2021년
총 공급량	5,608.8	5,858.5	6,086.2	6,856.3	7,582.8	8,850.7	9,879.2	11,537.4	13,293.0
태양열	29.4	28.0	30.7	29.3	27.4	26.3	27.8	28.5	28.0
태양광	15.3	61.1	121.7	166.2	197.2	237.5	344.5	547.4	849.0
바이오	370.2	426.8	580.4	754.6	963.4	1,334.7	1,558.5	2,822.0	2,766.0
폐기물	4,319.3	4,568.6	4,558.1	4,862.3	5,121.5	5,998.5	6,502.4	6,904.7	8,436.0
수력	780.9	660.1	606.6	792.3	965.4	814.9	892.2	581.2	454.0
풍력	80.8	93.7	147.4	175.6	185.5	192.7	242.4	241.8	283.0
지열	11.1	15.7	22.1	33.4	47.8	65.3	87.0	108.5	135.0
수소 · 연료전지	1.8	4.4	19.2	42.3	63.3	82.5	122.4	199.4	230.0
해양	–	–	–	0.2	11.2	98.3	102.1	103.8	105.0

39 다음 중 자료에 대한 설명으로 옳지 않은 것은?

① 2016년 수력을 통한 신재생에너지 공급량은 같은 해 바이오와 태양열을 통한 공급량의 합보다 크다.
② 폐기물을 통한 신재생에너지 공급량은 매해 증가하였다.
③ 2016년부터 수소 · 연료전지를 통한 공급량은 지열을 통한 공급량을 추월하였다.
④ 2016년부터 꾸준히 공급량이 증가한 신재생에너지는 5가지이다.
⑤ 2013년도에 비해 2021년도에 공급량이 감소한 신재생에너지는 2가지이다.

40 다음 중 전년 대비 신재생에너지 총 공급량의 증가율이 가장 큰 해는 언제인가?(단, 소수점 둘째 자리에서 반올림한다)

① 2015년
② 2016년
③ 2017년
④ 2018년
⑤ 2019년

41 다음 제시문을 읽고 빈칸에 들어갈 용어로 옳은 것은?

> 기업이 경쟁우위를 확보하기 위하여 구축, 이용하는 정시시스템으로 기존의 정보시스템이 기업 내 업무의 합리화나 효율화에 역점을 두었던 것에 반하여, 기업이 경쟁에서 승리하여 살아남기 위한 필수적인 시스템이라는 뜻에서 ____________________(이)라고 한다. 그 요건으로는 경쟁 우위의 확보, 신규 사업의 창출이나 상권의 확대, 업계 구조의 변혁 등을 들 수 있다. 실례로는 금융 기관의 대규모 온라인시스템, 항공 회사의 좌석예약 시스템, 슈퍼마켓(체인점) 등에서의 판매시점관리(POS)를 들 수 있다. 최근에는 대외지향적인 전략시스템뿐만 아니라 기업 구조의 재구축을 위한 업무 재설계(BPR)와 같이 경영 전략을 수립하여 그에 맞는 정보시스템을 재구축하는 접근 방식을 채용하고 있다.

① 비지니스 프로세스 관리(BPM; Business Process Management)
② 전사적자원관리(ERP; Enterprise Resource Planning)
③ 경영정보시스템(MIS; Management Information System)
④ 전략정보시스템(SIS; Strategic Information System)
⑤ 의사결정지원시스템(DSS; Decision Support System)

42 다음 두 사례를 보고 팀워크에 대해 적절하지 않게 분석한 사람은?

> 〈A사의 사례〉
>
> A사는 1987년부터 1992년까지 품질과 효율향상은 물론 생산 기간을 50%나 단축시키는 성과를 내었다. 모든 부서에서 품질 향상의 경쟁이 치열했고, 그 어느 때보다 좋은 팀워크가 만들어졌다고 평가되었다. 가장 성과가 우수하였던 부서는 미국의 권위 있는 볼드리지(Baldrige) 품질대상을 수상하기도 하였다. 그런데 이러한 개별 팀의 성과가 회사 전체의 성과나 주주의 가치로 잘 연결되지 못했던 것으로 분석되었다. 시장의 PC 표준 규격을 반영하지 않은 새로운 규격으로 인해 호환성 문제가 대두되었고, 대중의 외면을 받아야만 했다. 한 임원은 "아무리 빨리, 제품을 잘 만들어도 고객의 가치를 반영하지 못하거나, 시장에서 고객의 접촉이 제대로 이루어지지 않으면 의미가 없다는 점을 배웠다."라고 말했다.
>
> 〈E병원의 사례〉
>
> 가장 정교하고 효과적인 팀워크가 요구되는 의료 분야에서 E병원은 최고의 의료 수준과 서비스로 명성을 얻고 있다. 이 병원의 조직 운영 기본 원칙에는 '우리 지역과 국가, 세계의 환자들의 니즈에 집중하는 최고의 의사, 연구원 및 의료 전문가의 협력을 기반으로 병원을 운영한다.'라고 명시되어 있다고 한다. 팀 간의 협력은 물론 전 세계의 고객을 지향하는 웅대한 가치를 공유하고 있는 것이다. E병원이 최고의 명성과 함께 노벨상을 수상하는 실력을 갖출 수 있었던 데에는 이러한 팀워크가 중요한 역할을 하였다고 볼 수 있다.

① 재영 : 개별 팀의 팀워크가 좋다고 해서 반드시 조직의 성과로 이어지는 것은 아니군.
② 건우 : 팀워크는 공통된 비전을 공유하고 있어야 해.
③ 수정 : 개인의 특성을 이해하고 개인 간의 차이를 중시해야 해.
④ 유주 : 팀워크를 지나치게 강조하다 보면 외부에 배타적인 자세가 될 수 있어.
⑤ 바위 : 역시 팀워크는 성과를 만드는 데 중요한 역할을 하네.

43 A씨는 가족들과 레스토랑에서 외식을 계획 중이며, 레스토랑에서 가격 혜택을 가장 많이 받기 위해서 통신사별 멤버십 혜택을 아래와 같이 정리하였다. A～E레스토랑에 대한 A～C통신사의 혜택이 아래와 같을 때, 다음의 각 상황에서 가장 비용이 저렴한 경우는?

〈통신사별 멤버십 혜택〉

구분	A통신사	B통신사	C통신사
A레스토랑	1,000원당 100원 할인	15% 할인	–
B레스토랑	15% 할인	20% 할인	15% 할인
C레스토랑	20% 할인 (VIP의 경우 30% 할인)	1,000원당 200원 할인	30% 할인
D레스토랑	–	10% 할인 (VIP의 경우 20% 할인)	1,000원당 100원 할인
E레스토랑	15% 할인	–	20% 할인

① A레스토랑에서 14만 3천 원의 금액을 사용하고, B통신사의 할인을 받는다.
② B레스토랑에서 16만 5천 원의 금액을 사용하고, B통신사의 할인을 받는다.
③ C레스토랑에서 16만 4천 원의 금액을 사용하고, A통신사의 VIP 할인을 받는다.
④ D레스토랑에서 15만 4천 원의 금액을 사용하고, B통신사의 VIP 할인을 받는다.
⑤ E레스토랑에서 16만 2천 원의 금액을 사용하고, C통신사의 할인을 받는다.

44 다음은 산업 재해가 발생한 상황을 바탕으로 예방 대책을 세운 것이다. 재해 예방 대책에서 누락되어 보완되어야 할 사항으로 옳은 것은?

사고사례		
B소속 정비공인 피재자 A가 대형 해상크레인의 와이어로프 교체작업을 위해 고소작업대(차량탑재형 이동식크레인) 바스켓에 탑승하여 해상크레인 상부 붐(33m)으로 공구를 올리던 중 해상크레인 붐이 바람과 파도에 의해 흔들려 피재자가 탑승한 바스켓에 충격을 가하였고, 바스켓 연결부(로드셀)가 파손되면서 바스켓과 함께 도크바닥으로 떨어져 사망한 재해임		
재해 예방 대책	1단계	사고 조사, 안전 점검, 현장 분석, 작업자의 제안 및 여론 조사, 관찰 및 보고서 연구 등을 통하여 사실을 발견한다.
	2단계	재해의 발생 장소, 재해 형태, 재해 정도, 관련 인원, 직원 감독의 적절성, 공구 장비의 상태 등을 정확히 분석한다.
	3단계	원인 분석을 토대로 적절한 시정책, 즉 기술적 개선, 인사 조정 및 교체, 교육, 설득, 공학적 조치 등을 선정한다.
	4단계	안전에 대한 교육 및 훈련 시행, 안전시설과 장비의 결함 개선, 안전 감독 실시 등의 선정된 시정책을 적용한다.

① 안전 관리 조직
② 시정책 선정
③ 원인 분석
④ 시정책 적용 및 뒤처리
⑤ 사실의 발견

45 다음 자료는 B사의 연가 제도를 나타낸 것이다. 현재 날짜는 2022년 4월 8일이며, B사의 사원 갑 ~ 무의 입사일자와 사용한 연가일수가 〈보기〉와 같을 때, 연가일수가 가장 많이 남은 사람은 누구인가?

〈B사의 연가 제도〉

재직 기간	연가일수
3개월 이상 ~ 6개월 미만	3일
6개월 이상 ~ 1년 미만	6일
1년 이상 ~ 2년 미만	9일
2년 이상 ~ 3년 미만	12일
3년 이상 ~ 4년 미만	14일
4년 이상 ~ 5년 미만	17일
5년 이상 ~ 6년 미만	20일
6년 이상	21일

※ 재직기간은 입사일자를 시작으로 현재 날짜까지의 근로기간을 의미한다.

보기

구분	입사일자	사용한 연가일수
갑	2021. 06. 23	1일
을	2018. 04. 17	9일
병	2016. 05. 14	13일
정	2020. 10. 22	3일
무	2021. 09. 03	2일

① 갑
② 을
③ 병
④ 정
⑤ 무

※ 다음 상황을 읽고 이어지는 질문에 답하시오. [46~47]

> 김대리는 K재단의 학자금대출부 소속이다. 어느 날 학자금대출 받은 것을 상환해야 하는데 전산오류로 상환이 이루어지지 않고 있다는 고객의 다급한 전화를 받게 되었다. 상환이 미뤄지면 추가적인 이자가 발생하는 등 고객 입장에서는 여러 가지 손해가 발생할 수 있는 사안이라 고객은 굉장히 예민한 상태로 전화 상담을 이어갔다. 일단 고객에게 사과하고 상황을 확인하여 처리한 후 다시 연락드리기로 하고 전화를 종료하였다.
> 김대리는 해당 건을 해결하기 위해 관련 시스템 담당자에게 전화를 했으나 담당자는 지금 급한 업무 처리중이라 바쁘니 나중에 다시 전화를 달라고 말하고는 서둘러 전화를 끊으려고 한다. 김대리는 상대방의 일방적인 태도에 다소 화가 났지만 더 얘기를 해봐야 상황이 달라지지 않을 것이라 생각하곤 알겠다고 말한 뒤 전화를 끊었다.

PART 1 PART 2 PART 3 PART 4

46 윗글과 같은 상황에서 김대리가 선택한 협상전략은 어느 것인가?

① 서로 잘 되어 모두 좋은 결과를 얻을 수 있도록 하는 협력전략
② 내가 직면하고 있는 문제를 해결하기 위해 상대방은 조금 손해를 봐도 괜찮다는 강압전략
③ 서로 힘든 상황이니 나도 손해를 감수하고, 상대방도 손해를 감수하는 선에서 타협하는 회피전략
④ 내가 처한 상황보다 상대방이 처한 상황이 더 급한 것 같으니 내가 손해를 보겠다는 유화전략
⑤ 자신이 상대방보다 힘에 있어서 우위를 점유하므로 자신의 이익을 극대화하기 위한 공격적 전략

47 초조하게 기다릴 고객 생각에 김대리는 다시 시스템 담당자를 설득하여 빨리 일을 처리하기로 마음먹었다. 김대리가 '사회적 입증 전략'을 활용해서 담당자를 설득하기로 할 때, 발언으로 가장 적절한 것은?

> 사회적 입증이란 어떤 과학적인 논리보다 동료나 사람들의 행동을 통해 상대방을 설득하는 협상 스킬이다.

① 많이 바쁘신가 보네요. 너무 죄송하지만 제가 지금 연락드린 사안도 워낙 긴급을 요하는 사안이라 잠시만 시간을 내주셨으면 좋겠습니다.
② 고객 민원이 시스템 장애에 대한 부분인데 이 문제를 해결해줄 분은 담당자님 밖에 안 계시네요. 바쁘시겠지만 지금 꼭 처리 부탁드립니다.
③ 민원이 원만히 해결되지 않아서 고객만족도 조사에서 나쁜 점수를 받게 되면 팀원들로부터 부정적인 피드백을 받게 되실 겁니다.
④ 제 민원인의 문제를 먼저 해결해주시면 서비스 만족도 조사에서 담당자님이 좋은 점수를 받을 수 있게 도와드리겠습니다.
⑤ 이번 민원이 매우 중요한 사항이어서 담당자님이 민원을 먼저 해결해 주시면 제가 담당자님의 일을 도와드리겠습니다.

48 다음은 G손해보험 보험금 청구 절차 안내문이다. 이를 토대로 고객들의 질문에 답변할 때, 적절하지 않은 것은?

〈보험금 청구 절차 안내문〉

단계	구분	내용
Step 1	사고 접수 및 보험금청구	피보험자, 가해자, 피해자가 사고발생 통보 및 보험금 청구를 합니다. 접수는 가까운 영업점에 관련 서류를 제출합니다.
Step 2	보상팀 및 보상담당자 지정	보상처리 담당자가 지정되어 고객님께 담당자의 성명, 연락처를 SMS로 전송해 드립니다. 자세한 보상관련 문의사항은 보상처리 담당자에게 문의하시면 됩니다.
Step 3	손해사정사법인 (현장확인자)	보험금 지급여부 결정을 위해 사고현장조사를 합니다. (병원 공인된 손해사정법인에게 조사업무를 위탁할 수 있음)
Step 4	보험금 심사 (심사자)	보험금 지급여부를 심사합니다.
Step 5	보험금 심사팀	보험금 지급여부가 결정되면 피보험자 예금통장에 보험금이 입금됩니다.

※ 3만 원 초과 10만 원 이하 소액통원의료비를 청구할 경우, 보험금 청구서와 병원영수증, 질병분류기호(질병명)가 기재된 처방전만으로 접수가 가능합니다.

※ 의료기관에서 환자가 요구할 경우 처방전 발급 시 질병분류기호(질병명)가 기재된 처방전 2부 발급이 가능합니다.

※ 온라인 접수 절차는 G손해보험 홈페이지에서 확인하실 수 있습니다.

① Q : 자전거를 타다가 팔을 다쳐서 병원비가 56,000원이 나왔습니다. 보험금을 청구하려고 하는데 제출할 서류는 어떻게 되나요?
A : 고객님의 의료비는 10만 원이 넘지 않는 관계로 보험금 청구서와 병원영수증, 진단서가 필요합니다.

② Q : 사고를 낸 당사자도 보험금을 청구할 수 있나요?
A : 네, 고객님. 사고의 가해자와 피해자 모두 보험금을 청구하실 수 있습니다.

③ Q : 사고 접수는 인터넷으로 접수가 가능한가요?
A : 네, 가능합니다. 자세한 접수 절차는 G손해보험 홈페이지에서 확인하실 수 있습니다.

④ Q : 질병분류기호가 기재된 처방전은 어떻게 발급하나요?
A : 처방전 발급 시 해당 의료기관에 질병분류기호를 포함해달라고 요청하시면 됩니다.

⑤ Q : 보험금은 언제쯤 지급받을 수 있을까요?
A : 보험금은 사고가 접수된 후에 사고현장을 조사하여 보험금 지급 여부를 심사한 다음 지급됩니다. 고객님마다 개인차가 있을 수 있으니 보다 정확한 사항은 보상 처리 담당자에게 문의 바랍니다.

※ 다음은 K공사 연구소의 주요 사업별 연락처이다. 이어지는 질문에 답하시오. [49~50]

〈주요 사업별 연락처〉

주요 사업	담당부서	연락처
고객지원	고객지원팀	044-410-7001
감사, 부패방지 및 지도점검	감사실	044-410-7011
국제협력, 경영평가, 예산기획, 규정, 이사회	전략기획팀	044-410-7023
인재개발, 성과평가, 교육, 인사, ODA사업	인재개발팀	044-410-7031
복무노무, 회계관리, 계약 및 시설	경영지원팀	044-410-7048
품질 평가관리, 품질평가 관련민원	평가관리팀	044-410-7062
가공품 유통 전반(실태조사, 유통정보), 컨설팅	유통정보팀	044-410-7072
대국민 교육, 기관 마케팅, 홍보관리, CS, 브랜드인증	고객홍보팀	044-410-7082
이력관리, 역학조사지원	이력관리팀	044-410-7102
유전자분석, 동일성검사	유전자분석팀	044-410-7111
연구사업 관리, 기준개발 및 보완, 시장조사	연구개발팀	044-410-7133
정부3.0, 홈페이지 운영, 대외자료제공, 정보보호	정보사업팀	044-410-7000

49 다음 중 K공사 연구소의 주요 사업별 연락처를 본 채용 지원자의 반응으로 적절하지 않은 것은?

① K공사 연구소는 1개 실과 11개 팀으로 이루어져 있구나.
② 예산기획과 경영평가는 같은 팀에서 종합적으로 관리하겠구나.
③ 평가업무라 하더라도 평가 특성에 따라 담당하는 팀이 달라지겠구나.
④ 홈페이지 운영은 고객홍보팀에서 마케팅과 함께 하겠구나.
⑤ 부패방지를 위해 부서를 따로 두었구나.

50 다음 민원인의 요청을 듣고 난 후 민원을 해결하기 위해 연결할 부서를 적절히 안내해준 것은?

민원인 : 얼마 전 신제품 관련 등급 신청을 했습니다. 신제품 품질에 대한 등급에 대해 이의가 있습니다. 관련 건으로 담당자분과 통화하고 싶습니다.
상담직원 : 불편을 드려서 죄송합니다.
__________________ 연결해드리겠습니다. 잠시만 기다려 주십시오.

① 지도 점검 업무를 담당하고 있는 감사실로
② 연구사업을 관리하고 있는 연구개발팀으로
③ 기관의 홈페이지 운영을 전담하고 있는 정보사업팀으로
④ 이력관리 업무를 담당하고 있는 이력관리팀으로
⑤ 품질평가를 관리하는 평가관리팀으로

51 **국제문화에 관하여 네 사람이 대화하고 있다. 다음 중 국제문화를 잘못 이해한 사람은?**

- 철수 : 12월에 필리핀에 흑색경보가 내려져서 안 가길 잘했어. 아직 해제 발표가 없으니 지금도 들어가지 못할 거야.
- 만수 : 요새 환율이 올라서 해외여행을 하기에 좋아.
- 영수 : 환율이 올라서 수출 사업하는 사람들이 이득을 보겠네.
- 희수 : 미국에 가고 싶었는데 ESTA 신청을 안 해서 관광을 못 할 것 같아.

① 철수 ② 만수
③ 영수 ④ 희수
⑤ 없음

52 **다음은 S공사의 직무전결표의 일부분이다. 이에 따라 문서를 바르게 처리하지 못한 것을 〈보기〉에서 모두 고르면?**

직무내용	대표이사	위임전결권자		
		전무이사	상무이사	부서장
직원 채용 승인	○			
부서별 직원 채용 결과 통보				○
교육훈련 대상자 선정			○	
교육훈련 프로그램 승인		○		
직원 국내 출장 승인			○	
직원 해외 출장 승인		○		
임원 국내 출장 승인		○		
임원 해외 출장 승인	○			

보기

㉠ 전무이사가 출장 중이어서 교육훈련 프로그램 승인을 위해서 일단 상무이사 전결로 처리하였다.
㉡ 인사부장 명의로 영업부 직원 채용 결과서를 통보하였다.
㉢ 영업부 대리의 국내 출장을 승인받기 위해서 상무이사의 결재를 받았다.
㉣ 기획부의 교육 대상자를 선정하기 위해서 기획부장의 결재를 받아 처리하였다.

① ㉠, ㉡ ② ㉠, ㉡, ㉢
③ ㉠, ㉡, ㉣ ④ ㉠, ㉢, ㉣
⑤ ㉠, ㉡, ㉢, ㉣

53 K스포츠용품 쇼핑몰을 운영하는 S사원은 최근 축구사랑재단으로부터 대량주문을 접수받았다. 다음 대화를 토대로 거래가 원활히 성사되었을 때, 해당 거래에 의한 매출액은 총 얼마인가?

담당자 : 안녕하세요? 축구사랑재단 구매담당자입니다. 이번에 축구공 기부행사를 진행할 예정이어서 견적을 받아보았으면 합니다. 초등학교 2곳, 중학교 3곳, 고등학교 1곳에 각 용도에 맞는 축구공으로 300개씩 배송했으면 합니다. 그리고 견적서에 배송료 등 기타 비용이 있다면 함께 추가해서 보내주세요.

S사원 : 네, 저희 쇼핑몰을 이용해주셔서 감사합니다. 5천만 원 이상의 대량구매 건에 대해서 전체 주문금액의 10%를 할인하고 있습니다. 또한 기본 배송료는 5,000원이지만 3천만 원 이상 구매 시 무료 배송을 제공해 드리고 있습니다. 알려주신 정보로 견적서를 보내드리겠습니다. 감사합니다.

〈쇼핑몰 취급 축구공 규격 및 가격〉

구분	3호	4호	5호
무게(g)	300 ~ 320	350 ~ 390	410 ~ 450
둘레(mm)	580	640	680
지름(mm)	180	200	220
용도	8세 이하 어린이용	8 ~ 13세 초등학생용	14세 이상 사용, 시합용
판매가격	25,000원	30,000원	35,000원

① 5,100만 원
② 5,400만 원
③ 5,670만 원
④ 6,000만 원
⑤ 6,100만 원

54 다음 중 대학생인 지수의 일과를 통해 알 수 있는 사실로 옳은 것은?

지수는 화요일에 학교 수업, 아르바이트, 스터디, 봉사활동 등을 한다.
다음은 지수의 화요일 일과이다.
- 지수는 오전 11시부터 오후 4시까지 수업이 있다.
- 수업이 끝나고 학교 앞 프랜차이즈 카페에서 아르바이트를 3시간 동안 한다.
- 아르바이트를 마친 후, NCS 공부를 하기 위해 스터디를 2시간 동안 한다.

① 비공식적이면서 소규모조직에서 3시간 있었다.
② 하루 중 공식조직에서 9시간 있었다.
③ 비영리조직이면서 대규모조직에서 5시간 있었다.
④ 영리조직에서 2시간 있었다.
⑤ 비공식적이면서 비영리조직에서 3시간 있었다.

※ 다음은 수시채용 최종합격자에게 주어지는 안내사항이다. 이어지는 질문에 답하시오. [55~56]

2022년도 K공사 수시채용 최종합격자 안내사항

1. 채용일정

대상	등록일시	장소	주요 내용
최종합격자 등록	2022. 2. 21(목) ~ 22(금) 2일간, 14:00 ~ 18:00	○○교육원 3층 회의실	• 최종합격자 등록 - 등록서류 확인
배치부서 통보 및 근로계약서 작성	2022. 4. 1(월) 14:00 ~ 17:00(예정)	미정	• 구체적 일정은 미정이며 추후 문자 통보 예정

2. 유의사항

- 채용신체검사서(원본)는 추후 제출 가능
  - 발급일 당일 사본을 채용 담당자에게 제출할 것
  - 채용신체검사서는 합격, 불합격 등으로 판정이 있어야 함
- 보건증(사본)은 추후 제출 가능
  - 등록 마감일로부터 3주 이내에 보건증 사본 1부를 채용 담당자에게 제출(원본지참 필)
  - 미소지자는 즉시 보건증 발급 검사를 받기 바람
- 2022. 4. 1(월) 배치부서 통보 및 근로계약서 작성 예정이며, 지정된 시간 내에 근로계약서 작성을 위해 채용 담당부서를 방문하여야 함
  - 위 일정은 예정이며, 정확한 일시 및 장소는 추후 문자 통보

55 최종합격자 안내사항을 확인한 지원자가 추가 문의할 만한 내용으로 보기 어려운 것은?

① 채용신체검사서 원본을 우편으로 발송해도 되나요?
② 근로계약서는 언제 작성하나요?
③ 예전에 발급받았던 보건증을 제출해도 되나요?
④ 근로계약서 작성 일자를 변경할 수 있나요?
⑤ 27일에 배치부서 통보가 오지 않으면, 기다려야 하나요?

56 다음 중 최종합격자가 이번 안내를 받은 후에 진행하는 절차로 적절하지 않은 것은?

① 보건증 제출 → 신체검사서 제출 → 최종합격자 등록
② 최종합격자 등록 → 보건증 제출 → 근로계약서 작성
③ 근로계약서 작성 → 최종합격자 등록 → 신체검사서 제출
④ 신체검사서 제출 → 보건증 제출 → 최종합격자 등록
⑤ 최종합격자 등록 → 배치부서 확인 → 근로계약서 작성

57 6명의 학생이 아침, 점심, 저녁을 먹는데, 메뉴는 김치찌개와 된장찌개뿐이다. 주어진 〈조건〉이 모두 참일 때, 다음 중 옳지 않은 것은?

조건

- 아침과 저녁은 다른 메뉴를 먹는다.
- 점심과 저녁에 같은 메뉴를 먹은 사람은 4명이다.
- 아침에 된장찌개를 먹은 사람은 3명이다.
- 하루에 된장찌개를 한 번만 먹은 사람은 3명이다.

① 아침에 된장찌개를 먹은 사람은 모두 저녁에 김치찌개를 먹었다.
② 된장찌개는 총 9그릇이 필요하다.
③ 저녁에 된장찌개를 먹은 사람들은 모두 아침에 김치찌개를 먹었다.
④ 점심에 된장찌개를 먹은 사람은 아침이나 저녁 중 한 번은 된장찌개를 먹었다.
⑤ 김치찌개는 총 10그릇이 필요하다.

58 경영학과에 재학 중인 A～E는 계절학기 시간표에 따라 요일별로 하나의 강의만 수강한다. 전공 수업을 신청한 C는 D보다 앞선 요일에 수강하고, E는 교양 수업을 신청한 A보다 나중에 수강한다고 할 때, 다음 중 항상 참인 것은?

월	화	수	목	금
전공1	전공2	교양1	교양2	교양3

① A가 수요일에 강의를 듣는다면 E는 교양2 강의를 듣는다.
② B가 전공 수업을 듣는다면 C는 화요일에 강의를 듣는다.
③ C가 화요일에 강의를 듣는다면 E는 교양3 강의를 듣는다.
④ D는 반드시 전공 수업을 듣는다.
⑤ E는 반드시 교양 수업을 듣는다.

※ 다음은 D공사의 승진규정과 승진대상자 목록이다. 이어지는 질문에 답하시오. [59~60]

〈승진규정〉

제1조(승진시기) 승진은 매년 정기적으로 12월 31일자로 실시함을 원칙으로 한다.

제2조(승진대상자)
각 부서장은 승진대상자를 추천하여 12월 10일까지 제출한다.

제3조(승진가능자)
다음의 요건을 갖춘 자를 승진가능자로 한다.
① 승진 후 5년 이상 실근무한 자
② 최근 3년간 근무성적 점수 평균이 B등급 이상인 자(단, A>B>C>D)
③ 징계처분으로 인한 정직기간이 경과된 자

제4조(실근무 연수 계산)
① 실근무 연수 계산의 기준일자는 12월 31일로 한다.
② 실근무 연수 계산에 있어서 다음의 기간은 제외한다.
1. 직위해제기간
2. 징계처분으로 인한 정직기간
3. 휴직기간

제5조(승진자 선정)
① 연간 승진자는 5명 이내로 한다.
② 승진대상자 중 승진가능자가 5명을 초과한다면, 최근 3년간 근무성적 점수 평균이 높은 순서대로 5명이 승진한다.

〈승진대상 목록〉

성명	부서	직급	승진일자	최근 3년간 근무성적 점수 평균	기타
한애리	관리부	대리	2016년 12월 31일	A	–
임수빈	생산부	대리	2013년 12월 31일	B	휴직기간 2014년(1년간)
이기찬	총무부	과장	2013년 12월 31일	D	직위해제기간 2020년(1년간)
황영미	인사부	차장	2017년 12월 31일	C	–
최선희	영업부	차장	2015년 12월 31일	B	–
윤영필	생산부	과장	2018년 12월 31일	A	–
고세영	영업부	대리	2019년 12월 31일	B	–
이진수	영업부	대리	2016년 12월 31일	C	–
김철홍	관리부	과장	2014년 12월 31일	B	–
한선희	관리부	차장	2015년 12월 31일	B	징계로 인한 정직기간 2021 ~ 2022년(2년간)
이선화	총무부	대리	2015년 12월 31일	A	

59 다음 중 D공사에서 2021년 12월 31일자로 승진한 사람은 누구인가?

① 임수빈 대리
② 황영미 차장
③ 윤영필 과장
④ 이진수 대리
⑤ 한선희 차장

60 다음 중 D공사에서 2021년 12월 31일에 승진한 사람은 총 몇 명인가?

① 1명
② 2명
③ 3명
④ 4명
⑤ 5명

PART 4 채용 가이드

CHAPTER 01

블라인드 채용 소개

1. 블라인드 채용이란?

채용 과정에서 편견이 개입되어 불합리한 차별을 야기할 수 있는 출신지, 가족관계, 학력, 외모 등의 편견요인은 제외하고, 직무능력만을 평가하여 인재를 채용하는 방식입니다.

2. 블라인드 채용의 필요성

- 채용의 공정성에 대한 사회적 요구
  - 누구에게나 직무능력만으로 경쟁할 수 있는 균등한 고용기회를 제공해야 하나 아직도 채용의 공정성에 대한 불신이 존재
  - 채용상 차별금지에 대한 법적 요건이 권고적 성격에서 처벌을 동반한 의무적 성격으로 강화되는 추세
  - 시민의식과 지원자의 권리의식 성숙으로 차별에 대한 법적 대응 가능성 증가
- 우수인재 채용을 통한 기업의 경쟁력 강화 필요
  - 직무능력과 무관한 학벌, 외모 위주의 선발로 우수인재 선발기회 상실 및 기업경쟁력 약화
  - 채용 과정에서 차별 없이 직무능력중심으로 선발한 우수인재 확보 필요
- 공정한 채용을 통한 사회적 비용 감소 필요
  - 편견에 의한 차별적 채용은 우수인재 선발을 저해하고 외모·학벌 지상주의 등의 심화로 불필요한 사회적 비용 증가
  - 채용에서의 공정성을 높여 사회의 신뢰수준 제고

3. 블라인드 채용의 특징

편견요인을 요구하지 않는 대신 직무능력을 평가합니다.

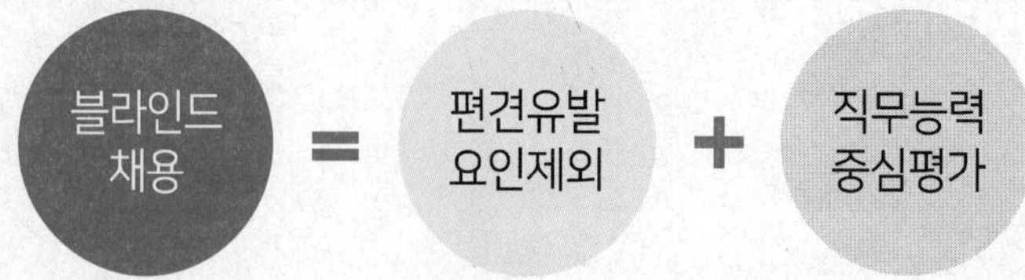

※ 직무능력중심 채용이란?
기업의 역량기반 채용, NCS기반 능력중심 채용과 같이 직무수행에 필요한 능력과 역량을 평가하여 선발하는 채용방식을 통칭합니다.

4. 블라인드 채용의 평가요소

직무수행에 필요한 지식, 기술, 태도 등을 과학적인 선발기법을 통해 평가합니다.

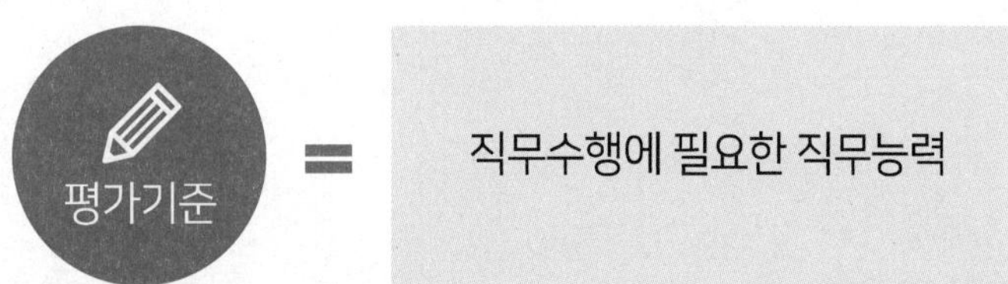

※ 과학적 선발기법이란?
직무분석을 통해 도출된 평가요소를 서류, 필기, 면접 등을 통해 체계적으로 평가하는 방법으로 입사지원서, 자기소개서, 직무수행능력평가, 구조화 면접 등이 해당됩니다.

5. 블라인드 채용 주요 도입 내용

• 입사지원서에 인적사항 요구 금지
- 인적사항에는 출신지역, 가족관계, 결혼여부, 재산, 취미 및 특기, 종교, 생년월일(연령), 성별, 신장 및 체중, 사진, 전공, 학교명, 학점, 외국어 점수, 추천인 등이 해당
- 채용 직무를 수행하는 데 있어 반드시 필요하다고 인정될 경우는 제외
예 특수경비직 채용 시 : 시력, 건강한 신체 요구 등
연구직 채용 시 : 논문, 학위 요구 등

• 블라인드 면접 실시
- 면접관에게 응시자의 출신지역, 가족관계, 학교명 등 인적사항 정보 제공 금지
- 면접관은 응시자의 인적사항에 대한 질문 금지

6. 블라인드 채용 도입의 효과성

• 구성원의 다양성과 창의성이 높아져 기업 경쟁력 강화
- 편견을 없애고 직무능력 중심으로 선발하므로 다양한 직원 구성 가능
- 다양한 생각과 의견을 통하여 기업의 창의성이 높아져 기업경쟁력 강화

• 직무에 적합한 인재선발을 통한 이직률 감소 및 만족도 제고
- 사전에 지원자들에게 구체적이고 상세한 직무요건을 제시함으로써 허수 지원이 낮아지고, 직무에 적합한 지원자 모집 가능
- 직무에 적합한 인재가 선발되어 직무이해도가 높아져 업무효율 증대 및 만족도 제고

• 채용의 공정성과 기업이미지 제고
- 블라인드 채용은 사회적 편견을 줄인 선발 방법으로 기업에 대한 사회적 인식 제고
- 채용과정에서 불합리한 차별을 받지 않고 실력에 의해 공정하게 평가를 받을 것이라는 믿음을 제공하고, 지원자들은 평등한 기회와 공정한 선발과정 경험

CHAPTER 02 서류전형 가이드

01 채용공고문

1. 채용공고문의 변화

기존 채용공고문	변화된 채용공고문
• 취업준비생에게 불충분하고 불친절한 측면 존재 • 모집분야에 대한 명확한 직무관련 정보 및 평가기준 부재 • 해당분야에 지원하기 위한 취업준비생의 무분별한 스펙 쌓기 현상 발생	• NCS 직무분석에 기반한 채용공고를 토대로 채용전형 진행 • 지원자가 입사 후 수행하게 될 업무에 대한 자세한 정보 공지 • 직무수행내용, 직무수행 시 필요한 능력, 관련된 자격, 직업기초능력 제시 • 지원자가 해당 직무에 필요한 스펙만을 준비할 수 있도록 안내
• 모집부문 및 응시자격 • 지원서 접수 • 전형절차 • 채용조건 및 처우 • 기타사항	• 채용절차 • 채용유형별 선발분야 및 예정인원 • 전형방법 • 선발분야별 직무기술서 • 우대사항

2. 지원 유의사항 및 지원요건 확인

채용 직무에 따른 세부사항을 공고문에 명시하여 지원자에게 적격한 지원 기회를 부여함과 동시에 채용과정에서의 공정성과 신뢰성을 확보합니다.

구성	내용	확인사항
모집분야 및 규모	고용형태(인턴・계약직 등), 모집분야, 인원, 근무지역 등	채용직무가 여러 개일 경우 본인이 해당되는 직무의 채용규모 확인
응시자격	기본 자격사항, 지원조건	지원을 위한 최소자격요건을 확인하여 불필요한 지원을 예방
우대조건	법정・특별・자격증 가점	본인의 가점 여부를 검토하여 가점 획득을 위한 사항을 사실대로 기재
근무조건 및 보수	고용형태 및 고용기간, 보수, 근무지	본인이 생각하는 기대수준에 부합하는지 확인하여 불필요한 지원을 예방
시험방법	서류・필기・면접전형 등의 활용방안	전형방법 및 세부 평가기법 등을 확인하여 지원전략 준비
전형일정	접수기간, 각 전형 단계별 심사 및 합격자 발표일 등	본인의 지원 스케줄을 검토하여 차질이 없도록 준비
제출서류	입사지원서(경력・경험기술서 등), 각종 증명서 및 자격증 사본 등	지원요건 부합 여부 및 자격 증빙서류 사전에 준비
유의사항	임용취소 등의 규정	임용취소 관련 법적 또는 기관 내부 규정을 검토하여 해당여부 확인

02 직무기술서

직무기술서란 직무수행의 내용과 필요한 능력, 관련 자격, 직업기초능력 등을 상세히 기재한 것으로 입사 후 수행하게 될 업무에 대한 정보가 수록되어 있는 자료입니다.

1. 채용분야

설명

NCS 직무분류 체계에 따라 직무에 대한 「대분류 – 중분류 – 소분류 – 세분류」 체계를 확인할 수 있습니다.
채용직무에 대한 모든 직무기술서를 첨부하게 되며 실제 수행 업무를 기준으로 세부적인 분류정보를 제공합니다.

채용분야	분류체계			
사무행정	대분류	중분류	소분류	세분류
분류코드	02. 경영·회계·사무	03. 재무·회계	01. 재무	01. 예산
				02. 자금
			02. 회계	01. 회계감사
				02. 세무

2. 능력단위

설명

직무분류 체계의 세분류 하위능력단위 중 실질적으로 수행할 업무의 능력만 구체적으로 파악할 수 있습니다.

능력단위				
능력단위	(예산)	03. 연간종합예산수립 05. 확정예산 운영	04. 추정재무제표 작성 06. 예산실적 관리	
	(자금)	04. 자금운용		
	(회계감사)	02. 자금관리 06. 재무분석	04. 결산관리 07. 회계감사	05. 회계정보시스템 운용
	(세무)	02. 결산관리	05. 부가가치세 신고	07. 법인세 신고

3. 직무수행내용

설명

세분류 영역의 기본정의를 통해 직무수행내용을 확인할 수 있습니다. 입사 후 수행할 직무내용을 구체적으로 확인할 수 있으며, 이를 통해 입사서류 작성부터 면접까지 직무에 대한 명확한 이해를 바탕으로 자신의 희망직무인지 아닌지, 해당 직무가 자신이 알고 있던 직무가 맞는지 확인할 수 있습니다.

직무수행내용	
직무수행내용	(예산) 일정기간 예상되는 수익과 비용을 편성, 집행하며 통제하는 일
	(자금) 자금의 계획 수립, 조달, 운용을 하고 발생 가능한 위험관리 및 성과평가
	(회계감사) 기업 및 조직 내·외부에 있는 의사결정자들이 효율적인 의사결정을 할 수 있도록 유용한 정보를 제공, 제공된 회계정보의 적정성을 파악하는 일
	(세무) 세무는 기업의 활동을 위하여 주어진 세법범위 내에서 조세부담을 최소화시키는 조세전략을 포함하고 정확한 과세소득과 과세표준 및 세액을 산출하여 과세당국에 신고·납부하는 일

4. 직무기술서 예시

태도	(예산) 정확성, 분석적 태도, 논리적 태도, 타 부서와의 협조적 태도, 설득력
	(자금) 분석적 사고력
	(회계 감사) 합리적 태도, 전략적 사고, 정확성, 적극적 협업 태도, 법률준수 태도, 분석적 태도, 신속성, 책임감, 정확한 판단력
	(세무) 규정 준수 의지, 수리적 정확성, 주의 깊은 태도
우대 자격증	공인회계사, 세무사, 컴퓨터활용능력, 변호사, 워드프로세서, 전산회계운용사, 사회조사분석사, 재경관리사, 회계관리 등
직업기초능력	의사소통능력, 문제해결능력, 자원관리능력, 대인관계능력, 정보능력, 조직이해능력

5. 직무기술서 내용별 확인사항

항목	확인사항
모집부문	해당 채용에서 선발하는 부문(분야)명 확인 예 사무행정, 전산, 전기
분류체계	지원하려는 분야의 세부직무군 확인
주요기능 및 역할	지원하려는 기업의 전사적인 기능과 역할, 산업군 확인
능력단위	지원분야의 직무수행에 관련되는 세부업무사항 확인
직무수행내용	지원분야의 직무군에 대한 상세사항 확인
전형방법	지원하려는 기업의 신입사원 선발전형 절차 확인
일반요건	교육사항을 제외한 지원 요건 확인(자격요건, 특수한 경우 연령)
교육요건	교육사항에 대한 지원요건 확인(대졸 / 초대졸 / 고졸 / 전공 요건)
필요지식	지원분야의 업무수행을 위해 요구되는 지식 관련 세부항목 확인
필요기술	지원분야의 업무수행을 위해 요구되는 기술 관련 세부항목 확인
직무수행태도	지원분야의 업무수행을 위해 요구되는 태도 관련 세부항목 확인
직업기초능력	지원분야 또는 지원기업의 조직원으로서 근무하기 위해 필요한 일반적인 능력사항 확인

03 입사지원서

1. 입사지원서의 변화

기존지원서		능력중심 채용 입사지원서	
직무와 관련 없는 학점, 개인신상, 어학점수, 자격, 수상경력 등을 나열하도록 구성	VS	해당 직무수행에 꼭 필요한 정보들을 제시할 수 있도록 구성	
직무기술서		인적사항	성명, 연락처, 지원분야 등 작성(평가 미반영)
직무수행내용		교육사항	직무지식과 관련된 학교교육 및 직업교육 작성
요구지식 / 기술	→	자격사항	직무관련 국가공인 또는 민간자격 작성
관련 자격증		경력 및 경험사항	조직에 소속되어 일정한 임금을 받거나(경력) 임금 없이(경험) 직무와 관련된 활동 내용 작성
사전직무경험			

2. 교육사항

- 지원분야 직무와 관련된 학교교육이나 직업교육 혹은 기타교육 등 직무에 대한 지원자의 학습 여부를 평가하기 위한 항목입니다.
- 지원하고자 하는 직무의 학교 전공교육 이외에 직업교육, 기타교육 등을 기입할 수 있기 때문에 전공 제한 없이 직업교육과 기타교육을 이수하여 지원이 가능하도록 기회를 제공합니다.
  (기타교육 : 학교 이외의 기관에서 개인이 이수한 교육과정 중 지원직무와 관련이 있다고 생각되는 교육내용)

구분	교육과정(과목)명	교육내용	과업(능력단위)

PART 1 PART 2 PART 3 PART 4

3. 자격사항

- 채용공고 및 직무기술서에 제시되어 있는 자격 현황을 토대로 지원자가 해당 직무를 수행하는 데 필요한 능력을 가지고 있는지를 평가하기 위한 항목입니다.
- 채용공고 및 직무기술서에 기재된 직무관련 필수 또는 우대자격 항목을 확인하여 본인이 보유하고 있는 자격사항을 기재합니다.

자격유형	자격증명	발급기관	취득일자	자격증번호

4. 경력 및 경험사항

- 직무와 관련된 경력이나 경험 여부를 표현하도록 하여 직무와 관련한 능력을 갖추었는지를 평가하기 위한 항목입니다.
- 해당 기업에서 직무를 수행함에 있어 필요한 사항만을 기록하게 되어 있기 때문에 직무와 무관한 스펙을 갖추지 않아도 됩니다.
- 경력 : 금전적 보수를 받고 일정기간 동안 일했던 경우
- 경험 : 금전적 보수를 받지 않고 수행한 활동

구분	조직명	직위 / 역할	활동기간(년 / 월)	주요과업 / 활동내용

※ 기업에 따라 경력 / 경험 관련 증빙자료 요구 가능

Tip

입사지원서 작성 방법

○ 경력 및 경험사항 작성

- 직무기술서에 제시된 지식, 기술, 태도와 지원자의 교육사항, 경력(경험)사항, 자격사항과 연계하여 개인의 직무역량에 대해 스스로 판단 가능

○ 인적사항 최소화

- 개인의 인적사항, 학교명, 가족관계 등을 노출하지 않도록 유의

부적절한 입사지원서 작성 사례

- 학교 이메일을 기입하여 학교명 노출
- 거주지 주소에 학교 기숙사 주소를 기입하여 학교명 노출
- 자기소개서에 부모님이 재직 중인 기업명, 직위, 직업을 기입하여 가족관계 노출
- 자기소개서에 석·박사 과정에 대한 이야기를 언급하여 학력 노출
- 동아리 활동에 대한 내용을 학교명과 더불어 언급하여 학교명 노출

04 자기소개서

1. 자기소개서의 변화

- 기존의 자기소개서는 지원자의 일대기나 관심 분야, 성격의 장・단점 등 개괄적인 사항을 묻는 질문으로 구성되어 지원자가 자신의 직무능력을 제대로 표출하지 못합니다.
- 능력중심 채용의 자기소개서는 직무기술서에 제시된 직업기초능력(또는 직무수행능력)에 대한 지원자의 과거 경험을 기술하게 함으로써 평가 타당도의 확보가 가능합니다.

1. 우리 회사와 해당 지원 직무분야에 지원한 동기에 대해 기술해 주세요.

2. 자신이 경험한 다양한 사회활동에 관해 기술해 주세요.

3. 지원 직무에 대한 전문성을 키우기 위해 받은 교육과 경험 및 경력사항에 대해 기술해 주세요.

4. 인사업무 또는 팀 과제 수행 중 발생한 갈등을 원만하게 해결해 본 경험이 있습니까? 당시 상황에 대한 설명과 갈등의 대상이 되었던 상대방을 설득한 과정 및 방법을 하단에 기술해 주세요.

5. 과거에 있었던 일 중 가장 어려웠었던(힘들었었던) 상황을 고르고, 어떤 방법으로 그 상황을 해결했는지를 하단에 기술해 주세요.

Tip

자기소개서 작성 방법

① 자기소개서 문항이 묻고 있는 평가 역량 추측하기

> 예시
>
> • 팀 활동을 하면서 갈등 상황 시 상대방의 니즈나 의도를 명확히 파악하고 해결하여 목표 달성에 기여했던 경험에 대해서 작성해 주시기 바랍니다.
>
> • 다른 사람이 생각해내지 못했던 문제점을 찾고 이를 해결한 경험에 대해 작성해 주시기 바랍니다.

② 해당 역량을 보여줄 수 있는 소재 찾기(시간×역량 매트릭스)

예시

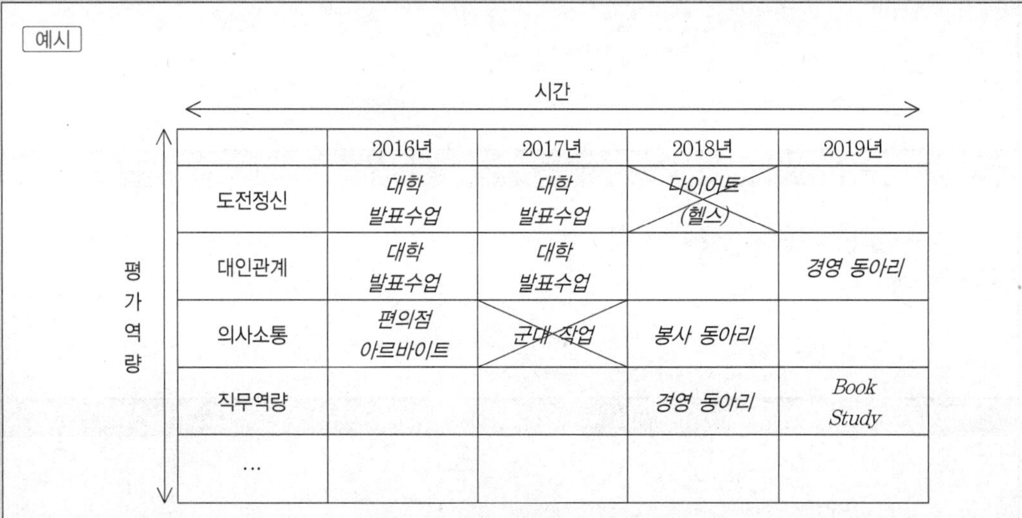

시간

평가역량

	2016년	2017년	2018년	2019년
도전정신	*대학 발표수업*	*대학 발표수업*	~~*다이어트(헬스)*~~	
대인관계	*대학 발표수업*	*대학 발표수업*		*경영 동아리*
의사소통	*편의점 아르바이트*	~~*군대 작업*~~	*봉사 동아리*	
직무역량			*경영 동아리*	*Book Study*
…				

③ 자기소개서 작성 Skill 익히기

- 두괄식으로 작성하기
- 구체적 사례를 사용하기
- '나'를 중심으로 작성하기
- 직무역량 강조하기
- 경험 사례의 차별성 강조하기

CHAPTER

03 인성검사 소개 및 모의테스트

PART 1 PART 2 PART 3 PART 4

01 인성검사 유형

인성검사는 지원자의 성격특성을 객관적으로 파악하고 그것이 각 기업에서 필요로 하는 인재상과 가치에 부합하는가를 평가하기 위한 검사입니다. 인성검사는 KPDI(한국인재개발진흥원), K-SAD(한국사회적성개발원), KIRBS(한국행동과학연구소), SHR(에스에이치알) 등의 전문기관을 통해 각 기업의 특성에 맞는 검사를 선택하여 실시합니다. 대표적인 인성검사의 유형에는 크게 다음과 같은 세 가지가 있으며, 채용 대행업체에 따라 달라집니다.

1. KPDI 검사

조직적응성과 직무적합성을 알아보기 위한 검사로, 인성검사, 인성역량검사, 인적성검사, 직종별 인적성검사 등의 다양한 검사 도구를 구현합니다. KPDI는 성격을 파악하고 정신건강 상태 등을 측정하고, 직무검사는 해당 직무를 수행하기 위해 기본적으로 갖추어야 할 인지적 능력을 측정합니다. 역량검사는 특정 직무 역할을 효과적으로 수행하는 데 직접적으로 관련있는 개인의 행동, 지식, 스킬, 가치관 등을 측정합니다.

2. KAD(Korea Aptitude Development) 검사

K-SAD(한국사회적성개발원)에서 실시하는 적성검사 프로그램입니다. 개인의 성향, 지적 능력, 기호, 관심, 흥미도를 종합적으로 분석하여 적성에 맞는 업무가 무엇인가 파악하고, 직무수행에 있어서 요구되는 기초능력과 실무능력을 분석합니다.

3. SHR 직무적성검사

직무수행에 필요한 종합적인 사고 능력을 다양한 적성검사(Paper and Pencil Test)로 평가합니다. SHR의 모든 직무능력검사는 표준화 검사입니다. 표준화 검사는 표본집단의 점수를 기초로 규준이 만들어진 검사이므로 개인의 점수를 규준에 맞추어 해석·비교하는 것이 가능합니다. S(Standardized Tests), H(Hundreds of Version), R(Reliable Norm Data)을 특징으로 하며, 직군·직급별 특성과 선발 수준에 맞추어 검사를 적용할 수 있습니다.

02 인성검사와 면접

인성검사는 특히 면접질문과 관련성이 높습니다. 면접관은 지원자의 인성검사 결과를 토대로 질문을 하기 때문입니다. 일관적이고 이상적인 답변을 하는 것이 가장 좋지만, 실제 시험은 매우 복잡하여 전문가라 해도 일정 성격을 유지하면서 답변을 하는 것이 힘듭니다. 또한, 인성검사에는 라이 스케일(Lie Scale) 설문이 전체 설문 속에 교묘하게 섞여 들어가 있으므로 겉치레적인 답을 하게 되면 회답태도의 허위성이 그대로 드러나게 됩니다. 예를 들어 '거짓말을 한 적이 한 번도 없다.'에 '예'로 답하고, '때로는 거짓말을 하기도 한다.'에 '예'라고 답하여 라이 스케일의 득점이 올라가게 되면 모든 회답의 신빙성이 사라지고 '자신을 돋보이게 하려는 사람'이라는 평가를 받을 수 있으므로 주의해야 합니다. 따라서 모의테스트를 통해 인성검사의 유형과 실제 시험 시 어떻게 문제를 풀어야 하는지 연습해 보고 체크한 부분 중 자신의 단점과 연결되는 부분은 면접에서 질문이 들어왔을 때 어떻게 대처해야 하는지 생각해 보는 것이 좋습니다.

03 유의사항

1. 기업의 인재상을 파악하라!

인성검사를 통해 개인의 성격 특성을 파악하고 그것이 기업의 인재상과 가치에 부합하는지를 평가하는 시험이기 때문에 해당 기업의 인재상을 먼저 파악하고 시험에 임하는 것이 좋습니다. 모의테스트에서 인재상에 맞는 가상의 인물을 설정하고 문제에 답해 보는 것도 많은 도움이 됩니다.

2. 일관성 있는 대답을 하라!

짧은 시간 안에 다양한 질문에 답을 해야 하는데, 그 안에는 중복되는 질문이 여러 번 나옵니다. 이때 앞서 자신이 체크했던 대답을 잘 기억해뒀다가 일관성 있는 답을 하는 것이 중요합니다.

3. 모든 문항에 대답하라!

많은 문제를 짧은 시간 안에 풀려다 보니 다 못 푸는 경우도 종종 생깁니다. 하지만 대답을 누락하거나 끝까지 다 못했을 경우 좋지 않은 결과를 가져올 수도 있으니 최대한 주어진 시간 안에 모든 문항에 답할 수 있도록 해야 합니다.

04 KPDI 모의테스트

※ 모의테스트는 질문 및 답변 유형 연습을 위한 것으로 실제 시험과 다를 수 있습니다.

번호	내용	예	아니오
001	나는 솔직한 편이다.	☐	☐
002	나는 리드하는 것을 좋아한다.	☐	☐
003	법을 어겨서 말썽이 된 적이 한 번도 없다.	☐	☐
004	거짓말을 한 번도 한 적이 없다.	☐	☐
005	나는 눈치가 빠르다.	☐	☐
006	나는 일을 주도하기보다는 뒤에서 지원하는 것을 선호한다.	☐	☐
007	앞일은 알 수 없기 때문에 계획은 필요하지 않다.	☐	☐
008	거짓말도 때로는 방편이라고 생각한다.	☐	☐
009	사람이 많은 술자리를 좋아한다.	☐	☐
010	걱정이 지나치게 많다.	☐	☐
011	일을 시작하기 전 재고하는 경향이 있다.	☐	☐
012	불의를 참지 못한다.	☐	☐
013	처음 만나는 사람과도 이야기를 잘 한다.	☐	☐
014	때로는 변화가 두렵다.	☐	☐
015	나는 모든 사람에게 친절하다.	☐	☐
016	힘든 일이 있을 때 술은 위로가 되지 않는다.	☐	☐
017	결정을 빨리 내리지 못해 손해를 본 경험이 있다.	☐	☐
018	기회를 잡을 준비가 되어 있다.	☐	☐
019	때로는 내가 정말 쓸모없는 사람이라고 느낀다.	☐	☐
020	누군가 나를 챙겨주는 것이 좋다.	☐	☐
021	자주 가슴이 답답하다.	☐	☐
022	나는 내가 자랑스럽다.	☐	☐
023	경험이 중요하다고 생각한다.	☐	☐
024	전자기기를 분해하고 다시 조립하는 것을 좋아한다.	☐	☐
025	감시받고 있다는 느낌이 든다.	☐	☐

026	난처한 상황에 놓이면 그 순간을 피하고 싶다.	☐	☐
027	세상엔 믿을 사람이 없다.	☐	☐
028	잘못을 빨리 인정하는 편이다.	☐	☐
029	지도를 보고 길을 잘 찾아간다.	☐	☐
030	귓속말을 하는 사람을 보면 날 비난하고 있는 것 같다.	☐	☐
031	막무가내라는 말을 들을 때가 있다.	☐	☐
032	장래의 일을 생각하면 불안하다.	☐	☐
033	결과보다 과정이 중요하다고 생각한다.	☐	☐
034	운동은 그다지 할 필요가 없다고 생각한다.	☐	☐
035	새로운 일을 시작할 때 좀처럼 한 발을 떼지 못한다.	☐	☐
036	기분 상하는 일이 있더라도 참는 편이다.	☐	☐
037	업무능력은 성과로 평가받아야 한다고 생각한다.	☐	☐
038	머리가 맑지 못하고 무거운 느낌이 든다.	☐	☐
039	가끔 이상한 소리가 들린다.	☐	☐
040	타인이 내게 자주 고민상담을 하는 편이다.	☐	☐

05 SHR 모의테스트

※ 모의테스트는 질문 및 답변 유형 연습을 위한 것으로 실제 시험과 다를 수 있습니다.

※ 이 성격검사의 각 문항에는 서로 다른 행동을 나타내는 네 개의 문장이 제시되어 있습니다. 이 문장들을 비교하여, 자신의 평소 행동과 가장 가까운 문장을 'ㄱ' 열에 표기하고, 가장 먼 문장을 'ㅁ' 열에 표기하십시오.

01 나는 ______________________

	ㄱ	ㅁ
A. 실용적인 해결책을 찾는다.	☐	☐
B. 다른 사람을 돕는 것을 좋아한다.	☐	☐
C. 세부 사항을 잘 챙긴다.	☐	☐
D. 상대의 주장에서 허점을 잘 찾는다.	☐	☐

02 나는 ______________________

	ㄱ	ㅁ
A. 매사에 적극적으로 임한다.	☐	☐
B. 즉흥적인 편이다.	☐	☐
C. 관찰력이 있다.	☐	☐
D. 임기응변에 강하다.	☐	☐

03 나는 ______________________

	ㄱ	ㅁ
A. 무서운 영화를 잘 본다.	☐	☐
B. 조용한 곳이 좋다.	☐	☐
C. 가끔 울고 싶다.	☐	☐
D. 집중력이 좋다.	☐	☐

04 나는 ______________________

	ㄱ	ㅁ
A. 기계를 조립하는 것을 좋아한다.	☐	☐
B. 집단에서 리드하는 역할을 맡는다.	☐	☐
C. 호기심이 많다.	☐	☐
D. 음악을 듣는 것을 좋아한다.	☐	☐

05 나는 ______________________

	ㄱ	ㅁ
A. 타인을 늘 배려한다.	☐	☐
B. 감수성이 예민하다.	☐	☐
C. 즐겨하는 운동이 있다.	☐	☐
D. 일을 시작하기 전에 계획을 세운다.	☐	☐

06 나는 ______________________

	ㄱ	ㅁ
A. 타인에게 설명하는 것을 좋아한다.	☐	☐
B. 여행을 좋아한다.	☐	☐
C. 정적인 것이 좋다.	☐	☐
D. 남을 돕는 것에 보람을 느낀다.	☐	☐

07 나는 ______________________

	ㄱ	ㅁ
A. 기계를 능숙하게 다룬다.	☐	☐
B. 밤에 잠이 잘 오지 않는다.	☐	☐
C. 한 번 간 길을 잘 기억한다.	☐	☐
D. 불의를 보면 참을 수 없다.	☐	☐

08 나는 ______________________

	ㄱ	ㅁ
A. 종일 말을 하지 않을 때가 있다.	☐	☐
B. 사람이 많은 곳을 좋아한다.	☐	☐
C. 술을 좋아한다.	☐	☐
D. 휴양지에서 편하게 쉬고 싶다.	☐	☐

09 나는 ______________________

A. 뉴스보다는 드라마를 좋아한다.
B. 길을 잘 찾는다.
C. 주말엔 집에서 쉬는 것이 좋다.
D. 아침에 일어나는 것이 힘들다.

ㄱ	ㅁ
☐	☐
☐	☐
☐	☐
☐	☐

10 나는 ______________________

A. 이성적이다.
B. 할 일을 종종 미룬다.
C. 어른을 대하는 게 힘들다.
D. 불을 보면 매혹을 느낀다.

ㄱ	ㅁ
☐	☐
☐	☐
☐	☐
☐	☐

11 나는 ______________________

A. 상상력이 풍부하다.
B. 예의 바르다는 소리를 자주 듣는다.
C. 사람들 앞에 서면 긴장한다.
D. 친구를 자주 만난다.

ㄱ	ㅁ
☐	☐
☐	☐
☐	☐
☐	☐

12 나는 ______________________

A. 나만의 스트레스 해소 방법이 있다.
B. 친구가 많다.
C. 책을 자주 읽는다.
D. 활동적이다.

ㄱ	ㅁ
☐	☐
☐	☐
☐	☐
☐	☐

CHAPTER 04 면접전형 가이드

01 면접유형 파악

1. 면접전형의 변화

기존 면접전형에서는 일상적이고 단편적인 대화나 지원자의 첫인상 및 면접관의 주관적인 판단 등에 의해서 입사 결정 여부를 판단하는 경우가 많았습니다. 이러한 면접전형은 면접 내용의 일관성이 결여되거나 직무 관련 타당성이 부족하였고, 면접에 대한 신뢰도에 영향을 주었습니다.

기존 면접(전통적 면접)		능력중심 채용 면접(구조화 면접)
• 일상적이고 단편적인 대화 • 인상, 외모 등 외부 요소의 영향 • 주관적인 판단에 의존한 총점 부여 ⇩ • 면접 내용의 일관성 결여 • 직무관련 타당성 부족 • 주관적인 채점으로 신뢰도 저하	VS	• 일관성 – 직무관련 역량에 초점을 둔 구체적 질문 목록 – 지원자별 동일 질문 적용 • 구조화 – 면접 진행 및 평가 절차를 일정한 체계에 의해 구성 • 표준화 – 평가 타당도 제고를 위한 평가 Matrix 구성 – 척도에 따라 항목별 채점, 개인 간 비교 • 신뢰성 – 면접진행 매뉴얼에 따라 면접위원 교육 및 실습

2. 능력중심 채용의 면접 유형

① 경험 면접
- 목적 : 선발하고자 하는 직무 능력이 필요한 과거 경험을 질문합니다.
- 평가요소 : 직업기초능력과 인성 및 태도적 요소를 평가합니다.

② 상황 면접
- 목적 : 특정 상황을 제시하고 지원자의 행동을 관찰함으로써 실제 상황의 행동을 예상합니다.
- 평가요소 : 직업기초능력과 인성 및 태도적 요소를 평가합니다.

③ 발표 면접
- 목적 : 특정 주제와 관련된 지원자의 발표와 질의응답을 통해 지원자 역량을 평가합니다.
- 평가요소 : 직무수행능력과 인지적 역량(문제해결능력)을 평가합니다.

④ 토론 면접
- 목적 : 토의과제에 대한 의견수렴 과정에서 지원자의 역량과 상호작용능력을 평가합니다.
- 평가요소 : 직무수행능력과 팀워크를 평가합니다.

02 면접유형별 준비 방법

1. 경험 면접

① 경험 면접의 특징

- 주로 직업기초능력에 관련된 지원자의 과거 경험을 심층 질문하여 검증하는 면접입니다.
- 직무능력과 관련된 과거 경험을 평가하기 위해 심층 질문을 하며, 이 질문은 지원자의 답변에 대하여 '꼬리에 꼬리를 무는 형식'으로 진행됩니다.

> • 능력요소, 정의, 심사 기준
> – 평가하고자 하는 능력요소, 정의, 심사기준을 확인하여 면접위원이 해당 능력요소 관련 질문을 제시합니다.
> • Opening Question
> – 능력요소에 관련된 과거 경험을 유도하기 위한 시작 질문을 합니다.
> • Follow-up Question
> – 지원자의 경험 수준을 구체적으로 검증하기 위한 질문입니다.
> – 경험 수준 검증을 위한 상황(Situation), 임무(Task), 역할 및 노력(Action), 결과(Result) 등으로 질문을 구분합니다.

경험 면접의 형태

[면접관 1] [면접관 2] [면접관 3]　　[면접관 1] [면접관 2] [면접관 3]

[지원자]　　[지원자 1] [지원자 2] [지원자 3]

〈일대다 면접〉　　〈다대다 면접〉

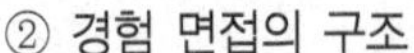
② 경험 면접의 구조

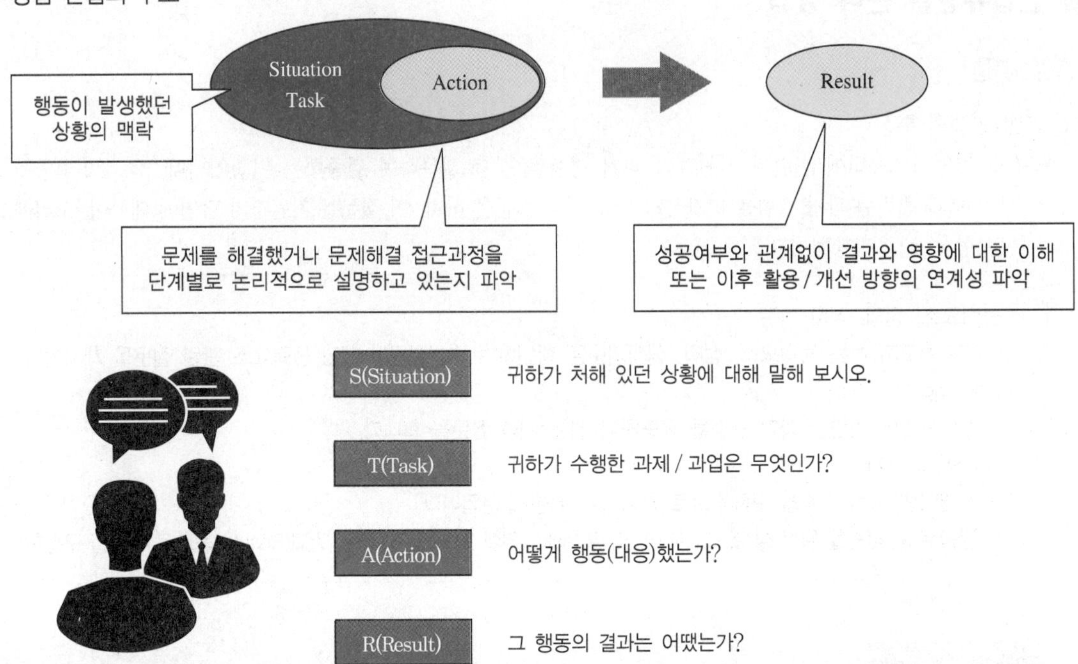
Situation
Task
Action
Result
행동이 발생했던
상황의 맥락
문제를 해결했거나 문제해결 접근과정을
단계별로 논리적으로 설명하고 있는지 파악
성공여부와 관계없이 결과와 영향에 대한 이해
또는 이후 활용 / 개선 방향의 연계성 파악
S(Situation)
귀하가 처해 있던 상황에 대해 말해 보시오.
T(Task)
귀하가 수행한 과제 / 과업은 무엇인가?
A(Action)
어떻게 행동(대응)했는가?
R(Result)
그 행동의 결과는 어땠는가?

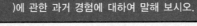

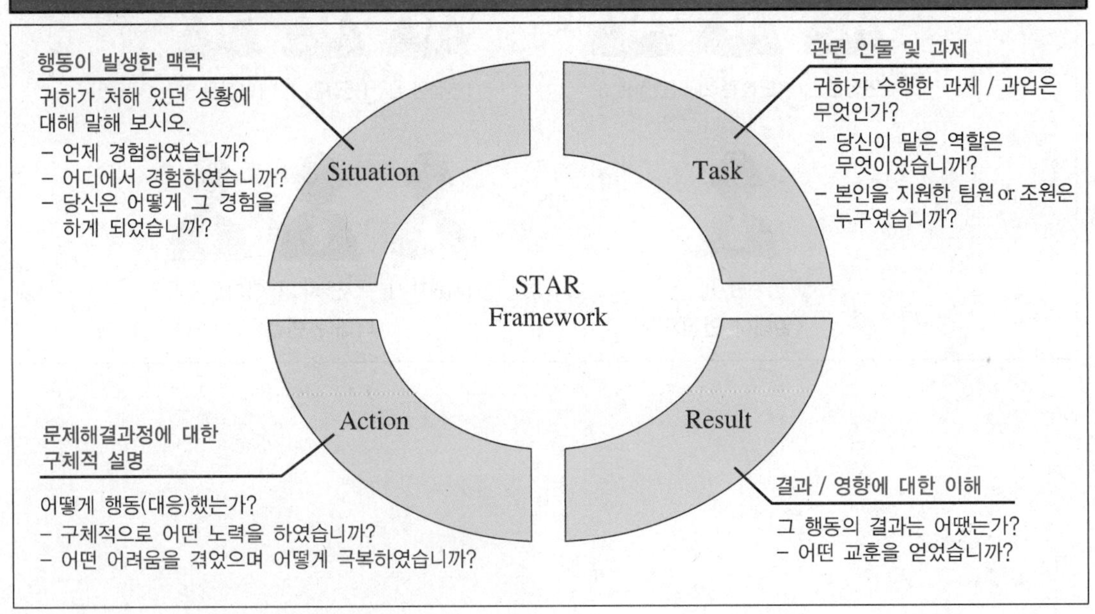
(　　　　)에 관한 과거 경험에 대하여 말해 보시오.
행동이 발생한 맥락
귀하가 처해 있던 상황에
대해 말해 보시오.
- 언제 경험하였습니까?
- 어디에서 경험하였습니까?
- 당신은 어떻게 그 경험을
하게 되었습니까?
관련 인물 및 과제
귀하가 수행한 과제 / 과업은
무엇인가?
- 당신이 맡은 역할은
무엇이었습니까?
- 본인을 지원한 팀원 or 조원은
누구였습니까?
Situation
Task
STAR
Framework
Action
Result
문제해결과정에 대한
구체적 설명
어떻게 행동(대응)했는가?
- 구체적으로 어떤 노력을 하였습니까?
- 어떤 어려움을 겪었으며 어떻게 극복하였습니까?
결과 / 영향에 대한 이해
그 행동의 결과는 어땠는가?
- 어떤 교훈을 얻었습니까?

③ 경험 면접 질문 예시(직업윤리)

시작 질문	
1	남들이 신경 쓰지 않는 부분까지 고려하여 절차대로 업무(연구)를 수행하여 성과를 낸 경험을 구체적으로 말해 보시오.
2	조직의 원칙과 절차를 철저히 준수하며 업무(연구)를 수행한 것 중 성과를 향상시킨 경험에 대해 구체적으로 말해 보시오.
3	세부적인 절차와 규칙에 주의를 기울여 실수 없이 업무(연구)를 마무리한 경험을 구체적으로 말해 보시오.
4	조직의 규칙이나 원칙을 고려하여 성실하게 일했던 경험을 구체적으로 말해 보시오.
5	타인의 실수를 바로잡고 원칙과 절차대로 수행하여 성공적으로 업무를 마무리하였던 경험에 대해 말해 보시오.

후속 질문		
상황 (Situation)	상황	구체적으로 언제, 어디에서 경험한 일인가?
		어떤 상황이었는가?
	조직	어떤 조직에 속해 있었는가?
		그 조직의 특성은 무엇이었는가?
		몇 명으로 구성된 조직이었는가?
	기간	해당 조직에서 얼마나 일했는가?
		해당 업무는 몇 개월 동안 지속되었는가?
	조직규칙	조직의 원칙이나 규칙은 무엇이었는가?
임무 (Task)	과제	과제의 목표는 무엇이었는가?
		과제에 적용되는 조직의 원칙은 무엇이었는가?
		그 규칙을 지켜야 하는 이유는 무엇이었는가?
	역할	당신이 조직에서 맡은 역할은 무엇이었는가?
		과제에서 맡은 역할은 무엇이었는가?
	문제의식	규칙을 지키지 않을 경우 생기는 문제점 / 불편함은 무엇인가?
		해당 규칙이 왜 중요하다고 생각하였는가?
역할 및 노력 (Action)	행동	업무 과정의 어떤 장면에서 규칙을 철저히 준수하였는가?
		어떻게 규정을 적용시켜 업무를 수행하였는가?
		규정을 준수하는 데 어려움은 없었는가?
	노력	그 규칙을 지키기 위해 스스로 어떤 노력을 기울였는가?
		본인의 생각이나 태도에 어떤 변화가 있었는가?
		다른 사람들은 어떤 노력을 기울였는가?
	동료관계	동료들은 규칙을 철저히 준수하고 있었는가?
		팀원들은 해당 규칙에 대해 어떻게 반응하였는가?
		규칙에 대한 태도를 개선하기 위해 어떤 노력을 하였는가?
		팀원들의 태도는 당신에게 어떤 자극을 주었는가?
	업무추진	주어진 업무를 추진하는 데 규칙이 방해되진 않았는가?
		업무수행 과정에서 규정을 어떻게 적용하였는가?
		업무 시 규정을 준수해야 한다고 생각한 이유는 무엇인가?

결과 (Result)	평가	규칙을 어느 정도나 준수하였는가?
		그렇게 준수할 수 있었던 이유는 무엇이었는가?
		업무의 성과는 어느 정도였는가?
		성과에 만족하였는가?
		비슷한 상황이 온다면 어떻게 할 것인가?
	피드백	주변 사람들로부터 어떤 평가를 받았는가?
		그러한 평가에 만족하는가?
		다른 사람에게 본인의 행동이 영향을 주었다고 생각하는가?
	교훈	업무수행 과정에서 중요한 점은 무엇이라고 생각하는가?
		이 경험을 통해 느낀 바는 무엇인가?

2. 상황 면접

① 상황 면접의 특징

직무 관련 상황을 가정하여 제시하고 이에 대한 대응능력을 직무관련성 측면에서 평가하는 면접입니다.

- 상황 면접 과제의 구성은 크게 2가지로 구분
  - 상황 제시(Description) / 문제 제시(Question or Problem)
- 현장의 실제 업무 상황을 반영하여 과제를 제시하므로 직무분석이나 직무전문가 워크숍 등을 거쳐 현장성을 높임
- 문제는 상황에 대한 기본적인 이해능력(이론적 지식)과 함께 실질적 대응이나 변수 고려능력(실천적 능력) 등을 고르게 질문해야 함

상황 면접의 형태

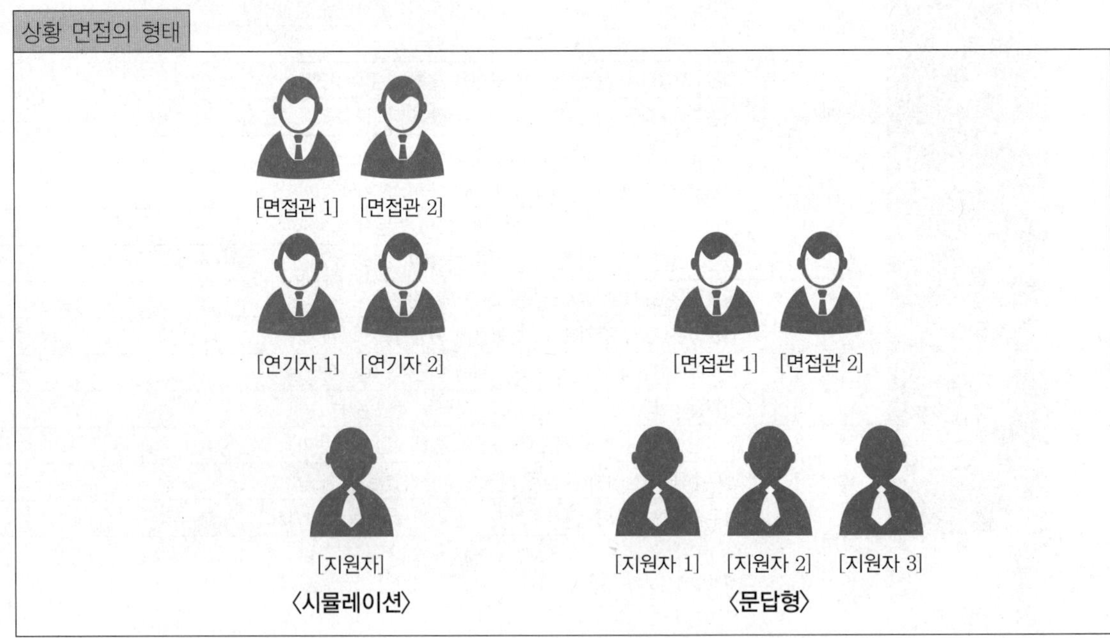

② 상황 면접 예시

상황 제시	인천공항 여객터미널 내에는 다양한 용도의 시설(사무실, 통신실, 식당, 전산실, 창고 면세점 등)이 설치되어 있습니다.	실제 업무 상황에 기반함
	금년에 소방배관의 누수가 잦아 메인 배관을 교체하는 공사를 추진하고 있으며, 당신은 이번 공사의 담당자입니다.	배경 정보
	주간에는 공항 운영이 이루어져 주로 야간에만 배관 교체 공사를 수행하던 중, 시공하는 기능공의 실수로 배관 연결 부위를 잘못 건드려 고압배관의 소화수가 누출되는 사고가 발생하였으며, 이로 인해 인근 시설물에 누수에 의한 피해가 발생하였습니다.	구체적인 문제 상황
문제 제시	일반적인 소방배관의 배관연결(이음)방식과 배관의 이탈(누수)이 발생하는 원인에 대해 설명해 보시오.	문제 상황 해결을 위한 기본 지식 문항
	담당자로서 본 사고를 현장에서 긴급히 처리하는 프로세스를 제시하고, 보수완료 후 사후적 조치가 필요한 부분 및 재발방지 방안에 대해 설명해 보시오.	문제 상황 해결을 위한 추가 대응 문항

3. 발표 면접

① 발표 면접의 특징

- 직무 관련 주제에 대한 지원자의 생각을 정리하여 의견을 제시하고, 발표 및 질의응답을 통해 지원자의 직무능력을 평가하는 면접입니다.
- 발표 주제는 직무와 관련된 자료로 제공되며, 일정 시간 후 지원자가 보유한 지식 및 방안에 대한 발표 및 후속 질문을 통해 직무적합성을 평가합니다.

> • 주요 평가요소
> – 설득적 말하기 / 발표능력 / 문제해결능력 / 직무관련 전문성
> • 이미 언론을 통해 공론화된 시사 이슈보다는 해당 직무분야에 관련된 주제가 발표면접의 과제로 선정되는 경우가 최근 들어 늘어나고 있음
> • 짧은 시간 동안 주어진 과제를 빠른 속도로 분석하여 발표문을 작성하고 제한된 시간 안에 면접관에게 효과적인 발표를 진행하는 것이 핵심

발표 면접의 형태

[면접관 1] [면접관 2]

[지원자]

〈개별과제 발표〉

[면접관 1] [면접관 2]

[지원자 1] [지원자 2] [지원자 3]

〈팀 과제 발표〉

※ 면접관에게 시각적 효과를 사용하여 메시지를 전달하는 쌍방향 커뮤니케이션 방식

※ 심층면접을 보완하기 위한 방안으로 최근 많은 기업에서 적극 도입하는 추세

② 발표 면접 예시

1. 지시문

당신은 현재 A사에서 직원들의 성과평가를 담당하고 있는 팀원이다. 인사팀은 지난주부터 사내 조직문화관련 인터뷰를 하던 도중 성과평가제도에 관련된 개선 니즈가 제일 많다는 것을 알게 되었다. 이에 팀장님은 인터뷰 결과를 종합하려 성과평가제도 개선 아이디어를 A4용지에 정리하여 신속 보고할 것을 지시하셨다. 당신에게 남은 시간은 1시간이다. 자료를 준비하는 대로 당신은 팀원들이 모인 회의실에서 5분 간 발표할 것이며, 이후 질의응답을 진행할 것이다.

2. 배경자료

〈성과평가제도 개선에 대한 인터뷰〉

최근 A사는 회사 사세의 급성장으로 인해 작년보다 매출이 두 배 성장하였고, 직원 수 또한 두 배로 증가하였다. 회사의 성장은 임금, 복지에 대한 상승 등 긍정적인 영향을 주었으나 업무의 불균형 및 성과보상의 불평등 문제가 발생하였다. 또한 수시로 입사하는 신입직원과 경력직원, 퇴사하는 직원들까지 인원들의 잦은 변동으로 인해 평가해야 할 대상이 변경되어 현재의 성과평가제도로는 공정한 평가가 어려운 상황이다.

[생산부서 김상호]
우리 팀은 지난 1년 동안 생산량이 급증했기 때문에 수십 명의 신규인력이 급하게 채용되었습니다. 이 때문에 저희 팀장님은 신규 입사자들의 이름조차 기억 못 할 때가 많이 있습니다. 성과평가를 제대로 하고 있는지 의문이 듭니다.

[마케팅 부서 김흥민]
개인별 성과평가의 취지는 충분히 이해합니다. 그러나 현재 평가는 실적기반이나 정성적인 평가가 많이 포함되어 있어 객관성과 공정성에 의문이 드는 것이 사실입니다. 이러한 상황에서 평가제도를 재수립하지 않고, 인센티브에 계속 반영한다면, 평가제도에 대한 반감이 커질 것이 분명합니다.

[교육부서 홍경민]
현재 교육부서는 인사팀과 밀접하게 일하고 있습니다. 그럼에도 인사팀에서 실시하는 성과평가제도에 대한 이해가 부족한 것 같습니다.

[기획부서 김경호 차장]
저는 저의 평가자 중 하나가 연구부서의 팀장님인데, 일 년에 몇 번 같이 일하지 않는데 어떻게 저를 평가할 수 있을까요? 특히 연구팀은 저희가 예산을 배정하는데, 저에게는 좋지만….

4. 토론 면접

① 토론 면접의 특징

- 다수의 지원자가 조를 편성해 과제에 대한 토론(토의)을 통해 결론을 도출해가는 면접입니다.
- 의사소통능력, 팀워크, 종합인성 등의 평가에 용이합니다.

> 1. 주요 평가요소
>   – 설득적 말하기, 경청능력, 팀워크, 종합인성
> 2. 의견 대립이 명확한 주제 또는 채용분야의 직무 관련 주요 현안을 주제로 과제 구성
> 3. 제한된 시간 내 토론을 진행해야 하므로 적극적으로 자신 있게 토론에 임하고 본인의 의견을 개진할 수 있어야 함

토론 면접의 형태

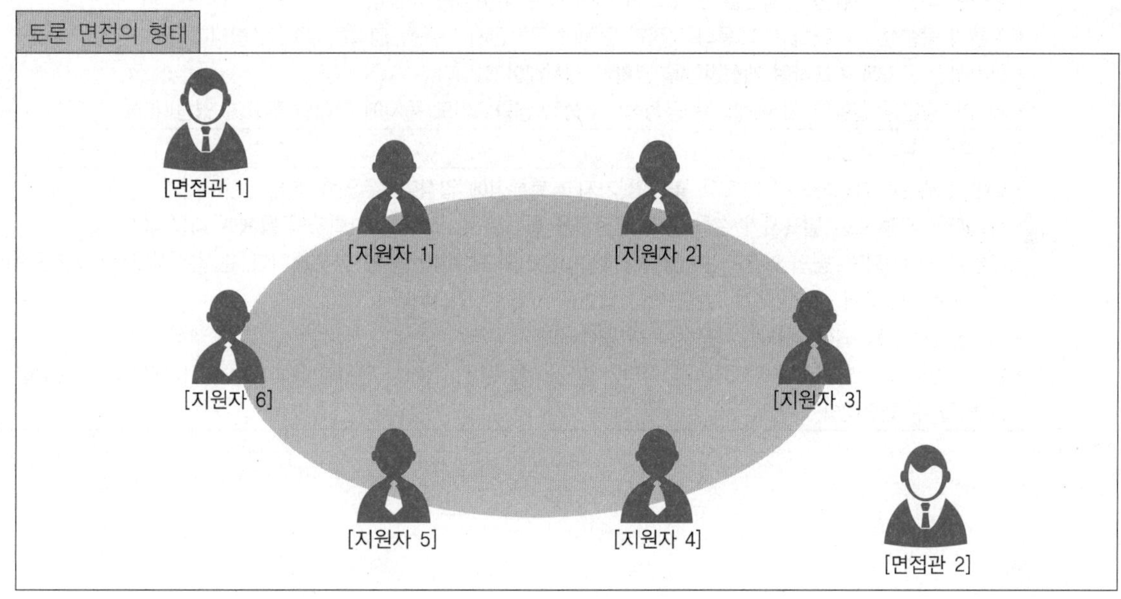

PART 1 PART 2 PART 3 PART 4

② 토론 면접 예시

고객 불만 고충처리
1. 들어가며
최근 우리 상품에 대한 고객 불만의 증가로 고객고충처리 TF가 만들어졌고 당신은 여기에 지원해 배치받았다. 당신의 업무는 불만을 가진 고객을 만나서 애로사항을 듣고 처리해 주는 일이다. 주된 업무로는 고객의 니즈를 파악해 방향성을 제시해 주고 그 해결책을 마련하는 일이다. 하지만 고객의 주관적인 의견으로 인해 제대로 된 방향으로 의사결정을 하지 못할 때가 있다. 이럴 경우 설득이나 논쟁을 해서라도 의견을 관철시키는 것이 좋을지 아니면 고객의 의견대로 진행하는 것이 좋을지 결정해야 한다. 만약 당신이라면 이러한 상황에서 어떤 결정을 내릴 것인지 여부를 자유롭게 토론해 보시오.
2. 1분 자유 발언 시 준비사항
• 당신은 의견을 자유롭게 개진할 수 있으며 이에 따른 불이익은 없습니다. • 토론의 방향성을 이해하고, 내용의 장점과 단점이 무엇인지 문제를 명확히 말해야 합니다. • 합리적인 근거에 기초하여 개선방안을 명확히 제시해야 합니다. • 제시한 방안을 실행할 시 예상되는 긍정적·부정적 영향요인도 동시에 고려할 필요가 있습니다.
3. 토론 시 유의사항
• 토론 주제문과 제공해드린 메모지, 볼펜만 가지고 토론장에 입장할 수 있습니다. • 사회자의 지정 또는 발표자가 손을 들어 발언권을 획득할 수 있으며, 사회자의 통제에 따릅니다. • 토론회가 시작되면, 팀의 의견과 논거를 정리하여 1분간의 자유발언을 할 수 있습니다. 순서는 사회자가 지정합니다. 이후에는 자유롭게 상대방에게 질문하거나 답변을 하실 수 있습니다. • 핸드폰, 서적 등 외부 매체는 사용하실 수 없습니다. • 논제에 벗어나는 발언이나 지나치게 공격적인 발언을 할 경우, 위에서 제시한 유의사항을 지키지 않을 경우 불이익을 받을 수 있습니다.

03 면접 Role Play

1. 면접 Role Play 편성

- 교육생끼리 조를 편성하여 면접관과 지원자 역할을 교대로 진행합니다.
- 지원자 입장과 면접관 입장을 모두 경험해 보면서 면접에 대한 적응력을 높일 수 있습니다.

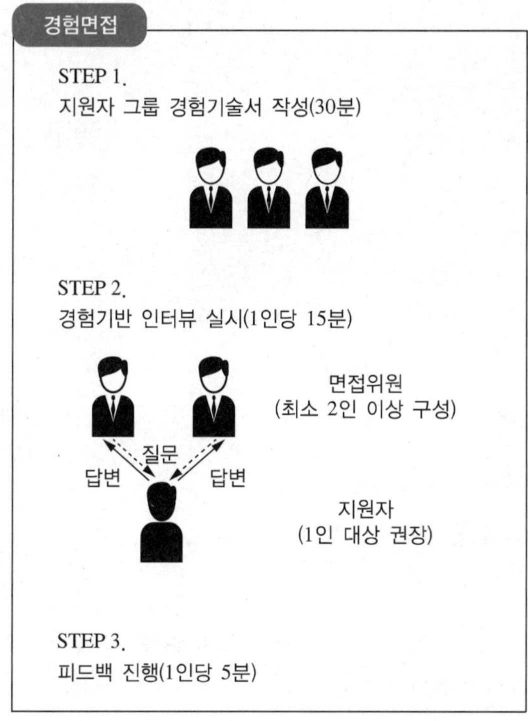

경험면접
STEP 1.
지원자 그룹 경험기술서 작성(30분)
STEP 2.
경험기반 인터뷰 실시(1인당 15분)
면접위원
(최소 2인 이상 구성)
질문
답변
답변
지원자
(1인 대상 권장)
STEP 3.
피드백 진행(1인당 5분)

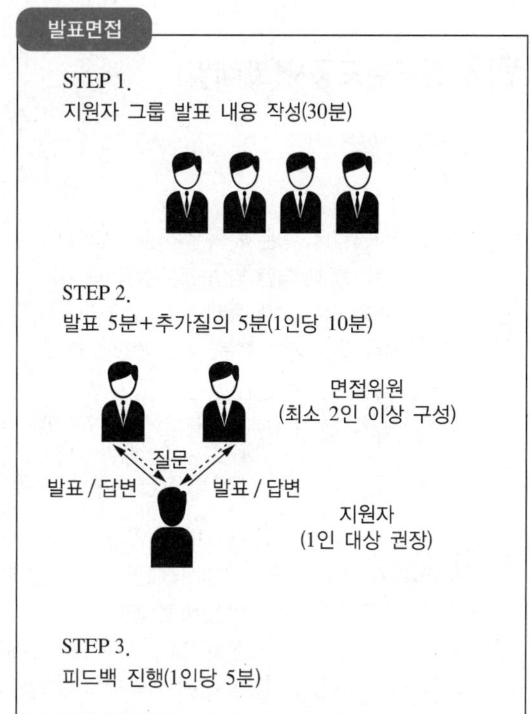

발표면접
STEP 1.
지원자 그룹 발표 내용 작성(30분)
STEP 2.
발표 5분+추가질의 5분(1인당 10분)
면접위원
(최소 2인 이상 구성)
질문
발표 / 답변
발표 / 답변
지원자
(1인 대상 권장)
STEP 3.
피드백 진행(1인당 5분)

Tip

면접 준비하기

○ 면접 유형 확인 필수
- 기업마다 면접 유형이 상이하기 때문에 해당 기업의 면접 유형을 확인하는 것이 좋음
- 일반적으로 실무진 면접 – 임원 면접 2차례에 걸쳐 면접을 실시하는 기업이 많고, 실무진 면접과 임원 면접의 평가 요소가 다르기 때문에 유형에 맞는 준비방법이 필요

○ 후속 질문에 대한 사전 점검
- 블라인드 채용 면접에서는 주요 질문과 함께 후속 질문을 통해 지원자의 직무능력을 판단
  → STAR 기법을 통한 후속 질문에 미리 대비하는 것이 필요

CHAPTER 05 주요 공기업 최신 면접 기출

01 한국철도공사(코레일)

기출 엿보기

[경험면접]

- 같이 지내기 가장 힘든 사람은 어떤 사람인가?
- 정보를 수집할 때 어떤 방법으로 수집하는가?
- 협동 경험에 대해 말해 보시오.
- 가장 자부심을 가지고 했던 일은 무엇인가?
- 지원한 동기가 무엇인가?
- 코레일에 입사하기 위해 지원자가 노력한 것에는 무엇이 있는가?

[직무 상황면접]

- 입사한다면 상사의 지시에 따를 것인가, 아니면 자신의 방법대로 진행할 것인가?
- 의견을 고집하는 사람이 조직 내에 있으면 어떻게 할 것인가?
- 민원이 들어오거나 차량안전에 문제가 있을 시 어떻게 하겠는가?
- 공익요원이 자꾸 스마트폰을 한다. 지나가는 고객이 조언을 해도 무시하는 상황이라면 어떻게 해결할 것인가?
- 교육사항과 현장의 작업방식 간 차이가 발생했을 때, 어떻게 대처해야 하는가?

02 한국도로공사

기출 엿보기

- 한국도로공사의 서비스 중 이용해 본 것은 무엇인가?
- 자기 개발은 어떤 것을 하고 있는가?
- 고객의 불만을 해결했던 경험을 말해 보시오.
- 살면서 어려웠던 경험을 말해 보시오.
- 기계설비 중에 아는 것이 있는가?
- 어떤 일을 추진 중에 포기하고 싶었던 경험에 대해 말해 보시오.
- 도전적인 일을 해 본 경험에 대해 말해 보시오.
- 어떤 수준 높은 요구에 대응해 본 경험에 대해 말해 보시오.
- 학교생활 이외에 가장 자랑하고 싶은 경험에 대해 말해 보시오.

03 한국전력공사

기출 엿보기

- 타인과의 갈등 상황이 발생했을 때, 지원자만의 해결 방안이 있는가?
- 우리 공사에 관련한 최신 기사에 대하여 간략하게 말해 보시오.
- 정확성과 신속성 중 무엇을 더 중요하게 생각하는가?
- 지원자의 좌우명은 무엇인가?
- 지원자의 단점을 말해 보시오.
- 최근의 시사이슈를 한 가지 말해보고, 그에 대한 본인의 생각을 말해 보시오.
- 최근에 겪은 변화에 대하여 말해 보시오.
- 지원자의 특별한 장점에 대하여 말해 보시오.
- 우리 공사에 입사한다면, 포부에 대하여 말해 보시오.
- 지원자는 팀 프로젝트에 적극적으로 참여한 것 같은데, 적극성과 신중함 중 어느 쪽에 가깝게 프로젝트를 진행했는가?
- 우리 공사가 추구하는 가치가 무엇인지 알고 있는가?

04 국민건강보험공단

기출 엿보기

- 자신이 꾸준히 지키는 원칙이 있다면 말해 보시오.
- 이직경험이 있거나 이직 예정이라면 이직사유를 단 한 문장으로 요약하되, 없다면 국민건강보험공단에 들어오려는 이유를 단 한 문장으로 말해 보시오.
- 살면서 가장 애착이 깊었던 조직과, 그곳에서 자신의 역할에 대해 말해 보시오.
- 인내심의 한계에 도달했던 경험에 대해 말해 보시오.
- 갈등을 극복한 경험을 설명해 보시오.
- 공단에 입사해 업무를 하면서 가장 좋을 것 같은 점과 가장 힘들 것 같은 점을 말해 보시오.
- 갈등 상황을 타인의 의견을 수용함으로써 해결한 경험에 대해 말해 보시오.
- 타 지원자와 다른 자신만의 경쟁력을 말해 보시오.
- 민원인과 충돌이 있을 경우 어떻게 대처하겠는가?
- 대인관계에서 가장 중요한 것은 무엇이라고 생각하는가?
- 처음 보는 사람에게 신뢰를 얻을 수 있는 방법은 무엇인가?
- 공단의 인재상 중 본인과 부합하는 가치는 무엇인가?
- 공단에 대해 아는 대로 말해 보시오.
- 공단의 업무와 자신의 장점이 어떻게 부합하는가?
- 고객의 입장에서 공단이 개선해야 할 점에 대해 말해 보시오.
- 조직생활이나 학교생활을 하면서 창의적으로 일을 처리했던 경험을 말해 보시오.

05 국민연금공단

기출 엿보기

- 모르는 사람을 도운 경험이 있는가?
- 상사와의 갈등이 발생할 시 어떻게 할 것인가?
- 민원 업무를 맡아 할 때, 고객이 말을 알아듣지 못한다면 어떻게 행동할 것인가?
- 의사소통에서 제일 중요한 것은 무엇이며, 그 이유에 대해 말해 보시오.
- 자신의 단점에 대해 말하고, 이를 극복하고자 어떻게 행동했는지 말해 보시오.
- 일을 할 때 '이것만은 정말 싫다.'하는 부분에 대해 말해 보시오.
- 실패했던 경험담과 이에 대한 극복 방법에 대해 말해 보시오.
- 우리나라의 연금제도에 대한 생각을 말해 보시오.
- 자신이 어떤 분야의 전문가라고 생각하는가?
- 팀플레이에 있어서 가장 중요하다고 생각하는 것을 말해 보시오.
- 국민연금공단이 고객가치를 실현하는 방법에 대해 말해 보시오.

06 LH 한국토지주택공사

기출 엿보기

[업무직]

- 가장 최근에 실패한 경험과 그것을 어떻게 극복하였는지 말해 보시오.
- 입사 후 어떻게 적응해 나갈 것인가?
- 지금까지 살면서 겪은 일 중 가장 자랑할 만한 일을 말해 보시오.
- 본인의 평소 별명이 무엇인가?
- 공기업을 택한 이유가 무엇인가?
- 다른 회사와 협업해 본 경험이 있는가?
- 소통을 잘할 수 있는 방법이 무엇이라고 생각하는가?
- 새로운 것에 도전한 사례를 말해 보시오.

[무기계약직]

- 이력서에 기재된 사항을 잘 확인해봤는가?
- 현장근무가 가능한가?
- 현장에서 근무하다 민원 등의 난처한 상황이 발생한다면 어떻게 대처하겠는가?
- LH에서 진행하고 있는 사업 중 관심 있는 사업과 그 이유는 무엇인가?
- LH 계약직에 지원한 이유가 무엇인가?
- 주거급여 수급자가 본인에게 욕을 하거나 민원응대 거부를 하면 어떻게 대응할 것인가?
- 국가에 대해 어떻게 생각하는가?

07 LX 한국국토정보공사

기출 엿보기

[상황면접]

- 지적 재조사로 인해 민원인의 경계를 조정해야 하는 상황이라면 어떻게 행동하겠는가?
- 상사가 업무와 무관한 지시를 내린다면 어떻게 하겠는가?
- 공금 횡령 등 회사에 재무적 손실을 야기하는 부당한 지시를 내린다면 어떻게 대처하겠는가?
- 지적측량 업무 민원이 많이 밀려 있으며, 업무처리는 선임이 거의 맡아서 하고 있다. 신입직원인 지원자는 업무처리 능력도 부족하고 민원을 처리하는 것도 어려운 상황이다. 이 상황에서 지원자는 어떻게 대처할 것인가?
- 업무수행 중 민원이 발생하였다면 어떻게 대처하겠는가?

[경험면접]

- 팀 활동을 할 때, 자신의 노력으로 성과를 보인 경험을 말해 보시오.
- 살면서 힘들었던 경험에 대해 말해 보시오.
- 지원한 직무에 대해서 경험이 없을 때, 어떻게 극복할 것인가?
- 인턴생활을 하면서 어려운 점이 있었는가?
- 자신은 리더형과 팔로워형 중 무엇에 더 가까운가?
- 준비한 자격증은 무엇이며 전공이 무엇인가?
- 협력을 통해 성과를 낸 경험에 대해 말해 보시오.
- 정보의 편향을 막기 위한 본인만의 방법이 있는가?
- 직무와 간접적으로 관련된 자료를 분석한 경험이 있다면, 그 경험에 대해 구체적으로 말해 보시오.
- 지원자가 직접 수집한 정보를 바탕으로 문제를 해결한 경험이 있다면, 그 경험에 대해 구체적으로 말해 보시오.

08 한국산업인력공단

기출 엿보기

- 한국산업인력공단이 디지털 시대에 맞춰 변화해야 한다고 생각하는 2가지를 말해 보시오.
- 내키지 않는 업무를 했던 경험을 말해 보시오.
- 주변 사람들에게 받았던 피드백에 대해 말해 보시오.
- 주변 사람들이 본인을 어떻게 생각하는지 말해 보시오.
- 한국산업인력공단의 사업을 보다 널리 알릴 수 있는 방안에 대해 말해 보시오.
- 한국산업인력공단의 여러 사업 중 본인이 가장 관심 있는 사업에 대해 설명해 보시오.
- 본인이 지원한 직무에 기여할 수 있는 역량을 말해 보시오.
- 공직자로서 가장 중요하다고 생각하는 것이 무엇인지 말해 보시오.
- 선배에게 피드백을 받기 위해 노력했던 경험을 말해 보시오.
- 리더의 자질이 무엇이라고 생각하는지 말해 보시오.
- 입사 후 가장 맡고 싶은 사업은 무엇이며, 이에 어떤 태도로 임할 것인지 말해 보시오.

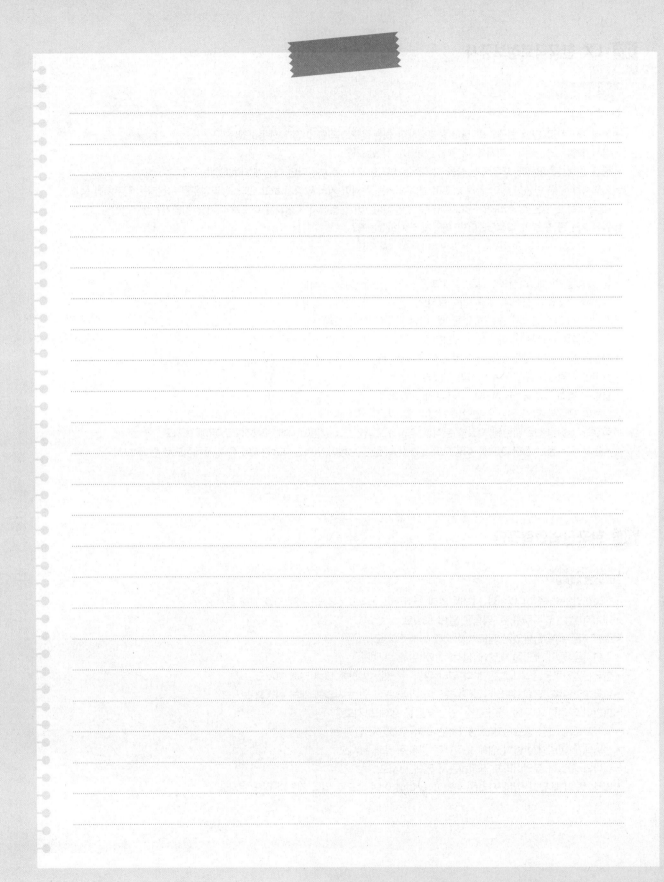

현재 나의 실력을 객관적으로 파악해 보자!

모바일 OMR 답안채점 / 성적분석 서비스

도서에 수록된 모의고사에 대한 객관적인 결과(정답률, 순위)를 종합적으로 분석하여 제공합니다.

OMR 입력

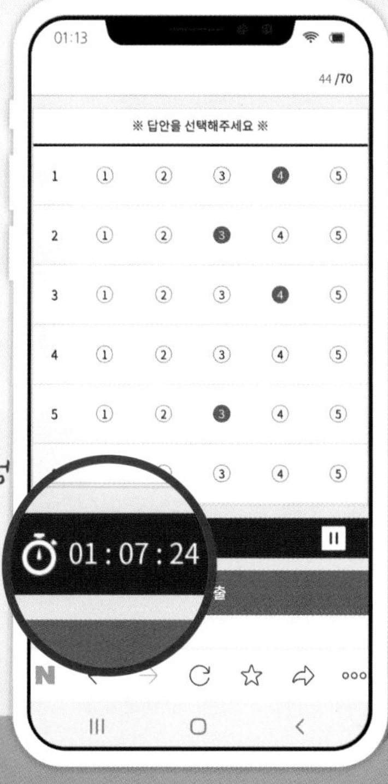

성적분석

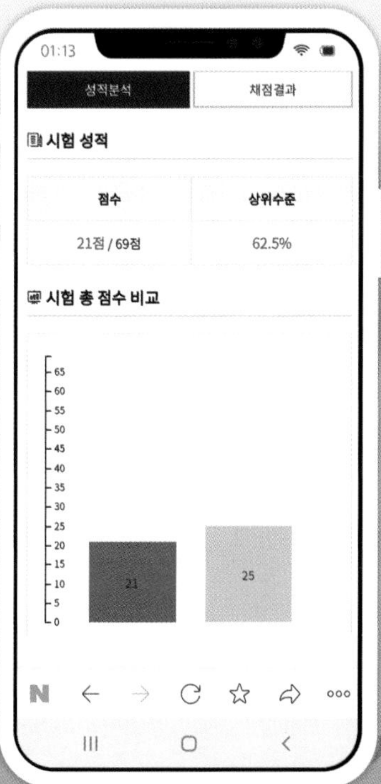

채점결과

※OMR 답안채점 / 성적분석 서비스는 등록 후 30일간 사용 가능합니다.

참여 방법

도서 내 모의고사 우측 상단에 위치한 QR코드 찍기

로그인 하기

'시작하기' 클릭

'응시하기' 클릭

나의 답안을 모바일 OMR 카드에 입력

'성적분석 & 채점결과' 클릭

현재 내 실력 확인하기

2023 All-New

합격의 공식 SD에듀

합격의 모든 것!

공기업 NCS

BASIC 통합기본서

고졸

NCS직무능력연구소 편저

직업기초능력 + 직무수행능력 + 면접

최종점검 모의고사 5회 + 무료NCS특강

정답 및 해설

SD에듀
(주)시대고시기획

특별부록

고졸채용 최신기출복원문제

CHAPTER 01

직업기초능력평가

최신기출복원문제

01	02	03	04	05	06	07	08	09	10	11	12	13	14	15	16	17	18	19	20
⑤	③	②	②	④	③	⑤	②	②	①	⑤	①	③	①	③	②	①	①	②	③
21	22	23	24	25	26	27	28	29	30	31	32	33	34	35	36	37	38	39	40
③	④	②	③	③	②	④	②	②	⑤	⑤	③	④	④	③	②	③	④	①	③
41	42	43	44	45	46	47	48	49	50	51	52	53	54	55	56	57	58	59	60
⑤	⑤	⑤	④	①	④	②	①	⑤	⑤	④	⑤	③	①	②	④	⑤	②	①	④
61	62	63	64	65															
③	⑤	③	③	②															

01

정답 ⑤

구성원들이 자유롭게 다양한 아이디어를 제시할 수 있도록, 상호 간의 아이디어에 대해서 옳고 그름을 판단하거나 의견에 대해 평가하는 행위는 지양하여야 한다. 또한 제시된 의견들에 대해서 다른 것과 구별되는 특유한 색깔이 있는지 또 실제로 해당 의견의 실행이 가능한지를 판단하여 가장 적절한 해결방안을 모색하여야 한다.

오답분석

① 각 구성원들이 서로의 의견을 말하고 듣기 위해 좌석은 모두 마주할 수 있는 형태로 배치하여야 한다.
② 리더는 구성원들의 의견을 제지하는 것이 아닌, 구성원들이 보다 자유롭고 다양하게 의견을 제시할 수 있도록 하는 사람이 적합하다.
③ 브레인스토밍을 함께 할 구성원은 다양한 의견을 공유하기 위해 다양한 분야의 사람들로 $5\sim8$명 구성하여야 한다.
④ 구성원 모두 의견을 자유롭게 제시할 수 있고, 제시된 의견 모두가 기록되어야 한다.

02

정답 ③

본원적 활동에는 제품 제조에 필요한 물류의 투입, 제품의 실질적인 생산, 생산된 제품의 보관 및 배송, 제품의 홍보 및 판매, 제품 판매 후 필요한 고객서비스가 해당한다. 따라서 제조된 제품을 보관하는 것뿐만 아니라 제품을 각 판매처로 이동시키고 해당 제품에 대해 홍보하는 것 역시 본원적 활동에 해당한다.

오답분석

① 인재의 채용, 교육업무는 인적자원관리 영역으로, 이는 지원 활동에 해당한다.
② 신제품을 개발하는 것은 연구개발 영역에 해당하나, 제품을 제조하는 것은 생산운영 영역에 해당한다. 이때 연구개발 영역은 지원 활동에, 생산운영 영역은 본원적 활동에 포함된다.
④ 제품의 제조와 직접적인 관련이 있는 업무들은 본원적 활동에 해당하나, 제품과 직접적인 관련이 없는 기업의 전반적인 관리, 인적자원의 관리, 연구개발 및 구매조달은 지원 활동에 해당한다.
⑤ 어떤 물품을 구매하는지에 따라 해당 업무는 지원 활동 또는 본원적 활동으로 구분되어지는데, 특히 기업의 주된 활동에 따른 구매는 구매조달 업무로 보아 지원 활동에 해당하나, 제조될 제품의 원재료나 제품 제조에 필요한 물품의 구매는 물류 투입 업무로 보아 본원적 활동에 해당한다.

03

정답 ②

갈등 해결 방법의 경쟁형 유형은 자신의 목표 달성을 위해서라면 온 힘을 다하는 유형으로, 비록 자신의 목표 달성을 위해 타인의 목표가 희생되더라도 이를 밀어붙이는 유형이다. 따라서 A양에게 희생을 부탁하면서 자신의 목표를 이루려는 B군은 이 유형에 해당한다.

오답분석

① 회피형 : 갈등 상황에 대해 해결하려 하지 않고 갈등 상황을 외면하는 유형이다.
③ 수용형 : 경쟁형과 반대되는 유형으로, 상대방의 목표 달성을 위해서 자신을 기꺼이 희생하는 유형이다.
④ 타협형 : 갈등 상황에 대해 중간지점에서 합의하는 유형이다.
⑤ 통합형 : 갈등 상황에서 서로의 목표 모두를 이루려는 유형이다.

04

정답 ②

후광효과는 어떤 대상의 두드러진 특성이 해당 대상의 다른 구체적인 부분까지도 영향을 주어 판단하게 하도록 하는 효과이다. 보기처럼 두드러진 특성이 긍정적이라면 다른 구체적인 특성 역시 긍정적으로 생각하게 되는 것이다.

오답분석

① 맥락효과 : 선입견과 같은 의미로, 기존의 알고 있는 정보를 기초로 하여 이후 알게 되는 정보를 이해하는 것을 말한다. 예를 들어 어떤 대상에 대해 처음에 알고 있는 정보가 긍정적인 정보라면, 이후 들어오는 정보에 대해서는 긍정적이든 부정적이든 간에 긍정적으로 보게 되는 것이 이에 해당한다.
③ 방어적 지각 : 자신이 인지하고 있는 내용과 들어맞지 않는 내용에 대해서는 받아들이지 않거나, 혹은 자신이 인지하고 있는 내용과 맞도록 왜곡하여 받아들임으로써 범하게 되는 오류를 말한다.
④ 선택적 지각 : 불분명한 상황에서 일부 정보만으로 전체를 결정하거나 계획함으로써 발생하는 지각오류를 말한다.
⑤ 주관적 표준 : 자신의 의견이나 행동들을 바탕으로 하여 정보를 받아들임으로써 발생하는 지각오류를 말한다.

05

정답 ④

ㄱ. 환경에 대한 대중들의 인식이 높아짐에 따라 이를 상품에 반영하는 것은 타 기업과의 차별성을 둔 차별화 전략에 해당하며, 이를 통해 브랜드의 이미지 또한 상향시킬 수 있다.
ㄴ. 인건비를 절약한다는 것은 근본적으로 원가를 절약하는 원가우위 전략에 해당한다. 이와 같이 원가를 절약하기 위해서는 대량생산 또는 새로운 생산기술의 개발 등이 사용된다.
ㄷ. 집중화 전략이란 전체 시장이 아닌 일부 시장 또는 특정 고객을 대상으로 하는 전략으로, 타 기업이 등한시하는 시장을 집중적으로 타깃팅 하는 경영전략이다. 보기에서는 타 기업이 만들지 않는 남성용 색조화장품을 개발하는 것이 이에 해당한다.

06

정답 ③

땀이나 침에 소량의 HIV가 들어있다는 내용을 통해 인체의 체액 내에서 HIV가 생존할 수 있음을 알 수 있다. 따라서 음식에 들어간 HIV는 생존할 수 없으나, 인체의 체액 내에 들어간 HIV는 생존할 수 있다.

오답분석

① 에이즈는 HIV가 체내에 침입하여 면역 기능을 저하시키는 감염병이므로 후천성 질환에 해당한다.
② HIV에 감염될 경우 항체의 형성 여부와 관계없이 별다른 증상이 나타나지 않는다.
④ 악수와 같은 일상적인 신체 접촉으로는 에이즈에 감염되지 않는다.
⑤ 의학의 발달로 인해 새로운 치료제가 계속해서 개발되고 있으나, 이는 에이즈의 증상을 개선할 수 있을 뿐 현재 완치할 수 있는 치료제가 개발되었는지는 글을 통해 알 수 없다.

07

정답 ⑤

제시문에서는 에이즈에 대한 사람들의 잘못된 편견과 오해에 관해 이야기하고 있으며, 보기에서는 이러한 에이즈에 대한 사람들의 잘못된 인식을 미디어를 통해 간접 경험된 낙인으로 보고 있다. 따라서 글쓴이가 주장할 내용으로는 미디어에 대한 검증적인 시각이 필요하다는 내용의 ⑤가 가장 적절하다.

08

정답 ②

가옥(家屋)은 집을 의미하는 한자어이므로 ㉠과 ㉡의 관계는 동일한 의미를 지니는 한자어와 고유어의 관계이다. ②의 수확(收穫)은 '익은 농작물을 거두어들이는 것, 또는 거두어들인 농작물'의 의미를 가지므로 벼는 수확의 대상이 될 뿐 수확과 동일한 의미를 지니지 않는다.

09

정답 ②

㉡에는 고르거나 가지런하지 않고 차별이 있음을 의미하는 '차등(差等)'이 사용되어야 한다.

• 차등(次等) : 다음가는 등급

오답분석

① 자생력(自生力) : 스스로 살길을 찾아 살아나가는 능력이나 힘
③ 엄선(嚴選) : 엄격하고 공정하게 가리어 뽑음
④ 도출(導出) : 판단이나 결론 따위를 이끌어 냄
⑤ 지속적(持續的) : 어떤 상태가 오래 계속되는

10

정답 ①

㉠ 함량(含量) : 물질이 어떤 성분을 포함하고 있는 분량
㉡ 성분(成分) : 유기적인 통일체를 이루고 있는 것의 한 부분
㉢ 원료(原料) : 어떤 물건을 만드는 데 들어가는 재료
㉣ 함유(含有) : 물질이 어떤 성분을 포함하고 있음

오답분석

• 분량(分量) : 수효, 무게 따위의 많고 적음이나 부피의 크고 작은 정도
• 성질(性質) : 사물이나 현상이 가지고 있는 고유의 특성
• 원천(源泉) : 사물의 근원
• 내재(內在) : 어떤 사물이나 범위의 안에 들어 있음. 또는 그런 존재

11

정답 ⑤

전화를 처음 발명한 사람으로 알려진 알렉산더 그레이엄 벨이 전화에 대한 특허를 받았음을 이야기하는 (라) 문단이 첫 번째 문단으로 적절하며, 다음으로 벨이 특허를 받은 뒤 치열한 소송전이 이어졌다는 (다) 문단이 오는 것이 적절하다. 이후 벨은 그레이와의 소송에서 무혐의 처분을 받으며 마침내 전화기의 발명자는 벨이라는 판결이 났다는 (나) 문단과 지금도 벨의 전화 시스템이 세계 통신망에 뿌리를 내리고 있다는 (가) 문단이 차례로 오는 것이 적절하다.

12

정답 ①

누가 먼저 전화를 발명했는지에 대한 치열한 소송전이 있었지만, (나) 문단의 1887년 전화의 최초 발명자는 벨이라는 판결에 따라 법적으로 전화를 처음으로 발명한 사람은 벨임을 알 수 있다.

오답분석

② 벨과 그레이는 1876년 2월 14일 같은 날 특허를 신청했으며, 누가 먼저 제출했는지는 글을 통해 알 수 없다.
③ 무치는 1871년 전화에 대한 임시특허만 신청하였을 뿐, 정식 특허로 신청하지 못하였다.
④ 벨이 만들어낸 전화 시스템은 현재 세계 통신망에 뿌리를 내리고 있다.
⑤ 소송 결과 그레이가 전화의 가능성을 처음 인지하긴 하였으나, 전화를 완성하기 위한 후속 조치를 취하지 않았다고 판단되었다.

13

정답 ③

빈칸 앞 문장에서 변혁적 리더는 구성원의 욕구 수준을 상위 수준으로 끌어올린다고 하였으므로, 구성원에게서 기대되었던 성과만을 얻어내는 거래적 리더십을 발휘하는 리더와 달리 변혁적 리더는 구성원에게서 보다 더 높은 성과를 얻어낼 수 있을 것임을 추론해볼 수 있다. 따라서 빈칸에 들어갈 내용으로는 '기대 이상의 성과를 얻어낼 수 있다.'는 ③이 가장 적절하다.

14

정답 ①

합리적 사고와 이성에 호소하는 거래적 리더십과 달리 변혁적 리더십은 감정과 정서에 호소하는 측면이 크다. 따라서 변혁적 리더십을 발휘하는 변혁적 리더는 구성원의 합리적 사고와 이성이 아닌 감정과 정서에 호소한다.

15

정답 ③

- 간헐적(間歇的) : 얼마 동안의 시간 간격을 두고 되풀이하여 일어나는
- 이따금 : 얼마쯤씩 있다가 가끔

오답분석

① 근근이 : 어렵사리 겨우
② 자못 : 생각보다 매우
④ 빈번히 : 번거로울 정도로 도수(度數)가 잦게
⑤ 흔히 : 보통보다 더 자주 있거나 일어나서 쉽게 접할 수 있게

16

정답 ②

제시문은 한국인 하루 평균 수면 시간과 수면의 질에 대한 글로, 짧은 수면 시간으로 현대인 대부분이 수면 부족에 시달리며, 낮은 수면의 질로 다양한 합병증이 발생할 수 있음을 설명하고 있다. 그러나 '수면 마취제의 부작용'에 대한 내용은 언급되어 있지 않으므로 ②는 글의 주제로 적절하지 않다.

17

정답 ①

제시문과 ①의 '보다'는 '눈으로 대상의 존재나 형태적 특징을 알다.'는 의미이다.

오답분석

② 상대편의 형편 따위를 헤아리다.
③ 눈으로 대상을 즐기거나 감상하다.
④ 맡아서 보살피거나 지키다.
⑤ 음식 맛이나 간을 알기 위하여 시험 삼아 조금 먹다.

18

정답 ①

- 어긋나다 : 방향이 비껴서 서로 만나지 못하다.
- 배치하다 : 서로 반대로 되어 어그러지거나 어긋나다.

오답분석

② 도치하다 : 차례나 위치 따위를 서로 뒤바꾸다.
③ 대두하다 : 어떤 세력이나 현상이 새롭게 나타나다.
④ 전도하다 : 거꾸로 되거나 거꾸로 하다.
⑤ 발생하다 : 어떤 일이나 사물이 생겨나다.

19

정답 ②

선택근무제는 시차출퇴근제와 달리 1일 8시간이라는 근로시간에 구애받지 않고 주당 40시간의 범위 내에서 1일 근무시간을 자율적으로 조정할 수 있으므로, 주당 40시간의 근무시간만 충족한다면 주5일 근무가 아닌 형태의 근무도 가능하다.

오답분석

① 시차출퇴근제는 주5일, 1일 8시간, 주당 40시간이라는 기존의 소정근로시간을 준수해야 하므로 반드시 하루 8시간의 근무 형태로 운영되어야 한다.
③ 재량근무제 적용이 가능한 업무는 법으로 규정되어 있으므로 규정된 업무 외에는 근로자와 합의하여도 재량근무제를 실시할 수 없다.
④ 원격근무제는 재량근무제와 달리 적용 가능한 직무의 제한을 두지 않으므로 현장 업무를 신속하게 처리할 수 있다는 이동형 원격근무제의 장점에 따라 이동형 원격근무제를 운영할 수 있다.
⑤ 일주일 중 일부만 재택근무를 하는 수시형 재택근무에 해당한다.

20

정답 ③

김대리는 자신이 직접 하청 업체 사장에게 요청하여 220만 원 상당의 금품을 수수하였으므로 징계양정기준에 따라 파면 처분을 받게 된다.

오답분석

① 제25조 제1항에 따르면 임직원은 명목에 관계없이 동일인으로부터 1회에 100만 원을 초과하는 금품을 받을 수 없다. 김대리는 220만 원 상당의 금품을 수수하였으므로 임직원 행동강령을 위반하여 위반 기준에 따라 처벌을 받게 된다.
② 김대리는 금품을 수수한 후 위법·부당한 처분을 하지 않았으나, 220만 원 상당의 금품을 수수하였으므로 파면 처분을 받게 된다.
④ 임직원행동강령에는 금품을 수수한 임직원에 대한 처분만 제시하고 있을 뿐, 금품을 제공한 자에 대한 처분은 나타나 있지 않으므로 이사장에 대한 처분은 알 수 없다.
⑤ 제52조 제1항에 따르면 임직원의 강령 위반 사실을 알게 되었을 때에는 누구든지 국민위원회에 신고할 수 있으며, 제51조 제1항에 따라 행동강령책임자와의 상담은 자신의 행위에 대한 강령의 위반 여부를 분명히 알 수 없을 때 이루어진다.

21

정답 ③

전결이란 행정기관의 장으로부터 업무의 내용에 따라 결재권을 위임받은 자가 행하는 결재를 말하며, 결재권자가 결재할 수 없을 때 그 직무를 대리하는 자가 행하는 결재는 대결에 해당한다.

오답분석

① 의사결정이 지연되거나 결재 과정이 형식적인 확인 절차에 그치는 등 결재의 역기능을 해소하기 위해 안건에 따라서는 상위자가 직접 기안하거나 처리지침을 지시할 수 있다.
② 일반적으로 해당 행정기관의 장의 결재를 받아야 하나, 보조 기관의 명의로 발신하는 문서는 그 보조 기관의 결재를 받아야 한다.
④ 대결한 문서 중 내용이 중요하다고 판단되는 문서는 결재권자에게 사후에 보고하여야 한다.
⑤ 결재받은 문서의 일부분을 삭제하거나 수정할 때에는 수정한 내용대로 재작성하여 결재를 받아 시행하여야 한다.

22

정답 ④

일반직 3급의 경우 승진 소요 최저 연수가 3년 이상이지만, 제28조 제2항에 따라 본부 각 국장, 부설기관장 또는 소속기관장의 추천을 받은 자는 승진 대상자에 포함될 수 있으므로 D씨는 승진 대상자에 해당한다.

오답분석

① 직무상 질병으로 휴직한 기간은 승진 소요 기간에 산입되지만, 일반직 2급의 경우 승진 소요 최저 연수가 4년 이상이므로 A씨는 승진 대상자에 해당하지 않는다.
② 출제연구직 3급의 승진 소요 최저 연수는 3년 이상이므로 이를 충족하지만, 현재 휴직 중에 있는 경우 제30조 제1항 제1호에 따라 승진 대상자에 해당하지 않는다.
③ 제30조 제1항 제2호에 따라 공금 횡령으로 감봉 처분을 받은 직원은 집행 완료일로부터 18개월이 지나지 않으면 승진 임용될 수 없다.
⑤ 징계처분의 집행이 완료된 날로부터 이미 8개월이 지나 승진임용 제한 대상에 해당하지 않으나, 승진임용 제한 기간은 승진 소요 기간에 포함되지 않으므로 2년 이상의 승진 소요 최저 연수를 충족하지 못한다.

23

정답 ②

8일부터 9일까지 양일간 개최된 고용허가제 기념행사에서 외국인 근로자 한마당 행사와 콘퍼런스는 8일에 진행되었으며, 토론회는 9일에 진행되었다.

오답분석

① 고용허가제는 2004년 처음 시행되어 올해(2019년)로 15주년을 맞이하였다.
③ 고용허가제를 통해 한 해 평균 5만여 명이 국내에 들어와 2019년 현재 27만여 명의 외국인 근로자가 국내 산업 전반에 종사하고 있다.
④ 공단은 중소기업의 고용안정과 생산성 향상을 위해 지속적으로 노력해왔으며, 외국인 근로자의 인권 보호에도 적극 힘써왔다.
⑤ 공단은 중소기업의 고용안정과 생산성 향상을 위해 외국인 근로자의 한국어 및 기능·직무능력을 종합평가하는 선발포인트제를 도입하였다.

24

정답 ③

외국인 건강보험 가입자도 대한민국 국민과 동일하게 입원, 외래진료, 중증질환, 건강검진 등의 건강보험 혜택을 받을 수 있다.

오답분석

① 유학생의 경우 입국하여 외국인 등록을 한 날에 건강보험에 가입된다.
② 같은 체류지(거소지)에 배우자와 함께 거주하여 가족 단위로 보험료 납부를 원하는 경우에는 가족관계를 확인할 수 있는 서류를 지참하여 방문 신청해야 한다.
④ 보험료를 미납할 경우 건강보험 혜택 제한, 체류 허가 제한 등의 불이익이 발생할 수 있다.
⑤ 매월 25일까지 다음 달 보험료를 납부하여야 하며, 미납된 경우 기한을 정하여 독촉하고, 그래도 납부하지 않으면 소득, 재산, 예금 등을 압류하여 강제로 징수한다.

25

정답 ③

블라인드 채용은 NCS(국가직무능력표준)를 활용하여 NCS에 제시된 직무별 능력단위 세부내용과 능력단위 요소의 K·S·A를 기반으로 평가요소를 도출한다.

26

정답 ②

B대리는 하청업체 직원에게 본인이 사용할 목적의 금품을 요구하였다. 이는 우월적 지위를 이용하여 금품 또는 향응 제공 등을 강요하는 '사적 이익 요구'의 갑질에 해당한다.

오답분석

① A부장은 법령, 규칙, 조례 등을 위반하지 않고 절차에 따라 해고를 통보하였으며, 이는 자신의 이익 추구와도 관계되지 않으므로 갑질 사례에 해당하지 않는다.
③ C부장은 특정인에게 혜택을 준 것이 아니라 개인 사정을 고려하여 한 사원을 배려한 것이므로 갑질 사례에 해당하지 않는다.
④ D과장의 발언은 유 사원의 외모와 신체 비하나 비인격적인 언행으로 볼 수 없다. 따라서 갑질 사례에 해당하지 않는다.
⑤ E차장의 업무 협조 요청은 갑작스러운 전산시스템의 오류로 인한 것으로 정당한 사유 없이 불필요한 업무를 지시했다고 볼 수 없다. 따라서 갑질 사례에 해당하지 않는다.

27

정답 ④

국가직무능력표준은 이미 국가기술자격에 도입되어 평가내용에 혁신적 변화를 가져왔다. 이번 방안의 주요 과제로는 국가직무능력표준 개발 개선 방식 고도화, 국가기술자격과의 연계 강화 등이 있다.

28

정답 ②

ㄱ. 인증기관과 실제 운영기관이 일치하지 않는 ⓑ에 해당한다.
ㄴ. 동일한 훈련과정임에도 불구하고 국비 지원생에게는 일반 훈련생보다 더 많은 훈련비를 받아 운영하였으므로 ⓓ에 해당한다.
ㄷ. 정해진 시간표를 준수하지 않고 임의로 훈련내용을 변경하였으므로 ⓒ에 해당한다.
ㄹ. 훈련생의 출결을 대리로 처리하여 훈련비를 부정 수급하였으므로 ⓐ에 해당한다.

29

정답 ②

훈련시간은 훈련실시신고 변경 불가사항에 해당하므로, 변경예정일과 관계없이 승인요청이나 신고를 통한 변경이 불가능하다.

오답분석

① · ④ 변경예정일 4일 전까지 변경 승인을 요청할 수 있다.
③ 변경예정일 전일까지 변경 신고를 할 수 있다.
⑤ 변경예정일 전일까지 변경 승인을 요청할 수 있다.

30

정답 ⑤

2개 이상의 능력단위를 1개의 능력단위로 통합하는 것은 NCS 개선의 '능력단위 통합 · 분할' 유형에 해당된다.

31

정답 ⑤

이번 법률 제정을 통해 일학습병행 과정 참여 근로자는 소정의 훈련을 거치고 외부평가에 합격하면 국가자격에 해당하는 자격을 취득할 수 있다. 또한, 경과 규정을 통해 종전의 일학습병행을 이수한 경우에도 자격을 취득할 수 있도록 하였다.

32

정답 ③

제4항에 따르면 행동강령책임자는 지시를 취소하거나 변경할 필요가 있다고 인정되면 소속기관의 장에게 보고하여야 한다. 단, 자가 스스로 그 지시를 취소하거나 변경하였을 때에는 소속기관의 장에게 보고하지 아니할 수 있다. 따라서 해당 지시 내용을 반드시 보고하여야 하는 것은 아니다.

오답분석

① 제1항, 제6항
② 제3항
④ · ⑤ 제5항

33

정답 ④

모듈러 로봇은 외부 자극에 대한 반응이 제대로 작동되지 않는 부분을 다른 모듈로 교체하거나 제거하는 작업을 통해 스스로 치유할 수 있는 것이 특징이다.

34

정답 ④

고용노동부는 일자리사업 개선을 위해 성과평가 결과에 따라 성과가 좋은 사업의 예산은 늘리고, 성과가 낮은 사업의 예산은 줄이는 것을 원칙으로 예산에 평가결과를 반영한다.

35

정답 ③

- 재호 : 통상적인 출장비용 집행의 경우, 위임전결규칙 제10조 제3항 제2호의 '객관적으로 인정하는 요금에 의하여 통상적으로 집행하는 사항'이라고 볼 수 있다. 따라서 제10조 제3항에 따라 전결권자가 부재중이라면 전결권자의 상위자가 아닌 차하위자가 전결할 수 있다.
- 인현 : 위임전결규칙 제10조 제4항에 따르면 위임전결사항에 해당되더라도 중요하다고 인정되는 사항은 이사장에게 보고하여야 한다.

오답분석

- 정원 : 위임전결규칙 제10조 제2항 제3호에 따르면 업무에 대한 전결권자인 A본부장이 상위자의 결재가 필요하다고 인정하는 경우, 이사장의 결재를 받아야 한다. 따라서 옳은 설명이다.
- 성원 : 사무관리규칙 제13조 제2항에 따르면 위임전결사항이라 하더라도 교재의 검정에 관한 문서는 이사장 명의로 발신하여야 하므로 전결권자의 명의로 발신할 수 없다.

36

정답 ②

A사원이 콘퍼런스에 제시간에 도착하지 못할 확률은 공항버스를 못타거나 비행기를 놓치거나 시외버스를 못 탔을 때의 확률을 모두 더한 값으로, 여사건을 이용하여 풀면 전체에서 A사원이 콘퍼런스에 도착할 확률을 빼준다. 따라서 A사원이 콘퍼런스에 제시간에 도착하지 못할 확률은 $[1-(0.95\times0.88\times0.92)]\times100=23.088\%$, 즉 23%(∵ 소수점 버림)이다.

37

정답 ③

머신러닝알고리즘의 문서정리 건수는 수열 점화식으로 나타낼 수 있다. 7월 29일이 첫 번째 날로 10건이 진행되고 30일은 29일에 정리한 양의 2배보다 10건 더 진행했으므로 $2\times10+10=30$건이 된다. 30일부터 전날 정리한 양의 2배보다 10건 더 문서를 정리하는 건수를 점화식으로 나타내면 $a_{n+1}=2a_n+10$, $a_1=10$이다. 점화식을 정리하면, $a_{n+1}=2a_n+10 \rightarrow a_{n+1}+10=2(a_n+10)$이고, 수열 (a_n+10)의 공비는 2, 첫째항은 $(a_1+10)=10+10=20$인 등비수열이다. 일반항(a_n)을 구하면 $a_n=(20\times2^{n-1})-10$이 되고, 7월 29일이 첫째항 a_1이므로 8월 4일은 7번째 항이 된다. 따라서 8월 4일에 머신러닝알고리즘이 문서정리한 건수는 $a_7=20\times2^{7-1}-10=(20\times64)-10=1,280-10=1,270$건이다.

38

정답 ④

1시간 동안 만들 수 있는 상품의 개수는 $\frac{1\times60\times60}{15}=240$개이다. 안정성 검사와 기능 검사를 동시에 받는 상품은 12와 9의 최소공배수인 $3\times3\times4=36$번째 상품마다 시행된다. 따라서 1시간 동안 $240\div36=6.66\cdots$, 총 6개 상품이 안정성 검사와 기능 검사를 동시에 받는다.

39

정답 ①

세 번째 조건에서 중앙값은 28세이고, 최빈값은 32세라고 했으므로 신입사원 5명 중 2명은 28세보다 어리고, 28세보다 많은 사람 2명은 모두 32세가 되어야 한다. 또한 두 번째 조건에서 신입사원 나이의 총합은 $28.8\times5=144$세라 하였으므로, 27세 이하인 2명의 나이 합은 $144-(28+32+32)=52$세가 된다. 그러므로 2명의 나이는 (27세, 25세), (26세, 26세)가 가능하지만 최빈값이 32세이기 때문에 26세는 불가능하다. 따라서 28세보다 어린 2명은 25세와 27세이며, 가장 나이가 어린 사람과 많은 사람의 나이 차는 $32-25=7$세이다.

40

정답 ③

엘리베이터 적재용량이 305kg이고, H사원이 타기 전 60kg의 J사원이 80kg의 사무용품을 싣고 타 있는 상태이기 때문에 남은 적재용량은 $305-140=165$kg이다. H사원의 몸무게가 50kg이므로 $165-50=115$k만큼의 A4용지를 실을 수 있다.
따라서 A4용지 한 박스가 10kg이기 때문에 $115\div10=11.5$, 11박스의 A4용지를 가지고 엘리베이터를 탈 수 있다.

41

정답 ⑤

십의 자리 수를 x, 일의 자리 수를 y라고 하면 다음과 같은 방정식을 세울 수 있다.
$10x+y=(x+y)\times8 \rightarrow 2x-7y=0$ … ㉠
$10x+y=x+10y+45 \rightarrow x-y=5$ … ㉡
㉠, ㉡을 연립하면 $x=7$, $y=2$이므로, 이 자연수는 72이다.

42

정답 ⑤

각 사진별로 개수에 따른 총 용량을 구하면 다음과 같다.
- 반명함 : $150\times8,000=1,200,000$KB
- 신분증 : $180\times6,000=1,080,000$KB
- 여권 : $200\times7,500=1,500,000$KB
- 단체사진 : $250\times5,000=1,250,000$KB

사진 용량의 단위를 MB로 전환하면 다음과 같다.

- 반명함 : 1,200,000÷1,000=1,200MB
- 신분증 : 1,080,000÷1,000=1,080MB
- 여권 : 1,500,000÷1,000=1,500MB
- 단체사진 : 1,250,000÷1,000=1,250MB

따라서 모든 사진의 용량을 더하면 1,200+1,080+1,500+1,250=5,030MB이고, 5,030MB는 5.03GB이므로 필요한 USB 최소 용량은 5GB이다.

43

정답 ⑤

한국콘텐츠진흥원이 시행하는 종목은 3가지이고, 한국원자력안전기술원도 3가지로 같다. 한국콘텐츠진흥원보다 적은 종목을 시행하는 기관은 '한국인터넷진흥원, 영화진흥위원회'이다.

오답분석

① 한국방송통신전파진흥원에서 시행하는 기술자격시험 종목은 16가지로 가장 많다.

시행기관	기술자격시험 종목 수(가지)
대한상공회의소	15
한국방송통신전파진흥원	16
한국광해관리공단	7
한국원자력안전기술원	3
한국인터넷진흥원	2
한국콘텐츠진흥원	3
영화진흥위원회	2

② 한국광해관리공단이 시행하는 기술자격시험 종목은 7가지이다.
③ 위탁 시행기관 중 수탁 시작 연도가 가장 늦은 곳은 2013년도인 '영화진흥위원회'이다.
④ 산업기사 자격시험을 시행하는 기관은 '한국방송통신전파진흥원, 한국광해관리공단, 한국인터넷진흥원, 영화진흥위원회'로 총 4곳이다.

44

정답 ④

대답별로 선택한 직원 수에 따른 원점수와 가중치 적용 점수는 다음과 같다.

구분	전혀 아니다	아니다	보통이다	그렇다	매우 그렇다
원점수	21×1=21점	18×2=36점	32×3=96점	19×4=76점	10×5=50점
가중치 적용 점수	21×0.2=4.2점	36×0.4=14.4점	96×0.6=57.6점	76×0.8=60.8점	50×1.0=50점

따라서 10명의 직원이 선택한 설문지의 가중치를 적용한 점수의 평균은 $\frac{4.2+14.4+57.6+60.8+50}{10}$=18.7점이다.

45

정답 ①

전국기능경기대회 메달 및 상별 각 점수는 다음과 같다.

구분	금메달	은메달	동메달	최우수상	우수상	장려상
총 개수(개)	40	31	15	41	26	56
개수 당 점수(점)	3,200÷40=80	2,170÷31=70	900÷15=60	1,640÷41=40	780÷26=30	1,120÷56=20

따라서 합계를 모든 지역 총 개수로 나누면 금메달은 80점, 은메달은 70점, 동메달은 60점임을 알 수 있다.

오답분석

② 경상도가 획득한 메달 및 상의 총 개수는 4+8+12=24개이며, 가장 많은 지역은 13+1+22=36개인 경기도이다.
③ 표를 참고하면 전국기능경기대회 결과표에서 동메달이 아닌 장려상이 56개로 가장 많다.
④ 울산에서 획득한 메달 및 상의 총점은 (3×80)+(7×30)+(18×20)=810점이다.
⑤ 장려상을 획득한 지역은 대구, 울산, 경기도이며, 세 지역 중 금·은·동메달 총 개수가 가장 적은 지역은 금메달만 2개인 대구이다.

46

정답 ④

모든 채널의 만족도가 4.0점 이상인 평가 항목은 없다.

오답분석

① 실생활 정보에 도움을 주는 프로그램의 척도는 내용 항목에서 알 수 있으므로 채널 중 WORK TV가 4.2점으로 만족도가 가장 높다.
② 가중치를 적용한 두 채널의 만족도 점수를 구하면 다음과 같다.
- 연합뉴스 TV : (3.5×0.3)+(3.4×0.2)+(4.5×0.1)+(3.4×0.4)=3.54점
- JOBS : (3.8×0.3)+(3.0×0.2)+(3.1×0.1)+(3.2×0.4)=3.33점

따라서 JOBS는 연합뉴스 TV보다 3.54−3.33=0.21점 낮다.
③ 가중치는 전체 집단에서 개별 구성요소가 차지하는 중요도를 수치화한 값을 말한다. 따라서 만족도 평가 항목의 중요도를 가중치의 크기로 비교하면 '편의성 – 유익성 – 내용 – 진행' 순서로 중요하다.
⑤ 직업방송 관련 채널 만족도 점수가 가장 높은 두 채널은 EBS(3.94점), 방송대학 TV(3.68점)이다.
- WORK TV : (3.4×0.3)+(4.2×0.2)+(3.5×0.1)+(3.1×0.4)=3.45점
- 연합뉴스 TV : (3.5×0.3)+(3.4×0.2)+(4.5×0.1)+(3.4×0.4)=3.54점
- 방송대학 TV : (3.5×0.3)+(3.0×0.2)+(4.3×0.1)+(4.0×0.4)=3.68점
- JOBS : (3.8×0.3)+(3.0×0.2)+(3.1×0.1)+(3.2×0.4)=3.33점
- EBS : (3.8×0.3)+(4.1×0.2)+(3.8×0.1)+(4.0×0.4)=3.94점

47

정답 ②

남성 실기시험 응시자가 가장 많은 분야는 건축 분야(15,888명)이고, 남성 필기시험 응시자가 가장 많은 분야는 토목 분야(8,180명)이다.

오답분석

① 필기시험 전체 합격률이 실기시험 전체 합격률보다 높은 직무분야는 디자인 분야와 영사 분야이다.
③ 여성 필기시험 응시자가 남성보다 많은 분야는 디자인 분야이며, 실기시험 응시자도 여성이 더 많다.
④ 건축 분야의 여성 실기시험 합격률은 토목 분야의 남성 실기시험 합격률보다 75.6−70.5=5.1%p 낮다.
⑤ 영사 분야는 필기·실기시험 전체 신청자와 응시자가 동일하므로 응시율이 100%이다.

48

정답 ①

기본급은 180만 원이며, 시간외근무는 10시간이므로 시간외수당 공식에 대입하면 다음과 같다.

(시간외수당)$=1{,}800{,}000\times\frac{10}{200}\times1.5=135{,}000$원

따라서 주사원이 10월에 받는 시간외수당은 135,000원이다.

49

정답 ⑤

i) 거리비용

25km까지는 기본요금이 부과되고 이후 초과 거리에 대해서는 기본요금에 50%가 가산된 비용을 지불해야 한다. 그러므로 K과장이 지불해야할 거리비용은 (25×50)+[10×50×(1+0.5)]=1,250+750=2,000달러이다.

ii) 화물비용

이삿짐 화물비용은 1m^3당 25달러이므로 K과장이 지불해야할 화물비용은 60×25=1,500달러이다.

따라서 K과장의 이사비용은 2,000+1,500=3,500달러임을 알 수 있다.

50

정답 ⑤

영업부서와 마케팅부서에서 S등급과 C등급에 배정되는 인원은 모두 같고, 영업부서의 A등급과 B등급의 인원이 마케팅부서보다 2명씩 적다. 따라서 두 부서의 총 상여금액 차이는 $(420\times2)+(330\times2)=1,500$만 원이므로 옳지 않다.

오답분석

①・③ 마케팅부서와 영업부서의 등급별 배정인원은 다음과 같다.

(단위 : 명)

구분	S	A	B	C
마케팅부서	2	5	6	2
영업부서	2	3	4	2

② A등급 상여금은 B등급 상여금보다 $\frac{420-330}{330}\times100≒27.3\%$ 많다.

④ 마케팅부서 15명에게 지급되는 총 금액은 $(500\times2)+(420\times5)+(330\times6)+(290\times2)=5,660$만 원이다.

51

정답 ④

A대리가 맞힌 문제를 x개, 틀린 문제는 $(20-x)$개라고 가정하여 얻은 점수에 대한 식은 다음과 같다.

$5x-3(20-x)=60 \rightarrow 8x=120 \rightarrow x=15$

따라서 A대리가 맞힌 문제의 수는 15개이다.

52

정답 ⑤

ㄷ. 정부의 최저임금 정책은 임금 분배 개선에 영향을 주었다. 정부의 일자리사업, 근로시간 단축, 일생활 균형 문화의 확산 등이 단기간 근로자 수 증가에 영향을 미쳤다.

ㅁ. 인구 고령화는 단시간 근로 증가・장시간 근로 개선, 40대 노동자 감소・60대 노동자 증가에 영향을 미쳤다.

53

정답 ③

A～E회사의 사용 언어를 정리하면 다음과 같다.

구분	한국어	중국어	영어	일본어	러시아어
A	○	○	○	○	
B		○			○
C	○		○		
D				○	○
E		○	○		○

사용하는 언어 중 공통되는 언어가 없는 B와 C회사, C와 D회사는 서로 언어가 통하지 않는다. 따라서 언어가 통하지 않는 회사끼리 연결된 선택지는 ③이다.

오답분석

① 중국어

② 한국어, 영어

④ 중국어, 러시아어

⑤ 러시아어

54

정답 ①

먼저 두 번째 조건에 따라 D는 가장 먼저인 월요일에 야근을 하고, 세 번째 조건에 따라 C는 목요일에 야근을 한다. 남은 요일에는 첫 번째 조건에 따라 E, B가 각각 화요일, 수요일에 야근을 하고, A가 가장 마지막으로 금요일에 야근을 한다.

월요일	화요일	수요일	목요일	금요일
D	E	B	C	A

따라서 가장 마지막에 야근을 하는 팀원은 A이다.

55

정답 ②

연 1회 전환이 가능하므로 다음 해에 월 임대료를 임대보증금으로 전환할 수 있다.

1년 동안 A가 내는 임대료는 500,000×12=6,000,000원이고, 이 금액에서 최대 56%까지 보증금으로 전환이 가능하므로 6,000,000×0.56=3,360,000원을 보증금으로 바꿀 수 있다. 보증금에 전환이율 6.72%를 적용하여 환산한 환산보증금은 3,360,000÷0.0672=50,000,000원이 된다. 즉, 월세를 최대로 낮췄을 때의 월세는 500,000×(1−0.56)=220,000원이며, 보증금은 환산보증금 5천만 원을 추가하여 8천만 원이 된다.

56

정답 ④

선택 1～4의 3가지 변인 적용에 따른 독감 여부를 정리하면 다음과 같다.

구분	수분섭취	영양섭취	예방접종	독감 여부
선택 1	○	×	×	×
선택 2	×	○	○	×
선택 3	○	○	○	×
선택 4	○	○	×	○

ㄴ. 선택 1, 4를 비교해 보면 수분섭취와 예방접종의 차이는 없으나, 영양섭취에서 차이가 있음을 알 수 있다. 이때, 영양섭취를 한 선택 4와 달리 영양섭취를 하지 않은 선택 1에서 독감에 걸리지 않았으므로 영양섭취를 하지 않아 독감에 걸리지 않았을 것으로 추정할 수 있다.

ㄹ. 선택 3, 4를 비교해 보면 수분섭취와 영양섭취의 차이는 없으나, 예방접종에서 차이가 있음을 알 수 있다. 이때, 예방접종을 하지 않은 선택 4와 달리 예방접종을 한 선택 3에서 독감에 걸리지 않았으므로 예방접종을 하면 독감에 걸리지 않는 것으로 추정할 수 있다.

오답분석

ㄱ. 선택 1, 2를 비교해 보면 수분섭취 여부와 관계없이 모두 독감에 걸리지 않았으므로 수분섭취와 독감의 상관관계는 알 수 없다.

ㄷ. 선택 2, 4를 비교해 보면 수분섭취와 예방접종에서 차이가 있음을 알 수 있다. 따라서 독감에 걸리는 원인을 예방접종 한 가지로만 볼 수 없다. 게다가 예방접종을 한 선택 2에서 독감에 걸리지 않았으므로 예방접종을 하여 독감에 걸렸을 것이라는 추정은 옳지 않다.

57

정답 ⑤

최대 10일을 유급으로 사용할 수 있기 때문에 모두 사용하여도 통상임금에 변화는 없다.

오답분석

① 다태아가 아니면 최대 90일 중 출산 이후 45일 이상의 기간이 보장되어야 하기 때문에 50일 전에 사용할 수 없다.

② 같은 자녀에 대해 부부 동시 육아휴직이 가능하다.

③ 가족 돌봄 휴직에서 자녀 양육 사유 중 손자녀가 해당되므로 신청할 수 있다.

④ 하루 1시간까지 통상임금이고 그 외의 시간은 80%를 받는다. 하루 최대 5시간 주 25시간까지 가능하기 때문에 100%를 받는 시간은 5시간, 80%를 받는 시간은 20시간이다. 따라서 최대 (5×10,000)+(20×8,000)=210,000원을 지원받을 수 있다.

58

정답 ②

• ㉠ : 남편의 출산 전후 휴가는 최대 10일까지 사용할 수 있다.
• ㉡ : 육아기 근로시간 단축은 육아 휴직을 포함하여 최대 2년까지 가능하므로 총 22개월을 신청할 수 있다.
• ㉢ : 남편은 출산한 날로부터 90일 이내에 청구해야 하므로 63일을 이내에 청구해야 한다.
• ㉣ : 출산 전후 휴가 중 통상임금의 100%가 지급되기 때문에 100만 원을 받을 수 있다.

따라서 ㉠~㉣에 들어갈 수의 총합은 10+22+63+100=195이다.

59

정답 ①

건설업체에서 외국인근로자 신규 1명을 고용하고자 도입위탁과 취업교육을 신청할 때, 도입위탁 신규 60,000원과 건설업 취업교육 224,000원이 든다. 따라서 총 수수료는 60,000+224,000=284,000원이다.

오답분석

② 근로자 도입위탁 신청의 신규 입국자 수수료는 1인당 60,000원이고, 취업교육은 1인당 210,000원이므로 총 비용은 (60,000×2)+(210,000×2)=540,000원이다.
③ 외국인 신규 입국자 2명을 민간 대행기관에 각종신청 대행 업무를 맡기려고 할 때, 입국 전·후 행정 대행료 61,000원씩을 내야한다. 따라서 A씨는 총 61,000×2=122,000원을 지불할 것이다.
④ 제조업에 종사하는 D씨는 공단에 위탁업무를 맡겼다고 했으므로 근로자 도입위탁과 취업교육 비용을 모두 지불해야 한다. 1명은 재입국자이고, 2명은 신규 입국자이므로 총 비용은 [(60,000×2)+119,000]+(195,000×3)=824,000원이다.
⑤ 서비스업체에서 신규 입국 근로자 1명의 필수 및 선택 대행 업무를 모두 신청했을 때 총 비용은 60,000+195,000+61,000+72,000=388,000원이다.

60

정답 ④

다섯 번째 조건에 따라 C항공사는 제일 앞번호인 1번 부스에 위치하며, 세 번째 조건에 따라 G면세점과 H면세점은 양 끝에 위치한다. 이때 네 번째 조건에서 H면세점 반대편에는 E여행사가 위치한다고 하였으므로 5번 부스에는 H면세점이 올 수 없다. 따라서 5번 부스에는 G면세점이 위치한다. 또한 첫 번째 조건에 따라 같은 종류의 업체는 같은 라인에 위치할 수 없으므로 H면세점은 G면세점과 다른 라인인 4번 부스에 위치하고, 4번 부스 반대편인 8번 부스에는 E여행사가, 4번 부스 바로 옆인 3번 부스에는 F여행사가 위치한다. 나머지 조건에 따라 부스의 위치를 정리하면 다음과 같다.

1) 경우 1

C항공사	A호텔	F여행사	H면세점
복도			
G면세점	B호텔	D항공사	E여행사

2) 경우 2

C항공사	B호텔	F여행사	H면세점
복도			
G면세점	A호텔	D항공사	E여행사

따라서 항상 참이 되는 것은 ④이다.

61

정답 ③

직전 시험에 감독으로 파견된 사람은 다음 시험에 감독관을 할 수 없으므로 10월 19일에 가능한 감독관 인원은 총 인력 인원에서 10월 12일에 참관한 인원을 빼면 된다. 따라서 19일에 감독관으로 가능한 최대 인원은 (358+1,103+676)−(24+48+46)=2,137−118=2,019명이다.

62

정답 ⑤

29일은 전 직원이 외부출장을 갈 수 있다.

오답분석

① 9일에 시행되는 경영지도사 시험은 전문자격시험으로 두 번째 조건에 따라 책임자 한 명은 있어야 한다. 따라서 다음날인 10일에 직원 모두 출장은 불가능하다.
② 17일은 전문자격시험에 해당되는 기술행정사 합격자 발표일이며, 네 번째 조건에 따라 합격자 발표일에 담당자는 사무실에 대기해야 한다.
③ 19일은 토요일이며, 일곱 번째 조건에 따라 출장은 주중에만 갈 수 있다.
④ 23일은 기술행정사 시험 접수일로 세 번째 조건에 따라 원서 접수일에는 외부출장을 갈 수 없다.

63

정답 ③

남자 직원은 조건에서 B등급 이상인 호텔을 선호한다고 하였으므로, K・M・W호텔이 이에 해당한다. M호텔은 2인실이 없으므로 제외되며, K・W호텔 숙박비와 식비(조식1, 중식2, 석식1)는 다음과 같다.

• K호텔 : $(17\times3)+(1\times3\times6)=69$만 원
• W호텔 : $(15\times3)+(0.75\times4\times6)=63$만 원

따라서 가장 저렴한 W호텔에서 숙박하며, 비용은 63만 원이다.

여자 직원도 B등급 이상인 호텔을 선호한다고 했으므로 K・M・H호텔 중 M호텔은 2인실이 없으므로 제외되며, K・H호텔 중에서 역과 가장 가까운 K호텔에 숙박한다.

따라서 K호텔의 비용은 $(17\times2)+(1\times3\times4)=46$만 원이다.

64

정답 ③

보기의 보도자료에서는 국가직무능력표준(NCS)에 대하여 이야기하고 있으므로 NCS 관련 업무를 담당하는 국가직무능력표준원과 관련이 있음을 알 수 있다. 특히 새롭게 개발・개선된 국가직무능력표준(NCS)이 확정・고시되었다는 내용에 따라 국가직무능력표준원에서도 NCS 개발과 개선 관련의 업무를 담당하는 NCS개발개선부가 관여하고 있음을 알 수 있다.

오답분석

① 주로 국가기술자격사업과 관련된 업무를 담당한다.
② 주로 NCS 활용 컨설팅과 관련된 업무를 담당한다.
④ 주로 직업능력개발사업과 관련된 업무를 담당한다.
⑤ 주로 국가전문자격사업과 관련된 업무를 담당한다.

65

정답 ②

글로벌경쟁지원단은 글로벌숙련기술진흥원이 아닌 국제인력본부 산하에 있다.

오답분석

① 공단의 부설기관으로는 국가직무능력표준원과 글로벌숙련기술진흥원이 있다.
③ 이사장 산하에 있는 비서실과 달리 감사실은 이사장으로부터 독립되어 있다.
④ 기술자격출제실 산하의 부서는 총 6개로 공단의 조직 중 가장 많은 부서가 속해 있다.
⑤ 국제인력본부 산하의 외국인력국과 해외취업국은 각각 외국인의 국내취업과 자국민의 해외취업 관련 업무를 담당한다.

CHAPTER 02 직무수행능력평가

최신기출복원문제

01 경영학

01	02	03	04	05	06	07	08	09	10
①	④	②	④	③	④	④	④	④	③
11	12	13	14	15	16	17	18	19	20
④	③	①	④	②	①	④	⑤	①	④

01

정답 ①

스캔론 플랜(Scanlon Plan)은 성과 참가의 대표적인 제도로서 미국 철강노조 간부이자 MIT의 교수인 스캔론이 1937년에 개발한 제도로 널리 알려져 있다. 생산액의 변동에 임금을 연결하여 인건비가 점하는 비율을 정해 실제 지불한 임금과의 차액을 임금 증액에 충당하는 방식으로, 매출액에 대한 인건비 비율을 일정하게 하는 것이 특징이다. 따라서 생산액의 변동에 재고량을 연결시키는 것은 옳지 않다.

02

정답 ④

미국의 경제학자 앨런 럭커(Allen Rucker)가 고안한 방법으로 부가가치가 늘면 임금도 자동적으로 조정되므로 생산성을 높일 수 있다고 주장한다. 또한 특정 시점에 노사협력에 의한 부가가치 발생 규모를 표준 부가가치와 비교하여 그 증가분에 과거 기준 임금 상수를 곱한 만큼을 종업원에게 배분한다. 증가분에 과거 기준 임금 상수가 계산되었기 때문에 종업원 입장에서 현재의 가치에 맞지 않을 수 있다는 단점이 있다.

03

정답 ②

차별성과급제란 테일러가 창안한 제도로 주어진 시간 안에 일정량의 작업을 수행한 근로자에게는 고율의 임금을 지급하고, 그렇지 않은 자에게는 저율의 임금을 지급하는 성과급제이다.

오답분석

① 단순성과급제 : 근로자가 노력해서 성과를 높이면 높일수록 그것에 대응하여 근로자의 임금소득도 정비례로 증가하는 임금지불방식
③ 메리크의 복률성과급제 : 표준작업 시간 내에 과업을 달성해서 노동성과가 높은 종업원에 대해서는 기본시간급에 일정한 비율의 할증 임금을 추가로 지급하는 제도(메리크식은 세 단계로 구분)
④ 일급보장 성과급제 : 표준성과에 도달하지 않는 경우는 일급을 지급하고, 초과한 경우는 성과급을 적용하는 제도

04

정답 ④

오답분석

① 테일러의 제자인 메리크가 테일러식 집단성과급의 결함을 보완하여 고안하였다.
② 메리크식 복률성과급은 임률의 종류를 세 가지로 정하고 있다.
③ 표준생산량을 83% 이하, 83 ~ 100%, 100% 이상으로 구분하여 상이한 임금률을 적용한다.

05

정답 ③

물음표(Question Mark) 사업은 고성장 저점유율 사업으로 성장가능성이 있으며, 사업초기에는 대부분 이 영역에 속한다. 사업의 전략방향에 따라 스타(Star) 사업이 되거나, 개(Dog) 사업으로 전락할 수 있는 위치에 있다. ③은 현금젖소(Cash Cow) 사업에 대한 설명이다.

06

정답 ④

길게 연결된 기술(Long Linked Technology)은 X행동이 성공적으로 끝난 뒤에 Y행동이 수행되고, 다시 Y가 성공적으로 끝난 뒤에 Z가 수행될 수 있다는 것을 의미한다.

07

정답 ④

자기주식처분이익(Gain on Sales of Treasury Stock)은 회사가 보유하고 있는 자사회사의 주식을 처분하여 얻는 이익이다. 상법에서는 금지되어 있으나 예외적으로 목적을 달성하기 위해 이루어지는 경우가 많으며 이렇게 취득한 자기주식은 지체 없이 또는 상당한 기간 내에 처분해야 한다. 또한 자기주식 처분이익은 영업 활동으로 얻은 이익이 아니므로 자본 잉여금에 계상하는 것이 옳다.

08

정답 ④

IRP는 입출금이 자유롭지 못하다는 단점이 있다. IRP를 중도 해지하면, 그동안 세액공제를 받았던 적립금은 물론 운용수익에 대해 16.5%의 기타소득세를 물어야 한다는 단점이 있다.

09

정답 ④

20세기 초 작업장 내에 관리자의 주관적 인사권 행사와 작업속도 그리고 작업자 개개인별 특성에 맞춘 작업 방식은 무질서함을 나타내었고, 그러한 작업방식은 생산성 저하라는 결과를 초래하였다. 이를 타개하기 위하여 테일러는 과학적 관리론을 제시하였고, 이는 생산율을 높이기 위한 작업의 분업화에 중점을 두었다. 따라서 ④는 과학적 관리론에 대한 설명으로 옳지 않다.

10

정답 ③

호손 실험은 하버드 대학교 심리학자 메이요(Mayo)와 경영학자 뢰슬리스버거(Roethlisberger)에 의해 수행된 실험으로 노동자들이 실험 사실을 알게 되어 발생한 심리학 효과인 호손 효과로 더욱 유명한 실험이다. 이 실험의 본래 목적은 과학적 관리론에 따라, 노동자에 대한 물질적 보상 방법의 변화가 생산성을 증대시키는가에 대한 검증 실험이었다. 해당 실험은 크게 4단계로 조명 실험, 계전기 조립 실험, 면접 실험, 배전기권선 관찰 실험으로 약 8년간 진행되었다.

11

정답 ④

포드시스템(Ford's System)은 제품의 단순화, 부분품의 규격화, 기계 및 공구의 전문화, 작업의 단순화에 초점을 맞추며 이를 통한 생산성 증대를 목표로 한다. 따라서 작업속도가 강제되며, 전 공정의 작업속도가 후 공정에 영향을 미쳐 전체 조업도에 영향을 주게 된다. 또한 설비투자비가 높아지고, 조업도가 낮아질수록 제조원가가 높아진다. 이는 제품 및 생산설비의 변경이 어렵다는 단점을 나타내기도 한다.

12

정답 ③

보기의 사례는 서번트 리더십의 대표적인 사례이다. 서번트 리더십이란 구성원들의 자발적 희생은 리더의 자기희생에서 비롯됨을 말하며 해당 사례는 자기희생을 통해 현장을 체험한 리더가 직접적으로 직원들이 고충을 몸소 겪으며 직원들의 적극적 행동을 유발하여 조직의 환경 변화에 대한 적응력을 높인 내용으로 볼 수 있다.

13

정답 ①

기업의 생산 규모가 증가할 때 생산량의 증가가 노동, 자본 등 생산요소의 증가보다 더 크게 증가하는 경우를 규모의 경제라 하는데 이는 초기 시장 진입자가 이후 시장에 진입하는 신규 진입자보다 경쟁우위를 가지는 가장 큰 요소로 볼 수 있다. 범위의 경제는 비교우위를 고려한 전략으로 신규 진입자가 발생하게 되는 요소이다.

14

정답 ④

기존 산업 내의 경쟁은 산업이 얼마나 경쟁력이 있고 수익성이 있는지에 대한 중요한 결정 요인이다. 따라서 산업 내의 경쟁은 다수의 경쟁자들이 분포해 있으며, 출구 장벽이 높고 성장 산업에 대한 투자가 실패할 확률이 높으며 경쟁자들과 수준이 비슷하기 때문에 고객 충성도가 낮다.

15

정답 ②

연결화를 통해 형식지는 조합에 의한 정보활용과 지식의 체계화가 이루어지며, 이를 통해 내면화로 발전할 수 있는 단계이다.

16

정답 ①

합명회사는 2인 이상의 무한책임사원으로 구성된다. 무한책임사원은 회사에 대하여 출자의무를 가지고 회사채권자에 대하여 직접・연대하여 무한의 책임을 진다.

17

정답 ④

제조업체가 최종 소비자에게 직접 판촉을 진행하는 전략은 풀(Pull)전략에 해당한다.

비교 기준	푸시(Push)전략	풀(Pull)전략
의미	제조업체가 유통업체를 대상으로 판촉을 진행하는 전략	제조업체가 최종 소비자에게 직접 판촉을 진행하는 전략
목표	고객에게 제품이나 브랜드에 대해 알릴 수 있음	고객이 제품이나 브랜드를 찾도록 유도
용도	영업 인력, 무역 진흥, 돈 등	광고, 판촉 및 기타 의사소통 수단
강조	자원 할당	민감도
적합	브랜드 충성도가 낮을 때	브랜드 충성도가 높을 때
리드타임	길다	짧다

18

정답 ⑤

다품종 생산이 가능한 것은 공정별 배치에 해당한다.

구분	제품별 배치	공정별 배치
장점	• 높은 설비이용률 • 노동의 전문화 • 낮은 제품단위당 원가	• 다품종 생산이 가능 • 저렴한 범용설비 • 장려임금 실시 가능
단점	• 수요 변화에 적응이 어려움 • 설비 고장에 영향을 받음 • 장려임금 실시 불가 • 단순작업	• 낮은 설비이용률 • 높은 제품단위당 원가 • 재공품 재고 증가 • 경로와 일정계획의 문제

19

정답 ①

오답분석

② 링컨 플랜 : 노동자의 협력 증진과 생산성 향상을 위해 고안된 제도로, 성과급제와 이윤분배제의 결합 형태이다.
③ 임프로쉐어 플랜 : 단위당 소요되는 표준노동시간과 실제노동시간을 비교하여 절약된 노동시간만큼을 분배하는 제도이다.
④ 코닥 플랜 : 표준시간과 성과표준을 결정하는 데 근로자들을 참여시킴으로써 설정 과정에 근로자의 의사를 반영한 다음 근로자들에게 할증급을 지급하는 제도이다.
⑤ 카이저 플랜 : 재료, 노무 측에서 발생하는 비용의 절감액을 분배하는 제도이다.

20

정답 ④

컨조인트 분석(Conjoint Analysis)은 제품의 각 속성에 고객이 부여하는 효용을 추정하여 소비자의 효용 분석을 통해 고객이 선택할 제품을 예측하는 기법이다. 컨조인트 분석은 시장에 출시된 제품의 속성이 다양하지 않더라도 선호도에 근거하여 하나의 속성이 미치는 영향을 추정할 수 있고, 신제품이나 리포지셔닝을 할 제품을 위한 잠재시장을 평가하는 데 유용하게 사용할 수 있다.

오답분석

① 설문조사 : 직접 시장에서 설문조사를 통해 선호도와 관여도 조사에 유용하다.
② 산업구조 분석 : 산업구조를 분석하기 위한 모델로 경쟁우위를 위한 전략수립에 유용하다.
③ SWOT 분석 : 마케팅 전략을 검토할 때 우선 자사 제품과 서비스의 강점과 약점을 알고, 나아가 시장의 상황과 경쟁사의 움직임 등을 파악하는 데 유용하다.
⑤ 히트맵 : 주로 웹사이트의 방문자를 분석하는 웹로그분석에 많이 사용하는 분석기법이다.

02 경제학

01	02	03	04	05	06	07	08	09	10
④	②	①	①	①	④	②	④	④	④
11	12	13	14	15	16	17	18	19	20
④	⑤	⑤	⑤	⑤	①	④	④	④	④

01

정답 ④

수요의 가격 탄력성이 완전 비탄력적인 경우 가격 탄력성은 0이다($\varepsilon=0$). 따라서 가격이 아무리 변하여도 탄력성의 값이 0이기 때문에 수요량 변화율은 0이 된다.

02

정답 ②

교차탄력성이란 A상품의 가격 변화에 따른 B상품의 수요량 변화를 의미한다. 따라서 보기에서 샌드위치 가격이 10% 하락했고, 교차탄력성은 −1이므로 커피의 수요는 10% 증가할 것이다.

03

정답 ①

그래프는 X재와 Y재에 대한 소득소비곡선이다. 그래프의 ICC(Income Consumption Curve)는 초기에 소득이 증가함에 따라 X재와 Y재의 소비가 단위탄력적$\left(\varepsilon_M^X=1\right)$으로 증가하다가 일정 지점 이후로 X재에 대한 소비가 더 이상 증가하지 않고 Y재의 소비만 증가하는 형태를 보여준다. 따라서 보기의 ICC를 통해 X재화의 소득탄력성은 비탄력적이라고 볼 수 있다$\left(0<\varepsilon_M^X<1\right)$.

04

정답 ①

최고가격제는 정부가 시장의 최고가격을 정하고 최고가격 이상을 받지 못하도록 하는 제도이다. 이러한 제도는 시장균형가격에 영향을 미치는데 이는 사회적 후생손실(Deadweight Loss)을 발생시킨다. 그래프 상으로는 균형가격이 시장균형가격 P_0에서 최고가격 P_1으로 이동하면서 사회적 후생손실을 △ACE만큼 발생시킨다.

05

정답 ①

A기업이 전략적 제휴를 요청한다면 B기업은 현상유지보다 전략적 제휴를 승인하고 동시에 요청하는 것이 이익을 극대화 하는 전략이다. 따라서 보기의 상황에서 우월전략은 동시에 전략적 제휴를 요청하는 것이며 내쉬균형에서는 상대방의 전략이 주어진 것으로 전제하므로 A기업이 전략적 제휴를 요청하면 B기업은 이를 승인하는 것을 선택해 100의 효용을 얻는다. 또한 A기업이 개별전략을 선택하면 B기업은 전략적 제휴를 요청해 70의 효용을 받는다. 따라서 내쉬균형은 2개이며

내쉬균형에서는 상대방의 효용 손실 없이는 자신의 효용을 증가시킬 수 없기 때문에 파레토 최적을 이룬다.

06

정답 ④

자원의 비효율적인 배분으로 인한 시장실패는 정보의 비대칭성, 공공재, 독과점, 외부효과 등으로 인해 발생한다. 배제가 가능한 재화는 사적 재화로, 사적 재화가 시장에서 거래되는 것은 시장실패와 관계가 없다.

오답분석

① 규모의 경제가 매우 크게 작동하는 기업은 단위 생산비용을 최소화할 수 있으므로 자연독점이 발생하며, 이러한 독과점은 시장실패의 원인이 된다.
② 소수의 기업만이 생산에 참여하는 것은 독과점에 해당하며, 이는 시장실패의 원인이 된다.
③ 정보의 비대칭성에 해당하며, 이는 시장실패의 원인이 된다.

07

정답 ②

환율제도는 고정환율제도와 자유변동환율제도를 양극단으로 하여 이분법적으로 분류할 수 있다. 먼저 고정환율제도는 외환의 시세 변동을 반영하지 않고 환율을 일정 수준으로 유지하는 환율제도이며, 자유변동환율제도는 환율이 외환시장에서 외환의 수요와 공급에 의해 자율적으로 결정되도록 하는 환율제도이다. 이러한 환율제도는 제도별로 상이한 장단점이 존재하지만 그 어떠한 환율제도라도 통화정책의 자율성(㉠), 자유로운 자본 이동(㉢), 환율 안정(㉣)의 세 가지 정책목표를 동시에 만족시키기는 현실적으로 불가능하기 때문에 이를 삼불원칙이라고 한다.

08

정답 ④

소비자 물가지수는 고정된 상품의 조합으로 측정된 물가지수로 라스파이레스지수라고도 한다. 소비자 물가지수는 과거의 고정된 상품조합으로 측정하기 때문에 물가지수를 과대평가하는 경향이 있으며, 주택 및 토지 등의 부동산 가격은 PPI나 CPI에 포함되지 않는다. 신축주택의 경우는 GDP디플레이터에 포함되나, 기존 주택에 대한 투기에 의한 부동산가격 인플레이션은 GDP디플레이터에 포함되지 않는다.

09

정답 ④

명목이자율(Nominal Interest Rate)은 일반적으로 말하는 이자율로 물가상승을 감안하지 않는다. 반면 실질이자율(Real Interest Rate)은 물가상승 조정을 위해 명목이자율에서 물가상승률을 뺀 것을 말한다. 또한 물가상승률까지 고려해 실질이자율로 계산된 금리가 마이너스인 경우는 자주 있었으며, 이러한 관계를 보고한 경제학자 어빙 피셔의 이름을 따서 피셔 방정식이라는 개념으로 설명이 가능하다. 해당 지표를 통해 2018년도의 물가상승률이 가장 낮았으며, 실질이자율은 5%로 가장 높았다는 사실을 확인할 수 있다.

10

정답 ④

베버리지곡선(Beveridge – Curve)을 이동시키는 요인은 대표적으로 마찰적 실업, 구조적 실업, 경제적 불확실성이 존재한다. 베버리지곡선이 오른쪽으로 이동하면 이전보다 더 높은 일자리 공석률과 더 높은 실업률의 발생을 의미하며, 이는 노동시장의 효율성 감소로 이어진다. 반대로 베버리지곡선이 왼쪽으로 이동하면 이전보다 더 낮은 실업률과 낮은 일자리 공석률을 나타내며, 이는 노동시장에 방해요소가 적고 비효율성이 감소하여 순기능을 한 경우를 의미한다.

11

정답 ④

독점적 경쟁시장은 완전경쟁시장과 같이 다수의 기업이 포진해 있으며 자유로운 진입 및 퇴출이 가능하다. 또한 장기 경제적 이윤은 발생되지 않는다. 반면에 시장지배력은 독점시장과 같이 매우 높다. 하지만 판매상품은 완전경쟁시장에는 동일한 제품이 많은 반면, 독점시장에서는 대체재가 없으므로 시장구조와 맥락을 달리한다.

12

정답 ⑤

[실질경제성장률(실질GDP 증가율)]=(명목GDP 증가율)−[물가상승률(GDP디플레이터 상승률)] → 10%−10%=0%

따라서 전년도 동기 대비 동일하다.

13

정답 ⑤

$$(\text{GDP디플레이터})=\frac{(\text{명목GDP})}{(\text{실질GDP})}\times 100$$

- 2020년 GDP디플레이터는 100, 명목GDP는 300억 원이므로 실질GDP는 300억 원이다.
- 2021년 GDP디플레이터는 120, 명목GDP는 360억 원이므로 실질GDP는 300억 원이다.

따라서 실질GDP(실질 경제성장률)의 변화는 없다.

14

정답 ⑤

소비함수이론에는 케인스의 절대소득가설, 쿠즈네츠의 실증분석, 상대소득가설, 피셔의 2기간 모형, 항상소득가설, 생애주기가설, 랜덤워크 가설이 맥락을 같이 하고 있으며 반대로 투자함수이론에는 현재가치법, 내부수익률법, 신고전학파의 투자결정이론, 가속도 원리, 신축적 가속도 원리, 투자옵션이론, Q이론이 해당한다. 딕싯(Dixit)의 투자옵션이론은 투자함수이론에 해당하며 미래에 대한 불확실성이 증가할수록 기업의 투자는 줄어든다고 주장한다.

15

정답 ⑤

구매력평가설은 각국 화폐의 구매력 차이로 환율을 설명한다. 따라서 만일 두 나라의 물가가 서로 다른 비율로 올랐다면 환율도 그 차이만큼 변해야 한다. 문제에서 한국의 물가상승률은 3% 그리고 미국의 물가상승률은 5%라고 했으므로 원화가치는 상승하고, 달러화 가치는 하락하므로 원/달러 환율도 2%(1달러당 1,200원 기준 24원) 하락한 1,176원/달러로 예측 가능하다.

16

정답 ①

헥셔－올린 모형에서 모든 국가는 토지, 노동, 자본에 있어서 그 부존자원의 양이 서로 다르다고 가정하였으며, 이러한 가정이 있기에 비교우위가 발생하여 무역이 활성화된다고 주장하였다.

17

정답 ④

장기에서는 모든 생산요소를 탄력적으로 조절할 수 있게 되어 장기 한계비용곡선과 가격이 일치하는 생산량에서 생산한다. 이에 대한 예시로 완전경쟁시장에서 기술우위를 점한 기업을 들 수 있다. 단기에서와 달리 장기에서는 비용 증가 산업, 비용 불변 산업, 비용 감소 산업마다 그 형태가 다르게 나타나므로, 비용 증가 산업에서는 산업 전체의 총생산량이 증가함에 따라 비용곡선은 상향하며 반대로 감소 산업에서는 하향 이동한다.

18

정답 ④

A시장에 두 재화의 시장가격(P)는 PX(X재 가격)＝6, PY(Y재 가격)＝3이다. 무차별 곡선이 원점에 대해 볼록한 형태를 가지고 있고(이는 한계대체율이 무차별 곡선 안에서 움직임) Y재의 한계효용이 4라고 주어졌으므로 X재의 한계효용이 Y재의 한계효용에 비해 얼마나 높은가에 대한 교환비율(MRS)을 통해 X재의 한계효용을 계산할 수 있다.

$\frac{(MUX)}{6}=\frac{4}{3}$, $MUX=8$

따라서 X재의 한계효용은 8이다.

19

정답 ④

현재가치법은 대표적인 투자함수이론에 해당하는 이론으로 미래에 생길 돈이 현재의 돈 가치로 얼마가 될지 계산하는 공식이다. 따라서 소비함수이론에 해당하지 않는다.

20

정답 ④

먼저 완전경쟁시장의 수요를 계산해야 한다. 완전경쟁시장의 이윤극대화는 MC＝0, P＝MC이므로, P에 0을 대입하면 Q＝15이다.

따라서 꾸르노 경쟁 시장의 전체 생산량은 $15\times\frac{2}{3}=10$이다.

03 전기일반

01	02	03	04	05	06	07	08	09	10
④	③	⑤	③	①	②	④	②	①	③
11	12	13	14	15	16	17	18	19	20
①	④	⑤	②	⑤	③	①	②	①	④
21	22	23	24	25	26	27	28	29	30
①	②	⑤	⑤	③	④	①	④	③	②

01

정답 ④

이상적인 연산증폭기의 특징

- 전압이득이 무한대이다.
- 대역폭이 무한대이다.
- 개방상태에서 입력 임피던스가 무한대이다.
- 출력 임피던스가 0이다.
- 두 입력 전압이 같을 때, 출력 전압이 0이다.

02

정답 ③

A⊥B가 되기 위한 조건은 A・B＝0이다.

$A \cdot B=(1\times1)+[(-1)\times0]+(2\times x)=0$

$1+2x=0$

$\therefore\ x=-\frac{1}{2}$

03

정답 ⑤

$$f(s)=\frac{2s+3}{s^2+3s+2}=\frac{2s+3}{(s+2)(s+1)}=\frac{A}{s+1}+\frac{B}{s+2}$$

$$A=f(s)(s+1)\mid_{s=-1}=\frac{2s+3}{s+2}\mid_{s=-1}=1$$

$$B=f(s)(s+2)\mid_{s=-2}=\frac{2s+3}{s+1}\mid_{s=-2}=1$$

$$\therefore\ f(t)=e^{-t}+e^{-2t}$$

04

정답 ③

전력용 콘덴서의 용량

$$Q_C=P(\tan\theta_1-\tan\theta_2)$$

$$=P_a\cos\theta_1\left(\frac{\sqrt{1-\cos\theta LSUP2_1}}{\cos\theta_1}-\frac{\sqrt{1-\cos\theta LSUP2_2}}{\cos\theta_2}\right)$$

$$=200\times0.8\left(\frac{\sqrt{1-0.8^2}}{0.8}-\frac{\sqrt{1-0.95^2}}{0.95}\right)≒67\text{kVA}$$

05

정답 ①

물질(매질)의 종류와 관계없이 전하량 만큼만 발생한다.

전속 및 전속밀도

전기력선의 묶음을 말하며 전하의 존재를 흐르는 선속으로 표시한 가상적인 선으로 Q[C]에서는 Q개의 전속선이 발생하고 1C에서는 1개의 전속선이 발생하며 항상 전하와 같은 양의 전속이 발생한다.

$\Psi=\int Dds=Q$

06

정답 ②

역률이 개선되면 변압기 및 배전선의 여유분이 증가한다.

역률 개선 효과

- 선로 및 변압기의 부하손실을 줄일 수 있다.
- 전압강하를 개선한다.
- 전력요금 경감으로 전기요금을 낮추게 된다.
- 계통 고조파 흡수효과가 높다.
- 피상전류 감소로 변압기 및 선로의 여유분이 증가한다.
- 설비용량에 여유가 생겨 투자비를 낮출 수 있다.
- 전압이 안정되므로 생산성이 증가한다.

07

정답 ④

이상적인 상호인덕턴스는 결합계수 k가 1일 때이며, 이처럼 손실이 0일 경우의 변압기를 이상변압기라 한다.

상호인덕턴스 $M=k\sqrt{L_1L_2}$, 결합계수 $k=\frac{M}{\sqrt{L_1L_2}}$

08

정답 ②

누설자속이 없는 이상적인 상호인덕턴스의 조건을 만족하는 결합계수는 1이다.

조건	결합계수 k의 범위
누설자속이 없을 때	$k=1$
상호자속이 없을 때	$k=0$
결합계수의 범위	$0\leq k\leq 1$

결합계수의 범위

변압기의 상호인덕턴스 $M=\sqrt{L_1L_2}$ 이다. 하지만 실제로는 누설 자속의 손실분이 있기 때문에 상수 k를 곱하며, 이때 k를 결합계수라 한다.

09

정답 ①

평균값이 0인 비주기 신호이다.

AWGN(Additive White Gaussian Noise)의 특징

시스템의 가장 일반적인 잡음으로, 모든 주파수 대역에서 일정한 분포를 갖는 잡음이다.

- 평균값이 0이고 비주기 신호이다.
- 전 주파수 대역에 걸쳐 전력 스펙트럼 밀도가 일정하다.
- 통계적 성질이 시간에 따라 변하지 않는다.
- 가우시안 분포를 형성한다.
- 백색잡음에 가장 근접한 잡음으로 열잡음이 있다.

10

정답 ③

$g_{FM}(t)=A_c\cos(2\pi f_c t+\theta(t))$,

$s(t)=20\cos(800\pi t+10\pi\cos 7t)$

$\phi(t)=2\pi f_c t+\theta(t)=800\pi t+10\pi\cos 7t$

순시 주파수 $f_i(t)=\frac{1}{2\pi}\times\frac{d\phi(t)}{dt}=f_c+\frac{1}{2\pi}\times\frac{d\theta(t)}{dt}$

$f_i(t)=\frac{1}{2\pi}\times\frac{d\theta(t)}{dt}=400-\frac{70\pi}{2\pi}sin7t=400-35\sin 7t$

11

정답 ①

CPFSK(연속 위상 주파수 편이 방식)는 주파수 변환점에서 불연속하게 변조된 신호의 위상을 연속하도록 하는 주파수 편이 방식으로, 변조지수 $h=0.5$일 때를 MSK(최소 편이 방식)라 한다.

반송대역 전송

디지털 신호에 따라 반송파의 진폭, 주파수 그리고 위상 중 어느 하나를 변조해서 전송하는 방식으로, 적은 비대역을 갖는 회선에 적합하다.

- PSK : 정현파의 위상에 정보를 싣는 방식으로 2, 4, 8 위상 편이 방식이 있다.
- FSKCF : 정현파의 주파수에 정보를 싣는 방식으로 2가지(고·저주파) 주파수를 이용한다.
- QAM : APK이라고도 하며, 반송파의 진폭과 위상을 동시에 변조하는 방식이다.
- ASK : 정현파의 진폭에 정보를 싣는 방식으로 반송파의 유/무로 표현된다.

12

정답 ④

동일한 비트율을 가지고 있기 때문에 BPSK 심벌 전송률은 QPSK 심벌 전송률의 2배이다.

13

정답 ⑤

$$P_t[\text{dBm}]=10\log_{100}\left(\frac{100}{1mW}\right)=10\log_{10}10^5=50$$

$$G[\text{dB}]=P_r[\text{dBm}]-P_t[\text{dBm}]=36-50=-14\text{dBm}$$

$$G[\text{dB}]=10\log_{10}\left(\frac{P_r}{P_t}\right)=-14\text{dBm}$$

$$\frac{P_r}{P_t}=10^{-1.4}=\frac{1}{10LSUP1.4}=\frac{1}{25.118}$$

$$P_t:P_r=25:1$$

14

정답 ②

전류 $I=\frac{V}{R}$이므로, 기존 저항이 $R_1=\frac{V}{I}$이라 할 때, 전류 증가 후 저항 $R_2=\frac{V}{1.25\times I}=\frac{V}{I}\times\frac{1}{1.25}=0.8\times\frac{V}{I}=0.8R$

15

정답 ⑤

전송 부호는 직류 성분이 포함되지 않아야 한다.

Plus

기저대역 전송(Baseband Transimission)

기저대역 신호가 존재하는 주파수 대역을 기저대역(Baseband)이라고 하며, 기저대역 신호는 아날로그 신호나 디지털 신호 모두에 대해 변조되지 않은 저주파 신호를 말한다.

기저대역 전송의 조건

변조되기 이전의 컴퓨터나 단말기의 출력 정보인 0과 1을 그대로 보내거나 전송로의 특성에 알맞은 부호로 변환시켜 전송하는 방식으로 전송에 필요한 조건은 다음과 같다.

- 전송에 필요로 하는 전송 대역폭이 작아야 한다.
- 타이밍 정보가 충분히 포함되어야 한다.
- 저주파 및 고주파 성분이 제한되어야 한다.
- 전송로 상에서 발생한 에러 검출 및 정정이 가능해야 한다.
- 전송 부호는 직류 성분이 포함되지 않아야 한다.

16

정답 ③

반지름이 r이고, 표면적이 r^2인 구의 입체각은 $1sr$이다. 구의 표면적 $S=4\pi r^2$이므로, 구 전체의 입체각은 4π이다. 따라서 반원구의 입체각은 2π이다.

17

정답 ①

얇은 판면에 무수한 자기 쌍극자의 집합을 이루고 있는 판상의 자석을 판자석(자기 2중층)이라 한다.

18

정답 ②

워드 레너드 제어방식은 MGM 제어방식으로서 정부하 시 사용하며 광범위한 속도 제어가 가능하다.

Plus

직류전동기의 속도 제어법

- 전압 제어법 : 전동기의 외부단자에서 공급전압을 조절하여 속도를 제어하기 때문에 효율이 좋고 광범위한 속도 제어가 가능하다.
  - 워드 레너드 제어방식 : MGM 제어방식으로서 정부하 시 사용하며 광범위한 속도제어가 가능한 방식이다.
  - 일그너 제어방식 : MGM 제어방식으로서 부하변동이 심할 경우 사용하며 플라이휠을 설치하여 속도를 제어하는 방식이다.
  - 직·병렬 제어방식 : 직·병렬 시 전압강하로 속도를 제어하며 직권전동기에만 사용하는 방식이다.
- 저항 제어법 : 전기자 회로에 삽입한 기동저항으로 속도를 제어하는 방법이며 부하전류에 의한 전압강하를 이용한 방법이다. 손실이 크기 때문에 거의 사용하지 않는다.
- 계자 제어법 : 계자저항 조절로 계자자속을 변화시켜 속도를 제어하는 방법이며 계자저항에 흐르는 전류가 적기 때문에 전력손실이 적고 간단하지만 속도 제어범위가 좁다. 출력을 변화시키지 않고도 속도 제어를 할 수 있기 때문에 정출력 제어법이라 부른다.

19

정답 ①

변전소의 위치는 변전소 앞 절연구간에서 전기철도차량의 타행운행이 가능한 곳이어야 한다.

Plus

변전소 등의 계획(KEC 421.2)

- 전기철도 노선, 전기철도차량의 특성, 차량운행계획 및 철도망건설계획 등 부하특성과 연장급전 등을 고려하여 변전소 등의 용량을 결정하고, 급전계통을 구성하여야 한다.
- 변전소의 위치는 가급적 수전선로의 길이가 최소화 되도록 하며, 전력수급이 용이하고, 변전소 앞 절연구간에서 전기철도차량의 타행운행이 가능한 곳을 선정하여야 한다. 또한 기기와 시설자재의 운반이 용이하고, 공해, 염해, 각종 재해의 영향이 적거나 없는 곳을 선정하여야 한다.
- 변전설비는 설비운영과 안전성 확보를 위하여 원격 감시 및 제어방법과 유지보수 등을 고려하여야 한다.

20

정답 ④

소호리엑터 접지 방식의 공칭전압은 66kV이다. 송전선로인 154, 345, 765kV 선로는 중성점 직접 접지 방식을, 배전선로인 22.9kV은 중성점 다중 접지 방식을 채택하여 사용하고 있으며, 소호리엑터 접지 방식은 66kV의 선로에서 사용된다.

21

정답 ①

언측법은 직접유량 측정 방식 중 하나로, 유량이 적은 하천에서 차단벽과 수위를 이용하여 측정하는 방법이다.

> **Plus**
>
> **직접유량을 측정하는 방법**
>
> 유량의 측정에는 유속과 단면적의 양자를 측정하는 것이 일반적이지만, 직접유량을 측정할 수 있는 특수한 경우가 있다.
>
> - 염분법 : 식염수를 이용해 염분량을 측정하는 방법
> - 언측법 : 차단벽과 수위를 이용해 측정하는 방법
> - 수위 관측법 : 수위유량도와 양수표를 이용해 측정하는 방법

22

정답 ②

$N=\frac{AE}{FUM}=\frac{10\times 30\times 300}{3,800\times 0.5\times 0.8}\fallingdotseq 59.2$

∴ 60개

23

정답 ⑤

$\mathcal{L}[af_1(t)\pm bf_2(t)]=aF_1(s)\pm bF_2(s)$에 의해서

$\mathcal{L}[\sin\omega t]=\frac{\omega}{s^2+\omega^2}$, $\mathcal{L}[\cos\omega t]=\frac{s}{s^2+\omega^2}$이므로

$$F(s)=\mathcal{L}[f(t)]=\mathcal{L}[\sin t]+\mathcal{L}[2\cos t]$$
$$=\frac{1}{s^2+1^2}+2\times\frac{s}{s^2+1^2}=\frac{2s+1}{s^2+1}$$

24

정답 ⑤

저항 증가 전 슬립 $s=\frac{N_s-N}{N_S}=\frac{1,000-950}{1,000}=0.05$

회전자속도 $N=950\text{rpm}$

동기속도 $N_s=\frac{120f}{p}=\frac{120\times 50}{6}=1,000\text{rpm}$

$s_2\propto r_2$이므로 2차 저항을 3배로 하면 슬립도 3배로 증가한다.

변화된 회전속도 $N=(1-3s)N_s=[1-(3\times 0.05)]\times 1,000=850\text{rpm}$

25

정답 ③

고압 가공전선로의 지지물의 강도(KEC 332.7)

고압 가공전선로의 지지물로서 사용하는 목주는 다음에 따라 시설하여야 한다.

- 풍압하중에 대한 안전율은 1.3 이상일 것
- 굵기는 말구(末口) 지름 0.12m 이상일 것

26

정답 ④

쿨롱의 법칙 $F=\frac{Q_1Q_2}{4\pi\varepsilon_0 r^2}=9\times 10^9\frac{Q_1Q_2}{r^2}$

$r=\sqrt{9\times 10^9\times\frac{Q_1Q_2}{F}}$

$Q_1=1$, $Q_2=10$, $F=9$이므로, $r=\sqrt{9\times 10^9\times\frac{10}{9}}=10^5\text{m}$

27

정답 ①

원형 코일 중심의 자계의 세기는 $H_0=\frac{\ni}{2a}$이고, 코일수 $N=2$회이므로 $H_0=\frac{I}{a}[\text{AT/m}]$이다.

28

정답 ④

작용인덕턴스 $L=0.05+0.4605\log_{10}\frac{5,000}{25}\fallingdotseq 1.1\text{mH/km}$

29

정답 ③

Y결선과 △결선의 비교

구분	Y결선을 △결선으로 변환 시	△결선을 Y결선으로 변환 시
임피던스(Z)	3배	$\frac{1}{3}$배
선전류(I)	3배	$\frac{1}{3}$배
소비전력(P)	3배	$\frac{1}{3}$배

따라서 $Z_Y=\frac{Z_\Delta}{3}=\frac{30}{3}=10\Omega$이다.

30

정답 ②

복합유전체의 경계면 조건은 전계가 수직입사이므로, 전속밀도가 같다. 경계면에는 $f=\frac{1}{2}\left(\frac{1}{\epsilon_2}-\frac{1}{\epsilon_1}\right)D^2$의 힘이 작용하고, 작용하는 힘은 유전율이 큰 쪽에서 작은 쪽으로 작용하므로, ϵ_1에서 ϵ_2로 작용한다.

04 기계일반

01	02	03	04	05	06	07	08	09	10
②	③	②	④	④	①	①	②	④	②
11	12	13	14	15	16	17	18	19	20
②	②	④	④	⑤	②	④	④	④	③
21	22	23	24	25					
②	④	④	⑤	③					

01

정답 ②

로켓 속도 $V_1 = \frac{1,560}{3.6} ≒ 433.33\text{m/s}$

$\rho_1 Q_1 = 95\text{kg/s}$

$\rho_2 Q_2 = 95+2.15 = 97.15\text{kg/s}$

$F=4,500\text{kg}$이므로

$F = \rho_2 Q_2 V_2 - \rho_1 Q_1 V_1$

$4,500 = 97.15 \times V_2 - 95 \times 433.33$

$\therefore V_2 ≒ 470\text{m/s}$

02

정답 ③

- 공석점(A_1 변태점) : 723℃
- 공정점 : 1,145℃
- 포정점 : 1,470℃
- 순철 자기변태점(A_2 변태점) : 768℃

03

정답 ②

$[\text{각속도}(w)] = \frac{2\pi N}{60} = \frac{2\pi \times 80}{60} ≒ 8.38\text{rad/s}$

$[\text{진동수}(f)] = \frac{w}{2\pi} = \frac{8.38}{2\pi} ≒ 1.33\text{Hz(cps)}$

04

정답 ④

[소요동력(kW)]

$$= \frac{k}{k-1} \frac{P_1 V_1}{\eta_{ad}} \left[\left(\frac{P_2}{P_1} \right)^{\frac{k-1}{k}} - 1 \right]$$

$$= \frac{1.4}{1.4-1} \times \frac{140 \times 0.03}{0.6} \left[\left(\frac{700}{140} \right)^{\frac{1.4-1}{1.4}} - 1 \right]$$

$≒ 14.3\text{kW}$

05

정답 ④

$S=C$ (단열과정)이므로,

$T^k P^{1-k} =$ 일정, $T_1^k P_1^{1-k} = T_2^k P_2^{1-k}$에서,

$$T_2 = T_1 \times \left(\frac{P_2}{P_1} \right)^{\frac{k-1}{k}} = (273+550) \times \left(\frac{200}{3,200} \right)^{\frac{1.25-1}{1.25}} ≒ 472.69\text{K}$$

$$[\text{팽창일}(w_a)] = \frac{1}{k-1}(P_1 v_1 - P_2 v_2)$$

$$= \frac{1}{k-1} R(T_1 - T_2) = \frac{0.287}{1.25-1}(823-472.69)$$

$≒ 402.2\text{kJ/kg}$

$\therefore W_a = m w_a = 2 \times 402.2 ≒ 804\text{kJ}$

06

정답 ①

$$\mu = \frac{\epsilon'}{\epsilon} = \frac{\frac{\delta}{b}}{\frac{\sigma}{E}} = \frac{\delta E}{b\sigma}$$

$$\delta = \frac{\mu b \sigma}{E} = \frac{\mu b P}{E(bt)} = \frac{\mu P}{Et} = \frac{0.4 \times (13.5 \times 10^3)}{(230 \times 10^9) \times (30 \times 10^{-3})}$$

$≒ 0.000783 \times 10^{-3}\text{m} = 0.783 \times 10^{-3}\text{mm}$

07

정답 ①

집중 하중이 작용하는 외팔보의 처짐 $\delta = \frac{Pl^3}{3EI}$에서 $I = \frac{bh^3}{12}$이다.

$$\therefore \delta = \frac{Pl^3}{3E\frac{bh^3}{12}} = \frac{4Pl^3}{Ebh^3} = \frac{4 \times 5,000 \times 2^3}{300 \times 10^9 \times 0.05 \times 0.1^3} ≒ 10.7\text{mm}$$

08

정답 ②

내압을 받는 얇은 원통에서 원주(후프)응력 $\sigma_r = \frac{Pd}{2t}$, 축방향의 응력 $\sigma_s = \frac{Pd}{4t}$ 이므로

- $\sigma_r = \sigma_y = \frac{Pd}{2t} = \frac{860,000 \times 3}{2 \times 0.03} = 43,000,000 N/m^2 = 43\text{MPa}$
- $\sigma_s = \sigma_x = \frac{Pd}{4t} = \frac{860,000 \times 3}{4 \times 0.03} = 21,500,000 N/m^2 = 21.5\text{MPa}$

2축 응력에서 최대 전단응력은 $\theta = 45°$일 때,

$\tau_{\max} = \frac{1}{2}(\sigma_x - \sigma_y) = \frac{1}{2}(21.5-43) = -10.75\text{MPa}$

09

정답 ④

면적 모멘트로 구하면, 아래 BMD 선도에서 빗금친 면적

$A_m = 6 \times 54,000 \times \frac{1}{2} = 162,000\text{N} \cdot \text{m}^2$이다.

$\theta_A=\theta_C$이므로,

$$\theta_A=\frac{A_m}{EI}=\frac{162,000}{(200\times10^9)\times(250\times10^{-8})}=0.324\text{rad}$$

A, B, C, 3m, 6m, 54kN · m, $\bar{x}=\left(\frac{2}{3}\times6+3\right)$m

$$\delta_A=\frac{A_m}{EI}\times\bar{x}=\theta_A\times\bar{x}=0.324\times\left(\frac{2}{3}\times6+3\right)=2.268\text{m}$$

→ 226.8cm

10

정답 ②

$$\text{압축비 } \epsilon=\frac{\nu_1}{\nu_2}=\left(\frac{P_2}{P_1}\right)^{\frac{1}{k}}=\left(\frac{5,000}{200}\right)^{\frac{1}{1.5}}\fallingdotseq8.55$$

$$\text{단절비 } \sigma=\frac{v_3}{v_2}=\frac{T_3}{T_2}=\frac{T_3}{T_1\cdot\epsilon^{k-1}}=\frac{7,000}{500\times(8.55)^{1.5-1}}\fallingdotseq4.79$$

$$\eta_d=1-\left(\frac{1}{\epsilon}\right)^{k-1}\times\frac{\sigma^k-1}{k(\sigma-1)}=1-\left(\frac{1}{8.55}\right)^{1.5-1}\times\frac{4.79^{1.5}-1}{1.5(4.79-1)}$$

$\fallingdotseq0.430$ → 43%

11

정답 ②

CO_2의 기체상수

$$R=\frac{8.314}{M}=\frac{8.314}{44}\fallingdotseq0.189\text{kJ/kg}\cdot\text{K}$$

$$\gamma=\frac{P}{RT}=\frac{800}{0.189\times(110+273)}\fallingdotseq11.05\text{N/m}^3$$

12

정답 ②

$$[\text{압축률}(\beta)]=\frac{1}{[\text{체적탄성계수}(E)]}=\frac{1}{\text{N/m}^2}=\text{m}^2/\text{N}$$

$\rightarrow L^2F^{-1}=L^2(MLT^{-2})^{-1}=L^2M^{-1}L^{-1}T^2=M^{-1}LT^2$

13

정답 ④

니켈 – 크롬강의 경우 550 ~ 580℃에서 뜨임메짐이 발생하는데, 이를 방지하기 위해 Mo, V, W을 첨가한다. 이 중에서 몰리브덴(Mo)이 가장 적합한 원소이다.

14

정답 ④

㉠ 오스템퍼링 : 오스테나이트에서 베이나이트로 완전한 항온변태가 일어날 때까지 특정 온도로 유지 후 공기 중에서 냉각, 베이나이트 조직을 얻는다. 뜨임이 필요 없고, 담금 균열과 변형이 없다.

㉡ 오스포밍 : 과랭 오스테나이트 상태에서 소성 가공을 한 후 냉각 중에 마텐자이트화하는 항온 열처리 방법이다.

㉢ 마템퍼링 : M_s점과 M_f점 사이에서 항온처리하는 열처리 방법으로 마텐자이트와 베이나이트의 혼합 조직을 얻는다.

15

정답 ⑤

쇼어 경도 시험은 낙하시킨 추의 반발 높이를 이용하는 충격 경도 시험이다.

오답분석

① 피로 시험 : 반복되어 작용하는 하중 상태의 성질을 알아낸다.

② 브리넬 경도 시험 : 지름 Dmm인 구형 누르개를 일정한 시험하중으로 시험편에 압입시켜 시험하며, 이때 생긴 압입 자국의 표면적을 시험편에 가한 하중으로 나눈 값이다.

③ 샤르피식 시험 : 금속의 인성과 메짐을 알아보는 충격시험의 일종으로, 시험편의 양단을 지탱하고 해머로 중앙에 충격을 가해 1회로 시험편을 판단한다.

④ 로크웰 경도 시험 : 원추각이 120°, 끝단 반지름이 0.2mm인 원뿔형 다이아몬드를 누르는 방법(HRC)과 지름이 1.588mm인 강구를 누르는 방법(HRB) 두 가지가 있다.

16

정답 ②

- 체심입방격자(BCC) : 강도, 경도가 크고 용융점이 높은 반면 연성, 전성이 낮다.
  V, Ta, W, Rb, K, Li, Mo, $\alpha-Fe$, $\delta-Fe$, Cs, Cr, Ba, Na
- 면심입방격자(FCC) : 강도, 경도가 작고 연성, 전성이 좋다(가공성 우수).
  Ag, Cu, Au, Al, Ni, Pb, Pt, $\gamma-Fe$, Pd, Rh, Sr, Ge, Ca
- 조밀육방격자(HCP) : 연성, 전성이 낮고 취성이 있다.
  Mg, Zn, Ce, Zr, Ti, La, Y, Ru, Gd, Co

17

정답 ④

핀(pin)의 종류

- 테이퍼 핀 : $\frac{1}{50}$의 테이퍼가 있는 핀으로 구멍에 박아 부품을 고정시키는 데 사용된다.
- 평행 핀 : 테이퍼가 붙어 있지 않은 핀으로 빠질 염려가 없는 곳에 사용된다.
- 조인트 핀 : 2개 부품을 연결할 때 사용되고 조인트 핀을 축으로 회전한다.
- 분할 핀 : 한쪽 끝이 2가닥으로 갈라진 핀으로 축에 끼워진 부품이 빠지는 것을 방지한다.
- 스프링 핀 : 스프링 강대를 원통형으로 성형, 종방향으로 틈새를 부여한 핀으로 외경보다 약간 작은 구멍경에 삽입함으로써 핀의 이탈을 방지한다.

18

정답 ④

아크 용접의 종류

- 피복 아크 용접 : 피복제를 칠한 용접봉과 피용접물과의 사이에 발생한 아크의 열을 이용하는 용접이다.
- 불활성가스 아크 용접(나) : 아르곤, 헬륨 등 불활성 가스 또는 여기에 소량의 활성 가스를 첨가한 가스 분위기 안에서 하는 아크 용접이다.
- 탄산가스 아크 용접 : 불활성 가스 아크 용접에서 사용되는 값비싼 아르곤이나 헬륨 대신에 탄산가스를 사용하는 용극식 용접 방법이다.
- 원자수소 아크 용접(다) : 수소가스 중에서 2개의 금속 전극 간에 발생시킨 아크의 열을 사용하는 용접이다.
- 서브머지드 아크 용접(마) : 두 모재의 접합부에 입상의 용제를 놓고 대기를 차단한 다음 그 속에서 용접봉과 모재 사이에 아크를 발생시켜 그 열로 용접하는 방법이다.

오답분석

- 산소 – 아세틸렌 용접(가) : 가스용접의 일종으로 토치 끝부분에서 아세틸렌과 산소의 혼합물을 연소시켜 접합에 필요한 열을 제공하는 용접이다.
- 프로젝션 용접(라) : 전기저항용접의 일종으로 금속 부재의 접합부에 만들어진 돌기부를 접촉시켜 압력을 가하고 여기에 전류를 통하여 저항열의 발생을 비교적 작은 특정 부분에 한정시켜 접합하는 용접이다.

19

정답 ④

$$\frac{dy}{dx}=\frac{-4y}{4x}=\frac{-4\times5}{4\times3}=-\frac{5}{3}$$

20

정답 ③

원통 커플링의 종류

- 슬리브 커플링(ㄱ) : 주철제 원통 속에 키로 고정, 축지름이 작은 경우 및 인장 하중이 없을 때 사용한다.
- 반중첩 커플링(ㄹ) : 원통 속에 전달축보다 약간 크게 한 축 단면에 기울기를 주어 중첩시킨 후 공동의 키로 고정, 인장하중이 작용하는 축에 사용한다.
- 마찰원통 커플링 : 두 개로 분리된 원통의 바깥을 원추형으로 만들어 두 축을 끼우고, 그 바깥에 링을 끼워 고정한다. 축과 원통 사이의 마찰력에 의해 토크를 전달한다.
- 분할 원통 커플링 : 분할된 두 개의 반원통으로 두 축을 덮은 후 볼트와 너트로 고정, 토크가 작을 때 사용한다.
- 셀러 커플링(ㄷ) : 한 개의 외통과 두 개의 내통으로 외통 내부와 내통 외부에 테이퍼가 있어 내통 안에 축을 끼우고 3개의 볼트로 죄면 콜릿 역할을 한다.

오답분석

- 플랜지 커플링(ㄴ) : 키를 사용하여 두 축의 양 끝에 플랜지를 각각 고정하고 맞대어 두 개의 플랜지를 연결한다.
- 올덤 커플링(ㅁ) : 두 축이 평행하나 약간 어긋나는 경우에 사용하며 저속, 편심이 작을 때 사용한다.

21

정답 ②

프로판 가스(Propane Gas)는 석탄 가스와 달리 유독한 일산화탄소 성분이 없다.

오답분석

① 공기보다 1.5배 정도 무겁다.
③ 새어 나오는 가스가 인화되면 폭발할 위험이 있어 주의가 필요하다.
④ 메탄계의 액화 수소 가스이다.
⑤ 중독의 위험이 없어, 가정용 연료로 많이 사용된다.

22

정답 ④

Y합금(내열합금)은 Al 92.5% – Cu 4% – Ni 2% – Mg 1.5%로 구성되며 내연기관의 실린더 및 피스톤에 사용된다.

오답분석

① 실루민 : Al – Si계 합금으로 주조성은 좋으나 절삭성이 나쁘다.
② 하이드로날륨 : Al – Mg계 합금으로 내식성이 가장 우수하다.
③ 두랄루민 : Al – Cu – Mg – Mn계 합금으로 주로 항공기 재료로 사용된다.
⑤ 코비탈륨 : Y합금에 Ti, Cu 0.5%를 첨가한 내열합금이다.

23

정답 ④

$$W=P_1V_1\ln\frac{V_2}{V_1}=(120\text{kPa})\times(0.5\text{m}^3)\times\ln\left(\frac{0.1\text{m}^3}{0.5\text{m}^3}\right)\fallingdotseq-96.6\text{kJ}$$

[기체가 압축되었다는 것은 일을 받은 것이므로 음수(–)이다]

24

정답 ⑤

단위 체적당 탄성에너지는 최대 탄성 에너지이므로

$$u=\frac{U}{V}=\frac{\sigma^2}{2E}=\frac{E\times\epsilon^2}{2}$$

$$u_1=\frac{\sigma^2}{2E}\rightarrow u_2=\frac{(4\sigma)^2}{2E}=\frac{16\sigma^2}{2E}$$

$\therefore u_2=16u_1$ 이므로 16배가 된다.

25

정답 ③

$$I_p=\frac{\pi(d_1^{\,4}-d_2^{\,4})}{32}=\frac{\pi(5^4-3^4)}{32}\fallingdotseq53.4\text{cm}^4$$

PART

1

직업기초능력평가

CHAPTER 01 의사소통능력

01 대표유형 적중문제

01 모듈형

01	02	03	04	05	06	07	08	09	10
④	②	⑤	⑤	④	③	③	③	②	④
11	12	13							
④	②	②							

01 정답 ④

의사소통에서 듣는 사람을 고려하여 명확하고 이해 가능한 어휘를 주의 깊게 선택해 사용하여야 한다. 또한, 메시지 전달이 효과적으로 이루어지고 있는지, 다른 새로운 표현은 없을지 검토하는 노력이 필요하다.

02 정답 ②

두 번째 '적절한 커뮤니케이션 수단' 항목에서 언어적인 또는 비언어적인 방법을 적절히 활용해야 한다고 나와 있다.

오답분석

① '부드럽고 명확한 전달'의 내용에 해당한다.
③ '명확한 목표 설정'의 항목에 해당한다.
④ '공감과 신뢰감 형성'의 내용에 대한 설명이다.
⑤ '적절한 커뮤니케이션 수단' 항목에서 설명된 내용이다.

03 정답 ⑤

보기는 과거 의사소통능력 수업에 대한 문제를 제기하고 있다. 따라서 이에 대한 문제점인 ㄷ이 보기 다음에 이어지는 것이 적절하다. ㄴ은 과거 문제점에 대한 해결법으로 '문제중심학습(PBL)'을 제시하므로 ㄷ 다음에 오는 것이 적절하며, ㄱ 역시 '문제중심학습(PBL)'에 대한 장점으로 ㄴ 다음에 오는 것이 적절하다. 마지막으로 ㄹ의 경우 '문제중심학습(PBL)'에 대한 주의할 점으로 마지막으로 오는 것이 가장 적절하다.

04 정답 ⑤

P과장은 직원들에 대한 높은 관심으로 간섭하려는 경향이 있고, 남에게 자신의 업적을 이야기하며 인정받으려 하는 욕구가 강하다. 따라서 P과장은 타인에 대한 높은 관심과 간섭을 자제하고, 지나친 인정욕구에 대한 태도를 성찰할 필요성이 있다.

오답분석

① P과장이 독단적으로 결정했다는 내용은 언급되어 있지 않다.
② 직원들은 P과장의 지나친 관심으로 힘들어하고 있는 상황이므로 적절하지 않은 조언 내용이다.
③ 직원들에게 지나친 관심을 보이는 P과장에게는 적절하지 않은 조언 내용이다.
④ 인정이 많다거나, 직원들의 요구를 거절하지 못한다는 내용은 제시문에서 찾을 수 없다.

05 정답 ④

커뮤니케이션 네트워크 형태 중 완전연결형은 가장 이상적인 형태로, 리더가 존재하지 않으며 누구나 커뮤니케이션을 주도할 수 있고 가장 구조화되지 않은 유형이다. 조직 안에서 정보교환이 완전히 이루어지며 가장 효과적이고 구성원 간의 만족도와 참여도가 높은 특징이 있다.

06 정답 ③

토의는 여러 사람이 모여서 공통의 문제에 대하여 가장 좋은 해답을 얻기 위해 협의하는 말하기이고, 특정 논제에 대해 찬성과 반대의 주장을 논하는 과정은 토론이다.
박사원은 의견을 제시하지 않고 다른 사람의 의견에 찬성을 하고 있으므로 토의가 아닌, 토론을 하고 있다고 봐야 한다.

오답분석

① 권역별 상품개발에 대한 논의가 있었는지 물어보는 질문을 통해 의견을 나타냈다.
② 고객의 안전이 최우선이라는 콘텐츠를 권역별로 세분화하자는 의견을 말했다.
④ 상품 세분화로 매출이 향상되지는 않을 거라는 의견을 제시했다.
⑤ 토의 주제를 제시하고 의견을 요청했다.

07

정답 ③

㉢은 '주의 환기'에 대한 내용이다. '여지 남기기'란 책임을 전가하려는 사람에게는 밀어붙이기보다 빠져나갈 여지를 미리 만들어주고, 여운을 남기는 말로 상대방의 감정을 누그러뜨려 설득을 유리하게 할 수 있는 방법이다.

08

정답 ③

침묵을 지키는 사람의 참여도를 높이기 위해서는 발언을 시키고 싶은 사람을 직접 지명하지 않고 일부러 그 좌우에 앉아 있는 사람에게 집중적으로 의견을 묻는 방법을 활용한다. 이 방법은 일종의 간접적 설득으로 자기의 옆 사람이 발언하면 무관심하게만 앉아 있을 수 없는 사람의 심리를 활용하는 것이다.

오답분석

① 직접 지목하여 묻는 방법은 침묵하는 사람의 참여도를 높이는 방법으로 적절하지 않다.
② 침묵하는 사람의 참여를 유도하기 위해서는 직접 지명하지 않고 암묵적·간접적으로 유도하는 방법을 활용해야 한다.
④ 개인적으로 이야기를 나누는 것은 직접적인 방법이므로 적절하지 않다.
⑤ 미리 이야기하는 것도 직접적인 방법이므로 적절하지 않다.

09

정답 ②

설득력을 향상시키기 위해서는 권위를 이용하는 방법이 있다. 설득하려는 내용과 그 인물의 이미지가 합치한다면 권위 있는 사람의 말이나 작품을 이용하여 설득하는 내용을 정당화할 수 있기 때문이다.
자신의 주장을 양보하는 식으로 기선을 제압하여 설득을 이끌어내는 것, 상대방의 불평이 가져올 결과를 강조하여 상황을 이해시키도록 하는 것, 공동의 목표 추구를 통해 동조 심리를 형성하는 것, 노고를 인정한 뒤 새로운 요구를 하는 것은 설득력 있는 의사표현 방법으로 적절하다.

10

정답 ④

개방적인 질문은 상대방의 다양한 생각을 이해하고, 상대방으로부터 보다 많은 정보를 얻기 위한 방법으로 이로 인하여 서로에 대한 이해의 정도를 높일 수 있다. 그러나 G씨에게 누구와 여행을 함께 가는지 묻는 F씨의 질문은 개방적 질문이 아닌 단답형의 대답이나 반응을 이끌어 내는 폐쇄적 질문에 해당하므로 ④는 개방적인 질문 방법에 대한 사례로 적절하지 않다.

11

정답 ④

언어적인 의사소통은 대화를 통해 상대방의 반응 등을 살펴 실시간으로 상대방을 설득할 수 있으므로 문서적인 의사소통에 비해 유동성이 크다.

오답분석

① 문서적인 의사소통에는 업무지시 메모, 업무보고서 작성, 고객사에서 보내온 수취확인서, 운송장 작성 등이 있다.
② 문서적인 의사소통은 보는 사람이 판단하는 것이므로 혼란과 곡해를 일으키는 경우도 있다.
③·⑤ 문서적인 의사소통은 언어적인 의사소통 보다 권위감이 있고, 정확성을 기하기 쉬우며, 전달성과 보존성이 커 언어적인 의사소통의 한계를 극복하기 위한 방법이기도 하다.

12

정답 ②

희준은 민재의 말을 경청하지 않고 민재의 목소리 톤과 표정과 같은 단서들을 찾아 민재의 상황을 추측하는 '짐작하기'의 자세를 보이고 있다.

오답분석

① '슬쩍 넘어가기'에 대한 설명이다.
③ '다른 생각하기'에 대한 설명이다.
④ '판단하기'에 대한 설명이다.
⑤ '언쟁하기'에 대한 설명이다.

13

정답 ②

시험을 포기했다는 민재에 말에 잘 생각했다며 동의하는 맞장구의 경청 태도를 보이고 있다.

오답분석

① 치켜 올리듯 가볍게 하는 맞장구 : "저런!", "그렇습니까?", "아닙니다.", "잘됐습니다.", "그렇게 하십시오."
③ 정리하는 맞장구 : "말하자면 이런 것입니까?", "~와 ~라는 것이지요?"
④ 재촉하는 맞장구 : "그래서 어떻게 되었습니까?"
⑤ 감탄하는 맞장구 : "역시", "대단하세요."

02 피듈형

01	02	03	04	05					
⑤	④	①	④	①					

01

정답 ⑤

글의 구조를 살펴보면, 과거의 상류층의 과시소비 행태를 설명한 후, 현대 대중사회에서는 더 이상 명품 소비가 아닌 소박한 소비, 소비하지 않기를 통해 과시한다고 하였다. 하지만 사치품은 처한 상황에 따라 소비의 여부가 달라진다고 하였다. 따라서 ⑤가 제시문의 중심내용으로 가장 적절하다.

02

정답 ④

공단의 수가협상단은 공급자단체가 아닌 가입자단체를 설득하는 데 많은 시간을 할애하였다.

오답분석

① 이번 수가협상은 17시간이 넘는 최장 시간 협상으로 진행되었다.
② 이번 수가협상은 협상 기한 마지막 날인 5월 31일을 넘겨 6월 1일까지 진행되었다.
③ 협상 결과 5,000억 원이었던 추가소요재정이 1조 478억 원으로 5,000억 원 이상 증가하였다.
⑤ 가입자단체로 구성된 국민건강보험공단의 재정운영위원회 소위원회가 재정 악화 등을 우려해 추가소요재정을 너무 적게 책정하는 바람에 수가협상에 많은 시간이 소요되었다.

03

정답 ①

ㄱ. 어떤 수학적 체계가 모든 사람에게 동일한 것이기 위해서 제시된 두 가지 조건이 모두 만족되어야 한다는 것이 분명하다고 하였으므로 필요조건을 제시했다고 볼 수 있다. 따라서 적절한 내용이다.
ㄴ. 두 물체의 크기를 비교할 때 어떤 사람은 두 물체를 각각 특정한 자연수에 대응시키는 방식을 취하지만, 어떤 사람은 한 물체의 크기를 100에 대응시킨 후 나머지 물체의 크기에 대응하는 자연수를 찾는다고 하였다. 따라서 자연수 체계는 모든 사람들에게 동일한 체계라고 볼 수 없으므로 적절한 내용이다.

오답분석

ㄷ. 제시된 예는 어떤 수학적 체계가 모든 사람에게 동일하지 않다는 것을 나타내기 위한 것이지 동일성 조건의 부적절성을 보이려 한 것이 아니므로 적절하지 않은 내용이다.
ㄹ. 제시된 조건에 모두 부합하지 않는 사례를 나타냈을 뿐 부합하는 사례와 대비한 것은 아니므로 적절하지 않은 내용이다.

04

정답 ④

㉠ 한 개의 사안은 한 장의 용지에 작성하는 것이 원칙이다.
㉡ 첨부자료는 반드시 필요한 내용만 첨부하여 산만하지 않게 하여야 한다.
㉣ 금액, 수량, 일자의 경우 정확하게 기재하여야 한다.

05

정답 ①

제시문에서는 냉전의 기원을 서로 다른 관점에서 바라보고 있는 전통주의, 수정주의, 탈수정주의에 대해 각각 설명하고 있다.

오답분석

② 여러 가지 의견을 제시할 뿐, 어느 의견에 대한 우월성을 논하고 있지는 않다.

03 PSAT형

01	02	03	04	05					
②	④	④	②	③					

01

정답 ②

ㄴ. 사실 여부를 따져 보지도 않고 중국의 책들을 그대로 끌어다 인용하였다고 하였고, 이의 사례로 각 종족들의 명칭과 지명의 예를 들고 있다. 따라서 역사서를 저술할 때에는 지역의 위치, 종족과 지명의 변천 등의 사실을 확인해야 한다고 주장하고 있으므로 적절한 내용이다.

오답분석

ㄱ. 우리나라 고대사의 기록은 근거를 댈 수 없는 경우가 많은데도 A는 그 기록을 자료로 역사서를 저술하였다고 하면서 이것에 대해 비판하고 있다. 따라서 제시문은 우리 역사서를 기준으로 역사서를 저술해야 한다는 것을 주장하는 것이 아니라 정확한 사실을 기반으로 해야 한다고 주장하고 있으므로 적절하지 않은 내용이다.
ㄷ. 제시문에서는 중국의 역사서를 인용하여 역사서를 저술했다는 내용은 언급하고 있지만 이러한 내용만으로 역사서를 저술할 때 중국의 역사서에서 우리나라와 관계된 것들을 찾아내어 반영해야 한다는 것을 추론할 수는 없으므로 적절하지 않은 내용이다.

02

정답 ④

㉣은 올해 새롭게 오픈한 영문 포털을 통해 이용 가능한 서비스이므로 전년도 학기 연구 과제에서 사용하였다는 설명은 적절하지 않다.

03

정답 ④

태학의 명륜당은 종학으로 만들어 국자 즉, 종실의 자제 및 공경의 적자가 다니게 하고, 비천당은 백성들이 다니는 학교로 만들어 별도로 운영해야 한다고 하였다. 즉, 국자와 서민들을 나누어 가르치던 주례의 전통을 따르는 것이 바람직하다고 보았다.

오답분석

① 태학의 명륜당은 종학으로 만들어 종실의 자제 및 공경의 적자가 다니게 하고, 비천당은 백성들이 다니는 학교로 만들어 별도로 운영하는 것이 합당할 것이라고 하였으므로 적절하지 않은 내용이다.
② 옛날 태학에서 사람들에게 풍악을 가르쳤기 때문에 명칭을 성균관이라 하였다는 것은 언급되어 있지만, 이러한 전통을 회복해야 한다는 내용은 언급되어 있지 않으므로 적절하지 않은 내용이다.
③ 옛날에 사람을 가르치는 법들 중 하나인 향학이 서민들을 교육하기 위한 기관이라는 것은 언급되어 있지만 이 내용만으로 향학의 설립을 통해 백성에 대한 교육을 강화해야 한다는 내용을 추론하기는 어려우므로 적절하지 않은 내용이다.
⑤ 제시문에서는 종실의 자제 및 공경의 적자와 백성들을 별도로 교육해야 한다고 주장하고 있으므로 이들을 통합하는 교육 과정이 필요하다는 것은 적절하지 않은 내용이다.

04

정답 ②

제시문에서 옵트인 방식은 수신 동의 과정에서 발송자와 수신자 모두에게 비용이 발생한다고 했으므로 수신자의 경제적 손실을 막을 수 있다는 ②의 내용은 적절하지 않다.

05

정답 ③

번아웃 증후군을 이겨내기 위한 방법 중 하나가 현재의 환경을 바꾸는 것이다. 현재 처해 있는 상황에서 지루함·무기력함에 빠져 있는 것이기 때문에, 환경을 바꾸어 활력과 자극을 얻을 수 있다.

02 심화문제

01	02	03	04	05					
③	⑤	④	②	⑤					

01

정답 ③

제시문은 영화의 리얼리즘 미학에 대한 바쟁의 영화관을 주제로 한다. 네 번째 문단에 따르면 바쟁은 '형식주의적 기교가 현실의 복잡성과 모호성을 침해하여 현실을 왜곡할 수 있다.'고 보았기 때문에 '현실의 참모습을 변조하는 과도한 편집 기법보다는 단일한 숏(Shot)을 길게 촬영하는 롱 테이크 기법을 지지'하였다. 그것은 사건의 공간적 단일성을 존중하고 현실적 사건으로서의 가치를 보장한다고 여기기 때문이다. 따라서 ③과 같은 내용은 바쟁의 의견과 거리가 멀다.

02

정답 ⑤

바쟁의 영화관(映畫觀)에 동조한다면 리얼리즘적인 특성을 최대한 살릴 수 있도록 영화를 제작했을 것이다. 따라서 인위적인 편집이나 조작을 최대한 배제하고, 현실을 있는 그대로 재현하려고 했을 것이다. 또한, 네 번째 문단에서 언급한 것처럼 '관객의 시선에도 자유를 부여'하려고 했을 것이므로 ⑤와 같은 반응은 적절하지 않다.

03

정답 ④

㉠에서는 오랑우탄이 건초더미를 주목한 연구 결과를 통해 유인원도 다른 개체의 생각을 미루어 짐작하는 능력이 있다고 주장한다. 오랑우탄이 건초더미를 주목한 것은 B가 상자 뒤에 숨었다는 사실을 모르는 A의 입장이 되었기 때문이라는 것이다. 그러나 오랑우탄이 단지 건초더미가 자신에게 가까운 곳에 있었기 때문에 주목한 것이라면, 다른 개체의 입장이 아닌 자신의 입장에서 생각한 것이 되므로 ㉠은 약화된다.

오답분석

① 외모의 유사성은 제시문에 나타난 연구 내용과 관련이 없다.
② 사람에게 동일한 실험을 한 후 비슷한 결과가 나왔다는 것은 사람도 유인원처럼 다른 개체의 생각을 미루어 짐작하는 능력이 있다는 것이므로 오히려 ㉠을 강화할 수 있다.
③ 새로운 오랑우탄을 대상으로 동일한 실험을 한 후 비슷한 결과가 나왔다는 것은 ㉠을 강화할 수 있다.
⑤ 제시문에서는 나머지 오랑우탄 10마리에 대해 언급하고 있지 않다.

04

정답 ②

A, B, C 셋 중 가해자가 1명, 2명, 3명인 경우를 각각 나누어 정리하면 다음과 같다.

i) 가해자가 1명인 경우

- A 또는 C가 가해자인 경우 : 셋 중 두 명이 거짓말을 하고 있다는 B의 진술이 참이 되므로 성립하지 않는다.
- B가 가해자인 경우 : B 혼자 거짓말을 하고 있으므로 한 명이 거짓말을 한다는 A, C의 진술이 성립한다.

ii) 가해자가 2명인 경우

- A와 B가 가해자인 경우 : A, B 중 한명이 거짓말을 한다는 C의 진술과 모순된다.
- A와 C가 가해자인 경우 : 가해자인 C는 거짓만을 진술해야 하나, A, B 중 한 명이 거짓말을 한다는 C의 진술이 참이 되므로 성립하지 않는다.
- B와 C가 가해자인 경우 : 셋 중 한 명이 거짓말을 한다는 A의 진술과 모순된다.

iii) 가해자가 3명인 경우

A, B, C 모두 거짓말을 하고 있으므로 A, B, C 모두 가해자이다.

따라서 B가 가해자이거나 A, B, C 모두가 가해자이므로 확실히 가해자인 사람은 B이며, 확실히 가해자가 아닌 사람은 아무도 없다.

05

정답 ⑤

제시문은 물리학의 근본 법칙들이 사실을 정확하게 기술하기 위해 조건을 추가할 경우 오히려 일반적인 상황이 아닌 특수한 상황만을 설명하게 되는 문제점을 서술하고 있으므로 ⑤가 논지로 가장 적절하다.

CHAPTER

02 수리능력

01 대표유형 적중문제

01 모듈형

01	02	03	04	05	06	07	08	09	10	11	12								
③	②	②	④	④	③	②	⑤	③	②	④	④								

01 정답 ③

A기업의 복사지 한 달 사용량 : 20,000장÷10개월=2,000장/개월
A기업의 현재부터 한 달 사용량 : 2,000장×2=4,000장
따라서 4,000장×4=16,000장이므로 4개월 후에 연락해야 한다.

02  ②

꺾은선 그래프는 시간이 흐름에 따라 변해가는 모습을 나타내는 데 많이 쓰인다. 따라서 변화의 추이가 중요한 날씨 변화, 에너지 사용 증가율, 물가의 변화 등을 나타내는데 가장 적절하다.

오답분석

① 막대그래프는 크거나 작거나, 많거나 적은 것을 한눈에 비교하여 읽는 데 적당하다.
③·④ 원그래프나 띠그래프는 전체를 100%로 놓고 그에 대한 부분의 비율을 나타내는 데 많이 쓰인다. 따라서 각각의 항목이 차지하는 비중이 어느 정도인지를 나타내거나 중요도나 우선순위를 고려해야할 자료에 적절하다.
⑤ 그림그래프는 지역이나 위치에 따라 수량의 많고 적음을 한 눈에 알 수 있도록 하기 때문에, 조사한 자료의 크기를 쉽게 비교할 필요성이 있는 자료에 적절하다.

03 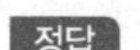 ②

2021년도 세 기계의 구입 가격의 평균은 (1,900+1,600+1,300)÷3=1,600만 원이다.
2022년도에 (다) 기계는 90회 사용하여 500만 원을 받고 팔 수 있으므로, 모든 기계의 판매 가격의 평균은 (1,000+500)÷3=500만 원이다.

04  ④

(가)~(다) 기계를 구입한 후 전기요금이 발생하지 않는 자가발전 시스템을 도입할 예정이어서 전기요금이 발생하지 않을 것이므로 기계별 발생하는 지불 총액은 '(구입 가격)+[(관리비)×(사용 개월 수)]'만 계산하면 된다. 5년은 60개월이므로 그 동안의 지불 총액은

- (가) 기계 : 1,900+(10×60)=2,500만 원
- (나) 기계 : 1,600+(20×60)=2,800만 원
- (다) 기계 : 1,300+(10×60)=1,900만 원

따라서 지불 총액이 가장 적은 기계는 (다)이다.

05

정답 ④

A～E 각각의 최종 업무수행능력 점수는 다음과 같다.

- A=24+10+24+8=66점
- B=32+18+21+8=79점
- C=24+14+21+7=66점
- D=38+18+24+9=89점
- E=36+16+27+6=85점

따라서 D가 최고점자가 된다.

06

정답 ③

최저점자가 A와 C, 2명이므로 사내 인사시행규칙 제9조 제3항에 근거하여 재평가하면,

1. A, C 모두 업무성과 점수가 66점으로 동일
2. A가 해외 프로젝트에 참여함으로써 상위득점자로 산출

따라서 마케팅 부서 내 최저점자는 C가 된다.

07

정답 ②

도표의 작성절차

1. 어떠한 도표로 작성할 것인지 결정
2. 가로축과 세로축에 나타낼 것을 결정
3. 가로축과 세로축의 눈금의 크기를 결정
4. 자료를 가로축과 세로축이 만나는 곳에 표시
5. 표시된 점에 따라 도표 작성
6. 도표의 제목 및 단위 표시

08

정답 ⑤

편차는 변량에서 평균을 뺀 값으로, 편차의 총합은 항상 0이 된다.

편차의 특성을 이용하면 $0+(-3)+x+3+9+(-3)=0$이 되므로 $x=-6$이다.

09

정답 ③

중앙값은 관찰값을 최솟값부터 최댓값까지 크기순으로 배열하였을 때 순서상 중앙에 위치하는 값을 말하며, 관찰값의 개수가 짝수인 경우에는 중앙에 위치하는 두 관찰값의 평균이 중앙값이 된다.

(가)～(바) 직원의 점수를 크기순대로 나열하면 91, 85, 83, 79, 76, 75가 되며, 관찰값의 개수가 짝수이므로 중앙에 위치하는 두 관찰값 83과 79의 평균인 81이 중앙값이 된다.

10

정답 ②

5명이 노란색 원피스 2벌, 파란색 원피스 2벌, 초록색 원피스 1벌 중 한 벌씩 선택하여 사는 경우의 수는 먼저 5명을 2명, 2명, 1명으로 이루어진 3개의 팀으로 나누는 방법과 동일하므로 ${}_5C_2\times{}_3C_2\times{}_1C_1\times\frac{1}{2!}=\frac{5\times4}{2}\times3\times1\times\frac{1}{2}=15$가지가 된다. 이때, 원피스 색깔 중 2벌인 색은 노란색과 파란색 2가지이므로 선택할 수 있는 경우의 수는 모두 $15\times2=30$가지이다.

11

정답 ④

5% 소금물의 소금의 양은 $0.05\times800=40$g이며, 여기에 30g의 소금을 더 넣었으므로 총 소금의 양은 70g이다. 증발한 물의 양을 xg이라 하면

$\frac{40+30}{800+30-x}\times100=14 \rightarrow 14\times(830-x)=7,000 \rightarrow 830-x=500$

$\therefore\ x=330$

12

정답 ④

644와 476을 소인수분해하면

- $644=2^2\times7\times23$
- $476=2^2\times7\times17$

즉, 644와 476의 최대공약수는 $2^2\times7=28$이다. 이때, 직사각형의 가로에 설치할 수 있는 조명의 개수를 구하면 $644\div28+1=23+1=24$개이고, 세로에 설치할 수 있는 조명의 개수를 구하면 $476\div28+1=17+1=18$개이다. 따라서 조명의 최소 설치 개수를 구하면 $(24+18)\times2-4=84-4=80$개이다.

02 피듈형

01	02	03	04	05	06	07													
③	③	④	③	④	①	②													

01

정답 ③

곡물별 2019년과 2020년의 소비량 변화는 다음과 같다.

- 소맥 소비량의 변화 : $679-697=-18$백만 톤
- 옥수수 소비량의 변화 : $860-883=-23$백만 톤
- 대두 소비량의 변화 : $258-257=1$백만 톤

따라서 소비량의 변화가 가장 작은 곡물은 대두이다.

오답분석

① 제시된 자료를 통해 알 수 있다.

② 제시된 자료를 통해 2021년에 모든 곡물의 생산량과 소비량이 다른 해에 비해 많았음을 알 수 있다.

④ • 2019년 전체 곡물 생산량 : $697+886+239=1,822$백만 톤
 • 2021년 전체 곡물 생산량 : $711+964+285=1,960$백만 톤
 따라서 2019년과 2021년의 전체 곡물 생산량의 차는 $1,960-1,822=138$백만 톤이다.

⑤ 2021년의 곡물별 생산량 대비 소비량의 비중을 구하면 다음과 같다.

- 소맥 : $\frac{703}{711}\times100 \fallingdotseq 98.87\%$
- 옥수수 : $\frac{937}{964}\times100 \fallingdotseq 97.20\%$
- 대두 : $\frac{271}{285}\times100 \fallingdotseq 95.09\%$

따라서 2021년에 생산량 대비 소비량의 비중이 가장 낮았던 곡물은 대두이다.

02

정답 ③

A국과 F국을 비교해보면 참가선수는 A국이 더 많지만, 동메달 수는 F국이 더 많다.

오답분석

① 금메달은 F>A>E>B>D>C 순서로 많고, 은메달은 C>D>B>E>A>F 순서로 많다.
② C국은 금메달을 획득하지 못했지만 획득한 메달 수는 149개로 가장 많다.
④ 참가선수와 메달 합계의 순위는 동일하다.
⑤ 참가선수가 가장 적은 국가는 F로 메달 합계는 6위이다.

03

정답 ④

현재기온이 가장 높은 수원은 이슬점 온도는 가장 높지만 습도는 65%로, 95%의 백령도보다 낮다.

오답분석

① 파주의 시정은 20km로 가장 좋다.
② 수원이 이슬점 온도와 불쾌지수 모두 가장 높다.
③ 불쾌지수 70을 초과한 지역은 수원, 동두천 2곳이다.
⑤ 시정이 0.4km로 가장 좋지 않은 백령도의 경우 풍속이 4.4m/s로 가장 강하다.

04

정답 ③

2017 ~ 2021년의 남성 근로자 수와 여성 근로자 수 차이를 구하면 다음과 같다.

- 2017년 : 9,061−5,229=3,832천 명
- 2018년 : 9,467−5,705=3,762천 명
- 2019년 : 9,633−5,902=3,731천 명
- 2020년 : 9,660−6,103=3,557천 명
- 2021년 : 9,925−6,430=3,495천 명

즉, 2017 ~ 2021년 동안 남성과 여성의 차이는 매년 감소한다.

오답분석

① 제시된 자료를 통해 알 수 있다.
② 성별 2021년 근로자 수의 2017년 대비 증가율은 다음과 같다.
 - 남성 : $\frac{9,925-9,061}{9,061} \times 100 \fallingdotseq 9.54\%$
 - 여성 : $\frac{6,430-5,229}{5,229} \times 100 \fallingdotseq 22.97\%$

 따라서 여성의 증가율이 더 높다.
④ 제시된 자료를 통해 전체 근로자 중 여성 근로자 수의 비중이 가장 큰 것은 2021년임을 알 수 있다.
⑤ 2021년 여성 근로자 수의 2020년 대비 증가율은 $\frac{6,430-6,103}{6,103} \times 100 \fallingdotseq 5.36\%$이다.

05

정답 ④

행복지수가 경제지수에 비해 높고, 가장 격차가 큰 나라는 멕시코이다.

06

정답 ①

이메일 스팸 수신량이 가장 높은 시기는 2019년 하반기이지만, 휴대전화 스팸 수신량이 가장 높은 시기는 2018년 하반기이다.

오답분석

② 제시된 자료를 통해 모든 기간 이메일 스팸 수신량이 휴대전화 스팸 수신량보다 많음을 확인할 수 있다.

③ 이메일 스팸 수신량의 증가·감소 추이와 휴대전화 스팸 수신량의 증가·감소 추이가 일치하지 않으므로 서로 밀접한 관련이 있다고 보기 어렵다.

④ 이메일 스팸 총수신량의 평균은 0.6이고 휴대전화 스팸 총수신량의 평균은 약 0.19이다.

따라서 $\frac{0.6}{0.19} \fallingdotseq 3.16$으로 3배 이상이다.

⑤ 컴퓨터 사용량과 이메일 스팸 수신량이 정비례 관계에 있으므로, 컴퓨터 사용량이 증가하면 이메일 스팸 수신량도 증가한다.
따라서 이메일 스팸 수신량이 가장 높은 2019년 하반기에 국민의 컴퓨터 사용량이 제일 높았을 것이다.

07

정답 ②

2021년 1위 흑자국 중국의 흑자액은 10위 흑자국인 인도의 흑자액의 $\frac{47,779}{4,793} \fallingdotseq 9.97$배이므로 10배 미만이다.

오답분석

① 2019년부터 2021년까지 폴란드를 제외한 9개국은 모두 흑자국에 2번 이상을 포함된 것을 확인할 수 있다.

③ 싱가포르의 2019년 대비 2021년의 흑자액은 $\frac{11,890}{5,745} \fallingdotseq 2.07$배이므로 옳은 설명이다.

④ 베트남의 2019년 대비 2021년의 흑자 증가율은 $\frac{8,466-4,780}{4,780} \times 100 \fallingdotseq 77.1\%$이므로 가장 높다.

⑤ 조사기간 동안 싱가포르와 베트남만이 매년 순위가 상승했다.

03 PSAT형

01	02	03	04	05															
④	⑤	③	⑤	③															

01

정답 ④

특수학교뿐 아니라 초등학교와 고등학교도 정규직 영양사보다 비정규직 영양사가 더 적다.

오답분석

① 급식인력은 4개의 학교 중 초등학교가 34,184명으로 가장 많다.

② 초등학교, 중학교, 고등학교의 영양사와 조리사는 천 단위의 수인 데 반해 조리보조원은 만 단위이므로, 조리보조원이 차지하는 비율이 가장 높다는 것을 알 수 있다.

③ 중학교 정규직 영양사는 626명이고 고등학교 비정규직 영양사는 603명이므로, 옳은 내용이다(626−603=23).

⑤ 영양사 정규직 비율은 중학교가 $43.87\left(=\frac{626}{1,427}\times 100\right)$, 특수학교가 $94.69\left(=\frac{107}{113}\times 100\right)$로, 특수학교가 중학교보다 2배 이상 높다.

02

정답 ⑤

2021년 지진발생 횟수의 2020년 대비 증가율이 가장 큰 지역은 6배 증가한 광주 · 전남이다. 지진발생 횟수가 전년 대비 증가한 지역만 보면, 전북은 2배, 북한은 $\frac{25}{23}$≒1.09배, 서해는 $\frac{19}{6}$≒3.17배, 남해는 $\frac{18}{11}$≒1.64배, 동해는 $\frac{20}{16}$=1.25배 증가하였다.

따라서 2021년 전년 대비 지진발생 횟수의 증가율이 광주 · 전남 다음으로 두 번째로 높은 지역은 서해이다.

오답분석

① 각 연도별로 전체 지진발생 횟수 중 가장 많은 비중을 차지하는 지역은 해당연도에 지진발생 횟수가 가장 많은 지역이다. 지진발생 횟수가 가장 많은 지역은 2019년은 남해, 2020년과 2021년은 대구 · 경북으로 서로 다르다.

② 전체 지진발생 횟수 중 북한의 지진횟수가 차지하는 비중은 2020년에 $\frac{23}{252}\times100$=9.1%, 2021년에 $\frac{25}{223}\times100$≒11.2%이다. 따라서 11.2−9.1 =2.1%p로 5%p 미만 증가하였다.

③ 2019년 전체 지진발생 횟수 중 대전 · 충남 · 세종이 차지하는 비중은 $\frac{2}{44}\times100$≒4.5%로, 2020년 전체 지진발생 횟수 중 동해가 차지하는 비중인 $\frac{16}{252}\times100$≒6.3%보다 작다.

④ 전체 지진발생 횟수 중 수도권에서의 지진발생 횟수가 차지하는 비중을 분수로 나타내면 2019년에 $\frac{1}{44}$, 2020년에 $\frac{1}{252}$, 2021년에 $\frac{1}{223}$로 분자는 1로 동일하면서 분모는 2020년에 전년 대비 커졌다가 2021년에는 전년 대비 감소하였다. 따라서 2020년에는 비중이 전년 대비 감소하고, 2021년에는 비중이 전년 대비 증가했다.

03

정답 ③

이륜차와 관련된 교통사고는 29+11=40%로 2,500×0.4=1,000건이며, 30대 이하 가해자는 38+21=59%로 2,500×0.59=1,475명이다. 따라서 그 비율은 $\frac{1,000}{1,475}\times100$≒67.8%이다.

오답분석

① 60대 이상의 비율은 100−(38+21+11+8)=22%로, 30대보다 높다.

② 사륜차와 사륜차 교통사고 사망건수는 2,500×0.42×0.32=336건이고, 20대 가해자 수는 2,500×0.38=950명으로, 그 비율은 $\frac{336}{950}\times100$ ≒35.4%이다.

④ 보행자와 관련된 교통사고는 18+11=29%로 2,500×0.29=725건이며, 그중 40%가 사망사건이라고 했으므로 사망건수는 725×0.4=290건이다. 이때, 사륜차와 사륜차의 교통사고 사망건수는 336건이므로 보행자와 관련된 교통사고 사망건수보다 많다.

⑤ 사륜차와 이륜차 교통사고 사상자 수는 2,500×0.29=725명이고, 이 중 사망자의 비율은 68%이므로 사망건수는 725×0.68=493건이다. 따라서 사륜차와 사륜차 교통사고 사망건수인 336건보다 많다.

04

정답 ⑤

이륜차 또는 보행자와 관련된 교통사고는 29+18+11=58%로 2,500×0.58=1,450건이다. 이 중 20%의 가해자가 20대라고 했으므로 1,450×0.2 =290건이다. 전체 교통사고 중 20대 가해건수는 2,500×0.38=950건이므로, 이륜차 또는 보행자와 관련된 교통사고 중 20대 가해자는 전체 교통사고 20대 가해자의 $\frac{290}{950}\times100$≒30%를 차지한다.

05

정답 ③

2013 ~ 2021년 사이 장르별 공연 건수의 증가율은 다음과 같으며, 국악의 증가율이 가장 높다는 것을 알 수 있다.

- 양악 : $\frac{4,628-2,658}{2,658}\times 100 ≒ 74\%$
- 국악 : $\frac{2,192-617}{617}\times 100 ≒ 255\%$
- 무용 : $\frac{1,521-660}{660}\times 100 ≒ 130\%$
- 연극 : $\frac{1,794-610}{610}\times 100 ≒ 194\%$

오답분석

① 2017년과 2020년에는 연극 공연 건수가 국악 공연 건수보다 더 많았다.

② 주어진 표에 기록된 수치들만 보면 매년 양악의 공연 건수가 가장 높았던 것처럼 보인다. 그러나 이 표에는 2019년의 무용 공연 건수 자료가 빠져있다. 그러므로 다른 해와 마찬가지로 2019년에도 역시 양악의 공연 건수가 무용 공연 건수보다 더 많았는지 아닌지의 여부는 이 표만 가지고는 확정적으로 판단할 수 없다.

④ 주어진 표에는 2019년의 무용 공연 건수가 제시되어 있지 않다. 그러므로 연극 공연 건수가 무용 공연 건수보다 많아진 것이 2020년부터라고 단정지을 수 없다.

⑤ 2020년에 비해 2021년에 공연 건수가 가장 많이 증가한 장르는 양악이다.

02 심화문제

01	02	03	04																
④	②	③	③																

01

정답 ④

ㄴ. 2021년 11월 운수업과 숙박 및 음식점업의 국내카드 승인액의 합은 159+1,031=1,190억 원으로, 도매 및 소매업의 국내카드 승인액의 40%인 3,261×0.4=1,304.4억 원보다 작다.

ㄹ. 2021년 9월 협회 및 단체·수리 및 기타 개인 서비스업의 국내카드 승인액은 보건 및 사회복지 서비스업 국내카드 승인액의 $\frac{155}{337}\times 100 \fallingdotseq 46.0\%$이다.

오답분석

ㄱ. 교육 서비스업의 2022년 1월 국내카드 승인액의 전월 대비 감소율은 $\frac{122-145}{145}\times 100 \fallingdotseq -15.9\%$이다.

ㄷ. 2021년 10월부터 2022년 1월까지 사업시설관리 및 사업지원 서비스업의 국내카드 승인액의 전월 대비 증감 추이는 '증가 - 감소 - 증가 - 증가'이고, 예술·스포츠 및 여가관련 서비스업은 '증가 - 감소 - 감소 - 감소'이다.

02

정답 ②

제시된 식으로 응시자와 합격자 수를 계산하였을 때 다음과 같다.

구분	2016년	2017년	2018년	2019년	2020년
응시자	2,810	2,660	2,580	2,110	2,220
합격자	1,310	1,190	1,210	1,010	1,180

응시자 중 불합격자 수는 응시자에서 합격자 수를 뺀 값으로 연도별 알맞은 수치는 다음과 같다.

- 2016년 : 2,810−1,310=1,500명
- 2017년 : 2,660−1,190=1,470명
- 2018년 : 2,580−1,210=1,370명
- 2019년 : 2,110−1,010=1,100명
- 2020년 : 2,220−1,180=1,040명

제시된 수치는 접수자에서 합격자 수를 뺀 값으로 옳지 않은 그래프이다.

오답분석

① 미응시자 수는 접수자 수에서 응시자 수를 뺀 값이다.
- 2016년 : 3,540−2,810=730명
- 2017년 : 3,380−2,660=720명
- 2018년 : 3,120−2,580=540명
- 2019년 : 2,810−2,110=700명
- 2020년 : 2,990−2,220=770명

③·④·⑤ 제시된 자료를 통해 알 수 있다.

03

정답 ③

무를 제외한 다른 항목들의 조사단위가 모두 10kg이기 때문에 혼동하게끔 만들어놓은 선택지이다.

오답분석

①·②·④·⑤ 모두 주어진 표의 자료를 옳게 표시한 그래프이다.

04

정답 ③

2018 ~ 2021년 가계대출과 기업대출의 전년 대비 증가액은 다음 표와 같다.

(단위 : 조 원)

구분	2018년	2019년	2020년	2021년
가계대출	583.6−535.7=47.9	620−583.6=36.4	647.6−620=27.6	655.7−647.6=8.1
기업대출	546.4−537.6=8.8	568.4−546.4=22	587.3−568.4=18.9	610.4−587.3=23.1

2021년도 기업대출의 전년 대비 증가액은 가계대출 증가액보다 높다.

오답분석

① 2017년 대비 2021년 부동산담보대출 증가율은 $\frac{341.2-232.8}{232.8}\times 100 \fallingdotseq 46.6\%$이며, 가계대출 증가율은 $\frac{655.7-535.7}{535.7}\times 100 \fallingdotseq 22.4\%$이므로 부동산담보대출 증가율이 가계대출 증가율보다 더 높다.

② 주택담보대출이 세 번째로 높은 연도는 2019년이며, 이때 부동산담보대출(284.4조 원)이 기업대출의 50%인 $\frac{568.4}{2}=284.2$조 원보다 많다.

④ 2015년도 은행대출은 459+462=921조 원이며, 2018년 은행대출은 583.6+546.4=1,130조 원이므로 2015년도의 은행대출은 2018년도 은행대출의 $\frac{921}{1,130}\times 100 \fallingdotseq 81.5\%$를 차지한다.

⑤ 2014 ~ 2021년 동안 전년 대비 주택담보대출이 가장 많이 증가한 해는 2017년이다.

(단위 : 조 원)

구분	2014년	2015년	2016년	2017년
증가액	300.9−279.7=21.2	309.3−300.9=8.4	343.7−309.3=34.4	382.6−343.7=38.9
구분	2018년	2019년	2020년	2021년
증가액	411.5−382.6=28.9	437.2−411.5=25.7	448−437.2=10.8	460.1−448=12.1

CHAPTER

03 문제해결능력

01 대표유형 적중문제

01 모듈형

01	02	03	04	05	06	07	08												
①	④	②	①	⑤	①	②	③												

01

정답 ①

SWOT 분석은 내부 환경요인과 외부 환경요인의 2개의 축으로 구성되어 있다. 내부 환경요인은 자사 내부의 환경을 분석하는 것으로 자사의 강점과 약점으로 분석되며, 외부 환경요인은 자사 외부의 환경을 분석하는 것으로 기회와 위협으로 구분된다.

02

정답 ④

상황을 모두 고려하면, '자동차 관련 기업의 주식을 사서는 안 된다.'는 결론이 옳다.

오답분석

① 두 번째, 세 번째 상황은 고려하고 있지 않다.
② 세 번째 상황을 고려하고 있지 않다.
③ 상황을 모두 고려하고 있으나 자동차 산업과 주식시장이 어떻게 되는가를 전달하고 있지 않다.
⑤ 두 번째 상황을 고려하고 있지 않다.

03

정답 ②

문제해결과정

문제 인식 → 문제 도출 → 원인 분석 → 해결안 개발 → 실행 및 평가

04

정답 ①

분석적 사고

1. 성과 지향의 문제 : 기대하는 결과를 명시하고 효과적으로 달성하는 방법을 사전에 구상하고 실행에 옮긴다.
2. 가설 지향의 문제 : 현상 및 원인분석 전에 지식과 경험을 바탕으로 일의 과정이나 결과, 결론을 가정한 다음 검증 후 사실일 경우 다음 단계의 일을 수행한다.
3. 사실 지향의 문제 : 일상 업무에서 일어나는 상식, 편견을 타파하여 사고와 행동을 객관적 사실로부터 시작한다.

05

정답 ⑤

GE 맥킨지 매트릭스는 산업의 매력도와 사업의 강점을 이용하여 전략사업단위를 평가하는 방법으로, 여러 요인들을 종합적으로 고려하여 정교한 분석이 가능하므로 BCG 매트릭스보다 발전된 기법으로 평가받고 있다. 그러나 각 사업단위 간의 상호작용을 고려하지 않고, 복잡한 매트릭스로 인해 실제 적용이 어렵다는 단점이 있다.

Plus

GE 맥킨지 매트릭스

- 좌상의 청신호 지역 : 투자육성전략. 경쟁력 있는 사업으로 지속적인 투자를 통해 성장시키는 전략이 적절하다.
- 대각선상의 주의신호 지역 : 선택적 개선전략. 경쟁력이 있을 것 같은 사업을 선택하여 수익을 창출하는 전략이 적절하다.
- 우하의 적신호 지역 : 퇴출전략. 경쟁력이 약한 사업으로 철수나 최소한의 투자를 하는 전략이 적절하다.

PART 1
PART 2
PART 3

06

정답 ①

A사업은 매력적인 사업으로, 집중적으로 투자하여야 한다. 그러나 시장 지위를 유지하면서 새로운 진출을 모색해야 하는 사업은 B사업이다.

GE 맥킨지 매트릭스 전략

산업매력도 \ 사업의 강점	고	중	저
고	성장 / 집중 투자	시장 지위 유지·구축 투자	선택적 투자 / 회수 및 철수 시기 파악
중	성장을 위한 투자 / 강점 극대화 투자	현상유지 / 선택적 투자	실패를 막기 위한 최소 투자
저	선택적 투자 / 시장 지위 유지 및 신규 진출 탐색	강점이 가능한 곳 투자 / 나머지는 철수	철수에 도움이 되는 최소한 투자 / 철수

07

정답 ②

①~⑤ 모두 미래사업에 대한 토론을 시작하는 것이다. 그러나 ②를 제외한 나머지는 신입직원들에게 부담을 주어 관련 없는 의견을 내면 반응이 안 좋을 것 같아 선뜻 말하지 못할 것이다. 따라서 ②와 같이 마음껏 의견을 제시할 수 있도록 유도하는 것이 가장 적절한 말임을 알 수 있다.

08

정답 ③

혼잡한 시간대에도 같은 노선의 앞차를 앞지르지 못하는 버스 운행 규칙으로 인해 버스의 배차 간격이 일정하지 않은 문제가 나타났다.

02 피듈형

01	02	03	04	05	06														
①	③	④	④	③	④														

01

정답 ①

상자의 두 개의 안내문 중 하나는 참이고, 하나는 거짓이라 하였으므로 먼저 A상자의 첫 번째 안내문이 참, 두 번째 안내문이 거짓일 경우와 그 반대의 경우를 확인해 본다.

i) A상자의 첫 번째 안내문이 참, 두 번째 안내문이 거짓인 경우
B, D상자 첫 번째 안내문, C상자 두 번째 안내문이 참이다.
따라서 ①·②가 참, ③·④·⑤가 거짓이다.

ii) A상자의 첫 번째 안내문이 거짓, 두 번째 안내문이 참인 경우
B, C상자 첫 번째 안내문, D상자 두 번째 안내문이 참이다.
따라서 ①·③·⑤가 참, ②가 거짓, ④는 참인지 거짓인지 알 수 없다.

그러므로 항상 옳은 것은 ①이다.

02

정답 ③

③은 제한된 증거를 가지고 결론을 도출하는 '성급한 일반화의 오류'의 사례로 볼 수 있다.

오답분석

① 대중에 호소하는 오류로 볼 수 있다. 소비자의 80%가 사용하고 있다는 점과 세탁기의 성능은 논리적으로 연결되지 않는다.
② 권위에 호소하는 오류로 볼 수 있다. 도서 디자인과 무관한 인사부 최 부장님의 견해를 신뢰하여 발생하는 오류로 볼 수 있다.
④ 인신공격의 오류로 볼 수 있다. 기획서 내용을 반박하면서 이와 무관한 B사원의 성격을 근거로 사용하여 발생하는 오류로 볼 수 있다.
⑤ 대중에 호소하는 오류로 볼 수 있다. 대마초 허용에 많은 사람들이 찬성했다는 이유만으로 대마초와 관련된 의약개발 투자를 주장하여 발생하는 오류로 볼 수 있다.

03

정답 ④

첫 번째 조건을 이용하여 B·C가 참가하는 경우, B·F가 참가하는 경우, C·F가 참가하는 경우로 나누어 본다.

i) B, C가 참가하는 경우 : B, C, D, E가 참가하고, F, G가 참가하지 않는다. 그러므로 A, H 중 한 명이 반드시 참가해야 하지만 마지막 명제의 대우에 의해 A가 참가하면 H도 참가해야 하므로 6명이 산악회에 참가하게 된다. 따라서 모순이다.

ii) B, F가 참가하는 경우 : B, E, F, G가 참가하고, C, D가 참가하지 않는다. 따라서 i)의 경우와 마찬가지로 모순이다.

iii) C, F가 참가하는 경우 : C, D, F, G가 참가하고, B, E는 참가하지 않거나 C, E, F가 참가하고, B, D, G가 참가하지 않는다. 이때, C, D, F, G가 참가하는 경우는 i)과 마찬가지로 모순이지만 C, E, F가 참가하는 경우 A, H는 참가한다.

따라서 반드시 산악회에 참가하는 사람은 H이다.

04

정답 ④

문제 도출은 선정된 문제를 분석하여 해결해야 할 것이 무엇인지를 명확히 하는 단계로, (가) 문제 구조 파악과 (나) 핵심 문제 선정의 절차를 거쳐 수행된다. 이때, 문제 구조 파악을 위해서는 현상에 얽매이지 말고 문제의 본질과 실제를 봐야 하며, 한쪽만 보지 말고 다면적으로 바라보며, 눈앞의 결과만 보지 말고 넓은 시야로 문제를 바라봐야 한다.

05

정답 ③

해결해야 할 전략 과제란 취약한 부분에 대해 보완해야 할 과제를 말한다. 따라서 이미 우수한 고객서비스 부문을 강화한다는 것은 전략 과제로 삼기에 적절하지 않다.

오답분석

① 해외 판매망이 취약하다고 분석되었으므로 중국시장의 판매유통망을 구축하는 전략 과제를 세우는 것은 적절하다.
② 중국시장에서 구매 방식이 대부분 온라인으로 이루어지는 데 반해, 자사의 온라인 구매시스템은 미흡하기 때문에 온라인 구매시스템을 강화한다는 전략 과제는 적절하다.
④ 중국기업들 간의 가격 경쟁이 치열하다는 것은 제품의 가격이 내려가고 있다는 의미인데, 자사는 생산원가가 높다는 약점이 있다. 그러므로 원가 절감을 통한 가격경쟁력 강화 전략은 적절하다.
⑤ 중국시장에서 인간공학이 적용된 제품을 지향하고 있으므로 인간공학을 기반으로 한 제품 개발을 강화하는 것은 적절한 전략 과제이다.

06

정답 ④

WT전략은 외부 환경의 위협 요인을 회피하고 약점을 보완하는 전략을 적용해야 한다. ④는 강점인 'S'를 강화하는 방법에 대해 이야기하고 있으므로 옳지 않다.

오답분석

① SO전략은 기회를 활용하면서 강점을 더욱 강화시키는 전략이므로 옳다.
② WO전략은 외부의 기회를 사용해 약점을 보완하는 전략이므로 옳다.
③ ST전략은 외부 환경의 위협을 회피하며 강점을 적극 활용하는 전략이므로 옳다.
⑤ WT전략은 외부 환경의 위협 요인을 회피하고 약점을 보완하는 전략이므로 옳다.

03 PSAT형

01	02	03	04	05															
④	⑤	⑤	③	②															

01

정답 ④

E가 수요일에 봉사를 간다면 A는 화요일(바), C는 월요일(다)에 가고, B와 D는 평일에 봉사를 가므로(라) 토요일에 봉사를 가는 사람은 없다.

오답분석

① B가 화요일에 봉사를 간다면 A는 월요일에 봉사를 가고(나), C는 수요일이나 금요일에 봉사를 가므로(다, 마) 토요일에 봉사를 가는 사람은 없다.
② D가 금요일에 봉사를 간다면 C는 수요일과 목요일에 봉사를 갈 수 없으므로(다, 마) 월요일이나 화요일에 봉사를 간다.
③ D가 A보다 봉사를 빨리 가면 D는 월요일, A는 화요일에 봉사를 가므로(바) C는 수요일이나 금요일에 봉사를 가게 된다(다, 마). C가 수요일에 봉사를 가면 E는 금요일에 봉사를 가게 되므로 B는 금요일에 봉사를 가지 않는다.
⑤ C가 A보다 빨리 봉사를 간다면 D는 목요일이나 금요일에 봉사를 간다(다, 라, 바).

02

정답 ⑤

• A지역 : 평화생명벨트에 해당하며, 평화열차를 통해 관광할 수 있다.
• B지역 : 서해골드벨트에 해당하며, 서해금빛열차를 통해 관광할 수 있다.
• C지역 : 남도해양벨트에 해당하며, 남도해양열차를 통해 관광할 수 있다.
• D지역 : 강원청정벨트에 해당하며, 정선아리랑열차를 통해 관광할 수 있다.
• E지역 : 중부내륙벨트에 해당하며, 백두대간협곡열차와 중부내륙순환열차를 통해 관광할 수 있다.

따라서 무가 선물을 받는다.

03

정답 ⑤

• A : 해외여행에 결격사유가 있다.
• B : 지원분야와 전공이 맞지 않다.
• C : 대학 재학 중이므로 지원이 불가능하다.
• D : TOEIC 점수가 750점 이상이 되지 않는다.
• E : 병역 미필로 지원이 불가능하다.

따라서 A~E 5명 모두 지원자격에 부합하지 않는다.

04

정답 ③

다음 조건을 정리하면 아래와 같다.

[부서배치]

• 성과급 평균은 48만 원이므로, A는 영업부 또는 인사부에서 일한다.
• B와 D는 비서실, 총무부, 홍보부 중에서 일한다.
• C는 인사부에서 일한다.
• D는 비서실에서 일한다.

따라서 A – 영업부, B – 총무부, C – 인사부, D – 비서실, E – 홍보부에서 일한다.

[휴가]

• A는 D보다 휴가를 늦게 간다.
• C는 첫 번째 또는 제일 마지막으로 휴가를 간다.
• B는 세 번째로 휴가를 간다.
• E는 휴가를 가지 않는다.

따라서 C – D – B – A 또는 D – A – B – C 순으로 휴가를 간다.

③ C는 인사부로 40만 원의 성과급을 받고 D는 비서실로 60만 원의 성과급을 받으므로 D가 C보다 성과급이 많다.

오답분석

① A의 3개월치 성과급은 60만 원이고 C의 2개월치 성과급은 30만 원이므로 옳지 않다.
② C가 제일 먼저 휴가를 갈 경우, A가 제일 마지막으로 휴가를 가게 된다.
④ 휴가를 가지 않은 E는 두 배의 성과급을 받기 때문에 총 120만 원의 성과급을 받게 되고, D의 성과급은 60만 원이기 때문에 두 사람의 성과급 차이는 두 배이다.
⑤ C가 제일 마지막에 휴가를 갈 경우, B는 A보다 늦게 출발한다.

05

정답 ②

해외감염병에 해당하는 중동호흡기증후군 환자가 국내에 유입되었고 타 지역으로의 전파가 확인되었다는 말은 없으므로, 주의(Yellow) 단계에 해당한다.

02 심화문제

01	02	03	04	05															
③	③	①	④	③															

01

정답 ③

㉡ 발생형 문제란 눈에 보이는 이미 일어난 문제로 당장 걱정하고 해결하기 위해 고민해야 하는 문제를 의미한다. 따라서 ㉡은 신약의 임상시험으로 인해 임상시험자의 다수가 부작용을 보여 신약 개발이 전면 중단된 것으로 이미 일어난 문제에 해당한다.

㉠ 탐색형 문제란 눈에 보이지 않는 문제로 이를 방치하면 뒤에 큰 손실이 따르거나 결국 해결할 수 없는 문제로 확대되게 된다. 따라서 지금 현재는 문제가 아니지만 계속해서 현재 상태로 진행할 경우를 가정하고 앞으로 일어날 수 있는 문제로 인식하여야 한다. 이에 해당되는 것은 ㉠으로 지금과 같은 공급처에서 원료를 수입하게 되면 미래에는 원료의 단가가 상승하게 되어 회사 경영에 문제가 될 것이다. 따라서 이에 대한 해결책을 갖추어야 미래에 큰 손실이 발생하지 않을 것이다.

㉢ 설정형 문제란 미래상황에 대응하는 장래 경영전략의 문제로 '앞으로 어떻게 할 것인가'에 대한 문제를 의미한다. 따라서 이는 미래의 상황에 대한 언급이 있는 ㉢이 해당된다.

02

정답 ③

A～D 네 명의 진술을 정리하면 다음과 같다.

구분	진술 1	진술 2
A	C는 B를 이길 수 있는 것을 냈다.	B는 가위를 냈다.
B	A는 C와 같은 것을 냈다.	A가 편 손가락의 수는 B보다 적다.
C	B는 바위를 냈다.	A～D는 같은 것을 내지 않았다.
D	A, B, C 모두 참 또는 거짓을 말한 순서가 동일하다.	이 판은 승자가 나온 판이었다.

먼저 A～D는 반드시 가위, 바위, 보 세 가지 중 하나를 내야 하므로 그 누구도 같은 것을 내지 않았다는 C의 진술 2는 거짓이 된다. 따라서 C의 진술 중 진술 1이 참이 되므로 B가 바위를 냈다는 것을 알 수 있다. 이때, B가 가위를 냈다는 A의 진술 2는 참인 C의 진술 1과 모순되므로 A의 진술 중 진술 2가 거짓이 되는 것을 알 수 있다. 결국 A의 진술 중 진술 1이 참이 되므로 C는 바위를 낸 B를 이길 수 있는 보를 냈다는 것을 알 수 있다.

한편, 바위를 낸 B는 손가락을 펴지 않으므로 A가 편 손가락의 수가 자신보다 적었다는 B의 진술 2는 거짓이 된다. 따라서 B의 진술 중 진술 1이 참이 되므로 A는 C와 같은 보를 냈다는 것을 알 수 있다.

이를 바탕으로 A～C의 진술에 대한 참, 거짓 여부와 가위바위보를 정리하면 다음과 같다.

구분	진술 1	진술 2	가위바위보
A	참	거짓	보
B	참	거짓	바위
C	참	거짓	보

따라서 참 또는 거짓에 대한 A～C의 진술 순서가 동일하므로 D의 진술 1은 참이 되고, 진술 2는 거짓이 되어야 한다. 이때, 승자가 나오지 않으려면 D는 반드시 A～C와 다른 것을 내야 하므로 가위를 낸 것을 알 수 있다.

오답분석

① B와 같은 것을 낸 사람은 없다.
② 보를 낸 사람은 2명이다.
④ B가 기권했다면 가위를 낸 D가 이기게 된다.
⑤ 바위를 낸 사람은 1명이다.

03

정답 ①

오전 심층면접은 9시 10분에 시작하므로 12시까지 170분의 시간이 있고, 한 명당 15분씩 면접을 볼 때 가능한 면접 인원은 170÷15≒11명이다. 또한, 오후 심층면접은 1시부터 바로 진행할 수 있으므로 종료시간까지 240분의 시간이 있으며, 한 명당 15분씩 면접을 볼 때 가능한 인원은 240÷15=16명이다. 즉, 심층면접을 할 수 있는 최대 인원수는 11+16=27명이며, 27번째 면접자의 기본면접이 끝나기까지 걸리는 시간은 10×27+60(점심 및 휴식 시간)=330분이다. 따라서 마지막 심층면접자의 기본면접 종료 시각은 오전 9시+330분=오후 2시 30분이다.

04

정답 ④

예산이 가장 많이 드는 B사업과 E사업은 사업기간이 3년이므로 최소 1년은 겹쳐야 한다는 것을 기반으로 연도별 가용예산을 참고하여 다음과 같은 표를 구성할 수 있다.

연도 및 가용예산 / 사업명	1년	2년	3년	4년	5년
	20조	24조	28.8조	34.5조	41.5조
A		1	4		
B		15	18	21	
C					15
D	15	8			
E			6	12	24
실질사용예산 합	15	24	28	33	39

05

정답 ③

여행상품	1인당 비용(원)	총무팀	영업팀	개발팀	홍보팀	공장1	공장2	합계
A	500,000	2	1	2	0	15	6	26
B	750,000	1	2	1	1	20	5	30
C	600,000	3	1	0	1	10	4	19
D	1,000,000	3	4	2	1	30	10	50
E	850,000	1	2	0	2	5	5	15
투표 결과 합계		10	10	5	5	80	30	140

a. 투표 결과 가장 인기 높은 상품은 D이다. 그러나 공장1의 고려사항은 회사에 손해를 줄 수 있으므로, 2박 3일 상품이 아닌 1박 2일 상품 중 가장 인기 있는 B상품이 선택된다. 따라서 필요 비용은 750,000×140=105,000,000원으로 옳다.

c. 공장1의 A, B 투표 결과가 바뀐다면 여행 상품 A, B의 투표수가 각각 31, 25표가 되어 선택되는 여행 상품이 A로 변경된다.

오답분석

b. 가장 인기 높은 상품은 D이므로 옳지 않다.

CHAPTER

04 자원관리능력

01 대표유형 적중문제

01 모듈형

01	02	03	04	05	06														
⑤	④	②	④	①	④														

01 정답 ⑤

물적자원을 효과적으로 관리하기 위해서는 먼저 사용 물품과 보관 물품으로 구분하고, 동일 및 유사 물품으로 분류한 뒤 물품을 적절하게 보관할 수 있는 장소를 선정해야 한다. 따라서 효과적인 물적자원관리 과정은 (다) → (나) → (가)의 순서로 이루어져야 한다.

02 정답 ④

물품은 일괄적으로 같은 장소에 보관하는 것이 아니라, 개별 물품의 재질, 부피, 무게 등 특성을 고려하여 보관 장소를 선정해야 한다.

오답분석

①·②·③·⑤ 물품에 따라 재질, 부피, 무게 등을 기준으로 물품을 분류하기도 하지만, 모든 물품의 분류 기준이 되는 것은 아니므로 재질, 부피, 무게 등을 모두 포함하는 물품의 특성이 기준이 된다.

03 정답 ②

자원관리과정

1. 필요한 자원의 종류와 양 확인하기
2. 이용 가능한 자원 수집하기
3. 자원 활용 계획 세우기
4. 계획대로 수행하기

04 정답 ④

㉠ A는 패스트푸드점이 가까운 거리에 있음에도 불구하고 배달료를 지불해야 하는 배달 앱을 통해 음식을 주문하고 있으므로 편리성을 추구하는 (나)에 해당한다.

㉡ B는 의자 제작에 필요한 재료들인 물적자원만 고려하고 시간은 고려하지 않았으므로 시간이라는 자원에 대한 인식 부재인 (다)에 해당한다.

㉢ C는 자원관리의 중요성을 인식하고 프로젝트를 완성하기 위해 나름의 계획을 세워 수행하였지만, 경험이 부족하여 계획한 대로 진행하지 못하였으므로 노하우 부족인 (라)에 해당한다.

㉣ D는 홈쇼핑 시청 중 충동적으로 계획에 없던 여행 상품을 구매하였으므로 비계획적 행동인 (가)에 해당한다.

05

정답 ①

적응전략방식은 단기 가용인원의 융통성을 최대한 활용할 수 있고, 예측위험성에 대한 비용이 감소하며, 환경이 급변할 경우 그 환경에 적응하면서 필요한 인력을 충원하므로, 직무와 인력 간의 적합성을 극대화 할 수 있다는 장점이 있다. 반면에 미래시점에 부족한 인력을 충원하지 못할 경우, 시장기회를 상실할 수 있고 조직의 효율성이 하락할 수 있다.

계획전략방식은 미래의 직무자격요건을 확보함으로써 외부노동시장의 의존성을 줄일 수 있고, 근로자의 능력개발 및 욕구충족에 따른 조직경쟁력이 강화되며, 인력배치의 유연함이 증가하는 장점이 있다. 반면에 미래의 직무자격요건에 대한 예측에 실패하였을 경우, 예측위험 비용이 발생하고 근로자의 교육비용이 증가될 수 있다.

06

정답 ④

D는 물품을 분실한 경우로 보관 장소를 파악하지 못한 경우와 비슷할 수 있으나, 분실한 경우에는 물품을 다시 구입하지 않으면 향후 활용할 수 없다는 점에서 차이가 있다. 물품을 분실한 경우 물품을 다시 구입해야 하므로 경제적인 손실을 가져올 수 있으며, 경우에 따라 동일한 물품이 시중에서 판매되지 않는 경우가 있을 수 있다.

02 피듈형

01	02	03	04	05															
④	④	④	④	③															

01

정답 ④

먼저 출하처가 농협의 온라인 거래소에 입찰 최저가격과, 배송 최소물량 등을 지정하여 상장하면 구매자는 출하처가 제시한 최저가격과 물량으로 입찰을 한다. 경매를 통한 낙찰 이후에는 익일배송을 원칙으로 하므로 출하처에서 바로 구매자에게 직접 배송을 하게 된다. 이후 온라인 거래소가 구매자 상품 수령과 검품 절차를 마친 거래 확정 건에 대하여 출하처에 대금을 선지급하고, 구매자가 최종적으로 온라인 거래소에 대금을 결제함으로써 거래가 완료된다. 따라서 온라인 거래소를 통한 입찰 경매는 ㉠－㉢－㉣－㉥－㉡－㉤의 순으로 이루어진다.

02

정답 ④

첫 번째 지원계획을 보면 지원금을 받는 모임의 구성원은 6명 이상 9명 미만이므로 A모임과 E모임은 제외한다. 나머지 B, C, D모임의 총 지원금을 구하면 다음과 같다.

- B모임 : 1,500+(100×6)=2,100천 원
- C모임 : 1.3[1,500+(120×8)]=3,198천 원
- D모임 : 2,000+(100×7)=2,700천 원

따라서 D모임이 두 번째로 많은 지원금을 받는다.

03

정답 ④

- 한국시각 기준 비행기 탑승 시각 : 21일 8시 30분+13시간=21일 21시 30분
- 비행기 도착 시각 : 21일 21시 30분+17시간=22일 14시 30분

∴ 김사원의 출발 시각 : 22일 14시 30분－1시간 30분－30분=22일 12시 30분

04

정답 ④

20×10=200부이며, 200×30=6,000페이지이다. 이를 활용하여 업체당 인쇄비용을 구하면 다음 표와 같다.

구분	페이지 인쇄 비용	유광표지 비용	제본 비용	할인을 적용한 총 비용
A	6,000×50=30만 원	200×500=10만 원	200×1,500=30만 원	30+10+30=70만 원
B	6,000×70=42만 원	200×300=6만 원	200×1,300=26만 원	42+6+26=74만 원
C	6,000×70=42만 원	200×500=10만 원	200×1,000=20만 원	42+10+20=72만 원 → 200부 중 100부 5% 할인 → (할인 안한 100부 비용)+(할인한 100부 비용) =36+(36×0.95)=70만 2천 원
D	6,000×60=36만 원	200×300=6만 원	200×1,000=20만 원	36+6+20=62만 원
E	6,000×100=60만 원	200×200=4만 원	200×1,000=20만 원	60+4+20=84만 원 → 총비용 20% 할인 84×0.8=67만 2천 원

따라서 가장 저렴한 비용으로 인쇄할 수 있는 업체는 D인쇄소이다.

05

 ③

회의실에 2인용 테이블이 4개 있었고 첫 번째 주문 후 2인용 테이블 4개가 더 생겨 총 8개지만 16명만 앉을 수 있기 때문에 테이블 하나를 추가로 주문해야 한다. 의자는 회의실에 9개, 창고에 2개, 주문한 1개를 더하면 총 12개로 5개를 더 주문해야 한다.

03 PSAT형

01	02	03	04	05	06														
④	①	④	④	③	②														

01

 ④

전자제품의 경우 관세와 부가세가 18%로 모두 동일하며, 전자제품의 가격이 다른 가격보다 월등하게 높기 때문에 대소비교는 전자제품만 비교해도 된다. 이 중 A의 TV와 B의 노트북은 가격이 동일하기 때문에 굳이 계산할 필요가 없고 TV와 노트북을 제외한 휴대폰과 카메라만 비교하면 된다. B의 카메라가 A의 휴대폰보다 비싸기 때문에 B가 더 많은 관세를 낸다.

구분	전자제품	전자제품 외
A	TV(110만), 휴대폰(60만)	화장품(5만), 스포츠용 헬멧(10만)
B	노트북(110만), 카메라(80만)	책(10만), 신발(10만)

B가 내야할 세금을 계산해보면, 우선 카메라와 노트북의 부가세를 포함한 관세율은 18%로, 190×0.18=34.2만 원이다. 이때, 노트북은 100만 원을 초과하므로 특별과세 110×0.5=55만 원이 더 과세된다. 나머지 품목들의 세금은 책이 10×0.1=1만 원, 신발이 10×0.23=2.3만이다. 따라서 B가 내야 할 관세 총액은 34.2+55+1+2.3=92.5만 원이다.

02

정답 ①

K씨 가족은 4명이므로 4인용 이상의 자동차를 택해야 한다. 2인용인 B자동차를 제외한 나머지 4종류 자동차의 주행거리에 따른 연료비용은 다음과 같다.

- A자동차 : $\frac{140}{25}\times1,640 \fallingdotseq 9,180$원
- C자동차 : $\frac{140}{19}\times1,870 \fallingdotseq 13,780$원
- D자동차 : $\frac{140}{20}\times1,640=11,480$원
- E자동차 : $\frac{140}{22}\times1,870=11,900$원

따라서 K씨 가족은 A자동차를 이용하는 것이 가장 비용이 적게 든다.

03

정답 ④

문화회관 이용 가능 요일표와 주간 주요 일정표에 따라 B지점이 교육에 참석할 수 있는 요일과 시간대는 화요일 오후, 수요일 오후, 금요일 오전이다.

04

정답 ④

주어진 조건에 따라 사고 건수당 벌점을 고려하여 직원별 벌점을 계산하면 다음과 같다.

B, E는 전분기 총사고 건수가 0건으로 이번 분기 차감 혜택이 적용되어야 하지만, E의 경우 이번 분기 발신사고 건수가 5건으로 혜택을 받지 못한다.

(단위 : 점)

직원	수신물 오분류	수신물 분실	미발송	발신물 분실	벌점차감 혜택	총 벌점
A	–	2×4=8	–	4×6=24	×	32
B	2×2=4	3×4=12	3×4=12	–	○(−5)	23
C	2×2=4	–	3×4=12	1×6=6	×	22
D	–	2×4=8	2×4=8	2×6=12	×	28
E	1×2=2	–	3×4=12	2×6=12	×	26

따라서 두 번째로 높은 벌점을 부여받는 수발실 직원은 D이다.

05

정답 ③

벌점이 낮을수록 등수가 높으므로 이를 고려해 각 직원이 지급받을 성과급을 계산하면 다음과 같다.

직원	총 벌점	등수	지급비율	성과급 지급액
A	32점	5	50%(30점 초과)	50만 원
B	23점	2	90%	90만 원
C	22점	1	100%	100만 원
D	28점	4	80%	80만 원
E	26점	3	90%	90만 원

따라서 B직원과 E직원이 지급받을 성과급 총액은 90+90=180만 원이다.

06

정답 ②

대화 내용에서 각자 연차 및 교육 일정을 정리하면 다음과 같다.

10월 달력						
일요일	월요일	화요일	수요일	목요일	금요일	토요일
	1	2 사원 B 연차	3 개천절	4	5	6
7	8	9 한글날	10 과장 A 연차	11 대리 B 교육	12 대리 B 교육	13
14	15 사원 A 연차	16	17 대리 B 연차	18 대리 A 교육	19 대리 A 교육	20
21	22	23	24 대리 A 연차	25	26	27
28	29 워크샵	30 워크샵	31			

달력에서 바로 확인 가능한 사실은 세 번째 주에 3명의 직원이 연차 및 교육을 신청했다는 것이다. 그러나 대리 A와 사원 A가 먼저 신청했으므로 대리 B가 옳지 않음을 알 수 있고, 대리 A의 말에서 자신이 교육받는 주에 다른 사람 2명 신청 가능할 것 같다고 한 것은 네 번째 조건에 어긋난다. 따라서 옳지 않은 말을 한 직원은 대리 A와 대리 B임을 알 수 있다.

02 심화문제

01	02	03	04	05															
④	①	①	③	①															

01

정답 ④

ㄱ. 대도시 간 예상 최대 소요시간의 모든 구간에서 주중이 주말보다 소요시간이 적게 걸림을 알 수 있다.

ㄴ. 주중 전국 교통량 중 수도권에서 지방으로 가는 교통량의 비율은 $\frac{42}{380}\times100 \fallingdotseq 11.1\%$이다.

ㄹ. 서울－광주 구간 주중 예상 최대 소요시간과 서울－강릉 구간 주말 예상 최대 소요시간은 3시간 20분으로 같다.

오답분석

ㄷ. 지방에서 수도권으로 가는 주말 예상 교통량은 주중 예상 교통량보다 $\frac{51-35}{35}\times100 \fallingdotseq 45.7\%$ 많다.

02

정답 ①

W사원이 영국 출장 중에 받는 해외여비는 50×5=250파운드이고, 스페인은 60×4=240유로이다. 항공권은 편도 금액이므로 왕복으로 계산하면 영국은 380×2=760파운드, 스페인 870×2=1,740유로이며, 영국과 스페인의 비행시간 추가비용은 각각 20×(12－10)×2=80파운드, 15×(14－10)×2=120유로이다. 따라서 영국 출장 시 드는 비용은 250+760+80=1,090파운드, 스페인 출장은 240+1,740+120=2,100유로이다. 각 은행별 환율을 이용하여 출장비를 원화로 계산하면 다음과 같다.

구분	영국	스페인	총 비용
A은행	1,090×1,470=1,602,300원	2,100×1,320=2,772,000원	4,374,300원
B은행	1,090×1,450=1,580,500원	2,100×1,330=2,793,000원	4,373,500원
C은행	1,090×1,460=1,591,400원	2,100×1,310=2,751,000원	4,342,400원

따라서 A은행의 비용이 가장 많이 들고, C은행이 비용의 가장 적으므로 두 은행의 총 비용 차이는 4,374,300－4,342,400=31,900원이다.

03

정답 ①

B기업에서 오후 회의실 사용을 취소한다고 하였으므로, 오전 회의실 사용에 관해서는 고려하지 않아도 된다.

i) B기업에서 오후에 예약한 회의실

조건에서 예약 시 최소 인원은 수용 인원의 $\frac{1}{2}$ 이상이어야 한다고 하였으므로 충족하는 회의실은 세미나 3·4이다. 또한, 예약 가능한 회의실 중 비용이 저렴한 쪽을 선택한다고 하였으므로 세미나 3과 세미나 4의 사용료를 구하면 다음과 같다.

- 세미나 3 : 74,000(∵ 기본임대료)+37,000(∵ 추가임대료)+20,000(∵ 노트북 대여료)+50,000(∵ 빔프로젝터 대여료)=181,000원이다.
- 세미나 4 : 110,000(∵ 기본임대료)+55,000(∵ 추가임대료)+20,000(∵ 노트북 대여료)+50,000(∵ 빔프로젝터 대여료)=235,000원이다.

그러므로 B기업에서 오후에 예약한 회의실은 세미나 3이다.

ii) B기업이 환불받을 금액

B기업에서는 이용일 4일 전에 사용을 취소했으므로 환불규칙에 의해 취소 수수료 10%가 발생한다. 따라서 환불받을 금액을 구하면 181,000×0.9=162,900원이다.

04

정답 ③

영희는 누적방수액의 유무와 상관없이 재충전 횟수가 200회 이상이면 충분하다고 하였으므로 100회 이상 300회 미만으로 충전이 가능한 리튬이온배터리를 구매한다. 누적방수액을 바르지 않은 것이 더 저렴하므로 영희가 가장 저렴하게 구매하는 가격은 5,000원이다.

오답분석

① • 철수가 가장 저렴하게 구매하는 가격 : 20,000원
  • 영희가 가장 저렴하게 구매하는 가격 : 5,000원
  • 상수가 가장 저렴하게 구매하는 가격 : 5,000원
  따라서 철수, 영희, 상수가 리튬이온배터리를 가장 저렴하게 구매하는 가격은 20,000+5,000+5,000=30,000원이다.

② • 철수가 가장 비싸게 구매하는 가격 : 50,000원
  • 영희가 가장 비싸게 구매하는 가격 : 10,000원
  • 상수가 가장 비싸게 구매하는 가격 : 50,000원
  따라서 철수, 영희, 상수가 리튬이온배터리를 가장 비싸게 구매하는 가격은 50,000+10,000+50,000=110,000원이다.

④ 영희가 가장 비싸게 구매하는 가격은 10,000원, 상수가 가장 비싸게 구매하는 가격은 50,000원이다. 두 가격의 차이는 40,000원으로 30,000원 이상이다.

⑤ 상수가 가장 비싸게 구매하는 가격은 50,000원, 가장 저렴하게 구매하는 가격은 5,000원이므로 두 가격의 차이는 45,000원이다.

05

정답 ①

㉡, ㉢, ㉣에 의해 의사소통능력과 대인관계능력을 지닌 사람은 오직 병뿐이라는 사실을 알 수 있다. 또한 ㉤에 의해 병이 이해능력 또한 가지고 있음을 알 수 있다. 이처럼 병은 4가지 자질 중에 3가지를 갖추고 있으므로 H공사의 신입사원으로 채용될 수 있다.

다른풀이

㉡, ㉢, ㉣에 의해 대인관계능력과 의사소통능력을 지닌 사람은 병 혼자인 것으로 밝혀졌으므로 갑, 을, 정은 4가지 중 최대 2가지 자질만 가질 수가 있게 된다. 따라서 적어도 3가지 자질 이상을 요구하는 H공사에는 채용될 수 없다.

CHAPTER 05 정보능력

01 모듈형

01	02	03	04	05	06	07	08	09	10
③	③	②	③	③	①	⑤	③	①	⑤
11	12	13	14	15	16	17			
③	④	①	①	③	③	③			

01

정답 ③

좋은 자료가 있다고 해서 항상 훌륭한 분석이 되는 것은 아니다. 좋은 자료가 있어도 그것을 평범한 것으로 바꾸는 것만으로는 훌륭한 분석이라고 할 수 없다. 훌륭한 분석이란 하나의 메커니즘을 그려낼 수 있고, 동향, 미래를 예측할 수 있는 것이어야 한다.

02

정답 ③

정보란 자료를 일정한 프로그램에 따라 컴퓨터가 처리・가공함으로써 특정한 목적을 달성하는 데 필요하거나 특정한 의미를 가진 것으로 다시 생산된 것으로 특정한 상황에 맞도록 평가한 의미 있는 기록이 되기도 하고, 사용하는 사람과 사용하는 시간에 따라 달라질 수도 있다.

오답분석

A. 정보의 가치는 우리의 요구, 사용 목적, 그것이 활용되는 시기와 장소에 따라서 다르게 평가되기 때문에 상대적이다.
D. 자료는 평가되지 않은 상태의 숫자나 문자들의 나열을 의미하고, 지식은 어떤 특정의 목적을 달성하기 위해 과학적 또는 이론적으로 추상화되거나 정립되어 있는 일반화된 정보이다.

03

정답 ②

바이러스나 해킹 프로그램 방지를 위해 항시 백신프로그램을 실행해 실시간 보호를 해야 하며, 주기적인 검사도 실시해야 한다.

오답분석

① 의심가는 e-메일은 열어보지 말고 바로 삭제하도록 한다.
③ 백신 프로그램은 자동 업데이트를 설정하여 새로운 바이러스나 해킹을 예방해야 한다.
④ 회원 가입한 사이트의 패스워드는 유추하기 쉬운 비밀번호는 사용을 자제하고 주기적으로 변경해야 한다.
⑤ 구입비용을 아끼려고 불법 소프트웨어를 사용하다가는 해킹이나 단속 등으로 더 큰 유지비용이 발생할 수 있고, 업데이트의 서비스 제공도 받을 수 없다.

04

정답 ③

[제품 종류] – [생산 지역] – [일련번호]의 순서로 코드가 부여된다. 여수의 코드는 YE, 제품의 종류는 DSL, 일련번호는 생산된 순서를 나타내기 때문에 여수에서 8번째로 생산된 DSLR 카메라의 코드는 'DSL – YE – 8'이다.

오답분석

① 여수에서 8번째로 생산된 미니 카메라의 일련번호이다.
② 생산된 순서, 생산 지역, 제품의 종류 순으로 나열되어 일련번호 코드의 부여 순서가 잘못되었다.
④ 생산 지역 및 제품 종류 코드와 코드의 순서가 모두 틀렸다.
⑤ 원주에서 8번째로 생산된 필름 카메라의 일련번호이다.

05

정답 ③

'DFC'는 제품 종류의 코드로 필름 카메라를, 'YE'는 생산지역 코드로 여수를 나타낸다. 일련번호는 생산된 순서를 나타내므로 정답은 ③이다.

오답분석

① 경주에서 20번째로 생산된 미니 카메라의 코드는 'DMC – GY – 20'이다.
② 여수에서 20번째로 생산된 미니 카메라의 코드는 'DMC – YE – 20'이다.
④ 원주에서 10번째로 생산된 DSLR 카메라를 코드로 표기하면 'DSL – WO – 10'이다.
⑤ 부산에서 10번째로 생산된 디지털 카메라를 코드로 표기하면 'DCA – BU – 10'이다.

06

정답 ①

㉠ 1차 자료보다는 1차 자료를 가공한 2차 자료가 활용할 때 효율성이 더 높다.

Plus

1차 자료 · 2차 자료

정보원은 1차 자료와 2차 자료로 구분된다. 1차 자료는 원래의 연구 성과가 기록된 자료를 의미하며, 2차 자료는 1차 자료를 효과적으로 찾아보기 위한 자료 혹은 1차 자료에 포함되어 있는 정보를 압축 · 정리해서 읽기 쉬운 형태로 제공하는 자료를 의미한다. 1차 자료로는 단행본, 학술지와 학술지 논문, 학술회의 자료, 연구보고서, 학위논문, 특허 정보, 표준 및 규격 자료, 레터, 출판 전 배포 자료, 신문, 잡지, 웹 정보자원 등이 있으며, 2차 자료로는 사전, 백과사전, 편람, 연감, 서지 데이터베이스 등이 있다.

오답분석

㉡ 논문은 2차 자료가 아니라 1차 자료에 해당된다.

㉢ 인포메이션(Information)은 객관적인 단순 정보에 해당되며, 이를 분석 및 가공하여 특정 기능을 하도록 한 것은 인텔리전스(Intelligence)에 해당된다. 회의 내용과 같이 예측 기능을 하는 정보는 인텔리전스이다.

07

정답 ⑤

제시된 글에서 '응용프로그램과 데이터베이스를 독립시킴으로써 데이터를 변경시키더라도 응용프로그램은 변경되지 않는다.'고 하였다. 따라서 데이터 논리적 의존성이 아닌, 데이터 논리적 독립성이 적절할 것이다.

오답분석

① '다량의 데이터는 사용자의 질의에 대한 신속한 응답 처리를 가능하게 한다.'라는 내용이 실시간 접근성에 해당한다.

② '삽입, 삭제, 수정, 갱신 등을 통하여 항상 최신의 데이터를 유동적으로 유지할 수 있으며'라는 내용을 통해 데이터베이스는 그 내용을 변화시키면서 계속적인 진화를 하고 있음을 알 수 있다.

③ '여러 명의 사용자가 동시에 공유가 가능하고'라는 부분에서 동시 공유가 가능함을 알 수 있다.

④ '각 데이터를 참조할 때는 사용자가 요구하는 내용에 따라 참조가 가능함'이라는 부분에서 내용에 의한 참조임을 알 수 있다.

08

정답 ③

피벗 테이블에 셀에 메모를 삽입한 경우 데이터를 정렬하여도 메모는 피벗 테이블의 셀에 고정되어 있다.

09

정답 ①

사용자가 먼저 허락해야 원격으로 사용자 컴퓨터를 조작하고 작동할 수 있다.

10

정답 ⑤

금융 거래 시 신용카드 번호와 같은 금융정보 등을 저장할 경우 암호화하여 저장하고, 되도록 PC방, 공용 컴퓨터와 같은 개방 환경을 이용하지 않도록 해야 한다.

11

정답 ③

[폴더 옵션]에서는 파일 및 폴더의 숨김 표시 여부를 설정할 수 있다. 하지만 속성 일괄 해제는 폴더창에서 직접 해야 한다.

12

정답 ④

㉠에 들어갈 내용으로 올바른 것은 '여러 개의 연관된 파일'이며, ㉡에 들어갈 내용으로 올바른 것은 '한 번에 한 개의 파일'이다.

13

정답 ①

피벗 테이블의 결과 표시 장소는 다른 시트도 가능하다.

14

정답 ①

오답분석

② 한 번 복사하거나 잘라낸 내용은 다른 것을 복사하거나 잘라내기 전까지 계속 붙이기를 할 수 있다.

③ 복사와 잘라내기한 내용은 클립보드(Clipboard)에 보관된다.

④ 복사는 문서의 분량에 변화를 주지 않지만, 잘라내기는 문서의 분량을 줄인다.

⑤ [Ctrl]+[X]는 잘라내기, [Ctrl]+[C]는 복사하기의 단축키이다.

15

정답 ③

자료에는 제품에 대한 연령별 선호와 제품에 대한 각 매장의 만족도만 나와 있고, 구입처의 정보를 알 수 없기 때문에 구입처별 주력 판매 고객 설정은 처리할 수 없다.

16

정답 ③

사내 명절 선물은 주로 부모나 친지들의 선물로 보내는 경우가 많기 때문에 사내의 연령 분포를 조사하는 것은 다른 정보에 비해 추가 정보 수집으로 적절하지 않다.

17

정답 ③

메일 내용에서 검색기록 삭제 시 기존에 체크되어 있는 항목 외에도 모든 항목을 체크하라고 되어 있으나, 괄호 안에 '즐겨찾기 웹 사이트 데이터 보존 부분은 체크 해제할 것'이라고 명시되어 있으므로 모든 항목을 체크하는 행동은 옳지 않다.

02 엑셀형

01	02	03	04	05					
①	③	②	⑤	④					

01

정답 ①

LEN 함수는 문자열의 문자 수를 구하는 함수이므로 숫자를 반환한다. 「=LEN(A2)」는 '서귀포시'로 문자 수가 4이며 여기서 −1을 하면 [A2] 열의 3번째 문자까지를 지정하는 것이므로 [C2] 셀과 같이 나온다. 텍스트 문자열의 시작지점부터 지정한 수만큼의 문자를 반환하는 LEFT 함수를 사용하면 「=LEFT(A2,LEN(A2)−1)」가 옳다.

02

정답 ③

VLOOKUP 함수는 「=VLOOKUP(첫 번째 열에서 찾으려는 값, 찾을 값과 결과로 추출할 값들이 포함된 데이터 범위, 값이 입력된 열의 열 번호, 일치 기준)」로 구성된다. 찾으려는 값은 [B2]가 되어야 하며, 추출할 값들이 포함된 데이터 범위는 [E2:F8]이고, 자동 채우기 핸들을 이용하여 사원들의 교육점수를 구해야 하므로 [$E$2:$F$8]과 같이 절대참조가 되어야 한다. 그리고 값이 입력된 열의 열 번호는 [E2:F8] 범위에서 2번째 열이 값이 입력된 열이므로 2가 되어야 하며, 정확히 일치해야 하는 값을 찾아야 하므로 FALSE 또는 0이 들어가야 한다.

03

정답 ②

ISNONTEXT 함수는 값이 텍스트가 아닐 경우 논리값 'TRUE'를 반환한다. [A2] 셀의 값은 텍스트이므로 함수의 결괏값으로 'FALSE'가 산출된다.

오답분석

① ISNUMBER 함수 : 값이 숫자일 경우 논리값 'TRUE'를 반환한다.
③ ISTEXT 함수 : 값이 텍스트일 경우 논리값 'TRUE'를 반환한다.
④ ISEVEN 함수 : 값이 짝수이면 논리값 'TRUE'를 반환한다.
⑤ ISODD 함수 : 값이 홀수이면 논리값 'TRUE'를 반환한다.

04

정답 ⑤

「=SUM(합계를 구할 처음 셀:합계를 구할 마지막 셀)」으로 표시해야 한다. 판매수량과 추가판매를 더하는 것은 비연속적인 셀을 더하는 것이므로 연속하는 영역을 입력하고 ','로 구분해준 뒤 다음 영역을 다시 지정해야 한다. 따라서 [B6] 셀에 들어갈 수식으로 「=SUM(B2:B5,C2,C5)」이 옳다.

05

정답 ④

ROUND 함수, ROUNDUP 함수, ROUNDDOWN 함수의 기능은 다음과 같다.

- ROUND(인수, 자릿수) 함수 : 인수를 지정한 자릿수로 반올림한 값을 구한다.
- ROUNDUP(인수, 자릿수) 함수 : 인수를 지정한 자릿수로 올림한 값을 구한다.
- ROUNDDOWN(인수, 자릿수) 함수 : 인수를 지정한 자릿수로 내림한 값을 구한다.

함수에서 각 단위별 자릿수는 다음과 같다.

만 단위	천 단위	백 단위	십 단위	일 단위	소수점 첫째 자리	소수점 둘째 자리	소수점 셋째 자리
−4	−3	−2	−1	0	1	2	3

[B9] 셀에 입력된 1,260,000 값은 [B2] 셀에 입력된 1,252,340의 값을 만 단위로 올림하여 나타낸 것임을 알 수 있다. 따라서 [B9] 셀에 입력된 함수는 ROUNDUP 함수로 볼 수 있으며, 만 단위를 나타내는 자릿수는 −4이므로 ④가 옳다.

CHAPTER 06 기술능력

01 모듈형

01	02	03	04	05	06	07	08	09	10
④	④	②	③	①	⑤	③	②	①	③
11	12	13	14						
③	②	④	④						

01

정답 ④

기술경영자의 능력

1. 기술을 기업의 전반적인 전략 목표에 통합시키는 능력
2. 빠르고 효과적으로 새로운 기술을 습득하고 기존의 기술에서 탈피하는 능력
3. 기술을 효과적으로 평가할 수 있는 능력
4. 기술 이전을 효과적으로 할 수 있는 능력
5. 새로운 제품개발 시간을 단축할 수 있는 능력
6. 크고 복잡하고 서로 다른 분야에 걸쳐 있는 프로젝트를 수행할 수 있는 능력
7. 조직 내의 기술 이용을 수행할 수 있는 능력
8. 기술 전문 인력을 운용할 수 있는 능력

02

정답 ④

하인리히의 법칙은 큰 사고로 인해 산업재해가 일어나기 전에 작은 사고나 징후인 '불안전한 행동 및 상태'가 보인다는 주장이다.

03

정답 ②

교수자와 동료들 간의 인간적인 접촉이 상대적으로 적고 관리가 제대로 되지 않아 중도탈락률이 높은 것은 E-Learning을 활용한 기술교육에 대한 설명이다.

Plus

전문 연수원을 통한 기술과정 연수

- 연수 시설이 없어 체계적인 교육을 받기 어려운 회사의 경우, 전문적인 교육을 통해 양질의 인재양성 기회를 제공한다.
- 각 분야의 전문가가 진행하는, 이론을 겸한 실무 중심의 교육을 실시할 수 있다.
- 다년간에 걸친 연수 분야의 노하우를 가지고 체계적이고 현장과 밀착된 교육이 가능하다.
- 최신 실습장비, 시청각 시설, 전산 시설 등 교육에 필요한 각종 부대시설을 활용할 수 있다.
- 산학협력연수 및 국내외 우수연수기관과 협력한 연수도 가능하다.
- 연수비가 자체적으로 교육을 하는 것보다 저렴하며, 고용보험 환급을 받을 수 있어 교육비 부담이 적다.

04

정답 ③

OJT(On－The－Job Training)는 조직 안에서 피교육자인 종업원이 직무에 종사하면서 지도교육을 받는 것으로 모든 관리・감독자는 업무수행상의 지휘감독자이자 업무 수행 과정에서 부하직원의 능력향상을 책임지는 교육자이어야 한다는 생각을 기반으로 한다.

오답분석

① Action Learning : 현실적인 문제들을 해결하면서 진행되는 학습의 형태로, 학습자가 현장의 문제를 해결하면서 아이디어를 도출하고, 이를 실제로 적용하는 과정 등에서 나타나는 학습을 한다.
② E－Learning : 컴퓨터를 이용한 학습방법이다.
④ Off JT(Off－the Job Training) : 직장 내에서 교육훈련을 실시하는 OJT를 보다 효과적으로 하려는 목적에서 직장 밖에서 강의 등을 통한 교육훈련이다.
⑤ Problem Based Learning(문제중심학습; PBL) : 실제 문제를 중심으로 수업 상황을 구조화하는 방법이다. 학습자들이 소그룹 학습에 능동적으로 참여하여 협력적이고 자기 주도적으로 문제를 해결하고, 이를 통해 문제해결능력을 기르도록 하는 교수 학습 형태로서 '문제에 대한 이해와 문제 해결을 위해 이루어지는 활동과정에서 산출되는 학습'을 의미한다.

05

정답 ①

상향식 기술선택(Bottom Up Approach)은 기술자들로 하여금 자율적으로 기술을 선택하게 함으로써 기술자들의 흥미를 유발할 수 있고, 이를 통해 그들의 창의적인 아이디어를 활용할 수 있다는 장점이 있다.

오답분석

② 하향식 기술선택은 먼저 기업이 직면하고 있는 외부환경과 기업의 보유 자원에 대한 분석을 통해 기업의 중・장기적인 사업목표를 설정하고, 이를 달성하기 위해 확보해야 하는 핵심고객층과 그들에게 제공하고자 하는 제품과 서비스를 결정한다.

③ 상향식 기술선택은 기술자들이 자신의 과학기술 전문 분야에 대한 지식과 흥미만을 고려하여 기술을 선택하게 함으로써, 시장의 고객들이 요구하는 제품이나 서비스를 개발하는 데 부적합한 기술이 선택될 수 있다.
④ 하향식 기술선택은 기술에 대한 체계적인 분석을 한 후, 기업이 획득해야 하는 대상기술과 목표기술수준을 결정한다.
⑤ 상향식 기술선택은 기술자들로 하여금 자율적으로 기술을 선택하게 함으로써 시장에서 불리한 기술이 선택될 수 있다.

06

정답 ⑤

벤치마킹은 비교대상에 따라 내부·경쟁적·비경쟁적·글로벌 벤치마킹으로 분류되며, 네스프레소는 뛰어난 비경쟁 기업의 유사 분야를 대상으로 벤치마킹하는 비경쟁적 벤치마킹을 했다. 비경쟁적 벤치마킹은 아이디어 창출 가능성은 높으나 가공하지 않고 사용하면 실패할 가능성이 높다.

오답분석

① 내부 벤치마킹
②·③ 글로벌 벤치마킹
④ 경쟁적 벤치마킹

07

정답 ③

연구개발에 참가한 연구원과 엔지니어들이 그 기업을 떠나는 경우 기술과 지식의 손실이 크게 발생하는 점을 볼 때, 기술혁신을 새로운 지식과 경험의 축적으로 나타나는 지식 집약적인 활동이라는 특성으로 설명하고 있다.

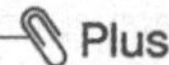

기술혁신의 특성

기술혁신은 그 과정 자체가 매우 불확실하고 장기간의 시간을 필요로 한다.

08

정답 ②

②는 성과차이 분석에 대한 설명이다.

개선계획 수립은 성과차이에 대한 원인 분석을 진행하고 개선을 위한 성과목표를 결정하며, 성과목표를 달성하기 위한 개선계획을 수립하는 것이다.

벤치마킹의 주요 단계

1. 범위 결정 : 벤치마킹이 필요한 상세 분야를 정의하고 목표와 범위를 결정하며 벤치마킹을 수행할 인력들을 결정
2. 측정범위 결정 : 상세분야에 대한 측정항목을 결정하고, 측정항목이 벤치마킹의 목표를 달성하는 데 적정한가를 검토
3. 대상 결정 : 비교분석의 대상이 되는 기업·기관들을 결정하고, 대상 후보별 벤치마킹 수행의 타당성을 검토하여 최종적인 대상 및 대상별 수행방식을 결정
4. 벤치마킹 : 직접 또는 간접적인 벤치마킹을 진행
5. 성과차이 분석 : 벤치마킹 결과를 바탕으로 성과차이를 측정항목별로 분석
6. 개선계획 수립 : 성과차이에 대한 원인 분석을 진행하고 개선을 위한 성과목표를 결정하며, 성과목표를 달성하기 위한 개선계획을 수립
7. 변화 관리 : 개선목표 달성을 위한 변화사항을 지속적으로 관리하고, 개선 후 변화사항과 예상했던 변화사항을 비교

09

정답 ①

기술시스템(Technological System)은 개별 기술이 네트워크로 결합하는 것을 말한다. 인공물의 집합체만이 아니라 투자회사, 법적 제도, 정치, 과학, 자연자원을 모두 포함하는 것으로 사회기술시스템이라고도 한다.

10

정답 ③

비교 대상에 따른 벤치마킹의 종류

비교 대상에 따른 분류	내용
내부 벤치마킹	같은 기업 내의 다른 지역, 타 부서, 국가 간의 유사한 활용을 비교 대상으로 함
경쟁적 벤치마킹	동일 업종에서 고객을 직접적으로 공유하는 경쟁기업을 대상으로 함
비경쟁적 벤치마킹	제품, 서비스 및 프로세스의 단위 분야에 있어 가장 우수한 실무를 보이는 비경쟁적 기업 내의 유사 분야를 대상으로 함
글로벌 벤치마킹	프로세스에 있어 최고로 우수한 성과를 보유한 동일업종의 비경쟁적 기업을 대상으로 함

11

정답 ③

㉠ 벤치마킹은 상호 관련성을 기반으로 수행되므로 모든 참가자들은 파트너와 정보를 상호 교환함으로써 서로 이익이 될 수 있다
㉡ 벤치마킹을 수행하기 위해서는 먼저 파트너 기업과의 프로세스가 비교 가능한 것이거나 유사성이 존재해야 한다는 전제가 있어야 한다.
㉢ 프로세스의 측정은 자사와 파트너사의 프로세스 성과를 비교하기 위해서 반드시 수행되어야 한다.
㉣ 자사나 경쟁사의 프로세스 측정과 검사결과는 타당한 실적 자료나 연구 자료에 의한 근거를 갖고 있어야 한다.

12

정답 ②

기술경영자에게는 빠르고 효과적으로 새로운 기술을 습득하는 능력 뿐만 아니라, 기존의 기술에서 탈피하는 능력 또한 필요하다.

기술경영자에게 필요한 능력

- 기술을 기업의 전반적인 전략 목표에 통합시키는 능력
- 기술 전문 인력을 운용할 수 있는 능력
- 빠르고 효과적으로 새로운 기술을 습득하고 기존의 기술에서 탈피하는 능력
- 조직 내의 기술 이용을 수행할 수 있는 능력
- 복잡하고 서로 다른 분야에 걸쳐 있는 프로젝트를 수행할 수 있는 능력
- 효과적으로 평가할 수 있는 능력
- 기술 이전을 효과적으로 할 수 있는 능력
- 제품개발 시간을 단축할 수 있는 능력

13

정답 ④

빌 게이츠는 의뢰사가 요구한 개발을 위해 처음부터 개발에 몰두하기보다 재빠르게 요구에 적합한 시애틀 컴퓨터사의 86-DOS에 대해 알아보고 판권을 구입하였으며, 그것을 근간으로 하여 IBM-PC에 거의 유일하게 알맞은 PC-DOS를 개발하여 자사상표인 MS-DOS로 세계시장을 장악할 수 있었다. 이를 통해 기술경영자는 빠르고 효과적으로 새로운 기술을 습득하여 시장에서 요구하는 적합한 기술혁신을 할 수 있는 능력을 갖추어야 함을 배울 수 있다.

14

정답 ④

ㅇㅇ기업은 동영상 업로드 시 자체 개발한 알고리즘으로 변환 과정을 생략하고 바로 재생할 수 있는 '노 컷 어댑티브 스트리밍' 기술인 에어브로드 기술을 개발하여 기존의 불편함을 개선하였다. 이는 새로운 기술을 습득하고, 기존의 기술에서 탈피하는 기술경영자의 능력을 보여준 사례이다.

02 피듈형

01	02	03	04	05	06	07	08		
③	③	③	①	⑤	③	④	②		

01

정답 ③

타는 듯한 냄새가 나진 않았는지는 냄새가 날 때의 확인사항이다.

세척이 잘되지 않은 때의 확인사항

- 식기가 겹쳐있는지
- 세척날개가 회전할 때 식기와 부딪치는지
- 세척날개의 구멍이 막혔는지
- 필터가 찌꺼기 등으로 인해 막혔는지
- 필터가 제대로 장착이 됐는지
- 전용세제를 적정량 사용했는지

02

정답 ③

식기배열을 다시 하는 것은 세척이 잘 되지 않은 경우의 조치방법 중 하나이다.

식기세척기가 작동이 되지 않을 때의 조치방법

- 문 중앙을 딸깍 소리가 날 때까지 눌러 확실하게 닫아준다.
- 수도꼭지가 잠겨있는지 확인 후 열어준다.
- 단수는 아닌지 다른 곳의 수도꼭지도 확인한다.
- 설정된 양만큼 급수될 때까지 기다린다.
- 버튼 잠금 설정이 되어 있는 경우 '전원'과 '동작'을 동시에 3초간 눌러 해제한다.

03

정답 ③

세척날개를 분리하고 세척하지 않으면 세척날개의 구멍이 막힐 수 있으며, 그로 인해 세척이 잘 되지 않아 세척 후 오염이 남는다.

04

정답 ①

처음 상태와 바뀐 상태를 비교하면 1번과 4번 기계는 모양이 바뀌지 않고, 2번 기계는 시계 방향으로 90°, 3번 기계는 시계 반대 방향으로 90° 회전했다. 우선 2번 기계가 시계 방향으로 90° 회전하려면 'ㅇ' 또는 'ㅁ' 스위치를 눌러야 한다. 이때 'ㅁ' 스위치를 누를 경우, 결과가 같아지려면 3번 기계가 180° 회전해야 한다. 즉, 스위치를 추가로 2번 눌러야 한다. 그러므로 'ㅁ' 스위치를 누르면 안 된다. 결국 'ㅇ'와 '■' 스위치를 누르면 주어진 결과와 같은 형태가 된다.

05

정답 ⑤

처음 상태와 바뀐 상태를 비교하면 1번과 2번 기계는 시계 방향으로 90°, 3번과 4번 기계는 시계 반대 방향으로 90° 회전했다. 우선 1번 기계가 시계 방향으로 90° 회전하려면 '○' 또는 '●' 스위치를 눌러야 한다. 이때 '●' 스위치를 누를 경우, 결과가 같아지려면 4번 기계가 180° 회전해야 한다. 즉, 스위치를 추가로 2번 눌러야 한다. 그러므로 '●' 스위치를 누르면 안 된다. 결국 '○'와 '◑' 스위치를 누르면 주어진 결과와 같은 형태가 된다.

06

정답 ③

처음 상태와 바뀐 상태를 비교하면 3번 기계만 180° 회전했다. 우선 3번 기계가 180° 회전하려면 '◑'와 '■' 스위치를 반드시 눌러야 한다. 그러면 1번과 4번 기계는 각각 시계 반대 방향으로 90° 회전한 상태가 되므로 추가로 스위치를 한 번 눌러 원상태로 돌려야 한다. 따라서 추가로 누를 스위치는 '●'이다.

07

정답 ④

결과가 가장 큰 값을 구해야 하므로 최대한 큰 수가 있는 구간으로 이동해야 하며, 세 번째 조건에 따라 총 10번의 이동이 가능하다. 반복 이동으로 가장 커질 수 있는 구간은 D－E구간이지만 음수가 있으므로 왕복 2번을 이동하여 값을 양수로 만들어야 한다. D－E구간에서 4번 이동하고 마지막에 E－F구간 1번 이동하는 것을 제외하면 출발점인 A에서 D－E구간을 왕복하기 전까지 총 5번을 이동할 수 있다. D－E구간으로 가기 전 가장 큰 값은 C에서 E로 가는 것이므로 C－E－D－E－D－E－F로 이동한다. 또한, 출발점인 A에서 C까지 4번 이동하려면 A－B－B－B－C밖에 없다.

따라서 A－B－B－B－C－E－D－E－D－E－F 순서로 이동한다.

∴ $1\times2\times2\times2\times3\times(-2)\times3\times(-2)\times3\times1=864$

08

정답 ②

A－B－C－D－E－D－C－D－E－F

: $100\times1\times2\times2\times3\times(-2)\times1\times2\times3\times1=-14,400$

오답분석

① A－B－B－E－D－C－E－C－E－F

: $100\times1\times2\times2\times(-2)\times1\times3\times(-1)\times3\times1=7,200$

③ A－B－E－D－C－E－C－D－E－F

: $100\times1\times2\times(-2)\times1\times3\times(-1)\times2\times3\times1=7,200$

④ A－B－C－D－E－D－E－D－E－F

: $100\times1\times2\times2\times3\times(-2)\times3\times(-2)\times3\times1=43,200$

⑤ A－B－B－C－E－D－E－D－E－F

: $100\times1\times2\times2\times3\times(-2)\times3\times(-2)\times3\times1=43,200$

CHAPTER 07 조직이해능력

01 모듈형

01	02	03	04	05	06	07	08	09	
⑤	③	③	③	①	④	③	①	③	

01

정답 ⑤

델파이 기법은 반복적인 설문 조사를 통해 의견 차이를 좁혀 합의를 도출하는 방식으로 이를 순서대로 나열한 것은 ⑤이다.

02

정답 ③

고객정보의 수집 부족이 근본적인 원인이다.

문제에 대한 원인을 물어 근본 원인을 도출하는 5Why의 사고법으로 문제를 접근한다.

- 팀 내의 실적이 감소하고 있는 이유 : 고객과의 PB 서비스 계약 건수 감소
- 고객과의 PB 서비스 계약 감소 : 절대적인 고객 수 감소
- 절대적인 고객 수가 감소 : 미흡한 재무설계 제안서
- 재무설계가 미흡한 이유 : 은행 금융상품의 다양성 부족
- 금융상품의 다양성 부족 : 고객 정보의 수집 부족

03

정답 ③

제시된 대화는 인수인계에 대해 이야기하고 있다.

오답분석

① 업무지침 : 업무를 수행할 때 안내자 역할을 하는 것으로, 조직의 업무지침은 개인이 임의로 업무를 수행하지 않고 조직의 목적에 부합할 수 있도록 안내한다.

② 체크리스트 : 업무의 각 단계를 효과적으로 수행했는지를 스스로 점검해볼 수 있는 도구로, 시간의 흐름을 표현하는 데에는 한계가 있지만 업무를 세부적인 활동들로 나누고 각 활동별로 기대되는 수행수준을 달성했는지를 확인하는 데에 효과적이며 반복되는 업무의 경우 편리하게 사용할 수 있다.

④ 직무기술서 : 해당 직무의 특징과 직무에 필요한 중요한 것을 기록한 문서이다.

⑤ 간트차트 : 간트가 창안한 작업진도 도표로, 단계별로 업무 전체 시간을 바(Bar) 형식으로 표시한 것이다. 일정을 한눈에 볼 수 있고, 단계별로 소요되는 시간과 각 업무활동 사이의 관계를 보여준다.

04

정답 ③

인수인계를 할 때는 관리자와 인수인계에 대해 상의하며 인수인계 문서의 초안을 작성하고 동료들과 소통한 후 정식 인수인계 문서를 작성한다. 후임자에게 도움을 주되 맡았던 모든 일을 일일이 다 디테일하게 인수인계를 하기는 어렵다.

05

정답 ①

D기업은 원가우위전략에 속하는 가격 고정이라는 카테고리 전략을 실행하였다.

오답분석

② 차별화전략 : 둘 이상의 세분시장들을 표적시장으로 선정하여, 각 세분시장에 적합한 마케팅 믹스프로그램을 제공하는 전략이다.

③ 집중화전략 : 기업이 전체시장을 대상으로 하지 않고 시장의 일부에만 집중적으로 마케팅활동을 하거나 작은 하위시장을 독점상태로 유도하는 마케팅전략이다.

④ 혁신전략 : 기존의 제품을 간단하게 외형만 바꾸지 않고, 의미 있고 독특한 변화를 통해 혁신을 추구하는 전략이다.

⑤ 비차별화전략 : 시장을 세분화하지 않고 전체시장에 대응하는 마케팅 활동이다.

06

정답 ④

전략 평가 및 피드백은 기업 실적을 객관적으로 분석하여 결과에 대한 근본 원인을 도출하는 단계로, D기업의 원가우위전략과 차별화된 정책이 근본 원인이라고 도출하고 있다.

오답분석

① 전략 환경 분석 : 내·외부 환경을 분석하는 것으로 시장, 경쟁사, 기술 등을 분석하여 경쟁에서 성공요인을 도출하도록 한다.

② 경영전략 도출 : 경쟁우위 전략을 도출하여 기업성장과 효율성 극대화라는 목표를 달성할 수 있도록 지원하는 것이다.

③ 경영전략 실행 : 목표와 미션을 이해하고 조직 역량을 분석하며 세부 실행 계획을 수립하여 업무를 실행한다.

⑤ 전략 목표 설정 : 전략 목표란 조직의 임무를 수행하기 위하여 중장기적으로 계획하여 추진하고자 하는 중점사업방향을 의미하며, 조직의 임무를 좀 더 가시화한 목표라고 할 수 있다. 3 ~ 5개 정도로 설정함이 적정하고 표현형식은 구체적이고 명확하게 서술되어야 한다.

07

정답 ③

지문은 L그룹의 경영전략으로, 1등 전략과 관련된 내용이 없다.

※ 1등 전략 : 시장점유율의 유지를 위해 혁신적인 신제품 발매, 가격경쟁전략이나 판매촉진 강화 전략 등을 행함으로써 경쟁회사의 진입장벽을 높이는 방법

08

정답 ①

조직문화를 구성하는 7S 중 리더십스타일은 구성원들을 이끌어 나가는 경영관리자들의 관리스타일로서, 구성원들의 동기부여와 상호작용, 조직분위기와 나아가서는 실무성과에 직접적인 영향을 준다.

오답분석

② 구성원 : 기업의 인력구성, 구성원들의 능력 및 전문성, 신념, 욕구와 동기, 지각과 태도, 행동 등을 포함한다.

③ 제도 : 기업경영의 의사결정, 보상제도와 인센티브, 경영정보와 의사결정시스템, 경영계획과 목적설정시스템, 결과 측정과 조정 및 통제 등 경영 각 분야의 관리제도와 절차를 포함한다.

④ 관리기술 : 기업의 각종 물리적 하드웨어 기술과 이에 탑재된 소프트웨어 기술, 경영기술과 기법 등을 포함한다.

⑤ 공유가치 : 기업 구성원들이 함께 하는 가치관으로써, 다른 조직문화의 구성요소에 영향을 주는 핵심요소이다.

09

정답 ③

OJT에 의한 교육방법의 4단계는 다음과 같다.

㉡ 제1단계 : 배울 준비를 시킨다.
㉢ 제2단계 : 작업을 설명한다.
㉠ 제3단계 : 시켜본다.
㉣ 제4단계 : 가르친 결과를 본다.

02 피듈형

01	02	03	04	05	06				
①	②	③	②	④	②				

01

정답 ①

베트남 사람들은 매장에 직접 방문해서 구입하는 것을 더 선호하므로 인터넷, TV광고와 같은 간접적인 방법의 홍보를 활성화하는 것은 신사업 전략으로 적절하지 않다.

02

정답 ②

우선 박비서에게 회의 자료를 받아와야 하므로 비서실을 들러야 한다. 다음으로 기자단 간담회는 대회 홍보 및 기자단 상대 업무를 맡은 홍보팀에서 자료를 정리할 것이므로 홍보팀을 거쳐야 한다. 또한, 승진자 인사 발표 소관 업무는 인사팀이 담당한다고 볼 수 있으며, 회사의 차량 배차에 대한 업무는 총무팀과 같은 지원부서의 업무로 보는 것이 적절하다.

03

정답 ③

시설관리팀(Facility Management)은 일반적으로 총무 직무 중 하부 직무에 해당하는 팀으로, 다양한 종류의 건물의 시설 운영에 관련된 업무를 도맡아 하는 직종이며 재경부분에 속한다.

04

정답 ②

김준호 씨가 담당하고 있는 업무는 영업업무이다. 영업업무에는 일반적으로 판매 계획, 판매예산의 편성, 시장조사, 광고 선전, 견적 및 계약, 제조지시서의 발행, 외상매출금의 청구 및 회수, 제품의 재고 조절, 거래처로부터의 불만처리, 제품의 애프터서비스, 판매원가 및 판매가격의 조사 검토 등이 있다.

05

정답 ④

교육 홍보물의 교육내용은 '연구개발의 성공을 보장하는 R&D 기획서 작성'과 'R&D 기획서 작성 및 사업화 연계'이므로 K사원이 속한 부서의 업무는 R&D 연구 기획과 사업 연계이다. 따라서 장비 활용 지원은 부서의 업무로 적절하지 않다.

06

정답 ②

교육을 바탕으로 기획서를 작성하여 성과를 내는 것은 교육의 효과성으로, 이는 교육을 받은 회사 또는 사람의 역량이 가장 중요하다. 홍보물과 관련이 적은 개발 지원에 대한 답변은 K사원이 답하기에는 어려운 질문이다.

CHAPTER 08 대인관계능력

01	02	03	04	05	06	07	08	09	10	11	12	13	14	15	16				
②	③	④	④	④	②	④	①	③	②	④	②	④	②	②	③				

01

정답 ②

주어진 글에서 M기업의 대외홍보팀은 최근 팀 구성원 간의 마찰과 갈등이 수차례 발생하고 있다고 하였으므로, 의견 불일치 및 마찰이 일어나는 격동기에 해당한다.

팀의 발전 단계

형성기	• 서로 낯선 단계 • 팀보다는 개별적, 개인적 성향이 강하고 서로의 행동에 신중하고 친절함 • 팀 리더에 의존하는 경향 • 다음 단계로 향하는 동안 조직원끼리 서로 간에 알아가려는 노력을 함
격동기	• 개인 간의 성격파악이 되어, 자기 의견을 말하기 시작 • 의견충돌이 잦고, 상대에 대한 비판적인 자세가 나타남
규범기	• 구성원 간의 이해가 안정화 • 하나의 팀으로 인식되어 팀 의식이 시작되는 단계 • 팀의 문제해결에 집중함
해지기	• 프로젝트 수행이 완료되고 팀이 해체하는 단계 • 프로젝트를 수행하면서 겪었던 성공과 실패 등을 정리하고 평가를 수행

02

정답 ③

㉡ 연우진 대리는 팀의 갈등 원인이 자기중심적인 이기적인 팀원들 때문이라고 하였다. 팀원들이 팀보다는 모두 개인성과에 집중하여 경쟁하느라 서로가 서로를 경계하여 협업이 발생하지 않는다고 하였다.

㉢ 김성주 사원은 조직의 정체성이 원인이라고 하였다. 팀원들이 팀의 목표에 대해 이해하지 못해서 역할 분담과 책임 분담도 잘 되지 않아 갈등이 발생할 수밖에 없다며, 조직에 대한 이해 부족을 팀워크 저해 요소로 꼽았다.

03

정답 ④

정형권 대리는 팀이 자신의 아이디어를 원치 않고, 노력과 공헌을 해도 아무런 소용과 보상이 없다고 말하는 것으로 볼 때 수동형 멤버십에 해당한다.

멤버십 유형의 특성

구분	동료와 리더의 시각	조직에 대한 자신의 느낌
소외형	• 냉소적 • 부정적 • 고집이 셈	• 자신을 인정해 주지 않음 • 적절한 보상이 없음 • 불공정하고 문제가 있음
순응형	• 아이디어가 없음 • 인기 없는 일은 하지 않음 • 조직을 위해 자신과 가족의 요구를 양보함	• 기존 질서를 따르는 것이 중요함 • 리더의 의견에 반하는 것은 어려움 • 획일적인 태도와 행동에 익숙함

실무형	• 개인의 이익을 극대화하기 위한 흥정에 능함 • 적당한 열의와 평범한 수완으로 업무 수행	• 규정 준수를 강조 • 명령과 계획의 빈번한 변경 • 리더와 부하간의 비인간적인 풍토
수동형	• 하는 일이 없음 • 제 몫을 하지 못함 • 업무 수행에는 감독이 반드시 필요	• 조직이 내 아이디어를 원치 않음 • 노력과 공헌을 해도 소용이 없음 • 리더는 항상 자기마음대로 함
주도형	• 이상적인 유형으로 독립접이며 혁신적 • 건설적 비판을 하며, 자기 나름의 개성이 있고 창조적 • 솔선수범하고 주인의식을 가지고 있으며, 적극적으로 참여하고 자발적이며, 기대이상의 성과를 내려고 노력함	

04

정답 ④

A부서는 빠른 실천과 피드백을 위해 개개인의 재량을 확대시키고자 한다. 이를 위해서는 결재 단계를 간소화하여 개인적 책임을 강조하고, 통제를 제한하는 자율적 유형의 팀워크를 적용하는 것이 적합하다. 따라서 자율적 유형의 팀워크의 핵심 가치로 옳은 것은 개인적 책임과 제한된 조망이다.

팀워크 유형

• 협력 : 구성원 간 협력과 시너지 효과 강조
• 통제 : 일관성과 전체적 조직 차원에서의 조망 강조
• 자율 : 개인적 책임과 제한된 통제, 제한된 조망 강조

05

정답 ④

A사원이 속한 팀의 직원들은 판단과 사고를 리더에 의존하고 지시가 있어야 행동하는 특징이 있다. 이는 수동형 멤버십에 해당한다.

오답분석

① 소외형 : 자립적이고 일부러 반대의견을 제시하기도 하는 유형
② 순응형 : 기쁜 마음으로 과업을 수행하며, 리더나 조직을 믿고 헌신하고, 팀플레이를 하는 유형
③ 실무형 : 조직의 운영방침에 민감하고, 규정과 규칙에 따라 행동하며 사건을 균형 잡힌 시각으로 보는 유형
⑤ 주도형 : 조직과 팀의 목적달성을 위해 독립적이면서 혁신적으로 사고하고, 역할을 적극적으로 실천하는 이상적인 유형

06

정답 ②

A사원이 속한 팀은 수동형 멤버십에 해당한다. 수동형 팔로워가 가지는 특성은 판단 및 사고를 리더에게 의존하고 지시가 있어야 행동한다는 점이다.

오답분석

① 주도형 팔로워의 특징이다.
③ 순응형 팔로워의 특징이다.
④ 실무형 팔로워의 특징이다.
⑤ 소외형 팔로워의 특징이다.

07

정답 ④

(라) 파트너십 유형의 리더십은 팀장과 팀원들이 성과 및 결과에 대한 책임을 공유한다.

오답분석

(가) 변혁적 유형의 리더십 : 리더는 변화를 위해 새로운 비전을 조직구성원들에게 제시한다.
(나) 독재자 유형의 리더십 : 리더는 부하직원들에게 신뢰와 충성을 강조하고, 저항하는 직원을 과감하게 해고하려고 한다.
(다) 민주주의적 유형의 리더십 : 리더는 그룹에 정보를 잘 전달하려고 노력하고, 전체 그룹의 구성원 모두를 목표 방향 설정에 참여하게 함으로써 구성원들에게 확신을 심어 주려고 노력한다.
(마) 위임적 유형의 리더십 : 리더는 자신의 활동을 다른 사람에게 분배하려고 한다. 조직구성원들이 특히 잘 훈련된 경우나, 리더의 지시에 순응하는 경우에 잘 적용되는 리더십이다.

08

정답 ①

(가) 사례에서 박기정 팀장은 변혁적 리더십을 발휘하고 있다.

변혁적 리더 유형의 특징

카리스마	조직에 명확한 비전을 제시하고, 집단 구성원들에게 그 비전을 쉽게 전달할 수 있다.
풍부한 칭찬	구성원이나 팀이 직무를 완벽히 수행했을 때 칭찬을 아끼지 않는다.
존경심과 충성심	개개인에게 시간을 할애하여 그들 스스로가 중요한 존재임을 깨닫게 하고, 존경심과 충성심을 불어넣는다.
자기 확신	뛰어난 사업수과 어떠한 의사결정이 조직에 긍정적으로 영향을 미치는지 예견할 수 있는 능력을 지니고 있다.
감화	구성원들이 도저히 해낼 수 없다고 생각하는 일들을 팀원들로 하여금 할 수 있도록 자극을 주고 도움을 주는 일을 수행한다.

오답분석

ⓒ·ⓔ : 독재자 리더십에서의 리더의 행동

독재자 리더 유형의 특징

질문 금지	독재자는 집단의 규칙하에 지배자로 군림하고, 동료에게는 그의 권위에 대한 도전이나 반항 없이 순응하도록 요구하며, 개개인들에게는 주어진 업무만을 묵묵히 수행할 것을 기대한다.
정보 독점	독재자는 '지식(정보)이 권력의 힘'이라고 믿는다. 이러한 까닭으로 대부분의 구성원들과 조직에 대한 핵심 정보를 혼자 독점하고 유지하려고 애쓰며, 다른 구성원들에게는 기본적 수준의 정보만을 제공한다.
실수 불허	독재자 유형은 언제 어디서나 가장 최고의 질적 수준을 요구한다. 실수는 결코 용납되지 않으며, 한 번의 실수는 곧 해고나 다른 형태의 징계로 이어진다.

09

정답 ③

김일동 이사의 리더십 역량은 코칭이다. 코칭은 문제 및 진척 상황을 팀원들과 함께 자세하게 살피고 지도 및 격려하는 활동을 의미하며 지침보다는 질문과 논의를 통해, 통제보다는 경청과 지원을 통해 상황의 발전과 좋은 결과를 이끌어낸다. 직원들을 코칭하는 리더는 팀원 자신이, 권한과 목적의식을 가지고 있는 중요한 사람이라는 사실을 느낄 수 있도록 이끌어 주어야 한다. 또한 팀원들이 자신만의 장점과 성공 전략을 활용할 수 있도록 적극적으로 도와야 할 것이다.

오답분석

① 관리자에 대한 설명이다.

②·④ 동기부여 방법에 대한 설명이다.

⑤ 독재자 유형의 리더십에 대한 설명이다.

10

정답 ②

코칭의 혜택

- 문제 해결 과정에 적극적으로 노력
- 높은 품질의 제품 생산
- 전반적으로 상승된 효율성 및 생산성
- 동기를 부여받은 직원들의 자신감 넘치는 노동력
- 철저한 책임감을 갖춘 직원들
- 기업에 값진 기여를 하는 파트너로서 인식

11

정답 ④

김사원은 과업수행에 거리낌이 없고 순응적이며, 팀플레이에 능숙하고, 리더와 조직을 신뢰하며 헌신하는 순응형 멤버십 유형에 해당한다. 따라서 동료들은 김사원이 참신한 아이디어도 없고 인기 없는 일은 반기지 않지만, 조직을 위해 희생한다고 보고 있다.

오답분석

ㄹ. 업무 수행에 반드시 감독이 필요한 것은 수동형 멤버십에 대한 판단이다.

12

정답 ②

거래처의 관리에 있어서 최초 선정 시 또는 임원이나 동료의 추천 시에는 추천된 업체와 그렇지 않은 업체와의 가격, 서비스 비교를 통해 결정한다. 결정된 업체와는 일정기간을 유지하여 장기거래처로서의 이점을 활용하지만, 오래된 거래업체라고 해도 가끔 타 업체와의 비교분석으로 교차점검을 하는 것이 바람직하다.

13

정답 ④

전화를 다른 부서로 연결할 때 양해를 구하지 않았으며, 다른 부서의 사람이 전화를 받을 수 있는 상황인지를 사전에 확인하지 않았다.

14

정답 ②

정대리는 내규에 민감하고 이를 준수하며, 균형적 시각을 보유한 실무형 멤버십에 해당한다. 따라서 정대리는 동료들에게 개인의 이익을 극대화하기 위한 흥정에 능하고, 적당한 열의와 평범한 수완으로 업무를 수행한다는 평가를 받을 수 있다.

오답분석

ㄴ. 실무형 멤버십은 강한 업무적 열정이 아니라 적당한 열정을 갖고 있다.
ㄹ. 자신의 몫을 다하지 못하는 것은 수동형 멤버십에 대한 판단이다.

15

정답 ②

고객이 잘못 이해하고 있다고 하더라도 고객의 말에 반박하지 말고 먼저 공감해야 한다. 즉, 고객이 그렇게 말할 수 있음을 이해하는 것이 중요하다.

16

정답 ③

A시는 문제를 해결하기 위한 방법을 제시했고, B시 역시 같은 목표를 위해 해결할 방법을 제시하여 서로 최선의 해법을 찾아 해결하였다. 이는 '나도 이기고, 너도 이기는 방법(Win – Win)'으로 통합형에 해당된다. 통합형은 서로의 차이를 인정하고 배려하는 신뢰감과 공개적인 대화를 필요로 하며, 가장 적절한 갈등해결 유형이다.

오답분석

① 회피형(Avoiding) : '나도 지고, 너도 지는 방법(I Lose – You Lose)'으로, 자신과 상대방에 대한 관심이 모두 낮음
② 수용형(Accommodating) : '나는 지고, 너는 이기는 방법(I Lose – You Win)'으로, 자신에 대한 관심은 낮고 상대방에 대한 관심은 높음
④ 타협형(Compromising) : '서로가 타협적으로 주고받는 방법(Give and Take)'으로, 자신에 대한 관심과 상대방에 대한 관심이 중간 정도
⑤ 경쟁형(Competing=지배형) : '나는 이기고, 너는 지는 방법(I Win – You Lose)'으로, 자신에 대한 관심은 높고 상대방에 대한 관심은 낮음

CHAPTER 09

자기개발능력

01	02	03	04	05	06	07	08	09	10
②	①	⑤	④	②	④	⑤	③	③	②

01

정답 ②

ㄱ. 자기개발에서 개발의 주체와 객체는 자기 자신이므로 자신이 자신의 능력, 적성, 특성 등을 이해하고, 목표성취를 위해 자신을 관리하며 개발해야 한다.

ㄷ. 자기개발은 개별적인 과정으로서 자기개발을 통해 지향하는 바와 선호하는 방법 등이 사람마다 다르므로 자신에게 알맞은 자기개발 전략이나 방법을 선정하여야 한다.

오답분석

ㄴ. 자기개발은 평생에 걸쳐서 이루어지는 과정이다. 우리를 둘러싸고 있는 환경은 끊임없이 변화하고 있으므로 환경에 적응하기 위해서는 지속적인 자기개발이 필요하다.

ㄹ. 자기개발은 생활 가운데 이루어져야 한다. 자기개발은 자신이 현재 하고있는 직무 혹은 지향하는 직업 세계와 관련하여 자신의 역할 및 능력을 점검하고 개발계획을 수립해야 한다.

02

정답 ①

경력개발이 필요한 상황

• 환경변화
- 지식정보의 빠른 변화
- 인력난 심화
- 삶의 질 추구
- 중견사원 이직 증가

• 조직요인
- 경영전략 변화
- 승진적체
- 직무환경 변화
- 능력주의 문화

• 개인요인
- 발달단계에 따른 가치관, 신념 변화
- 전문성 축적 및 성장 요구 증가
- 개인의 고용시장 가치 증대

03

정답 ⑤

성찰은 잘한 일과 개선할 점을 생각하는 과정을 통해 다른 일을 하는데 노하우가 축적되며 자기성장의 기회가 된다. 그리고 다른 사람과 신뢰감을 형성할 수 있고 지속적인 사고과정을 통해 창의적인 사고를 할 수 있다. 또한 지속적인 연습을 통하여 보다 잘할 수 있게 되기 때문에 연습이 이루어져서 습관화되면, 중요한 일이 발생했을 때 기존의 성찰을 통해 축적한 노하우를 발현할 수 있다.

04

정답 ④

매일 자신이 오늘 했던 일 중에 잘했던 일과 잘못했던 일을 생각해 보고, 이에 대한 이유와 앞으로의 개선점을 아무 형식 없이 적고, 이것이 모이게 되면 자신의 역량을 향상시켜 줄 나만의 자료가 된다. 일의 문제점이 드러나지 않기 위해서는 무엇을 해야 하는지는 성찰을 위한 질문으로 적절하지 않다.

05

정답 ②

자기관리 단계는 '비전 및 목적 정립 → 과제 발견 → 일정 수립 → 수행 → 반성 및 피드백'이다. 김대리가 자기 성장이 생각만큼 이루어지지 않고 형식적으로 자기관리를 하는 느낌을 받은 것은 반성 및 피드백 단계를 수행하지 않았기 때문이다.

오답분석

① 김대리는 과장이 되어 리더십을 발휘해 보겠다는 목표를 정립했다.
③ 일정을 세워 강의를 듣고 공부를 하는 등의 과제 수행을 했다.
④ 수행에 문제가 있다는 내용은 글에서 찾을 수 없다.
⑤ 일정을 세워 꾸준히 실행했다.

06

정답 ④

반성 및 피드백 단계에서는 일을 수행하고 나면 다음의 질문을 통해 분석하고, 결과를 피드백하여 다음 수행에 반영한다. 여기서는 어떤 목표를 성취하였는지, 일을 수행하는 동안 어떤 문제에 직면했는지, 어떻게 결정을 내리고 행동했는지, 우선순위와 일정에 따라 계획적으로 수행하였는지에 대해 질문해 보아야 한다. 나에게 가장 중요한 것이 무엇인지에 대한 질문은 비전 및 목적 정립의 단계에서 해야 하는 질문이다.

07

정답 ⑤

자기개발은 일시적으로 이루어지는 과정이 아닌, 평생에 걸쳐서 이루어지는 과정이다. 이는 우리의 직업생활을 둘러싸고 있는 환경은 끊임없이 변화하고 있으며, 우리에게도 지속적으로 학습해 적응하기를 요구하고 있기 때문이다.

오답분석

① 자기개발은 자신을 개발하여 효과적으로 업무를 수행하게 하고, 현대사회와 같이 급속하게 변화하는 환경에 적응하도록 해, 자신이 설정한 목표를 달성하고 보다 보람되고 나은 삶을 영위하게 하기 때문에 특정한 사람이 아닌 모든 사람이 해야 하는 활동이다.

② 자기를 개발한다고 하는 것은 스스로 계획하고 실행한다는 의미로, 이는 자신의 능력, 적성, 특성 등을 이해하고, 목표성취를 위해 스스로를 관리하며 개발하는 것이다. 따라서 자기개발에서 개발의 주체는 타인이 아니라 자기 자신이다.

③ 자기개발은 개별적인 과정으로서 사람마다 자기개발을 통해 지향하는 바와 선호하는 방법 등이 다르다. 따라서 개인은 자신의 이해를 바탕으로, 자신에게 앞으로 닥칠 환경 변화를 예측하고 자신에게 적합한 목표를 설정하며 자신에게 알맞은 자기개발 전략이나 방법을 선정하여야 한다.

④ 우리의 인생은 일과 밀접한 관련이 있으며, 대부분 일과 간련하여 인간관계를 맺고 일과 관련하여 우리의 능력을 발휘하고 개발한다. 따라서 자기개발은 일과 관련된 것이 하는 것이 좋은 편이다.

08

정답 ③

㉠은 생리적 욕구가 자기개발을 방해하는 장애요인으로 작용한 것으로, 생리적 욕구는 인간의 생명 자체를 유지시켜 주는 기본적인 욕구로서 음식물, 수면, 성생활 등 본능적 생리현상에 따른 욕구를 말한다.

Plus

매슬로우의 욕구단계

- 생리적 욕구 : 인간의 생명 자체를 유지시켜 주는 기본적인 욕구
- 안전의 욕구 : 위협으로부터의 해방, 안정을 추구하는 욕구
- 사회적 욕구 : 다른 사람들과 인간관계를 맺고 싶어 하고, 집단에 소속되고 싶어 하는 욕구
- 존경의 욕구 : 다른 사람에게 인정받기를 원하는 욕구
- 자기실현의 욕구 : 자신의 목표를 끊임없이 추구하며 성취를 통해 만족을 얻고자 하는 욕구

09

정답 ③

B씨가 창업한 계기는 장시간 노동과 박봉 등 회사의 열악한 근무조건에 대한 불만과 자신이 여성의류에 대해 전문성을 가지고 있다고 생각한 점, 인터넷과 통신기술의 발달로 공간이나 시간의 제약 없이 손쉽게 창업을 할 수 있었다는 것이다. 정치, 경제적 변화에 대한 부분은 창업의 이유가 될 수 있지만 B씨의 사례에는 언급되어 있지 않다.

10

정답 ②

인터넷의 확산으로 공간이나 시간의 제약 없이 손쉽게 창업을 할 수 있지만, 창업에 성공하기 위해서는 자신의 흥미, 재능, 가치, 라이프스타일을 철저히 이해하고, 업무 환경에 대한 충분한 정보를 얻은 후에 구체적인 목표와 전략을 수립하여 실행해야 한다. B씨는 창업이 본인의 직무를 살려 개발하고 발전하는 일이라 생각하고 도전했지만, 코디네이터와 창업, 즉 사업은 전혀 다른 직무라는 것을 고려하지 않았기 때문에 그에 따른 단계별 준비도 충분히 이뤄질 수 없었다. 또한 B씨는 사업에 대한 열망을 가지고 시작했으나, 창업 준비가 미흡했던 점에 대해 후회하고 있다.

CHAPTER 10 직업윤리

01	02	03	04	05	06	07	08	09	10
③	⑤	④	②	②	①	②	③	③	④

01

정답 ③

직업인의 기본자세
- 소명의식
- 천직의식
- 봉사정신
- 협동정신
- 책임의식
- 전문의식
- 공평무사한 자세

02

정답 ⑤

준법이란 민주 시민으로서 기본적으로 지켜야 하는 의무이자 생활 자세이며, 민주 사회에서 법과 규칙을 준수하는 것은 시민으로서의 자신의 권리를 보장받고, 다른 사람의 권리를 보호해 주며, 사회 질서를 유지하는 역할을 한다. 어떻게 보면 별 것 아니라고 생각될 수 있는 교통질서이지만, 한 사람의 질서 거부가 전체 시스템의 마비로 이어질 수 있다. 그리고 그 피해는 결국 다른 사람은 물론 나 자신에게도 돌아오게 되기 때문에 개개인의 준법의식이 매우 중요하다.

03

정답 ④

근면에는 두 종류가 있다. 첫째는 외부로부터 강요당한 근면이고, 둘째는 스스로 자진해서 하는 근면이다. 제시문의 내용은 자진해서 하는 근면에 대한 설명이다. 김대리가 아침에 하는 외국어 공부는 능동적이며 적극적인 태도가 바탕이 된다. 자진해서 하는 근면은 자신의 것을 창조하며 조금씩 자신을 발전시키고 시간의 흐름에 따라 자아를 확립시켜 나가는 것이다.

04

정답 ②

직장생활에서 일상을 대수롭지 않게 느끼고 돈을 받고 하는 일이라고 생각하는 것은 수동적이고 소극적인 태도로 근면하기 위해 필요한 자세와는 반대의 태도이다. 직업생활에서 근면한 자세를 유지하기 위해서는 직장에서 하는 일의 의의와 가치를 생각하고 적극적으로 임하는 태도가 필요하다.

05

정답 ②

부패의 원인은 사회적 윤리의식의 부재, 공사 구분을 모호하게 하는 문화적 특성, 건전한 가치관의 미정립, 과도한 법규의 규제, 효율적 사회 시스템의 미비, 과거를 답습하는 문화 등 여러 가지가 있을 수 있다. 제시문에서는 사회시스템에 대한 내용은 언급되지 않았다.

06

정답 ①

제시문은 정부 사업을 수주하는 업체가 정부기관의 권력을 이용해 이익을 취하며 기업의 건전한 이윤추구의 가치를 훼손시키는 사례이다. 부패는 사회시스템 전체가 유기적으로 움직이는 데 피해를 주고 다른 사회구성원들로 하여금 엄청난 사회적 비용을 물도록 하여 국가와 사회의 정상적인 발전을 저해하는 것이다. 따라서 거래당사자 간의 문제에 그치는 것이 아니라 사회적 비용으로 보아야 한다.

07

정답 ②

잘못된 것을 감추기 시작하면 점점 상황이 악화될 수 있고, 거짓이 밝혀질 수도 있다. 잘못한 것을 밝히는 것이 더 큰 잘못을 막고 정직과 신용을 구축할 수 있는 방법이다.

08

정답 ③

K대리의 전화 모습을 보면 통화를 마칠 때, 전화를 건 상대방에게 감사의 표시를 하지 않았음을 확인할 수 있다. '네! 전화 주셔서 감사합니다. 이만 전화 끊겠습니다.'와 같이 전화를 건 상대방에게 감사의 표시를 하는 것이 적절하다.

09

정답 ③

김사원은 소개예절에 따라 소개하는 사람에 대해 성과 이름을 함께 말했다.

Plus

소개예절

- 직장에서 비즈니스 매너상 소개를 할 때는 직장 내에서의 서열과 나이를 고려한다.
- 나이 어린 사람을 연장자에게 먼저 소개한다.
- 내가 속해 있는 회사의 관계자를 타 회사의 관계자에게 소개한다.
- 동료를 고객에게 먼저 소개한다.
- 반드시 성과 이름을 함께 말한다.

10

정답 ④

악수는 오른손으로 하는 것이 일반적인 악수예절이다.

Plus

악수예절

- 비즈니스에서 악수를 하는 동안에는 상대에게 집중하는 의미로 눈을 맞추고 미소를 짓는다.
- 악수를 할 때는 오른손을 사용하고, 너무 강하게 쥐어짜듯이 잡지 않는다.
- 악수는 서로의 이름을 말하고 간단한 인사 몇 마디를 주고받는 정도의 시간 안에 끝내야 한다.
- 악수는 윗사람이 아랫사람에게, 여성이 남성에게, 선배가 후배에게 청한다.

PART

2

직무수행능력평가

CHAPTER 01 사무직 직무수행능력평가

01 경영학

01	02	03	04	05	06	07	08	09	10
⑤	⑤	⑤	③	⑤	①	③	④	③	④
11	12	13	14	15	16	17	18	19	20
②	⑤	④	②	②	⑤	③	①	②	④
21	22	23	24	25	26	27	28	29	30
①	①	①	⑤	③	①	②	②	⑤	①

01

정답 ⑤

마이클 포터(Michael Porter)의 산업구조 분석모델은 산업에 참여하는 주체를 기존기업(산업 내 경쟁자), 잠재적 진입자(신규 진입자), 대체재, 공급자, 구매자로 나누고 이들 간의 경쟁 우위에 따라 기업 등의 수익률이 결정되는 것으로 본다.

오답분석

① 정부의 규제 완화 : 정부의 규제 완화는 시장 진입장벽이 낮아지게 만들며, 신규 진입자의 위협으로 볼 수 있다.
② 고객 충성도 : 고객의 충성도 정도에 따라 진입자의 위협도가 달라진다.
③ 공급업체의 규모 : 공급업체의 규모에 따라 공급자의 교섭력에 영향을 준다.
④ 가격의 탄력성 : 소비자들은 가격에 민감할 수도, 둔감할 수도 있기에 구매자의 교섭력에 영향을 준다.

02

정답 ⑤

GE 매트릭스는 기업이 그리드에서의 위치에 따라 제품 라인이나 비즈니스 유닛을 전략적으로 선택하는 데 사용하는 다중 요인 포트폴리오 매트릭스라고도 부른다.

03

정답 ⑤

ESG 경영의 주된 목적은 착한 기업을 키우는 것이 아니라 불확실성 시대의 환경, 사회, 지배구조라는 복합적 리스크에 잘 대응하고 지속적 경영으로 이어나가는 것이다.

04

정답 ③

트러스트는 경제적 자립권과 독립성을 둘 다 포기한 채 시장독점이라는 하나의 목적으로 여러 기업이 뭉쳐서 이뤄진 하나의 통일체이다.

오답분석

① 카르텔(Kartell) : 기업연합을 의미하는 용어로, 동종 산업에 종사하는 다수의 기업들이 서로 경제적인 자립권과 법률상 독립권을 유지한 채 시장독점을 목적으로 한 연합체이다.
② 신디케이트(Syndicate) : 공동판매 카르텔, 가장 고도화된 카르텔의 형태로 생산은 독립성을 유지하나, 판매는 공동판매회사를 통해서 이루어진다.
④ 콘체른(Konzern) : 법률상의 독립권만 유지되는 형태의 기업연합이다.
⑤ 콩글로머리트(Conglomerate) : 합병 또는 매수에 의해서 상호 관련없는 이종기업을 결합하는 기업집중형태이다.

05

정답 ⑤

목표관리는 목표의 설정뿐 아니라 성과평가 과정에도 부하직원이 참여하는 관리기법이다.

오답분석

① 목표설정 이론은 명확하고 도전적인 목표가 성과에 미치는 영향을 분석한다.
② 목표는 지시적 목표, 자기설정 목표, 참여적 목표로 구분되고, 이 중 참여적 목표가 종업원의 수용성이 가장 높다.
③ 조직의 상·하 구성원이 모두 협의하여 목표를 설정한다.
④ 조직의 목표를 부서별, 개인별 목표로 전환하여 조직 구성원 각자의 책임을 정하고, 조직의 효율성을 향상시킬 수 있다.

06

정답 ①

기계적 조직과 유기적 조직의 일반적 특징

구분	전문화	공식화	집권화	위계
기계적 조직	고	고	고	수직적
유기적 조직	저	저	저	수평적

07 정답 ③

ⓑ 명성가격은 가격이 높으면 품질이 좋다고 판단하는 경향으로 인해 설정되는 가격이다.

ⓒ 단수가격은 가격을 단수(홀수)로 적어 소비자에게 싸다는 인식을 주는 가격이다(예 9,900원).

오답분석

ⓐ 구매자가 어떤 상품에 대해 지불할 용의가 있는 최고가격은 유보가격이다.

ⓓ 심리적으로 적당하다고 생각하는 가격 수준은 준거가격이라고 한다. 최저수용가격이란 소비자들이 품질에 대해 의심 없이 구매할 수 있는 가장 낮은 가격을 의미한다.

08 정답 ④

기업의 사회적 책임(CSR)에는 경제적, 법률적, 윤리적, 자선적 책임이 존재한다. 회계의 투명성은 법률적 책임에 해당된다.

오답분석

①·② 경제적 책임, ③ 윤리적 책임, ⑤ 자선적 책임

09 정답 ③

수직적 통합은 원료를 공급하는 기업이 생산기업을 통합하는 등의 전방 통합과 유통기업이 생산기업을 통합하거나 생산기업이 원재료 공급기업을 통합하는 등의 후방 통합이 있으며, 원료 독점으로 경쟁자 배제, 원료 부문에서의 수익, 원료부터 제품까지의 기술적 일관성 등의 장점이 있다.

오답분석

①·②·⑤ 수평적 통합은 동일 업종의 기업이 동등한 조건하에서 합병·제휴하는 일로, 수평적 통합의 장점에 해당된다.

④ 대규모 구조조정은 수직적 통합의 이유와 관련이 없다.

10 정답 ④

자재소요계획(MRP)은 생산 일정계획의 완제품 생산일정(MPS)과 자재명세서(BOM), 재고기록철(IR)에 대한 정보를 근거로 수립하여 재고관리를 모색한다.

오답분석

① MRP는 푸시 생산방식(Push System)이다.

② MRP는 종속수요를 갖는 부품들의 생산수량과 생산시기를 결정하는 방법이다.

③ 각 부품별 계획 주문 발주시기는 MRP의 결과물이다.

⑤ 필요할 때마다 요청해서 생산하는 방식은 풀 생산방식(Pull System)이다.

11 정답 ②

최소여유시간(STR)은 남아있는 납기일수와 작업을 완료하는 데 소요되는 일수와의 차이를 여유시간이라고 할 때 이 여유시간이 짧은 것부터 순서대로 처리하는 것이다.

12 정답 ⑤

$$\text{EOQ}=\sqrt{\frac{2\times(\text{주문당 소요비용})\times(\text{연간 수요량})}{(\text{연간단위 재고비용})}}$$

$$=\sqrt{\frac{2\times200\times1{,}000}{40}}=100$$

$$(\text{연간 재고유지비용})=\frac{\text{EOQ}}{2}\times(\text{단위당 재고유지비})$$

$$=\frac{100}{2}\times40=2{,}000$$

$$(\text{연간 주문비용})=\frac{(\text{연간 수요량})}{\text{EOQ}}\times(\text{단위당 주문비})$$

$$=\frac{1{,}000}{100}\times200=2{,}000$$

(총재고비용)=(연간 주문비용)+(연간 재고유지비용)

$\therefore$ 2,000+2,000=4,000원

13 정답 ④

계속기업의 가정이란, 보고기업이 예측 가능한 미래에 영업을 계속하여 영위할 것이라는 가정이다. 기업이 경영활동을 청산 또는 중단할 의도가 있다면, 계속기업의 가정이 아닌 청산가치 등을 사용하여 재무제표를 작성한다.

오답분석

① 재무제표는 재무상태표, 포괄손익계산서, 자본변동표, 현금흐름표, 그리고 주석으로 구성된다. 법에서 이익잉여금처분계산서 등의 작성을 요구하는 경우 주석으로 공시한다.

② 원칙적으로 최소 1년에 한 번씩은 작성해야 한다.

③ 현금흐름표 등 현금흐름에 관한 정보는 현금주의에 기반한다.

⑤ 역사적원가는 측정일의 조건을 반영하지 않고, 현행가치는 측정일의 조건을 반영한다. 현행가치는 다시 현행원가, 공정가치, 사용가치(이행가치)로 구분된다.

14 정답 ②

470,000(기계장치)+340,000+10,000(처분손실)−800,000
=₩20,000

15

정답 ②

5가지 성격 특성 요소(Big Five Personality Traits)

1. 개방성(Openness to Experience) : 상상력, 호기심, 모험심, 예술적 감각 등으로 보수주의에 반대하는 성향
2. 성실성(Conscientiousness) : 목표를 성취하기 위해 성실하게 노력하는 성향. 과제 및 목적 지향성을 촉진하는 속성과 관련된 것으로, 심사숙고, 규준이나 규칙의 준수, 계획 세우기, 조직화, 과제의 준비 등과 같은 특질을 포함
3. 외향성(Extraversion) : 다른 사람과의 사교, 자극과 활력을 추구하는 성향. 사회와 현실 세계에 대해 의욕적으로 접근하는 속성과 관련된 것으로, 사회성, 활동성, 적극성과 같은 특질을 포함
4. 수용성(Agreeableness) : 타인에게 반항적이지 않은 협조적인 태도를 보이는 성향. 사회적 적응성과 타인에 대한 공동체적 속성을 나타내는 것으로, 이타심, 애정, 신뢰, 배려, 겸손 등과 같은 특질을 포함
5. 안정성(Emotional Stability) : 스트레스를 견디는 개인의 능력. 정서가 안정적인 사람들은 온화하고 자신감이 있음

16

정답 ⑤

기업의 생산이나 판매과정 전후에 있는 기업 간의 합병으로, 주로 원자재 공급의 안정성 등을 목적으로 하는 것은 수직적 합병이다.
수평적 합병은 동종 산업에서 유사한 생산단계에 있는 기업 간의 합병으로, 주로 규모의 경제적 효과나 시장지배력을 높이기 위해서 이루어진다.

17

정답 ③

규범기는 역할과 규범을 받아들이고 수행하며 성과로 이어지는 단계이다.

Plus

터크만(Tuckman)의 집단 발달의 5단계 모형

1. 형성기(Forming) : 집단의 구조와 목표, 역할 등 모든 것이 불확실한 상태. 상호 탐색 및 방향 설정
2. 격동기(Storming) : 소속감, 능력, 영향력은 인식한 상태. 권력분배와 역할분담 등에서 갈등과 해결 과정을 겪음
3. 규범기(Norming) : 집단의 구조, 목표, 역할, 규범, 소속감, 응집력 등이 분명한 상태. 협동과 몰입
4. 성과달성기(Performing) : 비전 공유 및 원활한 커뮤니케이션으로 집단목표 달성. 자율성, 높은 생산성
5. 해체기(Adjourning) : 집단의 수명이 다하여 멤버들은 해산됨

18

정답 ①

㉠·㉡ 푸시 전략(Push Strategy)에 대한 설명이다.

오답분석

㉢·㉣ 풀 전략(Pull Strategy)에 대한 설명이다.

19

정답 ②

서브리미널 광고는 자각하기 어려울 정도의 짧은 시간 동안 노출되는 자극을 통하여 잠재의식에 영향을 미치는 현상을 의미하는 서브리미널 효과를 이용한 광고이다.

오답분석

① 애드버커시 광고 : 기업과 소비자 사이에 신뢰관계를 회복하려는 광고
③ 리스폰스 광고 : 광고 대상자에게 직접 반응을 얻고자 메일, 통신판매용 광고전단을 신문·잡지에 끼워 넣는 광고
④ 키치 광고 : 설명보다는 기호와 이미지를 중시하는 광고
⑤ 티저 광고 : 소비자의 흥미를 유발시키기 위해 처음에는 상품명 등을 명기하지 않다가 점점 대상을 드러내어 소비자의 관심을 유도하는 광고

20

정답 ④

공급사슬관리(SCM)란 공급자로부터 최종 고객에 이르기까지 자재 조달, 제품 생산, 유통, 판매 등의 흐름을 적절히 관리하는 것으로, 이를 통해 자재의 조달 시간을 단축하고, 재고 비용이나 유통 비용 등을 절감할 수 있다.

오답분석

① 자재소요량계획(MRP)
② 업무재설계(BPR)
③ 적시생산시스템(JIT)
⑤ 지식관리시스템(KMS)

21

정답 ①

카츠(Kartz)는 경영자에게 필요한 능력을 크게 인간적 자질, 전문적 자질, 개념적 자질 3가지로 구분하였다. 그중 인간적 자질은 구성원을 리드하고 관리하며, 다른 구성원들과 함께 일을 할 수 있게 하는 것으로 모든 경영자가 갖추어야 하는 능력이다. 타인에 대한 이해력과 동기부여 능력은 인간적 자질에 속한다.

오답분석

②·④ 전문적 자질(현장실무)
③·⑤ 개념적 자질(상황판단)

22

정답 ①

기능별 조직은 전체 조직을 기능별 분류에 따라 형성시키는 조직의 형태이다. 해당 회사는 수요가 비교적 안정된 소모품을 납품하는 업체이기 때문에 환경적으로도 안정되어 있으며, 부서별 효율성을 추구하므로 기능별 조직이 이 회사의 조직구조로 적합하다.

기능별 조직

구분	내용
적합한 환경	• 조직구조 : 기능조직 • 환경 : 안정적 • 기술 : 일상적이며 낮은 상호의존성 • 조직규모 : 작거나 중간 정도 • 조직목표 : 내적 효율성, 기술의 전문성과 질
장점	• 각 기능별 규모의 경제 획득 • 각 기능별 기술개발 용이 • 기능 목표 달성 가능 • 중간 이하 규모의 조직에 적합 • 소품종 생산에 유리
단점	• 환경변화에 대한 대응이 늦음 • 최고경영자의 의사결정이 지나치게 많음 • 부문 간 상호조정 곤란 • 혁신이 어려움 • 전체 조직목표에 대한 제한된 시각

23

정답 ①

집단사고(Groupthink)는 응집력이 높은 집단에서 의사결정을 할 때, 동조압력과 전문가들의 과다한 자신감으로 인해 사고의 다양성이나 자유로운 비판 대신 집단의 지배적인 생각에 순응하여 비합리적인 의사결정을 하게 되는 경향이다.

24

정답 ⑤

에이전시 숍은 근로자들 중에서 조합가입의 의사가 없는 자에게는 조합가입이 강제되지 않지만, 조합가입을 대신하여 조합에 조합비를 납부하여 조합원과 동일한 혜택을 받을 수 있도록 하는 제도이다.

25

정답 ③

SWOT 분석은 기업을 Strength(강점), Weakness(약점), Opportunities(기회), Threats(위협)의 4가지 요인으로 분석하여 마케팅 전략을 세우는 방법으로 ①·②·④·⑤는 Strength(경쟁기업과 비교하여 소비자로부터 강점으로 인식되는 것이 무엇인지)에 해당하지만 해외시장의 성장은 Opportunities(외부환경에서 유리한 기회요인), Threats(외부환경에서 불리한 위협요인)에 해당한다.

26

정답 ①

오답분석

② 준거가격 : 소비자가 과거의 경험이나 기억, 정보 등으로 제품의 구매를 결정할 때 기준이 되는 가격
③ 명성가격 : 소비자가 가격에 의하여 품질을 평가하는 경향이 특히 강하여 비교적 고급품질이 선호되는 상품에 설정되는 가격
④ 관습가격 : 일용품의 경우처럼 장기간에 걸친 소비자의 수요로 인해 관습적으로 형성되는 가격
⑤ 기점가격 : 제품을 생산하는 공장의 입지 조건 등을 막론하고 특정 기점에서 공장까지의 운임을 일률적으로 원가에 더하여 형성되는 가격

27

정답 ②

성장기에는 신제품을 인지시키기 위한 정보제공형 광고에서 소비자의 선호도를 높이기 위한 제품선호형 광고로 전환한다.

28

정답 ②

오답분석

① 하나의 자산이 아닌 다양한 자산을 편입시켜 위험을 상쇄한다.
③ 비체계적 위험이 아닌 체계적 위험에 대한 설명이다.
④ 체계적위험이 아닌 비체계적 위험에 대한 설명이다.
⑤ 베타는 공분산을 시장포트폴리오의 위험으로 나눈 값이다.

29

정답 ⑤

측정도구와 관계없이 측정상황에 따라 발생하는 오차는 비체계적 오차이다. 비체계적 오차가 적다는 것은 신뢰성이 높다고 볼 수 있다.

30

정답 ①

순할인채의 듀레이션은 만기와 일치한다.

02 경제학

01	02	03	04	05	06	07	08	09	10
④	④	③	①	②	①	④	②	⑤	⑤
11	12	13	14	15	16	17	18	19	20
⑤	④	②	①	④	④	④	④	④	④
21	22	23	24	25	26	27	28	29	30
②	③	③	④	②	①	⑤	③	①	④

01

정답 ④

화폐의 기능 중 가치 저장 기능은 발생한 소득을 바로 쓰지 않고 나중에 지출할 수 있도록 해준다는 것이다.

오답분석

① 금과 같은 상품화폐의 내재적 가치는 변동한다.
② M2에는 요구불 예금과 저축성 예금이 포함된다.
③ 불태환화폐(Flat Money)는 상품화폐와 달리 내재적 가치를 갖지 않는다.
⑤ 다른 용도로 사용될 수 있더라도 교환의 매개 수단으로 활용될 수 있다.

02

정답 ④

화폐수요의 이자율 탄력성이 높은 경우(=이자율의 화폐수요 탄력성은 낮음)에는 총통화량을 많이 증가시켜도 이자율의 하락폭은 작기 때문에 투자의 증대효과가 낮다. 반면, 화폐수요의 이자율 탄력성이 낮은 경우(=이자율의 화폐수요 탄력성은 높음)에는 총통화량을 조금만 증가시켜도 이자율의 하락폭은 커지므로 투자가 늘어나고 이로 인해 국민소득이 늘어나므로 통화정책의 효과가 높아진다.

03

정답 ③

노동시장에서 기업은 한계수입생산(MRP)과 한계요소비용(MFC)이 일치하는 수준까지 노동력을 수요하려 한다.

- 한계수입생산 : $MRP_L = MR \times MP_N$, 생산물시장이 완전경쟁시장이라면 한계수입과 가격이 일치하므로 $P \times MP_N$, 주어진 생산함수에서 노동의 한계생산을 도출하면 $Y = 200N - N^2$, 이를 N으로 미분하면 $MP_N = 200 - 2N$
- 한계요소비용 : $MFC_N = \dfrac{\Delta TFC_N}{\Delta N} = \dfrac{W \cdot \Delta N}{\Delta N} = W$, 여가의 가치는 임금과 동일하므로 $W = 40$이 된다.
- 균형노동시간의 도출 $= P \times MP_N = W \Rightarrow 1 \times (200 - 2N) = 40$

따라서 $N = 80$이 도출된다.

04

정답 ①

$MR_A = MC_A$, $MR_B = MC_B$를 이용하여 기업 1과 기업 2의 반응곡선을 구한다.

$10 - 2q_1 - q_2 = 3$, $q_1 = -\dfrac{1}{2}q_2 + 3.5$

$10 - q_1 - 2q_2 = 2$, $q_2 = -\dfrac{1}{2}q_1 + 4$

꾸르노 모형의 균형은 두 기업의 반응곡선이 교차하는 점에서 이루어지므로 $q_1 = 2$, $q_2 = 3$이다.

따라서 균형에서의 시장생산량은 $q_1 + q_2 = 5$이다.

05

정답 ②

균형재정승수란 정부가 균형재정을 유지하는 경우에 국민소득이 얼마나 증가하는가를 측정하는 것이다. 균형재정이란 정부의 조세수입과 정부지출이 같아지는 상황으로 $\Delta G = \Delta T$라고 할 수 있다. 정부지출과 조세를 동일한 크기만큼 증가시키는 경우로 정부지출승수는 $\dfrac{\Delta Y}{\Delta G} = \dfrac{-MPC}{1-MPC} = \dfrac{-0.8}{1-0.8} = -4$이다. 따라서 정부지출과 조세를 동시에 같은 크기만큼 증가시키면,

$\dfrac{\Delta Y}{\Delta G} + \dfrac{\Delta Y}{\Delta T} = \dfrac{1}{1-0.8} + \dfrac{-0.8}{1-0.8} = 5 - 4 = 1$이 된다.

즉, 균형재정승수는 1이다.

06

정답 ①

가격차별(Price Discrimination)은 동일한 상품에 대해 구입자 혹은 구입량에 따라 다른 가격을 받는 행위를 의미한다.

전월세 상한제도나 대출 최고 이자율을 제한하는 제도는 가격의 법정 최고치를 제한하는 가격상한제(Price Ceiling)에 해당하는 사례이다.

오답분석

노인이나 청소년 할인, 수출품과 내수품의 다른 가격 책정 등은 구입자에 따라 가격을 차별하는 대표적인 사례이다. 한편, 물건 대량 구매 시 할인해 주거나 전력 사용량에 따른 다른 가격을 적용하는 것은 구입량에 따른 가격차별이다.

07

정답 ④

오답분석

다·라. 역선택의 해결방안에 해당한다.

08 정답 ②

자연독점이란 규모가 가장 큰 단일 공급자를 통한 재화의 생산 및 공급이 최대 효율을 나타내는 경우 발생하는 경제 현상을 의미한다. 자연독점 현상은 최소효율규모의 수준 자체가 매우 크거나 생산량이 증가할수록 평균총비용이 감소하는 '규모의 경제'가 나타날 경우에 발생한다. 최소효율규모란 평균비용곡선상에서 평균비용이 가장 낮은 생산 수준을 나타낸다.

09 정답 ⑤

리카도의 비교우위론이란 한 나라가 두 재화생산에 있어서 모두 절대우위 혹은 절대열위에 있더라도 양국이 상대적으로 생산비가 낮은 재화생산에 특화하여 무역을 할 경우 양국 모두 무역으로부터 이익을 얻을 수 있다는 이론을 말한다. 따라서 각 나라의 생산의 기회비용을 비교해 보면 비교우위를 알 수 있다.

구분	甲국	乙국
TV	0.3	0.5
쇠고기	10/3	2

위 표에서 보는 바와 같이 TV 생산의 기회비용은 甲국이 낮고 쇠고기 생산의 기회비용은 乙국이 더 낮으므로 甲국은 TV 생산, 乙국은 쇠고기 생산에 비교우위를 갖는다. 따라서 무역이 이루어지면 甲국은 TV만 생산하여 수출하고 乙국은 쇠고기만 생산하여 수출하게 된다.

10 정답 ⑤

수요의 가격탄력성이란 어떤 재화의 가격이 변할 때 그 재화의 수요량이 얼마나 변하는지를 나타내는 지표이다. 수요의 가격탄력성은 수요량의 변화율을 가격의 변화율로 나누고 음의 부호(−)를 부가하여 구할 수 있으며, 이 값이 1보다 큰 경우를 '탄력적'이라고 하고 이는 가격 변화에 수요량이 민감하게 변한다는 것을 의미한다.
이 문제에서 가격 변화율은 10%, 제품 판매량은 5% 감소하였으므로 수요의 가격 탄력성은 $\frac{5\%}{10\%}=0.5$이다.

11 정답 ⑤

생산에 투입된 가변요소인 노동의 양이 증가할수록 총생산이 체증적으로 증가하다가 일정 단위를 넘어서면 체감적으로 증가하기 때문에 평균생산과 한계생산은 증가하다가 감소한다. 한계생산물곡선은 평균생산물곡선의 극대점을 통과하므로 한계생산물과 평균생산물이 같은 점에서는 평균생산물이 극대가 된다. 한편, 한계생산물이 0일 때 총생산물이 극대가 된다.

12 정답 ④

산업 내 무역(Intra-industry Trade)은 동일한 산업 내에서 재화의 수출입이 이루어지는 것을 말한다. 산업 내 무역은 시장구조가 독점적 경쟁이거나 규모의 경제가 발생하는 경우에 주로 발생하며, 부존자원의 차이와는 관련이 없다. 산업 내 무역은 주로 경제발전의 정도 혹은 경제 여건이 비슷한 나라들 사이에서 이루어지므로 유럽 연합 국가들 사이의 활발한 무역을 설명할 수 있다.

13 정답 ②

코즈의 정리란 재산권(소유권)이 명확하게 확립되어 있고, 거래비용 없이도 자유롭게 매매할 수 있다면 권리가 어느 경제 주체에 귀속되는가와 상관없이 당사자 간의 자발적 협상에 의한 효율적인 자원배분이 가능해진다는 이론이다. 그러나 현실적으로는 거래비용의 존재, 외부성 측정 어려움, 이해당사자의 모호성, 정보의 비대칭성, 협상능력의 차이 등으로 코즈의 정리로 문제를 해결하는 데는 한계가 있다.

14 정답 ①

오답분석

다. 정부의 지속적인 교육투자정책으로 인적자본축적이 이루어지면 규모에 대한 수확체증이 발생해 지속적인 성장이 가능하다고 한다.
라. 내생적 성장이론에서는 금융시장이 발달하면 저축이 증가하고 투자의 효율성이 개선되어 지속적인 경제성장이 가능하므로 국가 간 소득수준의 수렴현상이 나타나지 않는다고 본다.

15 정답 ④

사회후생의 극대화는 자원배분의 파레토효율성이 달성되는 효용가능경계와 사회무차별곡선이 접하는 점에서 이루어진다. 그러므로 파레토효율적인 자원배분하에서 항상 사회후생이 극대화되는 것은 아니며, 사회후생 극대화는 무수히 많은 파레토효율적인 점들 중의 한 점에서 달성된다.

16 정답 ④

오답분석

라. 케인즈는 절대소득가설을 이용하여 승수효과를 설명하였다.

17 정답 ④

IS곡선이란 생산물시장의 균형이 이루어지는 이자율(r)과 국민소득(Y)의 조합을 나타내는 직선을 말하며, 관계식은 다음과 같다.

$$r=\frac{-1-c(1-t)+m}{b}Y+\frac{1}{b}(C_0-cT_0+I_0+G_0+X_0-M_0)$$

즉, IS곡선의 기울기는 투자의 이자율탄력성(b)이 클수록, 한계소비성향(c)이 클수록, 한계저축성향(s)이 작을수록, 세율(t)이 낮을수록, 한계수입성향(m)이 작을수록 완만해진다. 한편, 소비, 투자, 정부지출, 수출이 증가할 때 IS곡선은 오른쪽으로, 조세, 수입, 저축이 증가할 때 왼쪽으로 수평이동한다. 외국의 한계수입성향이 커지는 경우에는 자국의 수출이 증가하므로 IS곡선은 오른쪽으로 이동한다.

18

정답 ④

소비자물가지수는 수입생필품을 포함하지만 자본재를 비포함하고, GDP 디플레이터는 수입 생필품을 포함하지 않고 자본재를 포함하는 등 두 물가지수에 포함되는 품목이 다르다. 또한 측정 방식도 달라 소비자물가지수는 과대측정가능성을 가지고, GDP 디플레이터는 과소측정가능성을 가진다. 따라서 둘 중 어느 지수가 소비자들의 생계비를 더 왜곡한다고 하기는 어렵다.

19

정답 ④

독점기업은 $MR=MC$인 지점에서 생산량을 결정하며 수요곡선상에서 가격을 결정한다. 따라서 모든 소비자를 대상으로 이윤을 극대화하는 가격을 설정해서 판매한다면 $MR=90-40Q=MC=10$인 $Q=20$이며 이때의 $P=90-2Q=50$이다.

원래의 수요함수 $Q=45-\frac{1}{2}P$에서 20만큼이 제외된 새로운 수요함수는 $Q'=25-\frac{1}{2}P'$이므로 $MR'=50-40Q'=MC=10$인 $Q'=10$이며 이때의 $P'=30$이다.

20

정답 ④

국내총생산(GDP)은 일정기간 동안 '자국 영토 내에서' 생산된 모든 최종 재화와 서비스의 시장가치의 합으로 정의되므로 'GDP=A+B'로 표현된다. 반면 국민총생산(GNP)은 일정기간 동안 '자국민'이 생산한 모든 최종재화와 서비스의 시장가치의 합으로 정의되므로 'GNP=A+C'로 표현된다. 따라서 'GNP=GDP−B+C'로 표현된다.

21

정답 ②

타이어 수요곡선과 공급곡선을 연립하면 800−2P=200+3P이므로 P=120, Q=560이다. 그러므로 조세부과 이전에는 공급자가 받는 가격과 소비자가 지불하는 가격이 모두 120으로 동일하다. 이제 소비자에게 단위당 50원의 세금이 부과되면 수요곡선이 하방으로 50만큼 이동하므로 수요곡선이 $P=350-\frac{1}{2}Q$로 변경된다. 조세부과 이후의 수요곡선과 공급곡선을 연립하면 $350-\frac{1}{2}Q=-\frac{200}{3}+\frac{1}{3}Q$이므로 Q=500, P=100으로 계산된다. 따라서 조세부과 이후 공급자가 받는 가격은 100원으로 하락하게 된다.

즉, 소비자는 생산자에게 단위당 100원의 가격을 지불하지만 단위당 50원의 조세를 납부해야 하므로 실제로 소비자가 지불하는 가격은 150원이다.

22

정답 ③

A국과 B국이 고구마와 휴대폰을 생산하는 데 투입되는 노동력을 표로 만들면 다음과 같다.

구분	A국	B국
고구마(1kg)	200	150
휴대폰(1대)	300	200

A국은 B국보다 고구마와 휴대폰을 각각 1단위 구입하기 위해 필요로 하는 노동력이 더 많으므로 B국이 절대우위를 가진다. 한편, A국은 고구마 1kg을 생산하기 위해 휴대폰 1대를 생산하기 위한 노동력의 약 $66.7\%\left(=\frac{2}{3}\times100\right)$가 필요하고, B국은 약 $75\%\left(=\frac{3}{4}\times100\right)$가 필요하다. 따라서 상대적으로 A국은 고구마 생산에 B국은 휴대폰 생산에 비교우위가 있다. 이 경우 A국과 B국은 각각 고구마와 휴대폰에 생산을 특화한 뒤 서로 생산물을 교환하면 소비량을 늘릴 수 있다. 현재 6,000명 투입이 가능하므로 A국은 고구마 30kg, B국은 휴대폰 30대를 생산한다.

23

정답 ③

상금의 기대치=(0.5×50)+(0.5×(−2))=24이다. 그런데 복권 구입 시 1만 원의 가격을 지불해야 하므로 기대소득의 크기는 23만 원이다. 문제에서 기대소득과 기대효용이 같다고 가정했으므로 기대효용도 23만 원이 된다.

24

정답 ④

완전고용국민소득수준이 $Y_3=250$이므로 균형국민소득이 완전고용국민소득과 일치하려면 유효수요가 250이 되어야 한다. 그런데 $Y_3=250$일 때 민간소비가 200이고, 민간투자가 30이므로 유효수요는 230이다. 따라서 완전고용국민소득에 도달하기 위해서는 독립적인 지출이 20만큼 증가해야 한다. 즉, 현재는 20만큼의 디플레이션갭이 존재하는 상태이다.

25

정답 ②

기업 B의 광고 여부에 관계없이 기업 A는 광고를 하는 것이 우월전략이다. 또한 기업 A의 광고 여부에 관계없이 기업 B도 광고를 하는 것이 우월전략이다. 두 기업이 모두 광고를 하는 것이 우월전략이므로 우월전략균형에서 두 기업의 이윤은 (55, 75)이다. 우월전략균형은 내쉬균형에 포함되므로 내쉬균형에서의 기업 A의 이윤은 55이고, 기업 B의 이윤은 75이다.

26

정답 ①

- 출구전략 : 경제에서는 경기를 부양하기 위하여 취하였던 각종 완화 정책을 정상화하는 것을 말한다. 경기가 침체되면 기준 금리를 내리거나 재정지출을 확대하여 유동성 공급을 늘리는 조치를 취하게 되는데, 이때 경기가 회복되는 과정에서 유동성이 과도하게 공급되면 물가가 상승하고 인플레이션을 초래할 수 있다. 따라서 경제에 미칠 후유증을 최소화하면서 재정 건전성을 강화해나가는 것을 출구전략이라 한다.
- 통화 스와프 : 두 나라가 자국통화를 상대국 통화와 맞교환하는 방식으로, 외환위기가 발생하면 자국통화를 상대국에게 맡기고 외국통화를 단기 차입하는 중앙은행 간 신용계약이다.

27

정답 ⑤

문제에서 甲국의 화폐유통속도가 乙국의 화폐유통속도보다 크다는 것은 아무런 단서가 되지 못한다. 대신 화폐유통속도가 변하지 않으므로 고정된 값으로 정하고 문제를 풀어야 한다.

甲국 : $P \times V = P \times Y$에서 M은 5% 증가하고 V는 고정된 값이다. 따라서 명목산출량인 $P \times Y$ 역시 5% 증가해야 한다. 乙국 역시 마찬가지로 V는 甲국보다 작은 값이지만 고정된 값이므로 명목산출량은 5% 증가해야 한다.

오답분석

①·②·③·④ 주어진 자료만으로는 판단할 수 없다.

28

정답 ③

국민소득(GDP) 항등식에 의하면 Y=C+I+G+(X−M)이 성립한다. 경상수지가 흑자이면 순수출(X−M)이 0보다 크므로 국민소득도 국내지출(C+I+G)보다 크다. 국내투자가 국내총저축을 상회하는 경우에는 경상수지가 적자이다. 경상수지와 자본수지의 합은 0이므로 경상수지가 적자이면 자본수지는 흑자이고 순자본유입이 0보다 크다. 또한 경상수지 흑자액(순수출)과 자본수지 적자액(순자본유출)의 크기는 동일하다.

29

정답 ①

가. 마찰적 실업이란 직장을 옮기는 과정에서 일시적으로 실업상태에 놓이는 것을 의미하며, 자발적 실업으로서 완전고용상태에서도 발생한다.

나. 오쿤의 법칙이란 한 나라의 산출량과 실업 간에 경험적으로 관찰되는 안정적인 음(−)의 상관관계가 존재한다는 것을 의미한다.

다. 이력현상이란 경기침체로 인해 한번 높아진 실업률이 일정기간이 지난 이후에 경기가 회복되더라도 낮아지지 않고 계속 일정한 수준을 유지하는 현상을 의미한다.

라. 경기적 실업이란 경기침체로 유효수요가 부족하여 발생하는 실업을 의미한다.

30

정답 ④

열등재(Inferior Goods)는 소득효과가 음(−)인 경우의 재화이다. 따라서 소득이 증가하면 수요가 감소한다. 우하향하고 원점에 대해 볼록한 통상적인 무차별곡선을 갖는 소비자를 가정했을 때, X재 가격이 하락할 때 X재 수요량이 변하지 않았다면, PCC는 수직이다. 이 경우 X재의 가격변화로 인한 대체효과는 항상 플러스이지만 총 효과가 0이므로 소득효과는 대체효과를 상쇄할 만큼의 마이너스로 나타나야 하므로 X재는 열등재이다. 효용극대화를 위해 X재의 가격하락에 따른 소득효과로 Y재의 소비량이 증가하므로 Y재는 정상재이다.

CHAPTER 02 기술직 직무수행능력평가

01 전기일반

01	02	03	04	05	06	07	08	09	10
③	②	①	②	①	②	⑤	④	③	④
11	12	13	14	15	16	17	18	19	20
③	④	④	②	③	②	①	③	①	②
21	22	23	24	25	26	27	28	29	30
①	③	①	④	②	⑤	①	③	③	③

01

정답 ③

두 전하의 작용하는 정전기력은 쿨롱의 법칙에 의해 $F=k\dfrac{Q_1Q_2}{r^2}$ 에서 쿨롱 상수 k값은 $\dfrac{1}{4\pi\epsilon_0}\fallingdotseq 9\times10^9$ 이다.

따라서 정전기력 $F=9\times10^9\times\dfrac{Q_1Q_2}{r^2}$ 이다.

02

정답 ②

$W=\dfrac{1}{2}DE[\mathrm{J/m^3}]$이므로

$W=\dfrac{1}{2}\times100\times50=2,500\mathrm{J/m^3}$

03

정답 ①

콘덴서들을 병렬로 접속했을 때의 합성 정전 용량은 각 콘덴서의 정전 용량의 합과 같다.

$C=C_1+C_2+C_3\cdots$

콘덴서들을 직렬로 접속했을 때의 합성 정전 용량은 각 콘덴서의 정전 용량의 곱을 합으로 나눈 값이다.

$C=\dfrac{C_1\times C_2\times C_3\cdots}{C_1+C_2+C_3\cdots}$

$C_s=\dfrac{4\times6}{4+6}=\dfrac{24}{10}=2.4\mu\mathrm{F}$

04

정답 ②

$a=2a$, $b=2b$를 대입하면

$C'=\dfrac{4\pi\varepsilon_0\cdot 2a2b}{2b-2a}=\dfrac{4\pi\varepsilon_0\cdot 4ab}{2(b-a)}=\dfrac{4\pi\varepsilon_0\cdot 2ab}{(b-a)}=2C$

∴ 2배가 된다.

05

정답 ①

펠티에 효과는 서로 다른 두 종류의 금속을 접합한 후, 두 금속의 접합 부분에 전류를 흘려 보내면 양쪽 접합점 사이에 온도차가 발생하는 현상이다.

오답분석

② 제벡 효과 : 서로 다른 두 종류의 금속을 접합하고 두 금속의 양쪽 접점 부분에 온도 차이를 주면 열기전력이 발생하여 전류가 흐르는 현상을 말한다.
③ 제3금속의 법칙 : 서로 다른 두 금속으로 만든 접점에 임의의 다른 금속을 연결해도 온도를 유지하면 기전력이 변하지 않는다는 법칙이다.
④ 열전 효과 : 이중의 금속을 연결하여 한쪽은 고온, 다른 쪽은 저온으로 했을 때 기전력이 발생하는 효과를 말한다.
⑤ 톰슨 효과 : 단일한 도체로 된 막대기의 양 끝에 전위차가 가해지면 이 도체의 양 끝에서 열의 흡수나 방출이 일어나 온도차가 생기는 현상을 말한다.

06

정답 ②

전위가 높은 곳에서 낮은 곳으로 이동하여 운동 에너지는 증가하므로

$W=qV=\dfrac{1}{2}mv^2$ 에서

$v=\sqrt{\dfrac{2qV}{m}}=\sqrt{\dfrac{2\times1\mathrm{C}\times2\mathrm{V}}{1\mathrm{kg}}}=2\mathrm{m/s}$이다.

07

정답 ⑤

도체별 자계 크기(문제에서 N에 대한 언급이 없는 경우 1회 감은 것으로 간주하여 $N=1$로 놓으면 된다)

- 직선 : $H=\dfrac{I}{2\pi r}$
- 무한 솔레노이드 : $H=\dfrac{NI}{l}=n_0I$ (n_0 : 단위길이당 권수)

※ 단위길이당 권수가 N으로 주어질 경우 $H=NI$

- 환상 솔레노이드 : $H=\dfrac{NI}{2\pi r}$
- 원형 코일 : $H=\dfrac{NI}{2a}$
- 반원형 코일 : $H=\dfrac{NI}{4a}$

문제는 직선인 경우이므로 $H=\dfrac{I}{2\pi r}$[AT/m]에서

$I=2\pi rH=2\times\pi\times0.8\times20=32\pi$[A]

08

정답 ④

일정한 크기와 방향의 정상전류가 흐르는 도선 주위의 자기장 세기를 구할 수 있는 법칙은 비오 – 사바르의 법칙이다.

오답분석

① 옴의 법칙 : 전류의 세기는 전압에 비례하고, 저항에 반비례한다.
② 렌츠의 법칙 : 유도 전류의 자속은 자속의 증가 또는 감속을 방해하는 방향으로 나타난다는 법칙이다.
③ 키르히호프의 법칙 : 회로 상에 한 교차점으로 들어오는 전류의 합은 나가는 전류의 합과 같다는 전하량 보존 법칙이다.
⑤ 플레밍의 왼손법칙 : 전동기 원리와 관련있는 법칙으로 자기장과 전류의 방향을 알고 있을 때 힘의 방향을 알 수 있다.

09

정답 ③

자체 인덕턴스 $L=\dfrac{N\varnothing}{I}$[H]에 대입하면

$L=\dfrac{300\times0.05\text{Wb}}{6\text{A}}=2.5$H이다.

10

정답 ④

- 평균기전력 $e=-L\dfrac{di}{dt}[\text{V}]=100\times10^{-3}\times\dfrac{10}{0.5}=2\text{V}$
- 자속의 변화량 $e=-N\dfrac{d\phi}{dt}[\text{V}]\rightarrow 2=1\times\dfrac{\phi}{0.5}$

$\therefore\ \phi=2\times0.5=1\text{Wb}$

11

정답 ③

$P=9.8\omega\tau$

$=9.8\times2\pi\times n\times\tau$

$=9.8\times2\pi\times\dfrac{N}{60}\times W\times L\ (\because\ \tau=WL,\ n=\dfrac{N}{60})$

$=9.8\times2\times3.14\times\dfrac{1,500}{60}\times5\times0.6\fallingdotseq4.616\text{kW}$

따라서 전동기의 출력은 약 4.62kW이다.

12

정답 ④

보상권선이란 자극편에 슬롯을 만들어 여기에 전기자 권선과 같은 권선을 하고 전기자 전류와 반대 방향으로 전류를 통하여 전기자의 기자력을 없애도록 한 것이다.

13

정답 ④

전동기 전원에 접속된 상태에서 전기자의 접속을 반대로 하여 회전 방향과 반대 방향으로 토크를 발생시켜 급정지시키는 역상제동을 사용한다.

오답분석

① 단상제동 : 유도 전동기의 고정자에 단상 전압을 걸어주어 회전자 회로에 큰 저항을 연결할 때 일어나는 제동이다.
② 회생제동 : 전동기가 갖는 운동에너지를 전기에너지로 변화시키고, 이것을 전원으로 반환하여 제동한다.
③ 발전제동 : 운전 중인 전동기를 전원에서 분리하여 발전기로 작용시키고, 회전체의 운동에너지를 전기에너지로 변환하여 저항에서 열에너지로 소비시켜 제동한다.
⑤ 저항제동 : 전동기가 갖는 운동 에너지에 의해서 발생한 전기 에너지가 가변 저항기에 의해서 제어되고, 소비되는 일종의 다이내믹 제동방식이다.

14

정답 ②

변압기유는 절연내력과 냉각효과가 크고, 고온에서 화학 반응을 일으키면 안 된다. 또한 침식되거나 침전물이 생기지 않아야 하며, 낮은 응고점과 높은 발화점을 가져야 하고, 산화되지 않아야 한다.

15

정답 ③

전기자 동손은 부하손으로 전기자 권선에 전류가 흐르면서 생기는 동손이다.

오답분석

①·②·④·⑤ 무부하로 운전하고 있을 때 생기는 손실이다.

Plus

동기기 손실의 종류

- 고정손(무부하손) : 부하의 변화에 무관한 손실
  - 철손 → 와류손, 히스테리시스손
  - 기계손 → 마찰손, 베어링손, 풍손
- 가변손(부하손) : 부하의 변화에 따라 변하는 손실
  - 동손
  - 표유부하손

16

정답 ②

$Z_1 = a^2 Z_2 \rightarrow a = \sqrt{\frac{Z_1}{Z_2}} = \sqrt{\frac{18,000}{20}} = 30$

17

정답 ①

반발 기동형 > 반발 유도형 > 콘덴서 기동형 > 분상 기동형 > 셰이딩 코일형

18

정답 ③

$\tau = \frac{P_2}{\omega}$ 에서 $P_2 = \frac{P_{c2}}{s} = \frac{94.25}{0.05} = 1,885$

$\therefore \tau = \frac{P_2}{2\pi n}$

$\left(\because N = \frac{120f}{P} = \frac{120 \times 60}{4} = 1,800\text{이므로, } n = \frac{N}{60} = \frac{1,800}{60}\right)$

$= \frac{1,885}{2\pi \times \frac{1,800}{60}} = \frac{1,885}{2 \times 3.14 \times \frac{1,800}{60}} \fallingdotseq 10\text{N}\cdot\text{m}$

19

정답 ①

$E_{d\alpha} = \frac{1}{T}\int e d\theta = \frac{\sqrt{2}V}{\pi}\left(\frac{1+\cos\alpha}{2}\right)$

$\therefore E = \frac{\sqrt{2}V}{\pi}\left(\frac{1+\cos 60°}{2}\right) = 0.338\text{V}$

20

정답 ②

3상 반파 회로이므로, $E_d = 1.17 \times E[\text{V}] = 1.17 \times 300 = 351\text{V}$이다.

Plus

정류기의 평균전압

- 단상 반파 회로의 평균직류전압 $E_d = 0.45 \times E[\text{V}]$
- 단상 전파 회로의 평균직류전압 $E_d = 0.9 \times E[\text{V}]$
- 3상 반파 회로의 평균직류전압 $E_d = 1.17 \times E[\text{V}]$
- 3상 전파 회로의 평균직류전압 $E_d = 1.35 \times E[\text{V}]$

21

정답 ①

기전력이 3V가 되려면 1.5V 건전지 2개를 직렬 접속하고, 전류 용량이 3A가 되려면 1.5V 건전지 3개를 병렬 접속한다.

22

정답 ③

- 정상상태 초기전류

$I_L = \frac{12}{2+2+2} = \frac{12}{6} = 2\text{A}$

- 과도상태 최종전류

$I_L = \frac{4}{2+2} = 1\text{A}$

- 시정수

$\tau = \frac{L}{R} = \frac{2}{4} = \frac{1}{2}$

$t = \frac{1}{\tau} = 2$

$\therefore i_L(t) = 1 + e^{-2t}$

23

정답 ①

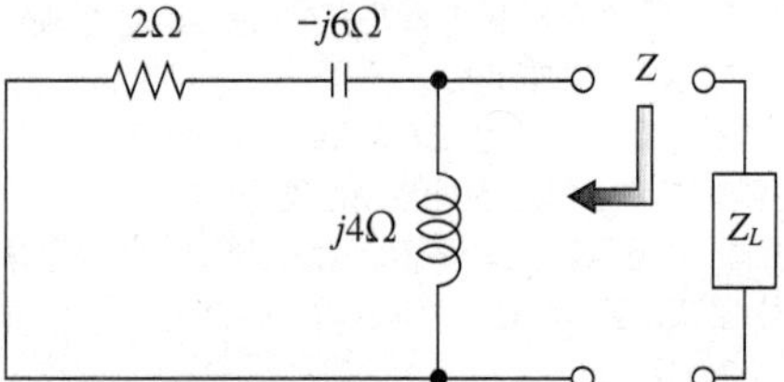

$Z = \frac{(2+j6)\times(j4)}{(2-j6)\times(j4)} = \frac{24+j8}{2-j2}$

$Z = \frac{(24+j8)\times(2+j2)}{(2-j2)\times(2+j2)} = \frac{48+j48+j16-16}{4+j4-j4+4}$

$= \frac{32+j64}{8} = 4+j8$

$\therefore |Z| = \sqrt{(4)^2+(8)^2} = \sqrt{80} = 4\sqrt{5}$

24

정답 ④

내부저항과 외부저항이 같을 때 전력은 최댓값을 갖는다. 또한, 두 저항이 같은 값이라면 각각의 전압 V_1은 $\frac{V}{2}$인 60V로 분배된다. 따라서 부하저항(외부저항, R)에서 얻을 수 있는 최대전력은 $P = \frac{V_1^2}{R} = \frac{60^2}{15} = 240\text{W}$임을 알 수 있다.

25

정답 ②

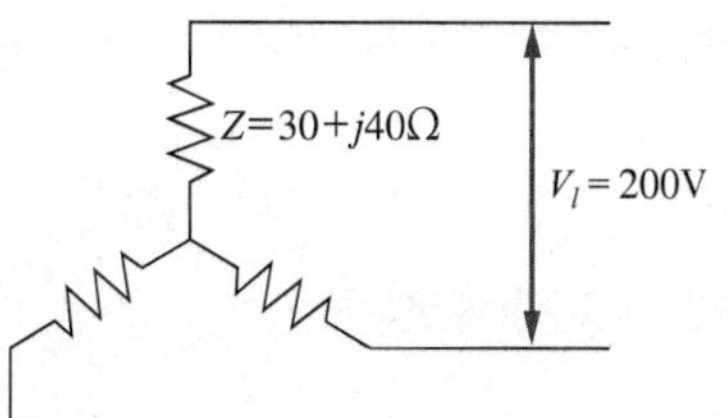

- 상전류

$$I_p=\frac{V_p}{Z_p}=\frac{\frac{200}{\sqrt{3}}}{50}=\frac{200}{50\sqrt{3}}=\frac{4}{\sqrt{3}}\text{[A]}$$

- 무효전력

$$P_r=3I^2X\text{[Var]}=3\times\left(\frac{4}{\sqrt{3}}\right)^2\times40=3\times\left(\frac{16}{3}\right)\times40$$
$$=640\text{Var}$$

26

정답 ⑤

부하의 결선 방법에 관계없이 다음과 같이 나타낼 수 있다.
3상 전력 $P=\sqrt{3}\times$(선간 전압)×(선전류)×(역률)

27

정답 ①

용량 리액턴스 $X_C=\frac{1}{2\pi fC}$ (f : 주파수, C : 정전용량),

$$X_C=\frac{1}{2\times3.14\times1\times10^6\times0.1\times10^{-6}}\fallingdotseq1.59\Omega$$

28

정답 ③

어드미턴스 $Y=\frac{1}{R}+j\left(\omega C-\frac{1}{\omega L}\right)$[℧]

ㄱ. RLC 병렬이므로 전압은 모두 같다.
ㄷ. 공진 시 전류는 저항 R에만 흐른다.
ㅁ. 공진 시 에너지는 저항 R에서만 소비된다.

오답분석

ㄴ. 어드미턴스 $Y=\frac{1}{R}+j\frac{1}{X_c}-j\frac{1}{X_L}$[℧]

$$=\frac{1}{R}+j\left(\frac{1}{X_c}-\frac{1}{X_L}\right),\ X_c=\frac{1}{\omega C},\ X_L=\omega L \text{ 대입}$$

$$=\frac{1}{R}+j\left(\frac{1}{1\div\omega C}-\frac{1}{\omega L}\right)=\frac{1}{R}+j\left(\omega C-\frac{1}{\omega L}\right)\text{[℧]}$$

ㄹ. L과 C의 전류 위상차 : −90°와 +90°, 즉 180° 위상차 발생)

L[H]	C[F]
O, $\dot{V}$(기준), $\frac{\pi}{2}$, $\dot{I}$	$\dot{I}$, $\frac{\pi}{2}$, O, $\dot{V}$(기준)
$v>I\left(\frac{\pi}{2}\right)$	$v<I\left(\frac{\pi}{2}\right)$

29

정답 ③

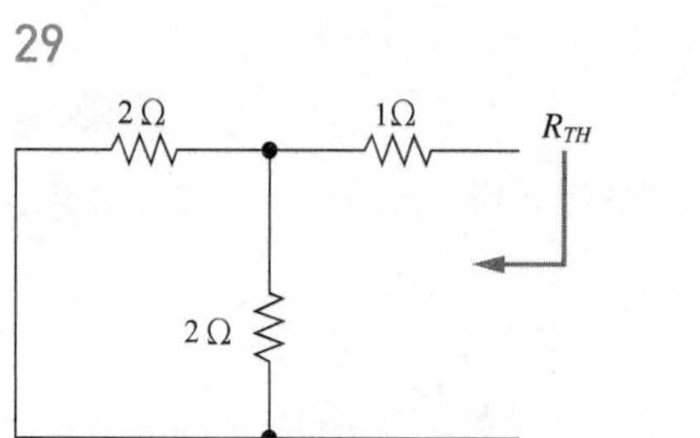

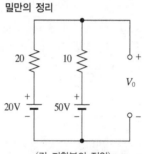

테브난 등가저항 : 전압원 단락, 전류원 개방

$$R_{TH}=\left(\frac{2\times2}{2+2}\right)+1=1+1=2\Omega$$

30

정답 ③

밀만의 정리

$$V_o=\frac{(\text{각 저항분의 전압})}{(\text{각 저항분의 1})}$$

$$=\frac{\frac{20}{20}+\frac{50}{10}}{\frac{1}{20}+\frac{1}{10}}=\frac{\frac{20+100}{20}}{\frac{1+2}{20}}=\frac{120}{3}=40\text{V}$$

02 기계일반

01	02	03	04	05	06	07	08	09	10
①	④	①	②	④	⑤	②	①	④	②
11	12	13	14	15	16	17	18	19	20
①	③	④	④	①	③	③	⑤	①	⑤
21	22	23	24	25	26	27	28	29	30
①	③	④	①	⑤	④	③	④	①	②

01

정답 ①

$$S=\frac{\sigma_{\max}}{\sigma_a},\ \sigma_a=\frac{\sigma_{\max}}{S}=\frac{600}{7}=85.71\text{MPa}$$

$$\sigma_a=\frac{P}{A}=\frac{4P}{\pi d^2}$$

$$\therefore\ d=\sqrt{\frac{4P}{\pi\sigma_a}}=\sqrt{\frac{4\times 50\times 10^3}{\pi\times 85.71\times 10^6}}=0.027\text{m}=2.7\text{cm}$$

02

정답 ④

응력 – 변형률 곡선에서 일반적으로 극한강도로 표시된 지점이 인장강도에 해당한다.

응력 – 변형률 곡선($\sigma-\varepsilon$선도)

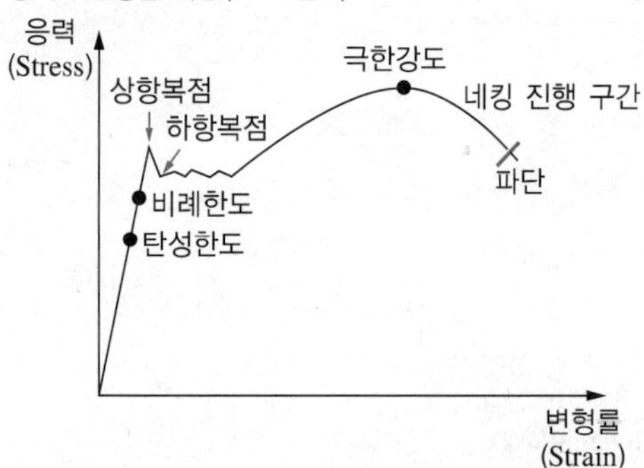

- 탄성한도(Elastic Limit) : 하중을 제거하면 원래의 치수로 돌아가는 구간. 후크의 법칙이 적용된다.
- 비례한도(Proportional Limit) : 응력과 변형률 사이에 비례관계가 성립하는 구간 중 응력이 최대인 점
- 항복점(Yield Point) : 인장 시험에서 하중이 증가하여 어느 한도에 도달하면, 하중을 제거해도 원위치로 돌아가지 않고 변형이 남게 되는 그 순간의 하중
- 극한강도(Ultimate Strength) : 재료가 파단되기 전에 외력에 버틸 수 있는 최대의 응력
- 네킹구간(Necking) : 극한강도를 지나면서 재료의 단면이 줄어들면서 길게 늘어나는 구간
- 파단점 : 재료가 파괴되는 점

03

정답 ①

- 굽힘 모멘트(M)와 비틀림 모멘트(T)가 동시 작용할 때 상당굽힘 모멘트(M_e)

$$M_e=\frac{1}{2}\left(M+\sqrt{M^2+T^2}\right)$$

여기서, M : 굽힘 모멘트, T : 비틀림 모멘트

04

정답 ②

주철의 장점

- 주조성 및 마찰저항이 우수하다.
- 인장 및 굽힘강도는 적으나 압축강도는 크다.
- 금속 중 가격이 제일 저렴하다.
- 복잡한 물체 제작이 가능하다.

05

정답 ④

- 열경화성 수지
  - 요소수지, 페놀수지, 멜라민 수지, 에폭시 수지, 폴리에스테르 등
  - 한 번 열을 가해 성형을 하면 다시 열을 가해도 형태가 변하지 않는 수지이다.
- 열가소성 수지
  - 폴레에틸렌 수지, 폴리프로필렌, 폴리염화비닐 등
  - 열을 가해 성형한 뒤에도 다시 열을 가하면 형태를 변형시킬 수 있는 수지이다.

06

정답 ⑤

재결정온도는 1시간 안에 95% 이상 새로운 입자인 재결정이 완전히 형성되는 온도이다. 재결정을 하면 불순물이 제거되며 더 순수한 결정을 얻어낼 수 있는데, 이 재결정은 금속의 순도, 조성, 소성변형의 정도, 가열시간에 큰 영향을 받는다.

- 재결정
  특정한 온도영역에서 이전의 입자들을 대신하여 변형이 없는 새로운 입자가 형성되는 현상
- 재결정의 일반적인 특징
  - 가공도가 클수록 재결정온도는 낮아진다.
  - 재결정온도는 가열시간이 길수록 낮아진다.
  - 재결정은 강도를 저하시키나 연성은 증가시킨다.
  - 냉간가공도가 커질수록 재결정온도는 낮아진다.
  - 결정입자의 크기가 작을수록 재결정온도는 낮아진다.
  - 재결정온도는 일반적으로 1시간 안에 95% 이상의 재결정이 이루어지는 온도로 정의한다.
  - 금속의 용융온도를 절대온도 T_m이라 할 때 재결정온도는 대략 $0.3\sim 0.5T_m$ 범위에 있다.

07

정답 ②

절삭유는 절삭작업을 쉽게 할 뿐 절삭력을 증가시키지는 않는다.

절삭유의 역할 및 특징

- 공구와의 마찰을 감소시킨다.
- 다듬질 면의 정밀도를 좋게 한다.
- 공구와 가공물의 친화력을 줄인다.
- 냉각작용과 윤활작용을 동시에 한다.
- 절삭된 칩을 제거하여 절삭작업을 쉽게 한다.
- 공구의 마모를 줄이고 윤활 및 세척작용으로 가공표면을 좋게 한다.
- 가공물과 절삭공구를 냉각시켜 공구의 경도저하를 막고 수명을 늘린다.
- 식물성 유제는 윤활성이 다소 떨어지나 냉각성능이 좋은 반면, 광물성유는 윤활성은 좋으나 냉각성능은 떨어진다.

08

정답 ①

배럴(Barrel) 가공이란 공작물, 연삭입자, 가공액, 컴파운드를 상자(배럴) 속에 넣고 회전 또는 진동시켜 공작물 표면의 요철을 없애고 평평한 가공면을 얻는 가공법이다.

오답분석

② 호닝은 몇 개의 숫돌을 공작물에 대고 압력을 가하면서 회전운동과 왕복운동을 시켜 보링 또는 연삭 다듬질한 원통 내면의 미세한 돌기를 없애고, 극히 아름다운 표면으로 다듬질하는 가공법이다.

③ 슈퍼 피니싱(Super Finishing) : 슈퍼 피니싱은 입도가 작고 연한 숫돌을 작음 압력으로 공작물 표면에 가압하면서 피드를 주고 또한 숫돌을 진동시키면서 가공물을 완성·가공하는 방법이다.

④ 숏 피닝(Shot Peening) : 금속재료의 표면에 강이나 주철의 작은 입자들을 고속으로 분사시켜 표면층의 경도를 높이는 방법으로 피로한도, 탄성한계를 향상시킨다.

⑤ 래핑(Lapping) : 공작물과 랩공구 사이에 미세한 분말 상태의 랩제와 윤활유를 넣고, 이들 사이에 상대운동을 시켜 정밀한 표면으로 가공하는 방법이다.

09

정답 ④

마이크로미터 측정값 계산

7.5+0.30=7.80mm

10

정답 ②

완제품을 가공할 때 원래 그 소재에 없던 구멍을 가공하는 데 가장 적합한 가공법은 밀링가공이다. 브로칭가공도 구멍가공은 할 수 있으나 정밀도가 밀링가공에 비해 떨어진다.

오답분석

① 브로칭(Broaching) : 가공물에 홈이나 내부구멍을 만들 때 가늘고 길며 길이방향으로 많은 날을 가진 총형공구인 브로치를 일감에 대고 누르면서 관통시켜 단 1회의 절삭공정만으로 완성시키는 절삭가공법이다. 브로치의 압입방식에는 나사식, 기어식, 유압식이 있다.

③ 셰이핑 : 공구를 전진시키면서 공작물을 절삭하고 공구를 뒤로 후퇴시킨 후 다시 전진시키면서 가공하는 공작기계인 셰이퍼로 가공하는 작업으로 구조가 간단하고 다루기가 쉬워서 소형 공작물의 평면가공에 널리 사용된다.

④ 리밍 : 드릴로 뚫은 구멍을 정밀하게 가공하기 위하여 리머공구로 구멍의 안쪽 면을 다듬는 작업이다.

⑤ 카운터 보링 : 타공 작업 후 나사 또는 볼트로 결합 시 나사머리 또는 볼트가 외부로 돌출되지 않도록 동축의 상대적으로 더 큰 직경으로 가공하는 작업이다.

11

정답 ①

'4'는 나사의 개수를 나타낸다. 호칭지름이 8mm이고 피치(p)가 1.25mm인 미터나사(M)가 4개 있다는 기호이다.

4 − M8 × 1.25

- 4 : 나사 개수 : 4개
- M : 나사의 종류 : 미터나사
- 8 : 나사의 호칭지름 : 8mm
- 1.25 : 나사의 피치 : 1.25mm

12

정답 ③

헬리컬 기어는 바퀴 주위에 비틀린 이가 절삭되어 있는 원통 기어로, 톱니 줄기가 비스듬히 경사져 있어 헬리컬이라고 한다. 헬리컬 기어는 평 기어보다 큰 힘을 전달할 수 있어 회전이 원활하고 조용하지만, 제작이 어려운 단점이 있다. 주로 감속 장치나 동력의 전달 등에 사용된다. 방향이 서로 다른 헬리컬 기어를 조합하여 산(山) 모양의 톱니로 만든 것을 2중 헬리컬 기어라고 하며, 이중 가운데 홈이 없이 좌·우 기어의 톱니가 중앙에서 만나는 것을 헤링본 기어(Herringbone Gear)라고 한다.

13

정답 ④

도면의 필수요소에는 윤곽선, 표제란, 중심마크가 있다.

㉠ 윤곽선 : 도면의 영역을 명확히 하고, 제도 용지의 손상으로부터 기재 사항을 보호하기 위해 굵은 실선으로 그리는 선

㉡ 표제란 : 도면의 오른쪽 아래에 도면 번호, 도면 이름 등을 기록하는 난

㉢ 중심마크 : 도면의 사진 촬영 및 복사의 편의를 위해 좌우 중앙의 4개소에 표시

오답분석

㉣ 부품란 : 도면의 오른쪽 위나 표제란 위에 제품번호, 품명, 재질 등을 기록하는 난

14

정답 ④

유압장치에 사용되는 유체는 비압축성인 특성을 갖는 액체(기름)이므로 이 기름을 체적만큼 밀어내면 그 즉시 밀어낸 체적만큼의 응답이 이루어진다. 그러나 기체가 사용되는 공압은 기체가 압축성 유체이므로 유체와 동일한 체적만큼 밀어내도 압축이 이루어진 후 응답이 이루어지므로 응답속도는 유압보다 떨어진다. 따라서 유압은 공압에 비해 응답속도가 빠른 것이다.

15

정답 ①

미터 아웃 회로는 유압 회로에서 속도제어를 하며, 실린더 출구 쪽에서 유출되는 유량을 제어한다.

오답분석

② 블리드 오프 회로 : 유압 회로에서 속도제어를 하며, 실린더로 유입되는 유량을 바이패스로 제어한다.
③ 미터 인 회로 : 유압 회로에서 속도제어를 하며, 실린더 입구 쪽에서 유입되는 유량을 제어한다.
④ 카운터 밸런스 회로 : 부하가 급격히 제거되었을 때 관성력에 의해 소정의 제어를 못할 경우 감입된다.
⑤ 언로딩 회로 : 유압 회로에서 조작의 안정성을 위해 작업을 하지 않을 때 펌프를 무부하 상태로 유지한다.

16

정답 ③

$$P_{AB}=\gamma_1 h_1+\gamma_2 h_2=9{,}800S_1h_1+9{,}800h_2$$
$$=(9{,}800\times0.8\times2)+(9{,}800\times3)$$
$$=45{,}080\text{N/m}^2$$
$$=45.08\text{kPa}$$

17

정답 ③

레이놀즈수는 층류와 난류를 구분하는 척도로서 점성력과 관성력의 비이다. 즉, $Re=\frac{(\text{관성력})}{(\text{점성력})}$, 레이놀즈수가 작은 경우에는 점성력이 관성력에 비해 크게 영향을 미친다.

층류에서 난류로 변하는 레이놀즈수를 상임계 레이놀즈수라 하고, 난류에서 층류로 변하는 레이놀즈수를 하임계 레이놀즈수라고 한다. 유동단면의 형상이 변하면 임계 레이놀즈수도 변화한다.

18

정답 ⑤

$h=\frac{4\sigma\cos\beta}{\gamma d}$에서 $d_A:d_B:d_C=1:2:3$인 모세관의 올라간 물의 높이 비율 $h_A:h_B:h_C=6:3:2$이다.

19

정답 ①

정상유동

유체가 흐르고 있는 과정에서 임의의 한 점에서 유체의 모든 특성이 시간이 경과하여도 조금도 변화하지 않는 흐름의 상태를 말한다.

$$\frac{\partial V}{\partial t}=0,\ \frac{\partial p}{\partial t}=0,\ \frac{\partial T}{\partial t}=0,\ \frac{\partial \rho}{\partial t}=0$$

20

정답 ⑤

열역학 제2법칙

엔트로피(최소 0, 무질서의 정도)가 항상 증가하는 방향으로 물질 시스템이 움직인다.

21

정답 ①

$\eta_c=\frac{W_t}{Q_1}=\frac{Q_1-Q_2}{Q_1}=1-\frac{Q_2}{Q_1}=1-\frac{T_2}{T_1}$ 이므로,

$$\eta_c=1-\frac{T_2}{T_1}=1-\frac{273+90}{273+700}\fallingdotseq0.627=62.7\%$$

$$W_t=\eta_c Q_1=0.627\times230=144.21\text{kJ}$$

22

정답 ③

유압 작동유는 체적탄성계수가 커야 한다.

오답분석

작동유 구비조건

- 내열성, 체적탄성계수, 열전달률이 클 것
- 비중, 공기 흡수도, 증기압, 열팽창계수가 작을 것

23

정답 ④

묻힘키는 가장 널리 쓰이는 키(Key)로 축과 보스 양쪽에 모두 키 홈을 파서 동력을 전달하는 키이다. $\frac{1}{100}$ 기울기를 가진 경사키와 평행키가 있다.

오답분석

① 평키 : 축에 키의 폭만큼 편평하게 가공한 키로 안장키보다는 큰 힘을 전달한다. 축의 강도를 저하시키지 않으며 $\frac{1}{100}$ 기울기를 붙이기도 한다.
② 안장키 : 축에는 키 홈을 가공하지 않고 보스에만 키 홈을 파서 끼운 뒤, 축과 키 사이의 마찰에 의해 회전력을 전달하는 키로 작은 동력의 전달에 적당하다.
③ 접선키 : 전달토크가 큰 축에 주로 사용되며 회전 방향이 양쪽 방향일 때 일반적으로 중심각이 120°가 되도록 한 쌍을 설치하여 사용하는 키이다. 90°로 배치한 것은 케네디키라고 불린다.
⑤ 새들키 : 보스에만 홈을 파고 축에는 홈을 파지 않고 끼울 수 있는 단면의 키를 말한다.

24

정답 ①

4행정 사이클 기관의 작동과정은 크랭크축이 2회전할 때 흡입 → 압축 → 폭발 → 배기가 이루어지므로 크랭크축 2회전당 흡기밸브는 1번 열린다. 따라서 크랭크축이 12번 회전하면 흡기밸브는 6번 열리게 된다.

Plus

행정 사이클 기관

크랭크축 2회전 시 피스톤이 상·하·상·하로 4번(행정) 움직이며 사이클을 완성하는 기관이다. 이 과정 동안 흡입, 압축, 폭발, 배기가 모두 완료됨으로써 동력을 전달하는 내연기관으로서 자동차용 엔진에 사용된다.

25

정답 ⑤

단열과정이므로 엔트로피 변화는 $\Delta S=0$이다.

26

정답 ④

전조가공

재료와 공구를 각각이나 함께 회전시켜 재료 내부나 외부에 공구의 형상을 새기는 특수압연법이다. 대표적인 제품으로는 나사와 기어가 있으며 절삭칩이 발생하지 않아 표면이 깨끗하고 재료의 소실이 거의 없다. 또한 강인한 조직을 얻을 수 있고 가공속도가 빨라서 대량생산에 적합하다.

27

정답 ③

앳킨슨 사이클은 2개의 단열과정과 1개의 정적과정, 1개의 정압과정으로 이루어진 가스터빈(외연기관) 이상 사이클이다.

오답분석

① 에릭슨 사이클(Ericsson Cycle) : 등온 압축, 등온 연소 및 등온 팽창을 시키는 가스 터빈 사이클로, 2개의 정압과정과 2개의 등온과정으로 이루어진다.
② 사바테 사이클(Sabathé Cycle) : 정압 사이클과 정적 사이클로 이루어진 고속 디젤기관의 기본 사이클로, 복합 사이클 또는 정적·정압 사이클이라고도 한다.
④ 브레이턴 사이클(Brayton Cycle) : 2개의 정압과정과 2개의 단열과정으로 구성된 가스터빈 기관의 이상적 사이클이다.
⑤ 카르노 사이클(Carnot Cycle) : 열효율이 100%인 이상적인 열기관 사이클이다.

28

정답 ④

구성인선(Built Up Edge)은 재질이 연하고 공구재료와 친화력이 큰 재료를 절삭가공할 때, 칩과 공구의 윗면 사이의 경사면에 발생되는 높은 압력과 마찰열로 인해 칩의 일부가 공구의 날 끝에 달라붙어 마치 절삭날과 같이 공작물을 절삭하는 현상이다. 구성인선을 방지하기 위해서 절삭깊이를 작게 하고, 절삭속도는 빠르게 하며, 윤활성이 높은 절삭유를 사용하고 마찰계수가 작고 피가공물과 친화력도 작은 절삭공구를 사용한다.

29

정답 ①

크리프(Creep) 변형은 재료에 일정 크기의 하중을 작용시키면 시간에 따라 변형이 발생하는 현상으로 온도, 시간, 하중에 영향을 받는다.

30

정답 ②

강에 티타늄(Ti)을 첨가하면 부식에 대한 저항이 증가하지만 자기적 성질을 떨어뜨릴 수 있다.

PART

3

최종점검 모의고사

제 1 회 모의고사(핵심영역)

01	02	03	04	05	06	07	08	09	10	11	12	13	14	15	16	17	18	19	20
②	①	④	④	②	③	⑤	①	④	②	①	②	④	⑤	②	①	④	③	⑤	③
21	22	23	24	25	26	27	28	29	30	31	32	33	34	35	36	37	38	39	40
④	②	④	③	③	②	④	④	④	④	①	④	③	⑤	⑤	③	④	④	③	④
41	42	43	44	45	46	47	48	49	50	51	52	53	54	55	56	57	58	59	60
③	④	⑤	②	②	④	④	③	⑤	③	④	④	③	⑤	③	①	⑤	③	⑤	⑤

01 의사소통능력

01

정답 ②

마지막 문단에서 '말이란 결국 생각의 일부분을 주워 담는 작은 그릇이며, 말을 통하지 않고는 생각을 전달할 수가 없는 것'이라고 하였으므로 말은 생각을 전달하기 위한 수단임을 주장하고 있다.

02

정답 ①

오답분석

② 사막화가 심한 지역은 아프리카, 중동, 호주, 중국이다.
③ 사막화는 지구 온난화, 과도한 경작, 무분별한 벌목으로 인한 삼림 파괴 등에 의해 일어날 수 있다.
④ 사막화란 건조 지대에서 일어나는 토지 황폐화 현상이다.
⑤ 사막화가 계속 진행된다면 결국 식량 생산의 감소와 식수 부족으로 이어지게 된다.

03

정답 ④

기획서에 대한 설명이다. 보고서는 궁금한 점에 대해 질문 받을 것에 대비하고, 업무상 진행과정에서 작성하므로 핵심내용을 구체적으로 제시해야 한다.

04

정답 ④

어떤 사안에 대한 '보고'를 한다는 것은 그 내용에 대한 충분한 이해가 되었다는 것이다. 즉, 그 내용과 관련해서 어떤 질문을 받아도 답변이 가능해야 한다.

오답분석

① 설명서에 해당하는 설명이다.
② 기획안에 해당하는 설명이다.
③ 이해를 돕기 위한 자료라 해도 양이 너무 많으면 오히려 내용 파악에 방해가 된다.
⑤ 공문서에 해당하는 설명이다.

05

정답 ②

기획안을 작성할 때는 관련된 내용을 깊이 있게 담아 상대가 채택하게끔 설득력을 갖춰야 한다. 또한, 상대가 요구하는 것이 무엇인지 고려하여 작성하는 것이 필요하다.

06

정답 ③

(다) 문단은 비실명 금융거래의 폐해로 금융실명제 도입의 필요성에 대해 설명하고 있다. 따라서 ③은 소제목으로 적절하지 않다.

07

정답 ⑤

공문서는 반드시 일정한 양식과 격식을 갖추어 작성해야 한다.

오답분석

① 공문서는 회사 외부로 전달되는 문서로 누가, 언제, 어디서, 무엇을, 어떻게(혹은 왜)가 정확하게 드러나도록 작성해야 한다.
② 공문서의 날짜 작성 시 날짜 다음에 괄호를 사용할 경우에는 마침표를 찍지 않는다.
③ 도표를 사용하는 것은 설명서의 특징이며, 공문서의 경우 복잡한 내용은 '-다음-'이나 '-아래'와 같이 항목별로 구분한다.
④ 공문서의 내용은 한 장에 담아내는 것이 원칙이다.

08

정답 ①

㉡·㉢·㉣은 양반의 폐단에 관해 밝히고 있으며, ㉤은 온 나라의 사람이 모두 양반이 되어 양반이 없도록 할 것을 주장하고 있다. ㉤의 주장을 뒷받침하기 위해서는 양반의 폐단을 설명해야 하므로, ㉡·㉢·㉣이 그 근거가 됨을 알 수 있다.

09

정답 ④

제시문에 따르면 한 연구팀은 유전자의 발현에 관한 물음에 답하기 위해 유전자의 발현에 대해 연구했고, 그 결과 어미에게 많이 핥인 새끼가 그렇지 않은 새끼보다 GR 유전자의 발현을 촉진하는 NGF 단백질 수치가 더 높다는 것을 발견했다. 즉, 연구팀이 발견한 것은 '어미에게 많이 핥인 정도'라는 후천 요소가 'GR 유전자 발현'에 영향을 미친다는 것이다. 따라서 '후천 요소가 유전자의 발현에 영향을 미칠 수 있는가?'가 ㉠에 대한 설명으로 가장 적절하다.

10

정답 ②

'gw'는 10번째 속인 잎을 의미하며, 'p'는 네 번째 차이, 'yi'는 여덟 번째 종을 의미한다. 따라서 'gwpyi'는 잎의 네 번째 차이의 여덟 번째 종을 의미한다.

11

정답 ①

광고를 단순히 상품 판매 도구로만 보지 않고, 문화적 차원에서 소비자와 상품 사이에 일어나는 일종의 담론으로 해석하여 광고라는 대상을 새로운 시각으로 바라보고 있다.

12

정답 ②

'오늘 할 일' 중 끝내지 못한 업무가 있다면 따로 기재하여 다음날 처리할 수 있도록 해야 한다. B사원은 '4. 디자인팀 업무협조요청'을 마무리 짓지 못해 (×) 표시를 해놓았다. 이 업무는 '내일 할 일'에 추가로 기재하는 것이 적절하다.

13

정답 ④

지상기기에 H공사의 이미지를 압축한 디자인을 적용한 새로운 외함을 개발했으며 지속적으로 디자인을 개발하고 확대 보급한다고 하였다. 따라서 도심미관에 적합한 지상기기 외함 개발이 적절한 주제이다.

14

정답 ⑤

㉠에 대한 가람과 나래의 증언을 흄과 프라이스의 이론에 따라 판단하면 다음과 같다.

- 가람 : 증언이 거짓일 확률 0.1%, 증언이 참일 확률 99.9%
  - 흄의 이론 : 증언이 거짓일 확률(0.1%)>기적이 일어날 확률(0.01%) → 기적이 일어나지 않았을 것
  - 프라이스의 이론 : 증언이 참일 확률(99.9%)>기적이 일어날 확률(0.01%) → 기적이 실제로 일어났을 것
- 나래 : 증언이 거짓일 확률 0.001%, 증언이 참일 확률 99.999%
  - 흄의 이론 : 증언이 거짓일 확률(0.001%)<기적이 일어날 확률(0.01%) → 기적이 실제로 일어났을 것
  - 프라이스의 이론 : 증언이 참일 확률(99.999%)>기적이 일어날 확률(0.01%) → 기적이 실제로 일어났을 것

따라서 흄의 이론에 따르든 프라이스 이론에 따르면 나래의 증언으로부터 ㉠이 실제로 일어났으리라고 추론할 수 있다.

오답분석

① 흄의 이론에 따르면 나래의 증언은 거짓이 아니라고 생각해야 한다.
② 흄의 이론에 따르면 가람의 증언은 받아들일 수 없다고 생각해야 한다.
③ 프라이스의 이론에 따르면 가람의 증언으로부터 기적이 실제 일어났으리라고 추론할 수 있다.
④ 프라이스의 이론에 따르면 가람의 증언으로부터 ㉠이 실제 일어났을 것이라고 추론할 수 있으나, 흄의 이론에 따르면 가람의 증언은 거짓이라고 생각해야 한다.

15

정답 ②

사업을 추진하기 위해서는 먼저 ㉡ 수요조사를 통해 ㉣ 시행계획을 수립한 후 ㉢ 세부계획에 대한 공고를 통해 연구기관의 접수를 받는다. 이후 제시된 자료에 나타난 절차를 거친 후, ㉠ 최종평가를 진행하고 이를 통해 제출된 ㉤ 연구결과를 활용하여 계약을 체결한다.

16

정답 ①

제시된 자료에 따르면 선정평가는 사전검토 → 전문기관검토 → 전문가평가 → 심의위원회 심의・조정 단계로 진행된다. 따라서 전문기관의 검토 다음 단계인 ⓐ에 들어갈 내용으로는 전문가평가인 가장 ①이 가장 적절하다.

17

정답 ④

제시문에서는 안전보건교육 면제대상에 관한 내용을 다루고 있지 않으므로 ④의 질문에 답변하기 어렵다.

18

정답 ③

사업추진절차에 나타난 청 고용센터를 통해 교육박람회가 아닌 채용박람회를 추진 중임을 알 수 있다.

오답분석

① A시청과 B시청의 합동 사업추진이다.
② 선지급금으로 총 금액 중 70%인 3,500만 원을 받기 때문에 정산 시에는 남은 잔액인 1,500만 원을 받는다.
④ 수탁기관에 맡겨 진행한다.
⑤ 개최 결과보고 및 사업비 정산은 박람회 개최 후에 진행된다.

19

정답 ⑤

㉤은 본부의 사업평가 단계이므로 차기 사업계획 수립이 아닌 박람회 개최 결과 실적 분석 등 평가와 개선방안 마련의 절차가 오는 것이 가장 적절하다.

20

정답 ③

여성적인 사고는 분해되지 않은 전체 이미지를 통해서 의미를 이해하는 특징을 가지며, 남성적인 사고는 사고 대상 전체를 구성요소 부분으로 분해한 후 그들 각각을 개별화하고 이를 다시 재조합하는 과정으로 진행된다고 하였다. 따라서 글쓴이는 여성들은 그림문자를, 남성들은 표음문자를 이해하는 데 유리하므로, 표음문자 체계의 보편화는 여성의 사회적 권력을 약화하는 결과를 낳았다고 주장하고 있다. 이 결론이 나오기 위해서는 '글을 읽고 이해하는 능력은 사회적 권력에 영향을 미친다.'는 전제가 필요하다.

오답분석

ㄱ. 그림문자를 쓰는 사회에서는 여성적인 사고를 필요로 하기 때문에 여성들의 사회적 권력이 남성보다 우월하였을 것이라고 추측할 수 있다.
ㄴ. 표음문자 체계가 기능적으로 복잡한 의사소통을 가능하게 하였는지는 제시되어 있지 않다.

02 수리능력

21

정답 ④

전체 가입자 중 여성 가입자 수의 비율은

$\frac{9,804,482}{21,942,806}\times 100 \fallingdotseq 44.7\%$이다.

오답분석

① 남성 사업장 가입자 수는 8,059,994명으로 남성 지역 가입자 수의 2배인 $3,861,478\times 2=7,722,956$명보다 많다.
② 여성 가입자 전체 수인 9,804,482명에서 여성 사업장 가입자 수인 5,775,011명을 빼면 4,029,471명이므로 여성 사업장 가입자 수가 나머지 여성 가입자 수를 모두 합친 것보다 많다.
③ 전체 지역 가입자 수는 전체 사업장 가입자 수의 $\frac{7,310,178}{13,835,005}\times 100 \fallingdotseq 52.8\%$이다.
⑤ 가입자 수가 많은 집단 순서는 '사업장 가입자 – 지역 가입자 – 임의계속 가입자 – 임의 가입자' 순서이다.

22

정답 ②

원 중심에서 멀어질수록 점수가 높아지는데, B국의 경우 수비보다 미드필드가 원 중심에서 먼 곳에 표시가 되어 있으므로 B국은 수비보다 미드필드에서의 능력이 뛰어남을 알 수 있다.

23

정답 ④

10개 중 3개를 선택해 순서대로 나열하는 경우의 수는 $_{10}P_3=10\times 9\times 8=720$가지이다.

24

정답 ③

i) 목요일, 금요일에 비가 올 확률 : $0.7\times 0.7=0.49$
ii) 목요일에 비가 오지 않고, 금요일에 비가 올 확률 : $(1-0.7)\times 0.4=0.12$
$\therefore 0.49+0.12=0.61$

25

정답 ③

5명을 한 팀으로 개편했을 때, 만들어지는 팀의 수를 x개라 하면

$5\times x+2=6\times(x-2)$

$\therefore\ x=14$

26

정답 ②

동생이 출발한 뒤 만나게 될 때까지 걸리는 시간을 x분이라 하면

$80\times5+80x=100x\ \rightarrow\ x=20$

따라서 다시 만나게 될 때까지 걸리는 시간은 20분이다.

27

정답 ④

TV+스마트폰 이용자의 도시규모별 구성비는 다음과 같다.

구분	TV	스마트폰
사례 수	7,000명	6,000명
대도시	45.3%	47.5%
중소도시	37.5%	39.6%
군지역	17.2%	12.9%

- 대도시 : $\left(45.3\%\times\frac{7,000}{13,000}+47.5\%\times\frac{6,000}{13,000}\right)\times100\fallingdotseq46.32\%$
- 중소도시 : $\left(37.5\%\times\frac{7,000}{13,000}+39.6\%\times\frac{6,000}{13,000}\right)\times100\fallingdotseq38.47\%$
- 군지역 : $\left(17.2\%\times\frac{7,000}{13,000}+12.9\%\times\frac{6,000}{13,000}\right)\times100\fallingdotseq15.22\%$

오답분석

① 연령대별 스마트폰 이용자 비율에 사례 수(조사인원)를 곱하면 이용자 수를 구할 수 있다.
② 매체별 성별 이용자 비율에 사례 수(조사인원)를 곱하면 구할 수 있다.
③ 주어진 표에서 확인할 수 있다.
⑤ 각 사례 수(조사인원)에서 사무직에 종사하는 대상의 수를 도출한 뒤, 매체별 비율을 산출하여야 한다.

구분	TV	스마트폰	PC / 노트북
사례 수(a)	7,000명	6,000명	4,000명
사무직 비율(b)	20.1%	25.6%	28.2%
사무직 대상수($a\times b=c$)	1,407명	1,536명	1,128명
합계(d)		4,071명	
비율($c\div d\times100$)	34.56%	37.73%	27.71%

28

정답 ④

ㄴ. • 2020년 : $279\times17.1\fallingdotseq4,771$개
• 2021년 : $286\times16.8\fallingdotseq4,805$개

ㄹ. • 2019년 : $273\times85=23,205$억 원
• 2020년 : $279\times91=25,389$억 원
• 2021년 : $286\times86.7\fallingdotseq24,796$억 원

오답분석

ㄱ. • 2021년 창업보육센터 지원금액의 전년 대비 증가율 : $\frac{353-306}{306}\times100 \fallingdotseq 15.4\%$

• 2021년 창업보육센터 수의 전년 대비 증가율 : $\frac{286-279}{279}\times100 \fallingdotseq 2.5\%$

따라서 2021년 창업보육센터 수의 전년 대비 증가율의 5배는 약 12.5%이다.

ㄷ. 자료를 통해 확인할 수 있다.

29

정답 ④

2018 ~ 2021년 동안 SOC 투자규모의 전년 대비 증감방향은 '증가 – 감소 – 감소 – 감소'이고, 총지출 대비 SOC 투자규모 비중은 '증가 – 증가 – 감소 – 감소'이다.

오답분석

① 2021년 총지출을 a조 원이라고 가정하면 $a\times0.069=23.1$조 원이므로, $a=\frac{23.1}{0.069}\fallingdotseq 334.8$이므로 300조 원 이상이다.

② 2018년 SOC 투자규모의 전년 대비 증가율은 $\frac{25.4-20.5}{20.5}\times100 \fallingdotseq 23.9\%$이므로 30% 이하이다.

③ 2018 ~ 2021년 동안 SOC 투자규모가 전년에 비해 가장 큰 비율로 감소한 해는 2021년이다.

- 2019년 : $\frac{25.1-25.4}{25.4}\times100 \fallingdotseq -1.2\%$
- 2020년 : $\frac{24.4-25.1}{25.1}\times100 \fallingdotseq -2.8\%$
- 2021년 : $\frac{23.1-24.4}{24.4}\times100 \fallingdotseq -5.3\%$

⑤ 2022년 SOC 투자규모의 전년 대비 감소율이 2021년과 동일하다면, 2022년 SOC 투자규모는 $23.1\times(1-0.053)\fallingdotseq 21.9$조 원이다.

30

정답 ④

ㄴ. 2021년 1분기의 영업이익률은 $\frac{-278}{9,332}\times100 \fallingdotseq -2.98\%$이며, 4분기의 영업이익률은 $\frac{-998}{9,192}\times100 \fallingdotseq -10.86\%$이다. 따라서 2021년 4분기의 영업이익률은 1분기보다 감소하였음을 알 수 있다.

ㄹ. 2021년 3분기의 당기순손실은 직전 분기 대비 $\frac{1,079-515}{515}\times100 \fallingdotseq 109.51\%$ 증가하였으므로, 100% 이상 증가하였음을 알 수 있다.

오답분석

ㄱ. 1분기의 영업이익이 가장 크다.

ㄷ. 2021년 2분기와 4분기의 매출액은 직전 분기보다 증가하였으나, 3분기의 매출액은 2분기보다 감소하였다.

31

정답 ①

(ㄱ)은 2017년 대비 2018년 의료 폐기물의 증감율로 $\frac{48,934-49,159}{49,159}\times100 \fallingdotseq -0.5\%$이고,

(ㄴ)은 2015년 대비 2016년 사업장 배출시설계 폐기물의 증감율로 $\frac{123,604-130,777}{130,777}\times100 \fallingdotseq -5.5\%$이다.

32

정답 ④

비품을 주문하고 남은 돈으로 구매할 수 있는 볼펜은 $[(25,000-500\times5-5,700-600\times3)\div250]\div12=5$타이다.

33

정답 ③

A와 D는 각각 문제해결능력과 의사소통능력에서 과락이므로 제외한다.

- B : (65×0.6)+(70×0.3)+(55×0.4)=82점
- C : (60×0.6)+(55×0.3)+(50×0.4)=72.5점
- E : (90×0.6)+(80×0.3)+(49×0.4)=97.6점

따라서 B와 E가 합격자이다.

34

정답 ⑤

평균 시급 대비 월 평균 소득은 월 근로시간으로 나타낼 수 있다.

구분	월 근로시간
2017년	$\frac{682,500}{6,600}$ ≒ 103시간
2018년	$\frac{771,000}{7,800}$ ≒ 99시간
2019년	$\frac{860,000}{8,500}$ ≒ 101시간
2020년	$\frac{896,000}{8,700}$ ≒ 103시간
2021년	$\frac{902,000}{9,000}$ ≒ 100시간

따라서 월 근로시간이 가장 적은 연도는 약 99시간인 2018년임을 알 수 있다.

오답분석

① 전년 대비 월 평균 소득 증가율은 다음과 같다.

구분	월 평균 소득 증가율
2018년	$\frac{771,000-682,500}{682,500}\times 100$ ≒ 13.0%
2019년	$\frac{860,000-771,000}{771,000}\times 100$ ≒ 11.5%
2020년	$\frac{896,000-860,000}{860,000}\times 100$ ≒ 4.2%
2021년	$\frac{902,000-896,000}{896,000}\times 100$ ≒ 0.7%

따라서 2021년의 증가율이 가장 낮고, 2018년이 13.0%로 가장 높다.

② 2019년은 2020년보다 주간 평균 근로시간은 1시간 적고, 평균 시급도 200원 낮다. 비례와 반비례 관계로 생각하여 비교하면 빠르다.

③ 전년 대비 2019년 평균 시급 증가액은 8,500−7,800=700원이며, 2021년에는 9,000−8,700=300원이다. 따라서 400원이 차이난다.

④ 2021년 월 평균 소득 대비 2017년 월 평균 소득 비율은 $\frac{641,000}{788,000}\times 100$ ≒ 75.67%로 70% 이상이다.

35

정답 ⑤

선택지에 해당되는 연도의 고용률과 실업률의 차이는 다음과 같다.

- 2015년 : 40.3−7.5=32.8%p
- 2018년 : 41.2−9.1=32.1%p
- 2019년 : 41.7−9.8=31.9%p
- 2020년 : 42.1−9.8=32.3%p
- 2021년 : 42.7−9.5=33.2%p

따라서 2021년 고용률과 실업률의 차이가 가장 크다.

36

정답 ③

ㄴ. 남성과 여성 모두 주 40시간 이하로 근무하는 비율이 가장 높다.

ㄷ. 응답자 중 무급가족종사자의 46.0%가 주 40시간 이하로 근무하므로 절반 미만이다.

오답분석

ㄱ. 판매종사자 중 주 52시간 이하로 근무하는 비율은 주 40시간 이하로 근무하는 비율과 주 41 ~ 52시간 이하로 근무하는 비율의 합인 34.7+29.1=63.8%로 60%를 넘는다.

ㄹ. 농림어업 숙련종사자 중 주 40시간 이하로 근무하는 응답자의 수는 2,710×0.548=1,485.08명으로 1,000명이 넘는다.

37

정답 ④

고용원이 없는 자영업자 중 주 40시간 이하로 근무하는 응답자의 비율은 27.6%, 고용원이 있는 사업주 중 주 40시간 이하로 근무하는 응답자의 비율은 28.3%로, 합은 27.6+28.3=55.9%p이다.

38

정답 ④

수송인원은 승차인원과 유입인원의 합이므로 빈칸을 모두 구하면 다음과 같다.

(A) 208,645=117,450+A → A=91,195

(B) B=189,243+89,721 → B=278,964

(C) 338,115=C+89,209 → C=248,906

따라서 옳게 짝지어진 선택지는 ④이다.

39

정답 ③

ㄱ. 영국 출신의 남편의 수는 2020년에 478명, 2021년에 490명으로 서로 다르다.

ㄴ. 아내의 국적의 경우 2020년에는 미국이 6위, 태국이 7위였지만, 2021년에는 태국이 6위, 미국이 7위로 서로 다르다.

ㄹ. 2020년 중국 국적인 남편 수는 9,597명으로, 필리핀 국적의 아내 수의 2배인 5,897×2=11,794명보다 적다.

오답분석

ㄷ. 프랑스 출신의 남편 수는 2020년에 278명, 2021년에 295명으로 2021년에 더 많다.

40

정답 ④

2020년과 2021년 호주 국적의 남편의 수의 합은 384+348=732명이며, 미국 출신 아내의 수의 합은 1,933+1,962=3,895명이다.
따라서 호주 국적의 남편의 수의 합과 미국 출신 아내의 수의 합은 3,895+732=4,627명이다.

03 문제해결능력

41

정답 ③

B안의 가중치는 전문성인데 자원봉사제도는 (−)이므로 적절하지 못한 판단이다.

오답분석

① 전문성 면에서는 유급법률구조제도가 (+), 자원봉사제도가 (−)로 옳은 설명이다.
② A안에 가중치를 적용할 경우 접근용이성과 전문성에 가중치를 적용하므로 두 정책목표 모두에서 (+)를 보이는 유급법률구조제도가 가장 적절하다.
④ B안에 가중치를 적용할 경우 전문성에 가중치를 적용하므로 (+)를 보이는 유급법률구조제도가 가장 적절하며, A안에 가중치를 적용할 경우 ②에 의해 유급법률구조제도가 가장 적절하다. 따라서 어떤 것을 적용하더라도 결과는 같다.
⑤ 비용저렴성을 달성하려면 (+)를 보이는 자원봉사제도가 가장 유리하다.

42

정답 ④

투입가능 예산 2억 원을 모두 사용해야 하므로 선택지마다 나열된 프로젝트의 소요예산의 합을 비교하여 2억 원인 선택지를 찾으면 된다.

① 4천만 원+7천만 원+8천만 원=1억 9천만 원
② 3천만 원+7천만 원+8천만 원=1억 8천만 원
③ 5천만 원+4천만 원+3천만 원+7천만 원=1억 9천만 원
④ 5천만 원+4천만 원+3천만 원+8천만 원=2억 원
⑤ 5천만 원+4천만 원+3천만 원+7천만 원+8천만 원=2억 7천만 원

따라서 투입가능 예산인 2억 원인 선택지는 ④로, '직원 복지시설 신설, 청소년 직업탐방 및 교육제공, 농가 봉사활동, 저소득 농가 보조금 지원' 총 4개의 프로젝트를 진행할 수 있다.

43

정답 ⑤

첫 번째 조건에서 소요기간이 짧은 순서로, 두 번째 조건에 따라 호응도 순위가 높은 순서로 5점부터 1점까지 부여하여 점수 총합을 구하면 다음과 같다.

(단위 : 점)

프로젝트	소요기간	직원호응도 순위	총합
직원 복지시설 신설	1	4	5
청소년 직업탐방 및 교육제공	2	1	3
농가 봉사활동	4	2	6
농가 살리기 홍보	3	3	6
저소득 농가 보조금 지원	5	5	10

세 번째 조건과 네 번째 조건에 따라 총점이 같은 농가 봉사활동과 농가 살리기 홍보는 직원호응도가 순위가 높은 농가 살리기 홍보가 우선순위가 되며, 이에 따른 우선순위 프로젝트를 나열하면, '저소득 농가 보조금 지원>농가 살리기 홍보>농가 봉사활동>직원 복지시설 신설>청소년 직업탐방 및 교육제공'이다. 따라서 우선순위로 예산과 인력 범위 안에서 가능한 많은 프로젝트를 수행하는 방법은 다음과 같다.

<table>
<tr><th>기간</th><th>1월</th><th>2월</th><th>3월</th><th>4월</th><th>5월</th><th>6월</th><th>7월</th><th>8월</th></tr>
<tr><td>프로젝트</td><td>저소득 농가 보조금 지원</td><td>휴식</td><td colspan="3">농가 살리기 홍보</td><td>휴식</td><td colspan="2">농가 봉사활동</td></tr>
<tr><td>비용 및 필요인력</td><td>8천만 원, 15명</td><td>−</td><td colspan="3">7천만 원, 25명</td><td>−</td><td colspan="2">3천만 원, 30명</td></tr>
</table>

세 프로젝트를 끝내고 남은 예산은 2억−1억 8천만=2천만 원이고, 남은 인력은 100명−70명=30명이다. 따라서 투입가능 예산 초과로 직원 복지시설 신설과 청소년 직업탐방 및 교육제공 프로젝트 진행은 불가능하다.

44

정답 ②

ⓑ 고객이 당장 오늘 내로 문제 해결 방법을 알려달라는 강한 불만을 제기했으므로 긴급하면서도 중요한 문제이다. 그러므로 제1사분면에 위치하는 것이 가장 적절하다.

ⓐ 다음 주에 상부에 보고해야 하는 업무는 중요하지만, 아직 시간이 조금 남아있는 상태이므로 긴급한 업무는 아니다. 그러므로 제2사분면에 위치하는 것이 가장 적절하다.

ⓒ 친구와의 약속은 업무에서 중요하지 않고 긴급한 일이 아니다. 그러므로 제4사분면에 위치하는 것이 가장 적절하다.

45

정답 ②

A ~ E의 진술에 따르면 B와 D의 진술은 반드시 동시에 참 또는 거짓이 되어야 하며, B와 E의 진술은 동시에 참이나 거짓이 될 수 없다.

1) B와 D의 진술이 거짓인 경우
   A와 C의 진술이 서로 모순되므로 성립하지 않는다.
2) A와 E의 진술이 거짓인 경우
   A의 진술에 따르면 E의 진술은 참이 되어, B와 D도 모두 거짓말을 하는 것이 성립하지 않는다.
3) C와 E의 진술이 거짓인 경우
   A ~ E의 진술에 따라 정리하면 다음과 같다.

항목	필기구	의자	복사용지	사무용 전자제품
신청 사원	A, D	C		D

의자를 신청한 사원의 수는 3명이므로 필기구와 사무용 전자제품 2항목을 신청한 D와 의자를 신청하지 않은 B를 제외한 A, E가 의자를 신청했음을 알 수 있다. 또한, E는 복사용지를 신청하지 않았으므로 E가 신청한 나머지 항목은 자연스럽게 사무용 전자제품이 된다. 이와 함께 남은 항목의 개수에 따라 신청 사원을 배치하면 다음과 같이 정리할 수 있다.

항목	필기구	의자	복사용지	사무용 전자제품
신청 사원	A, D	A, C, E	B, C	B, D, E

따라서 신청 사원과 신청 물품이 바르게 연결된 것은 ②이다.

46

정답 ④

일반적인 문제해결절차는 문제 인식, 문제 도출, 원인 분석, 해결안 개발, 실행 및 평가의 5단계를 따른다. 먼저 해결해야 할 전체 문제를 파악하여 우선순위를 정하고, 선정 문제에 대한 목표를 명확히 한 후 선정된 문제를 분석하여 해결해야 할 것이 무엇인지를 명확히 한다. 다음으로 이 분석 결과를 토대로 근본 원인을 도출하고, 근본원인을 효과적으로 해결할 수 있는 최적의 해결책을 찾아 실행 및 평가한다. 따라서 문제해결절차는 '(다) → (마) → (가) → (라) → (나)'의 순서로 진행된다.

47

정답 ④

오답분석

① 필리핀의 높은 전기요금은 원료비가 적게 드는 신재생에너지를 통해 낮출 수 있다. 또한 열악한 전력 인프라는 분석 결과에 나타나 있지 않다.

② 자사는 현재 중국 시장에서 풍력과 태양광 발전소를 운영 중에 있으므로 중국 시장으로의 진출은 대안으로 적절하지 않다. 또한 중국 시장이 경쟁이 적은지 알 수 없다.

③ 체계화된 기술 개발 부족은 자사가 아닌 경쟁사에 대한 분석 결과이므로 적절하지 않다.

⑤ 자사는 필리핀 화력발전사업에 진출한 이력을 지니고 있으며, 현재 필리핀의 태양광 발전소 지분을 인수하였으므로 중국 등과 협력하기보다는 필리핀 정부와 협력하는 것이 바람직하다.

48

정답 ③

회의 목적은 신제품 홍보 방안 수립 및 제품명 개발이며 회의 이후 이러한 목적을 달성할 수 있도록 업무를 진행해야 한다. 기획팀의 D대리는 신제품의 특성에 적합하고 소비자의 흥미를 유발하는 제품명을 개발해야 하는 업무를 맡고 있으므로 자사의 제품과 관계없는 타사 제품들의 특성을 조사하는 것은 적절하지 않다.

49

정답 ⑤

⑤의 경우 오프라인에서의 제품 접근성에 대한 소비자의 반응으로 온라인 홍보팀이 회의에 필요한 타사 제품에 대한 소비자 반응과 관련이 없다.

50

정답 ③

오답분석

① · ④ · ⑤ 혹시 있을지 모를 독거노인의 건강상 문제에 대한 소극적인 대처방법이다.
② 자신의 업무에 대한 책임감이 결여된 대처방법이다.

51

정답 ④

주어진 조건을 정리하면 다음과 같다.

〈A동 – 11명 거주〉

구분	1호	2호	3호
5층	영희(1) / 은희(1)		창고
4층	신혼부부(2)		
3층			
2층			
1층			
3인 가구(3), 4인 가구(4)			

〈B동 – 6명 거주〉

구분	1호	2호	3호
5층			
4층			
3층			
2층			
1층	노부부(2) / 중년부부(2)	창고	중년부부(2) / 노부부(2)
1인 가구(남), 1인 가구(남)			

따라서 A동에는 영희 · 은희(여자 1인 가구), 신혼부부(2인 가구), 3인 가구, 4인 가구가 거주하고(총 11명), B동에는 노부부(2인 가구), 중년부부(2인 가구), 남자 1인 가구 2가구가 거주한다(총 6명).

오답분석

① 얼마 전에 결혼한 희수는 신혼부부로 A동 4층에 거주한다.
② 3인 가구와 4인 가구가 서로 위 · 아래층에 사는 것은 알 수 있지만, 정확한 호수는 주어진 조건만으로는 알 수 없다.
③ 두 번째와 여섯 번째 조건에 따라 노부부와 중년부부는 B동 1층에 거주한다. 따라서 노부부는 B동에 산다.
⑤ B동은 1인 가구 2가구(모두 남자), 노부부, 중년부부가 거주한다. 따라서 총 인원 6명 중 남자는 4명, 여자는 2명으로 남자가 여자의 2배이다.

52

정답 ④

입찰가격이 9억 원 이하인 업체는 A, C, D, E이고, 이 업체들에 가중치를 적용한 점수와 이에 따른 디자인 점수를 나타내면 다음과 같다.

(단위 : 점)

입찰기준 입찰업체	운영건전성 점수	시공실적 점수	공간효율성 점수	총합	디자인 점수
A	6	6(=3×2)	14(=7×2)	26(=6+6+14)	4
C	5	12(=6×2)	6(=3×2)	23(=5+12+6)	1
D	8	16(=8×2)	18(=9×2)	42(=8+16+18)	2
E	9	10(=5×2)	10(=5×2)	29(=9+10+10)	8

중간 선정된 A, D, E 중 디자인 점수가 가장 높은 업체는 E이다. 따라서 E가 최종 선정된다.

53

정답 ③

입찰가격이 11억 원 미만인 업체는 B를 제외한 A, C, D, E, F이고, 이 업체들에 가중치를 적용한 점수와 이에 따른 최종 선정 결과를 나타내면 다음과 같다.

(단위 : 점)

입찰기준 입찰업체	운영건전성 점수	환경친화자재 점수	시공실적 점수	디자인 점수	총합	비고
A	12(=6×2)	7	9(=3×3)	4	32(=12+7+9+4)	시공실적 점수 기준미달
C	10(=5×2)	9	18(=6×3)	1	38(=10+9+18+1)	중간 선정
D	16(=8×2)	2	24(=8×3)	2	44(=16+2+24+2)	중간 선정
E	18(=9×2)	6	15(=5×3)	8	47(=18+6+15+8)	시공실적 점수 기준미달
F	12(=6×2)	4	18(=6×3)	3	37(=12+4+18+3)	탈락

중간 선정된 C, D 중 운영건전성 점수가 더 높은 업체는 D이다. 따라서 D가 최종 선정된다.

54

정답 ⑤

규칙에 맞추어 음과 악기의 지점을 연결하면 다음과 같다.

㉮	㉯	㉰	㉱	㉲	㉳	㉴	㉵	㉶	㉷	㉸
A	A#	B	C	C#	D	D#	E	F	F#	G

따라서 ㉵에 해당하는 음은 E이며, E는 가락에 4회 나타나므로 ㉵를 누른 상태로 줄을 튕기는 횟수는 4회이다.

55

정답 ③

월드마린센터는 광양시에 있으며, 서울에 있다는 내용은 관람 안내에서 찾아볼 수 없다.

56

정답 ①

홀수 주는 현장학습을 할 수 없으므로 1·3·5째주는 제외한다. 1~3학년의 현장학습일은 동일하므로 하루에 총 63명이 관람한다. 따라서 짝수 주에 1일 최대 관람 인원을 초과하지 않는 날을 고르면 둘째 주 10, 13일, 넷째 주 23~26일이다. 여기서 학사일정상 가장 빠른 주에 홍보관을 가야하므로 둘째 주 10, 13일 중 선택한다. 금요일은 모의고사가 있어 3학년이 현장학습을 참여할 수 없으므로 13일을 제외한 10일이 가장 적절하다.

57

정답 ⑤

두 번째 조건에 의해 B는 자전거를, 세 번째 조건에 의해 C는 킥보드를 가지고 있음을 알 수 있다. 따라서 A는 오토바이를 가지고 있다. B가 가진 자전거의 색깔은 쌩쌩이와 다르고, 날쌘이와 같다고 하였으므로 자전거의 이름은 '힘찬이'이다. 세 번째 조건에 의해 C의 킥보드의 이름은 '날쌘이'이므로 A의 오토바이 이름은 '쌩쌩이'가 된다. 이를 표로 정리하면 다음과 같다.

구분	킥보드	자전거	오토바이
A			쌩쌩이
B		힘찬이	
C	날쌘이		

따라서 기구를 가진 사람과 기구의 이름, 기구를 순서대로 바르게 나열한 것은 ⑤이다.

58

정답 ③

Q4를 보면 입주대상자의 자격 검색은 K공사가 보건복지부의 '사회보장정보시스템'을 이용하여 파악하므로, 입주대상자는 직접 서류를 준비하지 않아도 된다.

오답분석

① Q1을 통해 알 수 있다.
② Q2를 통해 알 수 있다.
④ Q5를 통해 알 수 있다.
⑤ Q6을 통해 알 수 있다.

59

정답 ⑤

- 입주신청 : Q1, Q2, Q5
- 자격조회 : Q4, Q7
- 계약 및 입주 : Q3, Q6

60

정답 ⑤

주어진 조건을 종합하면 5명이 주문한 음료는 아메리카노 3잔, 카페라테 1잔, 생과일주스 1잔이다. 아메리카노 1잔의 가격을 a원, 카페라테 1잔의 가격을 b원이라고 할 때, 이를 식으로 나타내면 다음과 같다.

- 다섯 번째를 제외한 모든 조건 : $a\times3+b+5{,}300=21{,}300$ → $3a+b=16{,}000$ … ㉠
- 다섯 번째 조건 : $a+b=8{,}400$ … ㉡

㉠과 ㉡을 연립하여 풀면, $a=3{,}800$, $b=4{,}600$이므로 아메리카노 한 잔의 가격은 3,800원, 카페라테 한 잔의 가격은 4,600원이다.

제2회 모의고사(전 영역)

01	02	03	04	05	06	07	08	09	10	11	12	13	14	15	16	17	18	19	20
④	⑤	④	①	①	①	②	④	③	②	③	②	②	②	②	③	③	②	③	①
21	22	23	24	25	26	27	28	29	30	31	32	33	34	35	36	37	38	39	40
③	③	①	③	③	③	④	③	②	②	③	②	⑤	②	③	③	④	④	②	④
41	42	43	44	45	46	47	48	49	50	51	52	53	54	55	56	57	58	59	60
④	③	③	①	③	④	③	①	④	⑤	②	③	②	③	②	③	⑤	⑤	①	⑤

01

정답 ④

주어진 조건에 따라 부서별 위치를 정리하면 다음과 같다.

구분	경우 1	경우 2
6층	연구・개발부	연구・개발부
5층	서비스 개선부	디자인부
4층	디자인부	서비스 개선부
3층	기획부	기획부
2층	인사교육부	인사교육부
1층	해외사업부	해외사업부

따라서 3층에 위치한 기획부의 직원은 출근 시 반드시 계단을 이용해야 하므로 ④는 항상 옳다.

오답분석

① 경우 1에서 김대리는 출근 시 엘리베이터를 타고 4층에서 내린다.
② 경우 2에서 디자인부의 김대리는 서비스개선부의 조대리보다 엘리베이터에서 나중에 내린다.
③ 커피숍과 같은 층에 위치한 부서는 해외사업부이다.
⑤ 엘리베이터 이용에만 제한이 있을 뿐 계단 이용에는 층별 이용 제한이 없다.

02

정답 ⑤

언어의 친교적 기능이란 어떤 정보를 요구하거나 전달하기보다는 언어를 통해 사람들 간의 친밀한 관계를 확인하거나 유지하는 기능으로 대부분의 인사말이 이에 속한다. ㉠의 '밥은 먹었니?', ㉢의 '이따가 전화하자.', ㉤의 '조만간 밥 한번 먹자.', ㉥의 '너 요즘도 거기서 근무하니?' 등은 어떤 대답을 요구하거나 행동을 할 것을 요청하는 것이 아니라 특별한 의미 없이 친근함을 나타내고 있다.

오답분석

㉡과 ㉣의 경우 A가 대답을 요구하는 질문을 함으로써 B는 그에 대한 정보를 전달하고 있으므로 친교적 기능이 드러난 대화로 보기 어렵다.

03

정답 ④

3자 물류는 화주업체와 1년 이상 장기간의 계약을 맺는다.

04

정답 ①

바탕은 흰색, 글자는 검정색이어야 하며 우측 상단 – 신고번호, 정중앙 – 개인과외교습자 표시, 하단 중앙 – 교습과목 순서로 배치되어야 한다.

05

정답 ①

원탁 자리에 다음과 같이 임의로 번호를 지정하고, 기준이 되는 C를 앉히고 나머지를 배치한다.

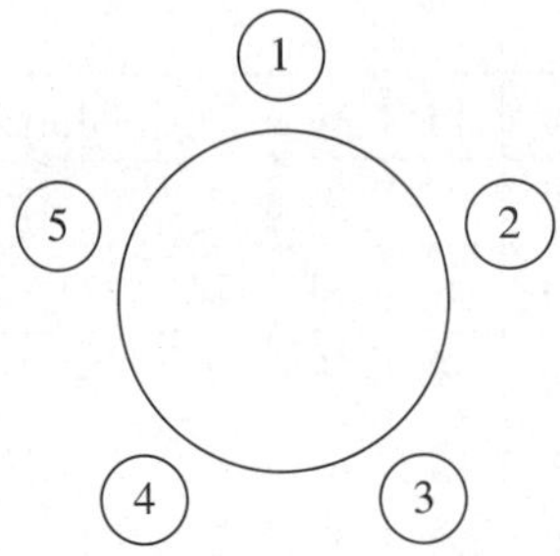

C를 1번에 앉히면, 첫 번째 조건에서 C 바로 옆에 E가 앉아야 하므로 E는 5번 또는 2번에 앉는다. 만약 E가 2번에 앉으면 세 번째 조건에 따라 D가 A의 오른쪽에 앉아야 한다. A, D가 4번과 3번에 앉으면 B가 5번에 앉게 되어 첫 번째 조건에 부합하지 않는다. 또한 A가 5번, D가 4번에 앉는 경우 B는 3번에 앉게 되지만 두 번째 조건에서 D와 B는 나란히 앉을 수 없어 불가능하다.

E를 5번에 앉히고 A는 3번, D는 2번에 앉게 되면 B는 4번에 앉아야 하므로 모든 조건을 만족하게 된다. 따라서 C를 포함하여 세 번째 3번에 앉는 사람은 A이다.

06

정답 ①

ㄱ. 최수영 상무이사가 결재한 것은 대결이다. 대결은 전결권자가 출장, 휴가, 기타 사유로 상당기간 부재중일 때 긴급한 문서를 처리하고자 할 경우에는 전결권자의 차하위 직위의 결재를 받아 시행하는 것을 말한다.

ㄴ. 대결 시에는 기안문의 결재란 중 대결한 자의 란에 '대결'을 표시하고 서명 또는 날인한다. 결재표는 다음과 같다.

담당	과장	부장	상무이사	전무이사
아무개	최경옥	김석호	대결 최수영	

07

정답 ②

A호텔 연꽃실은 2시간 이상 사용할 경우 추가비용이 발생하고, 수용 인원도 적절하지 않다. 또한 B호텔 백합실은 1시간 초과 대여가 불가능하며, C호텔 매화실은 이동수단을 제공하지만 수용 인원이 적절하지 않다.

나머지 C호텔 튤립실과 D호텔 장미실을 비교했을 때, C호텔의 튤립실은 예산초과로 예약할 수 없고, D호텔 장미실은 대여료와 수용 인원의 조건이 맞으므로 이대리는 D호텔의 연회장을 예약하면 된다. 따라서 이대리가 지불해야 하는 예약금은 D호텔 대여료 150만 원의 10%인 15만 원임을 알 수 있다.

08

정답 ④

예산이 200만 원으로 증액되었을 때, 조건에 해당하는 연회장은 C호텔 튤립실과 D호텔 장미실이다. 예산 내에서 더 저렴한 연회장을 선택해야 한다는 조건은 없고, 이동수단이 제공되는 연회장을 우선적으로 고려해야 하므로 이대리는 C호텔 튤립실을 예약할 것이다.

09

정답 ③

이러한 작업이 구체화된 바로 앞 문장을 보면 빈칸은 부분적 관점의 과학적 지식과 기술을, 포괄적인 관점의 예술적 세계관을 바탕으로 이해하는 작업이므로, 빈칸에는 '과학의 예술화'가 가장 적절하다.

10

정답 ②

2022년도 비용 계획을 구하기 위해서는 미정인 신청자 수를 구해야 한다.

최근 3년간 동문회 참가인원의 평균으로 구한다고 하였으므로 2019 ~ 2021년 참가인원의 평균을 구하면 $\frac{185+201+163}{3}=183$명이다.

각 항목에 대입하여 2022년도의 비용 계획을 구하면 $[(25,000+12,500+5,000)\times183]+[5,000\times(120+100)]=8,877,500$원이므로 올해 1인당 회비는 $\frac{8,877,500}{183}\fallingdotseq48,511$원이다. 즉, 1인당 최소 5만 원을 갹출해야 한다.

11

정답 ③

보기의 내용으로 볼 때 이전의 내용과 다른 근본적인 설명의 예가 나와야 한다. (다) 앞의 문단은 왜 왼손이 배변 처리에 사용되었는지 설명해 주지 못한다고 하였고, (다) 뒤의 문단은 뇌의 좌우반구 기능 분화의 내용을 다루는 다른 설명이 있다. 따라서 (다)가 보기의 문장이 들어갈 곳으로 가장 적절하다.

12

정답 ②

두 번째 조건과 다섯 번째 조건에 따라 C, D 중 회계직인 D는 미국 서부에 배치된다.

13

정답 ②

조건에 따르면 가능한 경우는 다음 2가지뿐이다.

구분	인도네시아	미국 서부	미국 남부	칠레	노르웨이
경우 1	B	D	A	C	E
경우 2	C	D	B	A	E

ㄱ. 경우 2에 따라 옳은 설명임을 알 수 있다.

ㄹ. 모든 경우에 노르웨이에는 항상 회계직인 E가 배치되므로 옳은 설명이다.

오답분석

ㄴ. 경우 1을 볼 때, 옳지 않은 설명이다.

ㄷ. 경우 1을 볼 때, A는 미국 남부에 배치될 수도 있으므로 옳지 않은 설명이다.

14

정답 ②

공사 시행업체 선정방식에 따라 가중치를 반영하여 업체들의 점수를 종합하면 다음과 같다.

평가항목 \ 업체	A	B	C	D	E
적합성 점수	22	24	23	20	26
실적점수	12	18	14	16	14
입찰점수	10	4	2	8	6
평가점수	44	46	39	44	46

평가점수가 가장 높은 업체는 B, D이다. 이 중 실적점수가 더 높은 업체는 B이므로, 최종 선정될 업체는 B업체이다.

15

정답 ②

수정된 선정방식에 따르면 A, C업체는 운영건전성에서, D업체는 환경친화설계에서, E업체는 미적만족도에서 만점을 받아 각자 가점 2점을 받는다. 수정된 공사 시행업체 선정방식에 따라 가중치를 반영하여 업체들의 점수를 종합하면 다음과 같다.

평가항목 \ 업체	A	B	C	D	E
적합성 점수	24	24	25	22	28
실적점수	6	9	7	8	7
입찰점수	9	6	5	8	7
평가점수	39	39	37	38	42

평가점수가 가장 높은 업체는 A, B와 E이다. 이 중 근무효율성개선 점수가 가장 높은 업체는 B이므로, B업체가 최종 선정된다.

16

정답 ③

혼잡한 시간대에도 같은 노선의 앞차를 앞지르지 못하는 버스 운행 규칙으로 인해 버스의 배차 간격이 일정하지 않은 문제가 나타났다.

17

정답 ③

각종 시상 상품 및 기념품 구입비는 내부에서 쓰는 비용이다.

오답분석

①·②·④·⑤는 섭외비·진행자 행사비로 외부에 지출되는 비용이다.

18

정답 ②

장소는 대부도 내 기관 연수원으로, 기관에서 따로 시설 및 주변을 답사할 필요가 없다.

19

정답 ③

예정대로 도착하는 인원으로 점심식사 의견을 조사할 경우, 늦게 오는 직원 수만큼 점심식사가 남을 수 있어 예산낭비가 된다. 따라서 약 40%의 직원까지 고려한 점심식사의 의견 조율이 필요하다.

오답분석

① 가장 먼저 해야 할 일은 외부 일정으로 정시에 도착하지 못하는 인원을 파악하는 것이다.
② 늦게 오는 직원들을 고려해 미리 정해놓은 점심식사 관련 금액과 수량 등이 적힌 내역을 수정 여부 확인이 필요하다.
④ 정확한 인원이 정해지면 창립기념일에 점심식사 및 행사시간 등을 차질 없이 진행하기 위해 재의사결정을 해야 한다.
⑤ 수정 사항이 있을 시 다시 공고하여 직원들 모두에게 알려줘야 한다.

20

정답 ①

비만대책위원회 구성·운영, 비만예방·영양개선 시범사업, 건강증진센터 운영 등 공단의 사업소개는 제5장 국민건강보험공단의 비만예방활동에 들어갈 내용이다. 총설에는 비만백서의 발간 이유, 개요나 책의 전반적인 내용을 요약하여 담고 있어야 한다.

21

정답 ③

교환되는 내용이 양과 질의 측면에서 정확히 대등하지 않기 때문에 ③은 비대칭적 상호주의의 예시에 해당한다.

22

정답 ③

오답분석

- B : 사장 직속으로 4개의 본부가 있다는 설명은 옳지만, 인사를 전담하고 있는 본부는 없으므로 옳지 않다.
- C : 감사실이 분리되어 있다는 설명은 옳지만, 사장 직속이 아니므로 옳지 않다.

23

정답 ①

선진사례 견학은 두바이 내 세계적 수준의 신도시 조성사례를 견학하고 온 것이고, 두바이는 3월 5일 둘째 날 일정에 포함되어 있으므로 옳다.

오답분석

② 일정표를 참고하면 3월 7일부터 8일은 쿠웨이트를 출발하여 인천까지의 비행시간이므로 이는 1박으로 보지 않는다. 따라서 국외출장 일정은 모두 3박 5일간 진행되었다.
③ L공사에서 4명, 대사관에서 1명이 참석하였고 쿠웨이트 참석자는 4명 등이라고 표기되었으므로 모두 몇 명이 참석하였는지 구체적인 숫자는 알 수 없다.
④ 쿠웨이트 전략사업본부장의 의견이다.
⑤ 쿠웨이트의 인공호수(Al Shaheed Park)는 SSAC 개발에 참고하기 위해 방문한 것이지, 이를 L공사가 시공한 것은 아니다.

24

정답 ③

- 쿠웨이트 주택부장관과에 ~ → 쿠웨이트 주택부장관과의
- 계발방향 공감대 형성과 ~ → 개발방향 공감대 형성과
- 쿠웨이트 내 모범이 돼는 ~ → 쿠웨이트 내 모범이 되는

25

정답 ③

제시된 사례의 쟁점은 재고 처리이며, 여기서 김봉구 씨는 W사에 대하여 경쟁전략(강압전략)을 사용하고 있다. 강압전략은 'Win-Lose'전략이다. 즉, 내가 승리하기 위해서 당신은 희생되어야 한다는 전략인 'I Win, You Lose'전략이다. 명시적 또는 묵시적으로 강압적 위협이나 강압적 설득, 처벌 등의 방법으로 상대방을 굴복시키거나 순응시킨다. 자신의 주장을 확실하게 상대방에게 제시하고 상대방에게 이를 수용하지 않으면 보복이 있을 것이며 협상이 결렬될 것이라는 등의 위협을 가하는 것이다. 즉, 강압전략은 일방적인 의사소통으로 일방적인 양보를 받아내려는 것이다.

26

정답 ③

일반인은 3개 이내 관광 상품 아이디어가 대상이기 때문에 한두 개만 제출해도 된다.

오답분석

① 문화체육관광부, 한국관광공사가 주최하는 공모전이다.
② 해외 소재의 한국 관광상품 개발 및 판매 여행사만 참여 가능하다.
④ 여행사 기획상품은 해외지사를 통해 홍보될 예정이다.
⑤ 상품의 독창성, 상품개발의 체계성뿐만 아니라 가격의 적정성도 평가 기준에 속한다.

27

정답 ④

공모전의 추진목적은 지속가능하며 한국 관광에 기여할 수 있는 상품의 개발이므로 ④는 추진목적에 따른 상품기획 소재로 옳지 않다.

28

정답 ③

경영은 경영목적, 인적자원, 자금, 전략의 4요소로 구성된다.

ㄱ. 경영목적
ㄴ. 인적자원
ㅁ. 자금
ㅂ. 전략

오답분석

ㄷ. 마케팅
ㄹ. 회계

29

정답 ②

1단계 조사는 그 조사 실시일을 기준으로 3년마다 실시해야 하므로 을단지 주변지역은 2022년 3월 1일에 실시해야 한다.

오답분석

① 2단계 조사는 1단계 조사 판정일 이후 1개월 내에 실시해야 하므로 2021년 12월 31일 전에 실시해야 한다.
③ 환경부장관이 2단계 조사를 실시해야 한다.
④ 병단지 주변지역은 정상지역으로 판정이 났으므로 2단계 조사를 실시할 필요가 없다.
⑤ 1단계 조사는 당해 기초지방자치단체장이 시행해야 한다.

30

정답 ②

고객은 대출 이자가 잘못 나갔다고 생각하고 일처리를 잘못한다고 의심하는 상황이기 때문에 의심형 불만고객이다.

불만 표현 유형

- 거만형 : 자신의 과시욕을 드러내고 싶어 하는 사람으로, 보통 제품을 폄하하는 고객
- 의심형 : 직원의 설명이나 제품의 품질에 대해 의심을 많이 하는 고객
- 트집형 : 사소한 것으로 트집을 잡는 까다로운 고객
- 빨리빨리형 : 성격이 급하고, 확신 있는 말이 아니면 잘 믿지 않는 고객

31

정답 ③

(C) 빠른 해결을 약속하지 않으면 다른 불만을 야기하거나 불만이 더 커질 수 있다.
(D) 고객의 불만이 대출과 관련된 내용이기 때문에 이 부분에 대해 답변을 해야 한다.

오답분석

(A) 해결 방안은 고객이 아닌 G기관에서 제시하는 것이 적절하다.
(B) 불만을 동료에게 전달하는 것은 고객의 입장에서는 알 필요가 없는 정보이기 때문에 굳이 말할 필요가 없다.

32

정답 ②

팀별 '가～라' 종목의 득점의 합계는 다음과 같다.

팀명	A	B	C	D
합계	11	9	8	12

'가～라' 종목에서 팀별 1, 2위를 차지한 횟수는 다음과 같다.

순위 \ 팀명	A	B	C	D
1위	1	1	0	2
2위	1	1	1	1

ㄱ・ㄹ. A팀이 종목 '마'에서 1위를 차지하여 4점을 받는다면 합계는 15점이 되고 1위는 2번, 2위는 1번이 된다. 여기서 D팀이 2위를 차지한다면 합계는 15점, 1위는 2번으로 A팀과 같고 2위는 2번이 되어 D팀이 종합 1위가 된다.

오답분석

ㄴ. B팀과 C팀의 '가 ~ 라' 종목의 득점 합계가 1차이고 B팀이 C팀보다 1위를 차지한 횟수가 더 많다. 따라서 B팀이 종목 마에서 C팀에게 한 등급 차이로 순위에서 뒤지면 득점의 합계는 같게 되지만 순위 횟수에서 B가 C보다 우수하므로 종합 순위에서 B팀이 C팀보다 높게 된다.

ㄷ. C팀이 2위를 하고 B팀이 4위를 하거나, C팀이 1위를 하고 B팀이 3위 이하를 했을 경우에는 B팀이 최하위가 된다.

33

정답 ⑤

ⓒ의 체력단련이나 취미활동은 정의에서 언급하는 개인의 경력목표로 볼 수 없으며, ⓔ의 경우 직장 생활보다 개인적 삶을 중요시하고 있으므로 조직과 함께 상호작용하며 경력을 개발해 나가야 한다는 경력개발의 정의와 맞지 않는다. 따라서 ⓒ과 ⓔ은 정의에 따른 경력개발 방법으로 적절하지 않다.

34

정답 ②

전 직원의 주 평균 야간근무 빈도는 직급별 사원 수를 알아야 구할 수 있는 값으로, 단순히 직급별 주 평균 야간근무 빈도를 모두 더하여 평균을 구하는 것은 옳지 않다.

오답분석

① 자료를 통해 알 수 있다.
③ 0.2시간은 60분×0.2=12분이다. 따라서 4.2시간은 4시간 12분이다.
④ 대리는 주 평균 1.8일, 6.3시간의 야간근무를 한다. 야근 1회 시 평균 6.3÷1.8=3.5시간 근무로 가장 긴 시간 동안 일한다.
⑤ 과장은 60분×4.8=288분(4시간 48분) 야간근무를 하는데, 60분의 3분의 2(40분) 이상 채울 시 1시간으로 야간근무 수당을 계산한다. 즉, 5시간으로 계산하여 50,000원을 받는다.

35

정답 ③

오답분석

A : 기억하기 쉬운 비밀번호는 타인이 사용할 가능성이 크기 때문에 개인정보가 유출될 가능성이 크기 때문에 개인정보 유출 방지책으로 옳지 않다.
F : 회사에 필요한 개인정보뿐만 아니라 개인정보들을 공유하는 것은 개인정보를 유출시키는 요인 중 하나이다. 개인정보를 공유하지 않는 것이 옳은 개인정보 유출 방지책이다.

36

정답 ③

2018년 대비 2021년 사업자 수가 감소한 호프전문점, 간이주점, 구내식당의 감소율은 다음과 같다.

- 호프전문점 : $\frac{41,796-37,543}{41,796}\times 100 \fallingdotseq 10.2\%$
- 간이주점 : $\frac{19,849-16,733}{19,849}\times 100 \fallingdotseq 15.7\%$
- 구내식당 : $\frac{35,011-26,202}{35,011}\times 100 \fallingdotseq 25.2\%$

따라서 2018년 대비 2021년 사업자 수의 감소율이 두 번째로 큰 업종은 간이주점으로 감소율은 15.7%이다.

37

정답 ④

2018년 대비 2020년 일식전문점 사업자 수의 증감률은 $\frac{14,675-12,997}{12,997}\times100≒12.91\%$이다.

오답분석

① 기타음식점의 2021년 사업자 수는 24,509명, 2020년 사업자 수는 24,818명이므로 24,818−24,509=309명 감소했다.

② 2019년의 전체 음식 업종 사업자 수에서 분식점 사업자 수가 차지하는 비중은 $\frac{52,725}{659,123}\times100≒8.0\%$, 패스트푸드점 사업자 수가 차지하는 비중은 $\frac{31,174}{659,123}\times100≒4.73\%$이므로, 둘의 차이는 $8.0-4.73=3.27\%$p이다.

③ 제시된 자료를 통해 사업자 수가 해마다 감소하는 업종은 간이주점, 구내식당 두 곳임을 알 수 있다.

⑤ 전체 음식 업종 사업자 수는 해마다 증가하는 반면 구내식당 사업자 수는 감소하기 때문에 비중이 점점 줄어드는 것을 알 수 있다. 이를 직접 계산하여 나타내면 다음과 같다.

- 2018년 : $\frac{35,011}{632,026}\times100≒5.54\%$
- 2019년 : $\frac{31,929}{659,123}\times100≒4.84\%$
- 2020년 : $\frac{29,213}{675,969}\times100≒4.32\%$
- 2021년 : $\frac{26,202}{687,704}\times100≒3.81\%$

38

정답 ④

ⓒ은 긴급하면서도 중요한 문제이므로 제일 먼저 해결해야 하는 1순위에 해당하며, ⓛ은 중요하지만 상대적으로 긴급하지 않으므로 계획하고 준비해야 할 문제인 2순위에 해당한다. ㉠은 긴급하지만 상대적으로 중요하지 않은 업무이므로 3순위에 해당하고, 마지막으로 중요하지도 긴급하지도 않은 ㉣은 4순위에 해당한다.

39

정답 ②

2015년도 폐기물을 통한 신재생에너지 공급량은 전년도보다 줄어들었다.

오답분석

① 2016년 수력 공급량은 792.3천TOE으로, 같은 해 바이오와 태양열 공급량 합인 754.6+29.3=783.9천TOE보다 크다.

③ 자료에서 보는 바와 같이 2016년부터 수소·연료전지의 공급량은 지열 공급량보다 많음을 알 수 있다.

④ 2016년부터 꾸준히 공급량이 증가한 신재생에너지는 태양광, 폐기물, 지열, 수소·연료전지, 해양 5가지이다.

⑤ 2013년도에 비해 2021년도에 공급량이 감소한 신재생에너지는 태양열, 수력 2가지이다.

40

정답 ④

신재생에너지 총 공급량의 전년 대비 증가율은 다음과 같다.

- 2015년 : $\frac{6,086.2-5,858.5}{5,858.5}\times100≒3.9\%$
- 2016년 : $\frac{6,856.3-6,086.2}{6,086.2}\times100≒12.7\%$
- 2017년 : $\frac{7,582.8-6,856.3}{6,856.3}\times100≒10.6\%$
- 2018년 : $\frac{8,850.7-7,582.8}{7,582.8}\times100≒16.7\%$
- 2019년 : $\frac{9,879.2-8,850.7}{8,850.7}\times100≒11.6\%$

따라서 2018년도 총 공급량 증가율이 가장 높음을 알 수 있다.

41

정답 ④

전략정보시스템은 기업의 전략을 실현하여 경쟁우위를 확보하기 위한 목적으로 사용되는 정보시스템으로, 기업의 궁극적 목표인 이익에 직접 영향을 줄 수 있는 시장점유율 향상, 매출신장, 신상품 전략, 경영전략 등의 전략계획에 도움을 준다.

오답분석

① 비지니스 프로세스 관리 : 기업 내외의 비즈니스 프로세스를 실제로 드러나게 하고, 비즈니스의 수행과 관련된 사람 및 시스템을 프로세스에 맞게 실행・통제하며, 전체 비즈니스 프로세스를 효율적으로 관리하고 최적화할 수 있는 변화 관리 및 시스템 구현 기법
② 전사적자원관리 : 인사・재무・생산 등 기업의 전 부문에 걸쳐 독립적으로 운영되던 각종 관리시스템의 경영자원을 하나의 통합 시스템으로 재구축함으로써 생산성을 극대화하려는 경영혁신기법
③ 경영정보시스템 : 기업 경영정보를 총괄하는 시스템으로서 의사결정 등을 지원하는 종합시스템
⑤ 의사결정지원시스템 : 컴퓨터의 데이터베이스 기능과 모델 시뮬레이션 기능을 이용하여 경영의 의사결정을 지원하는 시스템

42

정답 ③

A사의 사례는 팀워크의 중요성과 주의할 점을 보여주고, E병원의 사례는 공통된 비전으로 인한 팀워크의 성공을 보여준다. 두 사례 모두 팀워크에 대한 내용이지만, 개인 간의 차이를 중시해야 한다는 것은 언급되지 않았다.

43

정답 ③

① 143,000(1−0.15)=121,550원
② 165,000(1−0.2)=132,000원
③ 164,000(1−0.3)=114,800원
④ 154,000(1−0.2)=123,200원
⑤ 162,000(1−0.2)=129,600원

따라서 가장 비용이 저렴한 경우는 ③이다.

44

정답 ①

산업 재해 예방 대책은 안전 관리 조직 → 사실의 발견(1단계) → 원인 분석(2단계) → 시정책 선정(3단계) → 시정책 적용 및 뒤처리(4단계) 순서이다. 따라서 재해 예방 대책에서 누락된 '안전 관리 조직' 단계를 보완해야 된다.

45

정답 ③

2022년 4월 8일을 기준으로 갑～무의 재직 기간을 구하여, 사용한 연가일수를 차감한 결과는 아래와 같다.

• 갑 : 6개월 이상～1년 미만 → 6−1=5일
• 을 : 3년 이상～4년 미만 → 14−9=5일
• 병 : 5년 이상～6년 미만 → 20−13=7일
• 정 : 1년 이상～2년 미만 → 9−3=6일
• 무 : 6개월 이상～1년 미만 → 6−2=4일

따라서 연가일수가 가장 많이 남은 사람은 병이다.

46

정답 ④

유화전략은 상대방과의 우호관계를 중시하며 그 우호관계를 지속하기 위해서 자신의 입장이나 이익보다는 상대방의 이익과 입장을 고려하여 상대방에게 돌아갈 결과에 더 큰 관심을 가지고 상대방의 주장에 순순히 따르는 전략이다. 김대리는 시스템 담당자의 입장과 이익을 고려하고 있기 때문에 유화전략을 선택하였다.

47

정답 ③

사회적 입증이란 사람은 과학적 이론보다 자신의 동료나 이웃의 말이나 행동에 의해서 쉽게 설득된다는 것으로 팀원들로부터 부정적인 피드백을 받게 된다고 동료의 행동을 통해 설득하는 발언이 '사회적 입증 전략'으로 가장 적절하다.

48

정답 ①

3만 원 초과 10만 원 이하 소액통원의료비를 청구할 시 진단서 없이 보험금 청구서와 병원영수증, 질병분류기호(질병명)가 기재된 처방전만으로 접수가 가능하다.

49

정답 ④

홈페이지 운영 등은 정보사업팀에서 한다.

오답분석

① 감사실(1개)과 11개의 팀으로 되어 있다.
② 예산기획과 경영평가는 전략기획팀에서 관리한다.
③ 경영평가(전략기획팀), 성과평가(인재개발팀), 품질평가(평가관리팀) 등 다른 팀에서 담당한다.
⑤ 감사실을 두어 감사, 부패방지 및 지도점검을 하게 하였다.

50

정답 ⑤

품질평가에 대한 관련민원은 평가관리팀이 담당하고 있다.

51

정답 ②

만수: 환율이 오르면 원화가치는 떨어진다. 이 말은 1달러로 바꿀 때 원화가 더 많이 필요하다는 의미이다. 따라서 환율이 오르면 해외여행에 불리하다.

오답분석

① 철수: 흑색경보가 내려진 후 해제 발표가 없었으므로 여전히 철수, 방문 금지 상태일 것이다. 따라서 철수의 말은 옳다.
③ 영수 : 환율이 오르면 달러를 벌어들이는 수출업자에게 유리하므로, 영수의 말은 옳다.
④ 희수 : ESTA에 따라 승인을 받지 못하면 관광을 할 수 없으므로, 희수의 말은 옳다.

Plus

여행경보제도

1. 여행 유의(남색경보) : 신변안전 유의
2. 여행 자제(황색경보) : 신변인전 특별유의, 여행 필요성 신중 검토
3. 철수 권고(적색경보) : 긴급용무가 아닌 한 귀국, 가급적 여행 취소·연기
4. 여행 금지(흑색경보) : 즉시 대피·철수, 방문 금지

미국 정부의 전자여행허가제(ESTA)

대한민국 국민으로서 관광 및 상용 목적으로 90일 이내 기간 동안 미국을 방문하고자 하는 경우, 2008년 11월 17일부터 원칙적으로 비자 없이 미국 입국이 가능하지만 미 정부의 전자여행허가제에 따라 승인을 받아야만 한다.

52

정답 ③

㉠ 전결권자인 전무이사가 출장 중인 경우 대결권자가 이를 결재하고 전무이사가 후결을 하는 것이 맞다.
㉡ 부서장이 전결권자이므로 해당 직원을 채용하는 부서(영업부)의 부서장이 결재하는 것이 바람직하다.
㉣ 교육훈련 대상자 선정은 상무이사에게 전결권이 있으므로 잘못된 결재 방식이다.

53

정답 ②

구매담당자는 용도에 맞는 축구공이 배송되기를 원한다. 제시된 표에 따라 초등학교의 경우에는 4호가 적절하며, 중・고등학교는 5호가 적절하다. 따라서 축구사랑재단에서 구매할 축구공의 총액은 (30,000×300×2)+(35,000×300×4)=6천만 원이다. 5천만 원 이상 대량구매 시 10% 할인을 제공한다고 하였으므로 최종 매출액은 6천만 원×(1−10%)=5,400만 원이다.

54

정답 ③

비영리조직이면서 대규모조직인 학교에서 5시간 있었다.

- 학교 : 공식조직, 비영리조직, 대규모조직
- 카페 : 공식조직, 영리조직, 대규모조직
- 스터디 : 비공식조직, 비영리조직, 소규모조직

오답분석

① 비공식적이면서 소규모조직인 스터디에서 2시간 있었다.
② 공식조직인 학교와 카페에서 8시간 있었다.
④ 영리조직인 카페에서 3시간 있었다.
⑤ 비공식적이면서 비영리조직인 스터디에서 2시간 있었다.

55

정답 ②

근로계약서 작성은 2022. 4. 1(월)이라 명시되어 있다. 분명한 일정에 대한 것은 지원자의 추가 문의로 적절하지 않다.

56

정답 ③

최종합격자는 이번에 안내를 받은 것으로 아직 최종합격자 등록을 하지 않은 상태이다. 등록을 하지 않은 상태에서 근로계약서를 미리 작성하는 것은 일반적으로 적절하지 않은 절차이다. 등록을 마친 후 절차에 따라야 한다.

57

정답 ⑤

주어진 조건을 표로 정리하면 다음과 같다.

구분	A	B	C	D	E	F
아침	된장찌개	된장찌개	된장찌개	김치찌개	김치찌개	김치찌개
점심	김치찌개	김치찌개	된장찌개	된장찌개	된장찌개	김치찌개
저녁	김치찌개	김치찌개	김치찌개	된장찌개	된장찌개	된장찌개

따라서 김치찌개는 총 9그릇이 필요하다.

58

정답 ⑤

E는 교양 수업을 신청한 A보다 나중에 수강한다고 하였으므로 목요일 또는 금요일에 강의를 들을 수 있다. 이때, 목요일과 금요일에는 교양 수업이 진행되므로 'E는 반드시 교양 수업을 듣는다.'의 ⑤는 항상 참이 된다.

오답분석

① A가 수요일에 강의를 듣는다면 E는 교양2 또는 교양3 강의를 들을 수 있다.
② B가 수강하는 전공 수업의 정확한 요일을 알 수 없으므로 C는 전공1 또는 전공2 강의를 들을 수 있다.
③ C가 화요일에 강의를 듣는다면 D는 교양 강의를 듣는다. 이때, 교양 수업을 듣는 A는 E보다 앞선 요일에 수강하므로 E는 교양2 또는 교양3 강의를 들을 수 있다.

구분	월(전공1)	화(전공2)	수(교양1)	목(교양2)	금(교양3)
경우1	B	C	D	A	E
경우2	B	C	A	D	E
경우3	B	C	A	E	D

④ D는 전공 수업을 신청한 C보다 나중에 수강하므로 전공 또는 교양 수업을 들을 수 있다.

59

정답 ①

임수빈 대리는 승진 후 휴직기간을 제외하고 실근무 연수 7년이며, 3년간 근무성적 점수 평균은 B로 승진할 수 있는 요건을 갖추었다.

오답분석

② 황영미 차장은 승진 후 실근무 연수 4년, 근무성적 점수 C로 평균 미달이다.
③ 윤영필 과장은 승진 후 실근무 연수 3년으로 미달이다.
④ 이진수 대리는 근무성적 점수 C로 평균 미달이다.
⑤ 한선희 차장은 징계로 인한 정직기간이 경과되지 않아서 승진이 불가능하다.

60

정답 ⑤

59번 문제에서 알아본 승진가능자에 해당되지 않는 직원을 제외한 나머지 직원들 중 이기찬 과장은 근무성적 점수(D) 평균 미달, 고세영 대리는 승진 후 실근무 연수(2년) 미달로 승진할 수 없다. 따라서 한애리 대리, 임수빈 대리, 최선희 차장, 김철홍 과장, 이선화 대리 총 5명이 승진할 수 있다.

NCS 직업기초능력평가 답안카드

성 명

지원 분야

문제지 형별기재란	
(　　　)형	Ⓐ Ⓑ

수 험 번 호						
⓪	⓪	⓪	⓪	⓪	⓪	⓪
①	①	①	①	①	①	①
②	②	②	②	②	②	②
③	③	③	③	③	③	③
④	④	④	④	④	④	④
⑤	⑤	⑤	⑤	⑤	⑤	⑤
⑥	⑥	⑥	⑥	⑥	⑥	⑥
⑦	⑦	⑦	⑦	⑦	⑦	⑦
⑧	⑧	⑧	⑧	⑧	⑧	⑧
⑨	⑨	⑨	⑨	⑨	⑨	⑨

감독위원 확인
㉻

번호						번호						번호					
1	①	②	③	④	⑤	21	①	②	③	④	⑤	41	①	②	③	④	⑤
2	①	②	③	④	⑤	22	①	②	③	④	⑤	42	①	②	③	④	⑤
3	①	②	③	④	⑤	23	①	②	③	④	⑤	43	①	②	③	④	⑤
4	①	②	③	④	⑤	24	①	②	③	④	⑤	44	①	②	③	④	⑤
5	①	②	③	④	⑤	25	①	②	③	④	⑤	45	①	②	③	④	⑤
6	①	②	③	④	⑤	26	①	②	③	④	⑤	46	①	②	③	④	⑤
7	①	②	③	④	⑤	27	①	②	③	④	⑤	47	①	②	③	④	⑤
8	①	②	③	④	⑤	28	①	②	③	④	⑤	48	①	②	③	④	⑤
9	①	②	③	④	⑤	29	①	②	③	④	⑤	49	①	②	③	④	⑤
10	①	②	③	④	⑤	30	①	②	③	④	⑤	50	①	②	③	④	⑤
11	①	②	③	④	⑤	31	①	②	③	④	⑤	51	①	②	③	④	⑤
12	①	②	③	④	⑤	32	①	②	③	④	⑤	52	①	②	③	④	⑤
13	①	②	③	④	⑤	33	①	②	③	④	⑤	53	①	②	③	④	⑤
14	①	②	③	④	⑤	34	①	②	③	④	⑤	54	①	②	③	④	⑤
15	①	②	③	④	⑤	35	①	②	③	④	⑤	55	①	②	③	④	⑤
16	①	②	③	④	⑤	36	①	②	③	④	⑤	56	①	②	③	④	⑤
17	①	②	③	④	⑤	37	①	②	③	④	⑤	57	①	②	③	④	⑤
18	①	②	③	④	⑤	38	①	②	③	④	⑤	58	①	②	③	④	⑤
19	①	②	③	④	⑤	39	①	②	③	④	⑤	59	①	②	③	④	⑤
20	①	②	③	④	⑤	40	①	②	③	④	⑤	60	①	②	③	④	⑤

※ 본 답안지는 마킹연습용 모의 답안지입니다.

〈절취선〉

NCS 직업기초능력평가 답안카드

성 명

지원 분야

문제지 형별기재란	
(　　　)형	Ⓐ Ⓑ

수 험 번 호						
⓪	⓪	⓪	⓪	⓪	⓪	⓪
①	①	①	①	①	①	①
②	②	②	②	②	②	②
③	③	③	③	③	③	③
④	④	④	④	④	④	④
⑤	⑤	⑤	⑤	⑤	⑤	⑤
⑥	⑥	⑥	⑥	⑥	⑥	⑥
⑦	⑦	⑦	⑦	⑦	⑦	⑦
⑧	⑧	⑧	⑧	⑧	⑧	⑧
⑨	⑨	⑨	⑨	⑨	⑨	⑨

감독위원 확인
인

번호						번호						번호					
1	①	②	③	④	⑤	21	①	②	③	④	⑤	41	①	②	③	④	⑤
2	①	②	③	④	⑤	22	①	②	③	④	⑤	42	①	②	③	④	⑤
3	①	②	③	④	⑤	23	①	②	③	④	⑤	43	①	②	③	④	⑤
4	①	②	③	④	⑤	24	①	②	③	④	⑤	44	①	②	③	④	⑤
5	①	②	③	④	⑤	25	①	②	③	④	⑤	45	①	②	③	④	⑤
6	①	②	③	④	⑤	26	①	②	③	④	⑤	46	①	②	③	④	⑤
7	①	②	③	④	⑤	27	①	②	③	④	⑤	47	①	②	③	④	⑤
8	①	②	③	④	⑤	28	①	②	③	④	⑤	48	①	②	③	④	⑤
9	①	②	③	④	⑤	29	①	②	③	④	⑤	49	①	②	③	④	⑤
10	①	②	③	④	⑤	30	①	②	③	④	⑤	50	①	②	③	④	⑤
11	①	②	③	④	⑤	31	①	②	③	④	⑤	51	①	②	③	④	⑤
12	①	②	③	④	⑤	32	①	②	③	④	⑤	52	①	②	③	④	⑤
13	①	②	③	④	⑤	33	①	②	③	④	⑤	53	①	②	③	④	⑤
14	①	②	③	④	⑤	34	①	②	③	④	⑤	54	①	②	③	④	⑤
15	①	②	③	④	⑤	35	①	②	③	④	⑤	55	①	②	③	④	⑤
16	①	②	③	④	⑤	36	①	②	③	④	⑤	56	①	②	③	④	⑤
17	①	②	③	④	⑤	37	①	②	③	④	⑤	57	①	②	③	④	⑤
18	①	②	③	④	⑤	38	①	②	③	④	⑤	58	①	②	③	④	⑤
19	①	②	③	④	⑤	39	①	②	③	④	⑤	59	①	②	③	④	⑤
20	①	②	③	④	⑤	40	①	②	③	④	⑤	60	①	②	③	④	⑤

※ 본 답안지는 마킹연습용 모의 답안지입니다.

좋은 책을 만드는 길
독자님과 함께하겠습니다.

도서나 동영상에 궁금한 점, 아쉬운 점, 만족스러운 점이
있으시다면 어떤 의견이라도 말씀해 주세요.
SD에듀는 독자님의 의견을 모아 더 좋은 책으로 보답하겠습니다.

www.sdedu.co.kr

2023 All-New 공기업 NCS 직업기초능력 + 직무수행능력 + 면접 BASIC 통합기본서 고졸채용

개정7판1쇄 발행	2023년 03월 10일 (인쇄 2022년 11월 28일)
초 판 발 행	2015년 07월 20일 (인쇄 2015년 06월 16일)
발 행 인	박영일
책 임 편 집	이해욱
편 저	NCS직무능력연구소
편 집 진 행	유정화 · 한성윤 · 문대식 · 김서연 · 안희선
표지디자인	조혜령
편집디자인	배선화 · 곽은슬
발 행 처	(주)시대고시기획
출 판 등 록	제10-1521호
주 소	서울시 마포구 큰우물로 75 [도화동 538 성지 B/D] 9F
전 화	1600-3600
팩 스	02-701-8823
홈 페 이 지	www.sdedu.co.kr
I S B N	979-11-383-3776-2 (13320)
정 가	23,000원

공기업 NCS

BASIC 통합기본서

고졸

직업기초능력 + 직무수행능력 + 면접

최종점검 모의고사 5회 + 무료NCS특강

NCS의 체계적 학습비법! NCS 합격노트 시리즈

NCS 이게 전략이다! NCS 워크북 시리즈

PSAT로 NCS 고난도 돌파! NCS in PSAT 시리즈

※도서의 이미지 및 구성은 변동될 수 있습니다.